Pour la France : 2 fr. le volume. — Pour l'Étranger : 2 fr. 50 c.

ŒUVRES COMPLÈTES
DE
P. CORNEILLE

SUIVIES

DES OEUVRES CHOISIES
DE THOMAS CORNEILLE

TOME PREMIER

ÉDITION DE CH. LAHURE
Imprimeur à Paris

SE VEND A PARIS
CHEZ L. HACHETTE ET Cie
RUE PIERRE-SARRAZIN, N° 14

1857

ŒUVRES COMPLÈTES

DE

P. CORNEILLE

TYPOGRAPHIE DE CH. LAHURE
Imprimeur du Sénat et de la Cour de Cassation
rue de Vaugirard, 9

ŒUVRES COMPLÈTES

DE

P. CORNEILLE

SUIVIES

DES OEUVRES CHOISIES

DE THOMAS CORNEILLE

TOME PREMIER

———

ÉDITION DE CH. LAHURE
Imprimeur à Paris

———

SE VEND A PARIS
CHEZ L. HACHETTE ET Cie
RUE PIERRE-SARRAZIN, N° 14

———

1857

NOTICE SUR CORNEILLE.

Pierre Corneille naquit à Rouen le 6 juin 1606. Son père était avocat du roi à la table de marbre de Normandie. Après de fortes études au collége des jésuites de Rouen, Corneille entra au barreau, par la volonté de ses parents, mais sans vocation et sans succès. Son extérieur peu avantageux, ses manières gauches, son élocution pesante et difficile, mais surtout l'élévation de son esprit et la droiture de son caractère, le rendaient parfaitement impropre au métier d'avocat normand. Sur ce début et sur ce portrait, on ne devinerait pas que l'amour

Fut le premier démon qui lui dicta des vers.

Ce fut pourtant, si l'on en croit Fontenelle, une aventure d'amour qui le fit poëte. Un de ses amis le présenta à sa maîtresse; Corneille fut si bien reçu qu'il devint en peu de jours l'amant préféré. Il fit de cette bonne fortune le sujet de sa première comédie, et, comme sa maîtresse s'appelait Mlle Milet, la comédie s'appela *Mélite*. Corneille parle lui-même d'un amour de sa jeunesse, qui fut heureux quelque temps, puis brusquement rompu, et dont le souvenir ne put s'effacer. Il n'avait que vingt-trois ans lorsque *Mélite* fut représentée. Elle eut assez de succès pour décider de la vocation de l'auteur. Il donna *Clitandre* et *la Veuve* dans les quatre années qui suivirent. *Clitandre* n'est qu'une comédie d'intrigue très-embrouillée; mais il y a dans *Mélite* et dans *la Veuve* assez de beaux vers et de situations heureuses pour justifier l'enthousiasme des contemporains. Il faut d'ailleurs, pour en juger sainement, se rappeler que la comédie n'existait pas alors en France, qu'on en était réduit au bas comique de Hardy, que Molière lui-même débuta plusieurs années après par de véritables farces, et que sa comédie de *l'Étourdi*, qui est encore loin d'être un chef-d'œuvre, fut représentée à Lyon pour la première fois en 1653, c'est-à-dire vingt-quatre ans après *Mélite*.

Les succès de Corneille attirèrent sur lui l'attention du cardinal de Richelieu, alors doublement occupé du théâtre, comme ministre et comme écrivain. Richelieu, simple évêque de Luçon, retiré dans son évêché après avoir été ministre sous Marie de Médicis et le maréchal d'Ancre, avait composé un livre de théologie. Rappelé à la cour, nommé cardinal et premier ministre, plus roi que le roi lui-même, il aspirait à la gloire d'auteur dramatique; mais, en homme qui ne se mêle plus des détails, il avait auprès de lui un bureau de quatre secrétaires, chargés de mettre en œuvre ses idées et de faire pour lui ses pièces de théâtre. Ces secrétaires étoient L'Estoile, Boisrobert, Colletet et Rotrou. Il crut faire un grand honneur à Corneille en l'associant à ces grands personnages et à cette illustre besogne. Le futur auteur du *Cid* trouvait au moins dans cette officine un homme qui avait presque du génie. Rotrou et Corneille n'empêchèrent pas *Mirame*, *les Tuileries* et *la Grande Pastorale* d'être des pièces pitoyables, et toute la puissance du cardinal n'empêcha pas la cour de s'y ennuyer. Mais cette place fut une ressource pour Corneille, qui vivait pauvrement, et se trouvait déjà, même avant la mort de son père, chargé du poids de sa famille. Outre son frère Thomas, beaucoup plus jeune que lui, et qui n'avait pas encore fait paraître ses premières œuvres, il avait une sœur, femme distinguée, qui épousa M. de Fontenelle, et fut mère du célèbre secrétaire perpétuel de l'Académie française. Il vivait, à Rouen, avec cette famille, de ce que lui donnaient les comédiens, et du faible salaire que le cardinal y ajoutait, ne venant à Paris que pour la représentation de ses pièces et pour travailler avec ses quatre collègues, et passant les étés chez le curé d'Hénonville, son intime ami, qui lui donnait une chambre au presbytère. Il fit représenter en 1634 deux comédies, *la Galerie du Palais* et *la Suivante;* en 1635, *la Place Royale*. Ces trois pièces ne sont pas sans valeur; il faut signaler surtout *la Galerie du Palais*, où, pour la première fois, on vit sur la scène une peinture de la vie réelle. Enfin, cette même année 1635, parut la première tragédie de Corneille. Il avait alors vingt-neuf ans. On prétend qu'il sentit se remuer en lui le génie tragique à la représentation de la *Sophonisbe* de Mairet; honneur fort inattendu pour Mairet et pour *Sophonisbe*. Corneille, pour son coup d'essai, transporta sur notre théâtre la *Médée* de Sénèque. L'atrocité du sujet et l'inexpérience de l'auteur, qui n'avait pas encore trouvé la forme et la mesure du style tragique, relèguent cette pièce au second rang; mais, à deux ou trois éclairs de génie, on y pressent déjà le grand poëte. Tout le monde connaît cet admirable vers, presque aussi célèbre que le *qu'il mourût:*

Contre tant d'ennemis, que vous reste-t-il? — Moi.

On put penser dès lors que Corneille, qui passait déjà pour le premier poëte comique de son temps, allait prendre le même rang dans la tragédie. *L'Illusion comique*, jouée en 1636, est une tentative malheureuse dans le genre de la fantaisie. Mais la même année vit aussi paraître *le Cid*. A dater de ce moment, Corneille était le grand Corneille, et la tragédie française était fondée.

Corneille avait pris le sujet du *Cid* dans *las Mocedades del Cid* (la Jeunesse du Cid) de Guillem de Castro. Il fut à son tour traduit en espagnol par Diamante, qui, changeant le titre de la pièce française, appela son drame *le Vengeur de son père*, *Honrador de su padre;* et Voltaire, trouvant sous sa main cette traduction d'ailleurs assez médiocre, la prit pour l'original, et reprocha presque à Corneille de n'avoir été qu'un plagiaire.

On avait admiré Corneille après *Mélite*, après *la Galerie du Palais*, après *Médée;* on fit plus après *le Cid* : on l'envia. Le public applaudissait avec fureur; mais les rivaux criaient au scandale. Parmi eux était le cardinal de Richelieu, qui ne pouvait oublier la chute de *Mirame*, et qui chargea l'Académie française de venger les blessures de son amour-propre en censurant le nouveau chef-d'œuvre. L'Académie obéit; ce fut son premier acte, et le premier anneau de ses traditions. Elle prouva méthodiquement que *le Cid* était une mauvaise tragédie; et Corneille en prit aisément son parti, en songeant que l'Académie ne croyait pas à sa censure, et que le public s'en moquait. Pendant plusieurs années, à Paris, à la cour, et jusque dans les salons du cardinal, on disait proverbialement : « Cela est beau comme *le Cid*. »

Horace parut en 1639, trois ans après *le Cid*. Cette fois Corneille n'avait eu d'autre guide que son génie. Une page de Tite Live lui fournit tout le sujet d'*Horace*. Eh! qu'importe? Guillem de Castro n'est pour rien dans le triomphe du *Cid*. Quand on imite comme Corneille, cela s'appelle créer. Il avait développé, dans *le Cid*, une action complexe. Il avait mis sur le théâtre la chevalerie elle-même dans ce qu'elle a de plus héroïque et de plus tendre. On ne peut penser à la jeunesse, à la beauté, à la passion exaltée et profonde, au culte impitoyable de l'honneur et du devoir, sans évoquer l'image charmante de Chimène, sans se représenter cet impétueux et sublime Rodrigue. Tout change avec *Horace*; nous n'avons plus sous les yeux qu'une action simple et majestueuse, la tragédie dans toute son austère grandeur. Voilà Rome; non pas la Rome d'Auguste, maîtresse du monde et des arts, mais la Rome des premiers âges, agreste, indigente, farouche. Le jeune Horace ne sait pas aimer; il ne sait que vaincre et punir. Ce n'est pas l'honneur qui règne ici; c'est la patrie, c'est Rome remplissant le cœur des Romains. L'amour ne paraît qu'un instant, et on ne le voit que dans sa fureur. Il y a quelque chose d'atroce dans les imprécations de Camille et dans le *qu'il mourût* du vieil Horace. L'âme est remuée, effrayée. Les limites de l'art sont atteintes.

Cinna parut la même année; nouveau chef-d'œuvre, inférieur à *Horace* comme conception d'ensemble, égal dans la scène de la clémence d'Auguste à tout ce que l'esprit humain a fait de plus beau. Ce maître du monde, qui se rend maître de son cœur, nous enlève avec lui dans une région supérieure à l'humanité.

> Je suis maître de moi comme de l'univers.
> Je le suis : je veux l'être. O siècles, ô mémoire,
> Consacrez à jamais ma plus belle victoire.

Polyeucte, qui parut après un intervalle d'une année (1640), est le dernier de ces quatre chefs-d'œuvre où le sublime est puisé à des sources si diverses, mais où se retrouve également l'âme du grand Corneille. Ici, c'est l'héroïsme de la foi qui triomphe.

> Je sais, je vois, je crois, je suis désabusée !

On avait dit à Corneille, après *Horace*, qu'il serait de nouveau censuré par l'Académie. « Horace, dit-il, fut condamné par les duumvirs; mais il fut absous par le peuple. » Le grand poëte se sentait; sans ambition, sans empressement auprès des grands, sans désir de fortune, vivant simplement, pauvrement, gardant ses amis et ses relations des premiers jours, ne faisant sentir à personne le poids de sa supériorité, il comprenait pourtant combien la critique était au-dessous de lui, et il disait avec noblesse : « Je n'en suis pas moins Pierre Corneille. »

A trente-quatre ans, il était sans contredit le premier de nos poëtes, puisque aujourd'hui, après plus de deux siècles, il n'a pas encore été égalé, et qu'il ne le sera probablement jamais. La gloire, qui n'est pas toujours compagne du génie, ne lui manquait pas [1]. Cependant il vivait toujours à Rouen, dans un état très-voisin de l'indigence, entre sa vieille mère, son frère Thomas et sa sœur, n'ayant pour ami que l'abbé Legendre, curé d'Hénonville. Le cardinal, partagé entre une admiration involontaire et une sorte de ressentiment jaloux, avait cru faire

---

1. Il s'était marié à Rouen. Il fut malade le jour même de ses noces, et le bruit de sa mort courut à Paris. Ménage lui fit l'épitaphe suivante :

CORNELII TUMULUS.

Hic jacet ille sui lumen Cornelius ævi,
    Quem vatem agnoscit Gallica scena suum.
An major fuerit socco, majorve cothurno,
    Ambiguum ; certe magnus utroque fuit.

Quand on apprit sa guérison, Ménage la célébra dans les vers suivants :

CORNELIUS REDIVIVUS.

Doctus ab infernis remeat Cornelius umbris,
    Et potuit rigidas flectere voce deas.
Threïcium numeris vatem qui dulcibus æquat,
    Debuit et numeris non potuisse minus.

On peut traduire ainsi ces huit vers :

ÉPITAPHE DE CORNEILLE.

Ci-gît Corneille, la lumière de son siècle, le maître de la scène française. On ne sait s'il fut plus grand dans la comédie ou dans la tragédie ; mais, poëte comique ou tragique, il fut toujours admirable.

CORNEILLE RESSUSCITÉ.

Corneille échappe au royaume des ombres ; sa voix a fléchi les divinités infernales. Ses vers, qui égalent en douceur la poésie d'Orphée, ne devaient pas avoir moins de puissance.

assez pour lui en le faisant collègue de Colletet. Il était reçu, par le bénéfice de sa gloire, à l'hôtel de Rambouillet; mais ce provincial timide, ennuyeux, qui ne savait ni réciter ses vers ni même les lire, qui ne causait point, et dont l'extérieur était celui d'un marchand de Rouen, y était plutôt souffert qu'apprécié. L'Académie française, établie pour donner asile à tous les talents, accueillait dans son sein Boisrobert, Colletet, Conrard, Malleville, Tristan, et ne songeait à Corneille que pour le faire censurer par Chapelain. En 1637, dans l'année qui suivit *le Cid*, Richelieu avait donné des lettres d'anoblissement au père de Corneille; c'était alors quelque chose; ce n'était pas assez pourtant pour affranchir le premier et le seul poëte de la France de la misère où il languissait. Trois ans après, ce fils d'un anobli, qui avait fait *le Cid*, *Horace*, *Cinna* et *Polyeucte*, devint amoureux de Marie de Lampérière, fille de M. le lieutenant général des Andelys. M. le lieutenant général compta que la comédie et le cardinal donnaient peu d'argent; que Corneille ne possédait rien, qu'il avait la famille paternelle à soutenir, et il refusa. Il fallut que le cardinal, frappé de la tristesse du pauvre grand homme, fît venir le lieutenant général à Paris, et lui donnât l'ordre de consentir au mariage. Corneille, qui avait été bon fils et bon frère, fut un mari excellent. Il eut six enfants de Marie de Lampérière, qui furent tous élevés à Rouen, où il passa cinquante-six années de sa vie. Quelquefois, quand les besoins étaient trop pressants, il dédiait un chef-d'œuvre à un grand personnage, prince ou financier[1]. Le grand homme se mettait à genoux bien bas, et on lui jetait un maigre sac d'écus pour l'empêcher de mourir de faim. Disons, à la honte du temps et à la justification de Corneille, que cette coutume des humbles dédicaces était passée dans les mœurs.

Ici commence la seconde partie de la vie littéraire de Corneille. Plusieurs des tragédies qu'il fit représenter après *Polyeucte* suffiraient à la gloire d'un autre; mais il ne retrouva plus jamais cette veine héroïque, qui, du *Cid* à *Polyeucte*, lui inspira en quatre ans les quatre ouvrages les plus admirables qu'il y ait sur

---

1. Il dédia *Horace* à Montauron; il dit, dans son épître dédicatoire, que « le généreux M. de Montauron, par une libéralité inouïe en ce siècle, s'est rendu toutes les muses favorables. » Il va même jusqu'à le comparer à Auguste.

aucun théâtre. *Pompée* est trop plein des souvenirs de Lucain, que Corneille, on le sait, préférait à Virgile. « Ce n'est point, dit Voltaire, une tragédie; c'est une tentative que fit Corneille pour mettre sur la scène des morceaux excellents qui ne faisaient point un tout. » L'année suivante, en 1641, Corneille se reposa en revenant à la comédie; et il y revint par un coup de maître. *Le Menteur* est une véritable comédie de caractère, qui est restée au répertoire et s'y soutient avec éclat après une durée de deux siècles. La première comédie de Molière ne parut que onze ans après. On a peine à se figurer l'auteur d'*Horace* et de *Cinna* descendant au ton de la conversation familière, écrivant des vers heureux et faciles, et faisant jaillir le comique de la peinture des mœurs. On se représente ordinairement le grand Corneille tout d'une pièce. Cependant il a débuté par *Mélite*, il a écrit *le Menteur*; et nous le verrons dans sa vieillesse prouver, comme en se jouant, qu'il pouvait égaler Quinault dans la pastorale.

Corneille donna *la Suite du Menteur* en 1643; *Théodore* en 1645. Ici, pour la première fois, on ne le retrouve plus. Le succès de *Polyeucte* l'a égaré. Il croit pouvoir intéresser au martyre d'une jeune vierge exposée à la brutalité de la populace. Ce spectacle n'est que révoltant. Corneille n'était pas l'homme des nuances; il ne pouvoit pas se tromper à demi. Il se releva, en 1644, par *Rodogune*, grande pièce historique, où le personnage de Cléopâtre est un modèle de la terreur tragique. Deux ans après, à quarante ans, il entra à l'Académie française.

Ce ne fut pas sans difficulté. Tant que Richelieu avait vécu, Corneille n'avait pas osé se présenter aux suffrages de l'Académie. Il savait trop que beaucoup de gloire ne suffisait pas pour y entrer, sans un peu de faveur. Après la mort du cardinal, il se présenta deux fois inutilement. On lui préféra M. de Salomon une première fois; une seconde fois M. du Ryer. Tels furent les deux vainqueurs de celui qui avait créé *le Cid*, *Horace*, *Cinna*, *Polyeucte*. Enfin on lui fit l'insigne honneur de l'agréer comme successeur de Maynard. A partir de ce moment, il dut promettre de se partager entre Rouen et Paris. Il eut pourtant son principal domicile à Rouen, jusqu'à l'âge de cinquante-six ans, peut-être par économie. C'est là que ses enfants furent élevés, au collége des jésuites, dont il était sorti lui-même. En 1662, après la mort de sa mère il se fixa à Paris dans la rue d'Argenteuil, où il demeura jusqu'à sa mort, voyant fort peu de monde, quoiqu'il fût assidu à l'Académie et à l'hôtel de Rambouillet. —

Le nouvel académicien donna, en 1647, une nouvelle tragédie historique, *Héraclius*, sujet obscur et chargé de complications qui rendent la pièce à peine intelligible pendant les quatre premiers actes. Le cinquième est digne des beaux jours de Corneille. *Andromède* (1650) porte le titre de tragédie. C'est plutôt un opéra, et l'auteur avoue dans la préface que « cette pièce n'est que pour les yeux. » Il ne parle pas du musicien qui fit la musique des intermèdes; mais il comble d'éloges Torrelli, l'auteur des machines. C'était un nouveau genre que s'ouvrait Corneille, et dans lequel il effaça tous ses contemporains. Il n'y fut inférieur qu'à lui-même. La comédie héroïque de *Don Sanche d'Aragon* (1651) eut peu de succès; mais la tragédie de *Nicomède*, qui parut l'année suivante, et qui devrait peut-être s'appeler, comme *Don Sanche*, une comédie héroïque, est une des belles œuvres de Corneille. Il y a moins d'inspiration et plus d'art que dans ses grands ouvrages. Il avoue lui-même qu'après avoir donné vingt pièces au théâtre, il ne savait plus où trouver quelque chose de nouveau sans s'écarter un peu du grand chemin, et se mettre au hasard de s'égarer. La tendresse et les passions qui sont l'âme des tragédies n'ont aucune part en celle-ci, dit-il; la grandeur de courage y règne seule. C'est dire qu'elle est fondée sur l'admiration, qui est un sentiment plus froid que la terreur et la pitié. Le caractère de Nicomède est d'une grandeur réfléchie qui élève l'âme, mais sans la passionner. Ce caractère, avec une intrigue terrible, telle que celle de *Rodogune*, eût été un chef-d'œuvre.

Nous ne ferons plus que nommer les dernières pièces de Corneille, toutes indignes de lui, malgré quelques éclairs de génie, épars dans des intrigues obscures, dans un style enflé et quelquefois barbare, et au milieu de sentiments exagérés et sans vraisemblance. Il donna successivement *Pertharite* en 1653, *OEdipe* en 1659, *la Conquête de la Toison d'or*, mêlée de musique et de spectacle, en 1661, *Sertorius* en 1662, *Sophonisbe* en 1663, *Othon* en 1665, *Agésilas* en 1666, *Attila* en 1667. On peut remarquer que, dans cette décadence de son génie, Corneille pèche plutôt, dans le style, par défaut de goût que par faiblesse, et dans la composition, par surabondance d'idées que par épuisement. Il ne cessait ni de viser haut, ni d'inventer de grandes machines. Il y a telle de ses dernières tragédies qui contient l'étoffe de plusieurs drames. Il fut remarquable jusqu'au bout par la puissance de l'imagination et l'élévation des sentiments et des idées. L'action des années ne lui avait ôté que la mesure. Lucain avait fini par s'emparer de lui entièrement.

On connaît l'épigramme de Boileau :

> Après l'*Agésilas*,
> Hélas!
> Mais après l'*Attila*,
> Holà!

Nous n'avons pas le courage de rechercher si l'*Agésilas* était plus digne de la proscription du célèbre satirique que l'*Attila*, s'il y a dans *Sertorius* comme un reste affaibli de l'ancienne vigueur de Corneille, et si par exemple l'entrevue de Pompée et de Sertorius n'est pas une des belles scènes qu'il y ait au théâtre. *Attila* parut la même année qu'*Andromaque*. Le succès de Racine effaça tout, et, malgré la protestation de Mme de Sévigné et de quelques bons esprits, les apologistes de Racine n'auraient pas cru l'élever assez haut s'ils ne lui avaient sacrifié Corneille. Le vieil athlète ne se tint pas pour battu. En 1670, il accepta la lutte sur le terrain même de son rival, en écrivant *Tite et Bérénice*. Un caprice de la fameuse Madame (Henriette d'Angleterre) avait donné à Corneille et à Racine ce sujet de tragédie; Racine en fit une élégie touchante qui attira la foule à l'hôtel de Bourgogne. La troupe de Molière, alors au Palais-Royal, joua en même temps la *Bérénice* de Corneille, dont on n'a retenu que ce beau vers :

> Chaque instant de la vie est un pas vers la mort.

Pulchérie, comédie héroïque (1672), *Suréna*, tragédie (1674), furent les deux dernières pièces que Corneille donna au théâtre. Il avait, en 1674, soixante-huit ans, et en vécut encore près de dix, souffrant, sans se plaindre, de la supériorité attribuée à Racine par l'immense majorité des contemporains, et ne soupçonnant peut-être pas, malgré la conscience du génie, qu'un temps viendrait où l'auteur du *Cid*, d'*Horace*, de *Cinna*, de *Polyeucte*, n'aurait plus de rival aux yeux de la postérité.

Corneille a une part, et la plus belle, à revendiquer dans le ballet-tragédie de *Psyché*, qui fut représenté en 1671. Le plan est de Molière, ainsi que le prologue, le premier acte, la première scène du second et la première scène du troisième. Quinault a fait les paroles qui se chantent en musique. « M. Corneille a employé une quinzaine au reste. » Ainsi s'exprime l'avertissement du libraire; et vraiment, c'est une merveille que l'auteur de *Cinna* ait pu écrire, à soixante-cinq ans, des vers tels que ceux-ci :

PSYCHÉ.
Des tendresses du sang peut-on être jaloux?
L'AMOUR.
Je le suis, ma Psyché, de toute la nature :
Les rayons du soleil vous baisent trop souvent;
Vos cheveux souffrent trop les caresses du vent :
Dès qu'il les flatte, j'en murmure;
L'air même que vous respirez
Avec trop de plaisir passe par votre bouche;
Votre habit de trop près vous touche;
Et sitôt que vous soupirez,
Je ne sais quoi qui m'effarouche
Craint parmi vos soupirs des soupirs égarés....

Corneille a travaillé presque exclusivement pour le théâtre. Il faut pourtant citer sa traduction de l'*Imitation de Jésus-Christ*, commencée en 1651 par obéissance pour la reine Anne d'Autriche, et qui renferme de très-beaux vers, quoiqu'on n'y sente rien de l'onction de l'original. Il traduisit aussi en vers les *Louanges de la sainte Vierge*, de L. Bonaventure (1665), l'*Office de la sainte Vierge*, les *sept psaumes de la pénitence*, les *Vêpres et Complies des Dimanches*, et toutes les *hymnes* du Bréviaire romain. Toutes ces poésies sont médiocres. Les *Examens* de ses pièces lui font un titre plus sérieux, et le mettent au rang des plus éminents critiques. L'inspiration chez Corneille s'alliait à un art très-approfondi et très-réfléchi. Il avait étudié les grands critiques de l'antiquité, et surtout les grands modèles de la tragédie et de la comédie. Il connaissait à fond les principales œuvres du théâtre espagnol, qu'il a si fort dépassées en les imitant. On ne peut se lasser d'admirer avec quelle bonne foi il relève ses propres fautes. Auprès des *Examens*, le commentaire de Voltaire ne vaut pas la peine d'être cité.

Son frère, Thomas Corneille, avait dix-neuf ans de moins que lui, de sorte que le grand Corneille l'aimait à la fois comme un père et comme un frère. Ils vécurent toujours ensemble ; ils avaient épousé les deux sœurs, et ne songèrent même pas à faire le partage de leurs biens. Thomas avait le travail plus facile que son aîné. Quand celui-ci ne trouvait pas une rime dont il avait besoin, il ouvrait une trappe qui donnait dans la chambre de son frère, et Thomas lui fournissait la rime sur-le-champ. Pour se distinguer, Thomas avait pris le nom de Corneille de l'Isle, qu'il portait toujours au théâtre ; Pierre prit une fois dans un acte le titre de Damville. C'était la coutume du temps pour les familles nobles ou anoblies de prendre le nom d'une terre. La première pièce de Thomas, *les Engagemens du hasard*, est de 1647 ; mais son premier succès, qui fut très-grand, quoique très-peu mérité, est une tragédie intitulée *Timocrate*, qui fut représentée par la troupe du Marais en 1656. Le grand Corneille avait alors cinquante ans. *Ariane*, qui parut en 1672, en même temps que *Bajazet*, et eut l'étrange honneur de disputer la vogue à ce chef-d'œuvre de Racine, *le Comte d'Essex*, qui fut joué en 1678, et enfin *le Festin de Pierre*, qui n'est que la comédie de Molière habilement versifiée, sont tout ce qui mérite d'être cité parmi les nombreux ouvrages de Thomas Corneille. Il succéda à son frère à l'Académie française, et lui survécut vingt-trois ans. Ce fut Racine, alors directeur de l'Académie, qui répondit à Thomas Corneille le jour de sa réception. Pierre Corneille était mort pendant la nuit. Racine, qui entrait en fonctions de directeur le lendemain de cette mort, réclama l'honneur de faire faire un service pour l'académicien qui venait de mourir. L'ancien directeur le revendiqua pour lui-même, et l'Académie lui donna gain de cause. C'est alors que Benserade dit à Racine : « Nul autre que vous ne pouvoit prétendre à enterrer Corneille ; cependant vous n'avez pu y parvenir. »

On aime à se rappeler que Pierre Corneille ne quitta jamais sa mère ; qu'il vécut avec son frère dans une intimité touchante ; qu'ils élevèrent en commun leurs enfants (chacun d'eux en avait six), et qu'enfin ce grand homme ne trouva jamais dans sa famille qu'une source de consolations. Il pouvait avec cela se passer de la richesse. Mais il faut dire à la charge de Louis XIII, sous lequel parurent tous ses chefs-d'œuvre, à celle de Louis XIV, si vanté pour sa générosité envers les lettres, que Corneille vécut et mourut pauvre. Lorsqu'il était déjà à l'agonie, l'argent manquait dans la maison. Louis XIV le sut et envoya deux cents louis. Il était trop tard. Pierre Corneille s'éteignit au milieu des siens, dans sa soixante-dix-neuvième année, le 1ᵉʳ septembre 1684.

De la famille des deux Corneille sont sortis Fontenelle et Charlotte Corday.

MÉLITE.

COMÉDIE.

1629.

A MONSIEUR DE LIANCOUR.

Monsieur,

Mélite seroit trop ingrate de rechercher une autre protection que la vôtre; elle vous doit cet hommage et cette légère reconnoissance de tant d'obligations qu'elle vous a : non qu'elle présume par là s'en acquitter en quelque sorte, mais seulement pour les publier à toute la France. Quand je considère le peu de bruit qu'elle fit à son arrivée à Paris, venant d'un homme qui ne pouvoit sentir que la rudesse de son pays, et tellement inconnu qu'il étoit avantageux d'en taire le nom; quand je me souviens, dis-je, que ses trois premières représentations ensemble n'eurent point tant d'affluence que la moindre de celles qui les suivirent dans le même hiver, je ne puis rapporter de si foibles commencemens qu'au loisir qu'il falloit au monde pour apprendre que vous en faisiez état, ni des progrès si peu attendus qu'à votre approbation, que chacun se croyoit obligé de suivre après l'avoir sue. C'est de là, monsieur, qu'est venu tout le bonheur de *Mélite*; et, quelques hauts effets qu'elle ait produits depuis, celui dont je me tiens le plus glorieux, c'est l'honneur d'être connu de vous, et de vous pouvoir souvent assurer de bouche que je serai toute ma vie,

Monsieur,

Votre très-humble et très-obéissant serviteur,

CORNEILLE.

AU LECTEUR.

Je sais bien que l'impression d'une pièce en affoiblit la réputation : la publier, c'est l'avilir; et même il s'y rencontre un particulier désavantage pour moi, vu que, ma façon d'écrire étant simple et familière, la lecture fera prendre mes naïvetés pour des bassesses. Aussi beaucoup de mes amis m'ont toujours conseillé de ne rien mettre sous la presse, et ont raison, comme je crois; mais, par je ne sais quel malheur, c'est un conseil que reçoivent de tout le monde ceux qui écrivent, et pas un d'eux ne s'en sert

AU LECTEUR.

Ronsard, Malherbe et Théophile l'ont méprisé; et, si je ne les puis imiter en leurs grâces, je les veux du moins imiter en leurs fautes, si c'en est une que de faire imprimer. Je contenterai par là deux sortes de personnes, mes amis et mes envieux, donnant aux uns de quoi se divertir, aux autres de quoi censurer : et j'espère que les premiers me conserveront encore la même affection qu'ils m'ont témoignée par le passé; que des derniers, si beaucoup font mieux, peu réussiront plus heureusement, et que le reste fera encore quelque sorte d'estime de cette pièce, soit par coutume de l'approuver, soit par honte de se dédire. En tout cas, elle est mon coup d'essai; et d'autres que moi ont intérêt à la défendre, puisque, si elle n'est pas bonne, celles qui sont demeurées au-dessous doivent être fort mauvaises.

ARGUMENT.

Éraste, amoureux de Mélite, la fait connoître à son ami Tircis, et, devenu puis après jaloux de leur hantise, fait rendre des lettres d'amour supposées, de la part de Mélite, à Philandre, accordé de Cloris, sœur de Tircis. Philandre s'étant résolu, par l'artifice et les suasions d'Éraste, de quitter Cloris pour Mélite, montre ces lettres à Tircis. Ce pauvre amant en tombe en désespoir, et se retire chez Lisis, qui vient donner à Mélite de fausses alarmes de sa mort. Elle se pâme à cette nouvelle, et témoignant par là son affection, Lisis la désabuse, et fait revenir Tircis, qui l'épouse. Cependant Cliton ayant vu Mélite pâmée, la croit morte, et en porte la nouvelle à Éraste, aussi bien que de la mort de Tircis. Éraste, saisi de remords, entre en folie; et, remis en son bon sens par la nourrice de Mélite, dont il apprend qu'elle et Tircis sont vivans, il lui va demander pardon de sa fourbe, et obtient de ces deux amans Cloris, qui ne vouloit plus de Philandre après sa légèreté.

PERSONNAGES.

ÉRASTE, amoureux de Mélite.	MONDORY.
TIRCIS, ami d'Éraste, et son rival.	BELLEROSE.
PHILANDRE, amant de Cloris.	
MÉLITE, maîtresse d'Éraste et de Tircis.	Mlle BEAUPRÉ.
CLORIS, sœur de Tircis.	Mlle GAUTIER.
LISIS, ami de Tircis.	
CLITON, voisin de Mélite.	JODELET.
LA NOURRICE de Mélite.	ALISON.

La scène est à Paris.

ACTE PREMIER.

SCÈNE I. — ÉRASTE, TIRCIS.

ÉRASTE.

Je te l'avoue, ami, mon mal est incurable ;
Je n'y sais qu'un remède, et j'en suis incapable :
Le change seroit juste, après tant de rigueur ;
Mais, malgré ses dédains, Mélite a tout mon cœur ;
Elle a sur tous mes sens une entière puissance ;
Si j'ose en murmurer, ce n'est qu'en son absence,
Et je ménage en vain dans un éloignement
Un peu de liberté pour mon ressentiment :
D'un seul de ses regards l'adorable contrainte
Me rend tous mes liens, en resserre l'étreinte,
Et par un si doux charme aveugle ma raison,
Que je cherche mon mal et fuis ma guérison.
Son œil agit sur moi d'une vertu si forte,
Qu'il ranime soudain mon espérance morte,
Combat les déplaisirs de mon cœur irrité,
Et soutient mon amour contre sa cruauté ;
Mais ce flatteur espoir qu'il rejette en mon âme
N'est qu'un doux imposteur qu'autorise ma flamme,
Et qui, sans m'assurer ce qu'il semble m'offrir,
Me fait plaire en ma peine, et m'obstine à souffrir.

TIRCIS.

Que je te trouve, ami, d'une humeur admirable !
Pour paroître éloquent tu te feins misérable :
Est-ce à dessein de voir avec quelles couleurs
Je saurois adoucir les traits de tes malheurs ?
Ne t'imagine pas qu'ainsi, sur ta parole,
D'une fausse douleur un ami te console ;
Ce que chacun en dit ne m'a que trop appris
Que Mélite pour toi n'eut jamais de mépris.

ÉRASTE.

Son gracieux accueil et ma persévérance
Font naître ce faux bruit d'une vaine apparence :
Ses mépris sont cachés, et s'en font mieux sentir ;
Et n'étant point connus, on n'y peut compatir.

TIRCIS.

En étant bien reçu, du reste que t'importe ?
C'est tout ce que tu veux des filles de sa sorte.

ÉRASTE.

Cet accès favorable, ouvert et libre à tous,

Ne me fait pas trouver mon martyre plus doux :
Elle souffre aisément mes soins et mon service ;
Mais, loin de se résoudre à leur rendre justice,
Parler de l'hyménée à ce cœur de rocher,
C'est l'unique moyen de n'en plus approcher.

TIRCIS.

Ne dissimulons point ; tu règles mieux ta flamme,
Et tu n'es pas si fou que d'en faire ta femme.

ÉRASTE.

Quoi ! tu sembles douter de mes intentions ?

TIRCIS.

Je crois malaisément que tes affections,
Sur l'éclat d'un beau teint, qu'on voit si périssable,
Règlent d'une moitié le choix invariable.
Tu serois incivil, de la voir chaque jour
Et ne lui pas tenir quelque propos d'amour ;
Mais d'un vain compliment ta passion bornée
Laisse aller tes desseins ailleurs pour l'hyménée.
Tu sais qu'on te souhaite aux plus riches maisons,
Que les meilleurs partis....

ÉRASTE.

Trêve de ces raisons ;
Mon amour s'en offense, et tiendroit pour supplice
De recevoir des lois d'une sale avarice ;
Il me rend insensible aux faux attraits de l'or,
Et trouve en sa personne un assez grand trésor.

TIRCIS.

Si c'est là le chemin qu'en aimant tu veux suivre,
Tu ne sais guère encor ce que c'est que de vivre.
Ces visages d'éclat sont bons à cajoler,
C'est là qu'un apprenti doit s'instruire à parler ;
J'aime à remplir de feux ma bouche en leur présence ;
La mode nous oblige à cette complaisance ;
Tous ces discours de livre alors sont de saison :
Il faut feindre des maux, demander guérison,
Donner sur le phébus, promettre des miracles ;
Jurer qu'on brisera toute sorte d'obstacles ;
Mais du vent et cela doivent être tout un.

ÉRASTE.

Passe pour des beautés qui sont dans le commun ;
C'est ainsi qu'autrefois j'amusai Crisolite :
Mais c'est d'autre façon qu'on doit servir Mélite.
Malgré tes sentimens, il me faut accorder
Que le souverain bien n'est qu'à la posséder.
Le jour qu'elle naquit, Vénus, bien qu'immortelle,
Pensa mourir de honte en la voyant si belle ;
Les Grâces, à l'envi, descendirent des cieux

Pour se donner l'honneur d'accompagner ses yeux;
Et l'Amour, qui ne put entrer dans son courage,
Voulut obstinément loger sur son visage.

TIRCIS.

Tu le prends d'un haut ton, et je crois qu'au besoin
Ce discours emphatique iroit encor bien loin.
Pauvre amant, je te plains, qui ne sais pas encore
Que, bien qu'une beauté mérite qu'on l'adore,
Pour en perdre le goût, on n'a qu'à l'épouser.
Un bien qui nous est dû se fait si peu priser,
Qu'une femme fût-elle entre toutes choisie,
On en voit en six mois passer la fantaisie.
Tel au bout de ce temps n'en voit plus la beauté
Qu'avec un esprit sombre, inquiet, agité;
Au premier qui lui parle, ou jette l'œil sur elle,
Mille sottes frayeurs lui brouillent la cervelle;
Ce n'est plus lors qu'une aide à faire un favori,
Un charme pour tout autre, et non pour un mari.

ÉRASTE.

Ces caprices honteux et ces chimères vaines
Ne sauroient ébranler des cervelles bien saines;
Et quiconque a su prendre une fille d'honneur
N'a point à redouter l'appât d'un suborneur.

TIRCIS.

Peut-être dis-tu vrai, mais ce choix difficile
Assez et trop souvent trompe le plus habile;
Et l'hymen de soi-même est un si lourd fardeau,
Qu'il faut l'appréhender à l'égal du tombeau.
S'attacher pour jamais aux côtés d'une femme!
Perdre pour des enfans le repos de son âme!
Voir leur nombre importun remplir une maison!
Ah! qu'on aime ce joug avec peu de raison!

ÉRASTE.

Mais il y faut venir; c'est en vain qu'on recule,
C'est en vain qu'on refuit, tôt ou tard on s'y brûle;
Pour libertin qu'on soit, on s'y trouve attrapé:
Toi-même, qui fais tant le cheval échappé,
Nous te verrons un jour songer au mariage.

TIRCIS.

Alors ne pense pas que j'épouse un visage:
Je règle mes désirs suivant mon intérêt.
Si Doris me vouloit, toute laide qu'elle est,
Je l'estimerois plus qu'Aminte et qu'Hippolyte;
Son revenu chez moi tiendroit lieu de mérite:
C'est comme il faut aimer. L'abondance des biens
Pour l'amour conjugal a de puissans liens:
La beauté, les attraits, l'esprit, la bonne mine,

Échauffent bien le cœur, mais non pas la cuisine;
Et l'hymen qui succède à ces folles amours,
Après quelques douceurs, a bien de mauvais jours.
Une amitié si longue est fort mal assurée
Dessus des fondemens de si peu de durée.
L'argent dans le ménage a certaine splendeur
Qui donne un teint d'éclat à la même laideur;
Et tu ne peux trouver de si douces caresses
Dont le goût dure autant que celui des richesses.

ÉRASTE.

Auprès de ce bel œil qui tient mes sens ravis,
A peine pourrois-tu conserver ton avis.

TIRCIS.

La raison en tous lieux est également forte.

ÉRASTE.

L'essai n'en coûte rien; Mélite est à sa porte;
Allons, et tu verras dans ses aimables traits
Tant de charmans appas, tant de brillans attraits,
Que tu seras forcé toi-même à reconnoître
Que si je suis un fou, j'ai bien raison de l'être.

TIRCIS.

Allons, et tu verras que toute sa beauté
Ne saura me tourner contre la vérité.

SCÈNE II. — MÉLITE, ÉRASTE, TIRCIS.

ÉRASTE.

De deux amis, madame, apaisez la querelle.
Un esclave d'amour le défend d'un rebelle;
Si toutefois un cœur qui n'a jamais aimé,
Fier et vain qu'il en est, peut être ainsi nommé.
Comme, dès le moment que je vous ai servie,
J'ai cru qu'il étoit seul la véritable vie,
Il n'est pas merveilleux que ce peu de rapport
Entre nos deux esprits sème quelque discord.
Je me suis donc piqué contre sa médisance
Avec tant de malheur, ou tant d'insuffisance,
Que des droits si sacrés et si pleins d'équité
N'ont pu se garantir de sa subtilité,
Et je l'amène ici, n'ayant plus que répondre,
Assuré que vos yeux le sauront mieux confondre.

MÉLITE.

Vous deviez l'assurer plutôt qu'il trouveroit,
En ce mépris d'amour, qui le seconderoit.

TIRCIS.

Si le cœur ne dédit ce que la bouche exprime,
Et ne fait de l'amour une plus haute estime,

Je plains les malheureux à qui vous en donnez,
Comme à d'étranges maux par leur sort destinés.
MÉLITE.
Ce reproche sans cause avec raison m'étonne.
Je ne reçois d'amour et n'en donne à personne.
Les moyens de donner ce que je n'eus jamais?
ÉRASTE.
Ils vous sont trop aisés; et par vous désormais
La nature pour moi montre son injustice
A pervertir son cours pour me faire un supplice.
MÉLITE.
Supplice imaginaire, et qui sent son moqueur.
ÉRASTE.
Supplice qui déchire et mon âme et mon cœur.
MÉLITE.
Il est rare qu'on porte avec si bon visage
L'âme et le cœur ensemble en si triste équipage.
ÉRASTE.
Votre charmant aspect suspendant mes douleurs,
Mon visage du vôtre emprunte les couleurs.
MÉLITE.
Faites mieux; pour finir vos maux et votre flamme,
Empruntez tout d'un temps les froideurs de mon âme.
ÉRASTE.
Vous voyant, les froideurs perdent tout leur pouvoir;
Et vous n'en conservez que faute de vous voir.
MÉLITE.
Et quoi! tous les miroirs ont-ils de fausses glaces?
ÉRASTE.
Penseriez-vous y voir la moindre de vos grâces?
De si frêles sujets ne sauroient exprimer
Ce que l'amour aux cœurs peut lui seul imprimer;
Et quand vous en voudrez croire leur impuissance,
Cette légère idée et foible connoissance
Que vous aurez par eux de tant de raretés
Vous mettra hors du pair de toutes les beautés.
MÉLITE.
Voilà trop vous tenir dans une complaisance
Que vous dussiez quitter du moins en ma présence,
Et ne démentir pas le rapport de vos yeux,
Afin d'avoir sujet de m'entreprendre mieux.
ÉRASTE.
Le rapport de mes yeux, aux dépens de mes larmes,
Ne m'a que trop appris le pouvoir de vos charmes.
TIRCIS.
Sur peine d'être ingrate, il faut de votre part
Reconnoître les dons que le ciel vous départ.

ÉRASTE.
Voyez que d'un second mon droit se fortifie.
MÉLITE.
Voyez que son secours montre qu'il s'en défie.
TIRCIS.
Je me range toujours avec la vérité.
MÉLITE.
Si vous la voulez suivre, elle est de mon côté.
TIRCIS.
Oui, sur votre visage, et non en vos paroles.
Mais cessez de chercher ces refuites frivoles ;
Et, prenant désormais des sentimens plus doux,
Ne soyez plus de glace à qui brûle pour vous.
MÉLITE.
Un ennemi d'amour me tenir ce langage !
Accordez votre bouche avec votre courage ;
Pratiquez vos conseils, ou ne m'en donnez pas.
TIRCIS.
J'ai connu mon erreur auprès de vos appas ;
Il vous l'avoit bien dit.
ÉRASTE.
Ainsi donc, par l'issue
Mon âme sur ce point n'a point été déçue ?
TIRCIS.
Si tes feux en son cœur produisoient même effet,
Crois-moi que ton bonheur seroit bientôt parfait.
MÉLITE.
Pour voir si peu de chose aussitôt vous dédire,
Me donne à vos dépens de beaux sujets de rire ;
Mais je pourrois bientôt à m'entendre flatter
Concevoir quelque orgueil qu'il vaut mieux éviter.
Excusez ma retraite.
ÉRASTE.
Adieu, belle inhumaine,
De qui seule dépend et ma joie et ma peine.
MÉLITE.
Plus sage à l'avenir, quittez ces vains propos,
Et laissez votre esprit et le mien en repos.

SCÈNE III. — ERASTE, TIRCIS.

ÉRASTE.
Maintenant suis-je un fou ? mérité-je du blâme ?
Que dis-tu de l'objet ? que dis-tu de ma flamme ?
TIRCIS.
Que veux-tu que j'en die ? elle a je ne sais quoi
Qui ne peut consentir que l'on demeure à soi.

Mon cœur, jusqu'à présent à l'amour invincible,
Ne se maintient qu'à force aux termes d'insensible;
Tout autre que Tircis mourroit pour la servir.
ÉRASTE.
Confesse franchement qu'elle a su te ravir,
Mais que tu ne veux pas prendre pour cette belle
Avec le nom d'amant le titre d'infidèle.
Rien que notre amitié ne t'en peut détourner :
Mais ta muse du moins, facile à suborner,
Avec plaisir déjà prépare quelques veilles
A de puissans efforts pour de telles merveilles.
TIRCIS.
En effet, ayant vu tant et de tels appas,
Que je ne rime point, je ne le promets pas.
ÉRASTE.
Tes feux n'iront-ils point plus avant que la rime?
TIRCIS.
Si je brûle jamais, je veux brûler sans crime.
ÉRASTE.
Mais si, sans y penser, tu te trouvois surpris?
TIRCIS.
Quitte pour décharger mon cœur dans mes écrits.
J'aime bien ces discours de plaintes et d'alarmes,
De soupirs, de sanglots, de tourmens et de larmes;
C'est de quoi fort souvent je bâtis ma chanson,
Mais j'en connois, sans plus, la cadence et le son.
Souffre qu'en un sonnet je m'efforce à dépeindre
Cet agréable feu que tu ne peux éteindre;
Tu le pourras donner comme venant de toi.
ÉRASTE.
Ainsi, ce cœur d'acier qui me tient sous sa loi
Verra ma passion pour le moins en peinture.
Je doute néanmoins qu'en cette portraiture
Tu ne suives plutôt tes propres sentimens.
TIRCIS.
Me prépare le ciel de nouveaux châtimens,
Si jamais un tel crime entre dans mon courage!
ÉRASTE.
Adieu. Je suis content, j'ai ta parole en gage,
Et sais trop que l'honneur t'en fera souvenir.
TIRCIS, *seul*.
En matière d'amour rien n'oblige à tenir;
Et les meilleurs amis, lorsque son feu les presse,
Font bientôt vanité d'oublier leur promesse.

SCÈNE IV. — PHILANDRE, CLORIS.

PHILANDRE.

Je meure, mon souci, tu dois bien me haïr;
Tous mes soins depuis peu ne vont qu'à te trahir.

CLORIS.

Ne m'épouvante point; à ta mine, je pense
Que le pardon suivra de fort près cette offense,
Sitôt que j'aurai su quel est ce mauvais tour.

PHILANDRE.

Sache donc qu'il ne vient sinon de trop d'amour.

CLORIS.

J'eusse osé le gager qu'ainsi par son excuse
Ton crime officieux porteroit quelque ruse.

PHILANDRE.

Ton adorable objet, mon unique vainqueur,
Fait naître chaque jour tant de feux en mon cœur,
Que leur excès m'accable, et que pour m'en défaire
J'y cherche des défauts qui puissent me déplaire.
J'examine ton teint dont l'éclat me surprit,
Les traits de ton visage, et ceux de ton esprit;
Mais je n'en puis trouver un seul qui ne me charme.

CLORIS.

Et moi, je suis ravie, après ce peu d'alarme,
Qu'ainsi tes sens trompés te puissent obliger
A chérir ta Cloris, et jamais ne changer.

PHILANDRE.

Ta beauté te répond de ma persévérance,
Et ma foi qui t'en donne une entière assurance.

CLORIS.

Voilà fort doucement dire que, sans ta foi,
Ma beauté ne pourroit te conserver à moi.

PHILANDRE.

Je traiterois trop mal une telle maîtresse
De l'aimer seulement pour tenir ma promesse :
Ma passion en est la cause, et non l'effet;
Outre que tu n'as rien qui ne soit si parfait,
Qu'on ne peut te servir sans voir sur ton visage
De quoi rendre constant l'esprit le plus volage.

CLORIS.

Ne m'en conte point tant de ma perfection;
Tu dois être assuré de mon affection;
Et tu perds tout l'effort de ta galanterie,
Si tu crois l'augmenter par une flatterie.
Une fausse louange est un blâme secret :
Je suis belle à tes yeux, il suffit, sois discret;
C'est mon plus grand bonheur, et le seul où j'aspire.

PHILANDRE.

Tu sais adroitement adoucir mon martyre.
Mais parmi les plaisirs qu'avec toi je ressens,
A peine mon esprit ose croire mes sens,
Toujours entre la crainte et l'espoir en balance;
Car s'il faut que l'amour naisse de ressemblance,
Mes imperfections nous éloignant si fort,
Qu'oserois-je prétendre en ce peu de rapport?

CLORIS.

Du moins ne prétends pas qu'à présent je te loue,
Et qu'un mépris rusé, que ton cœur désavoue,
Me mette sur la langue un babil affété
Pour te rendre à mon tour ce que tu m'as prêté :
Au contraire, je veux que tout le monde sache
Que je connois en toi des défauts que je cache.
Quiconque avec raison peut être négligé
A qui le veut aimer est bien plus obligé.

PHILANDRE.

Quant à toi, tu te crois de beaucoup plus aimable?

CLORIS.

Sans doute; et qu'aurois-tu qui me fût comparable?

PHILANDRE.

Regarde dans mes yeux, et reconnois qu'en moi
On peut voir quelque chose aussi parfait que toi.

CLORIS.

C'est sans difficulté, m'y voyant exprimée.

PHILANDRE.

Quitte ce vain orgueil dont ta vue est charmée.
Tu n'y vois que mon cœur, qui n'a plus un seul trait
Que ceux qu'il a reçus de ton charmant portrait,
Et qui, tout aussitôt que tu t'es fait paroître,
Afin de te mieux voir, s'est mis à la fenêtre.

CLORIS.

Le trait n'est pas mauvais; mais, puisqu'il te plaît tant,
Regarde dans mes yeux, ils t'en montrent autant;
Et nos feux tout pareils ont mêmes étincelles.

PHILANDRE.

Ainsi, chère Cloris, nos ardeurs mutuelles,
Dedans cette union prenant un même cours,
Nous préparent un heur qui durera toujours.
Cependant, en faveur de ma longue souffrance....

CLORIS.

Tais-toi, mon frère vient.

SCÈNE V. — TIRCIS, PHILANDRE, CLORIS.

TIRCIS.
Si j'en crois l'apparence,
Mon arrivée ici fait quelque contre-temps.
PHILANDRE.
Que t'en semble, Tircis?
TIRCIS.
Je vous vois si contens,
Qu'à ne vous rien celer touchant ce qu'il me semble
Du divertissement que vous preniez ensemble,
De moins sorciers que moi pourroient bien deviner
Qu'un troisième ne fait que vous importuner.
CLORIS.
Dis ce que tu voudras; nos feux n'ont point de crimes,
Et pour t'appréhender ils sont trop légitimes,
Puisqu'un hymen sacré promis ces jours passés,
Sous ton consentement, les autorise assez.
TIRCIS.
Ou je te connois mal, ou son heure tardive
Te désoblige fort de ce qu'elle n'arrive.
CLORIS.
Ta belle humeur te tient, mon frère.
TIRCIS.
Assurément.
CLORIS.
Le sujet?
TIRCIS.
J'en ai trop dans ton contentement.
CLORIS.
Le cœur t'en dit d'ailleurs.
TIRCIS.
Il est vrai, je te jure;
J'ai vu je ne sais quoi....
CLORIS.
Dis tout, je t'en conjure.
TIRCIS.
Ma foi, si ton Philandre avoit vu de mes yeux,
Tes affaires, ma sœur, n'en iroient guère mieux.
CLORIS.
J'ai trop de vanité pour croire que Philandre
Trouve encore après moi qui puisse le surprendre.
TIRCIS.
Tes vanités à part, repose-t'en sur moi
Que celle que j'ai vue est bien autre que toi.
PHILANDRE.
Parle mieux de l'objet dont mon âme est ravie;
Ce blasphème à tout autre auroit coûté la vie.

TIRCIS.
Nous tomberons d'accord sans nous mettre en pourpoint.
CLORIS.
Encor, cette beauté, ne la nomme-t-on point?
TIRCIS.
Non pas sitôt. Adieu : ma présence importune
Te laisse à la merci d'amour et de la brune.
Continuez les jeux que vous avez quittés.
CLORIS.
Ne crois pas éviter mes importunités :
Ou tu diras le nom de cette incomparable,
Ou je vais de tes pas me rendre inséparable.
TIRCIS.
Il n'est pas fort aisé d'arracher ce secret.
Adieu : ne perds point temps.
CLORIS.
O l'amoureux discret!
Eh bien! nous allons voir si tu sauras te taire.
PHILANDRE.
(*Il retient Cloris, qui suit son frère.*)
C'est donc ainsi qu'on quitte un amant pour un frère!
CLORIS.
Philandre, avoir un peu de curiosité,
Ce n'est pas envers toi grande infidélité :
Souffre que je dérobe un moment à ma flamme
Pour lire malgré lui jusqu'au fond de son âme.
Nous en rirons après ensemble, si tu veux.
PHILANDRE.
Quoi! c'est là tout l'état que tu fais de mes feux?
CLORIS.
Je ne t'aime pas moins, pour être curieuse,
Et ta flamme à mon cœur n'est pas moins précieuse.
Conserve-moi le tien, et sois sûr de ma foi.
PHILANDRE.
Ah, folle! qu'en t'aimant il faut souffrir de toi!

ACTE SECOND.

SCÈNE I. — ÉRASTE.

Je l'avois bien prévu, que ce cœur infidèle
Ne se défendroit point des yeux de ma cruelle,
Qui traite mille amans avec mille mépris,
Et n'a point de faveurs que pour le dernier pris.
Sitôt qu'il l'aborda, je lus sur son visage

De sa déloyauté l'infaillible présage;
Un inconnu frisson dans mon corps épandu
Me donna les avis de ce que j'ai perdu.
Depuis, cette volage évite ma rencontre,
Ou, si malgré ses soins le hasard me la montre,
Si je puis l'aborder, son discours se confond,
Son esprit en désordre à peine me répond;
Une réflexion vers le traître qu'elle aime
Presque à tous les momens le ramène en lui-même;
Et, tout rêveur qu'il est, il n'a point de soucis
Qu'un soupir ne trahisse au seul nom de Tircis.
Lors, par le prompt effet d'un changement étrange,
Son silence rompu se déborde en louange.
Elle remarque en lui tant de perfections,
Que les moins éclairés verroient ses passions;
Sa bouche ne se plaît qu'en cette flatterie,
Et tout autre propos lui rend sa rêverie.
Cependant, chaque jour aux discours attachés,
Ils ne retiennent plus leurs sentimens cachés;
Ils ont des rendez-vous où l'amour les assemble;
Encore hier sur le soir je les surpris ensemble;
Encor tout de nouveau je la vois qui l'attend.
Que cet œil assuré marque un esprit content!
Perds tout respect, Éraste, et tout soin de lui plaire;
Rends, sans plus différer, ta vengeance exemplaire :
Mais il vaut mieux t'en rire, et pour dernier effort
Lui montrer en raillant combien elle a de tort.

SCENE II. — ÉRASTE, MÉLITE.

ÉRASTE.

Quoi! seule et sans Tircis! vraiment c'est un prodige;
Et ce nouvel amant déjà trop vous néglige,
Laissant ainsi couler la belle occasion
De vous conter l'excès de son affection.

MÉLITE.

Vous savez que son âme en est fort dépourvue.

ÉRASTE.

Toutefois, ce dit-on, depuis qu'il vous a vue,
Il en porte dans l'âme un si doux souvenir,
Qu'il n'a plus de plaisir qu'à vous entretenir.

MÉLITE.

Il a lieu de s'y plaire avec quelque justice.
L'amour ainsi qu'à lui me paroît un supplice;
Et sa froideur, qu'augmente un si lourd entretien,
Le résout d'autant mieux à n'aimer jamais rien.

ÉRASTE.
Dites : à n'aimer rien que la belle Mélite.
MÉLITE.
Pour tant de vanité j'ai trop peu de mérite.
ÉRASTE.
En faut-il tant avoir pour ce nouveau venu?
MÉLITE.
Un peu plus que pour vous.
ÉRASTE.
De vrai, j'ai reconnu,
Vous ayant pu servir deux ans, et davantage,
Qu'il faut si peu que rien à toucher mon courage.
MÉLITE.
Encor si peu que c'est vous étant refusé,
Présumez comme ailleurs vous serez méprisé.
ÉRASTE.
Vos mépris ne sont pas de grande conséquence,
Et ne vaudront jamais la peine que j'y pense;
Sachant qu'il vous voyoit, je m'étois bien douté
Que je ne serois plus que fort mal écouté.
MÉLITE.
Sans que mes actions de plus près j'examine,
A la meilleure humeur je fais meilleure mine;
Et s'il m'osoit tenir de semblables discours,
Nous romprions ensemble avant qu'il fût deux jours.
ÉRASTE.
Si chaque objet nouveau de même vous engage,
Il changera bientôt d'humeur et de langage.
Caressé maintenant aussitôt qu'aperçu,
Qu'auroit-il à se plaindre, étant si bien reçu?
MÉLITE.
Éraste, voyez-vous, trêve de jalousie;
Purgez votre cerveau de cette frénésie;
Laissez en liberté mes inclinations.
Qui vous a fait censeur de mes affections?
Est-ce à votre chagrin que j'en dois rendre compte?
ÉRASTE.
Non, mais j'ai malgré moi pour vous un peu de honte
De ce qu'on dit partout du trop de privauté
Que déjà vous souffrez à sa témérité.
MÉLITE.
Ne soyez en souci que de ce qui vous touche.
ÉRASTE.
Le moyen, sans regret, de vous voir si farouche
Aux légitimes vœux de tant de gens d'honneur,
Et d'ailleurs si facile à ceux d'un suborneur?

MÉLITE.

Ce n'est pas contre lui qu'il faut en ma présence
Lâcher les traits jaloux de votre médisance.
Adieu. Souvenez-vous que ces mots insensés
L'avanceront chez moi plus que vous ne pensez.

SCÈNE III. — ÉRASTE.

C'est là donc ce qu'enfin me gardoit ton caprice?
C'est ce que j'ai gagné par deux ans de service?
C'est ainsi que mon feu, s'étant trop abaissé,
D'un outrageux mépris se voit récompensé?
Tu m'oses préférer un traître qui te flatte;
Mais dans ta lâcheté ne crois pas que j'éclate,
Et que par la grandeur de mes ressentimens
Je laisse aller au jour celle de mes tourmens.
Un aveu si public qu'en feroit ma colère
Enfleroit trop l'orgueil de ton âme légère,
Et me convaincroit trop de ce désir abject
Qui m'a fait soupirer pour un indigne objet.
Je saurai me venger, mais avec l'apparence
De n'avoir pour tous deux que de l'indifférence.
Il fut toujours permis de tirer sa raison
D'une infidélité par une trahison.
Tiens, déloyal ami, tiens ton âme assurée
Que ton heur surprenant aura peu de durée;
Et que, par une adresse égale à tes forfaits,
Je mettrai le désordre où tu crois voir la paix.
L'esprit fourbe et vénal d'un voisin de Mélite
Donnera prompte issue à ce que je médite.
A servir qui l'achète il est toujours tout prêt,
Et ne voit rien d'injuste où brille l'intérêt.
Allons sans perdre temps lui payer ma vengeance,
Et la pistole en main presser sa diligence.

SCÈNE IV. — TIRCIS, CLORIS.

TIRCIS.

Ma sœur, un mot d'avis sur un méchant sonnet
Que je viens de brouiller dedans mon cabinet.

CLORIS.

C'est à quelque beauté que ta muse l'adresse?

TIRCIS.

En faveur d'un ami je flatte sa maîtresse.
Vois si tu le connois, et si, parlant pour lui,
J'ai su m'accommoder aux passions d'autrui.

ACTE II, SCÈNE IV.

SONNET.

Après l'œil de Mélite il n'est rien d'admirable.

CLORIS.

Ah! frère, il n'en faut plus.

TIRCIS.

Tu n'es pas supportable
De me rompre sitôt.

CLORIS.

C'étoit sans y penser ;
Achève.

TIRCIS.

Tais-toi donc, je vais recommencer.

SONNET.

Après l'œil de Mélite il n'est rien d'admirable ;
Il n'est rien de solide après ma loyauté.
Mon feu, comme son teint, se rend incomparable ;
Et je suis en amour ce qu'elle est en beauté.

Quoi que puisse à mes sens offrir la nouveauté,
Mon cœur à tous ses traits demeure invulnérable ;
Et, bien qu'elle ait au sien la même cruauté,
Ma foi pour ses rigueurs n'en est pas moins durable.

C'est donc avec raison que mon extrême ardeur
Trouve chez cette belle une extrême froideur,
Et que sans être aimé je brûle pour Mélite ;

Car de ce que les dieux, nous envoyant au jour,
Donnèrent pour nous deux d'amour et de mérite,
Elle a tout le mérite, et moi j'ai tout l'amour.

CLORIS.

Tu l'as fait pour Éraste ?

TIRCIS.

Oui, j'ai dépeint sa flamme.

CLORIS.

Comme tu la ressens peut-être dans ton âme ?

TIRCIS.

Tu sais mieux qui je suis, et que ma libre humeur
N'a de part en mes vers que celle de rimeur.

CLORIS.

Pauvre frère, vois-tu, ton silence t'abuse ;
De la langue ou des yeux, n'importe qui t'accuse :
Les tiens m'avoient bien dit, malgré toi, que ton cœur
Soupiroit sous les lois de quelque objet vainqueur ;
Mais j'ignorois encor qui tenoit ta franchise,
Et le nom de Mélite a causé ma surprise
Sitôt qu'au premier vers ton sonnet m'a fait voir
Ce que depuis huit jours je brûlois de savoir.

TIRCIS.
Tu crois donc que j'en tiens?
CLORIS.
Fort avant.
TIRCIS.
Pour Mélite?
CLORIS.
Pour Mélite; et de plus que ta flamme n'excite
Au cœur de cette belle aucun embrasement.
TIRCIS.
Qui t'en a tant appris? mon sonnet?
CLORIS.
Justement.
TIRCIS.
Et c'est ce qui te trompe avec tes conjectures,
Et par où ta finesse a mal pris ses mesures.
Un visage jamais ne m'auroit arrêté,
S'il falloit que l'amour fût tout de mon côté.
Ma rime seulement est un portrait fidèle
De ce qu'Éraste souffre en servant cette belle;
Mais, quand je l'entretiens de mon affection,
J'en ai toujours assez de satisfaction.
CLORIS.
Montre, si tu dis vrai, quelque peu plus de joie;
Et rends-toi moins rêveur, afin que je te croie.
TIRCIS.
Je rêve, et mon esprit ne s'en peut exempter;
Car sitôt que je viens à me représenter
Qu'une vieille amitié de mon amour s'irrite,
Qu'Éraste s'en offense, et s'oppose à Mélite,
Tantôt je suis ami, tantôt je suis rival;
Et, toujours balancé d'un contre-poids égal,
J'ai honte de me voir insensible ou perfide.
Si l'amour m'enhardit, l'amitié m'intimide.
Entre ces mouvemens mon esprit partagé
Ne sait duquel des deux il doit prendre congé.
CLORIS.
Voilà bien des détours pour dire, au bout du compte,
Que c'est contre ton gré que l'amour te surmonte.
Tu présumes par là me le persuader;
Mais ce n'est pas ainsi qu'on m'en donne à garder.
A la mode du temps, quand nous servons quelque autre,
C'est seulement alors qu'il n'y va rien du nôtre.
Chacun en son affaire est son meilleur ami,
Et tout autre intérêt ne touche qu'à demi.
TIRCIS.
Que du foudre à tes yeux j'éprouve la furie,

Si rien que ce rival cause ma rêverie!
CLORIS.
C'est donc assurément son bien qui t'est suspect;
Son bien te fait rêver, et non pas son respect;
Et, toute amitié bas, tu crains que sa richesse
En dépit de tes feux n'obtienne ta maîtresse.
TIRCIS.
Tu devines, ma sœur; cela me fait mourir.
CLORIS.
Ce sont vaines frayeurs dont je veux te guérir.
Depuis quand ton Éraste en tient-il pour Mélite?
TIRCIS.
Il rend depuis deux ans hommage à son mérite.
CLORIS.
Mais dit-il les grands mots? parle-t-il d'épouser?
TIRCIS.
Presque à chaque moment.
CLORIS.
Laisse-le donc jaser.
Ce malheureux amant ne vaut pas qu'on le craigne;
Quelque riche qu'il soit, Mélite le dédaigne :
Puisqu'on voit sans effet deux ans d'affection,
Tu ne dois plus douter de son aversion;
Le temps ne la rendra que plus grande et plus forte.
On prend soudain au mot les hommes de sa sorte,
Et, sans rien hasarder à la moindre longueur,
On leur donne la main, dès qu'ils offrent le cœur.
TIRCIS.
Sa mère peut agir de puissance absolue.
CLORIS.
Crois que déjà l'affaire en seroit résolue,
Et qu'il auroit déjà de quoi se contenter,
Si sa mère étoit femme à la violenter.
TIRCIS.
Ma crainte diminue, et ma douleur s'apaise;
Mais si je t'abandonne, excuse mon trop d'aise.
Avec cette lumière et ma dextérité,
J'en veux aller savoir toute la vérité.
Adieu.
CLORIS.
Moi, je m'en vais paisiblement attendre
Le retour désiré du paresseux Philandre.
Un moment de froideur lui fera souvenir
Qu'il faut une autre fois tarder moins à venir.

SCÈNE V. — ÉRASTE, CLITON.

ÉRASTE, *lui donnant une lettre.*

Va-t'en chercher Philandre, et dis-lui que Mélite
A dedans ce billet sa passion décrite;
Dis-lui que sa pudeur ne sauroit plus cacher
Un feu qui la consume, et qu'elle tient si cher;
Mais prends garde surtout à bien jouer ton rôle;
Remarque sa couleur, son maintien, sa parole;
Vois si dans la lecture un peu d'émotion
Ne te montrera rien de son intention.

CLITON.

Cela vaut fait, monsieur.

ÉRASTE.

Mais, après ce message,
Sache avec tant d'adresse ébranler son courage,
Que tu viennes à bout de sa fidélité.

CLITON.

Monsieur, reposez-vous sur ma subtilité;
Il faudra malgré lui qu'il donne dans le piége;
Ma tête sur ce point vous servira de pleige[1];
Mais aussi vous savez....

ÉRASTE.

Oui, va, sois diligent.
Ces âmes du commun n'ont pour but que l'argent;
Et je n'ai que trop vu par mon expérience....
Mais tu reviens bientôt?

CLITON.

Donnez-vous patience,
Monsieur; il ne nous faut qu'un moment de loisir,
Et vous pourrez vous-même en avoir le plaisir.

ÉRASTE.

Comment?

CLITON.

De ce carfour j'ai vu venir Philandre.
Cachez-vous en ce coin, et de là sachez prendre
L'occasion commode à seconder mes coups:
Par là nous le tenons. Le voici; sauvez-vous.

SCÈNE VI. — PHILANDRE, ÉRASTE, CLITON.

PHILANDRE.

(*Éraste est caché et les écoute.*)

Quelle réception me fera ma maîtresse?
Le moyen d'excuser une telle paresse?

---

1. « Vous servira de gage. »

CLITON.
Monsieur, tout à propos je vous rencontre ici,
Expressément chargé de vous rendre ceci.
PHILANDRE.
Qu'est-ce ?
CLITON.
Vous allez voir, en lisant cette lettre,
Ce qu'un homme jamais n'oseroit se promettre.
Ouvrez-la seulement.
PHILANDRE.
Va, tu n'es qu'un conteur.
CLITON.
Je veux mourir au cas qu'on me trouve menteur.

LETTRE SUPPOSÉE DE MÉLITE A PHILANDRE.

Malgré le devoir et la bienséance du sexe, celle-ci m'échappe en faveur de vos mérites, pour vous apprendre que c'est Mélite qui vous écrit, et qui vous aime. Si elle est assez heureuse pour recevoir de vous une réciproque affection, contentez-vous de cet entretien par lettres, jusqu'à ce qu'elle ait ôté de l'esprit de sa mère quelques personnes qui n'y sont que trop bien pour son contentement.

ÉRASTE, *feignant d'avoir lu la lettre par-dessus son épaule.*
C'est donc la vérité que la belle Mélite
Fait du brave Philandre une louable élite,
Et qu'il obtient ainsi de sa seule vertu
Ce qu'Éraste et Tircis ont en vain débattu !
Vraiment dans un tel choix mon regret diminue ;
Outre qu'une froideur depuis peu survenue,
De tant de vœux perdus ayant su me lasser,
N'attendoit qu'un prétexte à m'en débarrasser.
PHILANDRE.
Me dis-tu que Tircis brûle pour cette belle ?
ÉRASTE.
Il en meurt.
PHILANDRE.
Ce courage à l'amour si rebelle ?
ÉRASTE.
Lui-même.
PHILANDRE.
Si ton cœur ne tient plus qu'à demi,
Tu peux le retirer en faveur d'un ami ;
Sinon, pour mon regard ne cesse de prétendre :
Étant pris une fois, je ne suis plus à prendre.
Tout ce que je puis faire à ce beau feu naissant,
C'est de m'en revancher par un zèle impuissant ;
Et ma Cloris la prie, afin de s'en distraire,
De tourner, s'il se peut, sa flamme vers son frère.

ÉRASTE.
Auprès de sa beauté qu'est-ce que ta Cloris?
PHILANDRE.
Un peu plus de respect pour ce que je chéris.
ÉRASTE.
Je veux qu'elle ait en soi quelque chose d'aimable;
Mais enfin à Mélite est-elle comparable?
PHILANDRE.
Qu'elle le soit ou non, je n'examine pas
Si des deux l'une ou l'autre a plus ou moins d'appas.
J'aime l'une; et mon cœur pour toute autre insensible....
ÉRASTE.
Avise toutefois, le prétexte est plausible.
PHILANDRE.
J'en serois mal voulu des hommes et des dieux.
ÉRASTE.
On pardonne aisément à qui trouve son mieux.
PHILANDRE.
Mais en quoi gît ce mieux?
ÉRASTE.
En esprit, en richesse.
PHILANDRE.
O le honteux motif à changer de maîtresse!
ÉRASTE.
En amour.
PHILANDRE.
Cloris m'aime, et, si je m'y connoi,
Rien ne peut égaler celui qu'elle a pour moi.
ÉRASTE.
Tu te détromperas, si tu veux prendre garde
A ce qu'à ton sujet l'une et l'autre hasarde.
L'une en t'aimant s'expose au péril d'un mépris;
L'autre ne t'aime point que tu n'en sois épris :
L'une t'aime engagé vers une autre moins belle;
L'autre se rend sensible à qui n'aime rien qu'elle :
L'une au desçu des siens te montre son ardeur;
Et l'autre après leur choix quitte un peu sa froideur :
L'une....
PHILANDRE.
Adieu : des raisons de si peu d'importance
Ne pourroient en un siècle ébranler ma constance.
(*Il dit ce vers à Cliton tout bas.*)
Dans deux heures d'ici tu viendras me revoir.
CLITON.
Disposez librement de mon petit pouvoir.
ÉRASTE, *seul*.
Il a beau déguiser, il a goûté l'amorce;

Cloris déjà sur lui n'a presque plus de force :
Ainsi je suis deux fois vengé du ravisseur,
Ruinant tout ensemble et le frère et la sœur.

SCÈNE VII. — TIRCIS, ÉRASTE MÉLITE.

TIRCIS.

Éraste, arrête un peu.

ÉRASTE.

Que me veux-tu?

TIRCIS.

Te rendre
Ce sonnet que pour toi j'ai promis d'entreprendre.

MÉLITE, *au travers d'une jalousie, cependant qu'Éraste lit le sonnet.*

Que font-ils là tous deux? qu'ont-ils à démêler?
Ce jaloux à la fin le pourra quereller :
Du moins les complimens, dont peut-être ils se jouent,
Sont des civilités qu'en l'âme ils désavouent.

TIRCIS.

J'y donne une raison de ton sort inhumain.
Allons, je le veux voir présenter de ta main
A ce charmant objet dont ton âme est blessée.

ÉRASTE, *lui rendant son sonnet.*

Une autre fois, Tircis; quelque affaire pressée
Fait que je ne saurois pour l'heure m'en charger.
Tu trouveras ailleurs un meilleur messager.

TIRCIS, *seul.*

La belle humeur de l'homme! O dieux, quel personnage!
Quel ami j'avois fait de ce plaisant visage!
Une mine froncée, un regard de travers,
C'est le remercîment que j'aurois de mes vers.
Je manque, à son avis, d'assurance ou d'adresse,
Pour les donner moi-même à sa jeune maîtresse,
Et prendre ainsi le temps de dire à sa beauté
L'empire que ses yeux ont sur ma liberté.
Je pense l'entrevoir par cette jalousie :
Oui, mon âme de joie en est toute saisie.
Hélas! et le moyen de pouvoir lui parler,
Si mon premier aspect l'oblige à s'en aller?
Que cette joie est courte, et qu'elle est cher vendue!
Toutefois tout va bien, la voilà descendue.
Ses regards pleins de feu s'entendent avec moi;
Que dis-je? en s'avançant elle m'appelle à soi.

SCÈNE VIII. — MÉLITE, TIRCIS.

MÉLITE.

Eh bien! qu'avez-vous fait de votre compagnie?

TIRCIS.

Je ne puis rien juger de ce qui l'a bannie :
A peine ai-je eu loisir de lui dire deux mots,
Qu'aussitôt le fantasque, en me tournant le dos,
S'est échappé de moi.

MÉLITE.

Sans doute il m'aura vue,
Et c'est de là que vient cette fuite imprévue.

TIRCIS.

Vous aimant comme il fait, qui l'eût jamais pensé?

MÉLITE.

Vous ne savez donc rien de ce qui s'est passé?

TIRCIS.

J'aimerois beaucoup mieux savoir ce qui se passe,
Et la part qu'a Tircis en votre bonne grâce.

MÉLITE.

Meilleure aucunement qu'Éraste ne voudroit.
Je n'ai jamais connu d'amant si maladroit;
Il ne sauroit souffrir qu'autre que lui m'approche.
Dieux! qu'à votre sujet il m'a fait de reproche!
Vous ne sauriez me voir sans le désobliger.

TIRCIS.

Et de tous mes soucis c'est là le plus léger.
Toute une légion de rivaux de sa sorte
Ne divertiroit pas l'amour que je vous porte,
Qui ne craindra jamais les humeurs d'un jaloux.

MÉLITE.

Aussi le croit-il bien, ou je me trompe.

TIRCIS.

Et vous?

MÉLITE.

Bien que cette croyance à quelque erreur m'expose,
Pour lui faire dépit, j'en croirai quelque chose.

TIRCIS.

Mais afin qu'il reçût un entier déplaisir,
Il faudroit que nos cœurs n'eussent plus qu'un désir,
Et quitter ces discours de volontés sujettes,
Qui ne sont point de mise en l'état où vous êtes.
Vous-même consultez un moment vos appas;
Songez à leurs effets, et ne présumez pas
Avoir sur tous les cœurs un pouvoir si suprême,
Sans qu'il vous soit permis d'en user sur vous-même.
Un si digne sujet ne reçoit point de loi,

De règle, ni d'avis, d'un autre que de soi.
####### MÉLITE.
Ton mérite, plus fort que ta raison flatteuse,
Me rend, je le confesse, un peu moins scrupuleuse.
Je dois tout à ma mère, et pour tout autre amant
Je voudrois tout remettre à son commandement :
Mais attendre pour toi l'effet de sa puissance,
Sans te rien témoigner que par obéissance,
Tircis, ce seroit trop ; tes rares qualités
Dispensent mon devoir de ces formalités.
####### TIRCIS.
Que d'amour et de joie un tel aveu me donne!
####### MÉLITE.
C'est peut-être en trop dire, et me montrer trop bonne ;
Mais par là tu peux voir que mon affection
Prend confiance entière en ta discrétion.
####### TIRCIS.
Vous la verrez toujours dans un respect sincère
Attacher mon bonheur à celui de vous plaire,
N'avoir point d'autre soin, n'avoir point d'autre esprit ;
Et si vous en voulez un serment par écrit,
Ce sonnet, que pour vous vient de tracer ma flamme,
Vous fera voir à nu jusqu'au fond de mon âme.
####### MÉLITE.
Garde bien ton sonnet, et pense qu'aujourd'hui
Mélite veut te croire autant et plus que lui.
Je le prends toutefois comme un précieux gage
Du pouvoir que mes yeux ont pris sur ton courage.
Adieu : sois-moi fidèle en dépit du jaloux.
####### TIRCIS.
O ciel! jamais amant eut-il un sort plus doux!

ACTE TROISIÈME.

SCÈNE I. — PHILANDRE.

Tu l'as gagné, Mélite ; il ne m'est pas possible
D'être à tant de faveurs plus longtemps insensible.
Tes lettres où sans fard tu dépeins ton esprit,
Tes lettres où ton cœur est si bien par écrit,
Ont charmé tous mes sens par leurs douces promesses.
Leur attente vaut mieux, Cloris, que tes caresses.
Ah! Mélite, pardon! je t'offense à nommer
Celle qui m'empêcha si longtemps de t'aimer.
Souvenirs importuns d'une amante laissée,

Qui venez malgré moi remettre en ma pensée
Un portrait que j'en veux tellement effacer
Que le sommeil ait peine à me le retracer,
Hâtez-vous de sortir sans plus troubler ma joie;
Et, retournant trouver celle qui vous envoie,
Dites-lui de ma part, pour la dernière fois,
Qu'elle est en liberté de faire un autre choix;
Que ma fidélité n'entretient plus ma flamme,
Ou que, s'il m'en demeure encore un peu dans l'âme,
Je souhaite, en faveur de ce reste de foi,
Qu'elle puisse gagner au change autant que moi.
Dites-lui que Mélite, ainsi qu'une déesse,
Est de tous nos désirs souveraine maîtresse,
Dispose de nos cœurs, force nos volontés,
Et que par son pouvoir nos destins surmontés
Se tiennent trop heureux de prendre l'ordre d'elle;
Enfin que tous mes vœux....

SCÈNE II. — TIRCIS, PHILANDRE.

TIRCIS.
Philandre!
PHILANDRE.
Qui m'appelle?
TIRCIS.
Tircis, dont le bonheur au plus haut point monté,
Ne peut être parfait sans te l'avoir conté.
PHILANDRE.
Tu me fais trop d'honneur par cette confidence.
TIRCIS.
J'userois envers toi d'une sotte prudence,
Si je faisois dessein de te dissimuler
Ce qu'aussi bien mes yeux ne sauroient te celer.
PHILANDRE.
En effet, si l'on peut te juger au visage,
Si l'on peut par tes yeux lire dans ton courage,
Ce qu'ils montrent de joie à tel point me surprend,
Que je n'en puis trouver de sujet assez grand;
Rien n'atteint, ce me semble, aux signes qu'ils en donnent.
TIRCIS.
Que fera le sujet, si les signes t'étonnent?
Mon bonheur est plus grand qu'on ne peut soupçonner,
C'est quand tu l'auras su qu'il faudra t'étonner.
PHILANDRE.
Je ne le saurai pas sans marque plus expresse.
TIRCIS.
Possesseur, autant vaut....

ACTE III, SCÈNE II.

PHILANDRE.
De quoi?

TIRCIS.
D'une maîtresse
Belle, honnête, jolie, et dont l'esprit charmant
De son seul entretien peut ravir un amant;
En un mot, de Mélite.

PHILANDRE.
Il est vrai qu'elle est belle :
Tu n'as pas mal choisi; mais....

TIRCIS.
Quoi, mais?

PHILANDRE.
T'aime-t-elle?

TIRCIS.
Cela n'est plus en doute.

PHILANDRE.
Et de cœur?

TIRCIS.
Et de cœur,
Je t'en réponds.

PHILANDRE.
Souvent un visage moqueur
N'a que le beau semblant d'une mine hypocrite.

TIRCIS.
Je ne crains rien de tel du côté de Mélite.

PHILANDRE.
Écoute, j'en ai vu de toutes les façons;
J'en ai vu qui sembloient n'être que des glaçons,
Dont le feu retenu par une adroite feinte
S'allumoit d'autant plus qu'il souffroit de contrainte;
J'en ai vu, mais beaucoup, qui, sous le faux appas
Des preuves d'un amour qui ne les touchoit pas,
Prenoient du passe-temps d'une folle jeunesse
Qui se laisse affiner à ces traits de souplesse,
Et pratiquoient sous main d'autres affections :
Mais j'en ai vu fort peu de qui les passions
Fussent d'intelligence avec tout le visage.

TIRCIS.
Et de ce petit nombre est celle qui m'engage:
De sa possession je me tiens aussi seur
Que tu te peux tenir de celle de ma sœur.

PHILANDRE.
Donc si ton espérance à la fin n'est déçue,
Ces deux amours auront une pareille issue.

TIRCIS.
Si cela n'arrivoit, je me tromperois fort.

PHILANDRE.
Pour te faire plaisir j'en veux être d'accord.
Cependant apprends-moi comment elle te traite,
Et qui te fait juger son ardeur si parfaite.

TIRCIS.
Une parfaite ardeur a trop de truchemens
Par qui se faire entendre aux esprits des amans;
Un coup d'œil, un soupir....

PHILANDRE.
Ces faveurs ridicules
Ne servent qu'à duper des âmes trop crédules.
N'as-tu rien que cela?

TIRCIS.
Sa parole et sa foi.

PHILANDRE.
Encor c'est quelque chose. Achève, et conte-moi
Les petites douceurs, les aimables tendresses
Qu'elle se plaît à joindre à de telles promesses.
Quelques lettres du moins te daignent confirmer
Ce vœu qu'entre tes mains elle a fait de t'aimer?

TIRCIS.
Recherche qui voudra ces menus badinages,
Qui n'en sont pas toujours de fort sûrs témoignages;
Je n'ai que sa parole, et ne veux que sa foi.

PHILANDRE.
Je connois donc quelqu'un plus avancé que toi.

TIRCIS.
J'entends qui tu veux dire; et, pour ne te rien feindre,
Ce rival est bien moins à redouter qu'à plaindre.
Éraste, qu'ont banni ses dédains rigoureux....

PHILANDRE.
Je parle de quelque autre un peu moins malheureux.

TIRCIS.
Je ne connois que lui qui soupire pour elle.

PHILANDRE.
Je ne te tiendrai point plus longtemps en cervelle :
Pendant qu'elle t'amuse avec ses beaux discours,
Un rival inconnu possède ses amours;
Et la dissimulée, au mépris de ta flamme,
Par lettres, chaque jour, lui fait don de son âme.

TIRCIS.
De telles trahisons lui sont trop en horreur.

PHILANDRE.
Je te veux, par pitié, tirer de cette erreur.
Tantôt, sans y penser, j'ai trouvé cette lettre;
Tiens, vois ce que tu peux désormais t'en promettre.

LETTRE SUPPOSÉE DE MÉLITE A PHILANDRE.

Je commence à m'estimer quelque chose, puisque je vous plais; et mon miroir m'offense tous les jours, ne me représentant pas assez belle, comme je m'imagine qu'il faut être pour mériter votre affection. Aussi je veux bien que vous sachiez que Mélite ne croit la posséder que par faveur, ou comme une récompense extraordinaire d'un excès d'amour, dont elle tâche de suppléer au défaut des grâces que le ciel lui a refusées.

PHILANDRE.
Maintenant qu'en dis-tu? n'est-ce pas t'affronter?
TIRCIS.
Cette lettre en tes mains ne peut m'épouvanter.
PHILANDRE.
La raison?
TIRCIS.
Le porteur a su combien je t'aime,
Et par galanterie il t'a pris pour moi-même,
Comme aussi ce n'est qu'un de deux parfaits amis.
PHILANDRE.
Voilà bien te flatter plus qu'il ne t'est permis,
Et pour ton intérêt aimer à te méprendre.
TIRCIS.
On t'en aura donné quelque autre pour me rendre,
Afin qu'encore un coup je sois ainsi déçu.
PHILANDRE.
Oui, j'ai quelque billet que tantôt j'ai reçu;
Et puisqu'il est pour toi....
TIRCIS.
Que ta longueur me tue!
Dépêche.
PHILANDRE.
Le voilà que je te restitue.

AUTRE LETTRE SUPPOSÉE DE MÉLITE A PHILANDRE.

Vous n'avez plus affaire qu'à Tircis; je le souffre encore, afin que par sa hantise je remarque plus exactement ses défauts et les fasse mieux goûter à ma mère. Après cela Philandre et Mélite auront tout loisir de rire ensemble des belles imaginations dont le frère et la sœur ont repu leurs espérances.

PHILANDRE.
Te voilà tout rêveur, cher ami; par ta foi,
Crois-tu que ce billet s'adresse encore à toi?
TIRCIS.
Traître! c'est donc ainsi que ma sœur méprisée
Sert à ton changement d'un sujet de risée?
C'est ainsi qu'à sa foi Mélite osant manquer
D'un parjure si noir ne fait que se moquer?
C'est ainsi que sans honte à mes yeux tu subornes

Un amour qui pour moi devoit être sans bornes ?
Suis-moi tout de ce pas; que, l'épée à la main,
Un si cruel affront se répare soudain :
Il faut que pour tous deux ta tête me réponde.

PHILANDRE.

Si, pour te voir trompé, tu te déplais au monde,
Cherche en ce désespoir qui t'en veuille arracher :
Quant à moi, ton trépas me coûteroit trop cher.

TIRCIS.

Quoi! tu crains le duel?

PHILANDRE.

Non; mais j'en crains la suite,
Où la mort du vaincu met le vainqueur en fuite;
Et du plus beau succès le dangereux éclat
Nous fait perdre l'objet et le prix du combat.

TIRCIS.

Tant de raisonnement et si peu de courage
Sont de tes lâchetés le digne témoignage.
Viens, ou dis que ton sang n'oseroit s'exposer.

PHILANDRE.

Mon sang n'est plus à moi; je n'en puis disposer.
Mais, puisque ta douleur de mes raisons s'irrite,
J'en prendrai, dès ce soir, le congé de Mélite.
Adieu.

SCÈNE III. — TIRCIS.

Tu fuis, perfide, et ta légèreté,
T'ayant fait criminel, te met en sûreté!
Reviens, reviens défendre une place usurpée :
Celle qui te chérit vaut bien un coup d'épée.
Fais voir que l'infidèle, en se donnant à toi,
A fait choix d'un amant qui valoit mieux que moi :
Soutiens son jugement, et sauve ainsi de blâme
Celle qui pour la tienne a négligé ma flamme.
Crois-tu qu'on la mérite à force de courir?
Peux-tu m'abandonner ses faveurs sans mourir?
O lettres, ô faveurs indignement placées,
A ma discrétion honteusement laissées!
O gages qu'il néglige ainsi que superflus!
Je ne sais qui de nous vous diffamez le plus;
Je ne sais qui des trois doit rougir davantage;
Car vous nous apprenez qu'elle est une volage,
Son amant un parjure, et moi sans jugement,
De n'avoir rien prévu de leur déguisement :
Mais il le falloit bien que cette âme infidèle,
Changeant d'affection, prît un traître comme elle;
Et que le digne amant qu'elle a su rechercher

A sa déloyauté n'eût rien à reprocher.
Cependant j'en croyois cette fausse apparence
Dont elle repaissoit ma frivole espérance ;
J'en croyois ces regards, qui, tout remplis d'amour,
Étoient de la partie en un si lâche tour.
O ciel! vit-on jamais tant de supercherie,
Que tout l'extérieur ne fût que tromperie?
Non, non, il n'en est rien ; une telle beauté
Ne fut jamais sujette à la déloyauté.
Foibles et seuls témoins du malheur qui me touche,
Vous êtes trop hardis de démentir sa bouche.
Mélite me chérit, elle me l'a juré ;
Son oracle reçu, je m'en tiens assuré.
Que dites-vous là contre? êtes-vous plus croyables?
Caractères trompeurs, vous me contez des fables,
Vous voulez me trahir ; mais vos efforts sont vains :
Sa parole a laissé son cœur entre mes mains.
A ce doux souvenir ma flamme se rallume :
Je ne sais plus qui croire ou d'elle ou de sa plume :
L'une et l'autre en effet n'ont rien que de léger ;
Mais du plus ou du moins je n'en puis que juger.
Loin, loin, doutes flatteurs que mon feu me suggère !
Je vois trop clairement qu'elle est la plus légère ;
La foi que j'en reçus s'en est allée en l'air,
Et ces traits de sa plume osent encor parler,
Et laissent en mes mains une honteuse image,
Où son cœur, peint au vif, remplit le mien de rage.
Oui, j'enrage, je meurs, et tous mes sens troublés
D'un excès de douleur se trouvent accablés ;
Un si cruel tourment me gêne et me déchire,
Que je ne puis plus vivre avec un tel martyre :
Mais cachons-en la honte, et nous donnons du moins
Ce faux soulagement, en mourant sans témoins,
Que mon trépas secret empêche l'infidèle
D'avoir la vanité que je sois mort pour elle.

SCÈNE IV. — CLORIS, TIRCIS.

CLORIS.

Mon frère, en ma faveur retourne sur tes pas.
Dis-moi la vérité ; tu ne me cherchois pas?
Eh quoi! tu fais semblant de ne me pas connoître?
O dieux! en quel état te vois-je ici paroître!
Tu pâlis tout à coup, et tes louches regards
S'élancent incertains presque de toutes parts!
Tu manques à la fois de couleur et d'haleine!
Ton pied mal affermi ne te soutient qu'à peine!

Quel accident nouveau te trouble ainsi les sens?

TIRCIS.

Puisque tu veux savoir le mal que je ressens,
Avant que d'assouvir l'inexorable envie
De mon sort rigoureux qui demande ma vie,
Je vais t'assassiner d'un fatal entretien,
Et te dire en deux mots mon malheur et le tien.
En nos chastes amours de tous deux on se moque;
Philandre.... Ah! la douleur m'étouffe et me suffoque.
Adieu, ma sœur, adieu; je ne puis plus parler :
Lis, et, si tu le peux, tâche à te consoler.

CLORIS.

Ne m'échappe donc pas.

TIRCIS.

Ma sœur, je te supplie...

CLORIS.

Quoi! que je t'abandonne à ta mélancolie?
Voyons auparavant ce qui te fait mourir,
Et nous aviserons à te laisser courir.

TIRCIS.

Hélas! quelle injustice!

CLORIS, *après avoir lu les lettres qu'il lui a données.*

Est-ce là tout, fantasque?
Quoi! si la déloyale enfin lève le masque,
Oses-tu te fâcher d'être désabusé?
Apprends qu'il te faut être en amour plus rusé;
Apprends que les discours des filles bien sensées,
Découvrent rarement le fond de leurs pensées,
Et que, les yeux aidant à ce déguisement,
Notre sexe a le don de tromper finement.
Apprends aussi de moi que ta raison s'égare,
Que Mélite n'est pas une pièce si rare,
Qu'elle soit seule ici qui vaille la servir;
Assez d'autres objets y sauront te ravir.
Ne t'inquiète point pour une écervelée
Qui n'a d'ambition que d'être cajolée,
Et rend à plaindre ceux qui, flattant ses beautés
Ont assez de malheur pour en être écoutés.
Damon lui plut jadis, Aristandre, et Géronte;
Éraste après deux ans n'y voit pas mieux son compte.
Elle t'a trouvé bon seulement pour huit jours,
Philandre est aujourd'hui l'objet de ses amours;
Et peut-être déjà (tant elle aime le change)
Quelque autre nouveauté le supplante et nous venge.
Ce n'est qu'une coquette avec tous ses attraits;
Sa langue avec son cœur ne s'accorde jamais.
Les infidélités sont ses jeux ordinaires;

Et ses plus doux appas sont tellement vulgaires,
Qu'en elle homme d'esprit n'admira jamais rien
Que le sujet pourquoi tu lui voulois du bien.
TIRCIS.
Penses-tu m'arrêter par ce torrent d'injures?
Que ce soient vérités, que ce soient impostures,
Tu redoubles mes maux au lieu de les guérir.
Adieu : rien que la mort ne peut me secourir.

SCÈNE V. — CLORIS.

Mon frère.... Il s'est sauvé; son désespoir l'emporte :
Me préserve le ciel d'en user de la sorte!
Un volage me quitte, et je le quitte aussi;
Je l'obligerois trop de m'en mettre en souci.
Pour perdre des amans, celles qui s'en affligent
Donnent trop d'avantage à ceux qui les négligent :
Il n'est lors que la joie; elle nous venge mieux;
Et, la fît-on à faux éclater par les yeux,
C'est montrer par bravade à leur vaine inconstance
Qu'elle est pour nous toucher de trop peu d'importance.
Que Philandre à son gré rende ses vœux contens;
S'il attend que j'en pleure, il attendra longtemps.
Son cœur est un trésor dont j'aime qu'il dispose;
Le larcin qu'il m'en fait me vole peu de chose;
Et l'amour qui pour lui m'éprit si follement
M'avoit fait bonne part de son aveuglement.
On enchérit pourtant sur ma faute passée;
Dans la même folie une autre embarrassée
Le rend encor parjure, et sans âme, et sans foi,
Pour se donner l'honneur de faillir après moi.
Je meure, s'il n'est vrai que la moitié du monde
Sur l'exemple d'autrui se conduit et se fonde!
A cause qu'il parut quelque temps m'enflammer,
La pauvre fille a cru qu'il valoit bien l'aimer,
Et, sur cette croyance, elle en a pris envie :
Lui pût-elle dùrer jusqu'au bout de sa vie!
Si Mélite a failli me l'ayant débauché,
Dieux, par là seulement punissez son péché!
Elle verra bientôt que sa digne conquête
N'est pas une aventure à me rompre la tête :
Un si plaisant malheur m'en console à l'instant.
Ah! si mon fou de frère en pouvoit faire autant.
Que j'en aurois de joie, et que j'en ferois gloire!
Si je puis le rejoindre, et qu'il me veuille croire,
Nous leur ferons bien voir que leur change indiscret
Ne vaut pas un soupir, ne vaut pas un regret.

Je me veux toutefois en venger par malice,
Me divertir une heure à m'en faire justice;
Ces lettres fourniront assez d'occasion
D'un peu de défiance et de division.
Si je prends bien mon temps, j'aurai pleine matière
A les jouer tous deux d'une belle manière.
En voici déjà l'un qui craint de m'aborder.

SCÈNE VI. — PHILANDRE, CLORIS.

CLORIS.

Quoi, tu passes, Philandre, et sans me regarder?

PHILANDRE.

Pardonne-moi, de grâce; une affaire importune
M'empêche de jouir de ma bonne fortune;
Et son empressement, qui porte ailleurs mes pas,
Me remplissoit l'esprit jusqu'à ne te voir pas.

CLORIS.

J'ai donc souvent le don d'aimer plus qu'on ne m'aime;
Je ne pense qu'à toi, j'en parlois en moi-même.

PHILANDRE.

Me veux-tu quelque chose?

CLORIS.

Il t'ennuie avec moi;
Mais comme de tes feux j'ai pour garant ta foi,
Je ne m'alarme point. N'étoit ce qui te presse,
Ta flamme un peu plus loin eût porté la tendresse,
Et je t'aurois fait voir quelques vers de Tircis
Pour le charmant objet de ses nouveaux soucis.
Je viens de les surprendre, et j'y pourrois encore
Joindre quelques billets de l'objet qu'il adore;
Mais tu n'as pas le temps : toutefois si tu veux
Perdre un demi-quart d'heure à les lire nous deux....

PHILANDRE.

Voyons donc ce que c'est, sans plus longue demeure;
Ma curiosité pour ce demi-quart d'heure
S'osera dispenser.

CLORIS.

Aussi tu me promets,
Quand tu les auras lus, de n'en parler jamais;
Autrement, ne crois pas....

PHILANDRE, *reconnoissant les lettres.*

Cela s'en va sans dire:
Donne, donne-les-moi, tu ne les saurois lire;
Et nous aurions ainsi besoin de trop de temps.

CLORIS, *les resserrant.*

Philandre, tu n'es pas encore où tu prétends;

Quelques hautes faveurs que ton mérite obtienne,
Elles sont aussi bien en ma main qu'en la tienne;
Je les garderai mieux, tu peux en assurer
La belle qui pour toi daigne se parjurer.
PHILANDRE.
Un homme doit souffrir d'une fille en colère;
Mais je sais comme il faut les ravoir de ton frère;
Tout exprès je le cherche; et son sang, ou le mien....
CLORIS.
Quoi! Philandre est vaillant, et je n'en savais rien!
Tes coups sont dangereux quand tu ne veux pas feindre,
Mais ils ont le bonheur de se faire peu craindre;
Et mon frère, qui sait comme il s'en faut guérir,
Quand tu l'aurois tué, pourroit n'en pas mourir.
PHILANDRE.
L'effet en fera foi, s'il en a le courage.
Adieu. J'en perds le temps à parler davantage.
Tremble.
CLORIS.
J'en ai grand lieu, connoissant ta vertu;
Pourvu qu'il y consente, il sera bien battu.

ACTE QUATRIÈME.

SCÈNE I. — MÉLITE, LA NOURRICE.

LA NOURRICE.
Cette obstination à faire la secrète
M'accuse injustement d'être trop peu discrète.
MÉLITE.
Ton importunité n'est pas à supporter.
Ce que je ne sais point, te le puis-je conter?
LA NOURRICE.
Les visites d'Éraste un peu moins assidues
Témoignent quelque ennui de ses peines perdues;
Et ce qu'on voit par là de refroidissement
Ne fait que trop juger son mécontentement.
Tu m'en veux cependant cacher tout le mystère.
Mais je pourrois enfin en croire ma colère,
Et pour punition te priver des avis
Qu'a jusqu'ici ton cœur si doucement suivis.
MÉLITE.
C'est à moi de trembler après cette menace,
Et toute autre du moins trembleroit à ma place.
LA NOURRICE.
Ne raillons point. Le fruit qui t'en est demeuré

(Je parle sans reproche, et tout considéré)
Vaut bien.... Mais revenons à notre humeur chagrine :
Apprends-moi ce que c'est.

MÉLITE.

Veux-tu que je devine?
Dégoûté d'un esprit si grossier que le mien,
Il cherche ailleurs peut-être un meilleur entretien.

LA NOURRICE.

Ce n'est pas bien ainsi qu'un amant perd l'envie
D'une chose deux ans ardemment poursuivie;
D'assurance un mépris l'oblige à se piquer,
Mais ce n'est pas un trait qu'il faille pratiquer.
Une fille qui voit, et que voit la jeunesse,
Ne s'y doit gouverner qu'avec beaucoup d'adresse;
Le dédain lui messied, ou, quand elle s'en sert,
Que ce soit pour reprendre un amant qu'elle perd.
Une heure de froideur, à propos ménagée,
Peut rembraser une âme à demi dégagée,
Qu'un traitement trop doux dispose à des mépris
D'un bien dont cet orgueil fait mieux savoir le prix.
Hors ce cas, il lui faut complaire à tout le monde,
Faire qu'aux vœux de tous l'apparence réponde,
Et, sans embarrasser son cœur de leurs amours,
Leur faire bonne mine, et souffrir leurs discours;
Qu'à part ils pensent tous avoir la préférence,
Et paroissent ensemble entrer en concurrence;
Que tout l'extérieur de son visage égal
Ne rende aucun jaloux du bonheur d'un rival;
Que ses yeux partagés leur donnent de quoi craindre,
Sans donner à pas un aucun lieu de se plaindre;
Qu'ils vivent tous d'espoir jusqu'au choix d'un mari,
Mais qu'aucun cependant ne soit le plus chéri;
Et qu'elle cède enfin, puisqu'il faut qu'elle cède,
A qui paiera le mieux le bien qu'elle possède :
Si tu n'eusses jamais quitté cette leçon,
Ton Éraste avec toi vivroit d'autre façon.

MÉLITE.

Ce n'est pas son humeur de souffrir ce partage;
Il croit que mes regards soient son propre héritage,
Et prend ceux que je donne à tout autre qu'à lui
Pour autant de larcins faits sur le bien d'autrui.

LA NOURRICE.

J'entends à demi-mot; achève, et m'expédie
Promptement le motif de cette maladie.

MÉLITE.

Si tu m'avois, nourrice, entendue à demi,
Tu saurois que Tircis....

ACTE IV, SCÈNE I.

LA NOURRICE.
Quoi! son meilleur ami!
N'a-ce pas été lui qui te l'a fait connoître?
MÉLITE.
Il voudroit que le jour en fût encore à naître;
Et, si d'auprès de moi je l'avois écarté,
Tu verrois tout à l'heure Éraste à mon côté.
LA NOURRICE.
J'ai regret que tu sois leur pomme de discorde;
Mais puisque leur humeur ensemble ne s'accorde,
Éraste n'est pas homme à laisser échapper;
Un semblable pigeon ne se peut rattraper :
Il a deux fois le bien de l'autre, et davantage.
MÉLITE.
Le bien ne touche point un généreux courage.
LA NOURRICE.
Tout le monde l'adore, et tâche d'en jouir.
MÉLITE.
Il suit un faux éclat qui ne peut m'éblouir.
LA NOURRICE.
Auprès de sa splendeur toute autre est fort petite.
MÉLITE.
Tu le places au rang qui n'est dû qu'au mérite.
LA NOURRICE.
On a trop de mérite étant riche à ce point.
MÉLITE.
Les biens en donnent-ils à ceux qui n'en ont point?
LA NOURRICE.
Oui, ce n'est que par là qu'on est considérable.
MÉLITE.
Mais ce n'est que par là qu'on devient méprisable.
Un homme dont les biens font toutes les vertus
Ne peut être estimé que des cœurs abattus.
LA NOURRICE.
Est-il quelques défauts que les biens ne réparent?
MÉLITE.
Mais plutôt en est-il où les biens ne préparent?
Étant riche, on méprise assez communément
Des belles qualités le solide ornement;
Et d'un luxe honteux la richesse suivie
Souvent par l'abondance aux vices nous convie.
LA NOURRICE.
Enfin je reconnois....
MÉLITE.
Qu'avec tout ce grand bien
Un jaloux sur mon cœur n'obtiendra jamais rien.

LA NOURRICE.
Et que d'un cajoleur la nouvelle conquête
T'imprime, à mon regret, ces erreurs dans la tête;
Si ta mère le sait....
MÉLITE.
Laisse-moi ces soucis,
Et rentre, que je parle à la sœur de Tircis.
LA NOURRICE.
Peut-être elle t'en veut dire quelque nouvelle.
MÉLITE.
Ta curiosité te met trop en cervelle.
Rentre, sans t'informer de ce qu'elle prétend;
Un meilleur entretien avec elle m'attend.

SCÈNE II. — CLORIS, MÉLITE.

CLORIS.
Je chéris tellement celles de votre sorte,
Et prends tant d'intérêt en ce qui leur importe,
Qu'aux pièces qu'on leur fait je ne puis consentir,
Ni même en rien savoir sans les en avertir.
Ainsi donc, au hasard d'être la mal venue,
Encor que je vous sois, peu s'en faut, inconnue,
Je viens vous faire voir que votre affection
N'a pas été fort juste en son élection.
MÉLITE.
Vous pourriez, sous couleur de rendre un bon office,
Mettre quelque autre en peine avec cet artifice;
Mais pour m'en repentir j'ai fait un trop bon choix :
Je renonce à choisir une seconde fois;
Et mon affection ne s'est point arrêtée
Que chez un cavalier qui l'a trop méritée.
CLORIS.
Vous me pardonnerez, j'en ai de bons témoins,
C'est l'homme qui de tous la mérite le moins.
MÉLITE.
Si je n'avois de lui qu'une foible assurance,
Vous me feriez entrer en quelque défiance;
Mais je m'étonne fort que vous l'osiez blâmer,
Ayant quelque intérêt vous-même à l'estimer.
CLORIS.
Je l'estimai jadis, et je l'aime et l'estime
Plus que je ne faisois auparavant son crime.
Ce n'est qu'en ma faveur qu'il ose vous trahir,
Et vous pouvez juger si je le puis haïr,
Lorsque sa trahison m'est un clair témoignage
Du pouvoir absolu que j'ai sur son courage.

MÉLITE.
Le pousser à me faire une infidélité,
C'est assez mal user de cette autorité.
CLORIS.
Me le faut-il pousser où son devoir l'oblige?
C'est son devoir qu'il suit alors qu'il vous néglige.
MÉLITE.
Quoi! le devoir chez vous oblige aux trahisons?
CLORIS.
Quand il n'en auroit point de plus justes raisons,
La parole donnée, il faut que l'on la tienne.
MÉLITE.
Cela fait contre vous; il m'a donné la sienne.
CLORIS.
Oui; mais ayant déjà reçu mon amitié,
Sur un vœu solennel d'être un jour sa moitié,
Peut-il s'en départir pour accepter la vôtre?
MÉLITE.
De grâce, excusez-moi, je vous prends pour une autre,
Et c'étoit à Cloris que je croyois parler.
CLORIS.
Vous ne vous trompez pas.
MÉLITE.
Donc, pour mieux me railler,
La sœur de mon amant contrefait ma rivale?
CLORIS.
Donc, pour mieux m'éblouir, une âme déloyale
Contrefait la fidèle? Ah! Mélite, sachez
Que je ne sais que trop ce que vous me cachez.
Philandre m'a tout dit: vous pensez qu'il vous aime;
Mais, sortant d'avec vous, il me conte lui-même
Jusqu'aux moindres discours dont votre passion
Tâche de suborner son inclination.
MÉLITE.
Moi, suborner Philandre! ah! que m'osez-vous dire!
CLORIS.
La pure vérité.
MÉLITE.
Vraiment, en voulant rire,
Vous passez trop avant; brisons là, s'il vous plaît.
Je ne vois point Philandre, et ne sais quel il est.
CLORIS.
Vous en croirez du moins votre propre écriture.
Tenez, voyez, lisez.
MÉLITE.
Ah, dieux! quelle imposture!
Jamais un de ces traits ne partit de ma main.

CLORIS.
Nous pourrions demeurer ici jusqu'à demain,
Que vous persisteriez dans la méconnoissance :
Je vous les laisse. Adieu.
MÉLITE.
Tout beau, mon innocence
Veut apprendre de vous le nom de l'imposteur,
Pour faire retomber l'affront sur son auteur.
CLORIS.
Vous pensez me duper, et perdez votre peine.
Que sert le désaveu quand la preuve est certaine?
A quoi bon démentir? à quoi bon dénier?...
MÉLITE.
Ne vous obstinez point à me calomnier;
Je veux que, si jamais j'ai dit mot à Philandre....
CLORIS.
Remettons ce discours : quelqu'un vient nous surprendre;
C'est le brave Lisis, qui semble sur le front
Porter empreints les traits d'un déplaisir profond.

SCÈNE III. — LISIS, MÉLITE, CLORIS.

LISIS, *à Cloris.*
Préparez vos soupirs à la triste nouvelle
Du malheur où nous plonge un esprit infidèle;
Quittez son entretien, et venez avec moi
Plaindre un frère au cercueil par son manque de foi.
MÉLITE.
Quoi! son frère au cercueil!
LISIS.
Oui, Tircis, plein de rage
De voir que votre change indignement l'outrage,
Maudissant mille fois le détestable jour
Que votre bon accueil lui donna de l'amour,
Dedans ce désespoir a chez moi rendu l'âme;
Et mes yeux désolés....
MÉLITE.
Je n'en puis plus; je pâme.
CLORIS.
Au secours! au secours!

SCÈNE IV. — CLITON, LA NOURRICE, MÉLITE, LISIS, CLORIS.

CLITON.
D'où provient cette voix?
LA NOURRICE.
Qu'avez-vous, mes enfans?

ACTE IV, SCÈNE IV.

CLORIS.
Mélite, que tu vois....
LA NOURRICE.
Hélas! elle se meurt; son teint vermeil s'efface;
Sa chaleur se dissipe; elle n'est plus que glace.
LISIS, *à Cliton.*
Va querir un peu d'eau; mais il faut te hâter.
CLITON, *à Lisis.*
Si proches du logis, il vaut mieux l'y porter.
CLORIS.
Aidez mes foibles pas; les forces me défaillent,
Et je vais succomber aux douleurs qui m'assaillent.

SCÈNE V. — ÉRASTE.

A la fin je triomphe, et les destins amis
M'ont donné le succès que je m'étois promis.
Me voilà trop heureux, puisque par mon adresse
Mélite est sans amant, et Tircis sans maîtresse;
Et, comme si c'étoit trop peu pour me venger,
Philandre et sa Cloris courent même danger.
Mais par quelle raison leurs âmes désunies
Pour les crimes d'autrui seront-elles punies?
Que m'ont-ils fait tous deux pour troubler leurs acccords?
Fuyez de ma pensée, inutiles remords;
La joie y veut régner, cessez de m'en distraire.
Cloris m'offense trop d'être sœur d'un tel frère;
Et Philandre, si prompt à l'infidélité,
N'a que la peine due à sa crédulité.
Mais que me veut Cliton qui sort de chez Mélite?

SCÈNE VI. — CLITON, ÉRASTE.

CLITON.
Monsieur, tout est perdu : votre fourbe maudite,
Dont je fus à regret le damnable instrument,
A couché de douleur Tircis au monument.
ÉRASTE.
Courage! tout va bien, le traître m'a fait place;
Le seul qui me rendoit son courage de glace,
D'un favorable coup la mort me l'a ravi.
CLITON.
Monsieur, ce n'est pas tout, Mélite l'a suivi.
ÉRASTE.
Mélite l'a suivi! que dis-tu, misérable?
CLITON.
Monsieur, il est trop vrai; le moment déplorable
Qu'elle a su son trépas, a terminé ses jours.

MÉLITE.

ÉRASTE.
Ah ciel! s'il est ainsi....
CLITON.
Laissez là ces discours,
Et vantez-vous plutôt que par votre imposture
Ces malheureux amans trouvent la sépulture,
Et que votre artifice a mis dans le tombeau
Ce que le monde avoit de parfait et de beau.
ÉRASTE.
Tu m'oses donc flatter, infâme, et tu supprimes
Par ce reproche obscur la moitié de mes crimes?
Est-ce ainsi qu'il te faut n'en parler qu'à demi?
Achève tout d'un coup; dis que maîtresse, ami,
Tout ce que je chéris, tout ce qui dans mon âme
Sut jamais allumer une pudique flamme,
Tout ce que l'amitié me rendit précieux,
Par ma fourbe a perdu la lumière des cieux;
Dis que j'ai violé les deux lois les plus saintes,
Qui nous rendent heureux par leurs douces contraintes;
Dis que j'ai corrompu, dis que j'ai suborné,
Falsifié, trahi, séduit, assassiné;
Tu n'en diras encor que la moindre partie.
Quoi! Tircis est donc mort, et Mélite est sans vie!
Je ne l'avois pas su, Parques, jusqu'à ce jour,
Que vous relevassiez de l'empire d'Amour;
J'ignorois qu'aussitôt qu'il assemble deux âmes,
Il vous pût commander d'unir aussi leurs trames.
Vous en relevez donc, et montrez aujourd'hui
Que vous êtes pour nous aveugles comme lui!
Vous en relevez donc, et vos ciseaux barbares
Tranchent, comme il lui plaît, les destins les plus rares!
Mais je m'en prends à vous, moi qui suis l'imposteur,
Moi qui suis de leurs maux le détestable auteur!
Hélas! et falloit-il que ma supercherie
Tournât si lâchement tant d'amour en furie!
Inutiles regrets, repentirs superflus,
Vous ne me rendez pas Mélite qui n'est plus!
Vos mouvemens tardifs ne la font pas revivre :
Elle a suivi Tircis, et moi je la veux suivre.
Il faut que de mon sang je lui fasse raison
Et de ma jalousie, et de ma trahison,
Et que de ma main propre une âme si fidèle
Reçoive.... Mais d'où vient que tout mon corps chancelle?
Quel murmure confus! et qu'entends-je hurler?
Que de pointes de feu se perdent parmi l'air!
Les dieux à mes forfaits ont dénoncé la guerre,
Leur foudre décoché vient de fendre la terre,

Et, pour leur obéir, son sein me recevant
M'engloutit, et me plonge aux enfers tout vivant.
Je vous entends, grands dieux; c'est là-bas que leurs âmes
Aux champs Élysiens éternisent leurs flammes;
C'est là-bas qu'à leurs pieds il faut verser mon sang :
La terre à ce dessein m'ouvre son large flanc,
Et jusqu'aux bords du Styx me fait libre passage;
Je l'aperçois déjà, je suis sur son rivage.
Fleuve, dont le saint nom est redoutable aux dieux,
Et dont les neuf replis ceignent ces tristes lieux,
N'entre point en courroux contre mon insolence,
Si j'ose avec mes cris violer ton silence :
Je ne te veux qu'un mot. Tircis est-il passé?
Mélite est-elle ici? Mais qu'attends-je? insensé!
Ils sont tous deux si chers à ton funeste empire,
Que tu crains de les perdre, et n'oses m'en rien dire.
Vous donc, esprits légers, qui, manque de tombeaux,
Tournoyez vagabonds à l'entour de ces eaux,
A qui Caron cent ans refuse sa nacelle,
Ne m'en pourriez-vous point donner quelque nouvelle?
Parlez, et je promets d'employer mon crédit
A vous faciliter ce passage interdit.

CLITON.

Monsieur, que faites-vous? Votre raison, troublée
Par l'effort des douleurs dont elle est accablée,
Figure à votre vue....

ÉRASTE.

Ah! te voilà, Caron!
Dépêche promptement, et d'un coup d'aviron
Passe-moi, si tu peux, jusqu'à l'autre rivage.

CLITON.

Monsieur, rentrez en vous, regardez mon visage :
Reconnoissez Cliton.

ÉRASTE.

Dépêche, vieux nocher,
Avant que ces esprits nous puissent approcher.
Ton bateau de leur poids fondroit dans les abîmes;
Il n'en aura que trop d'Éraste et de ses crimes.
Quoi! tu veux te sauver à l'autre bord sans moi?
Si faut-il qu'à ton cou je passe malgré toi.

(*Il se jette sur les épaules de Cliton, qui l'emporte derrière le théâtre.*)

SCÈNE VII. — PHILANDRE.

Présomptueux rival, dont l'absence importune
Retarde le succès de ma bonne fortune,
As-tu sitôt perdu cette ombre de valeur

Que te prêtoit tantôt l'effort de ta douleur?
Que devient à présent cette bouillante envie
De punir ta volage aux dépens de ma vie?
Il ne tient plus qu'à toi que tu ne sois content;
Ton ennemi t'appelle, et ton rival t'attend.
Je te cherche en tous lieux, et cependant ta fuite
Se rit impunément de ma vaine poursuite.
Crois-tu, laissant mon bien dans les mains de ta sœur,
En demeurer toujours l'injuste possesseur;
Ou que ma patience à la fin échappée
(Puisque tu ne veux pas le débattre à l'épée),
Oubliant le respect du sexe, et tout devoir,
Ne laisse point sur elle agir mon désespoir?

SCÈNE VIII. — ÉRASTE, PHILANDRE.

ÉRASTE.

Détacher Ixion pour me mettre en sa place!
Mégères, c'est à vous une indiscrète audace.
Ai-je, avec même front que cet ambitieux,
Attenté sur le lit du monarque des cieux?
Vous travaillez en vain, barbares Euménides;
Non, ce n'est pas ainsi qu'on punit les perfides.
Quoi! me presser encor? Sus, de pieds et de mains
Essayons d'écarter ces monstres inhumains.
A mon secours, esprits! vengez-vous de vos peines!
Écrasons leurs serpens! chargeons-les de vos chaînes!
Pour ces filles d'enfer nous sommes trop puissans.

PHILANDRE.

Il semble à ce discours qu'il ait perdu le sens.
Éraste, cher ami, quelle mélancolie
Te met dans le cerveau cet excès de folie?

ÉRASTE.

Équitable Minos, grand juge des enfers,
Voyez qu'injustement on m'apprête des fers!
Faire un tour d'amoureux, supposer une lettre,
Ce n'est pas un forfait qu'on ne puisse remettre.
Il est vrai que Tircis en est mort de douleur,
Que Mélite après lui redouble ce malheur,
Que Cloris sans amant ne sait à qui s'en prendre;
Mais la faute n'en est qu'au crédule Philandre;
Lui seul en est la cause, et son esprit léger,
Qui trop facilement résolut de changer;
Car ces lettres, qu'il croit l'effet de ses mérites,
La main que vous voyez les a toutes écrites.

PHILANDRE.

Je te laisse impuni, traître; de tels remords

Te donnent des tourmens pires que mille morts :
Je t'obligerois trop de t'arracher la vie ;
Et ma juste vengeance est bien mieux assouvie
Par les folles horreurs de cette illusion.
Ah! grands dieux! que je suis plein de confusion!

SCÈNE IX. — ÉRASTE.

Tu t'enfuis donc, barbare! et, me laissant en proie
A ces cruelles sœurs, tu les combles de joie.
Non, non, retirez-vous, Tisiphone, Alecton,
Et tout ce que je vois d'officiers de Pluton.
Vous me connoissez mal ; dans le corps d'un perfide
Je porte le courage et les forces d'Alcide.
Je vais tout renverser dans ces royaumes noirs,
Et saccager moi seul ces ténébreux manoirs.
Une seconde fois le triple chien Cerbère
Vomira l'aconit en voyant la lumière.
J'irai du fond d'enfer dégager les Titans ;
Et, si Pluton s'oppose à ce que je prétends,
Passant dessus le ventre à sa troupe mutine,
J'irai d'entre ses bras enlever Proserpine.

SCÈNE X. — LISIS, CLORIS.

LISIS.

N'en doute plus, Cloris, ton frère n'est point mort ;
Mais, ayant su de lui son déplorable sort,
Je voulois éprouver, par cette triste feinte,
Si celle qu'il adore, aucunement atteinte,
Deviendroit plus sensible aux traits de la pitié
Qu'aux sincères ardeurs d'une sainte amitié.
Maintenant que je vois qu'il faut qu'on nous abuse,
Afin que nous puissions découvrir cette ruse,
Et que Tircis en soit de tout point éclairci,
Sois sûre que dans peu je te le rends ici.
Ma parole sera d'un prompt effet suivie :
Tu reverras bientôt ce frère plein de vie ;
C'est assez que je passe une fois pour trompeur.

CLORIS.

Si bien qu'au lieu du mal nous n'aurons que la peur?
Le cœur me le disoit. Je sentois que mes larmes
Refusoient de couler pour de fausses alarmes,
Dont les plus dangereux et plus rudes assauts
Avoient beaucoup de peine à m'émouvoir à faux ;
Et je n'étudiai cette douleur menteuse
Qu'à cause qu'en effet j'étois un peu honteuse
Qu'une autre en témoignât plus de ressentiment.

LISIS.

Après tout, entre nous, confesse franchement
Qu'une fille en ces lieux, qui perd un frère unique,
Jusques au désespoir fort rarement se pique :
Ce beau nom d'héritière a de telles douceurs,
Qu'il devient souverain à consoler des sœurs.

CLORIS.

Adieu, railleur, adieu : son intérêt me presse
D'aller rendre d'un mot la vie à sa maîtresse;
Autrement je saurois t'apprendre à discourir.

LISIS.

Et moi, de ces frayeurs de nouveau te guérir.

ACTE CINQUIÈME.

SCÈNE I. — CLITON, LA NOURRICE

CLITON.

Je ne t'ai rien celé; tu sais toute l'affaire.

LA NOURRICE.

Tu m'en as bien conté. Mais se pourroit-il faire
Qu'Éraste eût des remords si vifs et si pressans
Que de violenter sa raison et ses sens?

CLITON.

Eût-il pu, sans en perdre entièrement l'usage,
Se figurer Caron des traits de mon visage,
Et de plus, me prenant pour ce vieux nautonier,
Me payer à bons coups des droits de son denier?

LA NOURRICE.

Plaisante illusion!

CLITON.

Mais funeste à ma tête,
Sur qui se déchargeoit une telle tempête,
Que je tiens maintenant à miracle évident
Qu'il me soit demeuré dans la bouche une dent.

LA NOURRICE.

C'étoit mal reconnoître un si rare service.

ÉRASTE, *derrière le théâtre.*

Arrêtez, arrêtez, poltrons!

CLITON.

Adieu, nourrice.
Voici ce fou qui vient, je l'entends à la voix;
Crois que ce n'est pas moi qu'il attrape deux fois.

LA NOURRICE.

Pour moi, quand je devrois passer pour Proserpine.

Je veux voir à quel point sa fureur le domine.
CLITON.
Contente, à tes périls, ton curieux désir.
LA NOURRICE.
Quoi qu'il puisse arriver, j'en aurai le plaisir.

SCÈNE II. — ÉRASTE, LA NOURRICE.
ÉRASTE.
En vain je les rappelle, en vain pour se défendre
La honte et le devoir leur parlent de m'attendre;
Ces lâches escadrons de fantômes affreux
Cherchent leur assurance aux cachots les plus creux,
Et, se fiant à peine à la nuit qui les couvre,
Souhaitent sous l'enfer qu'un autre enfer s'entr'ouvre.
Ma voix met tout en fuite, et, dans ce vaste effroi,
La peur saisit si bien les ombres et leur roi,
Que, se précipitant à de promptes retraites,
Tous leurs soucis ne vont qu'à les rendre secrètes,
Le bouillant Phlégéton, parmi ses flots pierreux,
Pour les favoriser ne roule plus de feux;
Tisiphone tremblante, Alecton et Mégère,
Ont de leurs flambeaux noirs étouffé la lumière;
Les Parques même en hâte emportent leurs fuseaux,
Et, dans ce grand désordre oubliant leurs ciseaux,
Caron, les bras croisés, dans sa barque s'étonne
De ce qu'après Éraste il n'a passé personne.
Trop heureux accident, s'il avoit prévenu
Le déplorable coup du malheur avenu!
Trop heureux accident, si la terre entr'ouverte
Avant ce jour fatal eût consenti ma perte,
Et si ce que le ciel me donne ici d'accès
Eût de ma trahison devancé le succès!
Dieux, que vous savez mal gouverner votre foudre!
N'étoit-ce pas assez pour me réduire en poudre
Que le simple dessein d'un si lâche forfait?
Injustes! deviez-vous en attendre l'effet?
Ah, Mélite! ah, Tircis! leur cruelle justice
Aux dépens de vos jours me choisit un supplice.
Ils doutoient que l'enfer eût de quoi me punir
Sans le triste secours de ce dur souvenir.
Tout ce qu'ont les enfers de feux, de fouets, de chaînes,
Ne sont auprès de lui que de légères peines;
On reçoit d'Alecton un plus doux traitement.
Souvenir rigoureux! trêve, trêve un moment!
Qu'au moins, avant ma mort, dans ces demeures sombres
Je puisse rencontrer ces bienheureuses ombres!

Use après, si tu veux, de toute ta rigueur;
Et, si pour m'achever tu manques de vigueur,
         (*Il met la main sur son épée.*)
Voici qui t'aidera : mais derechef, de grâce,
Cesse de me gêner durant ce peu d'espace.
Je vois déjà Mélite. Ah! belle ombre, voici
L'ennemi de votre heur qui vous cherchoit ici;
C'est Éraste, c'est lui, qui n'a plus d'autre envie
Que d'épandre à vos pieds son sang avec sa vie :
Ainsi le veut le sort; et, tout exprès, les dieux
L'ont abîmé vivant en ces funestes lieux.

LA NOURRICE.

Pourquoi permettez-vous que cette frénésie
Règne si puissamment sur votre fantaisie?
L'enfer voit-il jamais une telle clarté?

ÉRASTE.

Aussi ne la tient-il que de votre beauté;
Ce n'est que de vos yeux que part cette lumière.

LA NOURRICE.

Ce n'est que de mes yeux! Dessillez la paupière,
Et d'un sens plus rassis jugez de leur éclat.

ÉRASTE.

Ils ont, de vérité, je ne sais quoi de plat;
Et plus je vous contemple, et plus sur ce visage
Je m'étonne de voir un autre air, un autre âge :
Je ne reconnois plus aucun de vos attraits;
Jadis votre nourrice avoit ainsi les traits,
Le front ainsi ridé, la couleur ainsi blême,
Le poil ainsi grison. O dieux! c'est elle-même.
Nourrice, qui t'amène en ces lieux pleins d'effroi?
Y viens-tu rechercher Mélite comme moi?

LA NOURRICE.

Cliton la vit pâmer, et se brouilla de sorte
Que, la voyant si pâle, il la crut être morte;
Cet étourdi trompé vous trompa comme lui.
Au reste, elle est vivante; et peut-être aujourd'hui
Tircis, de qui la mort n'étoit qu'imaginaire,
De sa fidélité recevra le salaire.

ÉRASTE.

Désormais donc en vain je les cherche ici bas;
En vain pour les trouver je rends tant de combats.

LA NOURRICE.

Votre douleur vous trouble, et forme des nuages
Qui séduisent vos sens par de fausses images;
Cet enfer, ces combats, ne sont qu'illusions.

ÉRASTE.

Je ne m'abuse point de fausses visions;

Mes propres yeux ont vu tous ces monstres en fuite,
Et Pluton, de frayeur, en quitter la conduite.
LA NOURRICE.
Peut-être que chacun s'enfuyoit devant vous,
Craignant votre fureur et le poids de vos coups.
Mais voyez si l'enfer ressemble à cette place;
Ces murs, ces bâtimens, ont-ils la même face?
Le logis de Mélite et celui de Cliton
Ont-ils quelque rapport à celui de Pluton?
Quoi! n'y remarquez-vous aucune différence?
ÉRASTE.
De vrai, ce que tu dis a beaucoup d'apparence,
Nourrice; prends pitié d'un esprit égaré
Qu'ont mes vives douleurs d'avec moi séparé :
Ma guérison dépend de parler à Mélite.
LA NOURRICE.
Différez, pour le mieux, un peu cette visite,
Tant que maître absolu de votre jugement,
Vous soyez en état de faire un compliment.
Votre teint et vos yeux n'ont rien d'un homme sage;
Donnez-vous le loisir de changer de visage;
Un moment de repos que vous prendrez chez vous....
ÉRASTE.
Ne peut, si tu n'y viens, rendre mon sort plus doux:
Et ma foible raison, de guide dépourvue,
Va de nouveau se perdre en te perdant de vue.
LA NOURRICE.
Si je vous suis utile, allons; je ne veux pas
Pour un si bon sujet vous épargner mes pas.

SCÈNE III. — CLORIS, PHILANDRE.

CLORIS.
Ne m'importune plus, Philandre, je t'en prie;
Me rapaiser jamais passe ton industrie.
Ton meilleur, je t'assure, est de n'y plus penser;
Tes protestations ne font que m'offenser :
Savante, à mes dépens, de leur peu de durée,
Je ne veux point en gage une foi parjurée,
Un cœur que d'autres yeux peuvent sitôt brûler,
Qu'un billet supposé peut sitôt ébranler.
PHILANDRE.
Ah! ne remettez plus dedans votre mémoire
L'indigne souvenir d'une action si noire;
Et pour rendre à jamais nos premiers vœux contens,
Étouffez l'ennemi du pardon que j'attends.
Mon crime est sans égal; mais enfin, ma chère âme....

CLORIS.

Laisse là désormais ces petits mots de flamme,
Et par ces faux témoins d'un feu mal allumé
Ne me reproche plus que je t'ai trop aimé.

PHILANDRE.

De grâce, redonnez à l'amitié passée
Le rang que je tenois dedans votre pensée.
Derechef, ma Cloris, par ces doux entretiens,
Par ces feux qui voloient de vos yeux dans les miens,
Par ce que votre foi me permettoit d'attendre....

CLORIS.

C'est où dorénavant tu ne dois plus prétendre.
Ta sottise m'instruit, et par là je vois bien
Qu'un visage commun, et fait comme le mien,
N'a point assez d'appas, ni de chaîne assez forte,
Pour tenir en devoir un homme de ta sorte.
Mélite a des attraits qui savent tout dompter ;
Mais elle ne pourroit qu'à peine t'arrêter :
Il te faut un sujet qui la passe ou l'égale ;
C'est en vain que vers moi ton amour se ravale ;
Fais-lui, si tu m'en crois, agréer tes ardeurs.
Je ne veux point devoir mon bien à ses froideurs.

PHILANDRE.

Ne me déguisez rien, un autre a pris ma place ;
Une autre affection vous rend pour moi de glace.

CLORIS.

Aucun jusqu'à ce point n'est encore arrivé ;
Mais je te changerai pour le premier trouvé.

PHILANDRE.

C'en est trop, tes dédains épuisent ma souffrance.
Adieu. Je ne veux plus avoir d'autre espérance,
Sinon qu'un jour le ciel te fera ressentir
De tant de cruautés le juste repentir.

CLORIS.

Adieu. Mélite et moi nous avons de quoi rire
De tous les beaux discours que tu viens de me dire.
Que lui veux-tu mander ?

PHILANDRE.

    Va, dis-lui de ma part
Qu'elle, ton frère, et toi, reconnoîtrez trop tard
Ce que c'est que d'aigrir un homme de ma sorte.

CLORIS.

Ne crois pas la chaleur du courroux qui t'emporte ;
Tu nous ferois trembler plus d'un quart d'heure ou deux.

PHILANDRE.

Tu railles, mais bientôt nous verrons d'autres jeux :
Je sais trop comme on venge une flamme outragée.

ACTE V, SCÈNE III.

CLORIS.
Le sais-tu mieux que moi, qui suis déjà vengée?
Par où t'y prendras-tu? de quel air?
PHILANDRE.
Il suffit.
Je sais comme on se venge.
CLORIS.
Et moi comme on s'en rit.

SCÈNE IV. — TIRCIS, MÉLITE.

TIRCIS.
Maintenant que le sort, attendri par nos plaintes,
Comble notre espérance et dissipe nos craintes,
Que nos contentemens ne sont plus traversés
Que par le souvenir de nos malheurs passés,
Ouvrons toute notre âme à ces douces tendresses
Qu'inspirent aux amans les pleines allégresses;
Et d'un commun accord chérissons nos ennuis,
Dont nous voyons sortir de si précieux fruits.
Adorables regards, fidèles interprètes
Par qui nous expliquions nos passions secrètes,
Doux truchemens du cœur, qui déjà tant de fois
M'avez si bien appris ce que n'osoit la voix,
Nous n'avons plus besoin de votre confidence;
L'amour en liberté peut dire ce qu'il pense,
Et dédaigne un secours qu'en sa naissante ardeur
Lui faisoient mendier la crainte et la pudeur.
Beaux yeux, à mon transport pardonnez ce blasphème!
La bouche est impuissante où l'amour est extrême;
Quand l'espoir est permis, elle a droit de parler;
Mais vous allez plus loin qu'elle ne peut aller.
Ne vous lassez donc point d'en usurper l'usage;
Et quoi qu'elle m'ait dit, dites-moi davantage.
Mais tu ne me dis mot, ma vie! et quels soucis
T'obligent à te taire auprès de ton Tircis?
MÉLITE.
Tu parles à mes yeux, et mes yeux te répondent.
TIRCIS.
Ah! mon heur, il est vrai, si tes désirs secondent
Cet amour qui paroît et brille dans tes yeux,
Je n'ai rien désormais à demander aux dieux.
MÉLITE.
Tu t'en peux assurer; mes yeux, si pleins de flamme,
Suivent l'instruction des mouvemens de l'âme;
On en a vu l'effet, lorsque ta fausse mort
A fait sur tous mes sens un véritable effort:

On en a vu l'effet, quand, te sachant en vie,
De revivre avec toi j'ai pris aussi l'envie :
On en a vu l'effet, lorsqu'à force de pleurs
Mon amour et mes soins, aidés de mes douleurs,
Ont fléchi la rigueur d'une mère obstinée
Et gagné cet aveu qui fait notre hyménée ;
Si bien qu'à ton retour ta chaste affection
Ne trouve plus d'obstacle à sa prétention.
Cependant l'aspect seul des lettres d'un faussaire
Te sut persuader tellement le contraire,
Que sans vouloir m'entendre, et sans me dire adieu,
Jaloux et furieux tu partis de ce lieu.

TIRCIS.

J'en rougis ; mais apprends qu'il n'étoit pas possible
D'aimer comme j'aimois, et d'être moins sensible ;
Qu'un juste déplaisir ne sauroit écouter
La raison qui s'efforce à le violenter ;
Et qu'après des transports de telle promptitude,
Ma flamme ne te laisse aucune incertitude.

MÉLITE.

Tout cela seroit peu, n'étoit que ma bonté
T'en accorde un oubli sans l'avoir mérité,
Et que, tout criminel, tu m'es encore aimable.

TIRCIS.

Je me tiens donc heureux d'avoir été coupable,
Puisque l'on me rappelle au lieu de me bannir,
Et qu'on me récompense au lieu de me punir.
J'en aimerai l'auteur de cette perfidie ;
Et si jamais je sais quelle main si hardie...

SCÈNE V. — CLORIS, TIRCIS, MÉLITE.

CLORIS.

Il vous fait fort bon voir, mon frère, à cajoler,
Cependant qu'une sœur ne se peut consoler,
Et que le triste ennui d'une attente incertaine
Touchant votre retour la tient encore en peine !

TIRCIS.

L'amour a fait au sang un peu de trahison,
Mais Philandre pour moi t'en aura fait raison.
Dis-nous, auprès de lui retrouves-tu ton compte,
Et te peut-il revoir sans montrer quelque honte ?

CLORIS.

L'infidèle m'a fait tant de nouveaux sermens,
Tant d'offres, tant de vœux, et tant de complimens,
Mêlés de repentirs....

ACTE V, SCÈNE V.

MÉLITE.
Qu'à la fin exorable,
Vous l'avez regardé d'un œil plus favorable.

CLORIS.
Vous devinez fort mal.

TIRCIS.
Quoi! tu l'as dédaigné?

CLORIS.
Du moins, tous ses discours n'ont encor rien gagné.

MÉLITE.
Si bien qu'à n'aimer plus votre dépit s'obstine.

CLORIS.
Non pas cela du tout, mais je suis assez fine :
Pour la première fois, il me dupe qui veut;
Mais pour une seconde, il m'attrape qui peut.

MÉLITE.
C'est-à-dire, en un mot...,

CLORIS.
Que son humeur volage
Ne me tient pas deux fois en un même passage.
En vain dessous mes lois il revient se ranger.
Il m'est avantageux de l'avoir vu changer
Avant que de l'hymen le joug impitoyable,
M'attachant avec lui, me rendît misérable.
Qu'il cherche femme ailleurs, tandis que, de ma part,
J'attendrai du destin quelque meilleur hasard.

MÉLITE.
Mais le peu qu'il voulut me rendre de service
Ne lui doit point porter un si grand préjudice.

CLORIS.
Après un tel faux bond, un change si soudain,
A volage, volage, et dédain pour dédain.

MÉLITE.
Ma sœur, ce fut pour moi qu'il osa s'en dédire.

CLORIS.
Et pour l'amour de vous je n'en ferai que rire.

MÉLITE.
Et pour l'amour de moi vous lui pardonnerez.

CLORIS.
Et pour l'amour de moi vous m'en dispenserez.

MÉLITE.
Que vous êtes mauvaise!

CLORIS.
Un peu plus qu'il ne semble.

MÉLITE.
Je vous veux toutefois remettre bien ensemble.

CLORIS.

Ne l'entreprenez pas; peut-être qu'après tout
Votre dextérité n'en viendroit pas à bout.

SCÈNE VI. — TIRCIS, LA NOURRICE, ÉRASTE, MÉLITE, CLORIS.

TIRCIS.

De grâce, mon souci, laissons cette causeuse :
Qu'elle soit, à son choix, facile ou rigoureuse,
L'excès de mon ardeur ne sauroit consentir
Que ces frivoles soins te viennent divertir.
Tous nos pensers sont dus, en l'état où nous sommes,
A ce nœud qui me rend le plus heureux des hommes;
Et ma fidélité, qu'il va récompenser....

LA NOURRICE.

Vous donnera bientôt autre chose à penser.
Votre rival vous cherche, et la main à l'épée,
Vient demander raison de sa place usurpée.

ÉRASTE, *à Mélite.*

Non, non, vous ne voyez en moi qu'un criminel,
A qui l'âpre rigueur d'un remords éternel
Rend le jour odieux, et fait naître l'envie
De sortir de sa gêne en sortant de la vie.
Il vient mettre à vos pieds sa tête à l'abandon;
La mort lui sera douce à l'égal du pardon.
Vengez donc vos malheurs; jugez ce que mérite
La main qui sépara Tircis d'avec Mélite,
Et de qui l'imposture avec de faux écrits
A dérobé Philandre aux vœux de sa Cloris.

MÉLITE.

Éclaircis du seul point qui nous tenoit en doute,
Que serois-tu d'avis de lui répondre?

TIRCIS.
                                                Écoute
Quatre mots à quartier.

ÉRASTE.
                       Que vous avez de tort
De prolonger ma peine en différant ma mort!
De grâce, hâtez-vous d'abréger mon supplice,
Ou ma main préviendra votre lente justice.

MÉLITE.

Voyez comme le ciel a de secrets ressorts
Pour se faire obéir malgré nos vains efforts.
Votre fourbe, inventée à dessein de nous nuire,
Avance nos amours au lieu de les détruire :
De son fâcheux succès, dont nous devions périr,

Le sort tire un remède afin de nous guérir.
Donc, pour nous revancher de la faveur reçue,
Nous en aimons l'auteur à cause de l'issue;
Obligés désormais de ce que tour à tour
Nous nous sommes rendu tant de preuves d'amour,
Et de ce que l'excès de ma douleur sincère
A mis tant de pitié dans le cœur de ma mère,
Que, cette occasion prise comme aux cheveux,
Tircis n'a rien trouvé de contraire à ses vœux;
Outre qu'en fait d'amour la fraude est légitime :
Mais puisque vous voulez la prendre pour un crime,
Regardez, acceptant le pardon de l'oubli,
Par où votre repos sera mieux établi.

ÉRASTE.

Tout confus et honteux de tant de courtoisie,
Je veux dorénavant chérir ma jalousie;
Et puisque c'est de là que vos félicités....

LA NOURRICE, *à Éraste.*

Quittez ces complimens qu'ils n'ont pas mérités;
Ils ont tous deux leur compte, et sur cette assurance
Ils tiennent le passé dans quelque indifférence,
N'osant se hasarder à des ressentimens
Qui donneroient du trouble à leurs contentemens.
Mais Cloris qui s'en tait vous la gardera bonne,
Et seule intéressée, à ce que je soupçonne,
Saura bien se venger sur vous, à l'avenir,
D'un amant échappé qu'elle pensoit tenir.

ÉRASTE, *à Cloris.*

Si vous pouviez souffrir qu'en votre bonne grâce
Celui qui l'en tira pût occuper sa place,
Éraste, qu'un pardon purge de son forfait,
Est prêt de réparer le tort qu'il vous a fait.
Mélite répondra de ma persévérance :
Je n'ai pu la quitter qu'en perdant l'espérance;
Encore avez-vous vu mon amour irrité
Mettre tout en usage en cette extrémité;
Et c'est avec raison que ma flamme, contrainte
De réduire ses feux dans une amitié sainte,
Mes amoureux désirs, vers elle superflus,
Tournent vers la beauté qu'elle chérit le plus.

TIRCIS.

Que t'en semble, ma sœur?

CLORIS.

Mais toi-même, mon frère?

TIRCIS.

Tu sais bien que jamais je ne te fus contraire.

MÉLITE.

CLORIS.
Tu sais qu'en tel sujet ce fut toujours de toi
Que mon affection voulut prendre la loi.

TIRCIS.
Encor que dans tes yeux tes sentimens se lisent,
Tu veux qu'auparavant les miens les autorisent.
Parlons donc pour la forme. Oui, ma sœur, j'y consens,
Bien sûr que mon avis s'accommode à ton sens.
Fassent les puissans dieux que par cette alliance
Il ne reste entre nous aucune défiance,
Et que, m'aimant en frère, et ma maîtresse en sœur,
Nos ans puissent couler avec plus de douceur!

ÉRASTE.
Heureux dans mon malheur, c'est dont je les supplie;
Mais ma félicité ne peut être accomplie
Jusqu'à ce qu'après vous son aveu m'ait permis
D'aspirer à ce bien que vous m'avez promis.

CLORIS.
Aimez-moi seulement, et, pour la récompense,
On me donnera bien le loisir que j'y pense.

TIRCIS.
Oui, sous condition qu'avant la fin du jour
Vous vous rendrez sensible à ce naissant amour.

CLORIS.
Vous prodiguez en vain vos foibles artifices;
Je n'ai reçu de lui ni devoirs ni services.

MÉLITE.
C'est bien quelque raison; mais ceux qu'il m'a rendus,
Il ne les faut pas mettre au rang des pas perdus.
Ma sœur, acquitte-moi d'une reconnoissance
Dont un autre destin m'a mise en impuissance;
Accorde cette grâce à nos justes désirs.

TIRCIS.
Ne nous refuse pas ce comble à nos plaisirs.

ÉRASTE.
Donnez à leurs souhaits, donnez à leurs prières,
Donnez à leurs raisons ces faveurs singulières;
Et pour faire aujourd'hui le bonheur d'un amant,
Laissez-les disposer de votre sentiment.

CLORIS.
En vain en ta faveur chacun me sollicite,
J'en croirai seulement la mère de Mélite;
Son avis m'ôtera la peur du repentir,
Et ton mérite alors m'y fera consentir.

TIRCIS.
Entrons donc; et tandis que nous irons le prendre,
Nourrice, va t'offrir pour maîtresse à Philandre.

LA NOURRICE.
(*Tous rentrent, et elle demeure seule.*)
La, la, n'en riez point; autrefois en mon temps
D'aussi beaux fils que vous étoient assez contens,
Et croyoient de leur peine avoir trop de salaire
Quand je quittois un peu mon dédain ordinaire.
A leur compte, mes yeux étoient de vrais soleils
Qui répandoient partout des rayons nonpareils;
Je n'avois rien en moi qui ne fût un miracle;
Un seul mot de ma part leur étoit un oracle....
Mais je parle à moi seule. Amoureux, qu'est-ce-ci?
Vous êtes bien hâtés de me laisser ainsi!
Allez; quelle que soit l'ardeur qui vous emporte,
On ne se moque point des femmes de ma sorte;
Et je ferai bien voir à vos feux empressés
Que vous n'en êtes pas encore où vous pensez.

EXAMEN DE MÉLITE.

Cette pièce fut mon coup d'essai, et elle n'a garde d'être dans les règles, puisque je ne savois pas alors qu'il y en eût. Je n'avois pour guide qu'un peu de sens commun, avec les exemples de feu Hardy, dont la veine étoit plus féconde que polie, et de quelques modernes qui commençoient à se produire, et qui n'étoient pas plus réguliers que lui. Le succès en fut surprenant : il établit une nouvelle troupe de comédiens à Paris, malgré le mérite de celle qui étoit en possession de s'y voir l'unique; il égala tout ce qui s'étoit fait de plus beau jusques alors, et me fit connoître à la cour. Ce sens commun, qui étoit toute ma règle, m'avoit fait trouver l'unité d'action pour brouiller quatre amans par un seul intrigue[1], et m'avoit donné assez d'aversion de cet horrible déréglement qui mettoit Paris, Rome et Constantinople sur le même théâtre, pour réduire le mien dans une seule ville.

La nouveauté de ce genre de comédie, dont il n'y a point d'exemple en aucune langue, et le style naïf qui faisoit une peinture de la conversation des honnêtes gens, furent sans doute cause de ce bonheur surprenant, qui fit alors tant de bruit. On n'avoit jamais vu jusque-là que la comédie fît rire sans personnages ridicules, tels que les valets bouffons, les parasites, les capitans, les docteurs, etc. Celle-ci faisoit son effet par l'humeur enjouée de gens d'une condition au-dessus de ceux qu'on voit dans les comédies de Plaute et de Térence, qui n'étoient que des marchands. Avec tout cela, j'avoue que l'auditeur fut bien facile à donner son approbation à une pièce dont le nœud n'avoit aucune justesse. Éraste y fait contrefaire des lettres de Mélite, et les porter à Philandre. Ce Philandre est bien crédule de se persuader d'être aimé d'une personne qu'il n'a jamais entretenue,

1. « Une seule intrigue. »

dont il ne connoît point l'écriture, et qui lui défend de l'aller voir, cependant qu'elle reçoit les visites d'un autre avec qui il doit avoir une amitié assez étroite, puisqu'il est accordé de sa sœur. Il fait plus : sur la légèreté d'une croyance si peu raisonnable, il renonce à une affection dont il étoit assuré, et qui étoit prête d'avoir son effet. Éraste n'est pas moins ridicule que lui, de s'imaginer que sa fourbe causera cette rupture, qui seroit toutefois inutile à son dessein, s'il ne savoit de certitude que Philandre, malgré le secret qu'il lui fait demander par Mélite dans ces fausses lettres, ne manquera pas à les montrer à Tircis; que cet amant favorisé croira plutôt un caractère qu'il n'a jamais vu, que les assurances d'amour qu'il reçoit tous les jours de sa maîtresse, et qu'il rompra avec elle sans lui parler, de peur de s'en éclaircir. Cette prétention d'Éraste ne pouvoit être supportable, à moins d'une révélation; et Tircis, qui est l'honnête homme de la pièce, n'a pas l'esprit moins léger que les deux autres, de s'abandonner au désespoir par une même facilité de croyance, à la vue de ce caractère inconnu. Les sentimens de douleur qu'il en peut légitimement concevoir devroient du moins l'emporter à faire quelques reproches à celle dont il se croit trahi, et lui donner par là l'occasion de le désabuser. La folie d'Éraste n'est pas de meilleure trempe. Je la condamnois dès lors en mon âme; mais comme c'étoit un ornement de théâtre qui ne manquoit jamais de plaire, et se faisoit souvent admirer, j'affectai volontiers ces grands égaremens, et en tirai un effet que je tiendrois encore admirable en ce temps : c'est la manière dont Éraste fait connoître à Philandre, en le prenant pour Minos, la fourbe qu'il lui a faite, et l'erreur où il l'a jeté. Dans tout ce que j'ai fait depuis, je ne pense pas qu'il se rencontre rien de plus adroit pour un dénoûment.

Tout le cinquième acte peut passer pour inutile. Tircis et Mélite se sont raccommodés avant qu'il commence, et par conséquent l'action est terminée. Il n'est plus question que de savoir qui a fait la supposition des lettres; et ils pouvoient l'avoir su de Cloris, à qui Philandre l'avoit dit pour se justifier. Il est vrai que cet acte retire Éraste de folie, qu'il le réconcilie avec les deux amans, et fait son mariage avec Cloris; mais tout cela ne regarde plus qu'une action épisodique, qui ne doit pas amuser le théâtre quand la principale est finie; et surtout ce mariage a si peu d'apparence, qu'il est aisé de voir qu'on ne le propose que pour satisfaire à la coutume de ce temps-là, qui étoit de marier tout ce qu'on introduisoit sur la scène. Il semble même que le personnage de Philandre, qui part avec un ressentiment ridicule dont on ne craint pas l'effet, ne soit point achevé, et qu'il lui falloit quelque cousine de Mélite, ou quelque sœur d'Éraste, pour le réunir avec les autres. Mais dès lors je ne m'assujettissois pas tout à fait à cette mode, et je me contentai de faire voir l'assiette de son esprit, sans prendre soin de le pourvoir d'une autre femme.

Quant à la durée de l'action, il est assez visible qu'elle passe l'unité de jour; mais ce n'en est pas le seul défaut : il y a de plus une inégalité d'intervalle entre les actes qu'il faut éviter. Il doit s'être passé huit ou quinze jours entre le premier et le second, et autant entre le second et le troisième; mais du troisième au quatrième il n'est pas besoin de plus d'une heure, et il en faut encore moins entre les deux derniers, de peur de donner le temps de se ralentir à cette chaleur qui jette Éraste dans l'égarement d'esprit. Je ne sais même si les personnages qui paroissent deux fois dans un même acte (posé que cela soit permis, ce que j'examinerai ailleurs), je ne sais, dis-je, s'ils ont le loisir d'aller d'un quartier de la ville à l'autre, puisque ces quartiers doivent être si éloignés l'un de l'autre, que les acteurs aient lieu de ne pas s'entre-connoître. Au premier acte, Tircis, après avoir quitté Mélite chez elle, n'a que le temps d'environ soixante vers pour aller chez lui, où il rencontre Philandre avec sa sœur, et n'en a guère davantage au second à refaire le même chemin. Je sais bien que la représentation raccourcit la durée de l'action, et qu'elle fait voir en deux heures, sans sortir de la règle, ce qui souvent a besoin d'un jour entier pour s'effectuer : mais je voudrois que, pour mettre les choses dans leur justesse, ce raccourcissement se ménageât dans les intervalles des actes, et que le temps qu'il faut perdre s'y perdît en sorte que chaque acte n'en eût, pour la partie de l'action qu'il représente, que ce qu'il en faut pour sa représentation.

Ce coup d'essai a sans doute encore d'autres irrégularités ; mais je ne m'attache pas à les examiner si ponctuellement que je m'obstine à n'en vouloir oublier aucune. Je pense avoir marqué les plus notables ; et pour peu que le lecteur ait d'indulgence pour moi, j'espère qu'il ne s'offensera pas d'un peu de négligence pour le reste.

FIN DE MÉLITE.

CLITANDRE.

TRAGÉDIE.

1632.

A MONSEIGNEUR LE DUC DE LONGUEVILLE.

Monseigneur,

Je prends avantage de ma témérité ; et quelque défiance que j'aie de *Clitandre*, je ne puis croire qu'on s'en promette rien de mauvais, après avoir vu la hardiesse que j'ai de vous l'offrir. Il est impossible qu'on s'imagine qu'à des personnes de votre rang, et à des esprits de l'excellence du vôtre, on présente rien qui ne soit de mise, puisqu'il est tout vrai que vous avez un tel dégoût des mauvaises choses, et les savez si nettement démêler d'avec les bonnes, qu'on fait paroître plus de manque de jugement à vous les présenter qu'à les concevoir. Cette vérité est si généralement reconnue, qu'il faudroit n'être pas du monde pour ignorer que votre condition vous relève encore moins par-dessus le reste des hommes que votre esprit, et que les belles parties qui ont accompagné la splendeur de votre naissance n'ont reçu d'elle que ce qui leur étoit dû : c'est ce qui fait dire aux plus honnêtes gens de notre siècle qu'il semble que le ciel ne vous a fait naître prince qu'afin d'ôter au roi la gloire de choisir votre personne, et d'établir votre grandeur sur la seule reconnoissance de vos vertus : aussi, Monseigneur, ces considérations m'auroient intimidé, et ce cavalier n'eût jamais osé vous aller entretenir de ma part, si votre permission ne l'en eût autorisé, et comme assuré que vous l'aviez en quelque sorte d'estime, vu qu'il ne vous étoit pas tout à fait inconnu. C'est le même qui, par vos commandemens, vous fut conter, il y a quelque temps, une partie de ses aventures, autant qu'en pouvoient contenir deux actes de ce poëme encore tout informes, et qui n'étoient qu'à peine ébauchés. Le malheur ne persécutoit point encore son innocence, et ses contentemens devoient être en un haut degré, puisque l'affection, la promesse et l'autorité de son prince lui rendoient la possession de sa maîtresse presque infaillible : ses faveurs toutefois ne lui étoient point si chères que celles qu'il recevoit de vous ; et jamais il ne se fût plaint de sa prison, s'il y eût trouvé autant de douceur qu'en votre cabinet. Il a couru de grands périls durant sa vie, et n'en court pas de moindres à présent que je tâche à le faire revivre. Son prince le préserva des premiers ; il espère que vous le garantirez des autres, et que, comme il l'arracha du supplice qui l'alloit perdre, vous le défendrez de l'envie, qui a déjà fait une partie de ses efforts à l'étouffer. C'est, Monseigneur, dont vous supplie très-humblement celui qui n'est pas moins par la force de son inclination que par les obligations de son devoir,

Monseigneur,

Votre très-humble et très-obéissant serviteur,

CORNEILLE.

PRÉFACE.

Pour peu de souvenir qu'on ait de *Mélite*, il sera fort aisé de juger, après la lecture de ce poëme, que peut-être jamais deux pièces ne partirent d'une même main, plus différentes et d'invention et de style. Il ne faut pas moins d'adresse à réduire un grand sujet qu'à en déduire un petit; et si je m'étois aussi dignement acquitté de celui-ci qu'heureusement de l'autre, j'estimerois avoir, en quelque façon, approché de ce que demande Horace au poëte qu'il instruit, quand il veut qu'il possède tellement ses sujets, qu'il en demeure toujours le maître, et les asservisse à soi-même, sans se laisser emporter par eux. Ceux qui ont blâmé l'autre de peu d'effets auront ici de quoi se satisfaire, si toutefois ils ont l'esprit assez tendu pour me suivre au théâtre, et si la quantité d'intrigues et de rencontres n'accable et ne confond leur mémoire. Que si cela leur arrive, je les supplie de prendre ma justification chez le libraire, et de reconnoître par la lecture que ce n'est pas ma faute. Il faut néanmoins que j'avoue que ceux qui, n'ayant vu représenter *Clitandre* qu'une fois, ne le comprendront pas nettement, seront fort excusables, vu que les narrations qui doivent donner le jour au reste y sont si courtes, que le moindre défaut, ou d'attention du spectateur, ou de mémoire de l'acteur, laisse une obscurité perpétuelle en la suite, et ôte presque l'entière intelligence de ces grands mouvemens dont les pensées ne s'égarent point du fait, et ne sont que des raisonnemens continus sur ce qui s'est passé. Que si j'ai renfermé cette pièce dans la règle d'un jour, ce n'est pas que je me repente de n'y avoir point mis *Mélite*, ou que je me sois résolu à m'y attacher dorénavant. Aujourd'hui, quelques-uns adorent cette règle; beaucoup la méprisent : pour moi, j'ai voulu seulement montrer que si je m'en éloigne, ce n'est pas faute de la connoître. Il est vrai qu'on pourra m'imputer que m'étant proposé de suivre la règle des anciens, j'ai renversé leur ordre, vu qu'au lieu des messagers qu'ils introduisent à chaque bout de champ pour raconter les choses merveilleuses qui arrivent à leurs personnages, j'ai mis les accidens mêmes sur la scène. Cette nouveauté pourra plaire à quelques-uns; et quiconque voudra bien peser l'avantage que l'action a sur ces longs et ennuyeux récits, ne trouvera pas étrange que j'aie mieux aimé divertir les yeux qu'importuner les oreilles, et que me tenant dans la contrainte de cette méthode, j'en aie pris la beauté, sans tomber dans les incommodités que les Grecs et les Latins, qui l'ont suivie, n'ont su d'ordinaire, ou du moins n'ont osé éviter. Je me donne ici quelque sorte de liberté de choquer les anciens, d'autant qu'ils ne sont plus en état de me répondre, et que je ne veux engager personne en la recherche de mes défauts. Puisque les sciences et les arts ne sont jamais à leur période, il m'est permis de croire qu'ils n'ont pas tout su, et que de leurs instructions on peut tirer des lumières qu'ils n'ont pas eues. Je leur porte du respect comme à des gens qui nous ont frayé le chemin, et qui, après avoir défriché un pays fort rude, nous ont laissé à le cultiver. J'honore les modernes sans les envier, et n'attribuerai jamais au hasard ce qu'ils auront fait par science, ou par des règles particulières qu'ils se seront eux-mêmes prescrites ; outre que c'est ce qui ne me tombera jamais en la pensée, qu'une pièce de si longue haleine, où il faut coucher l'esprit à tant de reprises, et s'imprimer tant de contraires mouvemens, se puisse faire par aventure. Il n'en va pas de la comédie comme d'un songe qui saisit notre imagination tumultuairement et sans notre aveu, ou comme d'un sonnet ou d'une ode, qu'une chaleur extraordinaire peut pousser par boutade, et sans lever la plume. Aussi l'antiquité nous parle bien de l'écume d'un cheval qu'une éponge jetée par dépit sur un tableau exprima parfaitement, après que l'industrie du peintre n'en avoit su venir à bout ; mais il ne se lit point que jamais un tableau tout entier ait été produit de cette sorte. Au reste, je laisse le lieu de ma scène au choix du lecteur, bien qu'il ne me coûtât ici qu'à nommer. Si mon sujet est véritable, j'ai raison de le taire ; si c'est une fiction, quelle apparence, pour suivre je ne sais quelle chorographie, de donner un soufflet à l'histoire, d'attribuer à un pays des princes imaginaires, et d'en rapporter des aventures qui ne se lisent point dans les chroniques de leur royaume ? Ma scène est donc en un château d'un roi, proche d'une forêt ; je n'en détermine ni la province ni le royaume ; où vous l'aurez une fois placée, elle s'y tiendra. Que si l'on remarque des concurrences dans mes vers, qu'on ne les prenne pas pour des larcins. Je n'y en ai point laissé que j'aie connues, et j'ai toujours cru que, pour belle que fût une pensée, tomber en soupçon de la tenir d'un autre, c'est l'acheter plus qu'elle ne vaut ; de sorte qu'en l'état que je donne cette pièce au public, je pense n'avoir rien de commun avec la plupart des écrivains modernes, qu'un peu de vanité que je témoigne ici.

ARGUMENT.

Rosidor, favori du roi, étoit si passionnément aimé de deux des filles de la reine, Caliste et Dorise, que celle-ci en dédaignoit Pymante, et celle-là Clitandre. Ses affections toutefois n'étoient que pour la première, de sorte que cette amour mutuelle n'eût point eu d'obstacle sans Clitandre. Ce cavalier étoit le mignon du prince, fils unique du roi, qui pouvoit tout sur la reine sa mère, dont cette fille dépendoit ; et de là procédoient les refus de la reine toutes les fois que Rosidor la supplioit d'agréer leur mariage. Ces deux demoiselles, bien que rivales, ne laissoient pas d'être amies, d'autant que Dorise feignoit que son amour n'étoit que par galanterie, et comme pour avoir de quoi répliquer aux importunités de Pymante. De cette façon, elle entroit dans la confidence de Caliste, et se tenant toujours assidue auprès d'elle, elle se donnoit plus de moyen de voir Rosidor, qui ne s'en éloignoit que le moins qu'il lui étoit possible. Cependant la jalousie la rongeoit au dedans, et excitoit en son âme autant de véritables mouvemens de haine pour sa compagne qu'elle lui rendoit de feints témoignages d'amitié. Un jour que le roi, avec toute sa cour, s'étoit retiré en un château de plaisance proche d'une forêt, cette fille, entretenant en ces bois ses pensées mélancoliques, rencontra par hasard une épée : c'étoit celle d'un cavalier nommé Arimant, demeurée là par mégarde depuis qu'il avoit été tué en duel, disputant sa maîtresse Daphné contre Éraste. Cette jalouse, dans sa profonde rêverie, devenue furieuse, jugea cette occasion propre à perdre sa rivale. Elle la cache donc au même endroit, et à son retour conte à Caliste que Rosidor la trompe, qu'elle a découvert une secrète affection entre Hippolyte et lui, et enfin qu'ils avoient rendez-vous dans les bois le lendemain au lever du soleil pour en venir aux dernières faveurs : une offre en outre de les lui faire surprendre éveille la curiosité de cet esprit facile, qui lui promet de se dérober, et se dérobe en effet le lendemain avec elle pour faire ses yeux témoins de cette perfidie. D'autre côté, Pymante, résolu de se défaire de Rosidor, comme du seul qui l'empêchoit d'être aimé de Dorise, et ne l'osant attaquer ouvertement, à cause de sa faveur auprès du roi, dont il n'eût pu rapprocher, suborne Géronte, écuyer de Clitandre, et Lycaste, page du même. Cet écuyer écrit un cartel à Rosidor au nom de son maître, prend pour prétexte l'affection qu'ils avoient tous deux pour Caliste, contrefait au bas son seing, le fait rendre par ce page, et eux trois le vont attendre masqués et déguisés en paysans. L'heure étoit la même que Dorise avoit donnée à Caliste, à cause que l'un et l'autre vouloient être assez tôt de retour pour se trouver au lever du roi et de la reine après le coup exécuté. Les lieux mêmes n'étoient pas fort éloignés ; de sorte que Rosidor, poursuivi par ces trois assassins, arrive auprès de ces deux filles comme Dorise avoit l'épée à la main, prête de l'enfoncer dans l'estomac de Caliste. Il pare, et blesse toujours en reculant, et tue enfin ce page, mais si malheureusement, que, retirant son épée, elle se rompt contre la branche d'un arbre. En cette extrémité, il voit celle que tient Dorise, et sans la reconnoître, il la lui arrache, et passe tout d'un temps le tronçon de la sienne en la main gauche, à guise d'un poignard, se défend ainsi contre Pymante et Géronte, tue encore ce dernier, et met l'autre en fuite. Dorise fuit aussi, se voyant désarmée par Rosidor ; et Caliste, sitôt qu'elle l'a reconnu, se pâme d'appréhension de son péril. Rosidor démasque les morts, et fulmine contre Clitandre, qu'il prend pour l'auteur de cette perfidie, attendu qu'ils sont ses domestiques et qu'il étoit venu dans ce bois sur un cartel reçu de sa part. Dans ce moment, il voit Caliste pâmée, et la croit morte : ses regrets avec ses plaies le font tomber en foiblesse. Caliste revient de pâmoison, et s'entr'aidant l'un à l'autre à marcher, ils gagnent la maison d'un paysan, où elle lui bande ses blessures. Dorise désespérée, et n'osant retourner à la cour, trouve les vrais habits de ses assassins, et s'accommode de celui de Géronte pour se mieux cacher. Pymante, qui alloit rechercher les siens, et cependant, afin de mieux passer pour villageois, avoit jeté son masque et son épée dans une caverne, la voit en cet état. Après quelque mécompte, Dorise se feint être un jeune gentilhomme, contraint pour quelque occasion de se retirer de la cour, et le prie de le tenir là quelque temps caché. Pymante lui baille quelque échappatoire ; mais s'étant aperçu à ses discours qu'elle avoit vu son crime, et d'ailleurs entré en quelque soupçon que ce fût Dorise, il accorde sa demande, et la mène en cette caverne, résolu, si c'étoit elle, de se servir de l'occasion, sinon d'ôter du monde un témoin de son forfait, en ce lieu où il étoit assuré de retrouver son épée. Sur le chemin, au moyen d'un poinçon qui lui étoit demeuré dans les cheveux, il la reconnoît, et se fait connoître à elle : ses offres de service sont aussi mal reçues que par le passé; elle persiste toujours à ne vouloir chérir que Rosidor. Pymante l'assure qu'il l'a tué; elle entre en furie : ce qui n'empêche pas ce paysan déguisé de l'enlever dans cette caverne, où, tâchant d'user de force, cette courageuse fille lui crève un œil de son poinçon; et comme la douleur lui fait y porter les deux mains, elle s'échappe de lui, dont l'amour tourné en rage le fait sortir l'épée à la main de cette caverne, à dessein et de venger cette injure par sa mort et d'étouffer ensemble l'indice de son crime. Rosidor cependant n'avoit pu se dérober si secrètement qu'il ne fût suivi de son écuyer Lysarque, à qui par importunité il conte le sujet de sa sortie. Ce généreux serviteur, ne pouvant endurer que la partie s'achevât sans lui, le quitte pour aller engager l'écuyer de Clitandre à servir de second à son maître. En cette résolution, il rencontre un gentilhomme, son particulier ami, nommé Cléon, dont il apprend que Clitandre venoit de monter à cheval avec le prince pour aller à la chasse. Cette nouvelle le met en inquiétude; et ne sachant tous deux que juger de ce mécompte, ils vont de compagnie en avertir le roi. Le roi, qui ne vouloit pas perdre ses cavaliers, envoie en même temps Cléon rappeler Clitandre de la chasse, et Lysarque avec une troupe d'archers au lieu de l'assignation, afin que, si Clitandre s'étoit échappé d'auprès du prince pour aller joindre son rival, il fût assez fort pour les séparer. Lysarque ne trouve que les deux corps des gens de Clitandre, qu'il renvoie au roi par la moitié de ses archers, cependant qu'avec l'autre il suit une trace de sang qui le mène jusqu'au lieu où Rosidor et Caliste s'étoient retirés. La vue de ces corps fait soupçonner au roi quelque supercherie de la part de Clitandre, et l'aigrit tellement contre lui, qu'à son retour de la chasse il le fait mettre en prison, sans qu'on lui en dît même le sujet. Cette colère s'augmente par l'arrivée de Rosidor tout blessé, qui, après le récit de ses aventures, présente au roi le cartel de Clitandre, signé de sa main (contrefaite toutefois) et rendu par son page : si bien que le roi, ne doutant plus de son crime, le fait venir en son conseil, où, quelque protestation que peut faire son innocence, il le condamne à perdre la tête dans le jour même, de peur de se voir comme forcé de le donner aux prières de son fils, s'il attendoit son retour de la chasse. Cléon en apprend la nouvelle; et redoutant que le prince ne se prît à lui de la perte de ce cavalier qu'il affectionnoit, il le va chercher encore une fois à la chasse pour l'en avertir. Tandis que tout ceci se passe, une tempête surprend le prince à la chasse; ses gens, effrayés de la violence des foudres et des orages, qui çà qui là cherchent où se cacher : si bien que, demeuré seul, un coup de tonnerre lui tue son cheval sous lui. La tempête finie, il voit un jeune gentilhomme qu'un paysan poursuivoit l'épée à la main (c'étoit Pymante et Dorise). Il étoit déjà terrassé, et près de recevoir le coup de la mort; mais le prince, ne pouvant souffrir une action si méchante, tâche d'empêcher cet assassinat. Pymante, tenant Dorise d'une main, le combat de l'autre, ne croyant pas de sûreté pour soi, après avoir été vu en cet équipage, que par sa mort. Dorise reconnoît le prince, et s'entrelace tellement dans les jambes de son ravisseur, qu'elle le fait trébucher. Le prince saute aussitôt sur lui, et le désarme : l'ayant désarmé, il crie ses gens, et enfin deux veneurs paroissent chargés des vrais habits de Pymante, Dorise et Lycaste. Ils les lui présentent comme un effet extraordinaire du foudre, qui avoit consumé trois corps, à ce qu'ils s'imaginoient, sans toucher à leurs habits. C'est de là que Dorise prend occasion de se faire connoître au prince, et de lui déclarer tout ce qui s'est passé dans ce bois. Le prince étonné commande à ses veneurs de garrotter Pymante avec les couples de leurs chiens : en même temps Cléon arrive, qui fait le récit au prince du péril de Clitandre, et du sujet qui l'avoit réduit en l'extrémité où il étoit. Cela lui fait reconnoître Pymante pour l'auteur de ces perfidies; et l'ayant baillé à ses veneurs à ramener, il pique à toute bride vers le château, arrache Clitandre aux bourreaux, et le va présenter au roi avec les criminels, Pymante et Dorise, arrivés quelque temps après lui. Le roi venoit de conclure avec la reine le mariage de Rosidor et de Caliste, sitôt qu'il seroit guéri, dont Caliste étoit allée porter la nouvelle au blessé; et après que le prince lui eut fait connoître l'innocence de Clitandre, il le reçoit à bras ouverts, et lui promet toute sorte de faveurs pour récompense du tort qu'il lui avoit pensé faire. De là il envoie Pymante à son conseil pour être puni, voulant voir par là de quelle façon ses sujets vengeroient un attentat fait sur leur prince. Le prince obtient un pardon pour Dorise, qui lui avoit assuré la vie; et, la voulant désormais favoriser, en propose le mariage à Clitandre, qui s'en excuse modestement. Rosidor et Caliste viennent remercier le roi, qui les réconcilie avec Clitandre et Dorise, et invite ces derniers, voire même leur commande de s'entr'aimer, puisque lui et le prince le désirent, leur donnant jusqu'à la guérison de Rosidor pour allumer cette flamme,

> Afin de voir alors cueillir en même jour
> A deux couples d'amans les fruits de leur amour.

PERSONNAGES.

ALCANDRE, roi d'Écosse.
FLORIDAN, fils du roi.
ROSIDOR, favori du roi et amant de Caliste.
CLITANDRE, favori du prince Floridan, et amoureux aussi de Caliste, mais dédaigné.
PYMANTE, amoureux de Dorise, et dédaigné.
CALISTE, maîtresse de Rosidor et de Clitandre.
DORISE, maîtresse de Pymante.
LYSARQUE, écuyer de Rosidor.
GÉRONTE, écuyer de Clitandre.
CLÉON, gentilhomme suivant la cour.
LYCASTE, page de Clitandre.
LE GEÔLIER.
TROIS ARCHERS.
TROIS VENEURS.

La scène est en un château du roi, proche d'une forêt.

ACTE PREMIER.

SCÈNE I. — CALISTE.

N'en doute plus, mon cœur, un amant hypocrite,
Feignant de m'adorer, brûle pour Hippolyte :
Dorise m'en a dit le secret rendez-vous
Où leur naissante ardeur se cache aux yeux de tous ;
Et pour les y surprendre elle m'y doit conduire,
Sitôt que le soleil commencera de luire.
Mais qu'elle est paresseuse à me venir trouver!
La dormeuse m'oublia, et ne se peut lever.
Toutefois, sans raison j'accuse sa paresse :
La nuit, qui dure encor, fait que rien ne la presse :
Ma jalouse fureur, mon dépit, mon amour,
Ont troublé mon repos avant le point du jour;
Mais elle, qui n'en fait aucune expérience,
Étant sans intérêt, est sans impatience.
Toi qui fais ma douleur, et qui fis mon souci,
Ne tarde plus, volage, à te montrer ici;
Viens en hâte affermir ton indigne victoire;
Viens t'assurer l'éclat de cette infâme gloire;
Viens signaler ton nom par ton manque de foi.
Le jour s'en va paroître; affronteur, hâte-toi.
Mais, hélas! cher ingrat, adorable parjure,
Ma timide voix tremble à te dire une injure;
Si j'écoute l'amour, il devient si puissant,

Qu'en dépit de Dorise il te fait innocent :
Je ne sais lequel croire, et j'aime tant ce doute,
Que j'ai peur d'en sortir entrant dans cette route.
Je crains ce que je cherche, et je ne connois pas
De plus grand heur pour moi que d'y perdre mes pas.
Ah, mes yeux ! si jamais vos fonctions propices
A mon cœur amoureux firent de bons services,
Apprenez aujourd'hui quel est votre devoir :
Le moyen de me plaire est de me décevoir ;
Si vous ne m'abusez, si vous n'êtes faussaires,
Vous êtes de mon heur les cruels adversaires.
Et toi, soleil, qui vas, en ramenant le jour,
Dissiper une erreur si chère à mon amour,
Puisqu'il faut qu'avec toi ce que je crains éclate,
Souffre qu'encore un peu l'ignorance me flatte.
Mais je te parle en vain, et l'aube, de ses rais,
A déjà reblanchi le haut de ces forêts.
Si je puis me fier à sa lumière sombre,
Dont l'éclat brille à peine et dispute avec l'ombre,
J'entrevois le sujet de mon jaloux ennui,
Et quelqu'un de ses gens qui conteste avec lui.
Rentre, pauvre abusée, et cache-toi de sorte
Que tu puisses l'entendre à travers cette porte.

SCÈNE II. — ROSIDOR, LYSARQUE.

ROSIDOR.

Ce devoir, ou plutôt cette importunité,
Au lieu de m'assurer de ta fidélité,
Marque trop clairement ton peu d'obéissance.
Laisse-moi seul, Lysarque, une heure en ma puissance ;
Que retiré du monde et du bruit de la cour,
Je puisse dans ces bois consulter mon amour ;
Que là Caliste seule occupe mes pensées,
Et, par le souvenir de ses faveurs passées,
Assure mon espoir de celles que j'attends ;
Qu'un entretien rêveur durant ce peu de temps
M'instruise des moyens de plaire à cette belle,
Allume dans mon cœur de nouveaux feux pour elle :
Enfin, sans persister dans l'obstination,
Laisse-moi suivre ici mon inclination.

LYSARQUE.

Cette inclination, qui jusqu'ici vous mène,
A me la déguiser vous donne trop de peine.
Il ne faut point, monsieur, beaucoup l'examiner :
L'heure et le lieu suspects font assez deviner
Qu'en même temps que vous s'échappe quelque dame....

Vous m'entendez assez.
ROSIDOR.

       Juge mieux de ma flamme,
Et ne présume point que je manque de foi
A celle que j'adore, et qui brûle pour moi.
J'aime mieux contenter ton humeur curieuse,
Qui par ces faux soupçons m'est trop injurieuse.
 Tant s'en faut que le change ait pour moi des appas,
Tant s'en faut qu'en ces bois il attire mes pas :
J'y vais.... Mais pourrois-tu le savoir et te taire?
LYSARQUE.

Qu'ai-je fait qui vous porte à craindre le contraire?
ROSIDOR.

Tu vas apprendre tout ; mais aussi, l'ayant su,
Avise à ta retraite. Hier, un cartel reçu
De la part d'un rival....
LYSARQUE.
Vous le nommez?
ROSIDOR.

           Clitandre.
Au pied du grand rocher il me doit seul attendre ;
Et là, l'épée au poing, nous verrons qui des deux
Mérite d'embraser Caliste de ses feux.
LYSARQUE.

De sorte qu'un second....
ROSIDOR.

       Sans me faire une offense,
Ne peut se présenter à prendre ma défense :
Nous devons seul à seul vider notre débat.
LYSARQUE.

Ne pensez pas sans moi terminer ce combat :
L'écuyer de Clitandre est homme de courage ;
Il sera trop heureux que mon défi l'engage
A s'acquitter vers lui d'un semblable devoir,
Et je vais de ce pas y faire mon pouvoir.
ROSIDOR.

Ta volonté suffit ; va-t'en donc et désiste
De plus m'offrir une aide à mériter Caliste.
LYSARQUE *est seul*.

Vous obéir ici me coûteroit trop cher,
Et je serois honteux qu'on me pût reprocher
D'avoir su le sujet d'une telle sortie,
Sans trouver les moyens d'être de la partie.

SCÈNE III. — CALISTE.

Qu'il s'en est bien défait ! qu'avec dextérité
Le fourbe se prévaut de son autorité !

Qu'il trouve un beau prétexte en ses flammes éteintes !
Et que mon nom lui sert à colorer ses feintes !
Il y va cependant, le perfide qu'il est.
Hippolyte le charme, Hippolyte lui plaît ;
Et ses lâches désirs l'emportent où l'appelle
Le cartel amoureux de sa flamme nouvelle.

SCÈNE IV. — CALISTE, DORISE.

CALISTE.

Je n'en puis plus douter, mon feu désabusé
Ne tient plus le parti de ce cœur déguisé.
Allons, ma chère sœur, allons à la vengeance ;
Allons de ses douceurs tirer quelque allégeance ;
Allons ; et, sans te mettre en peine de m'aider,
Ne prends aucun souci que de me regarder :
Pour en venir à bout, il suffit de ma rage ;
D'elle j'aurai la force ainsi que le courage ;
Et déjà, dépouillant tout naturel humain,
Je laisse à ses transports à gouverner ma main.
Vois-tu comme, suivant de si furieux guides,
Elle cherche déjà les yeux de ces perfides,
Et comme de fureur tous mes sens animés
Menacent les appas qui les avoient charmés ?

DORISE.

Modère ces bouillons d'une âme colérée,
Ils sont trop violens pour être de durée ;
Pour faire quelque mal, c'est frapper de trop loin ;
Réserve ton courroux tout entier au besoin ;
Sa plus plus forte chaleur se dissipe en paroles ;
Ses résolutions en deviennent plus molles :
En lui donnant de l'air, son ardeur s'alentit.

CALISTE.

Ce n'est que faute d'air que le feu s'amortit.
Allons, et tu verras qu'ainsi le mien s'allume,
Que ma douleur aigrie en a plus d'amertume,
Et qu'ainsi mon esprit ne fait que s'exciter
A ce que ma colère a droit d'exécuter.

DORISE, *seule*.

Si ma ruse est enfin de son effet suivie,
Cette aveugle chaleur te va coûter la vie ;
Un fer caché me donne en ces lieux écartés
La vengeance des maux que me font tes beautés.
Tu m'ôtes Rosidor, tu possèdes son âme ;
Il n'a d'yeux que pour toi, que mépris pour ma flamme :
Mais puisque tous mes soins ne le peuvent gagner,
J'en punirai l'objet qui m'en fait dédaigner.

SCÈNE V. — PYMANTE, GÉRONTE, *sortant d'une grotte, déguisés en paysans.*

GÉRONTE.

En ce déguisement on ne peut nous connoître,
Et sans doute bientôt le jour qui vient de naître
Conduira Rosidor, séduit d'un faux cartel,
Aux lieux où cette main lui garde un coup mortel.
Vos vœux, si mal reçus de l'ingrate Dorise,
Qui l'idolâtre autant comme elle vous méprise,
Ne rencontreront plus aucun empêchement.
Mais je m'étonne fort de son aveuglement,
Et je ne comprends point cet orgueilleux caprice
Qui fait qu'elle vous traite avec tant d'injustice.
Vos rares qualités....

PYMANTE.

Au lieu de me flatter,
Voyons si le projet ne sauroit avorter,
Si la supercherie....

GÉRONTE.

Elle est si bien tissue,
Qu'il faut manquer de sens pour douter de l'issue.
Clitandre aime Caliste, et, comme son rival,
Il a trop de sujet de lui vouloir du mal.
Moi que depuis dix ans il tient à son service,
D'écrire comme lui j'ai trouvé l'artifice ;
Si bien que ce cartel, quoique tout de ma main,
A son dépit jaloux s'imputera soudain.

PYMANTE.

Que ton subtil esprit a de grands avantages !
Mais le nom du porteur ?

GÉRONTE.

Lycaste, un de ses pages.

PYMANTE.

Celui qui fait le guet auprès du rendez-vous ?

GÉRONTE.

Lui-même ; et le voici qui s'avance vers nous :
A force de courir il s'est mis hors d'haleine.

SCÈNE VI. — PYMANTE, GÉRONTE, LYCASTE, *aussi déguisé en paysan.*

PYMANTE.

Eh bien, est-il venu ?

LYCASTE.

N'en soyez plus en peine ;
Il est où vous savez, et, tout bouffi d'orgueil,
Il n'y pense à rien moins qu'à son proche cercueil.

ACTE I, SCÈNE VI.

PYMANTE.

Ne perdons point de temps. Nos masques, nos épées.
(*Lycaste les va querir dans la grotte d'où ils sont sortis.*)
Qu'il me tarde déjà que, dans son sang trempées,
Elles ne me font voir à mes pieds étendu
Le seul qui sert d'obstacle au bonheur qui m'est dû!
Ah! qu'il va bien trouver d'autres gens que Clitandre!
Mais pourquoi ces habits? qui te les fait reprendre?

LYCASTE *leur présente à chacun un masque et une épée, et porte leurs habits.*

Pour notre sûreté, portons-les avec nous,
De peur que, cependant que nous serons aux coups,
Quelque maraud, conduit par sa bonne aventure,
Ne nous laisse tous trois en mauvaise posture :
Quand il faudra donner, sans les perdre des yeux,
Au pied du premier arbre ils seront beaucoup mieux.

PYMANTE.

Prends-en donc même soin après la chose faite.

LYCASTE.

Ne craignez pas sans eux que je fasse retraite.

PYMANTE.

Sus donc! chacun déjà devroit être masqué.
Allons, qu'il tombe mort aussitôt qu'attaqué.

SCÈNE VII. — CLÉON, LYSARQUE.

CLÉON.

Réserve à d'autres temps cette ardeur de courage
Qui rend de ta valeur un si grand témoignage.
Ce duel que tu dis ne se peut concevoir.
Tu parles de Clitandre, et je viens de le voir
Que notre jeune prince enlevoit à la chasse.

LYSARQUE.

Tu les as vus passer?

CLÉON.

Par cette même place.
Sans doute que ton maître a quelque occasion
Qui le fait t'éblouir par cette illusion.

LYSARQUE.

Non, il parloit du cœur; je connois sa franchise.

CLÉON.

S'il est ainsi, je crains que par quelque surprise
Ce généreux guerrier, sous le nombre abattu,
Ne cède aux envieux que lui fait sa vertu.

LYSARQUE.

A présent il n'a point d'ennemis que je sache;
Mais, quelque événement que le destin nous cache.

Si tu veux m'obliger, viens, de grâce, avec moi,
Que nous donnions ensemble avis de tout au roi.

SCÈNE VIII. — CALISTE, DORISE.

CALISTE, *cependant que Dorise s'arrête à chercher derrière un buisson.*

Ma sœur, l'heure s'avance, et nous serons à peine,
Si nous ne retournons, au lever de la reine.
Je ne vois point mon traître, Hippolyte non plus.

DORISE, *tirant une épée de derrière ce buisson, et saisissant Caliste par le bras.*

Voici qui va trancher tes soucis superflus;
Voici dont je vais rendre, aux dépens de ta vie,
Et ma flamme vengée, et ma haine assouvie.

CALISTE.

Tout beau, tout beau, ma sœur, tu veux m'épouvanter;
Mais je te connois trop pour m'en inquiéter.
Laisse la feinte à part, et mettons, je te prie,
A les trouver bientôt toute notre industrie.

DORISE.

Va, va, ne songe plus à leurs fausses amours,
Dont le récit n'étoit qu'une embûche à tes jours.
Rosidor t'est fidèle, et cette feinte amante
Brûle aussi peu pour lui que je fais pour Pymante.

CALISTE.

Déloyale! ainsi donc ton courage inhumain....

DORISE.

Ces injures en l'air n'arrêtent point ma main.

CALISTE.

Le reproche honteux d'une action si noire....

DORISE.

Qui se venge en secret, en secret en fait gloire.

CALISTE.

T'ai-je donc pu, ma sœur, déplaire en quelque point?

DORISE.

Oui, puisque Rosidor t'aime et ne m'aime point;
C'est assez m'offenser que d'être ma rivale.

SCÈNE IX. — ROSIDOR, PYMANTE, GÉRONTE, LYCASTE, CALISTE, DORISE.

Comme Dorise est prête de tuer Caliste, un bruit entendu lui fait relever son épée, et Rosidor paroît tout en sang, poursuivi par ses trois assassins masqués. En entrant, il tue Lycaste; et, retirant son épée, elle se rompt contre la branche d'un arbre. En cette extrémité, il voit celle que tient Dorise; et sans la reconnoître, il s'en saisit, et passe tout d'un temps le tronçon qui lui restoit de la sienne en la main gauche, et se défend ainsi contre Pymante et Géronte, dont il tue le dernier, et met l'autre en fuite.

ROSIDOR.

Meurs, brigand. Ah! malheur! cette branche fatale
A rompu mon épée. Assassins.... Toutefois,
J'ai de quoi me défendre une seconde fois.

DORISE, *s'enfuyant.*

N'est-ce pas Rosidor qui m'arrache les armes?
Ah! qu'il me va causer de périls et de larmes!
Fuis, Dorise, et fuyant laisse-toi reprocher
Que tu fuis aujourd'hui ce qui t'est le plus cher.

CALISTE.

C'est lui-même de vrai.... Rosidor!... Ah! je pâme,
Et la peur de sa mort ne me laisse point d'âme.
Adieu, mon cher espoir.

ROSIDOR, *après avoir tué Géronte.*

Cettui-ci dépêché,
C'est de toi maintenant que j'aurai bon marché.
Nous sommes seul à seul. Quoi! ton peu d'assurance
Ne met plus qu'en tes pieds sa dernière espérance?
Marche sans emprunter d'ailes de ton effroi,
Je ne cours point après des lâches comme toi.
Il suffit de ces deux. Mais qui pourroient-ils être?
Ah ciel! le masque ôté me les fait trop connoître!
Le seul Clitandre arma contre moi ces voleurs;
Cettui-ci fut toujours vêtu de ses couleurs;
Voilà son écuyer, dont la pâleur exprime
Moins de traits de la mort que d'horreur de son crime.
Et ces deux reconnus, je douterois en vain
De celui que sa fuite a sauvé de ma main.
Trop indigne rival, crois-tu que ton absence
Donne à tes lâchetés quelque ombre d'innocence,
Et qu'après avoir vu renverser ton dessein,
Un désaveu démente et tes gens et ton seing?
Ne le présume pas; sans autre conjecture,
Je te rends convaincu de ta seule écriture,
Sitôt que j'aurai pu faire ma plainte au roi.
Mais quel piteux objet se vient offrir à moi?
Traîtres, auriez-vous fait sur un si beau visage,
Attendant Rosidor, l'essai de votre rage?
C'est Caliste elle-même! Ah dieux, injustes dieux!
Ainsi donc, pour montrer ce spectacle à mes yeux,
Votre faveur barbare a conservé ma vie!
Je n'en veux point chercher d'auteurs que votre envie:
La nature, qui perd ce qu'elle a de parfait,
Sur tout autre que vous eût vengé ce forfait,

Et vous eût accablés, si vous n'étiez ses maîtres.
Vous m'envoyez en vain ce fer contre des traîtres;
Je ne veux point devoir mes déplorables jours
A l'affreuse rigueur d'un si fatal secours.
　O vous qui me restez d'une troupe ennemie
Pour marque de ma gloire et de son infamie,
Blessures, hâtez-vous d'élargir vos canaux,
Par où mon sang emporte et ma vie et mes maux!
Ah! pour l'être trop peu blessures trop cruelles,
De peur de m'obliger vous n'êtes pas mortelles.
Hé quoi, ce bel objet, mon aimable vainqueur,
Avoit-il seul le droit de me blesser au cœur?
Et d'où vient que la mort, à qui tout fait hommage,
L'ayant si mal traité, respecte son image?
Noires divinités, qui tournez mon fuseau,
Vous faut-il tant prier pour un coup de ciseau?
Insensé que je suis! en ce malheur extrême,
Je demande la mort à d'autres qu'à moi-même;
Aveugle! je m'arrête à supplier en vain,
Et pour me contenter j'ai de quoi dans la main.
Il faut rendre ma vie au fer qui l'a sauvée;
C'est à lui qu'elle est due, il se l'est réservée:
Et l'honneur, quel qu'il soit, de finir mes malheurs,
C'est pour me le donner qu'il l'ôte à des voleurs.
Poussons donc hardiment. Mais, hélas! cette épée,
Coulant entre mes doigts, laisse ma main trompée;
Et sa lame, timide à procurer mon bien,
Au sang des assassins n'ose mêler le mien.
Ma foiblesse importune à mon trépas s'oppose;
En vain je m'y résous, en vain je m'y dispose;
Mon reste de vigueur ne peut l'effectuer;
J'en ai trop pour mourir, trop peu pour me tuer;
L'un me manque au besoin, et l'autre me résiste.
Mais je vois s'entr'ouvrir les beaux yeux de Caliste,
Les roses de son teint n'ont plus tant de pâleur,
Et j'entends un soupir qui flatte ma douleur.
Voyez, dieux inhumains, que, malgré votre envie,
L'amour lui sait donner la moitié de ma vie,
Qu'une âme désormais suffit à deux amans.

CALISTE.

Hélas! qui me rappelle à de nouveaux tourmens?
Si Rosidor n'est plus, pourquoi reviens-je au monde?

ROSIDOR.

O merveilleux effet d'une amour sans seconde!

CALISTE.

Exécrable assassin qui rougis de son sang,
Dépêche comme à lui de me percer le flanc,

Prends de lui ce qui reste.
ROSIDOR.
Adorable cruelle,
Est-ce ainsi qu'on reçoit un amant si fidèle?
CALISTE.
Ne m'en fais point un crime; encor pleine d'effroi,
Je ne t'ai méconnu qu'en songeant trop à toi.
J'avois si bien gravé là dedans ton image,
Qu'elle ne vouloit pas céder à ton visage.
Mon esprit, glorieux et jaloux de l'avoir,
Envioit à mes yeux le bonheur de te voir.
Mais quel secours propice a trompé mes alarmes?
Contre tant d'assassins qui t'a prêté des armes?
ROSIDOR.
Toi-même, qui t'a mise à telle heure en ces lieux,
Où je te vois mourir et revivre à mes yeux?
CALISTE.
Quand l'amour une fois règne sur un courage....
Mais tâchons de gagner jusqu'au premier village,
Où ces bouillons de sang se puissent arrêter;
Là, j'aurai tout loisir de te le raconter,
Aux charges qu'à mon tour aussi l'on m'entretienne.
ROSIDOR.
Allons; ma volonté n'a de loi que la tienne;
Et l'amour, par tes yeux devenu tout-puissant,
Rend déjà la vigueur à mon corps languissant.
CALISTE.
Il donne en même temps une aide à ta foiblesse,
Puisqu'il fait que la mienne auprès de toi me laisse,
Et qu'en dépit du sort ta Caliste aujourd'hui
A tes pas chancelans pourra servir d'appui.

ACTE SECOND.

SCÈNE I. — PYMANTE, *masqué*.

Destins, qui réglez tout au gré de vos caprices,
Sur moi donc tout à coup fondent vos injustices,
Et trouvent à leurs traits si longtemps retenus,
Afin de mieux frapper, des chemins inconnus!
Dites, que vous ont fait Rosidor ou Pymante?
Fournissez de raison, destins, qui me démente;
Dites ce qu'ils ont fait qui vous puisse émouvoir
A partager si mal entre eux votre pouvoir.
Lui rendre contre moi l'impossible possible;

Pour rompre le succès d'un dessein infaillible,
C'est prêter un miracle à son bras sans secours,
Pour conserver son sang au péril de mes jours.
Trois ont fondu sur lui sans le jeter en fuite;
A peine en m'y jetant moi-même je l'évite.
Loin de laisser la vie, il a su l'arracher;
Loin de céder au nombre, il l'a su retrancher :
Toute votre faveur, à son aide occupée,
Trouve à le mieux armer en rompant son épée,
Et ressaisit ses mains par celles du hasard,
L'une d'une autre épée, et l'autre d'un poignard.
O honte! ô déplaisirs! ô désespoir! ô rage!
Ainsi donc un rival pris à mon avantage
Ne tombe dans mes rets que pour les déchirer!
Son bonheur qui me brave ose l'en retirer,
Lui donne sur mes gens une prompte victoire,
Et fait de son péril un sujet de sa gloire!
Retournons animés d'un courage plus fort,
Retournons, et du moins perdons-nous dans sa mort!

   Sortez de vos cachots, infernales furies;
Apportez à m'aider toutes vos barbaries;
Qu'avec vous tout l'enfer m'aide en ce noir dessein
Qu'un sanglant désespoir me verse dans le sein.
J'avois de point en point l'entreprise tramée
Comme dans mon esprit vous me l'aviez formée;
Mais contre Rosidor tout le pouvoir humain
N'a que de la foiblesse; il y faut votre main.
En vain, cruelles sœurs, ma fureur vous appelle;
En vain vous armeriez l'enfer pour ma querelle.
La terre vous refuse un passage à sortir.
Ouvre du moins ton sein, terre, pour m'engloutir;
N'attends pas que Mercure avec son caducée
M'en fasse après ma mort l'ouverture forcée;
N'attends pas qu'un supplice, hélas! trop mérité,
Ajoute l'infamie à tant de lâcheté;
Préviens-en la rigueur; rends toi-même justice
Aux projets avortés d'un si noir artifice.
Mes cris s'en vont en l'air, et s'y perdent sans fruit.
Dedans mon désespoir, tout me fuit ou me nuit.
La terre n'entend point la douleur qui me presse;
Le ciel me persécute, et l'enfer me délaisse.
Affronte-les, Pymante, et sauve en dépit d'eux
Ta vie et ton honneur d'un pas si dangereux.
Si quelque espoir te reste, il n'est plus qu'en toi-même;
Et, si tu veux t'aider, ton mal n'est pas extrême.
Passe pour villageois dans un lieu si fatal;
Et réservant ailleurs la mort de ton rival,

Fais que d'un même habit la trompeuse apparence
Qui le mit en péril te mette en assurance.
 Mais ce masque l'empêche, et me vient reprocher
Un crime qu'il découvre au lieu de me cacher.
Ce damnable instrument de mon traître artifice,
Après mon coup manqué, n'en est plus que l'indice;
Et ce fer qui tantôt, inutile en ma main,
Que ma fureur jalouse avoit armée en vain,
Sut si mal attaquer et plus mal me défendre,
N'est propre désormais qu'à me faire surprendre.
 (*Il jette son masque et son épée dans la grotte.*)
Allez, témoins honteux de mes lâches forfaits,
N'en produisez non plus de soupçons que d'effets.
Ainsi n'ayant plus rien qui démente ma feinte,
Dedans cette forêt je marcherai sans crainte,
Tant que....

SCÈNE II. — LYSARQUE, PYMANTE, ARCHERS.

LYSARQUE.
 Mon grand ami!
PYMANTE.
 Monsieur?
LYSARQUE.
 Viens çà; dis-nous,
N'as-tu point ici vu deux cavaliers aux coups?
PYMANTE.
Non, monsieur.
LYSARQUE.
 Ou l'un d'eux se sauver à la fuite?
PYMANTE.
Non, monsieur.
LYSARQUE.
 Ni passer dedans ces bois sans suite?
PYMANTE.
Attendez, il y peut avoir quelque huit jours....
LYSARQUE.
Je parle d'aujourd'hui : laisse là ces discours;
Réponds précisément.
PYMANTE.
 Pour aujourd'hui, je pense....
Toutefois, si la chose étoit de conséquence,
Dans le prochain village on sauroit aisément....
LYSARQUE.
Donnons jusques au lieu; c'est trop d'amusement.
PYMANTE, *seul*.
Ce départ favorable enfin me rend la vie,
Que tant de questions m'avoient presque ravie.

78 CLITANDRE.

Cette troupe d'archers, aveugles en ce point,
Trouve ce qu'elle cherche et ne s'en saisit point;
Bien que leur conducteur donne assez à connoître
Qu'ils vont pour arrêter l'ennemi de son maître,
J'échappe néanmoins en ce pas hasardeux
D'aussi près de la mort que je me voyois d'eux.
Que j'aime ce péril, dont la vaine menace
Promettoit un orage et se tourne en bonace;
Ce péril, qui ne veut que me faire trembler,
Ou plutôt qui se montre, et n'ose m'accabler!
Qu'à bonne heure défait d'un masque et d'une épée,
J'ai leur crédulité sous ces habits trompée!
De sorte qu'à présent deux corps désanimés
Termineront l'exploit de tant de gens armés,
Corps qui gardent tous deux un naturel si traître,
Qu'encore après leur mort ils vont trahir leur maître,
Et le faire l'auteur de cette lâcheté,
Pour mettre à ses dépens Pymante en sûreté!
Mes habits, rencontrés sous les yeux de Lysarque,
Peuvent de mes forfaits donner seuls quelque marque;
Mais, s'il ne les voit pas, lors sans aucun effroi
Je n'ai qu'à me ranger en hâte auprès du roi,
Où je verrai tantôt avec effronterie
Clitandre convaincu de ma supercherie.

SCÈNE III. — LYSARQUE, ARCHERS.

LYSARQUE *regarde les corps de Géronte et de Lycaste.*

Cela ne suffit pas; il faut chercher encor,
Et trouver, s'il se peut, Clitandre ou Rosidor.
Amis, Sa Majesté, par ma bouche avertie
Des soupçons que j'avois touchant cette partie,
Voudra savoir au vrai ce qu'ils sont devenus.

PREMIER ARCHER.
Pourroit-elle en douter? Ces deux corps reconnus
Font trop voir le succès de toute l'entreprise.

LYSARQUE.
Et qu'en présumes-tu?

PREMIER ARCHER.
Que malgré leur surprise,
Leur nombre avantageux et leur déguisement,
Rosidor de leurs mains se tire heureusement.

LYSARQUE.
Ce n'est qu'en me flattant que tu te le figures;
Pour moi, je n'en conçois que de mauvais augures,
Et présume plutôt que son bras valeureux
Avant que de mourir s'est immolé ces deux.

PREMIER ARCHER.
Mais où seroit son corps?
LYSARQUE.
Au creux de quelque roche,
Où les traîtres, voyant notre troupe si proche,
N'auront pas eu loisir de mettre encor ceux-ci,
De qui le seul aspect rend le crime éclairci.
SECOND ARCHER, *lui présentant les deux pièces rompues de l'épée de Rosidor.*
Monsieur, connoissez-vous ce fer et cette garde?
LYSARQUE.
Donne-moi, que je voie. Oui, plus je les regarde,
Plus j'ai par eux d'avis du déplorable sort
D'un maître qui n'a pu s'en dessaisir que mort.
SECOND ARCHER.
Monsieur, avec cela j'ai vu dans cette route
Des pas mêlés de sang distillé goutte à goutte.
LYSARQUE.
Suivons-les au hasard. Vous autres, enlevez
Promptement ces deux corps que nous avons trouvés.

(*Lysarque et cet archer rentrent dans le bois, et le reste des archers reportent à la cour les corps de Géronte et de Lycaste.*)

SCÈNE IV. — FLORIDAN, CLITANDRE, PAGE.

FLORIDAN, *parlant à son page.*
Ce cheval trop fougueux m'incommode à la chasse;
Tiens-m'en un autre prêt, tandis qu'en cette place,
A l'ombre des ormeaux l'un dans l'autre enlacés,
Clitandre m'entretient de ses travaux passés.
Qu'au reste les veneurs, allant sur leurs brisées,
Ne forcent pas le cerf, s'il est aux reposées;
Qu'ils prennent connoissance, et pressent mollement,
Sans le donner aux chiens qu'à mon commandement.

(*Le page rentre.*)

Achève maintenant l'histoire commencée
De ton affection si mal récompensée.

CLITANDRE.
Ce récit ennuyeux de ma triste langueur,
Mon prince, ne vaut pas le tirer en longueur :
J'ai tout dit; en un mot, cette fière Caliste
Dans ses cruels mépris incessamment persiste;
C'est toujours elle-même; et, sous sa dure loi,
Tout ce qu'elle a d'orgueil se réserve pour moi,
Cependant qu'un rival, ses plus chères délices,
Redouble ses plaisirs en voyant mes supplices.

FLORIDAN.
Ou tu te plains à faux, ou, puissamment épris,
Ton courage demeure insensible aux mépris;
Et je m'étonne fort comme ils n'ont dans ton âme
Rétabli ta raison, ou dissipé ta flamme.

CLITANDRE.
Quelques charmes secrets mêlés dans ses rigueurs
Étouffent en naissant la révolte des cœurs;
Et le mien auprès d'elle, à quoi qu'il se dispose,
Murmurant de son mal, en adore la cause.

FLORIDAN.
Mais puisque son dédain, au lieu de te guérir,
Ranime ton amour, qu'il dût faire mourir,
Sers-toi de mon pouvoir; en ma faveur, la reine
Tient et tiendra toujours Rosidor en haleine;
Mais son commandement dans peu, si tu le veux,
Te met, à ma prière, au comble de tes vœux.
Avise donc; tu sais qu'un fils peut tout sur elle.

CLITANDRE.
Malgré tous les mépris de cette âme cruelle,
Dont un autre a charmé les inclinations,
J'ai toujours du respect pour ses perfections;
Et je serois marri qu'aucune violence....

FLORIDAN.
L'amour sur le respect emporte la balance.

CLITANDRE.
Je brûle; et le bonheur de vaincre ses froideurs,
Je ne le veux devoir qu'à mes vives ardeurs;
Je ne la veux gagner qu'à force de services.

FLORIDAN.
Tandis, tu veux donc vivre en d'éternels supplices?

CLITANDRE.
Tandis, ce m'est assez qu'un rival préféré
N'obtient, non plus que moi, le succès espéré;
A la longue ennuyés, la moindre négligence
Pourra de leurs esprits rompre l'intelligence;
Un temps bien pris alors me donne en un moment
Ce que depuis trois ans je poursuis vainement.
Mon prince, trouvez bon....

FLORIDAN.
　　　　　　　N'en dis pas davantage;
Cettui-ci qui me vient faire quelque message
Apprendroit, malgré toi, l'état de tes amours.

SCÈNE V. — FLORIDAN, CLITANDRE, CLÉON.

CLÉON.

Pardonnez-moi, seigneur, si je romps vos discours ;
C'est en obéissant au roi qui me l'ordonne,
Et rappelle Clitandre auprès de sa personne.

FLORIDAN.

Qui ?

CLÉON.

Clitandre, seigneur.

FLORIDAN.

Et que lui veut le roi ?

CLÉON.

De semblables secrets ne s'ouvrent pas à moi.

FLORIDAN.

Je n'en sais que penser ; et la cause incertaine
De ce commandement tient mon esprit en peine
Pourrai-je me résoudre à te laisser aller
Sans savoir les motifs qui te font rappeler ?

CLITANDRE.

C'est, à mon jugement, quelque prompte entreprise,
Dont l'exécution à moi seul est remise :
Mais, quoi que là-dessus j'ose m'imaginer,
C'est à moi d'obéir sans rien examiner.

FLORIDAN.

J'y consens à regret : va ; mais qu'il te souvienne
Que je chéris ta vie à l'égal de la mienne ;
Et si tu veux m'ôter de cette anxiété,
Que j'en sache au plus tôt toute la vérité.
Ce cor m'appelle. Adieu. Toute la chasse prête
N'attend que ma présence à relancer la bête.

SCÈNE VI. — DORISE, *achevant de vêtir l'habit de Géronte qu'elle avoit trouvé dans le bois.*

Achève, malheureuse, achève de vêtir
Ce que ton mauvais sort laisse à te garantir.
Si de tes trahisons la jalouse impuissance
Sut donner un faux crime à la même innocence,
Recherche maintenant, par un plus juste effet,
Une fausse innocence à cacher ton forfait.
Quelle honte importune au visage te monte
Pour un sexe quitté dont tu n'es que la honte ?
Il t'abhorre lui-même ; et ce déguisement,
En le désavouant, l'oblige pleinement.
Après avoir perdu sa douceur naturelle,
Dépouille sa pudeur, qui te messied sans elle ;
Dérobe tout d'un temps, par ce crime nouveau,

Et l'autre aux yeux du monde, et ta tête au bourreau :
Si tu veux empêcher ta perte inévitable,
Deviens plus criminelle, et parois moins coupable.
Par une fausseté tu tombes en danger;
Par une fausseté sache t'en dégager.
Fausseté détestable, où me viens-tu réduire?
Honteux déguisement, où me vas-tu conduire?
Ici de tous côtés l'effroi suit mon erreur,
Et j'y suis à moi-même une nouvelle horreur :
L'image de Caliste à ma fureur soustraite
Y brave fièrement ma timide retraite.
Encor si son trépas, secondant mon désir,
Mêloit à mes douleurs l'ombre d'un faux plaisir!
Mais tels sont les excès du malheur qui m'opprime,
Qu'il ne m'est pas permis de jouir de mon crime;
Dans l'état pitoyable où le sort me réduit,
J'en mérite la peine, et n'en ai pas le fruit;
Et tout ce que j'ai fait contre mon ennemie
Sert à croître sa gloire avec mon infamie.

  N'importe, Rosidor de mes cruels destins
Tient de quoi repousser ses lâches assassins.
Sa valeur, inutile en sa main désarmée,
Sans moi ne vivroit plus que chez la renommée;
Ainsi rien désormais ne pourroit m'enflammer;
N'ayant plus que haïr, je n'aurois plus qu'aimer.
Fâcheuse loi du sort qui s'obstine à ma peine,
Je sauve mon amour, et je manque à ma haine.
Ces contraires succès, demeurant sans effet,
Font naître mon malheur de mon heur imparfait.
Toutefois l'orgueilleux pour qui mon cœur soupire
De moi seule aujourd'hui tient le jour qu'il respire :
Il m'en est redevable, et peut-être à son tour
Cette obligation produira quelque amour.
Dorise, à quels pensers ton espoir se ravale!
S'il vit par ton moyen, c'est pour une rivale.
N'attends plus, n'attends plus que haine de sa part;
L'offense vint de toi; le secours, du hasard.
Malgré les vains efforts de ta ruse traîtresse,
Le hasard, par tes mains, le rend à sa maîtresse.
Ce péril mutuel qui conserve leurs jours
D'un contre-coup égal va croître leurs amours.
Heureux couple d'amans que le destin assemble,
Qu'il expose en péril, qu'il en retire ensemble!

SCÈNE VII. — PYMANTE, DORISE.

PYMANTE, *la prenant pour Géronte, et l'embrassant.*
O dieux! voici Géronte, et je le croyois mort.
Malheureux compagnon de mon funeste sort....
DORISE, *croyant qu'il la prend pour Rosidor, et qu'en*
l'embrassant il la poignarde.
Ton œil t'abuse. Hélas! misérable, regarde
Qu'au lieu de Rosidor ton erreur me poignarde.
PYMANTE.
Ne crains pas, cher ami, ce funeste accident,
Je te connois assez, je suis.... Mais, imprudent,
Où m'alloit engager mon erreur indiscrète?
Monsieur, pardonnez-moi la faute que j'ai faite.
Un berger d'ici près a quitté ses brebis
Pour s'en aller au camp presque en pareils habits;
Et d'abord vous prenant pour ce mien camarade,
Mes sens d'aise aveuglés ont fait cette escapade.
Ne craignez point au reste un pauvre villageois
Qui seul et désarmé court à travers ces bois.
D'un ordre assez précis l'heure presque expirée
Me défend des discours de plus longue durée.
A mon empressement pardonnez cet adieu;
Je perdrois trop, monsieur, à tarder en ce lieu.
DORISE.
Ami, qui que tu sois, si ton âme sensible
A la compassion peut se rendre accessible,
Un jeune gentilhomme implore ton secours;
Prends pitié de mes maux pour trois ou quatre jours;
Durant ce peu de temps, accorde une retraite
Sous ton chaume rustique à ma fuite secrète:
D'un ennemi puissant la haine me poursuit;
Et n'ayant pu qu'à peine éviter cette nuit....
PYMANTE.
L'affaire qui me presse est assez importante
Pour ne pouvoir, monsieur, répondre à votre attente.
Mais si vous me donniez le loisir d'un moment,
Je vous assurerois d'être ici promptement;
Et j'estime qu'alors il me seroit facile
Contre cet ennemi de vous faire un asile.
DORISE.
Mais, avant ton retour, si quelque instant fatal
M'exposoit par malheur aux yeux de ce brutal,
Et que l'emportement de son humeur altière....
PYMANTE.
Pour ne rien hasarder, cachez-vous là derrière

DORISE.

Souffre que je te suive, et que mes tristes pas....

PYMANTE.

J'ai des secrets, monsieur, qui ne le souffrent pas,
Et ne puis rien pour vous, à moins que de m'attendre.
Avisez au parti que vous avez à prendre.

DORISE.

Va donc, je t'attendrai.

PYMANTE.

Cette touffe d'ormeaux
Vous pourra cependant couvrir de ses rameaux.

SCÈNE VIII. — PYMANTE.

Enfin, grâces au ciel, ayant su m'en défaire,
Je puis seul aviser à ce que je dois faire.
Qui qu'il soit, il a vu Rosidor attaqué,
Et sait assurément que nous l'avons manqué :
N'en étant point connu, je n'en ai rien à craindre,
Puisque ainsi déguisé tout ce que je veux feindre
Sur son esprit crédule obtient un tel pouvoir.
Toutefois, plus j'y songe, et plus je pense voir,
Par quelque grand effet de vengeance divine,
En ce foible témoin l'auteur de ma ruine :
Son indice douteux, pour peu qu'il ait de jour,
N'éclaircira que trop mon forfait à la cour.
Simple! j'ai peur encor que ce malheur m'avienne;
Et je puis éviter ma perte par la sienne!
Et mêmes on diroit qu'un antre tout exprès
Me garde mon épée au fond de ces forêts :
C'est en ce lieu fatal qu'il me le faut conduire;
C'est là qu'un heureux coup l'empêche de me nuire.
Je ne m'y puis résoudre; un reste de pitié
Violente mon cœur à des traits d'amitié;
En vain je lui résiste et tâche à me défendre
D'un secret mouvement que je ne puis comprendre;
Son âge, sa beauté, sa grâce, son maintien,
Forcent mes sentimens à lui vouloir du bien.
Et l'air de son visage a quelque mignardise
Qui ne tire pas mal à celle de Dorise.
Ah! que tant de malheurs m'auroient favorisé,
Si c'étoit elle-même en habit déguisé!
J'en meurs déjà de joie, et mon âme ravie
Abandonne le soin du reste de ma vie.
Je ne suis plus à moi, quand je viens à penser
A quoi l'occasion me pourroit dispenser.
Quoi qu'il en soit, voyant tant de ses traits ensemble,

Je porte du respect à ce qui lui ressemble.
 Misérable Pymante, ainsi donc tu te perds!
Encor qu'il tienne un peu de celle que tu sers,
Étouffe ce témoin pour assurer ta tête :
S'il est, comme il le dit, battu d'une tempête,
Au lieu qu'en ta cabane il cherche quelque port,
Fais que dans cette grotte il rencontre sa mort.
Modère-toi, cruel; et plutôt examine
Sa parole, son teint, et sa taille, et sa mine :
Si c'est Dorise, alors révoque cet arrêt;
Sinon, que la pitié cède à ton intérêt.

ACTE TROISIÈME.

SCÈNE I. — ALCANDRE, ROSIDOR, CALISTE, UN PRÉVÔT.

ALCANDRE.
L'admirable rencontre à mon âme ravie,
De voir que deux amans s'entre-doivent la vie;
De voir que ton péril la tire de danger;
Que le sien te fournit de quoi t'en dégager;
Qu'à deux desseins divers la même heure choisie
Assemble en même lieu pareille jalousie,
Et que l'heureux malheur qui vous a menacés
Avec tant de justesse a ses temps compassés!

ROSIDOR.
Sire, ajoutez du ciel l'occulte providence :
Sur deux amans il verse une même influence;
Et comme l'un par l'autre il a su nous sauver,
Il semble l'un pour l'autre exprès nous conserver.

ALCANDRE.
Je t'entends, Rosidor; par là tu me veux dire
Qu'il faut qu'avec le ciel ma volonté conspire,
Et ne s'oppose pas à ses justes décrets,
Qu'il vient de témoigner par tant d'avis secrets.
Eh bien! je veux moi-même en parler à la reine;
Elle se fléchira, ne t'en mets pas en peine.
Achève seulement de me rendre raison
De ce qui t'arriva depuis sa pâmoison.

ROSIDOR.
Sire, un mot désormais suffit pour ce qui reste.
Lysarque et vos archers depuis ce lieu funeste
Se laissèrent conduire aux traces de mon sang,
Qui, durant le chemin, me dégouttoit du flanc;
Et me trouvant enfin dessous un toit rustique,

Ranimé par les soins de son amour pudique,
Leurs bras officieux m'ont ici rapporté,
Pour en faire ma plainte à Votre Majesté.
Non pas que je soupire après une vengeance,
Qui ne peut me donner qu'une fausse allégeance :
Le prince aime Clitandre, et mon respect consent
Que son affection le déclare innocent;
Mais si quelque pitié d'une telle infortune
Peut souffrir aujourd'hui que je vous importune,
Otant par un hymen l'espoir à mes rivaux,
Sire, vous taririez la source de nos maux.

ALCANDRE.

Tu fuis à te venger; l'objet de ta maîtresse
Fait qu'un tel désir cède à l'amour qui te presse;
Aussi n'est-ce qu'à moi de punir ces forfaits,
Et de montrer à tous, par de puissans effets,
Qu'attaquer Rosidor, c'est se prendre à moi-même :
Tant je veux que chacun respecte ce que j'aime!
Je le ferai bien voir. Quand ce perfide tour
Auroit eu pour objet le moindre de ma cour,
Je devrois au public, par un honteux supplice,
De telles trahisons l'exemplaire justice.
Mais Rosidor surpris, et blessé comme il l'est,
Au devoir d'un vrai roi joint mon propre intérêt.
Je lui ferai sentir, à ce traître Clitandre,
Quelque part que le prince y puisse ou veuille prendre,
Combien mal à propos sa folle vanité
Croyoit dans sa faveur trouver l'impunité.
Je tiens cet assassin; un soupçon véritable,
Que m'ont donné les corps d'un couple détestable,
De son lâche attentat m'avoit si bien instruit,
Que déjà dans les fers il en reçoit le fruit.

(*A Caliste.*)

Toi, qu'avec Rosidor le bonheur a sauvée,
Tu te peux assurer que, Dorise trouvée,
Comme ils avoient choisi même heure à votre mort,
En même heure tous deux auront un même sort.

CALISTE.

Sire, ne songez pas à cette misérable;
Rosidor garanti me rend sa redevable,
Et je me sens forcée à lui vouloir du bien
D'avoir à votre État conservé ce soutien.

ALCANDRE.

Le généreux orgueil des âmes magnanimes
Par un noble dédain sait pardonner les crimes;
Mais votre aspect m'emporte à d'autres sentimens,
Dont je ne puis cacher les justes mouvemens;

Ce teint pâle à tous deux me rougit de colère,
Et vouloir m'adoucir, c'est vouloir me déplaire.
ROSIDOR.
Mais, sire, que sait-on? peut-être ce rival,
Qui m'a fait, après tout, plus de bien que de mal,
Sitôt qu'il vous plaira d'écouter sa défense,
Saura de ce forfait purger son innocence.
ALCANDRE.
Et par où la purger? sa main d'un trait mortel
A signé son arrêt en signant ce cartel.
Peut-il désavouer ce qu'assure un tel gage,
Envoyé de sa part, et rendu par son page?
Peut-il désavouer que ses gens déguisés
De son commandement ne soient autorisés?
Les deux, tout morts qu'ils sont, qu'on les traîne à la boue;
L'autre, aussitôt que pris, se verra sur la roue;
Et pour le scélérat que je tiens prisonnier,
Ce jour que nous voyons lui sera le dernier.
Qu'on l'amène au conseil; par forme il faut l'entendre,
Et voir par quelle adresse il pourra se défendre.
Toi, pense à te guérir, et crois que, pour le mieux,
Je ne veux pas montrer ce perfide à tes yeux :
Sans doute qu'aussitôt qu'il se feroit paroître,
Ton sang rejailliroit au visage du traître.
ROSIDOR.
L'apparence déçoit, et souvent on a vu
Sortir la vérité d'un moyen imprévu,
Bien que la conjecture y fût encor plus forte;
Du moins, sire, apaisez l'ardeur qui vous transporte;
Que, l'âme plus tranquille et l'esprit plus remis,
Le seul pouvoir des lois perde nos ennemis.
ALCANDRE.
Sans plus m'importuner, ne songe qu'à tes plaies.
Non, il ne fut jamais d'apparences si vraies.
Douter de ce forfait, c'est manquer de raison.
Derechef, ne prends soin que de ta guérison.

SCÈNE II. — ROSIDOR, CALISTE.

ROSIDOR.
Ah! que ce grand courroux sensiblement m'afflige!
CALISTE.
C'est ainsi que le roi, te refusant, t'oblige :
Il te donne beaucoup en ce qu'il t'interdit,
Et tu gagnes beaucoup d'y perdre ton crédit.
On voit dans ces refus une marque certaine
Que contre Rosidor toute prière est vaine.

Ses violens transports sont d'assurés témoins
Qu'il t'écouteroit mieux s'il te chérissoit moins.
Mais un plus long séjour pourroit ici te nuire.
Ne perdons plus de temps; laisse-moi te conduire
Jusque dans l'antichambre où Lysarque t'attend :
Et montre désormais un esprit plus content.

ROSIDOR.

Si près de te quitter....

CALISTE.

N'achève pas ta plainte.
Tous deux nous ressentons cette commune atteinte;
Mais d'un fâcheux respect la tyrannique loi
M'appelle chez la reine et m'éloigne de toi.
Il me lui faut conter comme l'on m'a surprise;
Excuser mon absence en accusant Dorise;
Et lui dire comment, par un cruel destin,
Mon devoir auprès d'elle a manqué ce matin.

ROSIDOR.

Va donc, et quand son âme, après la chose sue,
Fera voir la pitié qu'elle en aura conçue,
Figure-lui si bien Clitandre tel qu'il est,
Qu'elle n'ose en ses feux prendre plus d'intérêt.

CALISTE.

Ne crains pas désormais que mon amour s'oublie;
Répare seulement ta vigueur affoiblie :
Sache bien te servir de la faveur du roi,
Et pour tout le surplus repose-t'en sur moi.

SCÈNE III. — CLITANDRE, *en prison.*

Je ne sais si je veille, ou si ma rêverie
A mes sens endormis fait quelque tromperie;
Peu s'en faut, dans l'excès de ma confusion,
Que je ne prenne tout pour une illusion.
Clitandre prisonnier ! je n'en fais pas croyable
Ni l'air sale et puant d'un cachot effroyable,
Ni de ce foible jour l'incertaine clarté,
Ni le poids de ces fers dont je suis arrêté;
Je les sens, je les vois; mais mon âme innocente
Dément tous les objets que mon œil lui présente,
Et, le désavouant, défend à ma raison
De me persuader que je sois en prison.
Jamais aucun forfait, aucun dessein infâme
N'a pu souiller ma main ni glisser dans mon âme;
Et je suis retenu dans ces funestes lieux !
Non, cela ne se peut : vous vous trompez, mes yeux;
J'aime mieux rejeter vos plus clairs témoignages,

J'aime mieux démentir ce qu'on me fait d'outrages,
Que de m'imaginer, sous un si juste roi,
Qu'on peuple les prisons d'innocens comme moi.
　Cependant je m'y trouve; et, bien que ma pensée
Recherche à la rigueur ma conduite passée,
Mon exacte censure a beau l'examiner,
Le crime qui me perd ne se peut deviner;
Et quelque grand effort que fasse ma mémoire,
Elle ne me fournit que des sujets de gloire.
Ah! prince, c'est quelqu'un de vos faveurs jaloux
Qui m'impute à forfait d'être chéri de vous.
Le temps qu'on m'en sépare, on le donne à l'envie
Comme une liberté d'attenter sur ma vie.
Le cœur vous le disoit, et je ne sais comment
Mon destin me poussa dans cet aveuglement
De rejeter l'avis de mon dieu tutélaire;
C'est là ma seule faute, et c'en est le salaire,
C'en est le châtiment que je reçois ici.
On vous venge, mon prince, en me traitant ainsi;
Mais vous saurez montrer, embrassant ma défense,
Que qui vous venge ainsi puissamment vous offense.
Les perfides auteurs de ce complot maudit,
Qu'à me persécuter votre absence enhardit,
A votre heureux retour verront que ces tempêtes,
Clitandre préservé, n'abattront que leurs têtes.
Mais on ouvre, et quelqu'un, dans cette sombre horreur,
Par son visage affreux redouble ma terreur.

SCÈNE IV. — CLITANDRE, LE GEÔLIER.

LE GEÔLIER.
Permettez que ma main de ces fers vous détache.
CLITANDRE.
Suis-je libre déjà?
LE GEÔLIER.
Non encor, que je sache.
CLITANDRE.
Quoi! ta seule pitié s'y hasarde pour moi?
LE GEÔLIER.
Non, c'est un ordre exprès de vous conduire au roi.
CLITANDRE.
Ne m'apprendras-tu point le crime qu'on m'impute,
Et quel lâche imposteur ainsi me persécute?
LE GEÔLIER.
Descendons. Un prévôt, qui vous attend là-bas,
Vous pourra mieux que moi contenter sur ce cas.

SCENE V. — PYMANTE, DORISE.

PYMANTE, *regardant une aiguille qu'elle avoit laissée par mégarde dans ses cheveux en se déguisant.*

En vain pour m'éblouir vous usez de la ruse,
Mon esprit, quoique lourd, aisément ne s'abuse :
Ce que vous me cachez, je le lis dans vos yeux.
Quelque revers d'amour vous conduit en ces lieux;
N'est-il pas vrai, monsieur ? et même cette aiguille
Sent assez les faveurs de quelque belle fille ;
Elle est, ou je me trompe, un gage de sa foi.

DORISE.

O malheureuse aiguille ! Hélas ! c'est fait de moi.

PYMANTE.

Sans doute votre plaie à ce mot s'est rouverte.
Monsieur, regrettez-vous son absence, ou sa perte ?
Vous auroit-elle bien pour un autre quitté,
Et payé vos ardeurs d'une infidélité ?
Vous ne répondez point; cette rougeur confuse,
Quoique vous vous taisiez, clairement vous accuse.
Brisons là : ce discours vous fâcheroit enfin ;
Et c'étoit pour tromper la longueur du chemin
Qu'après plusieurs discours, ne sachant que vous dire,
J'ai touché sur un point dont votre cœur soupire,
Et de quoi fort souvent on aime mieux parler
Que de perdre son temps à des propos en l'air.

DORISE.

Ami, ne porte plus la sonde en mon courage :
Ton entretien commun me charme davantage;
Il ne peut me lasser, indifférent qu'il est;
Et ce n'est pas aussi sans sujet qu'il me plaît.
Ta conversation est tellement civile,
Que pour un tel esprit ta naissance est trop vile;
Tu n'as de villageois que l'habit et le rang,
Tes rares qualités te font d'un autre sang;
Même, plus je te vois, plus en toi je remarque
Des traits pareils à ceux d'un cavalier de marque;
Il s'appelle Pymante, et ton air et ton port
Ont avec tous les siens un merveilleux rapport.

PYMANTE.

J'en suis tout glorieux; et, de ma part, je prise
Votre rencontre autant que celle de Dorise,
Autant que si le ciel, apaisant sa rigueur,
Me faisoit maintenant un présent de son cœur.

DORISE.

Qui nommes-tu Dorise ?

ACTE III, SCÈNE V.

PYMANTE.
Une jeune cruelle
Qui me fuit pour un autre.

DORISE.
Et ce rival s'appelle ?

PYMANTE.
Le berger Rosidor.

DORISE.
Ami, ce nom si beau
Chez vous donc se profane à garder un troupeau ?

PYMANTE.
Madame, il ne faut plus que mon feu vous déguise
Que sous ces faux habits il reconnoît Dorise.
Je ne suis point surpris de me voir dans ces bois
Ne passer à vos yeux que pour un villageois ;
Votre haine pour moi fut toujours assez forte
Pour déférer sans peine à l'habit que je porte.
Cette fausse apparence aide et suit vos mépris :
Mais cette erreur vers vous ne m'a jamais surpris ;
Je sais trop que le ciel n'a donné l'avantage
De tant de raretés qu'à votre seul visage ;
Sitôt que je l'ai vu, j'ai cru voir en ces lieux
Dorise déguisée, ou quelqu'un de nos dieux ;
Et si j'ai quelque temps feint de vous méconnoître
En vous prenant pour tel que vous vouliez paroître,
Admirez mon amour, dont la discrétion
Rendoit à vos désirs cette soumission,
Et disposez de moi, qui borne mon envie
A prodiguer pour vous tout ce que j'ai de vie.

DORISE.
Pymante, eh quoi ! faut-il qu'en l'état où je suis
Tes importunités augmentent mes ennuis !
Faut-il que dans ce bois ta rencontre funeste
Vienne encor m'arracher le seul bien qui me reste,
Et qu'ainsi mon malheur au dernier point venu
N'ose plus espérer de n'être pas connu !

PYMANTE.
Voyez comme le ciel égale nos fortunes,
Et comme, pour les faire entre nous deux communes,
Nous réduisant ensemble à ces déguisemens,
Il montre avoir pour nous de pareils mouvemens.

DORISE.
Nous changeons bien d'habits, mais non pas de visages ;
Nous changeons bien d'habits, mais non pas de courages ;
Et ces masques trompeurs de nos conditions
Cachent, sans les changer, nos inclinations.

PYMANTE.
Me négliger toujours! et pour qui vous néglige!
DORISE.
Que veux-tu? son mépris plus que ton feu m'oblige;
J'y trouve, malgré moi, je ne sais quel appas,
Par où l'ingrat me tue, et ne m'offense pas.
PYMANTE.
Qu'espérez-vous enfin d'un amour si frivole
Pour cet ingrat amant qui n'est plus qu'une idole?
DORISE.
Qu'une idole! Ah! ce mot me donne de l'effroi.
Rosidor une idole! ah! perfide, c'est toi,
Ce sont tes trahisons qui l'empêchent de vivre.
Je t'ai vu dans ce bois moi-même le poursuivre,
Avantagé du nombre et vêtu de façon
Que ce rustique habit effaçoit tout soupçon :
Ton embûche a surpris une valeur si rare.
PYMANTE.
Il est vrai, j'ai puni l'orgueil de ce barbare,
De cet heureux ingrat, si cruel envers vous,
Qui, maintenant par terre, et percé de mes coups,
Éprouve par sa mort comme un amant fidèle
Venge votre beauté du mépris qu'on fait d'elle.
DORISE.
Monstre de la nature, exécrable bourreau,
Après ce lâche coup qui creuse mon tombeau,
D'un compliment railleur ta malice me flatte!
Fuis, fuis, que dessus toi ma vengeance n'éclate;
Ces mains, ces foibles mains que vont armer les dieux,
N'auront que trop de force à t'arracher les yeux,
Que trop à t'imprimer sur ce hideux visage
En mille traits de sang les marques de ma rage.
PYMANTE.
Le courroux d'une femme, impétueux d'abord,
Promet tout ce qu'il ose à son premier transport;
Mais comme il n'a pour lui que sa seule impuissance,
A force de grossir il meurt en sa naissance:
Ou s'étouffant soi-même, à la fin ne produit
Que point ou peu d'effet après beaucoup de bruit.
DORISE.
Va, va, ne prétends pas que le mien s'adoucisse;
Il faut que ma fureur ou l'enfer te punisse;
Le reste des humains ne sauroit inventer
De gêne qui te puisse à mon gré tourmenter.
Si tu ne crains mes bras, crains de meilleures armes;
Crains tout ce que le ciel m'a départi de charmes :
Tu sais quelle est leur force, et ton cœur la ressent;

Crains qu'elle ne m'assure un vengeur plus puissant.
Ce courroux, dont tu ris, en fera la conquête
De quiconque à ma haine exposera ta tête,
De quiconque mettra ma vengeance en mon choix.
Adieu : je perds le temps à crier dans ces bois ;
Mais tu verras bientôt si je vaux quelque chose,
Et si ma rage en vain se promet ce qu'elle ose.
PYMANTE.
J'aime tant cette ardeur à me faire périr,
Que je veux bien moi-même avec vous y courir.
DORISE.
Traître! ne me suis point.
PYMANTE.
Prendre seule la fuite!
Vous vous égareriez à marcher sans conduite ;
Et d'ailleurs votre habit, où je ne comprends rien,
Peut avoir du mystère aussi bien que le mien.
L'asile dont tantôt vous faisiez la demande
Montre quelque besoin d'un bras qui vous défende ;
Et mon devoir vers vous seroit mal acquitté,
S'il ne vous avoit mise en lieu de sûreté.
Vous pensez m'échapper quand je vous le témoigne ;
Mais vous n'irez pas loin que je ne vous rejoigne.
L'amour que j'ai pour vous, malgré vos dures lois,
Sait trop ce qu'il vous doit, et ce que je me dois.

ACTE QUATRIÈME.

SCÈNE I. — PYMANTE, DORISE.

DORISE.
Je te le dis encor, tu perds temps à me suivre ;
Souffre que de tes yeux ta pitié me délivre.
Tu redoubles mes maux par de tels entretiens.
PYMANTE.
Prenez à votre tour quelque pitié des miens,
Madame, et tarissez ce déluge de larmes :
Pour rappeler un mort ce sont de foibles armes ;
Et, quoi que vous conseille un inutile ennui,
Vos cris et vos sanglots ne vont point jusqu'à lui.
DORISE.
Si mes sanglots ne vont où mon cœur les envoie,
Du moins par eux mon âme y trouvera la voie :
S'il lui faut un passage afin de s'envoler,
Ils le lui vont ouvrir en le fermant à l'air.

Sus donc, sus, mes sanglots, redoublez vos secousses :
Pour un tel désespoir vous les avez trop douces;
Faites pour m'étouffer de plus puissans efforts.

PYMANTE.

Ne songez plus, madame, à rejoindre les morts;
Pensez plutôt à ceux qui n'ont point d'autre envie
Que d'employer pour vous le reste de leur vie;
Pensez plutôt à ceux dont le service offert
Accepté vous conserve, et refusé vous perd.

DORISE.

Crois-tu donc, assassin, m'acquérir par ton crime?
Qu'innocent méprisé, coupable je t'estime?
A ce compte, tes feux n'ayant pu m'émouvoir,
Ta noire perfidie obtiendroit ce pouvoir!
Je chérirois en toi la qualité de traître!
Et mon affection commenceroit à naître
Lorsque tout l'univers a droit de te haïr!

PYMANTE.

Si j'oubliai l'honneur jusques à le trahir;
Si, pour vous posséder, mon esprit, tout de flamme,
N'a rien cru de honteux, n'a rien trouvé d'infâme,
Voyez par là, voyez l'excès de mon ardeur;
Par cet aveuglement jugez de sa grandeur.

DORISE.

Non, non, ta lâcheté, que j'y vois trop certaine,
N'a servi qu'à donner des raisons à ma haine.
Ainsi ce que j'avois pour toi d'aversion
Vient maintenant d'ailleurs que d'inclination;
C'est la raison, c'est elle à présent qui me guide
Au mépris que je fais des flammes d'un perfide.

PYMANTE.

Je ne sache raison qui s'oppose à mes vœux,
Puisqu'ici la raison n'est que ce que je veux,
Et, ployant dessous moi, permet à mon envie
De recueillir les fruits de vous avoir servie.
Il me faut des faveurs malgré vos cruautés.

DORISE.

Exécrable! ainsi donc tes désirs effrontés
Voudroient sur ma foiblesse user de violence?

PYMANTE.

Je ris de vos refus, et sais trop la licence
Que me donne l'amour en cette occasion.

DORISE, *lui crevant l'œil de son aiguille.*

Traître! ce ne sera qu'à ta confusion.

PYMANTE, *portant les mains à son œil crevé.*

Ah, cruelle!

DORISE.
Ah! brigand!
PYMANTE.
Ah! que viens-tu de faire?
DORISE.
De punir l'attentat d'un infâme corsaire.
PYMANTE, *prenant son épée dans la caverne où il l'avoit jetée au second acte.*
Ton sang m'en répondra; tu m'auras beau prier,
Tu mourras.
DORISE, *à part.*
Fuis, Dorise, et laisse-le crier.

SCÈNE II. — PYMANTE.

Où s'est-elle cachée? où l'emporte sa fuite?
Où faut-il que ma rage adresse ma poursuite?
La tigresse m'échappe, et, telle qu'un éclair,
En me frappant les yeux, elle se perd en l'air :
Ou plutôt, l'un perdu, l'autre m'est inutile;
L'un s'offusque du sang qui de l'autre distille.
Coule, coule, mon sang; en de si grands malheurs,
Tu dois avec raison me tenir lieu de pleurs :
Ne verser désormais que des larmes communes,
C'est pleurer lâchement de telles infortunes.
Je vois de tous côtés mon supplice approcher;
N'osant me découvrir, je ne me puis cacher.
Mon forfait avorté se lit dans ma disgrâce,
Et ces gouttes de sang me font suivre à la trace.
Miraculeux effet! Pour traître que je sois,
Mon sang l'est encore plus, et sert tout à la fois
De pleurs à ma douleur, d'indices à ma prise,
De peine à mon forfait, de vengeance à Dorise.
O toi qui, secondant son courage inhumain,
Loin d'orner ses cheveux, déshonores sa main,
Exécrable instrument de sa brutale rage,
Tu devois pour le moins respecter son image;
Ce portrait accompli d'un chef-d'œuvre des cieux,
Imprimé dans mon cœur, exprimé dans mes yeux,
Quoi que te commandât une âme si cruelle,
Devoit être adoré de ta pointe rebelle.
Honteux restes d'amour qui brouillez mon cerveau!
Quoi! puis-je en ma maîtresse adorer mon bourreau?
Remettez-vous, mes sens; rassure-toi, ma rage;
Reviens, mais reviens seule animer mon courage;
Tu n'as plus à débattre avec mes passions
L'empire souverain dessus mes actions;
L'amour vient d'expirer, et ses flammes éteintes

Ne t'imposeront plus leurs infâmes contraintes.
Dorise ne tient plus dedans mon souvenir
Que ce qu'il faut de place à l'ardeur de punir.
Je n'ai plus rien en moi qui n'en veuille à sa vie.
Sus donc, qui me la rend? Destins, si votre envie,
Si votre haine encor s'obstine à mes tourmens,
Jusqu'à me réserver à d'autres châtimens,
Faites que je mérite, en trouvant l'inhumaine,
Par un nouveau forfait, une nouvelle peine;
Et ne me traitez pas avec tant de rigueur
Que mon feu ni mon fer ne touchent point son cœur.
Mais ma fureur se joue, et, demi-languissante,
S'amuse au vain éclat d'une voix impuissante.
Recourons aux effets, cherchons de toutes parts;
Prenons dorénavant pour guides les hasards.
Quiconque ne pourra me montrer la cruelle,
Que son sang aussitôt me réponde pour elle;
Et, ne suivant ainsi qu'une incertaine erreur,
Remplissons tous ces lieux de carnage et d'horreur.
(Une tempête survient.)
Mes menaces déjà font trembler tout le monde;
Le vent fuit d'épouvante, et le tonnerre en gronde;
L'œil du ciel s'en retire, et par un voile noir,
N'y pouvant résister, se défend d'en rien voir;
Cent nuages épais se distillant en larmes,
A force de pitié, veulent m'ôter les armes.
La nature étonnée embrasse mon courroux,
Et veut m'offrir Dorise, ou devancer mes coups.
Tout est de mon parti; le ciel même n'envoie
Tant d'éclairs redoublés qu'afin que je la voie.
Quelques lieux où l'effroi porte ses pas errans,
Ils sont entrecoupés de mille gros torrens.
Que je serois heureux, si cet éclat de foudre,
Pour m'en faire raison, l'avoit réduite en poudre!
Allons voir ce miracle, et désarmer nos mains,
Si le ciel a daigné prévenir nos desseins.
Destins, soyez enfin de mon intelligence,
Et vengez mon affront, ou souffrez ma vengeance!

SCÈNE III. — FLORIDAN.

Quel bonheur m'accompagne en ce moment fatal!
Le tonnerre a sous moi foudroyé mon cheval,
Et, consumant sur lui toute sa violence,
Il m'a porté respect parmi son insolence.
Tous mes gens, écartés par un subit effroi,
Loin d'être à mon secours, ont fui d'autour de moi,

Ou, déjà dispersés par l'ardeur de la chasse,
Ont dérobé leur tête à sa fière menace.
Cependant seul, à pied, je pense à tous momens
Voir le dernier débris de tous les élémens,
Dont l'obstination à se faire la guerre
Met toute la nature au pouvoir du tonnerre.
Dieux, si vous témoignez par là votre courroux,
De Clitandre ou de moi lequel menacez-vous?
La perte m'est égale; et la même tempête
Qui l'auroit accablé tomberoit sur ma tête.
Pour le moins, justes dieux, s'il court quelque danger,
Souffrez que je le puisse avec lui partager :
J'en découvre à la fin quelque meilleur présage;
L'haleine manque aux vents, et la force à l'orage;
Les éclairs, indignés d'être éteints par les eaux,
En ont tari la source et séché les ruisseaux,
Et déjà le soleil de ses rayons essuie
Sur ces moites rameaux le reste de la pluie;
Au lieu du bruit affreux des foudres décochés,
Les petits oisillons, encor demi-cachés....
Mais je verrai bientôt quelques-uns de ma suite
Je le juge à ce bruit.

SCÈNE IV. — FLORIDAN, PYMANTE, DORISE.

PYMANTE *saisit Dorise qui le fuyoit.*
                    Enfin, malgré ta fuite,
Je te retiens, barbare.
                    DORISE.
            Hélas!
                    PYMANTE.
                    Songe à mourir;
Tout l'univers ici ne te peut secourir.
                    FLORIDAN.
L'égorger à ma vue! ô l'indigne spectacle!
Sus, sus, à ce brigand opposons un obstacle.
Arrête, scélérat!
                    PYMANTE.
            Téméraire, où vas-tu?
                    FLORIDAN.
Sauver ce gentilhomme à tes pieds abattu.
                    DORISE, *à Pymante.*
Traître, n'avance pas; c'est le prince.
PYMANTE, *tenant Dorise d'une main et se battant de l'autre.*
                    N'importe;
Il m'oblige à sa mort, m'ayant vu de la sorte.
                    FLORIDAN.
Est-ce là le respect que tu dois à mon rang,

PYMANTE.

Je ne connois ici ni qualité ni sang.
Quelque respect ailleurs que ta naissance obtienne,
Pour assurer ma vie, il faut perdre la tienne.

DORISE.

S'il me demeure encor quelque peu de vigueur,
Si mon débile bras ne dédit point mon cœur,
J'arrêterai le tien.

PYMANTE.

Que fais-tu, misérable?

DORISE.

Je détourne le coup d'un forfait exécrable.

PYMANTE.

Avec ces vains efforts crois-tu m'en empêcher?

FLORIDAN.

Par une heureuse adresse il l'a fait trébucher.
Assassin, rends l'épée.

SCÈNE V. — FLORIDAN, PYMANTE, DORISE, TROIS VENEURS, *portant en leurs mains les vrais habits de Pymante, Lycaste et Dorise.*

PREMIER VENEUR.

Écoute, il est fort proche;
C'est sa voix qui résonne au creux de cette roche,
Et c'est lui que tantôt nous avions entendu.

FLORIDAN *désarme Pymante, et en donne l'épée à garder à Dorise.*

Prends ce fer en ta main.

PYMANTE.

Ah cieux! je suis perdu.

SECOND VENEUR.

Oui, je le vois. Seigneur, quelle aventure étrange,
Quel malheureux destin en cet état vous range?

FLORIDAN.

Garrottez ce maraud; les couples de vos chiens
Vous y pourront servir, faute d'autres liens.
Je veux qu'à mon retour une prompte justice
Lui fasse ressentir par l'éclat d'un supplice,
Sans armer contre lui que les lois de l'État,
Que m'attaquer n'est pas un léger attentat :
Sachez que, s'il échappe, il y va de vos têtes.

PREMIER VENEUR.

Si nous manquons, seigneur, les voilà toutes prêtes.
Admirez cependant le foudre et ses efforts,
Qui dans cette forêt ont consumé trois corps;
En voici les habits, qui, sans aucun dommage,
Semblent avoir bravé la fureur de l'orage.

####### FLORIDAN.
Tu montres à mes yeux de merveilleux effets.
####### DORISE.
Mais des marques plutôt de merveilleux forfaits.
Ces habits, dont n'a point approché le tonnerre,
Sont aux plus criminels qui vivent sur la terre :
Connoissez-les, grand prince, et voyez devant vous
Pymante prisonnier, et Dorise à genoux.
####### FLORIDAN.
Que ce soit là Pymante, et que tu sois Dorise!
####### DORISE.
Quelques étonnemens qu'une telle surprise
Jette dans votre esprit, que vos yeux ont déçu,
D'autres le saisiront quand vous aurez tout su.
La honte de paroître en un tel équipage
Coupe ici ma parole et l'étouffe au passage ;
Souffrez que je reprenne en un coin de ce bois
Avec mes vêtemens l'usage de la voix,
Pour vous conter le reste en habit plus sortable.
####### FLORIDAN.
Cette honte me plaît ; ta prière équitable,
En faveur de ton sexe, et du secours prêté,
Susprendra jusqu'alors ma curiosité.
Tandis, sans m'éloigner beaucoup de cette place,
Je vais sur ce coteau pour découvrir la chasse.
  (*A un veneur.*)   (*Aux autres veneurs.*)
Tu l'y ramèneras. Vous, s'il ne veut marcher,
Gardez-le cependant au pied de ce rocher.
   (*Le prince sort, et un des veneurs s'en va avec Dorise,
    et les autres mènent Pymante d'un autre côté.*)

SCÈNE VI. — CLITANDRE, LE GEÔLIER.

####### CLITANDRE, *en prison*.
Dans ces funestes lieux, où la seule inclémence
D'un rigoureux destin réduit mon innocence,
Je n'attends désormais du reste des humains
Ni faveur ni secours, si ce n'est par tes mains.
####### LE GEÔLIER.
Je ne connois que trop où tend ce préambule.
Vous n'avez pas affaire à quelque homme crédule :
Tous, dans cette prison, dont je porte les clés,
Se disent comme vous du malheur accablés,
Et la justice à tous est injuste ; de sorte
Que la pitié me doit leur faire ouvrir la porte :
Mais je me tiens toujours ferme dans mon devoir.
Soyez coupable ou non, je n'en veux rien savoir ;

Le roi, quoi qu'il en soit, vous a mis en ma garde :
Il me suffit; le reste en rien ne me regarde.
CLITANDRE.
Tu juges mes desseins autres qu'ils ne sont pas.
Je tiens l'éloignement pire que le trépas,
Et la terre n'a point de si douce province
Où le jour m'agréât loin des yeux de mon prince.
Hélas! si tu voulois l'envoyer avertir
Du péril dont sans lui je ne saurois sortir,
Ou qu'il lui fût porté de ma part une lettre,
De la sienne en ce cas je t'ose bien promettre
Que son retour soudain des plus riches te rend :
Que cet anneau t'en serve et d'arrhe et de garant :
Tends la main et l'esprit vers un bonheur si proche.
LE GEÔLIER.
Monsieur, jusqu'à présent j'ai vécu sans reproche,
Et, pour me suborner, promesses ni présens
N'ont et n'auront jamais de charmes suffisans;
C'est de quoi je vous donne une entière assurance :
Perdez-en le dessein avecque l'espérance :
Et puisque vous dressez des piéges à ma foi,
Adieu, ce lieu devient trop dangereux pour moi.

SCÉNE VII. — CLITANDRE.

Va, tigre! va, cruel, barbare, impitoyable!
Ce noir cachot n'a rien tant que toi d'effroyable.
Va, porte aux criminels tes regards dont l'horreur
Peut seule aux innocens imprimer la terreur :
Ton visage déjà commençoit mon supplice;
Et mon injuste sort, dont tu te fais complice,
Ne t'envoyoit ici que pour m'épouvanter,
Ne t'envoyoit ici que pour me tourmenter.
Cependant, malheureux, à qui me dois-je prendre
D'une accusation que je ne puis comprendre?
A-t-on rien vu jamais, a-t-on rien vu de tel?
Mes gens assassinés me rendent criminel!
L'auteur du coup s'en vante, et l'on m'en calomnie!
On le comble d'honneur, et moi d'ignominie!
L'échafaud qu'on m'apprête au sortir de prison,
C'est par où de ce meurtre on me fait la raison.
Mais leur déguisement d'autre côté m'étonne :
Jamais un bon dessein ne déguisa personne;
Leur masque les condamne, et mon seing contrefait,
M'imputant un cartel, me charge d'un forfait.
Mon jugement s'aveugle; et, ce que je déplore,
Je me sens bien trahi; mais par qui? je l'ignore;

ACTE IV, SCÈNE VII.

Et mon esprit troublé, dans ce confus rapport,
Ne voit rien de certain que ma honteuse mort.
Traître, qui que tu sois, rival, ou domestique,
Le ciel te garde encore un destin plus tragique.
N'importe, vif ou mort, les gouffres des enfers
Auront pour ton supplice encor de pires fers;
Là, mille affreux bourreaux t'attendent dans les flammes.
Moins les corps sont punis, plus ils gênent les âmes,
Et par des cruautés qu'on ne peut concevoir,
Ils vengent l'innocence au delà de l'espoir.
Et vous, que désormais je n'ose plus attendre,
Prince, qui m'honoriez d'une amitié si tendre,
Et dont l'éloignement fut mon plus grand malheur,
Bien qu'un crime imputé noircisse ma valeur,
Que le prétexte faux d'une action si noire
Ne laisse plus de moi qu'une sale mémoire,
Permettez que mon nom, qu'un bourreau va ternir,
Dure sans infamie en votre souvenir.
Ne vous repentez point de vos faveurs passées,
Comme chez un perfide indignement placées :
J'ose, j'ose espérer qu'un jour la vérité
Paroîtra toute nue à la postérité;
Et je tiens d'un tel heur l'attente si certaine,
Qu'elle adoucit déjà la rigueur de ma peine;
Mon âme s'en chatouille, et ce plaisir secret
La prépare à sortir avec moins de regret.

SCÈNE VIII. — FLORIDAN, PYMANTE, CLÉON, DORISE, *en habit de femme;* TROIS VENEURS.

FLORIDAN, *à Dorise et à Cléon.*
Vous m'avez dit tous deux d'étranges aventures.
Ah! Clitandre! ainsi donc de fausses conjectures
T'accablent, malheureux, sous le courroux du roi!
Ce funeste récit me met tout hors de moi.

CLÉON.
Hâtant un peu le pas, quelque espoir me demeure
Que vous arriverez auparavant qu'il meure.

FLORIDAN.
Si je n'y viens à temps, ce perfide en ce cas
A son ombre immolé ne me suffira pas.
C'est trop peu de l'auteur de tant d'énormes crimes:
Innocent, il aura d'innocentes victimes.
Où que soit Rosidor, il le suivra de près,
Et je saurai changer ses myrtes en cyprès.

DORISE.
Souiller ainsi vos mains du sang de l'innocence!

FLORIDAN.
Mon déplaisir m'en donne une entière licence.
J'en veux, comme le roi, faire autant à mon tour;
Et puisqu'en sa faveur on prévient mon retour,
Il est trop criminel. Mais que viens-je d'entendre?
Je me tiens presque sûr de sauver mon Clitandre;
La chasse n'est pas loin, où, prenant un cheval,
Je préviendrai le coup de son malheur fatal;
Il suffit de Cléon pour ramener Dorise.
  (*Montrant Pymante.*)
Vous autres, gardez bien de lâcher votre prise;
Un supplice l'attend, qui doit faire trembler
Quiconque désormais voudroit lui ressembler.

ACTE CINQUIÈME.

SCÈNE I. — FLORIDAN, CLITANDRE, UN PRÉVÔT, CLÉON.

FLORIDAN, *parlant au prévôt.*
Dites vous-même au roi qu'une telle innocence
Légitime en ce point ma désobéissance,
Et qu'un homme sans crime avoit bien mérité
Que j'usasse pour lui de quelque autorité.
Je vous suis. Cependant, que mon heur est extrême,
Ami que je chéris à l'égal de moi-même,
D'avoir su justement venir à ton secours
Lorsqu'un infâme glaive alloit trancher tes jours,
Et qu'un injuste sort, ne trouvant point d'obstacle,
Apprêtoit de ta tête un indigne spectacle!
CLITANDRE.
Ainsi qu'un autre Alcide, en m'arrachant des fers,
Vous m'avez aujourd'hui retiré des enfers;
Et moi dorénavant j'arrête mon envie
A ne servir qu'un prince à qui je dois la vie.
FLORIDAN.
Réserve pour Caliste une part de tes soins.
CLITANDRE.
C'est à quoi désormais je veux penser le moins.
FLORIDAN.
Le moins! Quoi! désormais Caliste en ta pensée
N'auroit plus que le rang d'une image effacée?
CLITANDRE.
J'ai honte que mon cœur auprès d'elle attaché
De son ardeur pour vous ait souvent relâché,
Ait souvent pour le sien quitté votre service:

ACTE V, SCÈNE I.

C'est par là que j'avois mérité mon supplice;
Et pour m'en faire naître un juste repentir,
Il semble que les dieux y vouloient consentir;
Mais votre heureux retour a calmé cet orage.
FLORIDAN.
Tu me fais assez lire au fond de ton courage;
La crainte de la mort en chasse des appas
Qui t'ont mis au péril d'un si honteux trépas,
Puisque, sans cet amour, la fourbe mal conçue
Eût manqué contre toi de prétexte et d'issue;
Ou peut-être à présent tes désirs amoureux
Tournent vers des objets un peu moins rigoureux.
CLITANDRE.
Doux ou cruels, aucun désormais ne me touche.
FLORIDAN.
L'amour dompte aisément l'esprit le plus farouche;
C'est à ceux de notre âge un puissant ennemi :
Tu ne connois encor ses forces qu'à demi;
Ta résolution, un peu trop violente,
N'a pas bien consulté ta jeunesse bouillante.
Mais que veux-tu, Cléon, et qu'est-il arrivé?
Pymante de vos mains se seroit-il sauvé?
CLÉON.
Non, seigneur; acquittés de la charge commise,
Nos veneurs ont conduit Pymante, et moi, Dorise;
Et je viens seulement prendre un ordre nouveau.
FLORIDAN.
Qu'on m'attende avec eux aux portes du château.
Allons, allons au roi montrer ton innocence;
Les auteurs des forfaits sont en notre puissance;
Et l'un d'eux, convaincu dès le premier aspect,
Ne te laissera plus aucunement suspect.

SCÈNE II. — ROSIDOR, *sur son lit.*

Amans les mieux payés de votre longue peine,
Vous de qui l'espérance est la moins incertaine,
Et qui vous figurez, après tant de longueurs,
Avoir droit sur les corps dont vous tenez les cœurs,
En est-il parmi vous de qui l'âme contente
Goûte plus de plaisir que moi dans son attente?
En est-il parmi vous de qui l'heur à venir
D'un espoir mieux fondé se puisse entretenir?
Mon esprit, que captive un objet adorable,
Ne l'éprouva jamais autre que favorable.
J'ignorerois encor ce que c'est que mépris,
Si le sort d'un rival ne me l'avoit appris.

Je te plains toutefois, Clitandre; et la colère
D'un grand roi qui te perd me semble trop sévère.
Tes desseins par l'effet n'étoient que trop punis;
Nous voulant séparer, tu nous as réunis.
Il ne te falloit point de plus cruels supplices
Que de te voir toi-même auteur de nos délices,
Puisqu'il n'est pas à croire, après ce lâche tour,
Que le prince ose plus traverser notre amour.
Ton crime t'a rendu désormais trop infâme
Pour tenir ton parti sans s'exposer au blâme :
On devient ton complice à te favoriser.
Mais, hélas! mes pensers, qui vous vient diviser?
Quel plaisir de vengeance à présent vous engage?
Faut-il qu'avec Caliste un rival vous partage?
Retournez, retournez vers mon unique bien;
Que seul dorénavant il soit votre entretien;
Ne vous repaissez plus que de sa seule idée;
Faites-moi voir la mienne en son âge gardée :
Ne vous arrêtez pas à peindre sa beauté,
C'est par où mon esprit est le moins enchanté;
Elle servit d'amorce à mes désirs avides;
Mais ils ont su trouver des objets plus solides :
Mon feu qu'elle alluma fût mort au premier jour,
S'il n'eût été nourri d'un réciproque amour.
Oui, Caliste, et je veux toujours qu'il m'en souvienne,
J'aperçus aussitôt ta flamme que la mienne,
L'amour apprit ensemble à nos cœurs à brûler;
L'amour apprit ensemble à nos yeux à parler;
Et sa timidité lui donna la prudence
De n'admettre que nous en notre confidence :
Ainsi nos passions se déroboient à tous;
Ainsi nos feux secrets n'ayant point de jaloux....
Mais qui vient jusqu'ici troubler mes rêveries?

SCÈNE III. — ROSIDOR, CALISTE.

CALISTE.

Celle qui voudroit voir tes blessures guéries,
Celle....

ROSIDOR.

    Ah! mon heur, jamais je n'obtiendrois sur moi
De pardonner ce crime à toute autre qu'à toi.
De notre amour naissant la douceur et la gloire
De leur charmante idée occupoient ma mémoire;
Je flattois ton image, elle me reflattoit;
Je lui faisois des vœux, elle les acceptoit;
Je formois des désirs, elle en aimoit l'hommage.

ACTE V, SCÈNE III.

La désavoueras-tu, cette flatteuse image?
Voudras-tu démentir notre entretien secret?
Seras-tu plus mauvaise enfin que ton portrait?

CALISTE.

Tu pourrois de sa part te faire tant promettre,
Que je ne voudrois pas tout à fait m'y remettre;
Quoiqu'à dire le vrai je ne sais pas trop bien
En quoi je dédirois ce secret entretien,
Si ta pleine santé me donnoit lieu de dire
Quelle borne à tes vœux je puis et dois prescrire.
Prends soin de te guérir; et les miens plus contens.....
Mais je te le dirai quand il en sera temps.

ROSIDOR.

Cet énigme enjoué n'a point d'incertitude
Qui soit propre à donner beaucoup d'inquiétude;
Et si j'ose entrevoir dans son obscurité,
Ma guérison importe à plus qu'à ma santé.
Mais dis tout, ou du moins souffre que je devine,
Et te die à mon tour ce que je m'imagine.

CALISTE.

Tu dois, par complaisance au peu que j'ai d'appas,
Feindre d'entendre mal ce que je ne dis pas,
Et ne point m'envier un moment de délices
Que fait goûter l'amour en ses petits supplices.
Doute donc, sois en peine, et montre un cœur gêné
D'une amoureuse peur d'avoir mal deviné;
Espère, mais hésite; hésite, mais aspire:
Attends de ma bonté qu'il me plaise tout dire,
Et sans en concevoir d'espoir trop affermi,
N'espère qu'à demi, quand je parle à demi.

ROSIDOR.

Tu parles à demi; mais un secret langage
Qui va jusques au cœur m'en dit bien davantage,
Et tes yeux sont du tien de mauvais truchemens,
Ou rien plus ne s'oppose à nos contentemens.

CALISTE.

Je l'avois bien prévu, que mon impatience
Porteroit ton espoir à trop de confiance;
Que, pour craindre trop peu, tu devinerois mal.

ROSIDOR.

Quoi! la reine ose encor soutenir mon rival?
Et sans avoir d'horreur d'une action si noire....

CALISTE.

Elle a l'âme trop haute et chérit trop la gloire
Pour ne pas s'accorder aux volontés du roi,
Qui d'un heureux hymen récompense ta foi....

ROSIDOR.
Si notre heureux malheur a produit ce miracle,
Qui peut à nos désirs mettre encor quelque obstacle?

CALISTE.
Tes blessures.

ROSIDOR.
Allons, je suis déjà guéri.

CALISTE.
Ce n'est pas pour un jour que je veux un mari,
Et je ne puis souffrir que ton ardeur hasarde
Un bien que de ton roi la prudence retarde.
Prends soin de te guérir, mais guérir tout à fait,
Et crois que tes désirs....

ROSIDOR.
N'auront aucun effet.

CALISTE.
N'auront aucun effet! qui te le persuade?

ROSIDOR.
Un corps peut-il guérir, dont le cœur est malade?

CALISTE.
Tu m'as rendu mon change, et m'as fait quelque peur;
Mais je sais le remède aux blessures du cœur.
Les tiennes, attendant le jour que tu souhaites,
Auront pour médecins mes yeux qui les ont faites.
Je me rends désormais assidue à te voir.

ROSIDOR.
Cependant, ma chère âme, il est de mon devoir
Que sans perdre de temps j'aille rendre en personne
D'humbles grâces au roi du bonheur qu'il nous donne.

CALISTE.
Je me charge pour toi de ce remercîment.
Toutefois, qui sauroit que pour ce compliment
Une heure hors d'ici ne pût beaucoup te nuire,
Je voudrois en ce cas moi-même t'y conduire;
Et j'aimerois mieux être un peu plus tard à toi,
Que tes justes devoirs manquassent vers ton roi.

ROSIDOR.
Mes blessures n'ont point, dans leurs foibles atteintes,
Sur quoi ton amitié puisse fonder ses craintes.

CALISTE.
Viens donc; et puisqu'enfin nous faisons mêmes vœux,
En le remerciant parle au nom de tous deux.

SCÈNE IV. — ALCANDRE, FLORIDAN, CLITANDRE, PYMANTE, DORISE, CLÉON, un prévôt, trois veneurs.

ALCANDRE.

Que souvent notre esprit, trompé par l'apparence,
Règle ses mouvemens avec peu d'assurance!
Qu'il est peu de lumière en nos entendemens!
Et que d'incertitude en nos raisonnemens!
Qui voudra désormais se fie aux impostures
Qu'en notre jugement forment les conjectures :
Tu suffis pour apprendre à la postérité
Combien la vraisemblance a peu de vérité.
Jamais jusqu'à ce jour la raison en déroute
N'a conçu tant d'erreur avec si peu de doute;
Jamais, par des soupçons si faux et si pressans,
On n'a jusqu'à ce jour convaincu d'innocens.
J'en suis honteux, Clitandre, et mon âme confuse
De trop de promptitude en soi-même s'accuse.
Un roi doit se donner, quand il est irrité,
Ou plus de retenue, ou moins d'autorité.
Perds-en le souvenir; et pour moi, je te jure
Qu'à force de bienfaits j'en répare l'injure.

CLITANDRE.

Que Votre Majesté, sire, n'estime pas
Qu'il faille m'attirer par de nouveaux appâts.
L'honneur de vous servir m'apporte assez de gloire;
Et je perdrois le mien, si quelqu'un pouvoit croire
Que mon devoir penchât au refroidissement,
Sans le flatteur espoir d'un agrandissement.
Vous n'avez exercé qu'une juste colère :
On est trop criminel quand on peut vous déplaire;
Et, tout chargé de fers, ma plus forte douleur
Ne s'en osa jamais prendre qu'à mon malheur.

FLORIDAN.

Seigneur, moi qui connois le fond de son courage,
Et qui n'ai jamais vu de fard en son langage,
Je tiendrois à bonheur que Votre Majesté
M'acceptât pour garant de sa fidélité.

ALCANDRE.

Ne nous arrêtons plus sur la reconnoissance
Et de mon injustice, et de son innocence;
Passons au criminel. Toi dont la trahison
A fait si lourdement trébucher ma raison,
Approche, scélérat! Un homme de courage
Se met avec honneur en un tel équipage?
Attaque le plus fort un rival plus heureux?

Et, présumant encor cet exploit dangereux,
A force de présens et d'infâmes pratiques,
D'un autre cavalier corrompt les domestiques?
Prend d'un autre le nom, et contrefait son seing,
Afin qu'exécutant son perfide dessein,
Sur un homme innocent tombent les conjectures?
Parle, parle, confesse, et préviens les tortures.
PYMANTE.
Sire, écoutez-en donc la pure vérité.
Votre seule faveur a fait ma lâcheté,
Vous dis-je, et cet objet dont l'amour me transporte.
L'honneur doit pouvoir tout sur les gens de ma sorte;
Mais recherchant la mort de qui vous est si cher,
Pour en avoir le fruit il me falloit cacher;
Reconnu pour l'auteur d'une telle surprise,
Le moyen d'approcher de vous ou de Dorise?
ALCANDRE.
Tu dois aller plus outre, et m'imputer encor
L'attentat sur mon fils comme sur Rosidor :
Car je ne touche point à Dorise outragée;
Chacun, en te voyant, la voit assez vengée,
Et coupable elle-même, elle a bien mérité
L'affront qu'elle a reçu de ta témérité.
PYMANTE.
Un crime attire l'autre, et, de peur d'un supplice,
On tâche, en étouffant ce qu'on en voit d'indice,
De paroître innocent à force de forfaits.
Je ne suis criminel sinon manque d'effets;
Et sans l'âpre rigueur du sort qui me tourmente,
Vous pleureriez le prince, et souffririez Pymante.
Mais que tardez-vous plus? j'ai tout dit : punissez.
ALCANDRE.
Est-ce là le regret de tes crimes passés?
Otez-le-moi d'ici; je ne puis voir sans honte
Que de tant de forfaits il tient si peu de compte :
Dites à mon conseil que, pour le châtiment,
J'en laisse à ses avis le libre jugement;
Mais qu'après son arrêt je saurai reconnoître
L'amour que vers son prince il aura fait paroître.
   Viens çà, toi, maintenant, monstre de cruauté,
Qui joins l'assassinat à la déloyauté,
Détestable Alecton, que la reine déçue
Avoit naguère au rang de ses filles reçue!
Quel barbare, ou plutôt quelle peste d'enfer
Se rendit ton complice et te donna ce fer?
DORISE.
L'autre jour, dans ce bois trouvé par aventure,

Sire, il donna sujet à toute l'imposture;
Mille jaloux serpens qui me rongeoient le sein
Sur cette occasion formèrent mon dessein :
Je le cachai dès lors.

FLORIDAN.
Il est tout manifeste
Que ce fer n'est enfin qu'un misérable reste
Du malheureux duel où le triste Arimant
Laissa son corps sans âme, et Daphné sans amant.
Mais quant à son forfait, un ver de jalousie
Jette souvent notre âme en telle frénésie,
Que la raison, qu'aveugle un plein emportement,
Laisse notre conduite à son déréglement;
Lors tout ce qu'il produit mérite qu'on l'excuse.

ALCANDRE.
De si foibles raisons mon esprit ne s'abuse.

FLORIDAN.
Seigneur, quoi qu'il en soit, un fils qu'elle vous rend,
Sous votre bon plaisir, sa défense entreprend;
Innocente ou coupable, elle assura ma vie.

ALCANDRE.
Ma justice en ce cas la donne à ton envie;
Ta prière obtient même avant que demander
Ce qu'aucune raison ne pouvoit t'accorder.
Le pardon t'est acquis : relève-toi, Dorise,
Et va dire partout, en liberté remise,
Que le prince aujourd'hui te préserve à la fois
Des fureurs de Pymante et des rigueurs des lois.

DORISE.
Après une bonté tellement excessive,
Puisque votre clémence ordonne que je vive,
Permettez désormais, sire, que mes desseins
Prennent des mouvemens plus réglés et plus sains;
Souffrez que pour pleurer mes actions brutales,
Je fasse ma retraite avecque les vestales,
Et qu'une criminelle indigne d'être au jour
Se puisse renfermer en leur sacré séjour.

FLORIDAN.
Te bannir de la cour après m'être obligée,
Ce seroit trop montrer ma faveur négligée.

DORISE.
N'arrêtez point au monde un objet odieux,
De qui chacun, d'horreur, détourneroit les yeux.

FLORIDAN.
Fusses-tu mille fois encor plus méprisable,
Ma faveur te va rendre assez considérable
Pour t'acquérir ici mille inclinations.

Outre l'attrait puissant de tes perfections,
Mon respect à l'amour tout le monde convie
Vers celle à qui je dois et qui me doit la vie.
Fais-le voir, cher Clitandre, et tourne ton désir
Du côté que ton prince a voulu te choisir;
Réunis mes faveurs t'unissant à Dorise.

CLITANDRE.

Mais par cette union mon esprit se divise,
Puisqu'il faut que je donne aux devoirs d'un époux
La moitié des pensers qui ne sont dus qu'à vous.

FLORIDAN.

Ce partage m'oblige, et je tiens tes pensées
Vers un si beau sujet d'autant mieux adressées,
Que je lui veux céder ce qui m'en appartient.

ALCANDRE.

Taisez-vous, j'aperçois notre blessé qui vient.

SCÈNE V. — ALCANDRE, FLORIDAN, CLÉON, CLITANDRE, ROSIDOR, CALISTE, DORISE.

ALCANDRE, *à Rosidor.*

Au comble de tes vœux, sûr de ton mariage,
N'es-tu point satisfait? que veux-tu davantage?

ROSIDOR.

L'apprendre de vous, sire, et pour remercîmens
Nous offrir l'un et l'autre à vos commandemens.

ALCANDRE.

Si mon commandement peut sur toi quelque chose,
Et si ma volonté de la tienne dispose,
Embrasse un cavalier indigne des liens
Où l'a mis aujourd'hui la trahison des siens.
Le prince heureusement l'a sauvé du supplice,
Et ces deux que ton bras dérobe à ma justice,
Corrompus par Pymante, avoient juré ta mort:
Le suborneur depuis n'a pas eu meilleur sort :
Et ce traître à présent tombé sous ma puissance,
Clitandre, fait trop voir quelle est son innocence.

ROSIDOR.

Sire, vous le savez, le cœur me l'avoit dit :
Et si peu que j'avois envers vous de crédit,
Je l'employai dès lors contre votre colère.

(*A Clitandre.*)

En moi dorénavant faites état d'un frère.

CLITANDRE, *à Rosidor.*

En moi, d'un serviteur dont l'amour éperdu
Ne vous conteste plus un prix qui vous est dû.

ACTE V, SCÈNE V.   111

DORISE, *à Caliste.*

Si le pardon du roi me peut donner le vôtre,
Si mon crime....

CALISTE.

Ah! ma sœur, tu me prends pour une autre,
Si tu crois que je puisse encor m'en souvenir.

ALCANDRE.

Tu ne veux plus songer qu'à ce jour à venir
Où Rosidor guéri termine un hyménée.
Clitandre, en attendant cette heureuse journée,
Tâchera d'allumer en son âme des feux
Pour celle que mon fils désire, et que je veux
A qui, pour réparer sa faute criminelle,
Je défends désormais de se montrer cruelle;
Et nous verrons alors cueillir en même jour
A deux couples d'amans les fruits de leur amour.

EXAMEN DE CLITANDRE.

Un voyage que je fis à Paris pour voir le succès de *Mélite* m'apprit qu'elle n'étoit pas dans les vingt et quatre heures : c'étoit l'unique règle que l'on connût en ce temps-là. J'entendis que ceux du métier la blâmoient de peu d'effets, et de ce que le style en étoit trop familier. Pour la justifier contre cette censure par une espèce de bravade, et montrer que ce genre de pièces avoit les vraies beautés de théâtre, j'entrepris d'en faire une régulière (c'est-à-dire dans ces vingt et quatre heures), pleine d'incidens, et d'un style plus élevé, mais qui ne vaudroit rien du tout; en quoi je réussis parfaitement. Le style en est véritablement plus fort que celui de l'autre; mais c'est tout ce qu'on y peut trouver de supportable. Il est mêlé de pointes comme dans cette première; mais ce n'étoit pas alors un si grand vice dans le choix des pensées, que la scène en dût être entièrement purgée. Pour la constitution, elle est si désordonnée, que vous avez de la peine à deviner qui sont les premiers acteurs. Rosidor et Caliste sont ceux qui le paroissent le plus par l'avantage de leur caractère et de leur amour mutuel : mais leur action finit dès le premier acte avec leur péril; et ce qu'ils disent au troisième et au cinquième ne fait que montrer leurs visages, attendant que les autres achèvent. Pymante et Dorise y ont le plus grand emploi; mais ce ne sont que deux criminels qui cherchent à éviter la punition de leurs crimes, et dont même le premier en attente de plus grands pour mettre à couvert les autres. Clitandre, autour de qui semble tourner le nœud de la pièce, puisque les premières actions vont à le faire coupable, et les dernières à le justifier, n'en peut être qu'un héros bien ennuyeux, qui n'est introduit que pour déclamer en prison, et ne parle pas même à cette maîtresse dont les dédains servent de couleur à le faire passer pour criminel. Tout le cinquième acte languit, comme celui de *Mélite*, après la conclusion des épisodes, et n'a rien de surprenant, puisque, dès le quatrième, on devine tout ce qui doit arriver, hormis le mariage de Clitandre avec Dorise, qui est encore plus étrange que celui d'Éraste, et dont on n'a garde de se défier.

Le roi et le prince son fils y paroissent dans un emploi fort au-dessous de leur dignité : l'un n'y est que comme juge, et l'autre comme confident de son favori. Ce défaut n'a pas accoutumé de passer pour défaut : aussi n'est-ce qu'un sentiment particulier dont je me fais une règle, qui peut-être ne semblera pas déraisonnable, bien que nouvelle.

Pour m'expliquer, je dis qu'un roi, un héritier de la couronne, un gouverneur de province, et généralement un homme d'autorité, peut paroître sur le théâtre en trois façons : comme roi, comme homme et comme juge ; quelquefois avec deux de ces qualités, quelquefois avec toutes les trois ensemble. Il paroît comme roi seulement quand il n'a intérêt qu'à la conservation de son trône ou de sa vie, qu'on attaque pour changer l'État, sans avoir l'esprit agité d'aucune passion particulière ; et c'est ainsi qu'Auguste agit dans *Cinna*, et Phocas dans *Héraclius*. Il paroît comme homme seulement quand il n'a que l'intérêt d'une passion à suivre ou à vaincre, sans aucun péril pour son État ; et tel est Grimoald dans les trois premiers actes de *Pertharite*, et les deux reines dans *Don Sanche*. Il ne paroît enfin que comme juge quand il est introduit sans aucun intérêt pour son État ni pour sa personne, ni pour ses affections, mais seulement pour régler celui des autres, comme dans ce poëme et dans *le Cid*; et on ne peut désavouer qu'en cette dernière posture il remplit assez mal la dignité d'un si grand titre, n'ayant aucune part en l'action que celle qu'il y veut prendre pour d'autres, et demeurant bien éloigné de l'éclat des deux autres manières. Aussi l'on ne le donne jamais à représenter aux meilleurs acteurs ; mais il faut qu'il se contente de passer par la bouche de ceux du second et du troisième ordre. Il peut paroître comme roi et comme homme tout à la fois quand il a un grand intérêt d'État et une forte passion tout ensemble à soutenir, comme Antiochus dans *Rodogune*, et Nicomède dans la tragédie qui porte son nom ; et c'est, à mon avis, la plus digne manière et la plus avantageuse de mettre sur la scène des gens de cette condition, parce qu'ils attirent alors toute l'action à eux, et ne manquent jamais d'être représentés par les premiers acteurs. Il ne me vient pas d'exemple en la mémoire où un roi paroisse comme homme et comme juge, avec un intérêt de passion pour lui, et un soin de régler ceux des autres sans aucun péril pour son État ; mais pour voir les trois manières ensemble, on les peut aucunement remarquer dans les deux gouverneurs d'Arménie et de Syrie, que j'ai introduits, l'un dans *Polyeucte* et l'autre dans *Théodore*. Je dis aucunement, parce que la tendresse que l'un a pour son gendre, et l'autre pour son fils, qui est ce qui les fait paroître comme hommes, agit si foiblement, qu'elle semble étouffée sous le soin qu'a l'un et l'autre de conserver sa dignité, dont ils font tous deux leur capital ; et qu'ainsi on peut dire en rigueur qu'ils ne paroissent que comme gouverneurs qui craignent de se perdre, et comme juges qui, par cette crainte dominante, condamnent, ou plutôt s'immolent ce qu'ils voudroient conserver.

Les monologues sont trop longs et trop fréquens en cette pièce; c'étoit une beauté en ce temps-là : les comédiens les souhaitoient, et croyoient y paroître avec plus d'avantage. La mode a si bien changé, que la plupart de mes derniers ouvrages n'en ont aucun ; et vous n'en trouverez point dans *Pompée*, *la Suite du Menteur*, *Théodore* et *Pertharite*, ni dans *Héraclius*, *Andromède*, *OEdipe* et *la Toison d'or*, à la réserve des stances.

Pour le lieu, il a encore plus d'étendue, ou, si vous voulez souffrir ce mot, plus de libertinage ici que dans *Mélite;* il comprend un château d'un roi avec une forêt voisine, comme pourroit être celui de Saint-Germain, et est bien éloigné de l'exactitude que les sévères critiques y demandent.

FIN DE CLITANDRE.

LA VEUVE.

COMÉDIE.

1634.

A MADAME DE LA MAISON-FORT.

Madame,

Le bon accueil qu'autrefois cette Veuve a reçu de vous l'oblige à vous en remercier, et l'enhardit à vous demander la faveur de votre protection. Étant exposée aux coups de l'envie et de la médisance, elle n'en peut trouver de plus assurée que celle d'une personne sur qui ces deux monstres n'ont jamais eu de prise. Elle espère que vous ne la méconnoîtrez pas, pour être dépouillée de tous autres ornemens que les siens, et que vous la traiterez aussi bien qu'alors que la grâce de la représentation la mettoit en son jour. Pourvu qu'elle vous puisse divertir encore une heure, elle est trop contente, et se bannira sans regret du théâtre pour avoir une place dans votre cabinet. Elle est honteuse de vous ressembler si peu, et a de grands sujets d'appréhender qu'on ne l'accuse de peu de jugement de se présenter devant vous, dont les perfections la feront paroître d'autant plus imparfaite; mais quand elle considère qu'elles sont en un si haut point, qu'on n'en peut avoir de légères teintures sans des priviléges tout particuliers du ciel, elle se rassure entièrement, et n'ose plus craindre qu'il se rencontre des esprits assez injustes pour lui imputer à défaut le manque des choses qui sont au-dessus des forces de la nature : en effet, madame, quelque difficulté que vous fassiez de croire aux miracles, il faut que vous en reconnoissiez en vous-même, ou que vous ne vous connoissiez pas, puisqu'il est tout vrai que des vertus et des qualités si peu communes que les vôtres ne sauroient avoir d'autre nom. Ce n'est pas mon dessein d'en faire ici les éloges; outre qu'il seroit superflu de particulariser ce que tout le monde sait, la bassesse de mon discours profaneroit des choses si relevées. Ma plume est trop foible pour entreprendre de voler si haut; c'est assez pour elle de vous rendre mes devoirs, et de vous protester, avec plus de vérité que d'éloquence, que je serai toute ma vie,

Madame,

Votre très-humble et très-obéissant serviteur,

Corneille.

AU LECTEUR.

Si tu n'es homme à te contenter de la naïveté du style et de la subtilité de l'intrigue, je ne t'invite point à la lecture de cette pièce : son ornement n'est pas dans l'éclat des vers. C'est une belle chose que de les faire puissans et majestueux : cette pompe ravit d'ordinaire les esprits, et pour le moins les éblouit ; mais il faut que les sujets en fassent naître les occasions ; autrement c'est en faire parade mal à propos, et, pour gagner le nom de poëte, perdre celui de judicieux. La comédie n'est qu'un portrait de nos actions et de nos discours, et la perfection des portraits consiste en la ressemblance. Sur cette maxime, je tâche de ne mettre en la bouche de mes acteurs que ce que diroient vraisemblablement en leur place ceux qu'ils représentent, et de les faire discourir en honnêtes gens, et non pas en auteurs. Ce n'est qu'aux ouvrages où le poëte parle qu'il faut parler en poëte ; Plaute n'a pas écrit comme Virgile, et ne laisse pas d'avoir bien écrit. Ici donc tu ne trouveras en beaucoup d'endroits qu'une prose rimée, peu de scènes toutefois sans quelque raisonnement assez véritable, et partout une conduite assez industrieuse. Tu y reconnoîtras trois sortes d'amours aussi extraordinaires au théâtre qu'ordinaires dans le monde : celle de Philiste et Clarice, d'Alcidon et Doris, et celle de la même Doris avec Florange, qui ne paroît point. Le plus beau de leurs entretiens est en équivoques, et en propositions dont ils te laissent les conséquences à tirer. Si tu en pénètres bien le sens, l'artifice ne t'en déplaira point. Pour l'ordre de la pièce, je ne l'ai mis ni dans la sévérité des règles, ni dans la liberté qui n'est que trop ordinaire sur le théâtre françois : l'une est trop rarement capable de beaux effets, et on les trouve à trop bon marché dans l'autre, qui prend quelquefois tout un siècle pour la durée de son action, et toute la terre habitable pour le lieu de la scène. Cela sent un peu trop son abandon, messéant à toute sorte de poëme, et particulièrement aux dramatiques, qui ont toujours été les plus réguliers. J'ai donc cherché quelque milieu pour la règle du temps, et me suis persuadé que la comédie étant disposée en cinq actes, cinq jours consécutifs n'y seroient point mal employés. Ce n'est pas que je méprise l'antiquité ; mais comme on épouse malaisément des beautés si vieilles, j'ai cru lui rendre assez de respects de lui partager mes ouvrages ; et de six pièces de théâtre qui me sont échappées[1], en ayant réduit trois dans la contrainte qu'elle nous a prescrite, je n'ai point fait de conscience d'allonger un peu les vingt et quatre heures aux trois autres. Pour l'unité de lieu et d'action, ce sont deux règles que j'observe inviolablement ; mais j'interprète la dernière à ma mode ; et la première, tantôt je la resserre à la seule grandeur du théâtre, et tantôt je l'étends jusqu'à toute une ville, comme en cette pièce. Je l'ai poussée dans le *Clitandre* jusques aux lieux où l'on peut aller dans les vingt et quatre heures ; mais bien que j'en pusse trouver de bons garans et de grands exemples dans les vieux et nouveaux siècles, j'estime qu'il n'est que meilleur de se passer de leur imitation en ce point. Quelque jour je m'expliquerai davantage sur ces matières ; mais il faut attendre l'occasion d'un plus grand volume : cette préface n'est déjà que trop longue pour une comédie.

1. *Mélite, Clitandre, la Veuve, la Galerie du Palais, la Suivante,* et *la Place Royale.*

ARGUMENT.

Alcidon, amoureux de Clarice, veuve d'Alcandre et maîtresse de Philiste, son particulier ami, de peur qu'il ne s'en aperçût, feint d'aimer sa sœur Doris, qui, ne s'abusant point par ses caresses, consent au mariage de Florange, que sa mère lui propose. Ce faux ami, sous prétexte de se venger de l'affront que lui faisoit ce mariage, fait consentir Célidan à enlever Clarice en sa faveur, et ils la mènent ensemble à un château de Célidan. Philiste, abusé des faux ressentimens de son ami, fait rompre le mariage de Florange : sur quoi Célidan conjure Alcidon de reprendre Doris et rendre Clarice à son amant. Ne l'y pouvant résoudre, il soupçonne quelque fourbe de sa part, et fait si bien qu'il tire les vers du nez à la nourrice de Clarice, qui avoit toujours eu une intelligence avec Alcidon, et lui avoit même facilité l'enlèvement de sa maîtresse; ce qui le porte à quitter le parti de ce perfide : de sorte que, ramenant Clarice à Philiste, il obtient de lui en récompense sa sœur Doris.

PERSONNAGES.

PHILISTE, amant de Clarice.
ALCIDON, ami de Philiste et amant de Doris.
CÉLIDAN, ami d'Alcidon et amoureux de Doris.
CLARICE, veuve d'Alcandre et maîtresse de Philiste.
CHRYSANTE, mère de Doris.
DORIS, sœur de Philiste.
LA NOURRICE de Clarice.
GÉRON, agent de Florange, amoureux de Doris, qui ne paroît point.
LYCASTE, domestique de Philiste.
POLYMAS,
DORASTE, } domestiques de Clarice.
LISTOR,

La scène est à Paris.

ACTE PREMIER.

SCÈNE I. — PHILISTE, ALCIDON.

ALCIDON.

J'en demeure d'accord, chacun a sa méthode;
Mais la tienne pour moi seroit trop incommode;
Mon cœur ne pourroit pas conserver tant de feu,
S'il falloit que ma bouche en témoignât si peu.
Depuis près de deux ans tu brûles pour Clarice;
Et plus ton amour croît, moins elle en a d'indice.
Il semble qu'à languir tes désirs sont contens,

Et que tu n'as pour but que de perdre ton temps.
Quel fruit espères-tu de ta persévérance
A la traiter toujours avec indifférence?
Auprès d'elle assidu, sans lui parler d'amour,
Veux-tu qu'elle commence à te faire la cour?
PHILISTE.
Non; mais, à dire vrai, je veux qu'elle devine.
ALCIDON.
Ton espoir, qui te flatte, en vain se l'imagine.
Clarice avec raison prend pour stupidité
Ce ridicule effet de ta timidité.
PHILISTE.
Peut-être. Mais enfin, vois-tu qu'elle me fuie?
Qu'indifférent qu'il est mon entretien l'ennuie?
Que je lui sois à charge, et lorsque je la voi,
Qu'elle use d'artifice à s'échapper de moi?
Sans te mettre en souci quelle en sera la suite,
Apprends comme l'amour doit régler sa conduite.
　Aussitôt qu'une dame a charmé nos esprits,
Offrir notre service au hasard d'un mépris,
Et, nous abandonnant à nos brusques saillies,
Au lieu de notre ardeur lui montrer nos folies;
Nous attirer sur l'heure un dédain éclatant,
Il n'est si maladroit qui n'en fît bien autant.
Il faut s'en faire aimer avant qu'on se déclare.
Notre submission à l'orgueil la prépare.
Lui dire incontinent son pouvoir souverain,
C'est mettre à sa rigueur les armes à la main.
Usons, pour être aimés, d'un meilleur artifice
Et sans lui rien offrir, rendons-lui du service;
Réglons sur son humeur toutes nos actions,
Réglons tous nos desseins sur ses intentions,
Tant que, par la douceur d'une longue hantise,
Comme insensiblement elle se trouve prise;
C'est par là que l'on sème aux dames des appâts
Qu'elles n'évitent point, ne les prévoyant pas.
Leur haine envers l'amour pourroit être un prodige,
Que le seul nom les choque, et l'effet les oblige.
ALCIDON.
Suive qui le voudra ce procédé nouveau.
Mon feu me déplairoit caché sous ce rideau.
Ne parler point d'amour! Pour moi, je me défie
Des fantasques raisons de ta philosophie;
Ce n'est pas là mon jeu. Le joli passe-temps
D'être auprès d'une dame, et causer du beau temps,
Lui jurer que Paris est toujours plein de fange,
Qu'un certain parfumeur vend de fort bonne eau d'ange,

Qu'un cavalier regarde un autre de travers,
Que dans la comédie on dit d'assez bons vers,
Qu'Aglante avec Philis dans un mois se marie!
Change, pauvre abusé, change de batterie,
Conte ce qui te mène, et ne t'amuse pas
A perdre innocemment tes discours et tes pas.

PHILISTE.

Je les aurois perdus auprès de ma maîtresse,
Si je n'eusse employé que la commune adresse,
Puisque inégal de biens et de condition,
Je ne pouvois prétendre à son affection.

ALCIDON.

Mais si tu ne les perds, je te tiens à miracle,
Puisque ainsi ton amour rencontre un double obstacle,
Et que ton froid silence et l'inégalité
S'opposent tout ensemble à ta témérité.

PHILISTE.

Crois que de la façon dont j'ai su me conduire
Mon silence n'est pas en état de me nuire;
Mille petits devoirs ont tant parlé pour moi,
Qu'il ne m'est plus permis de douter de sa foi :
Mes soupirs et les siens font un secret langage
Par où son cœur au mien à tous momens s'engage;
Des coups d'œil languissans, des souris ajustés,
Des penchemens de tête à demi concertés,
Et mille autres douceurs, aux seuls amans connues,
Nous font voir chaque jour nos âmes toutes nues,
Nous sont de bons garans d'un feu qui chaque jour....

ALCIDON.

Tout cela, cependant, sans lui parler d'amour?

PHILISTE.

Sans lui parler d'amour.

ALCIDON.

J'estime ta science;
Mais j'aurois à l'épreuve un peu d'impatience.

PHILISTE.

Le ciel, qui nous choisit lui-même des partis,
A tes feux et les miens prudemment assortis;
Et comme à ces longueurs t'ayant fait indocile,
Il te donne en ma sœur un naturel facile,
Ainsi pour cette veuve il a su m'enflammer,
Après m'avoir donné par où m'en faire aimer.

ALCIDON.

Mais il lui faut enfin découvrir ton courage.

PHILISTE.

C'est ce qu'en ma faveur sa nourrice ménage :
Cette vieille subtile a mille inventions

ACTE I, SCÈNE I.

Pour m'avancer au but de mes intentions;
Elle m'avertira du temps que je dois prendre;
Le reste une autre fois se pourra mieux apprendre :
Adieu.

ALCIDON.
La confidence avec un bon ami
Jamais, sans l'offenser, ne s'exerce à demi.

PHILISTE.
Un intérêt d'amour me prescrit ces limites
Ma maîtresse m'attend pour faire des visites,
Où je lui promis hier de lui prêter la main.

ALCIDON.
Adieu donc, cher Philiste.

PHILISTE.
Adieu, jusqu'à demain.

SCÈNE II. — ALCIDON, LA NOURRICE.

ALCIDON, *seul*.
Vit-on jamais amant de pareille imprudence
Faire avec son rival entière confidence?
Simple, apprends que ta sœur n'aura jamais de quoi
Asservir sous ses lois des gens faits comme moi;
Qu'Alcidon feint pour elle, et brûle pour Clarice.
Ton agente est à moi. N'est-il pas vrai, nourrice?

LA NOURRICE.
Tu le peux bien jurer.

ALCIDON.
Et notre ami rival?

LA NOURRICE.
Si jamais on m'en croit, son affaire ira mal.

ALCIDON.
Tu lui promets pourtant?

LA NOURRICE.
C'est par où je l'amuse,
Jusqu'à ce que l'effet lui découvre ma ruse.

ALCIDON.
Je viens de le quitter.

LA NOURRICE.
Eh bien! que t'a-t-il dit?

ALCIDON.
Que tu veux employer pour lui tout ton crédit,
Et que, rendant toujours quelque petit service,
Il s'est fait une entrée en l'âme de Clarice.

LA NOURRICE.
Moindre qu'il ne présume; et toi?

ALCIDON.
Je l'ai poussé

A s'enhardir un peu plus que par le passé,
Et découvrir son mal à celle qui le cause.

LA NOURRICE.

Pourquoi ?

ALCIDON.

Pour deux raisons : l'une, qu'il me propose
Ce qu'il a dans le cœur beaucoup plus librement ;
L'autre, que ta maîtresse, après ce compliment,
Le chassera peut-être ainsi qu'un téméraire.

LA NOURRICE.

Ne l'enhardis pas tant ; j'aurois peur, au contraire,
Que malgré tes raisons quelque mal ne t'en prît :
Car enfin ce rival est bien dans son esprit,
Mais non pas tellement qu'avant que le mois passe
Notre adresse sous main ne le mette en disgrâce.

ALCIDON.

Et lors ?

LA NOURRICE.

Je te réponds de ce que tu chéris.
Cependant continue à caresser Doris ;
Que son frère, ébloui par cette accorte feinte,
De nos prétentions n'ait ni soupçon ni crainte.

ALCIDON.

A m'en ouïr conter, l'amour de Céladon
N'eut jamais rien d'égal à celui d'Alcidon :
Tu rirois trop de voir comme je la cajole.

LA NOURRICE.

Et la dupe qu'elle est croit tout sur ta parole ?

ALCIDON.

Cette jeune étourdie est si folle de moi,
Qu'elle prend chaque mot pour article de foi ;
Et son frère, pipé du fard de mon langage,
Qui croit que je soupire après son mariage,
Pensant bien m'obliger, m'en parle tous les jours :
Mais quand il en vient là, je sais bien mes détours ;
Tantôt, vu l'amitié qui tous deux nous assemble,
J'attendrai son hymen pour être heureux ensemble ;
Tantôt il faut du temps pour le consentement
D'un oncle dont j'espère un haut avancement ;
Tantôt je sais trouver quelque autre bagatelle.

LA NOURRICE.

Séparons-nous, de peur qu'il entrât en cervelle,
S'il avoit découvert un si long entretien.
Joue aussi bien ton jeu que je jouerai le mien.

ALCIDON.

Nourrice, ce n'est pas ainsi qu'on se sépare.

LA NOURRICE.
Monsieur, vous me jugez d'un naturel avare.
ALCIDON.
Tu veilleras pour moi d'un soin plus diligent.
LA NOURRICE.
Ce sera donc pour vous plus que pour votre argent.

SCÈNE III. — CHRYSANTE, DORIS.

CHRYSANTE.
C'est trop désavouer une si belle flamme,
Qui n'a rien de honteux, rien de sujet au blâme :
Confesse-le, ma fille, Alcidon a ton cœur;
Ses rares qualités l'en ont rendu vainqueur :
Ne vous entr'appeler que « mon âme et ma vie, »
C'est montrer que tous deux vous n'avez qu'une envie,
Et que d'un même trait vos esprits sont blessés.
DORIS.
Madame, il n'en va pas ainsi que vous pensez.
Mon frère aime Alcidon, et sa prière expresse
M'oblige à lui répondre en termes de maîtresse.
Je me fais, comme lui, souvent toute de feux;
Mais mon cœur se conserve au point où je le veux,
Toujours libre, et qui garde une amitié sincère
A celui que voudra me prescrire une mère.
CHRYSANTE.
Oui, pourvu qu'Alcidon te soit ainsi prescrit.
DORIS.
Madame, puissiez-vous lire dans mon esprit!
Vous verriez jusqu'où va ma pure obéissance.
CHRYSANTE.
Ne crains pas que je veuille user de ma puissance;
Je croirois en produire un trop cruel effet,
Si je te séparois d'un ami si parfait.
DORIS.
Vous le connoissez mal; son âme a deux visages,
Et ce dissimulé n'est qu'un conteur à gages :
Il a beau m'accabler de protestations,
Je démêle aisément toutes ses fictions;
Il ne me prête rien que je ne lui renvoie :
Nous nous entre-payons d'une même monnoie;
Et malgré nos discours, mon vertueux désir
Attend toujours celui que vous voudrez choisir :
Votre vouloir du mien absolument dispose.
CHRYSANTE.
L'épreuve en fera foi; mais parlons d'autre chose.
Nous vîmes hier au bal, entre autres nouveautés,

Tout plein d'honnêtes gens caresser les beautés.
DORIS.
Oui, madame : Alindor en vouloit à Célie ;
Lysandre, à Célidée ; Oronte, à Rosélie.
CHRYSANTE.
Et, nommant celles-ci, tu caches finement
Qu'un certain t'entretint assez paisiblement.
DORIS.
Ce visage inconnu qu'on appeloit Florange ?
CHRYSANTE.
Lui-même.
DORIS.
Ah ! Dieu, que c'est un cajoleur étrange !
Ce fut paisiblement, de vrai, qu'il m'entretint.
Soit que quelque raison en secret le retînt,
Soit que son bel esprit me jugeât incapable
De lui pouvoir fournir un entretien sortable,
Il m'épargna si bien, que ses plus longs propos
A peine en plus d'une heure étoient de quatre mots ;
Il me mena danser deux fois sans me rien dire.
CHRYSANTE.
Mais ensuite ?
DORIS.
Le reste est digne qu'on l'admire.
Mon baladin muet se retranche en un coin,
Pour faire mieux jouer la prunelle de loin ;
Après m'avoir de là longtemps considérée,
Après m'avoir des yeux mille fois mesurée,
Il m'aborde en tremblant, avec ce compliment :
« Vous m'attirez à vous ainsi que fait l'aimant. »
(Il pensoit m'avoir dit le meilleur mot du monde.)
Entendant ce haut style, aussitôt je seconde,
Et réponds brusquement, sans beaucoup m'émouvoir :
« Vous êtes donc de fer, à ce que je puis voir. »
Ce grand mot étouffa tout ce qu'il vouloit dire ;
Et pour toute réplique il se mit à sourire.
Depuis il s'avisa de me serrer les doigts ;
Et, retrouvant un peu l'usage de la voix,
Il prit un de mes gants : « La mode en est nouvelle,
Me dit-il, et jamais je n'en vis de si belle ;
Vous portez sur la gorge un mouchoir fort carré ;
Votre éventail me plaît d'être ainsi bigarré ;
L'amour, je vous assure, est une belle chose ;
Vraiment vous aimez fort cette couleur de rose ;
La ville est en hiver tout autre que les champs ;
Les charges à présent n'ont que trop de marchands ;
On n'en peut approcher. »

CHRYSANTE.
Mais enfin que t'en semble?
DORIS.
Je n'ai jamais connu d'homme qui lui ressemble,
Ni qui mêle en discours tant de diversités.
CHRYSANTE.
Il est nouveau venu des universités,
Mais, après tout, fort riche, et que la mort d'un père,
Sans deux successions que de plus il espère,
Comble de tant de biens, qu'il n'est fille aujourd'hui
Qui ne lui rie au nez et n'ait dessein sur lui.
DORIS.
Aussi me contez-vous de beaux traits de visage.
CHRYSANTE.
Eh bien! avec ces traits est-il à ton usage?
DORIS.
Je douterois plutôt si je serois au sien.
CHRYSANTE.
Je sais qu'assurément il te veut force bien;
Mais il te le faudroit, en fille plus accorte,
Recevoir désormais un peu d'une autre sorte.
DORIS.
Commandez seulement, madame, et mon devoir
Ne négligera rien qui soit en mon pouvoir.
CHRYSANTE.
Ma fille, te voilà telle que je souhaite.
Pour ne te rien celer, c'est chose qui vaut faite.
Géron, qui depuis peu fait ici tant de tours,
Au déçu d'un chacun a traité ces amours :
Et puisqu'à mes désirs je te vois résolue,
Je veux qu'avant deux jours l'affaire soit conclue.
Au regard d'Alcidon tu dois continuer,
Et de ton beau semblant ne rien diminuer.
Il faut jouer au fin contre un esprit si double.
DORIS.
Mon frère en sa faveur vous donnera du trouble.
CHRYSANTE.
Il n'est pas si mauvais que l'on n'en vienne à bout.
DORIS.
Madame, avisez-y; je vous remets le tout.
CHRYSANTE.
Rentre; voici Géron, de qui la conférence
Doit rompre, ou nous donner une entière assurance.

SCÈNE IV. — CHRYSANTE, GÉRON.

CHRYSANTE.

Ils se sont vus enfin.

GÉRON.

Je l'avois déjà su,
Madame; et les effets ne m'en ont point déçu,
Du moins quant à Florange.

CHRYSANTE.

Eh bien! mais qu'est-ce encore?
Que dit-il de ma fille?

GÉRON.

Ah! madame, il l'adore.
Il n'a point encor vu de miracles pareils :
Ses yeux, à son avis, sont autant de soleils;
L'enflure de son sein, un double petit monde;
C'est le seul ornement de la machine ronde.
L'amour à ses regards allume son flambeau,
Et souvent, pour la voir, il ôte son bandeau;
Diane n'eut jamais une si belle taille;
Auprès d'elle Vénus ne seroit rien qui vaille;
Ce ne sont rien que lis et roses que son teint;
Enfin de ses beautés il est si fort atteint....

CHRYSANTE.

Atteint! Ah! mon ami, tant de badinerie
Ne témoigne que trop qu'il en fait raillerie.

GÉRON.

Madame, je vous jure, il pèche innocemment,
Et s'il savoit mieux dire, il diroit autrement.
C'est un homme tout neuf : que voulez-vous qu'il fasse?
Il dit ce qu'il a lu. Daignez juger, de grâce,
Plus favorablement de son intention;
Et pour mieux vous montrer où va sa passion,
Vous savez les deux points (mais aussi, je vous prie,
Vous ne lui direz pas cette supercherie).

CHRYSANTE.

Non, non.

GÉRON.

Vous savez donc les deux difficultés
Qui jusqu'à maintenant vous tiennent arrêtés?

CHRYSANTE.

Il veut son avantage, et nous cherchons le nôtre.

GÉRON.

« Va, Géron, m'a-t-il dit; et pour l'une et pour l'autre,
Si par dextérité tu n'en peux rien tirer,
Accorde tout plutôt que de plus différer.
Doris est à mes yeux de tant d'attraits pourvue

Qu'il faut bien qu'il m'en coûte un peu pour l'avoir vue. »
Mais qu'en dit votre fille ?
CHRYSANTE.
Elle suivra mon choix,
Et montre une âme prête à recevoir mes lois;
Non qu'elle en fasse état plus que de bonne sorte :
Il suffit qu'elle voit ce que le bien apporte,
Et qu'elle s'accommode aux solides raisons
Qui forment à présent les meilleures maisons.
GÉRON.
A ce compte, c'est fait. Quand vous plaît-il qu'il vienne
Dégager ma parole, et vous donner la sienne ?
CHRYSANTE.
Deux jours me suffiront, ménagés dextrement,
Pour disposer mon fils à son contentement.
Durant ce peu de temps, si son ardeur le presse,
Il peut hors du logis rencontrer sa maîtresse.
Assez d'occasions s'offrent aux amoureux.
GÉRON.
Madame, que d'un mot je vais le rendre heureux !

SCÈNE V. — PHILISTE, CLARICE.

PHILISTE.
Le bonheur aujourd'hui conduisoit vos visites,
Et sembloit rendre hommage à vos rares mérites.
Vous avez rencontré tout ce que vous cherchiez.
CLARICE.
Oui; mais n'estimez pas qu'ainsi vous m'empêchiez
De vous dire, à présent que nous faisons retraite,
Combien de chez Daphnis je sors mal satisfaite.
PHILISTE.
Madame, toutefois elle a fait son pouvoir,
Du moins en apparence, à vous bien recevoir.
CLARICE.
Ne pensez pas aussi que je me plaigne d'elle.
PHILISTE.
Sa compagnie étoit, ce me semble, assez belle.
CLARICE.
Que trop belle à mon goût, et, que je pense, au tien !
Deux filles possédoient seules ton entretien ;
Et leur orgueil, enflé par cette préférence,
De ce qu'elles valoient tiroit pleine assurance.
PHILISTE.
Ce reproche obligeant me laisse tout surpris :
Avec tant de beautés, et tant de bons esprits,
Je ne valus jamais qu'on me trouvât à dire.

CLARICE.
Avec ces bons esprits je n'étois qu'en martyre;
Leur discours m'assassine, et n'a qu'un certain jeu
Qui m'étourdit beaucoup, et qui me plaît fort peu.

PHILISTE.
Celui que nous tenions me plaisoit à merveilles.

CLARICE.
Tes yeux s'y plaisoient bien autant que tes oreilles.

PHILISTE.
Je ne le puis nier, puisqu'en parlant de vous,
Sur les vôtres mes yeux se portoient à tous coups,
Et s'en alloient chercher sur un si beau visage
Mille et mille raisons d'un éternel hommage.

CLARICE.
O la subtile ruse! ô l'excellent détour!
Sans doute une des deux te donne de l'amour;
Mais tu le veux cacher.

PHILISTE.
Que dites-vous, madame?
Un de ces deux objets captiveroit mon âme!
Jugez-en mieux, de grâce; et croyez que mon cœur
Choisiroit pour se rendre un plus puissant vainqueur.

CLARICE.
Tu tranches du fâcheux. Belinde et Chrysolite
Manquent donc, à ton gré, d'attraits et de mérite,
Elles dont les beautés captivent mille amans!

PHILISTE.
Tout autre trouveroit leurs visages charmans,
Et j'en ferois état, si le ciel m'eût fait naître
D'un malheur assez grand pour ne vous pas connoître;
Mais l'honneur de vous voir, que vous me permettez,
Fait que je n'y remarque aucunes raretés;
Et plein de votre idée, il ne m'est pas possible
Ni d'admirer ailleurs, ni d'être ailleurs sensible.

CLARICE.
On ne m'éblouit pas à force de flatter :
Revenons au propos que tu veux éviter.
Je veux savoir des deux laquelle est ta maîtresse;
Ne dissimule plus, Philiste, et me confesse....

PHILISTE.
Que Chrysolite et l'autre, égales toutes deux,
N'ont rien d'assez puissant pour attirer mes vœux.
Si, blessé des regards de quelque beau visage,
Mon cœur de sa franchise avoit perdu l'usage...

CLARICE.
Tu serois assez fin pour bien cacher ton jeu.

PHILISTE.

C'est ce qui ne se peut : l'amour est tout de feu,
Il éclaire en brûlant, et se trahit soi-même.
Un esprit amoureux, absent de ce qu'il aime,
Par sa mauvaise humeur fait trop voir ce qu'il est :
Toujours morne, rêveur, triste, tout lui déplaît;
A tout autre propos qu'à celui de sa flamme,
Le silence à la bouche, et le chagrin en l'âme,
Son œil semble à regret nous donner ses regards,
Et les jette à la fois souvent de toutes parts,
Qu'ainsi sa fonction confuse ou mal guidée
Se ramène en soi-même, et ne voit qu'une idée;
Mais auprès de l'objet qui possède son cœur,
Ses esprits ranimés reprennent leur vigueur :
Gai, complaisant, actif....

CLARICE.

Enfin que veux-tu dire?

PHILISTE.

Que, par ces actions que je viens de décrire,
Vous, de qui j'ai l'honneur chaque jour d'approcher,
Jugiez pour quel objet l'amour m'a su toucher.

CLARICE.

Pour faire un jugement d'une telle importance,
Il faudroit plus de temps. Adieu; la nuit s'avance.
Te verra-t-on demain?

PHILISTE.

Madame, en doutez-vous?
Jamais commandemens ne me furent si doux :
Loin de vous, je n'ai rien qu'avec plaisir je voie;
Tout me devient fâcheux, tout s'oppose à ma joie;
Un chagrin invincible accable tous mes sens.

CLARICE.

Si, comme tu le dis, dans le cœur des absens
C'est l'amour qui fait naître une telle tristesse,
Ce compliment n'est bon qu'auprès d'une maîtresse.

PHILISTE.

Souffrez-le d'un respect qui produit chaque jour
Pour un sujet si haut les effets de l'amour.

SCÈNE VI. — CLARICE.

Las! il m'en dit assez, si je l'osois entendre;
Et ses désirs aux miens se font assez comprendre;
Mais pour nous déclarer une si belle ardeur,
L'un est muet de crainte, et l'autre de pudeur.
Que mon rang me déplaît! que mon trop de fortune,
Au lieu de m'obliger, me choque et m'importune!

Égale à mon Philiste, il m'offriroit ses vœux,
Je m'entendrois nommer le sujet de ses feux,
Et ses discours pourroient forcer ma modestie
A l'assurer bientôt de notre sympathie;
Mais le peu de rapport de nos conditions
Ote le nom d'amour à ses soumissions;
Et sous l'injuste loi de cette retenue,
Le remède me manque, et mon mal continue.
Il me sert en esclave, et non pas en amant,
Tant son respect s'oppose à mon contentement!
Ah! que ne devient-il un peu plus téméraire!
Que ne s'expose-t-il au hasard de me plaire!
Amour, gagne à la fin ce respect ennuyeux,
Et rends-le moins timide, ou l'ôte de mes yeux.

ACTE SECOND.

SCÈNE I. — PHILISTE.

Secrets tyrans de ma pensée,
Respect, amour, de qui les lois
D'un juste et fâcheux contre-poids
La tiennent toujours balancée;
Que vos mouvemens opposés,
Vos traits, l'un par l'autre brisés,
Sont puissans à s'entre-détruire!
Que l'un m'offre d'espoir! que l'autre a de rigueur!
Et tandis que tous deux tâchent à me séduire,
Que leur combat est rude au milieu de mon cœur!

Moi-même je fais mon supplice
A force de leur obéir;
Mais le moyen de les haïr?
Ils viennent tous deux de Clarice;
Ils m'en entretiennent tous deux,
Et forment ma crainte et mes vœux
Pour ce bel œil qui les fait naître;
Et de deux flots divers mon esprit agité,
Plein de glace, et d'un feu qui n'oseroit paroître,
Blâme sa retenue et sa témérité.

Mon âme, dans cet esclavage,
Fait des vœux qu'elle n'ose offrir;
J'aime seulement pour souffrir;
J'ai trop et trop peu de courage :
Je vois bien que je suis aimé,

Et que l'objet qui m'a charmé
Vit en de pareilles contraintes.
Mon silence à ses feux fait tant de trahison,
Qu'impertinent captif de mes frivoles craintes,
Pour accroître son mal, je fuis ma guérison.

Elle brûle, et par quelque signe
Que son cœur s'explique avec moi,
Je doute de ce que je voi,
Parce que je m'en trouve indigne.
Espoir, adieu; c'est trop flatté :
Ne crois pas que cette beauté
Daigne avouer de telles flammes;
Et, dans le juste soin qu'elle a de les cacher,
Vois que si même ardeur embrase nos deux âmes,
Sa bouche à son esprit n'ose le reprocher.

Pauvre amant, vois par son silence
Qu'elle t'en commande un égal,
Et que le récit de ton mal
Te convaincroit d'une insolence.
Quel fantasque raisonnement!
Et qu'au milieu de mon tourment
Je deviens subtil à ma peine!
Pourquoi m'imaginer qu'un discours amoureux
Par un contraire effet change l'amour en haine,
Et, malgré mon bonheur, me rendre malheureux?

Mais j'aperçois Clarice. O dieux! si cette belle
Parloit autant de moi que je m'entretiens d'elle!
Du moins si sa nourrice a soin de nos amours,
C'est de moi qu'à présent doit être leur discours.
Une humeur curieuse avec chaleur m'emporte
A me couler sans bruit derrière cette porte,
Pour écouter de là, sans en être aperçu,
En quoi mon fol espoir me peut avoir déçu.
Allons. Souvent l'amour ne veut qu'une bonne heure :
Jamais l'occasion ne s'offrira meilleure;
Et peut-être qu'enfin nous en pourrons tirer
Celle que nous cherchons pour nous mieux déclarer.

SCÈNE II. — CLARICE, LA NOURRICE.

CLARICE.

Tu me veux détourner d'une seconde flamme
Dont je ne pense pas qu'autre que toi me blâme
Être veuve à mon âge, et toujours déplorer
La perte d'un mari que je puis réparer !

Refuser d'un amant ce doux nom de maîtresse !
N'avoir que des mépris pour les vœux qu'il m'adresse !
Le voir toujours languir dessous ma dure loi !
Cette vertu, nourrice, est trop haute pour moi.
LA NOURRICE.
Madame, mon avis au vôtre ne résiste
Qu'alors que votre ardeur se porte vers Philiste.
Aimez, aimez quelqu'un ; mais, comme à l'autre fois,
Qu'un lieu digne de vous arrête votre choix.
CLARICE.
Brise là ce discours dont mon amour s'irrite ;
Philiste n'en voit point qui le passe en mérite.
LA NOURRICE.
Je ne remarque en lui rien que de fort commun,
Sinon que plus qu'un autre il se rend importun.
CLARICE.
Que ton aveuglement en ce point est extrême !
Et que tu connois mal et Philiste et moi-même,
Si tu crois que l'excès de sa civilité
Passe jamais chez moi pour importunité !
LA NOURRICE.
Ce cajoleur rusé, qui toujours vous assiége,
A tant fait qu'à la fin vous tombez dans son piége.
CLARICE.
Ce cavalier parfait, de qui je tiens le cœur,
A tant fait que du mien il s'est rendu vainqueur.
LA NOURRICE.
Il aime votre bien, et non votre personne.
CLARICE.
Son vertueux amour l'un et l'autre lui donne :
Ce m'est trop d'heur encor, dans le peu que je vaux,
Qu'un peu de bien que j'ai supplée à mes défauts.
LA NOURRICE.
La mémoire d'Alcandre, et le rang qu'il vous laisse,
Voudroient un successeur de plus haute noblesse.
CLARICE.
S'il précéda Philiste en vaines dignités ;
Philiste le devance en rares qualités ;
Il est né gentilhomme, et sa vertu répare
Tout ce dont la fortune envers lui fut avare :
Nous avons, elle et moi, trop de quoi l'agrandir.
LA NOURRICE.
Si vous pouviez, madame, un peu vous refroidir
Pour le considérer avec indifférence,
Sans prendre pour mérite une fausse apparence,
La raison feroit voir à vos yeux insensés
Que Philiste n'est pas tout ce que vous pensez.

Croyez-m'en plus que vous ; j'ai vieilli dans le monde,
J'ai de l'expérience, et c'est où je me fonde ;
Éloignez quelque temps ce dangereux charmeur,
Faites en son absence essai d'une autre humeur ;
Pratiquez-en quelque autre, et désintéressée,
Comparez-lui l'objet dont vous êtes blessée ;
Comparez-en l'esprit, la façon, l'entretien,
Et lors vous trouverez qu'un autre le vaut bien.

CLARICE.

Exercer contre moi de si noirs artifices !
Donner à mon amour de si cruels supplices !
Trahir tous mes désirs, éteindre un feu si beau !
Qu'on m'enferme plutôt toute vive au tombeau.
Fais venir cet amant : dussé-je la première
Lui faire de mon cœur une ouverture entière,
Je ne permettrai point qu'il sorte d'avec moi
Sans avoir l'un à l'autre engagé notre foi.

LA NOURRICE.

Ne précipitez point ce que le temps ménage ;
Vous pourrez à loisir éprouver son courage.

CLARICE.

Ne m'importune plus de tes conseils maudits,
Et sans me répliquer fais ce que je te dis.

SCÈNE III. — PHILISTE, LA NOURRICE.

PHILISTE.

Je te ferai cracher cette langue traîtresse.
Est-ce ainsi qu'on me sert auprès de ma maîtresse,
Détestable sorcière ?

LA NOURRICE.

Eh bien ! quoi ? qu'ai-je fait ?

PHILISTE.

Et tu doutes encor si j'ai vu ton forfait ?

LA NOURRICE.

Quel forfait ?

PHILISTE.

Peut-on voir lâcheté plus hardie ?
Joindre encor l'impudence à tant de perfidie !

LA NOURRICE.

Tenir ce qu'on promet, est-ce une trahison ?

PHILISTE.

Est-ce ainsi qu'on le tient ?

LA NOURRICE.

Parlons avec raison ;
Que t'avois-je promis ?

PHILISTE.
Que de tout ton possible
Tu rendrois ta maîtresse à mes désirs sensible,
Et la disposerois à recevoir mes vœux.
LA NOURRICE.
Et ne la vois-tu pas au point où tu la veux?
PHILISTE.
Malgré toi mon bonheur à ce point l'a réduite.
LA NOURRICE.
Mais tu dois ce bonheur à ma sage conduite,
Jeune et simple novice en matière d'amour,
Qui ne saurois comprendre encore un si beau tour.
Flatter de nos discours les passions des dames,
C'est aider lâchement à leurs naissantes flammes;
C'est traiter lourdement un délicat effet;
C'est n'y savoir enfin que ce que chacun sait :
Moi, qui de ce métier ai la haute science,
Et qui, pour te servir, brûle d'impatience,
Par un chemin plus court qu'un propos complaisant,
J'ai su croître sa flamme en la contredisant;
J'ai su faire éclater, mais avec violence,
Un amour étouffé sous un honteux silence,
Et n'ai pas tant choqué que piqué ses désirs,
Dont la soif irritée avance tes plaisirs.
PHILISTE.
A croire ton babil, la ruse est merveilleuse;
Mais l'épreuve, à mon goût, en est fort périlleuse.
LA NOURRICE.
Jamais il ne s'est vu de tours plus assurés.
La raison et l'amour sont ennemis jurés;
Et lorsque ce dernier dans un esprit commande,
Il ne peut endurer que l'autre le gourmande :
Plus la raison l'attaque, et plus il se roidit;
Plus elle l'intimide, et plus il s'enhardit.
Je le dis sans besoin, vos yeux et vos oreilles
Sont de trop bons témoins de toutes ces merveilles;
Vous-même avez tout vu, que voulez-vous de plus?
Entrez, on vous attend; ces discours superflus
Reculent votre bien, et font languir Clarice.
Allez, allez cueillir les fruits de mon service;
Usez bien de votre heur et de l'occasion.
PHILISTE.
Soit une vérité, soit une illusion
Que ton esprit adroit emploie à ta défense,
Le mien de tes discours plus outre ne s'offense;
Et j'en estimerai mon bonheur plus parfait,
Si d'un mauvais dessein je tire un bon effet.

LA NOURRICE.
Que de propos perdus! Voyez l'impatiente
Qui ne peut plus souffrir une si longue attente.

SCÈNE IV. — CLARICE, PHILISTE, LA NOURRICE.

CLARICE.
Paresseux, qui tardez si longtemps à venir,
Devinez la façon dont je veux vous punir.
PHILISTE.
M'interdiriez-vous bien l'honneur de votre vue?
CLARICE.
Vraiment, vous me jugez de sens fort dépourvue :
Vous bannir de mes yeux! une si dure loi
Feroit trop retomber le châtiment sur moi;
Et je n'ai pas failli, pour me punir moi-même.
PHILISTE.
L'absence ne fait mal que de ceux que l'on aime.
CLARICE.
Aussi, que savez-vous si vos perfections
Ne vous ont rien acquis sur mes affections?
PHILISTE.
Madame, excusez-moi, je sais mieux reconnoître
Mes défauts, et le peu que le ciel m'a fait naître.
CLARICE.
N'oublierez-vous jamais ces termes ravalés,
Pour vous priser de bouche autant que vous valez?
Seriez-vous bien content qu'on crût ce que vous dites?
Demeurez avec moi d'accord de vos mérites;
Laissez-moi me flatter de cette vanité
Que j'ai quelque pouvoir sur votre liberté,
Et qu'une humeur si froide, à toute autre invincible,
Ne perd qu'auprès de moi le titre d'insensible :
Une si douce erreur tâche à s'autoriser;
Quel plaisir prenez-vous à m'en désabuser?
PHILISTE.
Ce n'est point une erreur; pardonnez-moi, madame,
Ce sont les mouvemens les plus sains de mon âme.
Il est vrai, je vous aime, et mes feux indiscrets
Se donnent leur supplice en demeurant secrets.
Je reçois sans contrainte une ardeur téméraire;
Mais si j'ose brûler, je sais aussi me taire;
Et près de votre objet, mon unique vainqueur,
Je puis tout sur ma langue, et rien dessus mon cœur.
En vain j'avois appris que la seule espérance
Entretenoit l'amour dans la persévérance :
J'aime sans espérer; et mon cœur enflammé

A pour but de vous plaire, et non pas d'être aimé.
L'amour devient servile, alors qu'il se dispense
A n'allumer ses feux que pour la récompense.
Ma flamme est toute pure, et sans rien présumer,
Je ne cherche en aimant que le seul bien d'aimer.

CLARICE.

Et celui d'être aimé, sans que tu le prétendes,
Préviendra tes désirs et tes justes demandes.
Ne déguisons plus rien, cher Philiste; il est temps
Qu'un aveu mutuel rende nos vœux contens :
Donnons-leur, je te prie, une entière assurance,
Vengeons-nous à loisir de notre indifférence;
Vengeons-nous à loisir de toutes ces langueurs
Où sa fausse couleur avoit réduit nos cœurs.

PHILISTE.

Vous me jouez, madame, et cette accorte feinte
Ne donne à mes amours qu'une railleuse atteinte.

CLARICE.

Quelle façon étrange! En me voyant brûler,
Tu t'obstines encore à le dissimuler;
Tu veux qu'encore un coup je me donne la honte
De te dire à quel point l'amour pour toi me dompte :
Tu le vois cependant avec pleine clarté,
Et veux douter encor de cette vérité?

PHILISTE.

Oui, j'en doute, et l'excès du bonheur qui m'accable
Me surprend, me confond, me paroît incroyable.
Madame, est-il possible? et me puis-je assurer
D'un bien à quoi mes vœux n'oseroient aspirer?

CLARICE.

Cesse de me tuer par cette défiance.
Qui pourroit des mortels troubler notre alliance?
Quelqu'un a-t-il à voir dessus mes actions,
Dont j'aie à prendre l'ordre en mes affections?
Veuve, et qui ne dois plus de respect à personne,
Ne puis-je disposer de ce que je te donne?

PHILISTE.

N'ayant jamais été digne d'un tel honneur,
J'ai de la peine encore à croire mon bonheur.

CLARICE.

Pour t'obliger enfin à changer de langage,
Si ma foi ne suffit, que je te donne un gage.
Un bracelet, exprès tissu de mes cheveux,
T'attend pour enchaîner et ton bras et tes vœux;
Viens le querir, et prendre avec moi la journée
Qui termine bientôt notre heureux hyménée.

PHILISTE.

C'est dont vos seuls avis se doivent consulter :
Trop heureux, quant à moi, de les exécuter!

LA NOURRICE, *seule*.

Vous comptez sans votre hôte, et vous pourrez apprendre
Que ce n'est pas sans moi que ce jour se doit prendre.
De vos prétentions Alcidon averti
Vous fera, s'il m'en croit, un dangereux parti.
Je lui vais bien donner de plus sûres adresses
Que d'amuser Doris par de fausses caresses ;
Aussi bien, m'a-t-on dit, à beau jeu beau retour.
Au lieu de la duper avec ce feint amour,
Elle-même le dupe, et lui rendant son change,
Lui promet un amour qu'elle garde à Florange :
Ainsi, de tous côtés primé par un rival,
Ses affaires sans moi se porteroient fort mal.

SCÈNE V. — ALCIDON, DORIS.

ALCIDON.

Adieu, mon cher souci, sois sûre que mon âme
Jusqu'au dernier soupir conservera sa flamme.

DORIS.

Alcidon, cet adieu me prend au dépourvu.
Tu ne fais que d'entrer ; à peine t'ai-je vu :
C'est m'envier trop tôt le bien de ta présence.
De grâce, oblige-moi d'un peu de complaisance ;
Et puisque je te tiens, souffre qu'avec loisir
Je puisse m'en donner un peu plus de plaisir.

ALCIDON.

Je t'explique si mal le feu qui me consume,
Qu'il me force à rougir d'autant plus qu'il s'allume.
Mon discours s'en confond, j'en demeure interdit ;
Ce que je ne puis dire est plus que je n'ai dit :
J'en hais les vains efforts de ma langue grossière,
Qui manquent de justesse en si belle matière,
Et ne répondant point aux mouvemens du cœur,
Te découvrent si peu le fond de ma langueur.
Doris, si tu pouvois lire dans ma pensée,
Et voir jusqu'au milieu de mon âme blessée,
Tu verrois un brasier bien autre et bien plus grand
Qu'en ces foibles devoirs que ma bouche te rend.

DORIS.

Si tu pouvois aussi pénétrer mon courage,
Et voir jusqu'à quel point ma passion m'engage,
Ce que dans mes discours tu prends pour des ardeurs
Ne te sembleroit plus que de tristes froideurs.

Ton amour et le mien ont faute de paroles.
Par un malheur égal ainsi tu me consoles;
Et de mille défauts me sentant accabler,
Ce m'est trop d'heur qu'un d'eux me fait te ressembler.
####### ALCIDON.
Mais quelque ressemblance entre nous qui survienne,
Ta passion n'a rien qui ressemble à la mienne,
Et tu ne m'aimes pas de la même façon.
####### DORIS.
Si tu m'aimes encor, quitte un si faux soupçon;
Tu douterois à tort d'une chose trop claire;
L'épreuve fera foi comme j'aime à te plaire.
Je meurs d'impatience, attendant l'heureux jour
Qui te montre quel est envers toi mon amour;
Ma mère en ma faveur brûle de même envie.
####### ALCIDON.
Hélas! ma volonté sous un autre asservie,
Dont je ne puis encore à mon gré disposer,
Fait que d'un tel bonheur je ne saurois user.
Je dépends d'un vieil oncle; et, s'il ne m'autorise,
Je ne te fais qu'en vain le don de ma franchise;
Tu sais que tout son bien ne regarde que moi,
Et qu'attendant sa mort je vis dessous sa loi.
Mais nous le gagnerons, et mon humeur accorte
Sait comme il faut avoir les hommes de sa sorte:
Un peu de temps fait tout.
####### DORIS.
Ne précipite rien.
Je connois ce qu'au monde aujourd'hui vaut le bien.
Conserve ce vieillard; pourquoi te mettre en peine,
A force de m'aimer, de t'acquérir sa haine?
Ce qui te plaît m'agrée; et ce retardement,
Parce qu'il vient de toi, m'oblige infiniment.
####### ALCIDON.
De moi! C'est offenser une pure innocence.
Si l'effet de mes vœux n'est pas en ma puissance,
Leur obstacle me gêne autant ou plus que toi.
####### DORIS.
C'est prendre mal mon sens; je sais quelle est ta foi.
####### ALCIDON.
En veux-tu par écrit une entière assurance?
####### DORIS.
Elle m'assure assez de ta persévérance;
Et je lui ferois tort d'en recevoir d'ailleurs
Une preuve plus ample, ou des garans meilleurs.
####### ALCIDON.
Je l'apporte demain, pour mieux faire connoître....

DORIS.

J'en crois si fortement ce que j'en vois paroître,
Que c'est perdre du temps que de plus en parler.
Adieu. Va désormais où tu voulois aller.
Si pour te retenir j'ai trop peu de mérite,
Souviens-toi pour le moins que c'est moi qui te quitte.

ALCIDON.

Ce brusque adieu m'étonne, et je n'entends pas bien....

SCÈNE VI. — ALCIDON, LA NOURRICE.

LA NOURRICE.

Je te prends au sortir d'un plaisant entretien.

ALCIDON.

Plaisant de vérité, vu que mon artifice
Lui raconte les vœux que j'envoie à Clarice;
Et de tous mes soupirs, qui se portent plus loin,
Elle se croit l'objet, et n'en est que témoin.

LA NOURRICE.

Ainsi ton feu se joue?

ALCIDON.

Ainsi quand je soupire,
Je la prends pour une autre, et lui dis mon martyre;
Et sa réponse, au point que je puis souhaiter,
Dans cette illusion a droit de me flatter.

LA NOURRICE.

Elle t'aime?

ALCIDON.

Et de plus, un discours équivoque
Lui fait aisément croire un amour réciproque.
Elle se pense belle, et cette vanité
L'assure imprudemment de ma captivité;
Et, comme si j'étois des amans ordinaires,
Elle prend sur mon cœur des droits imaginaires,
Cependant que le sien sent tout ce que je feins,
Et vit dans les langueurs dont à faux je me plains.

LA NOURRICE.

Je te réponds que non. Si tu n'y mets remède,
Avant qu'il soit trois jours Florange la possède.

ALCIDON.

Et qui t'en a tant dit?

LA NOURRICE.

Géron m'a tout conté;
C'est lui qui sourdement a conduit ce traité.

ALCIDON.

C'est ce qu'en mots obscurs son adieu vouloit dire.
Elle a cru me braver, mais je n'en fais que rire;
Et comme j'étois las de me contraindre tant,

La coquette qu'elle est m'oblige en me quittant.
Ne m'apprendras-tu point ce que fait ta maîtresse?
LA NOURRICE.
Elle met ton agente au bout de sa finesse.
Philiste assurément tient son esprit charmé :
Je n'aurois jamais cru qu'elle l'eût tant aimé.
ALCIDON.
C'est affaire à du temps.
LA NOURRICE.
Quitte cette espérance :
Ils ont pris l'un de l'autre une entière assurance,
Jusqu'à s'entre-donner la parole et la foi.
ALCIDON.
Que tu demeures froide en te moquant de moi!
LA NOURRICE.
Il n'est rien de si vrai; ce n'est point raillerie.
ALCIDON.
C'est donc fait d'Alcidon! Nourrice, je te prie....
LA NOURRICE.
Rien ne sert de prier; mon esprit épuisé
Pour divertir ce coup n'est point assez rusé.
Je n'en sais qu'un moyen, mais je ne l'ose dire.
ALCIDON.
Dépêche, ta longueur m'est un second martyre.
LA NOURRICE.
Clarice, tous les soirs, rêvant à ses amours,
Seule dans son jardin fait trois ou quatre tours.
ALCIDON.
Et qu'a cela de propre à reculer ma perte?
LA NOURRICE.
Je te puis en tenir la fausse porte ouverte :
Aurois-tu du courage assez pour l'enlever?
ALCIDON.
Oui, mais il faut retraite après où me sauver;
Et je n'ai point d'ami si peu jaloux de gloire
Que d'être partisan d'une action si noire.
Si j'avois un prétexte, alors je ne dis pas
Que quelqu'un abusé n'accompagnât mes pas.
LA NOURRICE.
On te vole Doris, et ta feinte colère
Manqueroit de prétexte à quereller son frère!
Fais-en sonner partout un faux ressentiment :
Tu verras trop d'amis s'offrir aveuglément,
Se prendre à ces dehors, et, sans voir dans ton âme,
Vouloir venger l'affront qu'aura reçu ta flamme.
Sers-toi de leur erreur, et dupe-les si bien....

ALCIDON.
Ce prétexte est si beau que je ne crains plus rien.
LA NOURRICE.
Pour ôter tout soupçon de notre intelligence,
Ne faisons plus ensemble aucune conférence,
Et viens quand tu pourras; je t'attends dès demain.
ALCIDON.
Adieu. Je tiens le coup, autant vaut, dans ma main.

ACTE TROISIÈME.

SCÈNE I. — CÉLIDAN, ALCIDON.

CÉLIDAN.
Ce n'est pas que j'excuse ou la sœur, ou le frère,
Dont l'infidélité fait naître ta colère;
Mais, à ne point mentir, ton dessein à l'abord
N'a gagné mon esprit qu'avec un peu d'effort.
Lorsque tu m'as parlé d'enlever sa maîtresse,
L'honneur a quelque temps combattu ma promesse :
Ce mot d'enlèvement me faisoit de l'horreur;
Mes sens, embarrassés dans cette vaine erreur,
N'avoient plus la raison de leur intelligence;
En plaignant ton malheur je blâmois ta vengeance;
Et l'ombre d'un forfait, amusant ma pitié,
Retardoit les effets dus à notre amitié.
Pardonne un vain scrupule à mon âme inquiète;
Prends mon bras pour second, mon château pour retraite.
Le déloyal Philiste, en te volant ton bien,
N'a que trop mérité qu'on le prive du sien :
Après son action la tienne est légitime;
Et l'on venge sans honte un crime par un crime.
ALCIDON.
Tu vois comme il me trompe, et me promet sa sœur
Pour en faire sous main Florange possesseur.
Ah ciel! fut-il jamais un si noir artifice?
Il lui fait recevoir mes offres de service;
Cette belle m'accepte, et fier de son aveu,
Je me vante partout du bonheur de mon feu
Cependant il me l'ôte, et par cette pratique,
Plus mon amour est su, plus ma honte est publique.
CÉLIDAN.
Après sa trahison, vois ma fidélité;
Il t'enlève un objet que je t'avois quitté.
Ta Doris fut toujours la reine de mon âme;

J'ai toujours eu pour elle une secrète flamme,
Sans jamais témoigner que j'en étois épris,
Tant que tes feux ont pu te promettre ce prix;
Mais je te l'ai quittée, et non pas à Florange.
Quand je t'aurai vengé, contre lui je me venge,
Et je lui fais savoir que jusqu'à mon trépas,
Tout autre qu'Alcidon ne l'emportera pas.
            ALCIDON.
Pour moi donc à ce point ta contrainte est venue!
Que je te veux du mal de cette retenue!
Est-ce ainsi qu'entre amis on vit à cœur ouvert?
            CÉLIDAN.
Mon feu, qui t'offensoit, est demeuré couvert;
Et si cette beauté malgré moi l'a fait naître,
J'ai su pour ton respect l'empêcher de paroître.
            ALCIDON.
Hélas! tu m'as perdu, me voulant obliger;
Notre vieille amitié m'en eût fait dégager.
Je souffre maintenant la honte de sa perte,
Et j'aurois eu l'honneur de te l'avoir offerte,
De te l'avoir cédée, et réduit mes désirs
Au glorieux dessein d'avancer tes plaisirs.
Faites, dieux tout-puissants, que Philiste se change!
Et l'inspirant bientôt de rompre avec Florange,
Donnez-moi le moyen de montrer qu'à mon tour
Je sais pour un ami contraindre mon amour.
            CÉLIDAN.
Tes souhaits arrivés, nous t'en verrions dédire;
Doris sur ton esprit reprendroit son empire :
Nous donnons aisément ce qui n'est plus à nous.
            ALCIDON.
Si j'y manquois, grands dieux! je vous conjure tous
D'armer contre Alcidon vos dextres vengeresses.
            CÉLIDAN.
Un ami tel que toi m'est plus que cent maîtresses;
Il n'y va pas de tant; résolvons seulement
Du jour et des moyens de cet enlèvement.
            ALCIDON.
Mon secret n'a besoin que de ton assistance.
Je n'ai point lieu de craindre aucune résistance :
La beauté dont mon traître adore les attraits
Chaque soir au jardin va prendre un peu de frais;
J'en ai su de lui-même ouvrir la fausse porte;
Étant seule, et de nuit, le moindre effort l'emporte.
Allons-y dès ce soir; le plus tôt vaut le mieux :
Et surtout déguisés, dérobons à ses yeux,
Et de nous, et du coup, l'entière connoissance.

ACTE III, SCÈNE I.

CÉLIDAN.
Si Clarice une fois est en notre puissance,
Crois que c'est un bon gage à moyenner l'accord,
Et rendre, en le faisant, ton parti le plus fort.
Mais pour la sûreté d'une telle surprise,
Aussitôt que chez moi nous pourrons l'avoir mise,
Retournons sur nos pas, et soudain effaçons
Ce que pourroit l'absence engendrer de soupçons.

ALCIDON.
Ton salutaire avis est la même prudence;
Et déjà je prépare une froide impudence
A m'informer demain, avec étonnement,
De l'heure et de l'auteur de cet enlèvement.

CÉLIDAN.
Adieu; j'y vais mettre ordre.

ALCIDON.
　　　　　　Estime qu'en revanche
Je n'ai goutte de sang que pour toi je n'épanche.

SCÈNE II. — ALCIDON.

Bons dieux! que d'innocence et de simplicité!
Ou, pour la mieux nommer, que de stupidité,
Dont le manque de sens se cache et se déguise
Sous le front spécieux d'une sotte franchise!
Que Célidan est bon! que j'aime sa candeur!
Et que son peu d'adresse oblige mon ardeur!
Oh! qu'il n'est pas de ceux dont l'esprit à la mode
A l'humeur d'un ami jamais ne s'accommode,
Et qui nous font souvent cent protestations,
Et contre les effets ont mille inventions!
Lui, quand il a promis, il meurt qu'il n'effectue,
Et l'attente déjà de me servir le tue.
J'admire cependant par quel secret ressort
Sa fortune et la mienne ont cela de rapport,
Que celle qu'un ami nomme ou tient sa maîtresse
Est l'objet qui tous deux au fond du cœur nous blesse,
Et qu'ayant comme moi caché sa passion,
Nous n'avons différé que de l'intention,
Puisqu'il met pour autrui son bonheur en arrière,
Et pour moi....

SCÈNE III. — PHILISTE, ALCIDON.

PHILISTE.
Je t'y prends, rêveur.

ALCIDON.
　　　　　　Oui, par derrière,

C'est d'ordinaire ainsi que les traîtres en font.
PHILISTE.
Je te vois accablé d'un chagrin si profond,
Que j'excuse aisément ta réponse un peu crue.
Mais que fais-tu si triste au milieu d'une rue?
Quelque penser fâcheux te servoit d'entretien?
ALCIDON.
Je rêvois que le monde en l'âme ne vaut rien,
Du moins pour la plupart; que le siècle où nous sommes
A bien dissimuler met la vertu des hommes;
Qu'à peine quatre mots se peuvent échapper
Sans quelque double sens afin de nous tromper;
Et que souvent de bouche un dessein se propose,
Cependant que l'esprit songe à tout autre chose.
PHILISTE.
Et cela t'affligeoit? Laissons courir le temps,
Et, malgré ses abus, vivons toujours contens.
Le monde est un chaos, et son désordre excède
Tout ce qu'on y voudroit apporter de remède.
N'ayons l'œil, cher ami, que sur nos actions;
Aussi bien, s'offenser de ses corruptions,
A des gens comme nous ce n'est qu'une folie.
Mais, pour te retirer de ta mélancolie,
Je te veux faire part de mes contentemens.
Si l'on peut en amour s'assurer aux sermens,
Dans trois jours au plus tard, par un bonheur étrange.
Clarice est à Philiste.
ALCIDON.
Et Doris, à Florange.
PHILISTE.
Quelque soupçon frivole en ce point te déçoit;
J'aurai perdu la vie avant que cela soit.
ALCIDON.
Voilà faire le fin de fort mauvaise grâce :
Philiste, vois-tu bien, je sais ce qui se passe.
PHILISTE.
Ma mère en a reçu, de vrai, quelque propos,
Et voulut hier au soir m'en toucher quelques mots :
Les femmes de son âge ont ce mal ordinaire
De régler sur les biens une pareille affaire;
Un si honteux motif leur fait tout décider,
Et l'or qui les aveugle a droit de les guider :
Mais comme son éclat n'éblouit point mon âme,
Que je vois d'un autre œil ton mérite et ta flamme,
Je lui fis bien savoir que mon consentement
Ne dépendroit jamais de son aveuglement,
Et que jusqu'au tombeau, quant à cet hyménée

Je maintiendrois la foi que je t'avois donnée.
Ma sœur accortement feignoit de l'écouter;
Non pas que son amour n'osât lui résister,
Mais elle vouloit bien qu'un peu de jalousie
Sur quelque bruit léger piquât ta fantaisie;
Ce petit aiguillon quelquefois, en passant,
Réveille puissamment un amour languissant.

ALCIDON.
Fais à qui tu voudras ce conte ridicule.
Soit que ta sœur l'accepte, ou qu'elle dissimule,
Le peu que j'y perdrai ne vaut pas m'en fâcher.
Rien de mes sentimens ne sauroit approcher
Comme, alors qu'au théâtre on nous fait voir *Mélite*,
Le discours de Cloris, quand Philandre la quitte;
Ce qu'elle dit de lui, je le dis de ta sœur,
Et je la veux traiter avec même douceur.
Pourquoi m'aigrir contre elle? En cet indigne change
Le beau choix qu'elle fait la punit, et me venge;
Et ce sexe imparfait, de soi-même ennemi,
Ne posséda jamais la raison qu'à demi.
J'aurois tort de vouloir qu'elle en eût davantage;
Sa foiblesse la force à devenir volage.
Je n'ai que pitié d'elle en ce manque de foi;
Et mon courroux entier se réserve pour toi,
Toi qui trahis ma flamme après l'avoir fait naître,
Toi qui ne m'es ami qu'afin d'être plus traître,
Et que tes lâchetés tirent de leurs excès,
Par ce damnable appât, un facile succès.
Déloyal! ainsi donc de ta vaine promesse
Je reçois mille affronts au lieu d'une maîtresse;
Et ton perfide cœur, masqué jusqu'à ce jour,
Pour assouvir ta haine alluma mon amour!

PHILISTE.
Ces soupçons dissipés par des effets contraires,
Nous renouerons bientôt une amitié de frères.
Puisse dessus ma tête éclater à tes yeux
Ce qu'a de plus mortel la colère des cieux,
Si jamais ton rival a ma sœur sans ma vie!
A cause de son bien ma mère en meurt d'envie;
Mais malgré....

ALCIDON.
Laisse là ces propos superflus:
Ces protestations ne m'éblouissent plus;
Et ma simplicité, lasse d'être dupée,
N'admet plus de raisons qu'au bout de mon épée.

PHILISTE.
Étrange impression d'une jalouse erreur,

Dont ton esprit atteint ne suit que sa fureur !
Eh bien ! tu veux ma vie, et je te l'abandonne ;
Ce courroux insensé qui dans ton cœur bouillonne,
Contente-le par là, pousse ; mais n'attends pas
Que par le tien je veuille éviter mon trépas.
Trop heureux que mon sang puisse te satisfaire,
Je le veux tout donner au seul bien de te plaire.
Toujours à ces défis j'ai couru sans effroi ;
Mais je n'ai point d'épée à tirer contre toi.

ALCIDON.

Voilà bien déguiser un manque de courage.

PHILISTE.

C'est presser un peu trop qu'aller jusqu'à l'outrage.
On n'a point encor vu que ce manque de cœur
M'ait rendu le dernier où vont les gens d'honneur.
Je te veux bien ôter tout sujet de colère ;
Et quoi que de ma sœur ait résolu ma mère,
Dût mon peu de respect irriter tous les dieux,
J'affronterai Géron et Florange à ses yeux.
Mais, après les efforts de cette déférence,
Si tu gardes encor la même violence,
Peut-être saurons-nous apaiser autrement
Les obstinations de ton emportement.

ALCIDON, *seul*.

Je crains son amitié plus que cette menace.
Sans doute il va chasser Florange de ma place.
Mon prétexte est perdu, s'il ne quitte ces soins.
Dieux ! qu'il m'obligeroit de m'aimer un peu moins !

SCÈNE IV. — CHRYSANTE, DORIS.

CHRYSANTE.

Je meure, mon enfant, si tu n'es admirable !
Et ta dextérité me semble incomparable :
Tu mérites de vivre après un si bon tour.

DORIS.

Croyez-moi, qu'Alcidon n'en sait guère en amour ;
Vous n'eussiez pu m'entendre, et vous garder de rire.
Je me tuois moi-même à tous coups de lui dire
Que mon âme pour lui n'a que de la froideur,
Et que je lui ressemble, en ce que notre ardeur
Ne s'explique à tous deux point du tout par la bouche ;
Enfin que je le quitte.

CHRYSANTE.

Il est donc une souche,
S'il ne peut rien comprendre en ces naïvetés.
Peut-être y mêlois-tu quelques obscurités ?

ACTE III, SCÈNE IV.

DORIS.

Pas une; en mots exprès je lui rendois son change,
Et n'ai couvert mon jeu qu'au regard de Florange.

CHRYSANTE.

De Florange! et comment en osois-tu parler?

DORIS.

Je ne me trouvois pas d'humeur à rien celer;
Mais nous nous sûmes lors jeter sur l'équivoque.

CHRYSANTE.

Tu vaux trop. C'est ainsi qu'il faut, quand on se moque,
Que le moqué toujours sorte fort satisfait;
Ce n'est plus autrement qu'un plaisir imparfait,
Qui souvent malgré nous se termine en querelle.

DORIS.

Je lui prépare encore une ruse nouvelle
Pour la première fois qu'il m'en viendra conter.

CHRYSANTE.

Mais, pour en dire trop, tu pourras tout gâter.

DORIS.

N'en ayez pas de peur.

CHRYSANTE.

Quoi que l'on se propose,
Assez souvent l'issue....

DORIS.

On vous veut quelque chose,
Madame, je vous laisse.

CHRYSANTE.

Oui, va-t'en; il vaut mieux
Que l'on ne traite point cette affaire à tes yeux.

SCÈNE V. — CHRYSANTE, GÉRON.

CHRYSANTE.

Je devine à peu près le sujet qui t'amène;
Mais, sans mentir, mon fils me donne un peu de peine
Et s'emporte si fort en faveur d'un ami,
Que je n'ai su gagner son esprit qu'à demi.
Encore une remise; et que, tandis, Florange
Ne craigne aucunement qu'on lui donne le change;
Moi-même j'ai tant fait, que ma fille aujourd'hui
(Le croirois-tu, Géron?) a de l'amour pour lui.

GÉRON.

Florange, impatient de n'avoir pas encore
L'entier et libre accès vers l'objet qu'il adore
Ne pourra consentir à ce retardement.

CHRYSANTE.

Le tout en ira mieux pour son contentement.
Quel plaisir aura-t-il auprès de sa maîtresse,

Si mon fils ne l'y voit que d'un œil de rudesse,
Si sa mauvaise humeur ne daigne lui parler,
Ou ne lui parle enfin que pour le quereller?
####### GÉRON.
Madame, il ne faut point tant de discours frivoles.
Je ne fus jamais homme à porter des paroles,
Depuis que j'ai connu qu'on ne les peut tenir
Si monsieur votre fils....
####### CHRYSANTE.
Je l'aperçois venir.
####### GÉRON.
Tant mieux. Nous allons voir s'il dédira sa mère.
####### CHRYSANTE.
Sauve-toi ; ses regards ne sont que de colère.

SCÈNE VI. — PHILISTE, CHRYSANTE, LYCAS, GÉRON.

####### PHILISTE.
Te voilà donc ici, peste du bien public,
Qui réduis les amours en un sale trafic !
Va pratiquer ailleurs tes commerces infâmes.
Ce n'est pas où je suis que l'on surprend des femmes.
####### GÉRON.
Vous me prenez à tort pour quelque suborneur ;
Je ne sortis jamais des termes de l'honneur ;
Et madame elle-même a choisi cette voie.
####### PHILISTE, *lui donnant des coups de plat d'épée.*
Tiens, porte ce revers à celui qui t'envoie ;
Ceux-ci seront pour toi.

SCÈNE VII. — CHRYSANTE, PHILISTE, LYCAS.

####### CHRYSANTE.
Mon fils, qu'avez-vous fait?
####### PHILISTE.
J'ai mis, grâces aux dieux, ma promesse en effet.
####### CHRYSANTE.
Ainsi vous m'empêchez d'exécuter la mienne.
####### PHILISTE.
Je ne puis empêcher que la vôtre ne tienne ;
Mais si jamais je trouve ici ce courratier,
Je lui saurai, madame, apprendre son métier.
####### CHRYSANTE.
Il vient sous mon aveu.
####### PHILISTE.
Votre aveu ne m'importe ;
C'est un fou s'il me voit sans regagner la porte :
Autrement, il saura ce que pèsent mes coups.

CHRYSANTE.
Est-ce là le respect que j'attendois de vous?
PHILISTE.
Commandez que le cœur à vos yeux je m'arrache,
Pourvu que mon honneur ne souffre aucune tache :
Je suis prêt d'expier avec mille tourmens
Ce que je mets d'obstacle à vos contentemens.
CHRYSANTE.
Souffrez que la raison règle votre courage;
Considérez, mon fils, quel heur, quel avantage,
L'affaire qui se traite apporte à votre sœur.
Le bien est en ce siècle une grande douceur :
Étant riche, on est tout; ajoutez qu'elle-même
N'aime point Alcidon, et ne croit pas qu'il l'aime.
Quoi! voulez-vous forcer son inclination?
PHILISTE.
Vous la forcez vous-même à cette élection.
Je suis de ses amours le témoin oculaire.
CHRYSANTE.
Elle se contraignoit seulement pour vous plaire.
PHILISTE.
Elle doit donc encor se contraindre pour moi.
CHRYSANTE.
Et pourquoi lui prescrire une si dure loi?
PHILISTE.
Puisqu'elle m'a trompé, qu'elle en porte la peine.
CHRYSANTE.
Voulez-vous l'attacher à l'objet de sa haine?
PHILISTE.
Je veux tenir parole à mes meilleurs amis,
Et qu'elle tienne aussi ce qu'elle m'a promis.
CHRYSANTE.
Mais elle ne vous doit aucune obéissance.
PHILISTE.
Sa promesse me donne une entière puissance.
CHRYSANTE.
Sa promesse, sans moi, ne la peut obliger.
PHILISTE.
Que deviendra ma foi, qu'elle a fait engager?
CHRYSANTE.
Il la faut révoquer, comme elle sa promesse.
PHILISTE.
Il faudroit donc, comme elle, avoir l'âme traîtresse.
Lycas, cours chez Florange, et dis-lui de ma part....
CHRYSANTE.
Quel violent esprit!

PHILISTE.
Que s'il ne se départ
D'une place chez nous par surprise occupée,
Je ne le trouve point sans une bonne épée.
CHRYSANTE.
Attends un peu. Mon fils....
PHILISTE, *à Lycas.*
Marche, mais promptement.
CHRYSANTE, *seule.*
Dieux! que cet emporté me donne de tourment!
Que je te plains, ma fille! Hélas! pour ta misère
Les destins ennemis t'ont fait naître ce frère;
Déplorable! le ciel te veut favoriser
D'une bonne fortune, et tu n'en peux user.
Rejoignons toutes deux ce naturel sauvage,
Et tâchons par nos pleurs d'amollir son courage.

SCÈNE VIII. — CLARICE, *dans son jardin.*

Chers confidens de mes désirs,
Beaux lieux, secrets témoins de mon inquiétude,
Ce n'est plus avec des soupirs
Que je viens abuser de votre solitude;
Mes tourmens sont passés,
Mes vœux sont exaucés,
La joie aux maux succède :
Mon sort en ma faveur change sa dure loi,
Et pour dire en un mot le bien que je possède,
Mon Philiste est à moi.

En vain nos inégalités
M'avoient avantagée à mon désavantage.
L'amour confond nos qualités,
Et nous réduit tous deux sous un même esclavage.
L'aveugle outrecuidé
Se croiroit mal guidé
Par l'aveugle fortune;
Et son aveuglement par miracle fait voir
Que quand il nous saisit, l'autre nous importune,
Et n'a plus de pouvoir.

Cher Philiste, à présent tes yeux,
Que j'entendois si bien sans les vouloir entendre,
Et tes propos mystérieux,
Par leurs rusés détours n'ont plus rien à m'apprendre.
Notre libre entretien
Ne dissimule rien;
Et ces respects farouches

N'exerçant plus sur nous de secrètes rigueurs,
L'amour est maintenant le maître de nos bouches
   Ainsi que de nos cœurs.

  Qu'il fait bon avoir enduré!
Que le plaisir se goûte au sortir des supplices!
  Et qu'après avoir tant duré,
La peine qui n'est plus augmente nos délices!
   Qu'un si doux souvenir
   M'apprête à l'avenir
   D'amoureuses tendresses!
Que mes malheurs finis auront de volupté!
Et que j'estimerai chèrement ces caresses
   Qui m'auront tant coûté!

  Mon heur me semble sans pareil;
Depuis qu'en liberté notre amour m'en assure,
  Je ne crois pas que le soleil….

SCÈNE IX. — CÉLIDAN, ALCIDON, CLARICE, LA NOURRICE.

CÉLIDAN *dit ces mots derrière le théâtre.*
Cocher, attends-nous là.
    CLARICE.
    D'où provient ce murmure?
    ALCIDON.
Il est temps d'avancer; baissons le tapabord;
Moins nous ferons de bruit, moins il faudra d'effort.
    CLARICE.
Aux voleurs! au secours!
    LA NOURRICE.
    Quoi! des voleurs, madame?
    ALCIDON.
Oui, des voleurs, nourrice.
LA NOURRICE *embrasse les genoux de Clarice,
 et l'empêche de fuir.*
    Ah! de frayeur je pâme.
    CLARICE.
Laisse-moi, misérable.
    CÉLIDAN.
    Allons, il faut marcher,
Madame; vous viendrez.
    CLARICE.
  (*Célidan lui met la main sur la bouche.*)
    Aux vo….
    CÉLIDAN.
  (*Il dit ces mots derrière le théâtre.*)
      Touche, cocher.

SCÈNE X. — LA NOURRICE, DORASTE, POLYMAS, LISTOR.

LA NOURRICE, *seule*.

Sortons de pâmoison, reprenons la parole ;
Il nous faut à grands cris jouer un autre rôle.
Ou je n'y connois rien, ou j'ai bien pris mon temps :
Ils n'en seront pas tous également contens ;
Et Philiste demain, cette nouvelle sue,
Sera de belle humeur, ou je suis fort déçue.
Mais par où vont nos gens ? Voyons, qu'en sûreté
Je fasse aller après par un autre côté.
A présent il est temps que ma voix s'évertue.
Aux armes ! aux voleurs ! on m'égorge, on me tue,
On enlève madame ! amis, secourez-nous ;
A la force ! aux brigands ! au meurtre ! accourez tous,
Doraste, Polymas, Listor.

POLYMAS.

Qu'as-tu, nourrice ?

LA NOURRICE.

Des voleurs....

POLYMAS.

Qu'ont-ils fait ?

LA NOURRICE.

Ils ont ravi Clarice.

POLYMAS.

Comment ! ravi Clarice ?

LA NOURRICE.

Oui. Suivez promptement.
Bons dieux ! que j'ai reçu de coups en un moment !

DORASTE.

Suivons-les : mais dis-nous la route qu'ils ont prise.

LA NOURRICE.

Ils vont tout droit par là. Le ciel vous favorise !
  (*Elle est seule.*)
Oh, qu'ils en vont abattre ! ils sont morts, c'en est fait ;
Et leur sang, autant vaut, a lavé leur forfait :
Pourvu que le bonheur à leurs souhaits réponde,
Ils les rencontreront s'ils font le tour du monde.
Quant à nous, cependant, subornons quelques pleurs
Qui servent de témoins à nos fausses douleurs.

ACTE QUATRIÈME.

SCÈNE I. — PHILISTE, LYCAS.

PHILISTE.
Des voleurs cette nuit ont enlevé Clarice !
Quelle preuve en as-tu ? quel témoin ? quel indice ?
Ton rapport n'est fondé que sur quelque faux bruit.

LYCAS.
Je n'en suis par mes yeux, hélas ! que trop instruit ;
Les cris de sa nourrice en sa maison déserte
M'ont trop suffisamment assuré de sa perte ;
Seule en ce grand logis, elle court haut et bas,
Elle renverse tout ce qui s'offre à ses pas,
Et sur ceux qu'elle voit frappe sans reconnoître ;
A peine devant elle oseroit-on paroître :
De furie elle écume, et fait sans cesse un bruit
Que le désespoir forme, et que la rage suit ;
Et, parmi ses transports, son hurlement farouche
Ne laisse distinguer que Clarice en sa bouche.

PHILISTE
Ne t'a-t-elle rien dit ?

LYCAS.
　　　　　　Soudain qu'elle m'a vu,
Ces mots ont éclaté d'un transport imprévu :
« Va lui dire qu'il perd sa maîtresse et la nôtre ; »
Et puis incontinent, me prenant pour un autre,
Elle m'alloit traiter en auteur du forfait ;
Mais ma fuite a rendu sa fureur sans effet.

PHILISTE.
Elle nomme du moins celui qu'elle en soupçonne ?

LYCAS.
Ses confuses clameurs n'en accusent personne,
Et même les voisins n'en savent que juger.

PHILISTE.
Tu m'apprends seulement ce qui peut m'affliger,
Traître, sans que je sache où, pour mon allégeance,
Adresser ma poursuite et porter ma vengeance.
Tu fais bien d'échapper ; dessus toi ma douleur,
Faute d'un autre objet, eût vengé ce malheur :
Malheur d'autant plus grand que sa source ignorée
Ne laisse aucun espoir à mon âme éplorée ;
Ne laisse à ma douleur, qui va finir mes jours,
Qu'une plainte inutile, au lieu d'un prompt secours :
Foible soulagement en un coup si funeste ;
Mais il s'en faut servir, puisque seul il nous reste.

Plains, Philiste, plains-toi, mais avec des accens
Plus remplis de fureur qu'ils ne sont impuissans;
Fais qu'à force de cris poussés jusqu'en la nue,
Ton mal soit plus connu que sa cause inconnue;
Fais que chacun le sache, et que, par tes clameurs,
Clarice, où qu'elle soit, apprenne que tu meurs.
   Clarice, unique objet qui me tiens en servage,
Reçois de mon ardeur ce dernier témoignage;
Vois comme en te perdant je vais perdre le jour,
Et par mon désespoir juge de mon amour.
Hélas! pour en juger, peut-être est-ce ta feinte
Qui me porte à dessein cette cruelle atteinte;
Et ton amour, qui doute encor de mes sermens,
Cherche à s'en assurer par mes ressentimens.
Soupçonneuse beauté, contente ton envie,
Et prends cette assurance aux dépens de ma vie.
Si ton feu dure encor, par mes derniers soupirs
Reçois ensemble et perds l'effet de tes désirs;
Alors ta flamme en vain pour Philiste allumée,
Tu lui voudras du mal de t'avoir trop aimée;
Et sûre d'une foi que tu crains d'accepter,
Tu pleureras en vain le bonheur d'en douter.
Que ce penser flatteur me dérobe à moi-même!
Quel charme à mon trépas de penser qu'elle m'aime!
Et dans mon désespoir qu'il m'est doux d'espérer
Que ma mort, à son tour, la fera soupirer!
   Simple, qu'espères-tu? Sa perte volontaire
Ne veut que te punir d'un amour téméraire;
Ton déplaisir lui plaît, et tous autres tourmens
Lui sembleroient pour toi de légers châtimens.
Elle en rit maintenant, cette belle inhumaine;
Elle pâme de joie au récit de ta peine,
Et choisit pour objet de son affection
Un amant plus sortable à sa condition.
   Pauvre désespéré, que ta raison s'égare!
Et que tu traites mal une amitié si rare!
Après tant de sermens de n'aimer rien que toi,
Tu la veux faire heureuse aux dépens de sa foi;
Tu veux seul avoir part à la douleur commune;
Tu veux seul te charger de toute l'infortune,
Comme si tu pouvois en croissant tes malheurs
Diminuer les siens, et l'ôter aux voleurs.
N'en doute plus, Philiste, un ravisseur infâme
A mis en son pouvoir la reine de ton âme;
Et peut-être déjà ce corsaire effronté
Triomphe insolemment de sa fidélité.
Qu'à ce triste penser ma vigueur diminue!

SCÈNE II. — PHILISTE, DORASTE, POLYMAS, LISTOR.

PHILISTE.
Mais voici de ses gens. Qu'est-elle devenue?
Amis, le savez-vous? N'avez-vous rien trouvé
Qui nous puisse éclaircir du malheur arrivé?
DORASTE.
Nous avons fait, monsieur, une vaine poursuite.
PHILISTE.
Du moins vous avez vu des marques de leur fuite.
DORASTE.
Si nous avions pu voir les traces de leurs pas,
Des brigands ou de nous vous sauriez le trépas;
Mais, hélas! quelque soin et quelque diligence....
PHILISTE.
Ce sont là des effets de votre intelligence,
Traîtres; ces feints hélas ne sauroient m'abuser.
POLYMAS.
Vous n'avez point, monsieur, de quoi nous accuser.
PHILISTE.
Perfides, vous prêtez épaule à leur retraite,
Et c'est ce qui vous fait me la tenir secrète.
Mais voici.... Vous fuyez! vous avez beau courir,
Il faut me ramener ma maîtresse, ou mourir.
DORASTE, *rentrant avec ses compagnons, cependant que Philiste les cherche derrière le théâtre.*
Cédons à sa fureur, évitons-en l'orage.
POLYMAS.
Ne nous présentons plus au transport de sa rage;
Mais plutôt derechef allons si bien chercher,
Qu'il n'ait plus au retour sujet de se fâcher.
LISTOR, *voyant revenir Philiste, et s'enfuyant avec ses compagnons.*
Le voilà.
PHILISTE, *l'épée à la main, et seul.*
Qui les ôte à ma juste colère?
Venez de vos forfaits recevoir le salaire,
Infâmes scélérats, venez, qu'espérez-vous?
Votre fuite ne peut vous sauver de mes coups.

SCÈNE III. — ALCIDON, CÉLIDAN, PHILISTE.

ALCIDON *met l'épée à la main.*
Philiste, à la bonne heure, un miracle visible
T'a rendu maintenant à l'honneur plus sensible,
Puisque ainsi tu m'attends les armes à la main.
J'admire avec plaisir ce changement soudain,
Et vais....

CÉLIDAN.

Ne pense pas ainsi....
ALCIDON.
Laisse-nous faire;
C'est en homme de cœur qu'il me va satisfaire.
Crains-tu d'être témoin d'une bonne action?
PHILISTE.
Dieux! ce comble manquoit à mon affliction.
Que j'éprouve en mon sort une rigueur cruelle!
Ma maîtresse perdue, un ami me querelle.
ALCIDON.
Ta maîtresse perdue!
PHILISTE.
Hélas! hier, des voleurs....
ALCIDON.
Je n'en veux rien savoir, va le conter ailleurs;
Je ne prends point de part aux intérêts d'un traître;
Et puisqu'il est ainsi, le ciel fait bien connoître
Que son juste courroux a soin de me venger.
PHILISTE.
Quel plaisir, Alcidon, prends-tu de m'outrager?
Mon amitié se lasse, et ma fureur m'emporte;
Mon âme pour sortir ne cherche qu'une porte :
Ne me presse donc plus dans un tel désespoir.
J'ai déjà fait pour toi par delà mon devoir.
Te peux-tu plaindre encor de ta place usurpée?
J'ai renvoyé Géron à coups de plat d'épée;
J'ai menacé Florange, et rompu les accords
Qui t'avoient su causer ces violens transports.
ALCIDON.
Entre des cavaliers une offense reçue
Ne se contente point d'une si lâche issue;
Va m'attendre....
CÉLIDAN.
Arrêtez, je ne permettrai pas
Qu'un si funeste mot termine vos débats.
PHILISTE.
Faire ici du fendant tandis qu'on nous sépare,
C'est montrer un esprit lâche autant que barbare.
Adieu, mauvais, adieu : nous nous pourrons trouver;
Et si le cœur t'en dit, au lieu de tant braver,
J'apprendrai seul à seul, dans peu, de tes nouvelles.
Mon honneur souffriroit des taches éternelles
A craindre encor de perdre une telle amitié.

ACTE IV, SCÈNE IV.

SCÈNE IV. — CÉLIDAN, ALCIDON.

CÉLIDAN.

Mon cœur à ses douleurs s'attendrit de pitié ;
Il montre une franchise ici trop naturelle,
Pour ne te pas ôter tout sujet de querelle.
L'affaire se traitoit sans doute à son insu,
Et quelque faux soupçon en ce point t'a déçu.
Va retrouver Doris, et rendons-lui Clarice.

ALCIDON.

Tu te laisses donc prendre à ce lourd artifice,
A ce piége, qu'il dresse afin de me duper ?

CÉLIDAN.

Romproit-il ces accords à dessein de tromper ?
Que vois-tu là qui sente une supercherie ?

ALCIDON.

Je n'y vois qu'un effet de sa poltronnerie,
Qu'un lâche désaveu de cette trahison,
De peur d'être obligé de m'en faire raison.
Je l'en pressai dès hier ; mais son peu de courage
Aima mieux pratiquer ce rusé témoignage,
Par où, m'éblouissant, il pût un de ces jours
Renouer sourdement ces muettes amours.
Il en donne en secret des avis à Florange :
Tu ne le connois pas ; c'est un esprit étrange.

CÉLIDAN.

Quelque étrange qu'il soit, si tu prends bien ton temps,
Malgré lui tes désirs se trouveront contens.
Ses offres acceptés, que rien ne se diffère ;
Après un prompt hymen, tu le mets à pis faire.

ALCIDON.

Cet ordre est infaillible à procurer mon bien ;
Mais ton contentement m'est plus cher que le mien.
Longtemps à mon sujet tes passions contraintes
Ont souffert et caché leurs plus vives atteintes ;
Il me faut à mon tour en faire autant pour toi :
Hier devant tous les dieux je t'en donnai ma foi,
Et pour la maintenir tout me sera possible.

CÉLIDAN.

Ta perte en mon bonheur me seroit trop sensible ;
Et je m'en haïrois, si j'avois consenti
Que mon hymen laissât Alcidon sans parti.

ALCIDON.

Eh bien, pour t'arracher ce scrupule de l'âme,
Quoique je n'eus jamais pour elle aucune flamme,
J'épouserai Clarice. Ainsi, puisque mon sort
Veut qu'à mes amitiés je fasse un tel effort,

Que d'un de mes amis j'épouse la maîtresse,
C'est là que par devoir il faut que je m'adresse.
Philiste est un parjure; et moi, ton obligé :
Il m'a fait un affront, et tu m'en as vengé.
Balancer un tel choix avec inquiétude,
Ce seroit me noircir de trop d'ingratitude.
CÉLIDAN.
Mais te priver pour moi de ce que tu chéris!
ALCIDON.
C'est faire mon devoir, te quittant ma Doris,
Et me venger d'un traître, épousant sa Clarice.
Mes discours ni mon cœur n'ont aucun artifice.
Je vais, pour confirmer tout ce que je t'ai dit,
Employer vers Doris mon reste de crédit;
Si je la puis gagner, je te réponds du frère,
Trop heureux à ce prix d'apaiser ma colère!
CÉLIDAN.
C'est ainsi que tu veux m'obliger doublement.
Vois ce que je pourrai pour ton contentement.
ALCIDON.
L'affaire, à mon avis, deviendroit plus aisée,
Si Clarice apprenoit une mort supposée....
CÉLIDAN.
De qui? de son amant? Va, tiens pour assuré
Qu'elle croira dans peu ce perfide expiré.
ALCIDON.
Quand elle en aura su la nouvelle funeste,
Nous aurons moins de peine à la résoudre au reste.
On a beau nous aimer, des pleurs sont tôt séchés,
Et les morts soudain mis au rang des vieux péchés.

SCÈNE V. — CÉLIDAN.

Il me cède à mon gré Doris de bon courage;
Et ce nouveau dessein d'un autre mariage,
Pour être fait sur l'heure, et tout nonchalamment,
Est conduit, ce me semble, assez accortement.
Qu'il en sait de moyens! qu'il a ses raisons prêtes!
Et qu'il trouve à l'instant de prétextes honnêtes
Pour ne point t'approcher de son premier amour!
Plus j'y porte la vue, et moins j'y vois de jour.
M'auroit-il bien caché le fond de sa pensée?
Oui, sans doute, Clarice a son âme blessée;
Il se venge en parole, et s'oblige en effet.
On ne le voit que trop, rien ne le satisfait :
Quand on lui rend Doris, il s'aigrit davantage.
Je jouerois, à ce compte, un joli personnage(

Il s'en faut éclaircir. Alcidon ruse en vain,
Tandis que le succès est encore en ma main
Si mon soupçon est vrai, je lui ferai connoître
Que je ne suis pas homme à seconder un traître.
Ce n'est point avec moi qu'il faut faire le fin,
Et qui me veut duper en doit craindre la fin.
Il ne vouloit que moi pour lui servir d'escorte,
Et, si je ne me trompe, il n'ouvrit point la porte;
Nous étions attendus, on secondoit nos coups :
La nourrice parut en même temps que nous,
Et se pâma soudain avec tant de justesse,
Que cette pâmoison nous livra sa maîtresse.
Qui lui pourroit un peu tirer les vers du nez,
Que nous verrions demain des gens bien étonnés!

SCÈNE VI. — CÉLIDAN, LA NOURRICE.

LA NOURRICE.
Ah!

CÉLIDAN.
J'entends des soupirs.

LA NOURRICE.
Destins!

CÉLIDAN.
C'est la nourrice;
Qu'elle vient à propos!

LA NOURRICE.
Ou rendez-moi Clarice....

CÉLIDAN.
Il la faut aborder.

LA NOURRICE.
Ou me donnez la mort.

CÉLIDAN.
Qu'est-ce? qu'as-tu, nourrice, à t'affliger si fort?
Quel funeste accident? quelle perte arrivée?

LA NOURRICE.
Perfide! c'est donc toi qui me l'as enlevée?
En quel lieu la tiens-tu? dis-moi, qu'en as-tu fait?

CÉLIDAN.
Ta douleur sans raison m'impute ce forfait;
Car enfin je t'entends, tu cherches ta maîtresse?

LA NOURRICE.
Oui, je te la demande, âme double et traîtresse!

CÉLIDAN.
Je n'ai point eu de part en cet enlèvement;
Mais je t'en dirai bien l'heureux événement
Il ne faut plus avoir un visage si triste,
Elle est en bonne main.

LA NOURRICE.
De qui?
CÉLIDAN.
De son Philiste.
LA NOURRICE.
Le cœur me le disoit, que ce rusé flatteur
Devoit être du coup le véritable auteur.
CÉLIDAN.
Je ne dis pas cela, nourrice; du contraire,
Sa rencontre à Clarice étoit fort nécessaire.
LA NOURRICE.
Quoi! l'a-t-il délivrée?
CÉLIDAN.
Oui.
LA NOURRICE.
Bons dieux!
CÉLIDAN.
Sa valeur
Ote ensemble la vie et Clarice au voleur.
LA NOURRICE.
Vous ne parlez que d'un.
CÉLIDAN.
L'autre ayant pris la fuite,
Philiste a négligé d'en faire la poursuite.
LA NOURRICE.
Leur carrosse roulant, comme est-il avenu....
CÉLIDAN.
Tu m'en veux informer en vain par le menu.
Peut-être un mauvais pas, une branche, une pierre,
Fit verser leur carrosse, et les jeta par terre;
Et Philiste eut tant d'heur que de les rencontrer
Comme eux et ta maîtresse étoient prêts d'y rentrer.
LA NOURRICE.
Cette heureuse nouvelle a mon âme ravie.
Mais le nom de celui qu'il a privé de vie?
CÉLIDAN.
C'est.... je l'aurois nommé mille fois en un jour :
Que ma mémoire ici me fait un mauvais tour!
C'est un des bons amis que Philiste eût au monde.
Rêve un peu comme moi, nourrice, et me seconde.
LA NOURRICE.
Donnez-m'en quelque adresse.
CÉLIDAN.
Il se termine en don.
C'est.... j'y suis; peu s'en faut; attends, c'est....
LA NOURRICE.
Alcidon?

ACTE IV, SCÈNE VI.

CÉLIDAN.
T'y voilà justement.

LA NOURRICE.
Est-ce lui ? Quel dommage
Qu'un brave gentilhomme à la fleur de son âge....
Toutefois il n'a rien qu'il n'ait bien mérité,
Et, grâces aux bons dieux, son dessein avorté....
Mais du moins, en mourant, il nomma son complice?

CÉLIDAN.
C'est là le pis pour toi.

LA NOURRICE.
Pour moi !

CÉLIDAN.
Pour toi, nourrice.

LA NOURRICE.
Ah, le traître !

CÉLIDAN.
Sans doute il te vouloit du mal.

LA NOURRICE.
Et m'en pourroit-il faire ?

CÉLIDAN.
Oui, son rapport fatal...

LA NOURRICE.
Ne peut rien contenir que je ne le dénie.

CÉLIDAN.
En effet, ce rapport n'est qu'une calomnie
Écoute cependant : il a dit qu'à ton su
Ce malheureux dessein avoit été conçu ;
Et que, pour empêcher la fuite de Clarice,
Ta feinte pâmoison lui fit un bon office ;
Qu'il trouva le jardin, par ton moyen, ouvert.

LA NOURRICE.
De quels damnables tours cet imposteur se sert !
Non, monsieur ; à présent il faut que je le die,
Le ciel ne vit jamais de telle perfidie.
Ce traître aimoit Clarice, et, brûlant de ce feu,
Il n'amusoit Doris que pour couvrir son jeu ;
Depuis près de six mois il a tâché sans cesse
D'acheter ma faveur auprès de ma maîtresse ;
Il n'a rien épargné qui fût en son pouvoir ;
Mais me voyant toujours ferme dans le devoir,
Et que pour moi ses dons n'avoient aucune amorce,
Enfin il a voulu recourir à la force.
Vous savez le surplus, vous voyez son effort
A se venger de moi pour le moins en sa mort !
Piqué de mes refus, il me fait criminelle,
Et mon crime ne vient que d'être trop fidèle.
Mais, monsieur, le croit-on ?

CÉLIDAN.
N'en doute aucunement.
Le bruit est qu'on t'apprête un rude châtiment.
LA NOURRICE.
Las! que me dites-vous?
CÉLIDAN.
Ta maîtresse en colère
Jure que tes forfaits recevront leur salaire;
Surtout elle s'aigrit contre ta pâmoison.
Si tu veux éviter une infâme prison,
N'attends pas son retour.
LA NOURRICE.
Où me vois-je réduite,
Si mon salut dépend d'une soudaine fuite!
Et mon esprit confus ne sait où l'adresser.
CÉLIDAN.
J'ai pitié des malheurs qui te viennent presser:
Nourrice, fais chez moi, si tu veux, ta retraite;
Autant qu'en lieu du monde elle y sera secrète.
LA NOURRICE.
Oserois-je espérer que la compassion....
CÉLIDAN.
Je prends ton innocence en ma protection.
Va, ne perds point de temps : être ici davantage
Ne pourroit à la fin tourner qu'à ton dommage.
Je te suivrai de l'œil, et ne dis encor rien;
Comme après je saurai m'employer pour ton bien:
Durant l'éloignement ta paix se pourra faire.
LA NOURRICE.
Vous me serez, monsieur, comme un dieu tutélaire.
CÉLIDAN.
Trêve, pour le présent, de ces remercîmens;
Va, tu n'as pas loisir de tant de complimens.

SCÈNE VII. — CÉLIDAN.

Voilà mon homme pris, et ma vieille attrapée.
Vraiment un mauvais conte aisément l'a dupée:
Je la croyois plus fine, et n'eusse pas pensé
Qu'un discours sur-le-champ par hasard commencé,
Dont la suite non plus n'alloit qu'à l'aventure,
Pût donner à son âme une telle torture,
La jeter en désordre, et brouiller ses ressorts;
Mais la raison le veut, c'est l'effet des remords.
Le cuisant souvenir d'une action méchante
Soudain au moindre mot nous donne l'épouvante.
Mettons-la cependant en lieu de sûreté,

D'où nous ne craignions rien de sa subtilité;
Après, nous ferons voir qu'il me faut d'une affaire
Ou du tout ne rien dire, ou du tout ne rien taire,
Et que, depuis qu'on joue à surprendre un ami,
Un trompeur en moi trouve un trompeur et demi.

SCÈNE VIII. — ALCIDON, DORIS.

DORIS.
C'est donc pour un ami que tu veux que mon âme
Allume à ta prière une nouvelle flamme?
ALCIDON.
Oui, de tout mon pouvoir je t'en viens conjurer.
DORIS.
A ce coup, Alcidon, voilà te déclarer;
Ce compliment, fort beau pour des âmes glacées,
M'est un aveu bien clair de tes feintes passées.
ALCIDON.
Ne parle point de feinte; il n'appartient qu'à toi
D'être dissimulée et de manquer de foi;
L'effet l'a trop montré.
DORIS.
   L'effet a dû t'apprendre,
Quand on feint avec moi, que je sais bien le rendre.
Mais je reviens à toi. Tu fais donc tant de bruit
Afin qu'après un autre en recueille le fruit;
Et c'est à ce dessein que ta fausse colère
Abuse insolemment de l'esprit de mon frère?
ALCIDON.
Ce qu'il a pris de part en mes ressentimens
Apporte seul du trouble à tes contentemens;
Et pour moi, qui vois trop ta haine par ce change
Qui t'a fait sans raison me préférer Florange,
Je n'ose plus t'offrir un service odieux.
DORIS.
Tu ne fais pas tant mal. Mais pour faire encor mieux,
Puisque tu reconnois ma véritable haine,
De moi ni de mon choix ne te mets point en peine.
C'est trop manquer de sens; je te prie, est-ce à toi,
A l'objet de ma haine, à disposer de moi?
ALCIDON.
Non; mais puisque je vois à mon peu de mérite
De ta possession l'espérance interdite,
Je sentirois mon mal puissamment soulagé,
Si du moins un ami m'en étoit obligé.
Ce cavalier, au reste, a tous les avantages
Que l'on peut remarquer aux plus braves courages,

Beau de corps et d'esprit, riche, adroit, valeureux,
Et surtout de Doris à l'extrême amoureux.
DORIS.
Toutes ces qualités n'ont rien qui me déplaise;
Mais il en a de plus une autre fort mauvaise,
C'est qu'il est ton ami; cette seule raison
Me le feroit haïr, si j'en savois le nom.
ALCIDON.
Donc, pour le bien servir, il faut ici le taire!
DORIS.
Et de plus lui donner cet avis salutaire,
Que, s'il est vrai qu'il m'aime, et qu'il veuille être aimé,
Quand il m'entretiendra, tu ne sois point nommé;
Qu'il n'espère autrement de réponse que triste.
J'ai dépit que le sang me lie avec Philiste,
Et qu'ainsi, malgré moi, j'aime un de tes amis.
ALCIDON.
Tu seras quelque jour d'un esprit plus remis.
Adieu: quoi qu'il en soit, souviens-toi, dédaigneuse,
Que tu hais Alcidon qui te veut rendre heureuse.
DORIS.
Va, je ne veux point d'heur qui parte de ta main

SCÈNE IX. — DORIS.

Qu'aux filles comme moi le sort est inhumain!
Que leur condition se trouve déplorable!
Une mère aveuglée, un frère inexorable,
Chacun de son côté, prennent sur mon devoir
Et sur mes volontés un absolu pouvoir :
Chacun me veut forcer à suivre son caprice;
L'un a ses amitiés, l'autre a son avarice.
Ma mère veut Florange, et mon frère Alcidon
Dans leurs divisions mon cœur à l'abandon
N'attend que leur accord pour souffrir et pour feindre.
Je n'ose qu'espérer, et je ne sais que craindre,
Ou plutôt je crains tout et je n'espère rien.
Je n'ose fuir mon mal, ni rechercher mon bien.
Dure sujétion! étrange tyrannie!
Toute liberté donc à mon choix se dénie!
On ne laisse à mes yeux rien à dire à mon cœur,
Et par force un amant n'a de moi que rigueur.
Cependant il y va du reste de ma vie,
Et je n'ose écouter tant soit peu mon envie.
Il faut que mes désirs, toujours indifférens,
Aillent sans résistance au gré de mes parens,
Qui m'apprêtent peut-être un brutal, un sauvage ;

Et puis cela s'appelle une fille bien sage!
Ciel, qui vois ma misère et qui fais les heureux,
Prends pitié d'un devoir qui m'est si rigoureux!

ACTE CINQUIÈME.

SCÈNE I. — CÉLIDAN, CLARICE.

CÉLIDAN.

N'espérez pas, madame, avec cet artifice,
Apprendre du forfait l'auteur ni le complice :
Je chéris l'un et l'autre, et crois qu'il m'est permis
De conserver l'honneur de mes plus chers amis.
L'un, aveuglé d'amour, ne jugea point de blâme
A ravir la beauté qui lui ravissoit l'âme;
Et l'autre l'assista par importunité;
C'est ce que vous saurez de leur témérité.

CLARICE.

Puisque vous le voulez, monsieur, je suis contente
De voir qu'un bon succès a trompé leur attente;
Et me résolvant même à perdre à l'avenir
De toute ma douleur l'odieux souvenir,
J'estime que la perte en sera plus aisée,
Si j'ignore les noms de ceux qui l'ont causée.
C'est assez que je sais qu'à votre heureux secours
Je dois tout le bonheur du reste de mes jours.
Philiste autant que moi vous en est redevable;
S'il a su mon malheur, il est inconsolable;
Et, dans son désespoir, sans doute qu'aujourd'hui
Vous lui rendez la vie en me rendant à lui.
Disposez du pouvoir et de l'un et de l'autre;
Ce que vous y verrez, tenez-le comme au vôtre;
Et souffrez cependant qu'on le puisse avertir
Que nos maux en plaisirs se doivent convertir.
La douleur trop longtemps règne sur son courage.

CÉLIDAN.

C'est à moi qu'appartient l'honneur de ce message;
Mon secours, sans cela, comme de nul effet,
Ne vous auroit rendu qu'un service imparfait.

CLARICE.

Après avoir rompu les fers d'une captive,
C'est tout de nouveau prendre une peine excessive,
Et l'obligation que j'en vais vous avoir
Met la revanche hors de mon peu de pouvoir.
Ainsi dorénavant, quelque espoir qui me flatte,

Il faudra malgré moi que j'en demeure ingrate.
CÉLIDAN.
En quoi que mon service oblige votre amour,
Vos seuls remercîmens me mettent à retour.

SCÈNE II. — CÉLIDAN.

Qu'Alcidon maintenant soit de feu pour Clarice,
Qu'il ait de son parti sa traîtresse nourrice,
Que d'un ami trop simple il fasse un ravisseur,
Qu'il querelle Philiste, et néglige sa sœur,
Enfin qu'il aime, dupe, enlève, feigne, abuse,
Je trouve mieux que lui mon compte dans sa ruse :
Son artifice m'aide, et succède si bien,
Qu'il me donne Doris, et ne lui laisse rien.
Il semble n'enlever qu'à dessein que je rende,
Et que Philiste, après une faveur si grande,
N'ose me refuser celle dont ses transports
Et ses faux mouvemens font rompre les accords.
  Ne m'offre plus Doris, elle m'est toute acquise;
Je ne la veux devoir, traître, qu'à ma franchise;
Il suffit que ta ruse ait dégagé sa foi :
Cesse tes complimens, je l'aurai bien sans toi.
Mais, pour voir ces effets, allons trouver le frère :
Notre heur s'accorde mal avecque sa misère,
Et ne peut s'avancer qu'en lui disant le sien.

SCÈNE III. — ALCIDON, CÉLIDAN.

CÉLIDAN.
Ah! je cherchois une heure avec toi d'entretien;
Ta rencontre jamais ne fut plus opportune.
ALCIDON.
En quel point as-tu mis l'état de ma fortune?
CÉLIDAN.
Tout va le mieux du monde. Il ne se pouvoit pas
Avec plus de succès supposer un trépas;
Clarice au désespoir croit Philiste sans vie.
ALCIDON.
Et l'auteur de ce coup?
CÉLIDAN.
          Celui qui l'a ravie,
Un amant inconnu dont je lui fais parler.
ALCIDON.
Elle a donc bien jeté des injures en l'air?
CÉLIDAN.
Cela s'en va sans dire.

ALCIDON.
Ainsi rien ne l'apaise?
CÉLIDAN.
Si je te disois tout, tu mourrois de trop d'aise.
ALCIDON.
Je n'en veux point qui porte une si dure loi.
CÉLIDAN.
Dans ce grand désespoir elle parle de toi.
ALCIDON.
Elle parle de moi!
CÉLIDAN.
« J'ai perdu ce que j'aime,
Dit-elle; mais du moins si cet autre lui-même,
Son fidèle Alcidon, m'en consoloit ici! »
ALCIDON.
Tout de bon?
CÉLIDAN.
Son esprit en paroît adouci.
ALCIDON.
Je ne me pensois pas si fort dans sa mémoire.
Mais non, cela n'est point, tu m'en donnes à croire.
CÉLIDAN.
Tu peux, dans ce jour même, en voir la vérité.
ALCIDON.
J'accepte le parti par curiosité.
Dérobons-nous ce soir pour lui rendre visite.
CÉLIDAN.
Tu verras à quel point elle met ton mérite
ALCIDON.
Si l'occasion s'offre, on peut la disposer,
Mais comme sans dessein....
CÉLIDAN.
J'entends, à t'épouser.
ALCIDON.
Nous pourrons feindre alors que par ma diligence
Le concierge, rendu de mon intelligence,
Me donne un accès libre aux lieux de sa prison;
Que déjà quelque argent m'en a fait la raison;
Et que, s'il en faut croire une juste espérance,
Les pistoles dans peu feront sa délivrance,
Pourvu qu'un prompt hymen succède à mes désirs.
CÉLIDAN.
Que cette invention t'assure de plaisirs!
Une subtilité si dextrement tissue
Ne peut jamais avoir qu'une admirable issue.
ALCIDON.
Mais l'exécution ne s'en doit point surseoir.

CÉLIDAN.

Ne diffère donc point. Je t'attends vers le soir;
N'y manque pas. Adieu. J'ai quelque affaire en ville.

ALCIDON, *seul*.

O l'excellent ami! qu'il a l'esprit docile!
Pouvois-je faire un choix plus commode pour moi?
Je trompe tout le monde avec sa bonne foi;
Et quant à sa Doris, si sa poursuite est vaine,
C'est de quoi maintenant je ne suis guère en peine;
Puisque j'aurai mon compte, il m'importe fort peu
Si la coquette agrée ou néglige son feu.
Mais je ne songe pas que ma joie imprudente
Laisse en perplexité ma chère confidente;
Avant que de partir, il faudra sur le tard
De nos heureux succès lui faire quelque part.

SCÈNE IV. — CHRYSANTE, PHILISTE, DORIS.

CHRYSANTE.

Je ne puis le celer, bien que j'y compatisse,
Je trouve en ton malheur quelque peu de justice :
Le ciel venge ta sœur; ton fol emportement
A rompu sa fortune, et chassé son amant;
Et tu vois aussitôt la tienne renversée,
Ta maîtresse par force en d'autres mains passée :
Cependant Alcidon, que tu crois rappeler,
Toujours de plus en plus s'obstine à quereller.

PHILISTE.

Madame, c'est à vous que nous devons nous prendre
De tous les déplaisirs qu'il nous en faut attendre.
D'un si honteux affront le cuisant souvenir
Éteint toute autre ardeur que celle de punir.
Ainsi mon mauvais sort m'a bien ôté Clarice;
Mais du reste accusez votre seule avarice.
Madame, nous perdons, par votre aveuglement,
Votre fils, un ami; votre fille, un amant.

DORIS.

Otez ce nom d'amant : le fard de son langage
Ne m'empêcha jamais de voir dans son courage;
Et nous étions tous deux semblables en ce point,
Que nous feignions d'aimer ce que nous n'aimions point.

PHILISTE.

Ce que vous n'aimiez point! Jeune dissimulée,
Falloit-il donc souffrir d'en être cajolée?

DORIS.

Il le falloit souffrir, ou vous désobliger.

PHILISTE.
Dites qu'il vous falloit un esprit moins léger.
CHRYSANTE.
Célidan vient d'entrer : fais un peu de silence,
Et du moins à ses yeux cache ta violence.

SCÈNE V. — PHILISTE, CHRYSANTE, CÉLIDAN, DORIS.

PHILISTE, *à Célidan.*
Eh bien! que dit, que fait notre amant irrité?
Persiste-t-il encor dans sa brutalité?
CÉLIDAN.
Quitte pour aujourd'hui le soin de tes querelles :
J'ai bien à te conter de meilleures nouvelles.
Les ravisseurs n'ont plus Clarice en leur pouvoir.
PHILISTE.
Ami, que me dis-tu?
CÉLIDAN.
Ce que je viens de voir.
PHILISTE.
Et, de grâce, où voit-on le sujet que j'adore?
Dis-moi le lieu.
CÉLIDAN.
Le lieu ne se dit pas encore.
Celui qui te la rend te veut faire une loi....
PHILISTE.
Après cette faveur, qu'il dispose de moi;
Mon possible est à lui.
CÉLIDAN.
Donc, sous cette promesse,
Tu peux dans son logis aller voir ta maîtresse :
Ambassadeur exprès....

SCÈNE VI. — CHRYSANTE, CÉLIDAN, DORIS.

CHRYSANTE.
Son feu précipité
Lui fait faire envers vous une incivilité;
Vous la pardonnerez à cette ardeur trop forte
Qui, sans vous dire adieu, vers son objet l'emporte
CÉLIDAN.
C'est comme doit agir un véritable amour.
Un feu moindre eût souffert quelque plus long séjour;
Et nous voyons assez par cette expérience
Que le sien est égal à son impatience.
Mais puisque ainsi le ciel rejoint ces deux amans,
Et que tout se dispose à vos contentemens,
Pour m'avancer aux miens, oserois-je, madame,

Offrir à tant d'appas un cœur qui n'est que flamme,
Un cœur sur qui ses yeux de tout temps absolus
Ont imprimé des traits qui ne s'effacent plus?
J'ai cru par le passé qu'une ardeur mutuelle
Unissoit les esprits et d'Alcidon et d'elle,
Et qu'en ce cavalier son désir arrêté
Prendroit tous autres vœux pour importunité.
Cette seule raison m'obligeant à me taire,
Je trahissois mon feu de peur de lui déplaire;
Mais aujourd'hui qu'un autre en sa place reçu
Me fait voir clairement combien j'étois déçu,
Je ne condamne plus mon amour au silence,
Et viens faire éclater toute sa violence.
Souffrez que mes désirs, si longtemps retenus,
Rendent à sa beauté des vœux qui lui sont dus;
Et du moins, par pitié d'un si cruel martyre,
Permettez quelque espoir à ce cœur qui soupire.

CHRYSANTE.

Votre amour pour Doris est un si grand bonheur
Que je pourrois sur l'heure en accepter l'honneur;
Mais vous voyez le point où me réduit Philiste,
Et comme son caprice à mes souhaits résiste.
Trop chaud ami qu'il est, il s'emporte à tous coups
Pour un fourbe insolent qui se moque de nous
Honteuse qu'il me force à manquer de promesse,
Je n'ose vous donner une réponse expresse,
Tant je crains de sa part un désordre nouveau.

CÉLIDAN.

Vous me tuez, madame, et cachez le couteau :
Sous ce détour discret un refus se colore.

CHRYSANTE.

Non, monsieur; croyez-moi, votre offre nous honore.
Aussi dans le refus j'aurois peu de raison;
Je connois votre bien, je sais votre maison.
Votre père jadis (hélas! que cette histoire
Encor sur mes vieux ans m'est douce en la mémoire!),
Votre feu père, dis-je, eut de l'amour pour moi;
J'étois son cher objet; et maintenant je voi
Que, comme par un droit successif de famille,
L'amour qu'il eut pour moi, vous l'avez pour ma fille.
S'il m'aimoit, je l'aimois; et les seules rigueurs
De ses cruels parens divisèrent nos cœurs :
On l'éloigna de moi par ce maudit usage
Qui n'a d'égard qu'aux biens pour faire un mariage;
Et son père jamais ne souffrit son retour
Que ma foi n'eût ailleurs engagé mon amour :
En vain à cet hymen j'opposai ma constance;

La volonté des miens vainquit ma résistance.
Mais je reviens à vous, en qui je vois portraits
De ses perfections les plus aimables traits.
Afin de vous ôter désormais toute crainte
Que dessous mes discours se cache aucune feinte,
Allons trouver Philiste, et vous verrez alors
Comme en votre faveur je ferai mes efforts.

CÉLIDAN.

Si de ce cher objet j'avois même assurance,
Rien ne pourroit jamais troubler mon espérance.

DORIS.

Je ne sais qu'obéir, et n'ai point de vouloir.

CÉLIDAN.

Employer contre vous un absolu pouvoir !
Ma flamme d'y penser se tiendroit criminelle.

CHRYSANTE.

Je connois bien ma fille, et je vous réponds d'elle.
Dépêchons seulement d'aller vers ces amans.

CÉLIDAN.

Allons : mon heur dépend de vos commandemens.

SCÈNE VII. — PHILISTE, CLARICE.

PHILISTE.

Ma douleur, qui s'obstine à combattre ma joie,
Pousse encor des soupirs, bien que je vous revoie ;
Et l'excès des plaisirs qui me viennent charmer
Mêle dans ces douceurs je ne sais quoi d'amer :
Mon âme en est ensemble et ravie et confuse.
D'un peu de lâcheté votre retour m'accuse,
Et votre liberté me reproche aujourd'hui
Que mon amour la doit à la pitié d'autrui.
Elle me comble d'aise et m'accable de honte ;
Celui qui vous la rend, en m'obligeant, m'affronte :
Un coup si glorieux n'appartenoit qu'à moi.

CLARICE.

Vois-tu dans mon esprit des doutes de ta foi ?
Y vois-tu des soupçons qui blessent ton courage,
Et disposent ta bouche à ce fâcheux langage ?
Ton amour et tes soins trompés par mon malheur,
Ma prison inconnue a bravé ta valeur.
Que t'importe à présent qu'un autre m'en délivre,
Puisque c'est pour toi seul que Clarice veut vivre,
Et que d'un tel orage en bonace réduit
Célidan a la peine, et Philiste le fruit ?

PHILISTE.

Mais vous ne dites pas que le point qui m'afflige

C'est la reconnoissance où l'honneur vous oblige :
Il vous faut être ingrate, ou bien à l'avenir
Lui garder en votre âme un peu de souvenir.
La mienne en est jalouse, et trouve ce partage,
Quelque inégal qu'il soit, à son désavantage;
Je ne puis le souffrir. Nos pensers à tous deux
Ne devroient, à mon gré, parler que de nos feux.
Tout autre objet que moi dans votre esprit me pique.

CLARICE.

Ton humeur, à ce compte, est un peu tyrannique.
Penses-tu que je veuille un amant si jaloux?

PHILISTE.

Je tâche d'imiter ce que je vois en vous;
Mon esprit amoureux, qui vous tient pour sa reine,
Fait de vos actions sa règle souveraine.

CLARICE.

Je ne puis endurer ces propos outrageux :
Où me vois-tu jalouse, afin d'être ombrageux?

PHILISTE.

Quoi? ne l'étiez-vous point l'autre jour qu'en visite
J'entretins quelque temps Bélinde et Chrysolithe?

CLARICE.

Ne me reproche point l'excès de mon amour.

PHILISTE.

Mais permettez-moi donc cet excès à mon tour :
Est-il rien de plus juste, ou de plus équitable?

CLARICE.

Encor pour un jaloux tu seras fort traitable,
Et n'es pas maladroit en ces doux entretiens,
D'accuser mes défauts pour excuser les tiens;
Par cette liberté tu me fais bien paroître
Que tu crois que l'hymen t'ait déjà rendu maître,
Puisque, laissant les vœux et les submissions,
Tu me dis seulement mes imperfections.
Philiste, c'est douter trop peu de ta puissance,
Et prendre avant le temps un peu trop de licence.
Nous avions notre hymen à demain arrêté;
Mais, pour te bien punir de cette liberté,
De plus de quatre jours ne crois pas qu'il s'achève.

PHILISTE.

Mais si durant ce temps quelque autre vous enlève,
Avez-vous sûreté que, pour votre secours,
Le même Célidan se rencontre toujours?

CLARICE.

Il faut savoir de lui s'il prendroit cette peine.
Vois ta mère et ta sœur que vers nous il amène.
Sa réponse rendra nos débats terminés.

PHILISTE.
Ah! mère, sœur, ami, que vous m'importunez!

SCÈNE VIII. — CHRYSANTE, DORIS, CÉLIDAN, CLARICE, PHILISTE.

CHRYSANTE, *à Clarice.*
Je viens, après mon fils, vous rendre une assurance
De la part que je prends en votre délivrance;
Et mon cœur tout à vous né sauroit endurer
Que mes humbles devoirs osent se différer.
CLARICE, *à Chrysante.*
N'usez point de ce mot vers celle dont l'envie
Est de vous obéir le reste de sa vie,
Que son retour rend moins à soi-même qu'à vous.
Ce brave cavalier accepté pour époux,
C'est à moi désormais, entrant dans sa famille,
A vous rendre un devoir de servante et de fille;
Heureuse mille fois, si le peu que je vaux
Ne vous empêche point d'excuser mes défauts,
Et si votre bonté d'un tel choix se contente!
CHRYSANTE, *à Clarice.*
Dans ce bien excessif qui passe mon attente,
Je soupçonne mes sens d'une infidélité,
Tant ma raison s'oppose à ma crédulité.
Surprise que je suis d'une telle merveille,
Mon esprit tout confus doute encor si je veille;
Mon âme en est ravie, et ces ravissemens
M'ôtent la liberté de tous remercîmens.
DORIS, *à Clarice.*
Souffrez qu'en ce bonheur mon zèle m'enhardisse
A vous offrir, madame, un fidèle service.
CLARICE, *à Doris.*
Et moi, sans compliment qui vous farde mon cœur,
Je vous offre et demande une amitié de sœur.
PHILISTE, *à Célidan.*
Toi, sans qui mon malheur étoit inconsolable,
Ma douleur sans espoir, ma perte irréparable,
Qui m'as seul obligé plus que tous mes amis,
Puisque je te dois tout, que je t'ai tout promis,
Cesse de me tenir dedans l'incertitude:
Dis-moi par où je puis sortir d'ingratitude;
Donne-moi le moyen, après un tel bienfait,
De réduire pour toi ma parole en effet.
CÉLIDAN, *à Philiste.*
S'il est vrai que ta flamme et celle de Clarice
Doivent leur bonne issue à mon peu de service,

Qu'un bon succès par moi réponde à tous vos vœux;
J'ose t'en demander un pareil à mes feux.
(*Montrant Chrysante*.)
J'ose te demander, sous l'aveu de madame,
Ce digne et seul objet de ma secrète flamme,
Cette sœur que j'adore, et qui pour faire un choix
Attend de ton vouloir les favorables lois.

PHILISTE, *à Célidan*.

Ta demande m'étonne ensemble et m'embarrasse :
Sur ton meilleur ami tu brigues cette place;
Et tu sais que ma foi la réserve pour lui.

CHRYSANTE, *à Philiste*.

Si tu n'as entrepris de m'accabler d'ennui,
Ne te fais point ingrat pour une âme si double.

PHILISTE, *à Célidan*.

Mon esprit divisé de plus en plus se trouble;
Dispense-moi, de grâce, et songe qu'avant toi
Ce bizarre Alcidon tient en gage ma foi.
Si ton amour est grand, l'excuse t'est sensible;
Mais je ne t'ai promis que ce qui m'est possible;
Et cette foi donnée ôte de mon pouvoir
Ce qu'à notre amitié je me sais trop devoir.

CHRYSANTE, *à Philiste*.

Ne te ressouviens plus d'une vieille promesse;
Et juge, en regardant cette belle maîtresse,
Si celui qui pour toi l'ôte à son ravisseur
N'a pas bien mérité l'échange de ta sœur.

CLARICE, *à Chrysante*.

Je ne saurois souffrir qu'en ma présence on die
Qu'il doive m'acquérir par une perfidie :
Et pour un tel ami lui voir si peu de foi
Me feroit redouter qu'il en eût moins pour moi.
Mais Alcidon survient; nous l'allons voir lui-même
Contre un rival et vous disputer ce qu'il aime.

SCÈNE IX. — CLARICE, ALCIDON, PHILISTE, CHRYSANTE, CÉLIDAN, DORIS.

CLARICE, *à Alcidon*.

Mon abord t'a surpris, tu changes de couleur;
Tu me croyois sans doute encor dans le malheur :
Voici qui m'en délivre; et n'étoit que Philiste
A ces nouveaux desseins en ta faveur résiste,
Cet ami si parfait qu'entre nous tu chéris
T'auroit pour récompense enlevé ta Doris.

ALCIDON.

Le désordre éclatant qu'on voit sur mon visage

N'est que l'effet trop prompt d'une soudaine rage.
Je forcène de voir que sur votre retour
Ce traître assure ainsi ma perte et son amour.
Perfide ! à mes dépens tu veux donc des maîtresses ?
Et mon honneur perdu te gagne leurs caresses !
            CÉLIDAN, à Alcidon.
Quoi ! j'ai su jusqu'ici cacher tes lâchetés,
Et tu m'oses couvrir de ces indignités !
Cesse de m'outrager, ou le respect des dames
N'est plus pour contenir celui que tu diffames.
            PHILISTE, à Alcidon.
Cher ami, ne crains rien, et demeure assuré
Que je sais maintenir ce que je t'ai juré ;
Pour t'enlever ma sœur, il faut m'arracher l'âme.
            ALCIDON, à Philiste.
Non, non, il n'est plus temps de déguiser ma flamme.
Il te faut, malgré moi, faire un honteux aveu
Que si mon cœur brûloit, c'étoit d'un autre feu.
Ami, ne cherche plus qui t'a ravi Clarice ;
    (Il se montre.)   (Il montre Célidan.)
Voici l'auteur du coup, et voilà le complice.
        (A Philiste.)
Adieu. Ce mot lâché, je te suis en horreur.

SCÈNE X. — CHRYSANTE, CLARICE, PHILISTE, CÉLIDAN,
            DORIS.

            CHRYSANTE, à Philiste.
Eh bien ! rebelle, enfin sortiras-tu d'erreur ?
            CÉLIDAN, à Philiste.
Puisque son désespoir vous découvre un mystère
Que ma discrétion vous avoit voulu taire,
C'est à moi de montrer quel étoit mon dessein.
Il est vrai qu'en ce coup je lui prêtai la main.
La peur que j'eus alors qu'après ma résistance
Il ne trouvât ailleurs trop fidèle assistance....
            PHILISTE, à Célidan.
Quittons là ce discours, puisqu'en cette action
La fin m'éclaircit trop de ton intention,
Et ta sincérité se fait assez connoître.
Je m'obstinois tantôt dans le parti d'un traître ;
Mais au lieu d'affoiblir vers toi mon amitié,
Un tel aveuglement te doit faire pitié.
Plains-moi, plains mon malheur, plains mon trop de franchise,
Qu'un ami déloyal a tellement surprise ;
Vois par là comme j'aime, et ne te souviens plus
Que j'ai voulu te faire un injuste refus.

Fais, malgré mon erreur, que ton feu persévère;
Ne punis point la sœur de la faute du frère;
Et reçois de ma main celle que ton désir,
Avant mon imprudence, avoit daigné choisir.
CLARICE, à Célidan.
Une pareille erreur me rend toute confuse :
Mais ici mon amour me servira d'excuse;
Il serre nos esprits d'un trop étroit lien
Pour permettre à mon sens de s'éloigner du sien.
CÉLIDAN.
Si vous croyez encor que cette erreur me touche,
Un mot me satisfait de cette belle bouche;
Mais, hélas! quel espoir ose rien présumer,
Quand on n'a pu servir, et qu'on n'a fait qu'aimer?
DORIS.
Réunir les esprits d'une mère et d'un frère,
Du choix qu'ils m'avoient fait avoir su me défaire,
M'arracher à Florange et m'ôter Alcidon,
Et d'un cœur généreux me faire l'heureux don;
C'est avoir su me rendre un assez grand service
Pour espérer beaucoup avec quelque justice.
Et, puisqu'on me l'ordonne, on peut vous assurer
Qu'alors que j'obéis, c'est sans en murmurer.
CÉLIDAN.
A ces mots enchanteurs tout mon cœur se déploie,
Et s'ouvre tout entier à l'excès de ma joie.
CHRYSANTE.
Que la mienne est extrême! et que sur mes vieux ans
Le favorable ciel me fait de doux présens!
Qu'il conduit mon bonheur par un ressort étrange!
Qu'à propos sa faveur m'a fait perdre Florange!
Puisse-t-elle, pour comble, accorder à mes vœux
Qu'une éternelle paix suive de si beaux nœuds,
Et rendre, par les fruits de ce double hyménée,
Ma dernière vieillesse à jamais fortunée!
CLARICE, à Chrysante.
Cependant pour ce soir ne me refusez pas
L'heur de vous voir ici prendre un mauvais repas,
Afin qu'à ce qui reste ensemble on se prépare,
Tant qu'un mystère saint deux à deux nous sépare.
CHRYSANTE, à Clarice.
Nous éloigner de vous avant ce doux moment,
Ce seroit me priver de tout contentement.

EXAMEN DE LA VEUVE.

Cette comédie n'est pas plus régulière que *Mélite* en ce qui regarde l'unité de lieu, et a le même défaut au cinquième acte, qui se passe en complimens pour venir à la conclusion d'un amour épisodique, avec cette différence toutefois que le mariage de Célidan avec Doris a plus de justesse dans celle-ci que celui d'Éraste avec Cloris dans l'autre. Elle a quelque chose de mieux ordonné pour le temps en général, qui n'est pas si vague que dans *Mélite*, et a ses intervalles mieux proportionnés par cinq jours consécutifs. C'étoit un tempérament que je croyois lors fort raisonnable entre la rigueur des vingt et quatre heures et cette étendue libertine qui n'avoit aucunes bornes. Mais elle a ce même défaut dans le particulier de la durée de chaque acte, que souvent celle de l'action y excède de beaucoup celle de la représentation. Dans le commencement du premier, Philiste quitte Alcidon pour aller faire des visites avec Clarice, et paroît en la dernière scène avec elle au sortir de ces visites, qui doivent avoir consumé toute l'après-dînée, ou du moins la meilleure partie. La même chose se trouve au cinquième : Alcidon y fait partie avec Célidan d'aller voir Clarice sur le soir dans son château, où il la croit encore prisonnière, et se résout de faire part de sa joie à la nourrice, qu'il n'oseroit voir de jour, de peur de faire soupçonner l'intelligence secrète et criminelle qu'ils ont ensemble ; et environ cent vers après, il vient chercher cette confidente chez Clarice, dont il ignore le retour. Il ne pouvoit être qu'environ midi quand il en a formé le dessein, puisque Célidan venoit de ramener Clarice (ce que vraisemblablement il a fait le plus tôt qu'il a pu, ayant un intérêt d'amour qui le pressoit de lui rendre ce service en faveur de son amant) ; et quand il vient pour exécuter cette résolution, la nuit doit avoir déjà assez d'obscurité pour cacher cette visite qu'il lui va rendre. L'excuse qu'on pourroit y donner, aussi bien qu'à ce que j'ai remarqué de Tircis dans *Mélite*, c'est qu'il n'y a point de liaisons de scènes, et par conséquent point de continuité d'action. Ainsi, on pourroit dire que ces scènes détachées qui sont placées l'une après l'autre ne s'entre-suivent pas immédiatement, et qu'il se consume un temps notable entre la fin de l'une et le commencement de l'autre : ce qui n'arrive point quand elles sont liées ensemble, cette liaison étant cause que l'une commence nécessairement au même instant que l'autre finit.

Cette comédie peut faire connoître l'aversion naturelle que j'ai toujours eue pour les *aparté*. Elle m'en donnoit de belles occasions, m'étant proposé d'y peindre un amour réciproque qui parût dans les entretiens de deux personnes qui ne parlent point d'amour ensemble, et de mettre des complimens d'amour suivis entre deux gens qui n'en ont point du tout l'un pour l'autre, et qui sont toutefois obligés, par des considérations particulières, de s'en rendre des témoignages mutuels. C'étoit un beau jeu pour les discours à part, si fréquens chez les anciens et chez les modernes de toutes les langues ; cependant j'ai si bien fait, par le moyen des confidences qui ont précédé ces scènes artificieuses, et des réflexions qui les ont suivies, que, sans emprunter ce secours, l'amour a paru entre ceux qui n'en parlent point, et le mépris a été visible entre ceux qui se font des protestations d'amour. La sixième scène du quatrième acte semble commencer par ces *aparté*, et n'en a toutefois aucun. Célidan et la nourrice y parlent véritablement chacun à part, mais en sorte que chacun des deux veut bien que l'autre entende ce qu'il dit. La nourrice cherche à donner à Célidan des marques d'une douleur très-vive qu'elle n'a point, et en affecte d'autant plus les dehors pour l'éblouir; et Célidan, de son côté, veut qu'elle ait lieu de croire qu'il la cherche pour la tirer du péril où il feint qu'elle est, et qu'ainsi il la rencontre fort à propos. Le reste de cette scène est fort adroit, par la manière dont il dupe cette vieille, et lui arrache l'aveu d'une fourbe où on le vouloit prendre lui-même pour dupe. Il l'enferme, de peur qu'elle ne fasse encore quelque pièce qui trouble son dessein; et quelques-uns ont trouvé à dire qu'on ne parle point d'elle au cinquième : mais ces sortes de personnages, qui n'agissent que pour l'intérêt des autres, ne sont pas assez d'importance pour faire naître une curiosité légitime de savoir leurs sentimens sur l'événement de la comédie, où ils n'ont plus que faire quand on n'y a plus affaire d'eux; et d'ailleurs, Clarice y a trop de satisfaction de se voir hors du pouvoir de ses ravisseurs et rendue à son amant, pour penser en sa présence à cette nourrice, et prendre garde si elle est en sa maison, ou si elle n'y est pas.

Le style n'est pas plus élevé ici que dans *Mélite*, mais il est plus net et plus dégagé des pointes dont l'autre est semé, qui ne sont, à en bien parler, que de fausses lumières, dont le brillant marque bien quelque vivacité d'esprit, mais sans aucune solidité de raisonnement. L'intrigue y est aussi beaucoup plus raisonnable que dans l'autre; et Alcidon a lieu d'espérer un bien plus heureux succès de sa fourbe qu'Éraste de la sienne.

FIN DE LA VEUVE.

LA GALERIE DU PALAIS.

COMÉDIE.

1634.

A MADAME DE LIANCOUR.

MADAME,

Je vous demande pardon si je vous fais un mauvais présent; non pas que j'aie si mauvaise opinion de cette pièce, que je veuille condamner les applaudissemens qu'elle a reçus, mais parce que je ne croirai jamais qu'un ouvrage de cette nature soit digne de vous être présenté. Aussi vous supplierai-je très-humblement de ne prendre pas tant garde à la qualité de la chose, qu'au pouvoir de celui dont elle part : c'est tout ce que vous peut offrir un homme de ma sorte; et Dieu ne m'ayant pas fait naître assez considérable pour être utile à votre service, je me tiendrai trop récompensé d'ailleurs si je puis contribuer en quelque façon à vos divertissemens. De six comédies[1] qui me sont échappées, si celle-ci n'est la meilleure, c'est la plus heureuse, et toutefois la plus malheureuse en ce point, que n'ayant pas eu l'honneur d'être vue de vous, il lui manque votre approbation, sans laquelle sa gloire est encore douteuse, et n'ose s'assurer sur les acclamations publiques. Elle vous la vient demander, Madame, avec cette protection qu'autrefois *Mélite* a trouvée si favorable. J'espère que votre bonté ne lui refusera pas l'une et l'autre, ou que, si vous désapprouvez sa conduite, du moins vous agréerez mon zèle, et me permettrez de me dire toute ma vie,

MADAME,

Votre très-humble, très-obéissant, et très-obligé serviteur,

CORNEILLE.

PERSONNAGES.

PLEIRANTE, père de Célidée.
LYSANDRE, amant de Célidée.
DORIMANT, amoureux d'Hippolyte.
CHRYSANTE, mère d'Hippolyte.
CÉLIDÉE, fille de Pleirante.
HIPPOLYTE, fille de Chrysante.
ARONTE, écuyer de Lysandre.
CLÉANTE, écuyer de Dorimant.
FLORICE, suivante d'Hippolyte.
LE LIBRAIRE du palais.
LE MERCIER du palais.
LA LINGÈRE du palais.

La scène est à Paris, dans la galerie du palais de justice.

1. *Mélite, la Veuve, la Suivante, la Place Royale, l'Illusion comique, la Galerie du Palais.*

ACTE PREMIER.

SCÈNE I. — ARONTE, FLORICE.

ARONTE.

Enfin je ne le puis : que veux-tu que j'y fasse ?
Pour tout autre sujet mon maître n'est que glace ;
Elle est trop dans son cœur ; on ne l'en peut chasser,
Et c'est folie à nous que de plus y penser.
J'ai beau devant les yeux lui remettre Hippolyte,
Parler de ses attraits, élever son mérite,
Sa grâce, son esprit, sa naissance, son bien ;
Je n'avance non plus qu'à ne lui dire rien :
L'amour, dont malgré moi son âme est possédée,
Fait qu'il en voit autant, ou plus, en Célidée.

FLORICE.

Ne quittons pas pourtant ; à la longue on fait tout.
La gloire suit la peine : espérons jusqu'au bout.
Je veux que Célidée ait charmé son courage,
L'amour le plus parfait n'est pas un mariage ;
Fort souvent moins que rien cause un grand changement,
Et les occasions naissent en un moment.

ARONTE.

Je les prendrai toujours quand je les verrai naître.

FLORICE.

Hippolyte, en ce cas, saura le reconnoître.

ARONTE.

Tout ce que j'en prétends, c'est un entier secret.
Adieu : je vais trouver Célidée à regret.

FLORICE.

De la part de ton maître ?

ARONTE.

Oui.

FLORICE.

Si j'ai bonne vue,
La voilà que son père amène vers la rue.
Tirons-nous à quartier ; nous jouerons mieux nos jeux,
S'ils n'aperçoivent point que nous parlions tous deux.

SCÈNE II. — PLEIRANTE, CÉLIDÉE.

PLEIRANTE.

Ne pense plus, ma fille, à me cacher ta flamme ;
N'en conçois point de honte, et n'en crains point de blâme ;
Le sujet qui l'allume a des perfections

Dignes de posséder tes inclinations;
Et, pour mieux te montrer le fond de mon courage,
J'aime autant son esprit que tu fais son visage.
Confesse donc, ma fille, et crois qu'un si beau feu
Veut être mieux traité que par un désaveu.

CÉLIDÉE.

Monsieur, il est tout vrai, son ardeur légitime
A tant gagné sur moi, que j'en fais de l'estime;
J'honore son mérite, et n'ai pu m'empêcher
De prendre du plaisir à m'en voir rechercher;
J'aime son entretien, je chéris sa présence :
Mais cela n'est enfin qu'un peu de complaisance,
Qu'un mouvement léger qui passe en moins d'un jour.
Vos seuls commandemens produiront mon amour;
Et votre volonté, de la mienne suivie....

PLEIRANTE.

Favorisant ses vœux, seconde ton envie.
Aime, aime ton Lysandre; et puisque je consens
Et que je t'autorise à ces feux innocens,
Donne-lui hardiment une entière assurance
Qu'un mariage heureux suivra son espérance;
Engage-lui ta foi. Mais j'aperçois venir
Quelqu'un qui de sa part te vient entretenir.
Ma fille, adieu : les yeux d'un homme de mon âge
Peut-être empêcheroient la moitié du message.

CÉLIDÉE.

Il ne vient rien de lui qu'il faille vous celer.

PLEIRANTE.

Mais tu seras, sans moi, plus libre à lui parler;
Et ta civilité, sans doute un peu forcée,
Me fait un compliment qui trahit ta pensée.

SCÈNE III. — CÉLIDÉE, ARONTE.

CÉLIDÉE.

Que fait ton maître, Aronte?

ARONTE.

Il m'envoie aujourd'hui
Voir ce que sa maîtresse a résolu de lui,
Et comment vous voulez qu'il passe la journée.

CÉLIDÉE.

Je serai chez Daphnis toute l'après-dînée;
Et s'il m'aime, je crois que nous l'y pourrons voir.
Autrement....

ARONTE.

Ne pensez qu'à l'y bien recevoir.

CÉLIDÉE.

S'il y manque, il verra sa paresse punie.

Nous y devons dîner fort bonne compagnie;
J'y mène, du quartier, Hippolyte et Cloris.
ARONTE.
Après elles et vous il n'est rien dans Paris;
Et je n'en sache point, pour belles qu'on les nomme,
Qui puissent attirer les yeux d'un honnête homme.
CÉLIDÉE.
Je ne suis pas d'humeur bien propre à t'écouter,
Et ne prends pas plaisir à m'entendre flatter.
Sans que ton bel esprit tâche plus d'y paroître,
Mêle-toi de porter ma réponse à ton maître.
ARONTE, seul.
Quelle superbe humeur! quel arrogant maintien!
Si mon maître me croit, vous ne tenez plus rien;
Il changera d'objet, ou j'y perdrai ma peine :
Aussi bien son amour ne vous rend que trop vaine.

SCÈNE IV. — LA LINGÈRE, LE LIBRAIRE.

(On tire un rideau, et l'on voit le libraire, la lingère et le mercier, chacun dans sa boutique.)

LA LINGÈRE.
Vous avez fort la presse à ce livre nouveau;
C'est pour vous faire riche.
LE LIBRAIRE.
On le trouve si beau,
Que c'est, pour mon profit, le meilleur qui se voie.
(A la lingère.)
Mais vous, que vous vendez de ces toiles de soie!
LA LINGÈRE.
De vrai, bien que d'abord on en vendît fort peu,
A présent Dieu nous aime, on y court comme au feu;
Je n'en saurois fournir autant qu'on m'en demande :
Elle sied mieux aussi que celle de Hollande,
Découvre moins le fard dont un visage est peint,
Et donne, ce me semble, un plus grand lustre au teint.
Je perds bien à gagner, de ce que ma boutique,
Pour être trop étroite, empêche ma pratique;
A peine y puis-je avoir deux chalands à la fois :
Je veux changer de place avant qu'il soit un mois;
J'aime mieux en payer le double et davantage,
Et voir ma marchandise en un bel étalage.
LE LIBRAIRE.
Vous avez bien raison; mais, à ce que j'entends....
(A Dorimant.)
Monsieur, vous plaît-il voir quelques livres du temps?

SCÈNE V. — DORIMANT, CLÉANTE, LE LIBRAIRE.

DORIMANT.
Montrez-m'en quelques-uns.
LE LIBRAIRE.
Voici ceux de la mode.
DORIMANT.
Otez-moi cet auteur, son nom seul m'incommode;
C'est un impertinent, ou je n'y connois rien.
LE LIBRAIRE.
Ses œuvres toutefois se vendent assez bien.
DORIMANT.
Quantité d'ignorans ne songent qu'à la rime.
LE LIBRAIRE.
Monsieur, en voici deux dont on fait grande estime;
Considérez ce trait, on le trouve divin.
DORIMANT.
Il n'est que mal traduit du cavalier Marin[1];
Sa veine, au demeurant, me semble assez hardie.
LE LIBRAIRE.
Ce fut son coup d'essai que cette comédie.
DORIMANT.
Cela n'est pas tant mal pour un commencement;
La plupart de ses vers coulent fort doucement:
Qu'il a de mignardise à décrire un visage!

SCÈNE VI. — HIPPOLYTE, FLORICE, DORIMANT, CLÉANTE, LE LIBRAIRE, LA LINGÈRE.

HIPPOLYTE, *à la lingère.*
Madame, montrez-nous quelques collets d'ouvrage.
LA LINGÈRE.
Je vous en vais montrer de toutes les façons.
DORIMANT, *au libraire.*
Ce visage vaut mieux que toutes vos chansons.
LA LINGÈRE, *à Hippolyte.*
(*Elle ouvre une boîte.*)
Voilà du point d'esprit de Gênes, et d'Espagne.
HIPPOLYTE.
Ceci n'est guère bon qu'à des gens de campagne.
LA LINGÈRE.
Voyez bien; s'il en est deux pareils dans Paris....
HIPPOLYTE.
Ne les vantez point tant, et dites-nous le prix.

---

1. Marini, poëte napolitain, qui vécut longtemps à la cour de Marie de Médicis.

LA LINGÈRE.
Quand vous aurez choisi.
HIPPOLYTE.
Que t'en semble, Florice?
FLORICE.
Ceux-là sont assez beaux, mais de mauvais service;
En moins de trois savons on ne les connoît plus.
HIPPOLYTE.
Celui-ci, qu'en dis-tu?
FLORICE.
L'ouvrage en est confus,
Bien que l'invention de près soit assez belle.
Voici bien votre fait, n'étoit que la dentelle
Est fort mal assortie avec le passement;
Cet autre n'a de beau que le couronnement.
LA LINGÈRE.
Si vous pouviez avoir deux jours de patience,
Il m'en vient, mais qui sont dans la même excellence.
(*Dorimant parle au libraire à l'oreille.*)
FLORICE.
Il vaudroit mieux attendre.
HIPPOLYTE.
Eh bien! nous attendrons;
Dites-nous au plus tard quel jour nous reviendrons.
LA LINGÈRE.
Mercredi j'en attends de certaines nouvelles.
Cependant vous faut-il quelques autres dentelles?
HIPPOLYTE.
J'en ai ce qu'il m'en faut pour ma provision.
LE LIBRAIRE, *à Dorimant.*
J'en vais subtilement prendre l'occasion.
(*A la lingère.*)
La connois-tu, voisine?
LA LINGÈRE.
Oui, quelque peu de vue:
Quant au reste, elle m'est tout à fait inconnue.
(*Dorimant tire Cléante au milieu du théâtre, et lui parle à l'oreille.*)
Ce cavalier, sans doute, y trouve plus d'appas
Que dans tous vos auteurs?
CLÉANTE, *à Dorimant.*
Je n'y manquerai pas.
DORIMANT.
Si tu ne me vois là, je serai dans la salle[1].
(*Il prend un livre sur la boutique du libraire.*)
Je connois celui-ci; sa veine est fort égale;

1. La Grand'salle ou salle des Pas perdus.

Il ne fait point de vers qu'on ne trouve charmans.
Mais on ne parle plus qu'on fasse des romans ;
J'ai vu que notre peuple en étoit idolâtre.

LE LIBRAIRE.

La mode est à présent des pièces de théâtre.

DORIMANT.

De vrai, chacun s'en pique ; et tel y met la main,
Qui n'eut jamais l'esprit d'ajuster un quatrain.

SCÈNE VII. — LYSANDRE, DORIMANT, LE LIBRAIRE,
LE MERCIER.

LYSANDRE.

Je te prends sur le livre.

DORIMANT.

Eh bien ! qu'en veux-tu dire ?
Tant d'excellens esprits, qui se mêlent d'écrire,
Valent bien qu'on leur donne une heure de loisir.

LYSANDRE.

Y trouves-tu toujours une heure de plaisir ?
Beaucoup font bien des vers, et peu la comédie.

DORIMANT.

Ton goût, je m'en assure, est pour la Normandie.

LYSANDRE.

Sans rien spécifier, peu méritent le voir ;
Souvent leur entreprise excède leur pouvoir ;
Et tel parle d'amour sans aucune pratique.

DORIMANT.

On n'y sait guère alors que la vieille rubrique :
Faute de le connoître, on l'habille en fureur ;
Et loin d'en faire envie, on nous en fait horreur.
Lui seul de ses effets a droit de nous instruire ;
Notre plume à lui seul doit se laisser conduire :
Pour en bien discourir, il faut l'avoir bien fait ;
Un bon poëte ne vient que d'un amant parfait.

LYSANDRE.

Il n'en faut point douter, l'amour a des tendresses
Que nous n'apprenons point qu'auprès de nos maîtresses.
Tant de sortes d'appas, de doux saisissemens,
D'agréables langueurs et de ravissemens,
Jusques où d'un bel œil peut s'étendre l'empire,
Et mille autres secrets que l'on ne sauroit dire
(Quoi que tous nos rimeurs en mettent par écrit) ;
Ne se surent jamais par un effort d'esprit ;
Et je n'ai jamais vu de cervelles bien faites
Qui traitassent l'amour à la façon des poëtes :

C'est tout un autre jeu. Le style d'un sonnet
Est fort extravagant dedans un cabinet;
Il y faut bien louer la beauté qu'on adore,
Sans mépriser Vénus, sans médire de Flore,
Sans que l'éclat des lis, des roses, d'un beau jour,
Ait rien à démêler avecque notre amour.
O pauvre comédie, objet de tant de veines,
Si tu n'es qu'un portrait des actions humaines,
On te tire souvent sur un original
A qui, pour dire vrai, tu ressembles fort mal!

DORIMANT.

Laissons la muse en paix, de grâce; à la pareille,
Chacun fait ce qu'il peut, et ce n'est pas merveille
Si, comme avec bon droit on perd bien un procès,
Souvent un bon ouvrage a de foibles succès.
Le jugement de l'homme, ou plutôt son caprice,
Pour quantité d'esprits n'a que de l'injustice :
J'en admire beaucoup dont on fait peu d'état;
Leurs fautes, tout au pis, ne sont pas coups d'État,
La plus grande est toujours de peu de conséquence.

LE LIBRAIRE.

Vous plairoit-il de voir des pièces d'éloquence?

LYSANDRE, *ayant regardé le titre d'un livre que le libraire lui présente.*

J'en lus hier la moitié; mais son vol est si haut,
Que presque à tous momens je me trouve en défaut.

DORIMANT.

Voici quelques auteurs dont j'aime l'industrie.
Mettez ces trois à part, mon maître, je vous prie;
Tantôt un de mes gens vous les viendra payer.

LYSANDRE, *se retirant d'auprès les boutiques.*

Le reste du matin où veux-tu l'employer?

LE MERCIER.

Voyez deçà, messieurs; vous plaît-il rien du nôtre?
Voyez, je vous ferai meilleur marché qu'un autre,
Des gants, des baudriers, des rubans, des castors.

SCÈNE VIII. — DORIMANT, LYSANDRE.

DORIMANT.

Je ne saurois encor te suivre, si tu sors :
Faisons un tour de salle, attendant mon Cléante.

LYSANDRE.

Qui te retient ici?

DORIMANT.

L'histoire en est plaisante :
Tantôt, comme j'étois sur le livre occupé,

Tout proche on est venu choisir du point coupé.
LYSANDRE.
Qui?
DORIMANT.
C'est la question; mais il faut s'en remettre
A ce qu'à mes regards sa coiffe a pu permettre.
Je n'ai rien vu d'égal : mon Cléante la suit,
Et ne reviendra point qu'il n'en soit bien instruit,
Qu'il n'en sache le nom, le rang et la demeure.
LYSANDRE.
Ami, le cœur t'en dit.
DORIMANT.
Nullement, ou je meure;
Voyant je ne sais quoi de rare en sa beauté,
J'ai voulu contenter ma curiosité.
LYSANDRE.
Ta curiosité deviendra bientôt flamme;
C'est par là que l'amour se glisse dans une âme.
 A la première vue, un objet qui nous plaît
N'inspire qu'un désir de savoir quel il est;
On en veut aussitôt apprendre davantage,
Voir si son entretien répond à son visage,
S'il est civil ou rude, importun ou charmeur,
Éprouver son esprit, connoître son humeur :
De là cet examen se tourne en complaisance;
On cherche si souvent le bien de sa présence,
Qu'on en fait habitude, et qu'au point d'en sortir
Quelque regret commence à se faire sentir :
On revient tout rêveur; et notre âme blessée,
Sans prendre garde à rien, cajole sa pensée.
Ayant rêvé le jour, la nuit à tout propos
On sent je ne sais quoi qui trouble le repos;
Un sommeil inquiet, sur de confus nuages,
Élève incessamment de flatteuses images,
Et, sur leur vain rapport, fait naître des souhaits
Que le réveil admire et ne dédit jamais :
Tout le cœur court en hâte après de si doux guides;
Et le moindre larcin que font ses vœux timides
Arrête le larron, et le met dans les fers.
DORIMANT.
Ainsi tu fus épris de celle que tu sers?
LYSANDRE.
C'est un autre discours; à présent je ne touche
Qu'aux ruses de l'amour contre un esprit farouche,
Qu'il faut apprivoiser presque insensiblement,
Et contre ses froideurs combattre finement.
Des naturels plus doux....

SCÈNE IX. — DORIMANT, LYSANDRE, CLÉANTE

DORIMANT.
Eh bien, elle s'appelle?
CLÉANTE.
Ne m'informez de rien qui touche cette belle.
Trois filous rencontrés vers le milieu du pont,
Chacun l'épée au poing, m'ont voulu faire affront,
Et, sans quelques amis qui m'ont tiré de peine,
Contre eux ma résistance eût peut-être été vaine;
Ils ont tourné le dos, me voyant secouru :
Mais ce que je suivois tandis est disparu.

DORIMANT.
Les traîtres! trois contre un! t'attaquer! te surprendre!
Quels insolens vers moi s'osent ainsi méprendre?

CLÉANTE.
Je ne connois qu'un d'eux, et c'est là le retour
De quelques tours de main qu'il reçut l'autre jour,
Lorsque, m'ayant tenu quelques propos d'ivrogne,
Nous eûmes prise ensemble à l'hôtel de Bourgogne.

DORIMANT.
Qu'on le trouve où qu'il soit; qu'une grêle de bois
Assemble sur lui seul le châtiment des trois;
Et que sous l'étrivière il puisse tôt connoître,
Quand on se prend aux miens, qu'on s'attaque à leur maître!

LYSANDRE.
J'aime à te voir ainsi décharger ton courroux :
Mais voudrois-tu parler franchement entre nous?

DORIMANT.
Quoi! tu doutes encor de ma juste colère?

LYSANDRE.
En ce qui le regarde, elle n'est que légère :
En vain pour son sujet tu fais l'intéressé;
Il a paré des coups dont ton cœur est blessé :
Cet accident fâcheux te vole une maîtresse;
Confesse ingénument, c'est là ce qui te presse.

DORIMANT.
Pourquoi te confesser ce que tu vois assez?
Au point de se former, mes desseins renversés,
Et mon désir trompé, poussent dans ces contraintes,
Sous de faux mouvemens, de véritables plaintes.

LYSANDRE.
Ce désir, à vrai dire, est un amour naissant
Qui ne sait où se prendre, et demeure impuissant;
Il s'égare et se perd dans cette incertitude;
Et, renaissant toujours de ton inquiétude,
Il te montre un objet d'autant plus souhaité,

Que plus sa connoissance a de difficulté.
C'est par là que ton feu davantage s'allume :
Moins on l'a pu connoître, et plus on en présume;
Notre ardeur curieuse en augmente le prix.

DORIMANT.

Que tu sais, cher ami, lire dans les esprits!
Et que, pour bien juger d'une secrète flamme,
Tu pénètres avant dans les ressorts d'une âme!

LYSANDRE.

Ce n'est pas encor tout, je veux te secourir.

DORIMANT.

Oh! que je ne suis pas en état de guérir!
L'amour use sur moi de trop de tyrannie.

LYSANDRE.

Souffre que je te mène en une compagnie
Où l'objet de mes vœux m'a donné rendez-vous;
Les divertissemens t'y sembleront si doux,
Ton âme en un moment en sera si charmée,
Que, tous ses déplaisirs dissipés en fumée,
On gagnera sur toi fort aisément ce point
D'oublier un objet que tu ne connois point.
Mais garde-toi surtout d'une jeune voisine
Que ma maîtresse y mène; elle est et belle et fine,
Et sait si dextrement ménager ses attraits,
Qu'il n'est pas bien aisé d'en éviter les traits.

DORIMANT.

Au hasard, fais de moi tout ce que bon te semble.

LYSANDRE.

Donc, en attendant l'heure, allons dîner ensemble.

SCÈNE X. — HIPPOLYTE, FLORICE.

HIPPOLYTE.

Tu me railles toujours.

FLORICE.

S'il ne vous veut du bien,
Dites assurément que je n'y connois rien.
Je le considérois tantôt chez le libraire;
Ses regards de sur vous ne pouvoient se distraire,
Et son maintien étoit dans une émotion
Qui m'instruisoit assez de son affection.
Il vouloit vous parler, et n'osoit l'entreprendre.

HIPPOLYTE.

Toi, ne me parle point, ou parle de Lysandre.
C'est le seul dont la vue excita mon ardeur.

FLORICE.

Et le seul qui pour vous n'a que de la froideur.

Célidée est son âme, et tout autre visage
N'a point d'assez beaux traits pour toucher son courage ;
Son brasier est trop grand, rien ne peut l'amortir :
En vain son écuyer tâche à l'en divertir,
En vain, jusques aux cieux portant votre louange,
Il tâche à lui jeter quelque amorce du change,
Et lui dit jusque-là que dans votre entretien
Vous témoignez souvent de lui vouloir du bien ;
Tout cela n'est qu'autant de paroles perdues.

HIPPOLYTE.

Faute d'être, sans doute, assez bien entendues !

FLORICE.

Ne le présumez pas, il faut avoir recours
A de plus hauts secrets qu'à ces foibles discours.
Je fus fine autrefois, et depuis mon veuvage,
Ma ruse chaque jour s'est accrue avec l'âge :
Je me connois en monde, et sais mille ressorts
Pour débaucher une âme et brouiller des accords.

HIPPOLYTE.

Dis promptement, de grâce.

FLORICE.

A présent l'heure presse,
Et je ne vous saurois donner qu'un mot d'adresse.
Cette voisine et vous.... Mais déjà la voici.

SCÈNE XI. — CÉLIDÉE, HIPPOLYTE, FLORICE.

CÉLIDÉE.

A force de tarder, tu m'as mise en souci :
Il est temps, et Daphnis par un page me mande
Que pour faire servir on n'attend que ma bande ;
Le carrosse est tout prêt : allons, veux-tu venir ?

HIPPOLYTE.

Lysandre après dîner t'y vient entretenir ?

CÉLIDÉE.

S'il osoit y manquer, je te donne promesse
Qu'il pourroit bien ailleurs chercher une maîtresse.

ACTE SECOND.

SCÈNE I. — HIPPOLYTE, DORIMANT.

HIPPOLYTE.

Ne me contez point tant que mon visage est beau :
Ces discours n'ont pour moi rien du tout de nouveau ;

Je le sais bien sans vous, et j'ai cet avantage,
Quelque perfection qui soit sur mon visage,
Que je suis la première à m'en apercevoir :
Pour me les bien apprendre, il ne faut qu'un miroir;
J'y vois en un moment tout ce que vous me dites.

DORIMANT.

Mais vous n'y voyez pas tous vos rares mérites;
Cet esprit tout divin, et ce doux entretien,
Ont des charmes puissans dont il ne montre rien.

HIPPOLYTE.

Vous les montrez assez par cette après-dînée
Qu'à causer avec moi vous vous êtes donnée;
Si mon discours n'avoit quelque charme caché,
Il ne vous tiendroit pas si longtemps attaché.
Je vous juge plus sage, et plus aimer votre aise,
Que d'y tarder ainsi sans que rien vous y plaise;
Et si je présumois qu'il vous plût sans raison,
Je me ferois moi-même un peu de trahison;
Et par ce trait badin qui sentiroit l'enfance,
Votre beau jugement recevroit trop d'offense.
Je suis un peu timide, et, dût-on me jouer,
Je n'ose démentir ceux qui m'osent louer.

DORIMANT.

Aussi vous n'avez pas le moindre lieu de craindre
Qu'on puisse, en vous louant, ni vous flatter, ni feindre;
On voit un tel éclat en vos brillans appas,
Qu'on ne peut l'exprimer, ni ne l'adorer pas.

HIPPOLYTE.

Ni ne l'adorer pas! Par là vous voulez dire....

DORIMANT.

Que mon cœur désormais vit dessous votre empire,
Et que tous mes desseins de vivre en liberté
N'ont eu rien d'assez fort contre votre beauté.

HIPPOLYTE.

Quoi! mes perfections vous donnent dans la vue?

DORIMANT.

Les rares qualités dont vous êtes pourvue
Vous ôtent tout sujet de vous en étonner.

HIPPOLYTE.

Cessez aussi, monsieur, de vous l'imaginer.
Si vous brûlez pour moi, ce ne sont pas merveilles;
J'ai de pareils discours chaque jour aux oreilles,
Et tous les gens d'esprit en font autant que vous.

DORIMANT.

En amour, toutefois, je les surpasse tous
Je n'ai point consulté pour vous donner mon âme;
Votre premier aspect sut allumer ma flamme,

Et je sentis mon cœur, par un secret pouvoir,
Aussi prompt à brûler que mes yeux à vous voir.
HIPPOLYTE.
Avoir connu d'abord combien je suis aimable,
Encor qu'à votre avis il soit inexprimable,
Ce grand et prompt effet m'assure puissamment
De la vivacité de votre jugement.
Pour moi, que la nature a faite un peu grossière,
Mon esprit, qui n'a pas cette vive lumière,
Conduit trop pesamment toutes ses functions[1]
Pour m'avertir sitôt de vos perfections.
Je vois bien que vos feux méritent récompense;
Mais de les seconder ce défaut me dispense.
DORIMANT.
Railleuse !
HIPPOLYTE.
  Excusez-moi, je parle tout de bon.
DORIMANT.
Le temps de cet orgueil me fera la raison;
Et nous verrons un jour, à force de services,
Adoucir vos rigueurs et finir mes supplices.

SCÈNE II. — DORIMANT, LYSANDRE, HIPPOLYTE,
FLORICE.

(Lysandre sort de chez Célidée, et passe sans s'arrêter, leur donnant seulement un coup de chapeau.)

HIPPOLYTE.
Peut-être l'avenir.... Tout beau, coureur, tout beau !
On n'est pas quitte ainsi pour un coup de chapeau :
Vous aimez l'entretien de votre fantaisie;
Mais, pour un cavalier, c'est peu de courtoisie,
Et cela messied fort à des hommes de cour,
De n'accompagner pas leur salut d'un bonjour.
LYSANDRE.
Puisque auprès d'un sujet capable de nous plaire
La présence d'un tiers n'est jamais nécessaire,
De peur qu'il en reçût quelque importunité,
J'ai mieux aimé manquer à la civilité.
HIPPOLYTE.
Voilà parer mon coup d'un galant artifice,
Comme si je pouvois.... Que me veux-tu, Florice ?
(Florice sort, et parle à Hippolyte à l'oreille.)
Dis-lui que je m'en vais. Messieurs, pardonnez-moi :
On me vient d'apporter une fâcheuse loi;

---

1. « Fonctions. »

Incivile à mon tour, il faut que je vous quitte.
Une mère m'appelle.
DORIMANT.
Adieu, belle Hippolyte,
Adieu : souvenez-vous....
HIPPOLYTE.
Mais vous, n'y songez plus.

SCÈNE III. — LYSANDRE, DORIMANT.

LYSANDRE.
Quoi! Dorimant, ce mot t'a rendu tout confus!
DORIMANT.
Ce mot à mes désirs laisse peu d'espérance.
LYSANDRE.
Tu ne la vois encor qu'avec indifférence?
DORIMANT.
Comme toi Célidée.
LYSANDRE.
Elle eut donc chez Daphnis,
Hier, dans son entretien, des charmes infinis?
Je te l'avois bien dit que ton âme, à sa vue,
Demeureroit ou prise, ou puissamment émue;
Mais tu n'as pas sitôt oublié la beauté
Qui fit naître au palais ta curiosité?
Du moins ces deux objets balancent ton courage?
DORIMANT.
Sais-tu bien que c'est là justement mon visage,
Celui que j'avois vu le matin au palais?
LYSANDRE.
A ce compte....
DORIMANT.
J'en tiens, ou l'on n'en tint jamais.
LYSANDRE.
C'est consentir bientôt à perdre ta franchise.
DORIMANT.
C'est rendre un prompt hommage aux yeux qui me l'ont prise.
LYSANDRE.
Puisque tu les connois, je ne plains plus ton mal.
DORIMANT.
Leur coup, pour les connoître, en est-il moins fatal?
LYSANDRE.
Non, mais du moins ton cœur n'est plus à la torture
De voir tes vœux forcés d'aller à l'aventure;
Et cette belle humeur de l'objet qui t'a pris....
DORIMANT.
Sous un accueil riant cache un subtil mépris.
Ah! que tu ne sais pas de quel air on me traite!

LYSANDRE.
Je t'en avois jugé l'âme fort satisfaite;
Et cette gaie humeur, qui brilloit dans ses yeux,
M'en promettoit pour toi quelque chose de mieux.
DORIMANT.
Cette belle, de vrai, quoique toute de glace,
Mêle dans ses froideurs je ne sais quelle grâce,
Par où tout de nouveau je me laisse gagner,
Et consens, peu s'en faut, à m'en voir dédaigner.
Loin de s'en affoiblir, mon amour s'en augmente;
Je demeure charmé de ce qui me tourmente.
Je pourrois de toute autre être le possesseur,
Que sa possession auroit moins de douceur.
Je ne suis plus à moi quand je vois Hippolyte
Rejeter ma louange et vanter son mérite,
Négliger mon amour ensemble et l'approuver,
Me remplir tout d'un temps d'espoir et m'en priver,
Me refuser son cœur en acceptant mon âme,
Faire état de mon choix en méprisant ma flamme.
Hélas! en voilà trop : le moindre de ces traits
A pour me retenir de trop puissans attraits;
Trop heureux d'avoir vu sa froideur enjouée
Ne se point offenser d'une ardeur avouée!
LYSANDRE.
Son adieu toutefois te défend d'y songer,
Et ce commandement t'en devroit dégager.
DORIMANT.
Qu'un plus capricieux d'un tel adieu s'offense;
Il me donne un conseil plutôt qu'une défense,
Et par ce mot d'avis, son cœur sans amitié
Du temps que j'y perdrai montre quelque pitié.
LYSANDRE.
Soit défense ou conseil, de rien ne désespère;
Je te réponds déjà de l'esprit de sa mère.
Pleirante son voisin lui parlera pour toi;
Il peut beaucoup sur elle, et fera tout pour moi.
Tu sais qu'il m'a donné sa fille pour maîtresse.
Tâche à vaincre Hippolyte avec un peu d'adresse,
Et n'appréhende pas qu'il en faille beaucoup :
Tu verras sa froideur se perdre tout d'un coup.
Elle ne se contraint à cette indifférence
Que pour rendre une entière et pleine déférence,
Et cherche, en déguisant son propre sentiment,
La gloire de n'aimer que par commandement.
DORIMANT.
Tu me flattes, ami, d'une attente frivole.

LYSANDRE.

L'effet suivra de près.

DORIMANT.

Mon cœur, sur ta parole,
Ne se résout qu'à peine à vivre plus content.

LYSANDRE.

Il se peut assurer du bonheur qu'il prétend;
J'y donnerai bon ordre. Adieu : le temps me presse,
Et je viens de sortir d'auprès de ma maîtresse;
Quelques commissions dont elle m'a chargé
M'obligent maintenant à prendre ce congé.

SCÈNE IV. — DORIMANT, FLORICE.

DORIMANT, *seul.*

Dieux! qu'il est malaisé qu'une âme bien atteinte
Conçoive de l'espoir qu'avec un peu de crainte!
Je dois toute croyance à la foi d'un ami,
Et n'ose cependant m'y fier qu'à demi.
Hippolyte, d'un mot, chasseroit ce caprice.
Est-elle encore en haut?

FLORICE.

Encore.

DORIMANT.

Adieu, Florice.
Nous la verrons demain.

SCÈNE V. — HIPPOLYTE, FLORICE.

FLORICE.

Il vient de s'en aller.
Sortez.

HIPPOLYTE.

Mais falloit-il ainsi me rappeler,
Me supposer ainsi des ordres d'une mère?
Sans mentir, contre toi j'en suis toute en colère :
A peine ai-je attiré Lysandre en nos discours,
Que tu viens, par plaisir, en arrêter le cours.

FLORICE.

Eh bien! prenez-vous-en à mon impatience
De vous communiquer un trait de ma science :
Cet avis important, tombé dans mon esprit,
Méritoit qu'aussitôt Hippolyte l'apprît;
Je vais sans perdre temps y disposer Aronte.

HIPPOLYTE.

J'ai la mine, après tout, d'y trouver mal mon compte.

FLORICE.

Je sais ce que je fais, et ne perds point mes pas;

Mais de votre côté ne vous épargnez pas ;
Mettez tout votre esprit à bien mener la ruse.
HIPPOLYTE.
Il ne faut point par là te préparer d'excuse.
Va, suivant le succès, je veux à l'avenir
Du mal que tu m'as fait perdre le souvenir.

SCÈNE VI. — HIPPOLYTE, CÉLIDÉE.

HIPPOLYTE, *frappant à la porte de Célidée.*
Célidée, es-tu là ?
CÉLIDÉE.
Que me veut Hippolyte ?
HIPPOLYTE.
Délasser mon esprit une heure en ta visite.
Que j'ai depuis un jour un importun amant !
Et que, pour mon malheur, je plais à Dorimant !
CÉLIDÉE.
Ma sœur, que me dis-tu ? Dorimant t'importune !
Quoi ! j'enviois déjà ton heureuse fortune,
Et déjà dans l'esprit je sentois quelque ennui
D'avoir connu Lysandre auparavant que lui.
HIPPOLYTE.
Ah ! ne me raille point. Lysandre, qui t'engage,
Est le plus accompli des hommes de son âge.
CÉLIDÉE.
Je te jure, à mes yeux l'autre l'est bien autant.
Mon cœur a de la peine à demeurer constant ;
Et, pour te découvrir jusqu'au fond de mon âme,
Ce n'est plus que ma foi qui conserve ma flamme :
Lysandre me déplaît de me vouloir du bien.
Plût aux dieux que son change autorisât le mien,
Ou qu'il usât vers moi de tant de négligence,
Que ma légèreté se pût nommer vengeance !
Si j'avois un prétexte à me mécontenter,
Tu me verrois bientôt résoudre à le quitter.
HIPPOLYTE.
Simple ! présumes-tu qu'il devienne volage
Tant qu'il verra l'amour régner sur ton visage ?
Ta flamme trop visible entretient ses ferveurs,
Et ses feux dureront autant que tes faveurs.
CÉLIDÉE.
Il semble, à t'écouter, que rien ne le retienne
Que parce que sa flamme a l'aveu de la mienne.
HIPPOLYTE.
Que sais-je ? Il n'a jamais éprouvé tes rigueurs ;
L'amour en même temps sut embraser vos cœurs ;

Et même j'ose dire, après beaucoup de monde,
Que sa flamme vers toi ne fut que la seconde.
Il se vit accepter avant que de s'offrir;
Il ne vit rien à craindre, il n'eut rien à souffrir;
Il vit sa récompense acquise avant la peine,
Et devant le combat sa victoire certaine :
Un homme est bien cruel, quand il ne donne pas
Un cœur qu'on lui demande avec autant d'appas.
Qu'à ce prix la constance est une chose aisée!
Et qu'autrefois par là je me vis abusée!
Alcidor, que mes yeux avoient si fort épris,
Courut au changement dès le premier mépris.
La force de l'amour paroît dans la souffrance.
Je le tiens fort douteux, s'il a tant d'assurance.
Qu'on en voit s'affoiblir pour un peu de longueur!
Et qu'on en voit céder à la moindre rigueur!
CÉLIDÉE.
Je connois mon Lysandre, et sa flamme est trop forte
Pour tomber en soupçon qu'il m'aime de la sorte.
Toutefois un dédain éprouvera ses feux :
Ainsi, quoi qu'il en soit, j'aurai ce que je veux :
Il me rendra constante, ou me fera volage :
S'il m'aime, il me retient; s'il change, il me dégage.
Suivant ce qu'il aura d'amour ou de froideur,
Je suivrai ma nouvelle ou ma première ardeur.
HIPPOLYTE.
En vain tu t'y résous : ton âme, un peu contrainte,
Au travers de tes yeux lui trahira ta feinte.
L'un d'eux dédira l'autre, et toujours un souris
Lui fera voir assez combien tu le chéris.
CÉLIDÉE.
Ce n'est qu'un faux soupçon qui te le persuade;
J'armerai de rigueurs jusqu'à la moindre œillade,
Et réglerai si bien toutes mes actions,
Qu'il ne pourra juger de mes intentions.
HIPPOLYTE.
Pour le moins, aussitôt que par cette conduite
Tu seras de son cœur suffisamment instruite,
S'il demeure constant, l'amour et la pitié,
Avant que dire adieu, renoueront l'amitié.
CÉLIDÉE.
Il va bientôt venir. Va-t'en, et sois certaine
De ne voir aujourd'hui Lysandre hors de peine.
HIPPOLYTE.
Et demain?
CÉLIDÉE.
Je t'irai conter ses mouvemens,

Et touchant l'avenir prendre tes sentimens.
O dieux! si je pouvois changer sans infamie!
HIPPOLYTE.
Adieu. N'épargne en rien ta plus fidèle amie.

SCÈNE VII. — CÉLIDÉE.

Quel étrange combat! Je meurs de le quitter,
Et mon reste d'amour ne le peut maltraiter.
Mon âme veut et n'ose, et, bien que refroidie,
N'aura trait de mépris si je ne l'étudie.
Tout ce que mon Lysandre a de perfections
Se vient offrir en foule à mes affections.
Je vois mieux ce qu'il vaut lorsque je l'abandonne,
Et déjà la grandeur de ma perte m'étonne.
Pour régler sur ce point mon esprit balancé,
J'attends ses mouvemens sur mon dédain forcé;
Ma feinte éprouvera si son amour est vraie.
Hélas! ses yeux me font une nouvelle plaie.
Prépare-toi, mon cœur, et laisse à mes discours
Assez de liberté pour trahir mes amours.

SCÈNE VIII. — LYSANDRE, CÉLIDÉE.

CÉLIDÉE.
Quoi! j'aurai donc de vous encore une visite!
Vraiment, pour aujourd'hui je m'en estimois quitte.
LYSANDRE.
Une par jour suffit, si tu veux endurer
Qu'autant comme le jour je la fasse durer.
CÉLIDÉE.
Pour douce que nous soit l'ardeur qui nous consume,
Tant d'importunité n'est point sans amertume.
LYSANDRE.
Au lieu de me donner ces appréhensions,
Apprends ce que j'ai fait sur tes commissions.
CÉLIDÉE.
Je ne vous en chargeai qu'afin de me défaire
D'un entretien chargeant, et qui m'alloit déplaire.
LYSANDRE.
Depuis quand donnez-vous ces qualités aux miens?
CÉLIDÉE.
Depuis que mon esprit n'est plus dans vos liens.
LYSANDRE.
Est-ce donc par gageure, ou par galanterie?
CÉLIDÉE.
Ne vous flattez point tant que ce soit raillerie.
Ce que j'ai dans l'esprit, je ne le puis celer,

Et ne suis pas d'humeur à rien dissimuler.
LYSANDRE.
Quoi! que vous ai-je fait? d'où provient ma disgrâce?
Quel sujet avez-vous d'être pour moi de glace?
Ai-je manqué de soins? ai-je manqué de feux?
Vous ai-je dérobé le moindre de mes vœux?
Ai-je trop peu cherché l'heur de votre présence?
Ai-je eu pour d'autres yeux la moindre complaisance?
CÉLIDÉE.
Tout cela n'est qu'autant de propos superflus.
Je voulus vous aimer, et je ne le veux plus;
Mon feu fut sans raison, ma glace l'est de même;
Si l'un eut quelque excès, je rendrai l'autre extrême.
LYSANDRE.
Par cette extrémité, vous avancez ma mort.
CÉLIDÉE.
Il m'importe fort peu quel sera votre sort.
LYSANDRE.
Quelle nouvelle amour, ou plutôt quel caprice
Vous porte à me traiter avec cette injustice,
Vous de qui le serment m'a reçu pour époux?
CÉLIDÉE.
J'en perds le souvenir aussi bien que de vous.
LYSANDRE.
Évitez-en la honte, et fuyez-en le blâme.
CÉLIDÉE.
Je les veux accepter pour peines de ma flamme.
LYSANDRE.
Un reproche éternel suit ce tour inconstant.
CÉLIDÉE.
Si vous me voulez plaire, il en faut faire autant.
LYSANDRE.
Est-ce donc là le prix de vous avoir servie?
Ah! cessez vos mépris, ou me privez de vie.
CÉLIDÉE.
Eh bien! soit, un adieu les va faire cesser;
Aussi bien ce discours ne fait que me lasser.
LYSANDRE.
Ah! redouble plutôt ce dédain qui me tue,
Et laisse-moi le bien d'expirer à ta vue;
Que j'adore tes yeux, tout cruels qu'ils me sont;
Qu'ils reçoivent mes vœux pour le mal qu'ils me font.
Invente à me gêner quelque rigueur nouvelle;
Traite, si tu le veux, mon âme en criminelle:
Dis que je suis ingrat, appelle-moi léger;
Impute à mes amours la honte de changer;
Dedans mon désespoir fais éclater ta joie;

Et tout me sera doux, pourvu que je te voie.
Tu verras tes mépris n'ébranler point ma foi,
Et mes derniers soupirs ne voler qu'après toi.
Ne crains point de ma part de reproche ou d'injure;
Je ne t'appellerai ni lâche, ni parjure;
Mon feu supprimera ces titres odieux;
Mes douleurs céderont au pouvoir de tes yeux;
Et mon fidèle amour, malgré leur vive atteinte,
Pour t'adorer encore étouffera ma plainte.

CÉLIDÉE.

Adieu. Quelques encens que tu veuilles m'offrir,
Je ne me saurois plus résoudre à les souffrir.

SCÈNE IX. — LYSANDRE.

Célidée! Ah! tu fuis! tu fuis donc, et tu n'oses
Faire tes yeux témoins d'un trépas que tu causes!
Ton esprit, insensible à mes feux innocens,
Craint de ne l'être pas aux douleurs que je sens :
Tu crains que la pitié qui se glisse en ton âme
N'y rejette un rayon de ta première flamme,
Et qu'elle ne t'arrache un soudain repentir,
Malgré tout cet orgueil qui n'y peut consentir.
Tu vois qu'un désespoir dessus mon front exprime
En mille traits de feu mon ardeur et ton crime;
Mon visage t'accuse, et tu vois dans mes yeux
Un portrait que mon cœur conserve beaucoup mieux.
Tous mes soins, tu le sais, furent pour Célidée;
La nuit ne m'a jamais retracé d'autre idée,
Et tout ce que Paris a d'objets ravissans
N'a jamais ébranlé le moindre de mes sens.
Ton exemple à changer en vain me sollicite;
Dans ta volage humeur j'adore ton mérite,
Et mon amour, plus fort que mes ressentimens,
Conserve sa vigueur au milieu des tourmens.
Reviens, mon cher souci, puisque après tes défenses
Mes plus vives ardeurs sont pour toi des offenses.
Vois comme je persiste à te désobéir,
Et par là, si tu peux, prends droit de me haïr.
Fol, je présume ainsi rappeler l'inhumaine,
Qui ne veut pas avoir de raisons à sa haine.
Puisqu'elle a sur mon cœur un pouvoir absolu,
Il lui suffit de dire : « Ainsi je l'ai voulu. »
Cruelle, tu le veux! C'est donc ainsi qu'on traite
Les sincères ardeurs d'une amour si parfaite?
Tu me veux donc trahir? tu le veux, et ta foi
N'est qu'un gage frivole à qui vit sous ta loi?

Mais je veux l'endurer sans bruit, sans résistance.
Tu verras ma langueur, et non mon inconstance;
Et de peur de t'ôter un captif par ma mort,
J'attendrai ce bonheur de mon funeste sort.
Jusque-là mes douleurs, publiant ta victoire,
Sur mon front pâlissant élèveront ta gloire,
Et sauront en tous lieux hautement témoigner
Que, sans me refroidir, tu m'as pu dédaigner.

ACTE TROISIÈME.

SCÈNE I. — LYSANDRE, ARONTE.

LYSANDRE.
Tu me donnes, Aronte, un étrange remède.
ARONTE.
Souverain toutefois au mal qui vous possède.
Croyez-moi, j'en ai vu des succès merveilleux
A remettre au devoir ces esprits orgueilleux :
Quand on leur sait donner un peu de jalousie,
Ils ont bientôt quitté ces traits de fantaisie;
Car enfin tout l'éclat de ces emportemens
Ne peut avoir pour but de perdre leurs amans.
LYSANDRE.
Que voudroit donc par là mon ingrate maîtresse?
ARONTE.
Elle vous joue un tour de la plus haute adresse.
Avez-vous bien pris garde au temps de ses mépris?
Tant qu'elle vous a cru légèrement épris,
Que votre chaîne encor n'étoit pas assez forte,
Vous a-t-elle jamais gouverné de la sorte?
Vous ignoriez alors l'usage des soupirs;
Ce n'étoient que douceurs, ce n'étoient que plaisirs :
Son esprit avisé vouloit, par cette ruse,
Établir un pouvoir dont maintenant elle use.
Remarquez-en l'adresse; elle fait vanité
De voir dans ses dédains votre fidélité.
Votre humeur endurante à ces rigueurs l'invite.
On voit par là vos feux, par vos feux son mérite;
Et cette fermeté de vos affections
Montre un effet puissant de ses perfections.
Osez-vous espérer qu'elle soit plus humaine,
Puisque sa gloire augmente, augmentant votre peine?
Rabattez cet orgueil, faites-lui soupçonner
Que vous vous en piquez jusqu'à l'abandonner.

La crainte d'en voir naître une si juste suite
A vivre comme il faut l'aura bientôt réduite;
Elle en fuira la honte, et ne souffrira pas
Que ce change s'impute à son manque d'appas.
Il est de son honneur d'empêcher qu'on présume
Qu'on éteigne aisément les flammes qu'elle allume.
Feignez d'aimer quelque autre, et vous verrez alors
Combien à vous reprendre elle fera d'efforts.

LYSANDRE.
Pourrois-tu me juger capable d'une feinte?

ARONTE.
Pourriez-vous trouver rude un moment de contrainte?

LYSANDRE.
Je trouve ses mépris plus doux à supporter.

ARONTE.
Pour les faire finir, il faut les imiter.

LYSANDRE.
Faut-il être inconstant pour la rendre fidèle?

ARONTE.
Il faut souffrir toujours, ou déguiser comme elle.

LYSANDRE.
Que de raisons, Aronte, à combattre mon cœur,
Qui ne peut adorer que son premier vainqueur!
Du moins, auparavant que l'effet en éclate,
Fais un effort pour moi, va trouver mon ingrate:
Mets-lui devant les yeux mes services passés,
Mes feux si bien reçus, si mal récompensés,
L'excès de mes tourmens et de ses injustices;
Emploie à la gagner tes meilleurs artifices.
Que n'obtiendras-tu point par ta dextérité,
Puisque tu viens à bout de ma fidélité!

ARONTE.
Mais, mon possible fait, si cela ne succède?

LYSANDRE.
Je feindrai dès demain qu'Aminte me possède.

ARONTE.
Aminte? Ah! commencez la feinte dès demain;
Mais n'allez point courir au faubourg Saint-Germain.
Et quand penseriez-vous que cette âme cruelle
Dans le fond du Marais en reçût la nouvelle?
Vous seriez tout un siècle à lui vouloir du bien,
Sans que votre arrogante en apprît jamais rien.
Puisque vous voulez feindre, il faut feindre à sa vue;
Qu'aussitôt votre feinte en puisse être aperçue,
Qu'elle blesse les yeux de son esprit jaloux,
Et porte jusqu'au cœur d'inévitables coups.
Ce sera faire au vôtre un peu de violence;

Mais tout le fruit consiste à feindre en sa présence.
LYSANDRE.
Hippolyte, en ce cas, seroit fort à propos;
Mais je crains qu'un ami n'en perdît le repos.
Dorimant, dont ses yeux ont charmé le courage,
Autant que Célidée en auroit de l'ombrage.
ARONTE.
Vous verrez si soudain rallumer son amour,
Que la feinte n'est pas pour durer plus d'un jour;
Et vous aurez après un sujet de risée
Des soupçons mal fondés de son âme abusée.
LYSANDRE.
Va trouver Célidée, et puis nous résoudrons,
En ces extrémités, quel avis nous prendrons.

SCÈNE II — ARONTE, FLORICE.

ARONTE, *seul*.
Sans que pour l'apaiser je me rompe la tête,
Mon message est tout fait, et sa réponse prête.
Bien loin que mon discours pût la persuader,
Elle n'aura jamais voulu me regarder.
Une prompte retraite au seul nom de Lysandre,
C'est par où ses dédains se seront fait entendre.
Mes amours du passé ne m'ont que trop appris
Avec quelles couleurs il faut peindre un mépris.
A peine faisoit-on semblant de me connoître,
De sorte....
FLORICE.
Aronte, eh bien, qu'as-tu fait vers ton maître?
Le verrons-nous bientôt?
ARONTE.
N'en sois plus en souci;
Dans une heure au plus tard je te le rends ici.
FLORICE.
Prêt à lui témoigner....
ARONTE.
Tout prêt. Adieu. Je tremble
Que de chez Célidée on ne nous voie ensemble.

SCÈNE III. — HIPPOLYTE, FLORICE.

HIPPOLYTE.
D'où vient que mon abord l'oblige à te quitter?
FLORICE.
Tant s'en faut qu'il vous fuie, il vient de me conter....
Toutefois je ne sais si je vous le dois dire.

HIPPOLYTE.
Que tu te plais, Florice, à me mettre en martyre!
FLORICE.
Il faut vous préparer à des ravissemens....
HIPPOLYTE.
Ta longueur m'y prépare avec bien des tourmens.
Dépêche, ces discours font mourir Hippolyte.
FLORICE.
Mourez donc promptement, que je vous ressuscite.
HIPPOLYTE.
L'insupportable femme! Enfin diras-tu rien?
FLORICE.
L'impatiente fille! Enfin tout ira bien.
HIPPOLYTE.
Enfin tout ira bien? Ne saurai-je autre chose?
FLORICE.
Il faut que votre esprit là-dessus se repose.
Vous ne pouviez tantôt souffrir de longs propos,
Et, pour vous obliger, j'ai tout dit en trois mots;
Mais ce que maintenant vous n'en pouvez apprendre,
Vous l'apprendrez bientôt plus au long de Lysandre.
HIPPOLYTE.
Tu ne flattes mon cœur que d'un espoir confus.
FLORICE.
Parlez à votre amie, et ne vous fâchez plus.

SCÈNE IV. — CÉLIDÉE, HIPPOLYTE, FLORICE.

CÉLIDÉE.
Mon abord importun rompt votre conférence:
Tu m'en voudras du mal.
HIPPOLYTE.
　　　　　　　Du mal? et l'apparence?
Je ne sais pas aimer de si mauvaise foi;
Et tout à l'heure encor je lui parlois de toi.
CÉLIDÉE.
Je me retire donc, afin que sans contrainte....
HIPPOLYTE.
Quitte cette grimace, et mets à part la feinte.
Tu fais la réservée en ces occasions,
Mais tu meurs de savoir ce que nous en disions.
CÉLIDÉE.
Tu meurs de le conter plus que moi de l'apprendre,
Et tu prendrois pour crime un refus de l'entendre.
Puis donc que tu le veux, ma curiosité....
HIPPOLYTE.
Vraiment, tu me confonds de ta civilité.

CÉLIDÉE.
Voilà de tes détours, et comme tu diffères
A me dire en quel point vous teniez mes affaires.
HIPPOLYTE.
Nous parlions du dessein d'éprouver ton amant.
Tu l'as vu réussir à ton contentement?
CÉLIDÉE.
Je viens te voir exprès pour t'en dire l'issue :
Que je m'en suis trouvée heureusement déçue!
Je présumois beaucoup de ses affections,
Mais je n'attendois pas tant de submissions[1].
Jamais le désespoir qui saisit son courage
N'en put tirer un mot à mon désavantage;
Il tenoit mes dédains encor trop précieux,
Et ses reproches même étoient officieux.
Aussi ce grand amour a rallumé ma flamme :
Le change n'a plus rien qui chatouille mon âme;
Il n'a plus de douceurs pour mon esprit flottant,
Aussi ferme à présent qu'il le croit inconstant.
FLORICE.
Quoi que vous ayez vu de sa persévérance,
N'en prenez pas encore une entière assurance.
L'espoir de vous fléchir a pu, le premier jour,
Jeter sur son dépit ces beaux dehors d'amour;
Mais vous verrez bientôt que pour qui le méprise
Toute légèreté lui semblera permise.
J'ai vu des amoureux de toutes les façons.
HIPPOLYTE.
Cette bizarre humeur n'est jamais sans soupçons.
L'avantage qu'elle a d'un peu d'expérience
Tient éternellement son âme en défiance;
Mais ce qu'elle te dit ne vaut pas l'écouter.
CÉLIDÉE.
Et je ne suis pas fille à m'en épouvanter.
Je veux que ma rigueur à tes yeux continue,
Et lors sa fermeté te sera mieux connue;
Tu ne verras des traits que d'un amour si fort,
Que Florice elle-même avouera qu'elle a tort.
HIPPOLYTE.
Ce sera trop longtemps lui paroître cruelle.
CÉLIDÉE.
Tu connoîtras par là combien il m'est fidèle.
Le ciel à ce dessein nous l'envoie à propos.
HIPPOLYTE.
Et quand te résous-tu de le mettre en repos?

1. « Soumissions. »

CÉLIDÉE.

Trouve bon, je te prie, après un peu de feinte,
Que mes feux violens s'expliquent sans contrainte;
Et pour le rappeler des portes du trépas,
Si j'en dis un peu trop, ne t'en offense pas.

SCÈNE V. — LYSANDRE, CÉLIDÉE, HIPPOLYTE, FLORICE.

LYSANDRE.

Merveille des beautés, seul objet qui m'engage....

CÉLIDÉE.

N'oublierez-vous jamais cet importun langage?
Vous obstiner encore à me persécuter,
C'est prendre du plaisir à vous voir maltraiter.
Perdez mon souvenir avec votre espérance,
Et ne m'accablez plus de cette déférence.
Il faut, pour m'arrêter, des entretiens meilleurs.

LYSANDRE.

Quoi! vous prenez pour vous ce que j'adresse ailleurs?
Adore qui voudra votre rare mérite,
Un change heureux me donne à la belle Hippolyte :
Mon sort en cela seul a voulu me trahir,
Qu'en ce change mon cœur semble vous obéir,
Et que mon feu passé vous va rendre si vaine
Que vous imputerez ma flamme à votre haine,
A votre orgueil nouveau mes nouveaux sentimens,
L'effet de ma raison à vos commandemens.

CÉLIDÉE.

Tant s'en faut que je prenne une si triste gloire;
Je chasse mes dédains même de ma mémoire,
Et dans leur souvenir rien ne me semble doux,
Puisqu'en le conservant je penserois à vous.

LYSANDRE, *à Hippolyte.*

Beauté de qui les yeux, nouveaux rois de mon âme,
Me font être léger sans en craindre le blâme....

HIPPOLYTE.

Ne vous emportez point à ces propos perdus,
Et cessez de m'offrir des vœux qui lui sont dus;
Je pense mieux valoir que le refus d'une autre.
Si vous voulez venger son mépris par le vôtre,
Ne venez point du moins m'enrichir de son bien.
Elle vous traite mal, mais elle n'aime rien.
Vous, faites-en autant, sans chercher de retraite
Aux importunités dont elle s'est défaite.

LYSANDRE.

Que son exemple encor réglât mes actions!
Cela fut bon du temps de mes affections;

A présent que mon cœur adore une autre reine,
A présent qu'Hippolyte en est la souveraine....
HIPPOLYTE.
C'est elle seulement que vous voulez flatter.
LYSANDRE.
C'est elle seulement que je dois imiter.
HIPPOLYTE.
Savez-vous donc à quoi la raison vous oblige?
C'est à me négliger, comme je vous néglige.
LYSANDRE.
Je ne puis imiter ce mépris de mes feux,
A moins qu'à votre tour vous m'offriez des vœux :
Donnez-m'en les moyens, vous en verrez l'issue.
HIPPOLYTE.
J'appréhenderois fort d'être trop bien reçue,
Et qu'au lieu du plaisir de me voir imiter,
Je n'eusse que l'honneur de me faire écouter,
Pour n'avoir que la honte après de me dédire.
LYSANDRE.
Souffrez donc que mon cœur sans exemple soupire,
Qu'il aime sans exemple, et que mes passions
S'égalent seulement à vos perfections.
Je vaincrai vos rigueurs par mon humble service,
Et ma fidélité....
CÉLIDÉE.
Viens avec moi, Florice :
J'ai des nippes en haut que je veux te montrer.

SCÈNE VI. — HIPPOLYTE, LYSANDRE.

HIPPOLYTE.
Quoi! sans la retenir, vous la laissez rentrer!
Allez, Lysandre, allez; c'est assez de contraintes;
J'ai pitié du tourment que vous donnent ces feintes.
Suivez ce bel objet dont les charmes puissans
Sont et seront toujours absolus sur vos sens.
Quoi qu'après ses dédains un peu d'orgueil publie,
Son mérite est trop grand pour souffrir qu'on l'oublie;
Elle a des qualités et de corps et d'esprit,
Dont pas un cœur donné jamais ne se reprit.
LYSANDRE.
Mon change fera voir l'avantage des vôtres,
Qu'en la comparaison des unes et des autres
Les siennes désormais n'ont qu'un éclat terni,
Que son mérite est grand, et le vôtre infini.
HIPPOLYTE.
Que j'emporte sur elle aucune préférence!

Vous tenez des discours qui sont hors d'apparence;
Elle me passe en tout; et dans ce changement,
Chacun vous blâmeroit de peu de jugement.
LYSANDRE.
M'en blâmer en ce cas, c'est en manquer soi-même,
Et choquer la raison, qui veut que je vous aime.
Nous sommes hors du temps de cette vieille erreur
Qui faisoit de l'amour une aveugle fureur,
Et, l'ayant aveuglé, lui donnoit pour conduite
Le mouvement d'une âme et surprise et séduite.
Ceux qui l'ont peint sans yeux ne le connoissoient pas;
C'est par les yeux qu'il entre, et nous dit vos appas :
Lors notre esprit en juge; et, suivant le mérite,
Il fait croître une ardeur que cette vue excite.
Si la mienne pour vous se relâche un moment,
C'est lors que je croirai manquer de jugement;
Et la même raison qui vous rend admirable
Doit rendre, comme vous, ma flamme incomparable.
HIPPOLYTE.
Épargnez avec moi ces propos affétés.
Encore hier Célidée avoit ses qualités;
Encore hier en mérite elle étoit sans pareille.
Si je suis aujourd'hui cette unique merveille,
Demain quelque autre objet, dont vous suivrez la loi,
Gagnera votre cœur et ce titre sur moi.
Un esprit inconstant a toujours cette adresse.

SCÈNE VII. — CHRYSANTE, PLEIRANTE, HIPPOLYTE, LYSANDRE.

CHRYSANTE.
Monsieur, j'aime ma fille avec trop de tendresse
Pour la vouloir contraindre en ses affections.
PLEIRANTE.
Madame, vous saurez ses inclinations;
Elle voudra vous plaire, et je l'en vois sourire.
   (A Lysandre.)
Allons, mon cavalier, j'ai deux mots à vous dire.
CHRYSANTE.
Vous en aurez réponse avant qu'il soit trois jours.

SCÈNE VIII. — CHRYSANTE, HIPPOLYTE.

CHRYSANTE.
Devinerois-tu bien quels étoient nos discours?
HIPPOLYTE.
Il vous parloit d'amour peut-être?

ACTE III, SCÈNE VIII.

CHRYSANTE.
Oui : que t'en semble ?
HIPPOLYTE.
D'âge presque pareils, vous seriez bien ensemble.
CHRYSANTE.
Tu me donnes vraiment un gracieux détour ;
C'étoit pour ton sujet qu'il me parloit d'amour.
HIPPOLYTE.
Pour moi ? Ces jours passés, un poëte qui m'adore,
Du moins à ce qu'il dit, m'égaloit à l'aurore ;
Je me raillois alors de sa comparaison :
Mais, si cela se fait, il avoit bien raison.
CHRYSANTE.
Avec tout ce babil, tu n'es qu'une étourdie.
Le bonhomme est bien loin de cette maladie ;
Il veut te marier, mais c'est à Dorimant :
Vois si tu te résous d'accepter cet amant.
HIPPOLYTE.
Dessus tous mes désirs vous êtes absolue,
Et, si vous le voulez, m'y voilà résolue.
Dorimant vaut beaucoup, je vous le dis sans fard ;
Mais remarquez un peu le trait de ce vieillard :
Lysandre si longtemps a brûlé pour sa fille,
Qu'il en faisoit déjà l'appui de sa famille ;
A présent que ses feux ne sont plus que pour moi,
Il voudroit bien qu'un autre eût engagé ma foi,
Afin que, sans espoir dans cette amour nouvelle,
Un nouveau changement le ramenât vers elle.
N'avez-vous point pris garde, en vous disant adieu,
Qu'il a presque arraché Lysandre de ce lieu ?
CHRYSANTE.
Simple ! ce qu'il en fait, ce n'est qu'à sa prière ;
Et Lysandre tient même à faveur singulière....
HIPPOLYTE.
Je sais que Dorimant est un de ses amis ;
Mais vous voyez d'ailleurs que le ciel a permis
Que, pour mieux vous montrer que tout n'est qu'artifice,
Lysandre me faisoit ses offres de service.
CHRYSANTE.
Aucun des deux n'est homme à se jouer de nous :
Quelque secret mystère est caché là-dessous.
Allons, pour en tirer la vérité plus claire,
Seules dedans ma chambre examiner l'affaire ;
Ici quelque importun pourroit nous aborder.

SCÈNE IX. — HIPPOLYTE, FLORICE.

HIPPOLYTE.

J'aurai bien de la peine à la persuader :
Ah ! Florice, en quel point laisses-tu Célidée?

FLORICE.

De honte et de dépit tout à fait possédée.

HIPPOLYTE.

Que t'a-t-elle montré?

FLORICE.

Cent choses à la fois,
Selon que le hasard les mettoit sous ses doigts :
Ce n'étoit qu'un prétexte à faire sa retraite.

HIPPOLYTE.

Elle t'a témoigné d'être fort satisfaite?

FLORICE.

Sans que je vous amuse en discours superflus,
Son visage suffit pour juger du surplus.

HIPPOLYTE *regarde Célidée.*

Ses pleurs ne se sauroient empêcher de descendre;
Et j'en aurois pitié, si je n'aimois Lysandre.

SCÈNE X. — CÉLIDÉE.

Infidèles témoins d'un feu mal allumé,
Soyez-les de ma honte; et, vous fondant en larmes,
Punissez-vous, mes yeux, d'avoir trop présumé
    Du pouvoir de vos charmes.

De quoi vous a servi d'avoir su me flatter,
D'avoir pris le parti d'un ingrat qui me trompe,
S'il ne fit le constant qu'afin de me quitter
    Avecque plus de pompe ?

Quand je m'en veux défaire, il est parfait amant;
Quand je veux le garder, il n'en fait plus de compte;
Et, n'ayant pu le perdre avec contentement,
    Je le perds avec honte.

Ce que j'eus lors de joie augmente mon regret;
Par là mon désespoir davantage se pique.
Quand je le crus constant, mon plaisir fut secret,
    Et ma honte est publique.

Le traître avoit senti qu'alors me négliger
C'étoit à Dorimant livrer toute mon âme;
Et la constance plut à cet esprit léger
    Pour amortir ma flamme.

Autant que j'eus de peine à l'éteindre en naissant,
Autant m'en faudra-t-il à la faire renaître :
De peur qu'a cet amour d'être encore impuissant,
    Il n'ose plus paroître ;

Outre que, de mon cœur pleinement exilé,
Et n'y conservant plus aucune intelligence,
Il est trop glorieux pour n'être rappelé
    Qu'à servir ma vengeance.

Mais j'aperçois celui qui le porte en ses yeux.
Courage donc, mon cœur ; espérons un peu mieux.
Je sens bien que déjà devers lui tu t'envoles ;
Mais pour t'accompagner je n'ai point de paroles :
Ma honte et ma douleur, surmontant mes désirs,
N'en laissent le passage ouvert qu'à mes soupirs.

SCÈNE XI. — DORIMANT, CÉLIDÉE, CLÉANTE.

DORIMANT.

Dans ce profond penser, pâle, triste, abattue,
Ou quelque grand malheur de Lysandre vous tue,
Ou bientôt vos douleurs l'accableront d'ennuis.

CÉLIDÉE.

Il est cause en effet de l'état où je suis,
Non pas en la façon qu'un ami s'imagine,
Mais....

DORIMANT.

  Vous n'achevez point, faut-il que je devine ?

CÉLIDÉE.

Permettez que je cède à la confusion,
Qui m'étouffe la voix en cette occasion.
J'ai d'incroyables traits de Lysandre à vous dire ;
Mais ce reste du jour souffrez que je respire,
Et m'obligez demain que je vous puisse voir.
                            (*Elle sort.*)

DORIMANT.

De sorte qu'à présent on n'en peut rien savoir ?
Dieux ! elle se dérobe, et me laisse en un doute....
Poursuivons toutefois notre première route ;
Peut-être ces beaux yeux, dont l'éclat me surprit,
De ce fâcheux soupçon purgeront mon esprit.
  (*A Cléante.*)
Frappe.

SCÈNE XII. — DORIMANT, FLORICE, CLÉANTE.

FLORICE.

Que vous plaît-il ?

DORIMANT.

    Peut-on voir Hippolyte ?

FLORICE.
Elle vient de sortir pour faire une visite.
DORIMANT.
Ainsi, tout aujourd'hui mes pas ont été vains.
Florice, à ce défaut, fais-lui mes baisemains.
FLORICE, *seule.*
Ce sont des complimens qu'il fait mauvais lui faire
Depuis que ce Lysandre a tâché de lui plaire;
Elle ne veut plus être au logis que pour lui,
Et tous autres devoirs lui donnent de l'ennui.

ACTE QUATRIÈME.

SCÈNE I. — HIPPOLYTE, ARONTE.

HIPPOLYTE.
A cet excès d'amour qu'il me faisoit paroître,
Je me croyois déjà maîtresse de ton maître;
Tu m'as fait grand dépit de me désabuser.
Qu'il a l'esprit adroit, quand il veut déguiser!
Et que, pour mettre en jour ces complimens frivoles,
Il sait bien ajuster ses yeux à ses paroles!
Mais je me promets tant de ta dextérité,
Qu'il tournera bientôt la feinte en vérité.
ARONTE.
Je n'ose l'espérer : sa passion trop forte
Déjà vers son objet malgré moi le remporte;
Et, comme s'il avoit reconnu son erreur,
Vos yeux lui sont à charge, et sa feinte en horreur :
Même il m'a commandé d'aller vers sa cruelle
Lui jurer que son cœur n'a brûlé que pour elle,
Attaquer son orgueil par des submissions....
HIPPOLYTE.
J'entends assez le but de tes commissions.
Tu vas tâcher pour lui d'amollir son courage?
ARONTE.
J'emploie auprès de vous le temps de ce message,
Et la ferai parler tantôt à mon retour
D'une façon mal propre à donner de l'amour;
Mais, après mon rapport, si son ardeur extrême
Le résout à porter son message lui-même,
Je ne réponds de rien. L'amour qu'ils ont tous deux
Vaincra notre artifice, et parlera pour eux.
HIPPOLYTE.
Sa maîtresse éblouie ignore encor ma flamme,

Et laisse à mes conseils tout pouvoir sur son âme.
Ainsi tout est à nous, s'il ne faut qu'empêcher
Qu'un si fidèle amant n'en puisse rapprocher.
ARONTE.
Qui pourroit toutefois en détourner Lysandre,
Ce seroit le plus sûr.
HIPPOLYTE.
N'oses-tu l'entreprendre?
ARONTE.
Donnez-moi les moyens de le rendre jaloux,
Et vous verrez après frapper d'étranges coups.
HIPPOLYTE.
L'autre jour Dorimant toucha fort ma rivale,
Jusque-là qu'entre eux deux son âme étoit égale;
Mais Lysandre depuis, endurant sa rigueur,
Lui montra tant d'amour qu'il regagna son cœur.
ARONTE.
Donc à voir Célidée et Dorimant ensemble,
Quelque dieu qui vous aime aujourd'hui les assemble.
HIPPOLYTE.
Fais-les voir à ton maître, et ne perds point ce temps,
Puisque de là dépend le bonheur que j'attends.

SCÈNE II. — DORIMANT, CÉLIDÉE, ARONTE.

DORIMANT.
Aronte, un mot. Tu fuis? Crains-tu que je te voie?
ARONTE.
Non; mais pressé d'aller où mon maître m'envoie,
J'avois doublé le pas sans vous apercevoir.
DORIMANT.
D'où viens-tu?
ARONTE.
D'un logis vers la Croix-du-Tiroir.
DORIMANT.
C'est donc en ce Marais que finit ton voyage?
ARONTE.
Non; je cours au palais faire encore un message.
DORIMANT.
Et c'en est le chemin de passer par ici.
ARONTE.
Souffrez que j'aille ôter mon maître de souci;
Il meurt d'impatience à force de m'attendre.
DORIMANT.
Et touchant mes amours ne peux-tu rien m'apprendre?
As-tu vu depuis peu l'objet que je chéris?
ARONTE.
Oui, tantôt en passant j'ai rencontré Cloris.

DORIMANT.
Tu cherches des détours : je parle d'Hippolyte.
CÉLIDÉE.
Et c'est là seulement le discours qu'il évite.
Tu t'enferres, Aronte ; et, pris au dépourvu,
En vain tu veux cacher ce que nous avons vu.
Va, ne sois point honteux des crimes de ton maître :
Pourquoi désavouer ce qu'il fait trop paroître ?
Il la sert à mes yeux, cet infidèle amant,
Et te vient d'envoyer lui faire un compliment.

(Aronte rentre.)

SCÈNE III. — DORIMANT, CÉLIDÉE.

CÉLIDÉE.
Après cette retraite et ce morne silence,
Pouvez-vous bien encor demeurer en balance ?
DORIMANT.
Je n'en ai que trop vu, mes yeux m'en ont trop dit :
Aronte, en me parlant, étoit tout interdit,
Et sa confusion portoit sur son visage
Assez et trop de jour pour lire son message.
Traître, traître Lysandre, est-ce là donc le fruit
Qu'en faveur de mes feux ton amitié produit ?
CÉLIDÉE.
Connoissez tout à fait l'humeur de l'infidèle ;
Votre amour seulement la lui fait trouver belle :
Cet objet, tout aimable et tout parfait qu'il est,
N'a des charmes pour lui que depuis qu'il vous plaît ;
Et votre affection, de la sienne suivie,
Montre que c'est par là qu'il en a pris envie,
Qu'il veut moins l'acquérir que vous le dérober.
DORIMANT, *montrant son épée.*
Voici, dans ce larcin, qui le fait succomber.
En ce dessein commun de servir Hippolyte,
Il faut voir seul à seul qui des deux la mérite :
Son sang me répondra de son manque de foi,
Et me fera raison, et pour vous, et pour moi.
Notre vieille union ne fait qu'aigrir mon âme,
Et mon amitié meurt voyant naître sa flamme.
CÉLIDÉE.
Vouloir quelque mesure entre un perfide et vous,
Est-ce faire justice à ce juste courroux ?
Pouvez-vous présumer, après sa tromperie,
Qu'il ait dans les combats moins de supercherie ?
Certes, pour le punir, c'est trop vous négliger,
Et chercher à vous perdre au lieu de vous venger.

DORIMANT.

Pourriez-vous approuver que je prisse avantage
Pour immoler ce traître à mon peu de courage ?
J'achèterois trop cher la mort du suborneur,
Si, pour avoir sa vie, il m'en coûtoit l'honneur,
Et montrerois une âme et trop basse et trop noire
De ménager mon sang aux dépens de ma gloire.

CÉLIDÉE.

Sans les voir l'un ni l'autre en péril exposés,
Il est pour vous venger des moyens plus aisés.
Pour peu que vous fussiez de mon intelligence,
Vous auriez bientôt pris une juste vengeance ;
Et vous pourriez sans bruit ôter à l'inconstant....

DORIMANT.

Quoi ? Ce qu'il m'a volé ?

CÉLIDÉE.

Non, mais du moins autant.

DORIMANT.

La foiblesse du sexe en ce point vous conseille ;
Il se croit trop vengé, quand il rend la pareille :
Mais suivre le chemin que vous voulez tenir,
C'est imiter son crime au lieu de le punir ;
Au lieu de lui ravir une belle maîtresse,
C'est prendre, à son refus, une beauté qu'il laisse.

(*Lysandre vient avec Aronte, qui lui fait voir Dorimant avec Célidée.*)

C'est lui faire plaisir, au lieu de l'affliger ;
C'est souffrir un affront, et non pas se venger.
J'en perds ici le temps. Adieu : je me retire ;
Mais avant qu'il soit peu, si vous entendez dire
Qu'un coup fatal et juste ait puni l'imposteur,
Vous pourrez aisément en deviner l'auteur.

CÉLIDÉE.

De grâce, encore un mot. Hélas ! il m'abandonne
Aux cuisans déplaisirs que ma douleur me donne
Rentre, pauvre abusée, et dedans tes malheurs,
Si tu ne les retiens, cache du moins tes pleurs !

SCÈNE IV. — LYSANDRE, ARONTE.

ARONTE.

Eh bien ! qu'en dites-vous ? et que vous semble d'elle ?

LYSANDRE.

Hélas ! pour mon malheur, tu n'es que trop fidèle.
N'exerce plus tes soins à me faire endurer ;
Ma plus douce fortune est de tout ignorer :
Je serois trop heureux sans le rapport d'Aronte.

ARONTE.
Encor pour Dorimant, il en a quelque honte;
Vous voyant, il a fui.
LYSANDRE.
Mais mon ingrate alors,
Pour empêcher sa fuite, a fait tous ses efforts,
Aronte, et tu prenois ses dédains pour des feintes !
Tu croyois que son cœur n'eût point d'autres atteintes,
Que son esprit entier se conservoit à moi,
Et parmi ses rigueurs n'oublioit point sa foi !
ARONTE.
A vous dire le vrai, j'en suis trompé moi-même.
Après deux ans passés dans un amour extrême,
Que sans occasion elle vînt à changer,
Je me fusse tenu coupable d'y songer;
Mais puisque sans raison la volage vous change,
Faites qu'avec raison un changement vous venge.
Pour punir comme il faut son infidélité,
Vous n'avez qu'à tourner la feinte en vérité.
LYSANDRE.
Misérable ! est-ce ainsi qu'il faut qu'on me soulage ?
Ai-je trop peu souffert sous cette humeur volage ?
Et veux-tu désormais que par un second choix
Je m'engage à souffrir encore une autre fois ?
Qui t'a dit qu'Hippolyte à cette amour nouvelle
Se rendroit plus sensible, ou seroit plus fidèle ?
ARONTE.
Vous en devez, monsieur, présumer beaucoup mieux.
LYSANDRE.
Conseiller importun, ôte-toi de mes yeux.
ARONTE.
Son âme....
LYSANDRE.
Ote-toi, dis-je; et dérobe ta tête
Aux violens effets que ma colère apprête :
Ma bouillante fureur ne cherche qu'un objet;
Va, tu l'attirerois sur un sang trop abject.

SCÈNE V. — LYSANDRE.

Il faut à mon courroux de plus nobles victimes :
Il faut qu'un même coup me venge de deux crimes;
Qu'après les trahisons de ce couple indiscret,
L'un meure de ma main, et l'autre de regret.
Oui, la mort de l'amant punira la maîtresse;
Et mes plaisirs alors naîtront de sa tristesse.
Mon cœur, à qui mes yeux apprendront ses tourmens,
Permettra le retour à mes contentemens;

Ce visage si beau, si bien pourvu de charmes,
N'en aura plus pour moi, s'il n'est couvert de larmes.
Ses douleurs seulement ont droit de me guérir;
Pour me résoudre à vivre, il faut la voir mourir.
Frénétiques transports, avec quelle insolence
Portez-vous mon esprit à tant de violence?
Allez, vous avez pris trop d'empire sur moi;
Dois-je être sans raison, parce qu'ils sont sans foi?
Dorimant, Célidée, ami, chère maîtresse,
Suivrois-je contre vous la fureur qui me presse?
Quoi! vous ayant aimés, pourrois-je vous haïr?
Mais vous pourrois-je aimer, quand vous m'osez trahir?
Qu'un rigoureux combat déchire mon courage!
Ma jalousie augmente, et redouble ma rage;
Mais, quelques fiers projets qu'elle jette en mon cœur,
L'amour.... ah! ce mot seul me range à la douceur.
Celle que nous aimons jamais ne nous offense;
Un mouvement secret prend toujours sa défense :
L'amant souffre tout d'elle; et, dans son changement,
Quelque irrité qu'il soit, il est toujours amant.
Toutefois, si l'amour contre elle m'intimide,
Revenez, mes fureurs, pour punir le perfide;
Arrachez-lui mon bien; une telle beauté
N'est pas le juste prix d'une déloyauté.
Souffrirois-je, à mes yeux, que par ses artifices
Il recueillît les fruits dus à mes longs services?
S'il vous faut épargner le sujet de mes feux,
Que ce traître du moins réponde pour tous deux.
Vous me devez son sang pour expier son crime :
Contre sa lâcheté tout vous est légitime;
Et quelques châtimens.... Mais, dieux! que vois-je ici?

SCÈNE VI. — HIPPOLYTE, LYSANDRE.

HIPPOLYTE.

Vous avez dans l'esprit quelque pesant souci;
Ce visage enflammé, ces yeux pleins de colère,
En font voir au dehors une marque trop claire.
Je prends assez de part en tous vos intérêts
Pour vouloir en aveugle y mêler mes regrets.
Mais si vous me disiez ce qui cause vos peines....

LYSANDRE.

Ah! ne m'imposez point de si cruelles gênes;
C'est irriter mes maux que de me secourir;
La mort, la seule mort a droit de me guérir.

HIPPOLYTE.

Si vous vous obstinez à m'en taire la cause,

Tout mon pouvoir sur vous n'est que fort peu de chose.
LYSANDRE.
Vous l'avez souverain, hormis en ce seul point.
HIPPOLYTE.
Laissez-le-moi partout, ou ne m'en laissez point.
C'est n'aimer qu'à demi qu'aimer avec réserve,
Et ce n'est pas ainsi que je veux qu'on me serve :
Il faut m'apprendre tout, et, lorsque je vous voi,
Être de belle humeur, ou n'être plus à moi.
LYSANDRE.
Ne perdez point d'efforts à vaincre mon silence;
Vous useriez sur moi de trop de violence.
Adieu : je vous ennuie, et les grands déplaisirs
Veulent en liberté s'exhaler en soupirs.

SCÈNE VII. — HIPPOLYTE.

C'est donc là tout l'état que tu fais d'Hippolyte?
Après des vœux offerts, c'est ainsi qu'on me quitte!
Qu'Aronte jugeoit bien que ses feintes amours,
Avant qu'il fût longtemps, interromproient leur cours!
Dans ce peu de succès des ruses de Florice,
J'ai manqué de bonheur, mais non pas de malice;
Et si j'en puis jamais trouver l'occasion,
J'y mettrai bien encor de la division.
Si notre pauvre amant est plein de jalousie,
Ma rivale, qui sort, n'en est pas moins saisie.

SCÈNE VIII. — HIPPOLYTE, CÉLIDÉE.
CÉLIDÉE.
N'ai-je pas tantôt vu mon perfide avec vous?
Il a bientôt quitté des entretiens si doux.
HIPPOLYTE.
Qu'y feroit-il, ma sœur? Ta fidèle Hippolyte
Traite cet inconstant ainsi qu'il le mérite.
Il a beau m'en conter de toutes les façons,
Je le renvoie ailleurs pratiquer ses leçons.
CÉLIDÉE.
Le parjure à présent est fort sur ta louange?
HIPPOLYTE.
Il ne tient pas à lui que je ne sois un ange;
Et quand il vient ensuite à parler de ses feux,
Aucune passion jamais n'approcha d'eux.
Par tous ces vains discours il croit fort qu'il m'oblige,
Mais non la moitié tant qu'alors qu'il te néglige;
C'est par là qu'il me pense acquérir puissamment :
Et moi, qui t'ai toujours chérie uniquement,

Je te laisse à juger alors si je l'endure.
CÉLIDÉE.
C'est trop prendre, ma sœur, de part en mon injure ;
Laisse-le mépriser celle dont les mépris
Sont cause maintenant que d'autres yeux l'ont pris.
Si Lysandre te plaît, possède le volage,
Mais ne me traite point avec désavantage ;
Et si tu te résous d'accepter mon amant,
Relâche-moi du moins le cœur de Dorimant.
HIPPOLYTE.
Pourvu que leur vouloir se range sous le nôtre,
Je te donne le choix et de l'un et de l'autre ;
Ou, si l'un ne suffit à ton jeune désir,
Défais-moi de tous deux, tu me feras plaisir.
J'estimois fort Lysandre avant que le connoître ;
Mais, depuis cet amour que mes yeux ont fait naître,
Je te répute heureuse après l'avoir perdu.
Que son humeur est vaine ! et qu'il fait l'entendu !
Que son discours est fade avec ses flatteries !
Qu'on est importuné de ses afféteries !
Vraiment, si tout le monde étoit fait comme lui,
Je crois qu'avant deux jours je sécherois d'ennui.
CÉLIDÉE.
Qu'en cela du destin l'ordonnance fatale
A pris pour nos malheurs une route inégale !
L'un et l'autre me fuit ; et je brûle pour eux ;
L'un et l'autre t'adore, et tu les fuis tous deux.
HIPPOLYTE.
Si nous changions de sort, que nous serions contentes !
CÉLIDÉE.
Outre, hélas ! que le ciel s'oppose à nos attentes,
Lysandre n'a plus rien à rengager ma foi.
HIPPOLYTE.
Mais l'autre, tu voudrois....

SCÈNE IX. — PLEIRANTE, HIPPOLYTE, CÉLIDÉE.

PLEIRANTE.
Ne rompez pas pour moi ;
Craignez-vous qu'un ami sache de vos nouvelles ?
HIPPOLYTE.
Nous causions de mouchoirs, de rabats, de dentelles,
De ménage de fille.
PLEIRANTE.
Et parmi ces discours,
Vous confériez ensemble un peu de vos amours ?
Eh bien ! ce serviteur, l'aura-t-on agréable ?

HIPPOLYTE.

Vous m'attaquez toujours par quelque trait semblable.
Des hommes comme vous ne sont que des conteurs.
Vraiment c'est bien à moi d'avoir des serviteurs !

PLEIRANTE.

Parlons, parlons françois. Enfin, pour cette affaire,
Nous en remettrons-nous à l'avis d'une mère ?

HIPPOLYTE.

J'obéirai toujours à son commandement.
Mais, de grâce, monsieur, parlez plus clairement :
Je ne puis deviner ce que vous voulez dire.

PLEIRANTE.

Un certain cavalier pour vos beaux yeux soupire....

HIPPOLYTE.

Vous en voulez par là....

PLEIRANTE.

Ce n'est point fiction
Que ce que je vous dis de son affection.
Votre mère sut hier à quel point il vous aime,
Et veut que ce soit vous qui vous donniez vous-même.

HIPPOLYTE.

Et c'est ce que ma mère, afin de m'expliquer,
Ne m'a point fait l'honneur de me communiquer ;
Mais, pour l'amour de vous, je vais le savoir d'elle.

SCÈNE X. — PLEIRANTE, CÉLIDÉE.

PLEIRANTE.

Ta compagne est du moins aussi fine que belle.

CÉLIDÉE.

Elle a bien su, de vrai, se défaire de vous.

PLEIRANTE.

Et fort habilement se parer de mes coups.

CÉLIDÉE.

Peut-être innocemment, faute d'y rien comprendre.

PLEIRANTE.

Mais faute, bien plutôt, d'y vouloir rien entendre.
Je suis des plus trompés, si Dorimant lui plaît.

CÉLIDÉE.

Y prenez-vous, monsieur, pour lui quelque intérêt ?

PLEIRANTE.

Lysandre m'a prié d'en porter la parole.

CÉLIDÉE.

Lysandre !

PLEIRANTE.

Oui, ton Lysandre.

CÉLIDÉE.

Et lui-même cajole....

PLEIRANTE.
Quoi? que cajole-t-il?
CÉLIDÉE.
Hippolyte, à mes yeux.
PLEIRANTE.
Folle, il n'aima jamais que toi dessous les cieux;
Et nous sommes tout prêts de choisir la journée
Qui bientôt de vous deux termine l'hyménée.
Il se plaint toutefois un peu de ta froideur;
Mais, pour l'amour de moi, montre-lui plus d'ardeur.
Parle : ma volonté sera-t-elle obéie?
CÉLIDÉE.
Hélas! qu'on vous abuse après m'avoir trahie!
Il vous fait, cet ingrat, parler pour Dorimant,
Tandis qu'au même objet il s'offre pour amant,
Et traverse par là tout ce qu'à sa prière
Votre vaine entremise avance vers la mère.
Cela qu'est-ce, monsieur, que se jouer de vous?
PLEIRANTE.
Qu'il est peu de raison dans ces esprits jaloux!
Eh quoi? pour un ami s'il rend une visite,
Faut-il s'imaginer qu'il cajole Hippolyte?
CÉLIDÉE.
Je sais ce que j'ai vu.
PLEIRANTE.
Je sais ce qu'il m'a dit,
Et ne veux plus du tout souffrir de contredit.
Mon choix de votre hymen en sa faveur dispose.
CÉLIDÉE.
Commandez-moi plutôt, monsieur, toute autre chose.
PLEIRANTE.
Quelle bizarre humeur! quelle inégalité
De rejeter un bien qu'on a tant souhaité!
La belle, voyez-vous! qu'on perde ces caprices;
Il faut pour m'éblouir de meilleurs artifices.
Quelque nouveau venu vous donne dans les yeux,
Quelque jeune étourdi qui vous flatte un peu mieux;
Et parce qu'il vous fait quelque feinte caresse,
Il faut que nous manquions, vous et moi, de promesse?
Quittez, pour votre bien, ces fantasques refus.
CÉLIDÉE.
Monsieur....
PLEIRANTE.
Quittez-les, dis-je, et ne contestez plus.

SCÈNE XI. — CÉLIDÉE.

Fâcheux commandement d'un incrédule père !
Qu'il me fut doux jadis, et qu'il me désespère !
J'avois, auparavant qu'on m'eût manqué de foi,
Le devoir et l'amour tout d'un parti chez moi,
Et ma flamme, d'accord avecque ma puissance,
Unissoit mes désirs à mon obéissance ;
Mais, hélas ! que depuis cette infidélité
Je trouve d'injustice en son autorité !
Mon esprit s'en révolte, et ma flamme bannie
Fait qu'un pouvoir si saint m'est une tyrannie.
Dures extrémités où mon sort est réduit !
On donne mes faveurs à celui qui les fuit ;
Nous avons l'un pour l'autre une pareille haine,
Et l'on m'attache à lui d'une éternelle chaîne.
Mais, s'il ne m'aimoit plus, parleroit-il d'amour
A celui dont je tiens la lumière du jour ?
Mais, s'il m'aimoit encor, verroit-il Hippolyte ?
Mon cœur en même temps se retient et s'excite.
Je ne sais quoi me flatte, et je sens déjà bien
Que mon feu ne dépend que de croire le sien.
Tout beau, ma passion, c'est déjà trop paroître ;
Attends, attends du moins la sienne pour renaître.
A quelle folle erreur me laissé-je emporter !
Il fait tout à dessein de me persécuter.
L'ingrat cherche ma peine, et veut par sa malice
Que l'ordre qu'on me donne augmente mon supplice.
Rentrons, que son objet présenté par hasard
De mon cœur ébranlé ne reprenne une part :
C'est bien assez qu'un père à souffrir me destine,
Sans que mes yeux encore aident à ma ruine.

SCÈNE XII. — LA LINGÈRE, LE MERCIER.

LA LINGÈRE, *après qu'ils se sont entre-poussé une boîte qui est entre leurs boutiques.*

J'envoîrai tout à bas, puis après on verra.
Ardez[1], vraiment c'est-mon[2], on vous l'endurera !
Vous êtes un bel homme, et je dois fort vous craindre !

LE MERCIER.

Tout est sur mon tapis ; qu'avez-vous à vous plaindre ?

LA LINGÈRE.

Aussi votre tapis est tout sur mon battant ;
Je ne m'étonne plus de quoi je gagne tant.

---

1. « Regardez. » — 2. « C'est bien à moi. »

ACTE IV, SCÈNE XII.

LE MERCIER.
Là, là, criez bien haut, faites bien l'étourdie,
Et puis on vous jouera dedans la comédie.
LA LINGÈRE.
Je voudrois l'avoir vu que quelqu'un s'y fût mis !
Pour en avoir raison nous manquerions d'amis?
On joue ainsi le monde?
LE MERCIER.
Après tout ce langage,
Ne me repoussez pas mes boîtes davantage.
Votre caquet m'enlève à tous coups mes chalands;
Vous vendez dix rabats contre moi deux galands [1].
Pour conserver la paix, depuis six mois j'endure
Sans vous en dire mot, sans le moindre murmure;
Et vous me harcelez et sans cause et sans fin.
Qu'une femme hargneuse est un mauvais voisin !
Nous n'apaiserons point cette humeur qui vous pique
Que par un entre-deux mis à votre boutique [2];
Alors, n'ayant plus rien ensemble à démêler,
Vous n'aurez plus aussi sur quoi me quereller.
LA LINGÈRE.
Justement.

SCÈNE XIII. — LA LINGÈRE, FLORICE, LE MERCIER,
LE LIBRAIRE, CLÉANTE.

LA LINGÈRE.
De tout loin je vous ai reconnue.
FLORICE.
Vous vous doutez donc bien pourquoi je suis venue?
Les avez-vous reçus, ces points-coupés nouveaux ?
LA LINGÈRE.
Ils viennent d'arriver.
FLORICE.
Voyons donc les plus beaux.
LE MERCIER, *à Cléante qui passe*.
Ne vous vendrai-je rien, monsieur? des bas de soie,
Des gants en broderie, ou quelque petite oie [3]?
CLÉANTE, *au libraire*.
Ces livres que mon maître avoit fait mettre à part,
Les avez-vous encore ?
LE LIBRAIRE, *empaquetant ses livres*.
Ah ! que vous venez tard !

1. Nœuds de rubans.
2. Les boutiques de la galerie du palais étoient contiguës et à claire-voie.
3. Petite oie, rubans, plumes et garnitures qui ornoient l'habit, le chapeau, l'épée, les bas et les souliers.

Encore un peu, ma foi, je m'en allois les vendre.
Trois jours sans revenir! je m'ennuyois d'attendre.
CLÉANTE.
Je l'avois oublié. Le prix?
LE LIBRAIRE.
Chacun le sait;
Autant de quarts d'écu, c'est un marché tout fait.
LA LINGÈRE, *à Florice.*
Eh bien, qu'en dites-vous?
FLORICE.
J'en suis toute ravie,
Et n'ai rien encor vu de pareil en ma vie.
Vous aurez notre argent, si l'on croit mon rapport.
Que celui-ci me semble et délicat et fort!
Que cet autre me plaît! que j'en aime l'ouvrage!
Montrez-m'en cependant quelqu'un à mon usage.
LA LINGÈRE.
Voici de quoi vous faire un assez beau collet.
FLORICE.
Je pense, en vérité, qu'il ne seroit pas laid;
Que me coûtera-t-il?
LA LINGÈRE.
Allez, faites-moi vendre,
Et, pour l'amour de vous, je n'en voudrai rien prendre.
Mais avisez alors à me récompenser.
FLORICE.
L'offre n'est pas mauvaise, et vaut bien y penser.
Vous me verrez demain avecque ma maîtresse.

SCÈNE XIV. — FLORICE, ARONTE, LE MERCIER, LA LINGÈRE.

FLORICE.
Aronte, eh bien, quels fruits produira notre adresse?
ARONTE.
De fort mauvais pour moi. Mon maître, au désespoir,
Fuit les yeux d'Hippolyte, et ne veut plus me voir.
FLORICE.
Nous sommes donc ainsi bien loin de notre compte?
ARONTE.
Oui, mais tout le malheur en tombe sur Aronte.
FLORICE.
Ne te débauche point, je veux faire ta paix.
ARONTE.
Son courroux est trop grand pour s'apaiser jamais.
FLORICE.
S'il vient encor chez nous, ou chez sa Célidée,
Je te rends aussitôt l'affaire accommodée.

ARONTE.
Si tu fais ce coup-là, que ton pouvoir est grand !
Viens, je te veux donner tout à l'heure un galand.
LE MERCIER.
Voyez, monsieur; j'en ai des plus beaux de la terre :
En voilà de Paris, d'Avignon, d'Angleterre.
ARONTE, *après avoir regardé une boîte de galands.*
Tous vos galands n'ont point d'assez vives couleurs.
Allons, Florice, allons, il en faut voir ailleurs.
LA LINGÈRE.
Ainsi, faute d'avoir de belle marchandise,
Des hommes comme vous perdent leur chalandise.
LE MERCIER.
Vous ne la perdez pas, vous, mais Dieu sait comment;
Du moins, si je vends peu, je vends loyalement,
Et je n'attire point, avec une promesse,
De suivante qui m'aide à tromper sa maîtresse.
LA LINGÈRE.
Quand il faut dire tout, on s'entre-connoît bien;
Chacun sait son métier, et.... Mais je ne dis rien.
LE MERCIER.
Vous ferez un grand coup, si vous pouvez vous taire.
LA LINGÈRE.
Je ne réplique point à des gens en colère.

ACTE CINQUIÈME.

SCÈNE I. — LYSANDRE.

Indiscrète vengeance, imprudentes chaleurs,
Dont l'impuissance ajoute un comble à mes malheurs,
Ne me conseillez plus la mort de ce faussaire.
J'aime encor Célidée, et n'ose lui déplaire :
Priver de la clarté ce qu'elle aime le mieux,
Ce n'est pas le moyen d'agréer à ses yeux.
L'amour, en la perdant, me retient en balance;
Il produit ma fureur, et rompt sa violence,
Et, me laissant trahi, confus et méprisé,
Ne veut que triompher de mon cœur divisé.
　Amour, cruel auteur de ma longue misère,
Ou permets, à la fin, d'agir à ma colère,
Ou, sans m'embarrasser d'inutiles transports,
Auprès de ce bel œil fais tes derniers efforts;
Viens, accompagne-moi chez ma belle inhumaine,
Et, comme de mon cœur, triomphe de sa haine !

Contre toi ma vengeance a mis les armes bas,
Contre ses cruautés rends les mêmes combats;
Exerce ta puissance à fléchir la farouche;
Montre-toi dans mes yeux, et parle par ma bouche :
Si tu te sens trop foible, appelle à ton secours
Le souvenir de mille et de mille heureux jours,
Où ses désirs, d'accord avec mon espérance,
Ne laissoient à nos vœux aucune différence.
Je pense avoir encor ce qui la sut charmer,
Les mêmes qualités qu'elle vouloit aimer.
Peut-être mes douleurs ont changé mon visage;
Mais, en revanche aussi, je l'aime davantage.
Mon respect s'est accru pour un objet si cher;
Je ne me venge point, de peur de la fâcher.
Un infidèle ami tient son âme captive,
Je le sais, je le vois, et je souffre qu'il vive.
 Je tarde trop; allons, ou vaincre ses refus,
Ou me venger sur moi de ne lui plaire plus,
Et tirons de son cœur, malgré sa flamme éteinte,
La pitié par ma mort, ou l'amour par ma plainte :
Ses rigueurs par ce fer me perceront le sein.

SCÈNE II. — DORIMANT, LYSANDRE.

DORIMANT.
Eh quoi ! pour m'avoir vu, vous changez de dessein ?
Ne craignez point pour moi d'entrer chez Hippolyte;
Vous ne m'apprendrez rien en lui faisant visite;
Mes yeux, mes propres yeux n'ont que trop découvert
Comme un ami si rare auprès d'elle me sert.

LYSANDRE.
Parlez plus franchement : ma rencontre importune
Auprès d'un autre objet trouble votre fortune;
Et vous montrez assez, par ces foibles détours,
Qu'un témoin comme moi déplaît à vos amours.
Vous voulez seul à seul cajoler Célidée;
La querelle entre nous sera bientôt vidée :
Ma mort vous donnera chez elle un libre accès,
Ou ma juste vengeance un funeste succès.

DORIMANT.
Qu'est-ce-ci, déloyal? quelle fourbe est la vôtre?
Vous m'en disputez une, afin d'acquérir l'autre!
Après ce que chacun a vu de votre feu,
C'est une lâcheté d'en faire un désaveu.

LYSANDRE.
Je ne me connois point à combattre d'injures.

DORIMANT.
Aussi veux-je punir autrement tes parjures :

Le ciel, le juste ciel, ennemi des ingrats,
Qui pour ton châtiment a destiné mon bras,
T'apprendra qu'à moi seul Hippolyte est gardée.
####### LYSANDRE.
Garde ton Hippolyte.
####### DORIMANT.
Et toi, ta Célidée.
####### LYSANDRE.
Voilà faire le fin, de crainte d'un combat.
####### DORIMANT.
Tu m'imputes la crainte, et ton cœur s'en abat.
####### LYSANDRE.
Laissons à part les noms; disputons la maîtresse,
Et, pour qui que ce soit, montre ici ton adresse.
####### DORIMANT.
C'est comme je l'entends.
(Lysandre et Dorimant mettent l'épée à la main.)

SCÈNE III. — CÉLIDÉE, LYSANDRE, DORIMANT.

####### CÉLIDÉE.
O dieux ! ils sont aux coups!
(A Lysandre.)
Ah! perfide! sur moi détourne ton courroux;
La mort de Dorimant me seroit trop funeste.
####### DORIMANT.
Lysandre, une autre fois nous viderons le reste.
####### CÉLIDÉE, *à Dorimant.*
Arrête, cher ingrat!
####### LYSANDRE.
Tu recules, voleur!
####### DORIMANT.
Je fuis cette importune, et non pas ta valeur.

SCÈNE IV. — LYSANDRE, CÉLIDÉE.

####### LYSANDRE.
Ne suivez pas du moins ce perfide à ma vue :
Avez-vous résolu que sa fuite me tue,
Et qu'ayant su braver son plus vaillant effort,
Par sa retraite infâme il me donne la mort?
Pour en frapper le coup, vous n'avez qu'à le suivre.
####### CÉLIDÉE.
Je tiens des gens sans foi si peu dignes de vivre,
Qu'on ne verra jamais que je recule un pas
De crainte de causer un si juste trépas.
####### LYSANDRE.
Eh bien, voyez-le donc; ma lame toute prête
N'attendoit que vos yeux pour immoler ma tête.

Vous lirez dans mon sang, à vos pieds répandu,
Ce que valoit l'amant que vous aurez perdu;
Et, sans vous reprocher un si cruel outrage,
Ma main de vos rigueurs achèvera l'ouvrage.
Trop heureux mille fois si je plais en mourant
A celle à qui j'ai pu déplaire en l'adorant,
Et si ma prompte mort, secondant son envie,
L'assure du pouvoir qu'elle avoit sur ma vie!

CÉLIDÉE.

Moi, du pouvoir sur vous! vos yeux se sont mépris;
Et quelque illusion qui trouble vos esprits
Vous fait imaginer d'être auprès d'Hippolyte.
Allez, volage, allez où l'amour vous invite;
Dans ses doux entretiens recherchez vos plaisirs,
Et ne m'empêchez plus de suivre mes désirs.

LYSANDRE.

Ce n'est pas sans raison que ma feinte passée
A jeté cette erreur dedans votre pensée.
Il est vrai, devant vous forçant mes sentimens,
J'ai présenté des vœux, j'ai fait des complimens;
Mais c'étoient complimens qui partoient d'une souche;
Mon cœur, que vous teniez, désavouoit ma bouche.
Pleirante, qui rompit ces ennuyeux discours,
Sait bien que mon amour n'en changea point de cours;
Contre votre froideur une modeste plainte
Fut tout notre entretien au sortir de la feinte;
Et je le priai lors....

CÉLIDÉE.

D'user de son pouvoir?
Ce n'étoit pas par là qu'il me falloit avoir.
Les mauvais traitemens ne font qu'aigrir les âmes.

LYSANDRE.

Confus, désespéré du mépris de mes flammes,
Sans conseil, sans raison, pareil aux matelots
Qu'un naufrage abandonne à la merci des flots,
Je me suis pris à tout, ne sachant où me prendre :
Ma douleur par mes cris d'abord s'est fait entendre;
J'ai cru que vous seriez d'un naturel plus doux,
Pourvu que votre esprit devînt un peu jaloux;
J'ai fait agir pour moi l'autorité d'un père,
J'ai fait venir aux mains celui qu'on me préfère;
Et puisque ces efforts n'ont réussi qu'en vain,
J'aurai de vous ma grâce, ou la mort de ma main :
Choisissez, l'une ou l'autre achèvera mes peines;
Mon sang brûle déjà de sortir de mes veines :
Il faut, pour l'arrêter, me rendre votre amour;
Je n'ai plus rien sans lui qui me retienne au jour.

ACTE V, SCÈNE IV.

CÉLIDÉE.

Volage, falloit-il, pour un peu de rudesse,
Vous porter si soudain à changer de maîtresse?
Que je vous croyois bien un jugement plus meur!
Ne pouviez-vous souffrir de ma mauvaise humeur?
Ne pouviez-vous juger que c'étoit une feinte
A dessein d'éprouver quelle étoit votre atteinte?
Les dieux m'en soient témoins, et ce nouveau sujet
Que vos feux inconstans ont choisi pour objet,
Si jamais j'eus pour vous de dédain véritable,
Avant que votre amour parût si peu durable!
Qu'Hippolyte vous die avec quels sentimens
Je lui fus raconter vos premiers mouvemens,
Avec quelles douceurs je m'étois préparée
A redonner la joie à votre âme éplorée!
Dieux! que je fus surprise, et mes sens éperdus,
Quand je vis vos devoirs à sa beauté rendus!
Votre légèreté fut soudain imitée :
Non pas que Dorimant m'en eût sollicitée;
Au contraire, il me fuit, et l'ingrat ne veut pas
Que sa franchise cède au peu que j'ai d'appas;
Mais, hélas! plus il fuit, plus son portrait s'efface.
Je vous sens, malgré moi, reprendre votre place.
L'aveu de votre erreur désarme mon courroux;
Ne redoutez plus rien, l'amour combat pour vous.
Si nous avons failli de feindre l'un et l'autre,
Pardonnez à ma feinte, et j'oublierai la vôtre.
Moi-même, je l'avoue à ma confusion,
Mon imprudence a fait notre division.
Tu ne méritois pas de si rudes alarmes :
Accepte un repentir accompagné de larmes;
Et souffre que le tien nous fasse tour à tour
Par ce petit divorce augmenter notre amour.

LYSANDRE.

Que vous me surprenez! O ciel! est-il possible
Que je vous trouve encore à mes désirs sensible?
Que j'aime ces dédains qui finissent ainsi!

CÉLIDÉE.

Et pour l'amour de toi, que je les aime aussi!

LYSANDRE.

Que ce soit toutefois sans qu'il vous prenne envie
De les plus essayer au péril de ma vie.

CÉLIDÉE.

J'aime trop désormais ton repos et le mien;
Tous mes soins n'iront plus qu'à notre commun bien.
Voudrois-je, après ma faute, une plus douce amende
Que l'effet d'un hymen qu'un père me commande?

Je t'accusois en vain d'une infidélité :
Il agissoit pour toi de pleine autorité,
Me traitoit de parjure et de fille rebelle :
Mais allons lui porter cette heureuse nouvelle ;
Ce que pour mes froideurs il témoigne d'horreur
Mérite bien qu'en hâte on le tiré d'erreur.

LYSANDRE.

Vous craignez qu'à vos yeux cette belle Hippolyte
N'ait encor de ma bouche un hommage hypocrite?

CÉLIDÉE.

Non : je fuis Dorimant qu'ensemble j'aperçoi ;
Je ne veux plus le voir, puisque je suis à toi.

SCÈNE V. — DORIMANT, HIPPOLYTE.

DORIMANT.

Autant que mon esprit adore vos mérites,
Autant veux-je du mal à vos longues visites.

HIPPOLYTE.

Que vous ont-elles fait, pour vous mettre en courroux?

DORIMANT.

Elles m'ôtent le bien de vous trouver chez vous.
J'y fais à tous momens une course inutile ;
J'apprends cent fois le jour que vous êtes en ville :
En voici presque trois que je n'ai pu vous voir,
Pour rendre à vos beautés ce que je sais devoir ;
Et n'étoit qu'aujourd'hui cette heureuse rencontre,
Sur le point de rentrer, par hasard me les montre,
Je crois que ce jour même auroit encor passé
Sans moyen de m'en plaindre aux yeux qui m'ont blessé.

HIPPOLYTE.

Ma libre et gaie humeur hait le ton de la plainte ;
Je n'en puis écouter qu'avec de la contrainte.
Si vous prenez plaisir dedans mon entretien,
Pour le faire durer ne vous plaignez de rien.

DORIMANT.

Vous me pouvez ôter tout sujet de me plaindre.

HIPPOLYTE.

Et vous pouvez aussi vous empêcher d'en feindre.

DORIMANT.

Est-ce en feindre un sujet qu'accuser vos rigueurs?

HIPPOLYTE.

Pour vous en plaindre à faux, vous feignez des langueurs.

DORIMANT.

Verrois-je, sans languir, ma flamme qu'on néglige?

HIPPOLYTE.

Éteignez cette flamme où rien ne vous oblige.

DORIMANT.
Vos charmes trop puissans me forcent à ces vœux.
HIPPOLYTE.
Oui ; mais rien ne vous force à vous approcher d'eux.
DORIMANT.
Ma présence vous fâche et vous est odieuse.
HIPPOLYTE.
Non ; mais tout ce discours la peut rendre ennuyeuse.
DORIMANT.
Je vois bien ce que c'est ; je lis dans votre cœur :
Il a reçu les traits d'un plus heureux vainqueur ;
Un autre, regardé d'un œil plus favorable,
A mes submissions vous fait inexorable ;
C'est pour lui seulement que vous voulez brûler.
HIPPOLYTE.
Il est vrai ; je ne puis vous le dissimuler :
Il faut que je vous traite avec toute franchise.
Alors que je vous pris, un autre m'avoit prise,
Un autre captivoit mes inclinations.
Vous devez présumer de vos perfections
Que, si vous attaquiez un cœur qui fût à prendre,
Il seroit malaisé qu'il s'en pût bien défendre.
Vous auriez eu le mien, s'il n'eût été donné ;
Mais, puisque les destins ainsi l'ont ordonné,
Tant que ma passion aura quelque espérance,
N'attendez rien de moi que de l'indifférence.
DORIMANT.
Vous ne m'apprenez point le nom de cet amant :
Sans doute que Lysandre est cet objet charmant
Dont les discours flatteurs vous ont préoccupée.
HIPPOLYTE.
Cela ne se dit point à des hommes d'épée ;
Vous exposer aux coups d'un duel hasardeux,
Ce seroit le moyen de vous perdre tous deux.
Je vous veux, si je puis, conserver l'un et l'autre ;
Je chéris sa personne, et hais si peu la vôtre,
Qu'ayant perdu l'espoir de le voir mon époux,
Si ma mère y consent, Hippolyte est à vous.
Mais aussi jusque-là plaignez votre infortune.
DORIMANT.
Permettez pour ce nom que je vous importune ;
Ne me refusez plus de me le déclarer :
Que je sache en quel temps j'aurai droit d'espérer.
Un mot me suffira pour me tirer de peine ;
Et lors j'étoufferai si bien toute ma haine,
Que vous me trouverez vous-même trop remis.

SCÈNE VI. — PLEIRANTE, LYSANDRE, CÉLIDÉE, DORIMANT, HIPPOLYTE.

PLEIRANTE.

Souffrez, mon cavalier, que je vous rende amis.
Vous ne lui voulez pas quereller Célidée?

DORIMANT.

L'affaire, à cela près, peut être décidée.
 (*Montrant Hippolyte*).
Voici le seul objet de nos affections,
Et l'unique motif de nos dissensions.

LYSANDRE.

Dissipe, cher ami, cette jalouse atteinte;
C'est l'objet de tes feux, et celui de ma feinte.
Mon cœur fut toujours ferme, et moi je me dédis
Des vœux que de ma bouche elle reçut jadis.
Piqué d'un faux dédain, j'avois pris fantaisie
De mettre Célidée en quelque jalousie;
Mais, au lieu d'un esprit, j'en ai fait deux jaloux.

PLEIRANTE.

Vous pouvez désormais achever entre vous :
Je vais dans ce logis dire un mot à madame.

SCÈNE VII. — DORIMANT, LYSANDRE, CÉLIDÉE, HIPPOLYTE.

DORIMANT.

Ainsi, loin de m'aider, tu traversois ma flamme!

LYSANDRE.

Les efforts que Pleirante à ma prière a faits
T'auroient acquis déjà le but de tes souhaits;
Mais tu dois accuser les glaces d'Hippolyte,
Si ton bonheur n'est pas égal à ton mérite.

HIPPOLYTE.

Qu'aurai-je cependant pour satisfaction
D'avoir servi d'objet à votre fiction?
Dans votre différend je suis la plus blessée,
Et me trouve, à l'accord, entièrement laissée.

CÉLIDÉE.

N'y songe plus, de grâce; et, pour l'amour de moi,
Trouve bon qu'il ait feint de vivre sous ta loi.
Veux-tu le quereller lorsque je lui pardonne?
Le droit de l'amitié tout autrement ordonne.
Tout prêts d'être assemblés d'un lien conjugal,
Tu ne le peux haïr sans me vouloir du mal.
J'ai feint par ton conseil; lui, par celui d'un autre.
Et, bien qu'amour jamais ne fût égal au nôtre,
Je m'étonne comment cette confusion

Laisse finir sitôt notre division.
>> HIPPOLYTE.

De sorte qu'à présent le ciel y remédie?
>> CÉLIDÉE.

Tu vois; mais après tout, s'il faut que je le die,
Ton conseil est fort bon, mais un peu dangereux.
>> HIPPOLYTE.

Excuse, chère amie, un esprit amoureux.
Lysandre me plaisoit, et tout mon artifice
N'alloit qu'à détourner son cœur de ton service.
J'ai fait ce que j'ai pu pour brouiller vos esprits;
J'ai, pour me l'attirer, pratiqué tes mépris;
Mais puisque ainsi le ciel rejoint votre hyménée....
>> DORIMANT.

Votre rigueur vers moi doit être terminée.
Sans chercher de raisons pour vous persuader,
Votre amour hors d'espoir fait qu'il me faut céder;
Vous savez trop à quoi la parole vous lie.
>> HIPPOLYTE.

A vous dire le vrai, j'ai fait une folie :
Je les croyois encor loin de se réunir,
Et moi, par conséquent, loin de vous la tenir.
>> DORIMANT.

Auriez-vous, pour la rompre, une âme assez légère?
>> HIPPOLYTE.

Puisque je l'ai promis, vous pouvez voir ma mère.
>> LYSANDRE.

Si tu juges Pleirante à cela suffisant,
Je crois qu'eux deux ensemble en parlent à présent.
>> DORIMANT.

Après cette faveur qu'on me vient de promettre,
Je crois que mes devoirs ne se peuvent remettre :
J'espère tout de lui; mais, pour un bien si doux,
Je ne saurois....
>> LYSANDRE.
Arrête; ils s'avancent vers nous.

SCÈNE VIII. — PLEIRANTE, CHRYSANTE, LYSANDRE, DORIMANT, CÉLIDÉE, HIPPOLYTE, FLORICE.

>> DORIMANT, *à Chrysante.*

Madame, un pauvre amant, captif de cette belle,
Implore le pouvoir que vous avez sur elle;
Tenant ses volontés, vous gouvernez mon sort.
J'attends de votre bouche ou la vie ou la mort.
>> CHRYSANTE, *à Dorimant.*

Un homme tel que vous, et de votre naissance,

Ne peut avoir besoin d'implorer ma puissance
Si vous avez gagné ses inclinations,
Soyez sûr du succès de vos affections :
Mais je ne suis pas femme à forcer son courage;
Je sais ce que la force est en un mariage.
Il me souvient encor de tous mes déplaisirs
Lorsqu'un premier hymen contraignit mes désirs;
Et, sage à mes dépens, je veux bien qu'Hippolyte
Prenne ou laisse, à son choix, un homme de mérite.
Ainsi présumez tout de mon consentement,
Mais ne prétendez rien de mon commandement.

DORIMANT, *à Hippolyte.*
Après un tel aveu serez-vous inhumaine ?

HIPPOLYTE, *à Chrysante.*
Madame, un mot de vous me mettroit hors de peine.
Ce que vous remettez à mon choix d'accorder,
Vous feriez beaucoup mieux de me le commander.

PLEIRANTE, *à Chrysante.*
Elle vous montre assez où son désir se porte.

CHRYSANTE.
Puisqu'elle s'y résout, le reste ne m'importe.

DORIMANT.
Ce favorable mot me rend le plus heureux
De tout ce que jamais on a vu d'amoureux.

LYSANDRE.
J'en sens croître la joie au milieu de mon âme,
Comme si de nouveau l'on acceptoit ma flamme.

HIPPOLYTE, *à Lysandre.*
Ferez-vous donc enfin quelque chose pour moi?

LYSANDRE.
Tout, hormis ce seul point, de lui manquer de foi.

HIPPOLYTE.
Pardonnez donc à ceux qui, gagnés par Florice,
Lorsque je vous aimois, m'ont fait quelque service.

LYSANDRE.
Je vous entends assez; soit. Aronte impuni
Pour ses mauvais conseils ne sera point banni;
Tu le souffriras bien, puisqu'elle m'en supplie.

CÉLIDÉE.
Il n'est rien que pour elle et pour toi je n'oublie.

PLEIRANTE.
Attendant que demain ces deux couples d'amans
Soient mis au plus haut point de leurs contentemens,
Allons chez moi, madame, achever la journée.

CHRYSANTE.
Mon cœur est tout ravi de ce double hyménée.

ACTE V, SCÈNE VIII.   233

FLORICE.
Mais, afin que la joie en soit égale à tous,
(*Montrant Pleirante.*)
Faites encor celui de monsieur et de vous.

CHRYSANTE.
Outre l'âge en tous deux un peu trop refroidie,
Cela sentiroit trop sa fin de comédie.

EXAMEN DE LA GALERIE DU PALAIS.

Ce titre seroit tout à fait irrégulier, puisqu'il n'est fondé que sur le spectacle du premier acte, où commence l'amour de Dorimant pour Hippolyte, s'il n'étoit autorisé par l'exemple des anciens, qui étoient sans doute encore bien plus licencieux, quand ils ne donnoient à leurs tragédies que le nom des chœurs, qui n'étoient que témoins de l'action, comme *les Trachiniennes* et *les Phéniciennes*. L'*Ajax* même de Sophocle ne porte pas pour titre *la Mort d'Ajax*, qui est sa principale action, mais *Ajax porte-fouet*, qui n'est que l'action du premier acte. Je ne parle point des *Nuées*, des *Guêpes* et des *Grenouilles* d'Aristophane; ceci doit suffire pour montrer que les Grecs, nos premiers maîtres, ne s'attachoient point à la principale action pour en faire porter le nom à leurs ouvrages, et qu'ils ne gardoient aucune règle sur cet article. J'ai donc pris ce titre de *la Galerie du palais*, parce que la promesse de ce spectacle extraordinaire et agréable pour sa naïveté devoit exciter vraisemblablement la curiosité des auditeurs; et ç'a été pour leur plaire plus d'une fois, que j'ai fait paroître ce même spectacle à la fin du quatrième acte, où il est entièrement inutile, et n'est renoué avec celui du premier que par des valets qui viennent prendre dans les boutiques ce que leurs maîtres y avoient acheté, ou voir si les marchands ont reçu les nippes qu'ils attendoient. Cette espèce de renouement lui étoit nécessaire, afin qu'il eût quelque liaison qui lui fît trouver sa place, et qu'il ne fût pas tout à fait hors d'œuvre. La rencontre que j'y fais faire d'Aronte et de Florice est ce qui le fixe particulièrement en ce lieu-là; et sans cet incident, il eût été aussi propre à la fin du second ou du troisième, qu'en la place qu'il occupe. Sans cet agrément, la pièce auroit été très-régulière pour l'unité de lieu et la liaison des scènes, qui n'est interrompue que par là. Célidée et Hippolyte sont deux voisines dont les demeures ne sont séparées que par le travers d'une rue, et ne sont pas d'une condition trop élevée pour souffrir que leurs amans les entretiennent à leur porte. Il est vrai que ce qu'elles y disent seroit mieux dit dans une chambre ou dans une salle. Ce n'est que pour se faire voir aux spectateurs qu'elles quittent cette porte où elles devroient être retranchées, et viennent parler au milieu de la scène; mais c'est un accommodement de théâtre qu'il faut souffrir pour trouver cette rigoureuse unité de lieu qu'exigent les grands réguliers. Il sort un peu de l'exacte vraisemblance et de la bienséance même; mais il est presque impossible d'en user autrement; et les spectateurs y sont si accoutumés, qu'ils n'y trouvent rien qui les blesse. Les anciens, sur les exemples desquels on a formé les règles, se donnoient cette liberté; ils choisissoient pour le lieu de leurs comédies, et même de leurs tragédies, une place publique; mais je m'assure qu'à les bien examiner, il y a plus de la moitié de ce qu'ils font dire qui seroit mieux dit dans la maison qu'en cette place. Je n'en produirai qu'un exemple, sur qui le lecteur en pourra trouver d'autres.

L'Andrienne de Térence commence par le vieillard Simon, qui revient du marché avec des valets chargés de ce qu'il vient d'acheter pour les noces de son fils; il leur commande d'entrer dans sa maison avec leur charge, et retient avec lui Sosie, pour lui apprendre que ces noces ne sont que des noces feintes, à dessein de voir ce qu'en dira son fils, qu'il croit engagé dans une autre affection dont il lui conte l'histoire. Je ne pense pas qu'aucun me dénie qu'il seroit mieux dans sa salle à lui faire confidence de ce secret que dans une rue. Dans la seconde scène, il menace Davus de le maltraiter, s'il fait aucune fourbe pour troubler ces noces : il le menaceroit plus à propos dans sa maison qu'en public; et la seule raison qui le fait parler devant son logis, c'est afin que ce Davus, demeuré seul, puisse voir Mysis sortir de chez Glycère, et qu'il se fasse une liaison d'œil entre ces deux scènes; ce qui ne regarde pas l'action présente de cette première, qui se passeroit mieux dans la maison, mais une action future qu'ils ne prévoient point, et qui est plutôt du dessein du poète, qui force un peu la vraisemblance pour observer les règles de son art, que du choix des acteurs qui ont à parler, et qui ne seroient pas où les met le poète, s'il n'étoit question que de dire ce qu'il leur fait dire. Je laisse aux curieux à examiner le reste de cette comédie de Térence; et je veux croire qu'à moins que d'avoir l'esprit fort préoccupé d'un sentiment contraire, ils demeureront d'accord de ce que je dis.

Quant à la durée de cette pièce, elle est dans le même ordre que la précédente, c'est-à-dire dans cinq jours consécutifs. Le style en est plus fort et plus dégagé des pointes dont j'ai parlé, qui se trouveront assez rares. Le personnage de nourrice, qui est de la vieille comédie, et que le manque d'actrices sur nos théâtres y avoit conservé jusqu'alors, afin qu'un homme le pût représenter sous le masque, se trouve ici métamorphosé en celui de suivante, qu'une femme représente sur son visage. Le caractère des deux amantes a quelque chose de choquant, en ce qu'elles sont toutes deux amoureuses d'hommes qui ne le sont point d'elles, et Célidée particulièrement s'emporte jusqu'à s'offrir elle-même. On la pourroit excuser sur le violent dépit qu'elle a de s'être vue méprisée par son amant, qui, en sa présence même, a conté des fleurettes à une autre; et j'aurois de plus à dire que nous ne mettons pas sur la scène des personnages si parfaits, qu'ils ne soient sujets à des défauts et aux foiblesses qu'impriment les passions; mais je veux bien avouer que cela va trop avant, et passe trop la bienséance et la modestie du sexe, bien qu'absolument il ne soit pas condamnable. En récompense, le cinquième acte est moins traînant que celui des précédentes, et conclut deux mariages sans laisser aucun mécontentement; ce qui n'arrive pas dans celles-là.

FIN DE LA GALERIE DU PALAIS.

LA SUIVANTE.

COMÉDIE.

1634.

ÉPITRE.

Monsieur,

Je vous présente une comédie qui n'a pas été également aimée de toutes sortes d'esprits; beaucoup et de fort bons n'en ont pas fait grand état, et beaucoup d'autres l'ont mise au-dessus du reste des miennes. Pour moi, je laisse dire tout le monde, et fais mon profit des bons avis, de quelque part que je les reçoive. Je traite toujours mon sujet le moins mal qu'il m'est possible; et, après y avoir corrigé ce qu'on me fait connoître d'inexcusable, je l'abandonne au public. Si je ne fais bien, qu'un autre fasse mieux; je ferai des vers à sa louange au lieu de le censurer. Chacun a sa méthode; je ne blâme point celle des autres, et me tiens à la mienne : jusques à présent je m'en suis trouvé fort bien; j'en chercherai une meilleure quand je commencerai à m'en trouver mal. Ceux qui se font presser à la représentation de mes ouvrages m'obligent infiniment; ceux qui ne les approuvent pas peuvent se dispenser d'y venir gagner la migraine; ils épargneront de l'argent, et me feront plaisir. Les jugemens sont libres en ces matières, et les goûts divers. J'ai vu des personnes de fort bon sens admirer des endroits sur qui j'aurois passé l'éponge, et j'en connois dont les poëmes réussissent au théâtre avec éclat, et qui, pour principaux ornemens, y emploient des choses que j'évite dans les miens. Ils pensent avoir raison, et moi aussi : qui d'eux ou de moi se trompe? c'est ce qui n'est pas aisé à juger. Chez les philosophes, tout ce qui n'est point de la foi ni des principes est disputable; et souvent ils soutiendront, à votre choix, le pour et le contre d'une même proposition : marques certaines de l'excellence de l'esprit humain, qui trouve des raisons à défendre tout; ou plutôt de sa foiblesse, qui n'en peut trouver de convaincantes, ni qui ne puissent être combattues et détruites par de contraires. Ainsi, ce n'est pas merveille, si les critiques donnent de mauvaises interprétations à nos vers, et de mauvaises faces à nos personnages. « Qu'on me donne, dit M. de Montaigne, au chapitre XXXVI du premier livre, l'action la plus excellente et pure, je m'en vais y fournir vraisemblablement cinquante vicieuses intentions. » C'est au lecteur désintéressé à prendre la médaille par le beau revers. Comme il nous a quelque obligation d'avoir travaillé à le divertir, j'ose dire que, pour reconnoissance, il nous doit un peu de faveur, et qu'il commet une espèce d'ingratitude, s'il ne se montre plus ingénieux à nous défendre qu'à nous condamner; et s'il n'applique la subtilité de son esprit plutôt à colorer et justifier en quelque sorte nos véritables défauts, qu'à en trouver où il n'y en a point. Nous pardonnons beaucoup de choses aux anciens; nous admirons quelquefois dans leurs écrits ce que nous ne souffririons pas dans les nôtres ; nous faisons des mystères de leurs imperfections, et couvrons leurs fautes du nom de licences poétiques. Le docte Scaliger a remarqué des taches dans tous les Latins, et de moins savans que lui en remarqueroient bien dans les Grecs, et dans son Virgile même, à qui il dresse des autels sur le mépris des autres. Je vous laisse donc à penser si notre présomption ne seroit pas ridicule, de prétendre qu'une exacte censure ne peut mordre sur nos ouvrages, puisque ceux de ces grands génies de l'antiquité ne se peuvent pas soutenir contre un rigoureux examen. Je ne me suis jamais imaginé avoir rien mis au jour de parfait, je n'espère pas même y pouvoir jamais arriver ; je fais néanmoins mon possible pour en approcher, et les plus beaux succès des autres ne produisent en moi qu'une vertueuse émulation, qui me fait redoubler mes efforts, afin d'en avoir de pareils :

Je vois d'un œil égal croître le nom d'autrui,
Et tâche à m'élever aussi haut comme lui,
Sans hasarder ma peine à le faire descendre.
La gloire a des trésors qu'on ne peut épuiser ;
Et plus elle en prodigue à nous favoriser,
Plus elle en garde encore où chacun peut prétendre.

Pour venir à cette *Suivante* que je vous dédie, elle est d'un genre qui demande plutôt un style naïf que pompeux. Les fourbes et les intrigues sont principalement du jeu de la comédie ; les passions n'y entrent que par accident. Les règles des anciens sont assez religieusement observées en celle-ci. Il n'y a qu'une action principale à qui toutes les autres aboutissent ; son lieu n'a point plus d'étendue que celle du théâtre, et le temps n'en est point plus long que celui de la représentation, si vous en exceptez l'heure du dîner, qui se passe entre le premier et le second acte. La liaison même des scènes, qui n'est qu'un embellissement, et non pas un précepte, y est gardée ; et si vous prenez la peine de compter les vers, vous n'en trouverez pas en un acte plus qu'en l'autre. Ce n'est pas que je me sois assujetti depuis aux mêmes rigueurs. J'aime à suivre les règles ; mais, loin de me rendre leur esclave, je les élargis et resserre selon le besoin qu'en a mon sujet, et je romps même sans scrupule celle qui regarde la durée de l'action, quand sa sévérité me semble absolument incompatible avec les beautés des événemens que je décris. Savoir les règles, et entendre le secret de les apprivoiser adroitement avec notre théâtre, ce sont deux sciences bien différentes ; et peut-être que pour faire maintenant réussir une pièce, ce n'est pas assez d'avoir étudié dans les livres d'Aristote et d'Horace. J'espère un jour traiter ces matières plus à fond, et montrer de quelle espèce est la vraisemblance qu'ont suivie ces grands maîtres des autres siècles, en faisant parler des bêtes et des choses qui n'ont point de corps. Cependant mon avis est celui de Térence. Puisque nous faisons des poëmes pour être représentés, notre premier but doit être de plaire à la cour et au peuple, et d'attirer un grand monde à leurs représentations. Il faut, s'il se peut, y ajouter les règles, afin de ne déplaire pas aux savans, et recevoir un applaudissement universel : mais surtout gagnons la voix publique ; autrement notre pièce aura beau être régulière, si elle est sifflée au théâtre, les savans n'oseront se déclarer en notre faveur, et aimeront mieux dire que nous aurons mal entendu les règles, que de nous donner des louanges quand nous serons décriés par le consentement général de ceux qui ne voient la comédie que pour se divertir.

Je suis,

MONSIEUR,

Votre très-humble serviteur,

CORNEILLE.

PERSONNAGES.

GÉRASTE, père de Daphnis.
POLÉMON, oncle de Clarimond.
CLARIMOND, amoureux de Daphnis.
FLORAME, amant de Daphnis.
THÉANTE, aussi amoureux de Daphnis.
DAMON, ami de Florame et de Théante.
DAPHNIS, maîtresse de Florame, aimée de Clarimond et de Théante.
AMARANTE, suivante de Daphnis.
CÉLIE, voisine de Géraste et sa confidente.
CLÉON, domestique de Damon.

La scène est à Paris.

ACTE PREMIER.

SCÈNE I. — DAMON, THÉANTE.

DAMON.

Ami, j'ai beau rêver, toute ma rêverie
Ne me fait rien comprendre en ta galanterie.
Auprès de ta maîtresse engager un ami,
C'est, à mon jugement, ne l'aimer qu'à demi.
Ton humeur qui s'en lasse au changement l'invite;
Et, n'osant la quitter, tu veux qu'elle te quitte.

THÉANTE.

Ami, n'y rêve plus; c'est en juger trop bien
Pour t'oser plaindre encor de n'y comprendre rien.
Quelques puissans appas que possède Amarante,
Je trouve qu'après tout ce n'est qu'une suivante;
Et je ne puis songer à sa condition
Que mon amour ne cède à mon ambition.
Ainsi, malgré l'ardeur qui pour elle me presse,
A la fin j'ai levé les yeux sur sa maîtresse,
Où mon dessein, plus haut et plus laborieux,
Se promet des succès beaucoup plus glorieux.

Mais lors, soit qu'Amarante eût pour moi quelque flamme,
Soit qu'elle pénétrât jusqu'au fond de mon âme,
Et que, malicieuse, elle prît du plaisir
A rompre les effets de mon nouveau désir,
Elle savoit toujours m'arrêter auprès d'elle
A tenir des propos d'une suite éternelle.
L'ardeur qui me brûloit de parler à Daphnis
Me fournissoit en vain des détours infinis ;
Elle usoit de ses droits, et tout impérieuse,
D'une voix demi-gaie et demi-sérieuse :
« Quand j'ai des serviteurs, c'est pour m'entretenir,
Disoit-elle ; autrement, je les sais bien punir ;
Leurs devoirs près de moi n'ont rien qui les excuse. »
                    DAMON.
Maintenant je devine à peu près une ruse
Que tout autre en ta place à peine entreprendroit.
                    THÉANTE.
Écoute, et tu verras si je suis maladroit.
Tu sais comme Florame à tous les beaux visages
Fait par civilité toujours de feints hommages,
Et, sans avoir d'amour, offrant partout des vœux,
Traite de peu d'esprit les véritables feux.
Un jour qu'il se vantoit de cette humeur étrange,
A qui chaque objet plaît, et que pas un ne range,
Et reprochoit à tous que leur peu de beauté
Lui laissoit si longtemps garder sa liberté :
« Florame, dis-je alors, ton âme indifférente
Ne tiendroit que fort peu contre mon Amarante.
— Théante, me dit-il, il faudroit l'éprouver ;
Mais l'éprouvant, peut-être on te feroit rêver :
Mon feu, qui ne seroit que pure courtoisie,
La rempliroit d'amour, et toi de jalousie. »
Je réplique, il repart, et nous tombons d'accord
Qu'au hasard du succès il y feroit effort.
Ainsi je l'introduis ; et, par ce tour d'adresse,
Qui me fait pour un temps lui céder ma maîtresse,
Engageant Amarante et Florame au discours,
J'entretiens à loisir mes nouvelles amours.
                    DAMON.
Fut-elle, sur ce point, ou fâcheuse, ou facile?
                    THÉANTE.
Plus que je n'espérois je l'y trouvai docile.
Soit que je lui donnasse une fort douce loi,
Et qu'il fût à ses yeux plus aimable que moi ;
Soit qu'elle fît dessein sur ce fameux rebelle,
Qu'une simple gageure attachoit auprès d'elle,
Elle perdit pour moi son importunité,

Et ne demanda plus tant d'assiduité.
La douceur d'être seul à gouverner Florame,
Ne souffrit plus chez elle aucun soin de ma flamme,
Et ce qu'elle goûtoit avec lui de plaisirs
Lui fit abandonner mon âme à mes désirs.

DAMON.

On t'abuse, Théante; il faut que je te die
Que Florame est atteint de même maladie,
Qu'il roule en son esprit mêmes desseins que toi,
Et que c'est à Daphnis qu'il veut donner sa foi.
A servir Amarante il met beaucoup d'étude;
Mais ce n'est qu'un prétexte à faire une habitude :
Il accoutume ainsi ta Daphnis à le voir,
Et ménage un accès qu'il ne pouvoit avoir.
Sa richesse l'attire, et sa beauté le blesse;
Elle le passe en biens, il l'égale en noblesse,
Et cherche, ambitieux, par sa possession,
A relever l'éclat de son extraction.
Il a peu de fortune, et beaucoup de courage;
Et hors cette espérance, il hait le mariage.
C'est ce que l'autre jour en secret il m'apprit;
Tu peux, sur cet avis, lire dans son esprit.

THÉANTE.

Parmi ses hauts projets il manque de prudence,
Puisqu'il traite avec toi de telle confidence.

DAMON.

Crois qu'il m'éprouvera fidèle au dernier point,
Lorsque ton intérêt ne s'y mêlera point.

THÉANTE.

Je dois l'attendre ici. Quitte-moi, je te prie,
De peur qu'il n'ait soupçon de ta supercherie.

DAMON.

Adieu. Je suis à toi.

SCÈNE II. — THÉANTE.

Par quel malheur fatal
Ai-je donné moi-même entrée à mon rival?
De quelque trait rusé que mon esprit se vante,
Je me trompe moi-même en trompant Amarante,
Et choisis un ami qui ne veut que m'ôter
Ce que par lui je tâche à me faciliter.
Qu'importe toutefois qu'il brûle et qu'il soupire?
Je sais trop comme il faut l'empêcher d'en rien dire.
Amarante l'arrête, et j'arrête Daphnis :
Ainsi tous entretiens d'entre eux deux sont bannis;
Et tant d'heur se rencontre en ma sage conduite,
Qu'au langage des yeux son amour est réduite.

Mais n'est-ce pas assez pour se communiquer ?
Que faut-il aux amans de plus pour s'expliquer ?
Même ceux de Daphnis à tous coups lui répondent :
L'un dans l'autre, à tous coups, leurs regards se confondent ;
Et, d'un commun aveu, ces muets truchemens
Ne se disent que trop leurs amoureux tourmens.
   Quelles vaines frayeurs troublent ma fantaisie !
Que l'amour aisément penche à la jalousie !
Qu'on croit tôt ce qu'on craint en ces perplexités,
Où les moindres soupçons passent pour vérités !
Daphnis est tout aimable ; et, si Florame l'aime,
Dois-je m'imaginer qu'il soit aimé de même ?
Florame avec raison adore tant d'appas,
Et Daphnis sans raison s'abaisseroit trop bas.
Ce feu, si juste en l'un, en l'autre inexcusable,
Rendroit l'un glorieux, et l'autre méprisable.
   Simple ! l'amour peut-il écouter la raison ?
Et même ces raisons sont-elles de saison ?
Si Daphnis doit rougir en brûlant pour Florame,
Qui l'en affranchiroit en secondant ma flamme ?
Étant tous deux égaux, il faut bien que nos feux
Lui fassent même honte, ou même honneur tous deux :
Ou tous deux nous formons un dessein téméraire,
Ou nous avons tous deux même droit de lui plaire.
Si l'espoir m'est permis, il y peut aspirer ;
Et, s'il prétend trop haut, je dois désespérer.
Mais le voici venir.

SCÈNE III. — THÉANTE, FLORAME.

THÉANTE.
Tu me fais bien attendre.

FLORAME.
Encore est-ce à regret qu'ici je viens me rendre,
Et comme un criminel qu'on traîne à sa prison.

THÉANTE.
Tu ne fais qu'en raillant cette comparaison.

FLORAME.
Elle n'est que trop vraie.

THÉANTE.
Et ton indifférence ?

FLORAME.
La conserver encor ! le moyen ? l'apparence ?
Je m'étois plu toujours d'aimer en mille lieux :
Voyant une beauté, mon cœur suivoit mes yeux :
Mais de quelques attraits que le ciel l'eût pourvue,
J'en perdois la mémoire aussitôt que la vue ;

Et, bien que mes discours lui donnassent ma foi,
De retour au logis, je me trouvois à moi.
Cette façon d'aimer me sembloit fort commode;
Et maintenant encor je vivrois à ma mode :
Mais l'objet d'Amarante est trop embarrassant;
Ce n'est point un visage à ne voir qu'en passant;
Un je ne sais quel charme auprès d'elle m'attache;
Je ne la puis quitter que le jour ne se cache;
Même alors, malgré moi, son image me suit,
Et me vient au lieu d'elle entretenir la nuit.
Le sommeil n'oseroit me peindre une autre idée;
J'en ai l'esprit rempli, j'en ai l'âme obsédée.
Théante, ou permets-moi de n'en plus approcher,
Ou songe que mon cœur n'est pas fait d'un rocher;
Tant de charmes enfin me rendroient infidèle.

THÉANTE.

Deviens-le, si tu veux, je suis assuré d'elle;
Et quand il te faudra tout de bon l'adorer,
Je prendrai du plaisir à te voir soupirer,
Tandis que pour tout fruit tu porteras la peine
D'avoir tant persisté dans une humeur si vaine.
Quand tu ne pourras plus te priver de la voir,
C'est alors que je veux t'en ôter le pouvoir;
Et j'attends de pied ferme à reprendre ma place,
Qu'il ne soit plus en toi de retrouver ta glace.
Tu te défends encore, et n'en tiens qu'à demi.

FLORAME.

Cruel, est-ce là donc me traiter en ami?
Garde, pour châtiment de cet injuste outrage,
Qu'Amarante pour toi ne change de courage,
Et, se rendant sensible à l'ardeur de mes vœux....

THÉANTE.

A cela près, poursuis; gagne-la si tu peux :
Je ne m'en prendrai lors qu'à ma seule imprudence;
Et demeurant ensemble en bonne intelligence,
En dépit du malheur que j'aurai mérité,
J'aimerai le rival qui m'aura supplanté.

FLORAME.

Ami, qu'il vaut bien mieux ne point tomber en peine
De faire à tes dépens cette épreuve incertaine!
Je me confesse pris, je quitte, j'ai perdu :
Que veux-tu plus de moi? reprends ce qui t'est dû.
Séparer plus longtemps une amour si parfaite!
Continuer encor la faute que j'ai faite!
Elle n'est que trop grande, et, pour la réparer,
J'empêcherai Daphnis de vous plus séparer.
Pour peu qu'à mes discours je la trouve accessible,

Vous jouirez vous deux d'un entretien paisible;
Je saurai l'amuser, et vos feux redoublés
Par son fâcheux abord ne seront plus troublés.

THÉANTE.

Ce seroit prendre un soin qui n'est pas nécessaire.
Daphnis sait d'elle-même assez bien se distraire;
Et jamais son abord ne trouble nos plaisirs,
Tant elle est complaisante à nos chastes désirs.

SCÈNE IV. — AMARANTE, FLORAME, THÉANTE.

THÉANTE, *à Amarante*.

Déploie, il en est temps, tes meilleurs artifices,
Sans mettre toutefois en oubli mes services.
Je t'amène un captif qui te veut échapper.

AMARANTE.

J'en ai vu d'échappés que j'ai su rattraper.

THÉANTE.

Vois qu'en sa liberté ta gloire se hasarde.

AMARANTE.

Allez, laissez-le-moi, j'en ferai bonne garde.
Daphnis est au jardin.

FLORAME.

Sans plus vous désunir,
Souffre qu'au lieu de toi je l'aille entretenir.

SCÈNE V. — AMARANTE, FLORAME.

AMARANTE.

Laissez, mon cavalier, laissez aller Théante :
Il porte assez au cœur le portrait d'Amarante;
Je n'appréhende point qu'on l'en puisse effacer :
C'est au vôtre à présent que je le veux tracer;
Et la difficulté d'une telle victoire
M'en augmente l'ardeur comme elle en croît la gloire.

FLORAME.

Aurez-vous quelque gloire à me faire souffrir?

AMARANTE.

Plus que de tous les vœux qu'on me pourroit offrir.

FLORAME.

Vous plaisez-vous à ceux d'une âme si contrainte,
Qu'une vieille amitié retient toujours en crainte?

AMARANTE.

Vous n'êtes pas encore au point où je vous veux :
Et toute amitié meurt où naissent de vrais feux.

FLORAME.

De vrai, contre ses droits mon esprit se rebelle :
Mais feriez-vous état d'un amant infidèle?

AMARANTE.
Je ne prendrai jamais pour un manque de foi
D'oublier un ami pour se donner à moi.
FLORAME.
Encor si je pouvois former quelque espérance
De vous voir favorable à ma persévérance,
Que vous puissiez m'aimer après tant de tourment,
Et d'un mauvais ami faire un heureux amant!
Mais, hélas! je vous sers, je vis sous votre empire,
Et je ne puis prétendre où mon désir aspire.
Théante! (ah! nom fatal pour me combler d'ennui!)
Vous demandez mon cœur, et le vôtre est à lui!
Souffrez qu'en autre lieu j'adresse mes services,
Que du manque d'espoir j'évite les supplices.
Qui ne peut rien prétendre a droit d'abandonner.
AMARANTE.
S'il ne tient qu'à l'espoir, je vous en veux donner.
Apprenez que chez moi c'est un foible avantage
De m'avoir de ses vœux le premier fait hommage :
Le mérite y fait tout; et tel plaît à mes yeux,
Que je négligerois près de qui vaudroit mieux.
Lui seul de mes amans règle la différence,
Sans que le temps leur donne aucune préférence.
FLORAME.
Vous ne flattez mes sens que pour m'embarrasser
AMARANTE.
Peut-être; mais enfin il faut le confesser,
Vous vous trouveriez mieux auprès de ma maîtresse.
FLORAME.
Ne pensez pas....
AMARANTE.
Non, non, c'est là ce qui vous presse.
Allons dans le jardin ensemble la chercher.
(A part.)
Que j'ai su dextrement à ses yeux la cacher!

SCÈNE VI. — DAPHNIS, THÉANTE.

DAPHNIS.
Voyez comme tous deux ont fui notre rencontre!
Je vous l'ai déjà dit; et l'effet vous le montre :
Vous perdez Amarante, et cet ami fardé
Se saisit finement d'un bien si mal gardé :
Vous devez vous lasser de tant de patience,
Et votre sûreté n'est qu'en la défiance.
THÉANTE.
Je connois Amarante, et ma facilité

Établit mon repos sur sa fidélité :
Elle rit de Florame et de ses flatteries,
Qui ne sont après tout que des galanteries.
DAPHNIS.
Amarante, de vrai, n'aime pas à changer ;
Mais votre peu de soin l'y pourroit engager
On néglige aisément un homme qui néglige.
Son naturel est vain ; et qui la sert l'oblige :
D'ailleurs les nouveautés ont de puissans appas.
Théante, croyez-moi, ne vous y fiez pas.
J'ai su me faire jour jusqu'au fond de son âme,
Où j'ai peu remarqué de sa première flamme ;
Et s'il tournoit la feinte en véritable amour,
Elle seroit bien fille à vous jouer d'un tour.
Mais afin que l'issue en soit pour vous meilleure,
Laissez-moi ce causeur à gouverner une heure ;
J'ai tant de passion pour tous vos intérêts,
Que j'en saurai bientôt pénétrer les secrets.
THÉANTE.
C'est un trop bas emploi pour de si hauts mérites ;
Et quand elle aimeroit à souffrir ses visites,
Quand elle auroit pour lui quelque inclination,
Vous m'en verriez toujours sans appréhension.
Qu'il se mette à loisir, s'il peut, dans son courage ;
Un moment de ma vue en efface l'image.
Nous nous ressemblons mal ; et, pour ce changement,
Elle a de trop bons yeux et trop de jugement.
DAPHNIS.
Vous le méprisez trop : je trouve en lui des charmes
Qui vous devroient du moins donner quelques alarmes.
Clarimond n'a de moi que haine et que rigueur ;
Mais s'il lui ressembloit, il gagneroit mon cœur.
THÉANTE.
Vous en parlez ainsi, faute de le connoître.
DAPHNIS.
J'en parle et juge ainsi sur ce qu'on voit paroître.
THÉANTE.
Quoi qu'il en soit, l'honneur de vous entretenir....
DAPHNIS.
Brisons là ce discours ; je l'aperçois venir.
Amarante, ce semble, en est fort satisfaite.

SCÈNE VII. — DAPHNIS, FLORAME, THÉANTE,
AMARANTE.

THÉANTE.
Je t'attendois, ami, pour faire la retraite.

ACTE I, SCÈNE VII.

L'heure du dîner presse, et nous incommodons
Celle qu'en nos discours ici nous retardons.

DAPHNIS.

Il n'est pas encor tard.

THÉANTE.

Nous ferions conscience
D'abuser plus longtemps de votre patience.

FLORAME.

Madame, excusez donc cette incivilité,
Dont l'heure nous impose une nécessité.

DAPHNIS.

Sa force vous excuse, et je lis dans votre âme
Qu'à regret vous quittez l'objet de votre flamme.

SCÈNE VIII. — DAPHNIS, AMARANTE.

DAPHNIS.

Cette assiduité de Florame avec vous
A la fin a rendu Théante un peu jaloux.
Aussi de vous y voir tous les jours attachée,
Quelle puissante amour n'en seroit point touchée?
Je viens d'examiner son esprit en passant;
Mais vous ne croiriez pas l'ennui qu'il en ressent
Vous y devez pourvoir; et, si vous êtes sage,
Il faut à cet ami faire mauvais visage,
Lui fausser compagnie, éviter ses discours :
Ce sont pour l'apaiser les chemins les plus courts;
Sinon, faites état qu'il va courir au change.

AMARANTE.

Il seroit, en ce cas, d'une humeur bien étrange.
A sa prière seule, et pour le contenter,
J'écoute cet ami quand il m'en vient conter;
Et, pour vous dire tout, cet amant infidèle
Ne m'aime pas assez pour en être en cervelle.
Il forme des desseins beaucoup plus relevés,
Et de plus beaux portraits en son cœur sont gravés.
Mes yeux pour l'asservir ont de trop foibles armes;
Il voudroit, pour m'aimer, que j'eusse d'autres charmes,
Que l'éclat de mon sang, mieux soutenu de biens,
Ne fût point ravalé par le rang que je tiens;
Enfin (que serviroit aussi bien de le taire?)
Sa vanité le porte au souci de vous plaire.

DAPHNIS.

En ce cas, il verra que je sais comme il faut
Punir des insolens qui prétendent trop haut.

AMARANTE.

Je lui veux quelque bien, puisque, changeant de flamme,

Vous voyez, par pitié, qu'il me laisse Florame,
Qui, n'étant pas si vain, a plus de fermeté.

DAPHNIS.

Amarante, après tout, disons la vérité :
Théante n'est si vain qu'en votre fantaisie ;
Et sa froideur pour vous naît de sa jalousie :
Mais, soit qu'il change ou non, il ne m'importe en rien ;
Et ce que je vous dis n'est que pour votre bien.

SCÈNE IX. — AMARANTE.

Pour peu savant qu'on soit aux mouvemens de l'âme,
On devine aisément qu'elle en veut à Florame.
Sa fermeté pour moi, que je vantois à faux,
Lui portoit dans l'esprit de terribles assauts.
Sa surprise à ce mot a paru manifeste ;
Son teint en a changé, sa parole, son geste :
L'entretien que j'en ai lui sembleroit bien doux ;
Et je crois que Théante en est le moins jaloux.
Ce n'est pas d'aujourd'hui que je m'en suis doutée.
Être toujours des yeux sur un homme arrêtée,
Dans son manque de biens déplorer son malheur,
Juger à sa façon qu'il a de la valeur,
Demander si l'esprit en répond à la mine,
Tout cela de ses feux eût instruit la moins fine.
Florame en est de même, il meurt de lui parler ;
Et, s'il peut d'avec moi jamais se démêler,
C'en est fait, je le perds. L'impertinente crainte !
Que m'importe de perdre une amitié si feinte ?
Et que me peut servir un ridicule feu,
Où jamais de son cœur sa bouche n'a l'aveu ?
Je m'en veux mal en vain ; l'amour a tant de force
Qu'il attache mes sens à cette fausse amorce,
Et fera son possible à toujours conserver
Ce doux extérieur dont on me veut priver.

ACTE SECOND.

SCÈNE I. — GÉRASTE, CÉLIE.

CÉLIE.

Eh bien, j'en parlerai ; mais songez qu'à votre âge
Mille accidens fâcheux suivent le mariage.
On aime rarement de si sages époux ;
Et leur moindre malheur, c'est d'être un peu jaloux.

Convaincus au dedans de leur propre foiblesse,
Une ombre leur fait peur, une mouche les blesse;
Et cet heureux hymen, qui les charmoit si fort,
Devient souvent pour eux un fourrier de la mort.

GÉRASTE.

Excuse, ou pour le moins pardonne à ma folie;
Le sort en est jeté : va, ma chère Célie,
Va trouver la beauté qui me tient sous sa loi,
Flatte-la de ma part, promets-lui tout de moi :
Dis-lui que si l'amour d'un vieillard l'importune,
Elle fait une planche à sa bonne fortune;
Que l'excès de mes biens, à force de présens,
Répare la vigueur qui manque à mes vieux ans;
Qu'il ne lui peut échoir de meilleure aventure.

CÉLIE.

Ne m'importunez point de votre tablature :
Sans vos instructions, je sais bien mon métier
Et je n'en laisserai pas un trait à quartier.

GÉRASTE.

Je ne suis point ingrat quand on me rend office.
Peins-lui bien mon amour, offre bien mon service,
Dis bien que mes beaux jours ne sont pas si passés
Qu'il ne me reste encor....

CÉLIE.

    Que vous m'étourdissez!
N'est-ce point assez dit que votre âme est éprise?
Que vous allez mourir si vous n'avez Florise?
Reposez-vous sur moi.

GÉRASTE.

    Que voilà froidement
Me promettre ton aide à finir mon tourment!

CÉLIE.

S'il faut aller plus vite, allons, je vois son frère,
Et vais, tout devant vous, lui proposer l'affaire.

GÉRASTE.

Ce seroit tout gâter; arrête, et, par douceur,
Essaye auparavant d'y résoudre la sœur.

SCÈNE II. — FLORAME.

  Jamais ne verrai-je finie
  Cette incommode affection,
  Dont l'impitoyable manie
  Tyrannise ma passion?
Je feins et je fais naître un feu si véritable,
Qu'à force d'être aimé je deviens misérable.

Toi qui m'assiéges tout le jour,
Fâcheuse cause de ma peine,
Amarante, de qui l'amour
Commence à mériter ma haine,
Cesse de te donner tant de soins superflus;
Je te voudrai du bien de ne m'en vouloir plus.

Dans une ardeur si violente,
Près de l'objet de mes désirs,
Penses-tu que je me contente
D'un regard et de deux soupirs?
Et que je souffre encor cet injuste partage
Où tu tiens mes discours, et Daphnis mon courage?

Si j'ai feint pour toi quelques feux,
C'est à quoi plus rien ne m'oblige :
Quand on a l'effet de ses vœux,
Ce qu'on adoroit se néglige.
Je ne voulois de toi qu'un accès chez Daphnis :
Amarante, je l'ai; mes amours sont finis.

Théante, reprends ta maîtresse;
N'ôte plus à mes entretiens
L'unique sujet qui me blesse,
Et qui peut-être est las des tiens.
Et toi, puissant Amour, fais enfin que j'obtienne
Un peu de liberté pour lui donner la mienne!

SCÈNE III. — AMARANTE, FLORAME.

AMARANTE.
Que vous voilà soudain de retour en ces lieux!
FLORAME.
Vous jugerez par là du pouvoir de vos yeux.
AMARANTE.
Autre objet que mes yeux devers nous vous attire.
FLORAME.
Autre objet que vos yeux ne cause mon martyre.
AMARANTE.
Votre martyre donc est de perdre avec moi
Un temps dont vous voulez faire un meilleur emploi.

SCÈNE IV. — DAPHNIS, AMARANTE, FLORAME.

DAPHNIS.
Amarante, allez voir si dans la galerie
Ils ont bientôt tendu cette tapisserie :
Ces gens-là ne font rien, si l'on n'a l'œil sur eux.

(*Amarante rentre, et Daphnis continue.*)
Je romps pour quelque temps le discours de vos feux.
FLORAME.
N'appelez point des feux un peu de complaisance
Que détruit votre abord, qu'éteint votre présence.
DAPHNIS.
Votre amour est trop forte, et vos cœurs trop unis,
Pour l'oublier soudain à l'abord de Daphnis ;
Et vos civilités, étant dans l'impossible,
Vous rendent bien flatteur, mais non pas insensible.
FLORAME.
Quoi que vous estimiez de ma civilité,
Je ne me pique point d'insensibilité.
J'aime, il n'est que trop vrai, je brûle, je soupire :
Mais un plus haut sujet me tient sous son empire.
DAPHNIS.
Le nom ne s'en dit point ?
FLORAME.
Je ris de ces amans
Dont le trop de respect redouble les tourmens,
Et qui, pour les cacher se faisant violence,
Se promettent beaucoup d'un timide silence.
Pour moi, j'ai toujours cru qu'un amour vertueux
N'avoit point à rougir d'être présomptueux.
Je veux bien vous nommer le bel œil qui me dompte,
Et ma témérité ne me fait point de honte.
Ce rare et haut sujet....
AMARANTE, *revenant brusquement.*
Tout est presque tendu.
DAPHNIS.
Vous n'avez auprès d'eux guère de temps perdu.
AMARANTE.
J'ai vu qu'ils l'employoient, et je suis revenue.
DAPHNIS.
J'ai peur de m'enrhumer au froid qui continue.
Allez au cabinet me querir un mouchoir :
J'en ai laissé les clefs autour de mon miroir,
Vous les trouverez là.
(*Amarante rentre, et Daphnis continue.*)
J'ai cru que cette belle
Ne pouvoit à propos se nommer devant elle,
Qui, recevant par là quelque espèce d'affront,
En auroit eu soudain la rougeur sur le front.
FLORAME.
Sans affront je la quitte, et lui préfère une autre
Dont le mérite égal, le rang pareil au vôtre,
L'esprit et les attraits également puissans,

Ne devroient de ma part avoir que de l'encens :
Oui, sa perfection, comme la vôtre extrême,
N'a que vous de pareille; en un mot, c'est....
DAPHNIS.
Moi-même ;
Je vois bien que c'est là que vous voulez venir,
Non tant pour m'obliger, comme pour me punir.
Ma curiosité, devenue indiscrète,
A voulu trop savoir d'une flamme secrète :
Mais, bien qu'elle en reçoive un juste châtiment,
Vous pouviez me traiter un peu plus doucement.
Sans me faire rougir, il vous devoit suffire
De me taire l'objet dont vous aimez l'empire :
Mettre en sa place un nom qui ne vous touche pas,
C'est un cruel reproche au peu que j'ai d'appas.
FLORAME.
Vu le peu que je suis, vous dédaignez de croire
Une si malheureuse et si basse victoire.
Mon cœur est un captif si peu digne de vous,
Que vos yeux en voudroient désavouer leurs coups;
Ou peut-être mon sort me rend si méprisable,
Que ma témérité vous devient incroyable.
Mais, quoi que désormais il m'en puisse arriver,
Je fais serment....
AMARANTE.
Vos clefs ne sauroient se trouver.
DAPHNIS.
Faute d'un plus exquis, et comme par bravade,
Ceci servira donc de mouchoir de parade.
Enfin, ce cavalier que nous vîmes au bal,
Vous trouvez comme moi qu'il ne danse pas mal?
FLORAME.
Je ne le vis jamais mieux sur sa bonne mine.
DAPHNIS.
Il s'étoit si bien mis pour l'amour de Clarine.
(*A Amarante.*)
A propos de Clarine, il m'étoit échappé
Qu'elle en a deux à moi d'un nouveau point-coupé.
Allez, et dites-lui qu'elle me les renvoie.
AMARANTE.
Il est hors d'apparence aujourd'hui qu'on la voie ;
Dès une heure au plus tard elle devoit sortir.
DAPHNIS.
Son cocher n'est jamais sitôt prêt à partir ;
Et d'ailleurs son logis n'est pas au bout du monde ;
Vous perdrez peu de pas. Quoi qu'elle vous réponde,
Dites-lui nettement que je les veux avoir.

AMARANTE.
A vous les rapporter je ferai mon pouvoir.

SCÈNE V. — FLORAME, DAPHNIS.

FLORAME.
C'est à vous maintenant d'ordonner mon supplice,
Sûre que sa rigueur n'aura point d'injustice.
DAPHNIS.
Vous voyez qu'Amarante a pour vous de l'amour,
Et ne manquera pas d'être tôt de retour.
Bien que je pusse encore user de ma puissance,
Il vaut mieux ménager le temps de son absence.
Donc, pour n'en perdre point en discours superflus,
Je crois que vous m'aimez; n'attendez rien de plus :
Florame, je suis fille, et je dépends d'un père.
FLORAME.
Mais de votre côté que faut-il que j'espère?
DAPHNIS.
Si ma jalouse encor vous rencontroit ici,
Ce qu'elle a de soupçons seroit trop éclairci.
Laissez-moi seule, allez.
FLORAME.
Se peut-il que Florame
Souffre d'être sitôt séparé de son âme?
Oui, l'honneur d'obéir à vos commandemens
Lui doit être plus cher que ses contentemens.

SCÈNE VI. — DAPHNIS.

Mon amour, par ses yeux plus forte devenue,
L'eût bientôt emporté dessus ma retenue;
Et je sentois mon feu tellement s'augmenter,
Qu'il n'étoit plus en moi de le pouvoir dompter.
J'avois peur d'en trop dire; et, cruelle à moi-même,
Parce que j'aime trop, j'ai banni ce que j'aime.
Je me trouve captive en de si beaux liens,
Que je meurs qu'il le sache, et j'en fuis les moyens.
Quelle importune loi que cette modestie,
Par qui notre apparence en glace convertie
Étouffe dans la bouche, et nourrit dans le cœur,
Un feu dont la contrainte augmente la vigueur!
Que ce penser m'est doux! que je t'aime, Florame!
Et que je songe peu, dans l'excès de ma flamme,
A ce qu'en nos destins contre nous irrités
Le mérite et les biens font d'inégalités!
Aussi par celle-là de bien loin tu me passes,
Et l'autre seulement est pour les âmes basses;

Et ce penser flatteur me fait croire aisément
Que mon père sera de même sentiment.
Hélas! c'est en effet bien flatter mon courage,
D'accommoder son sens aux désirs de mon âge;
Il voit par d'autres yeux, et veut d'autres appas.

SCÈNE VII. — AMARANTE, DAPHNIS.

AMARANTE.
Je vous l'avois bien dit qu'elle n'y seroit pas.
DAPHNIS.
Que vous avez tardé pour ne trouver personne!
AMARANTE.
Ce reproche vraiment ne peut qu'il ne m'étonne;
Pour revenir plus vite, il eût fallu voler.
DAPHNIS.
Florame cependant, qui vient de s'en aller,
A la fin, malgré moi, s'est ennuyé d'attendre.
AMARANTE.
C'est chose toutefois que je ne puis comprendre.
Des hommes de mérite et d'esprit comme lui
N'ont jamais avec vous aucun sujet d'ennui;
Votre âme généreuse a trop de courtoisie.
DAPHNIS.
Et la vôtre amoureuse un peu de jalousie.
AMARANTE.
De vrai, je goûtois mal de faire tant de tours,
Et perdois à regret ma part de ses discours.
DAPHNIS.
Aussi je me trouvois si promptement servie,
Que je me doutois bien qu'on me portoit envie.
En un mot, l'aimez-vous?
AMARANTE.
Je l'aime aucunement,
Non pas jusqu'à troubler votre contentement;
Mais, si son entretien n'a point de quoi vous plaire,
Vous m'obligerez fort de ne m'en plus distraire.
DAPHNIS.
Mais au cas qu'il me plût?
AMARANTE.
Il faudroit vous céder.
C'est ainsi qu'avec vous je ne puis rien garder.
Au moindre feu pour moi qu'un amant fait paroître,
Par curiosité vous le voulez connoître,
Et, quand il a goûté d'un si doux entretien,
Je puis dire dès lors que je ne tiens plus rien.
C'est ainsi que Théante a négligé ma flamme.

Encor tout de nouveau vous m'enlevez Florame.
Si vous continuez à rompre ainsi mes coups,
Je ne sais tantôt plus comment vivre avec vous.
DAPHNIS.
Sans colère, Amarante; il semble, à vous entendre,
Qu'en même lieu que vous je voulusse prétendre.
Allez, assurez-vous que mes contentemens
Ne vous déroberont aucun de vos amans;
Et, pour vous en donner la preuve plus expresse,
Voilà votre Théante, avec qui je vous laisse.

SCÈNE VIII. — THÉANTE, AMARANTE.

THÉANTE.
Tu me vois sans Florame : un amoureux ennui
Assez adroitement m'a dérobé de lui.
Las de céder ma place à son discours frivole,
Et n'osant toutefois lui manquer de parole,
Je pratique un quart d'heure à mes affections.
AMARANTE.
Ma maîtresse lisoit dans tes intentions.
Tu vois à ton abord comme elle a fait retraite,
De peur d'incommoder une amour si parfaite.
THÉANTE.
Je ne la saurois croire obligeante à ce point.
Ce qui la fait partir ne se dira-t-il point?
AMARANTE.
Veux-tu que je t'en parle avec toute franchise?
C'est la mauvaise humeur où Florame l'a mise.
THÉANTE.
Florame?
AMARANTE.
    Oui. Ce causeur vouloit l'entretenir;
Mais il aura perdu le goût d'y revenir :
Elle n'a que fort peu souffert sa compagnie,
Et l'en a chassé presque avec ignominie.
De dépit cependant ses mouvemens aigris
Ne veulent aujourd'hui traiter que de mépris;
Et l'unique raison qui fait qu'elle me quitte,
C'est l'estime où te met près d'elle ton mérite :
Elle ne voudroit pas te voir mal satisfait,
Ni rompre sur-le-champ le dessein qu'elle a fait.
THÉANTE.
J'ai regret que Florame ait reçu cette honte :
Mais enfin auprès d'elle il trouve mal son compte?
AMARANTE.
Aussi c'est un discours ennuyeux que le sien;

Il parle incessamment sans dire jamais rien:
Et n'étoit que pour toi je me fais ces contraintes,
Je l'envoîrois bientôt porter ailleurs ses feintes.
             THÉANTE.
Et je m'assure aussi tellement en ta foi,
Que, bien que tout le jour il cajole avec toi,
Mon esprit te conserve une amitié si pure,
Que, sans être jaloux, je le vois et l'endure.
             AMARANTE.
Comment le serois-tu pour un si triste objet?
Ses imperfections t'en ôtent tout sujet.
C'est à toi d'admirer qu'encor qu'un beau visage
Dedans ses entretiens à toute heure t'engage,
J'ai pour toi tant d'amour et si peu de soupçon,
Que je n'en suis jalouse en aucune façon.
C'est aimer puissamment que d'aimer de la sorte;
Mais mon affection est bien encor plus forte.
Tu sais (et je le dis sans te mésestimer)
Que quand notre Daphnis auroit su te charmer,
Ce qu'elle est plus que toi mettroit hors d'espérance
Les fruits qui seroient dus à ta persévérance.
Plût à Dieu que le ciel te donnât assez d'heur
Pour faire naître en elle autant que j'ai d'ardeur!
Voyant ainsi la porte à ta fortune ouverte,
Je pourrois librement consentir à ma perte.
             THÉANTE.
Je te souhaite un change autant avantageux.
Plût à Dieu que le sort te fût moins outrageux,
Ou que jusqu'à ce point il t'eût favorisée,
Que Florame fût prince, et qu'il t'eût épousée!
Je prise, auprès des tiens, si peu mes intérêts,
Que, bien que j'en sentisse au cœur mille regrets,
Et que de déplaisir il m'en coûtât la vie,
Je me la tiendrois lors heureusement ravie.
             AMARANTE.
Je ne voudrois point d'heur qui vînt avec ta mort,
Et Damon que voilà n'en seroit pas d'accord.
             THÉANTE.
Il a mine d'avoir quelque chose à me dire.
             AMARANTE.
Ma présence y nuiroit : adieu, je me retire.
             THÉANTE.
Arrête; nous pourrons nous voir tout à loisir :
Rien ne le presse.

SCÈNE IX. — DAMON, THÉANTE.

THÉANTE.
　　　　　Ami, que tu m'as fait plaisir !
J'étois fort à la gêne avec cette suivante.
　　　　　　DAMON.
Celle qui te charmoit te devient bien pesante.
　　　　　　THÉANTE.
Je l'aime encor pourtant ; mais mon ambition
Ne laisse point agir mon inclination.
Ma flamme sur mon cœur en vain est la plus forte ;
Tous mes désirs ne vont qu'où mon dessein les porte.
Au reste, j'ai sondé l'esprit de mon rival.
　　　　　　DAMON.
Et connu....
　　　　　　THÉANTE.
　　　　　Qu'il n'est pas pour me faire grand mal.
Amarante m'en vient d'apprendre une nouvelle
Qui ne me permet plus que j'en sois en cervelle.
Il a vu....
　　　　　　DAMON.
　　　Qui ?
　　　　　　THÉANTE.
　　　　　Daphnis, et n'en a remporté
Que ce qu'elle devoit à sa témérité.
　　　　　　DAMON.
Comme quoi ?
　　　　　　THÉANTE.
　　　　　Des mépris, des rigueurs sans pareilles.
　　　　　　DAMON.
As-tu beaucoup de foi pour de telles merveilles ?
　　　　　　THÉANTE.
Celle dont je les tiens en parle assurément.
　　　　　　DAMON.
Pour un homme si fin, on te dupe aisément.
Amarante elle-même en est mal satisfaite,
Et ne t'a rien conté que ce qu'elle souhaite :
Pour seconder Florame en ses intentions,
On l'avoit écartée à des commissions.
Je viens de le trouver, tout ravi dans son âme
D'avoir eu les moyens de déclarer sa flamme,
Et qui présume tant de ses prospérités,
Qu'il croit ses vœux reçus, puisqu'ils sont écoutés.
Et certes son espoir n'est pas hors d'apparence ;
Après ce bon accueil et cette conférence,
Dont Daphnis elle-même a fait l'occasion,
J'en crains fort un succès à ta confusion.
Tâchons d'y donner ordre ; et, sans plus de langage,

Avise en quoi tu veux employer mon courage.
THÉANTE.
Lui disputer un bien où j'ai si peu de part,
Ce seroit m'exposer pour quelque autre au hasard.
Le duel est fâcheux, et, quoi qu'il en arrive,
De sa possession l'un et l'autre il nous prive,
Puisque de deux rivaux, l'un mort, l'autre s'enfuit,
Tandis que de sa peine un troisième a le fruit :
A croire son courage, en amour on s'abuse;
La valeur d'ordinaire y sert moins que la ruse.
DAMON.
Avant que passer outre, un peu d'attention.
THÉANTE.
Te viens-tu d'aviser de quelque invention ?
DAMON.
Oui, ta seule maxime en fonde l'entreprise.
Clarimond voit Daphnis, il l'aime, il la courtise;
Et, quoiqu'il n'en reçoive encor que des mépris,
Un moment de bonheur lui peut gagner ce prix.
THÉANTE.
Ce rival est bien moins à redouter qu'à plaindre.
DAMON.
Je veux que de sa part tu ne doives rien craindre;
N'est-ce pas le plus sûr qu'un duel hasardeux
Entre Florame et lui les en prive tous deux ?
THÉANTE.
Crois-tu qu'avec Florame aisément on l'engage ?
DAMON.
Je l'y résoudrai trop avec un peu d'ombrage.
Un amant dédaigné ne voit pas de bon œil
Ceux qui du même objet ont un plus doux accueil.
Des faveurs qu'on leur fait il forme ses offenses,
Et pour peu qu'on le pousse, il court aux violences.
Nous les verrions par là, l'un et l'autre écartés,
Laisser la place libre à tes félicités.
THÉANTE.
Oui; mais s'il t'obligeoit d'en porter la parole ?
DAMON.
Tu te mets en l'esprit une crainte frivole.
Mon péril de ces lieux ne te bannira pas;
Et moi, pour te servir je courrois au trépas.
THÉANTE.
En même occasion dispose de ma vie,
Et sois sûr que pour toi j'aurai la même envie.
DAMON.
Allons, ces complimens en retardent l'effet.
THÉANTE.
Le ciel ne vit jamais un ami si parfait.

ACTE TROISIÈME.

SCÈNE I. — FLORAME, CÉLIE.

FLORAME.
Enfin, quelque froideur qui paroisse en Florise,
Aux volontés d'un frère elle s'en est remise.

CÉLIE.
Quoiqu'elle s'en rapporte à vous entièrement,
Vous lui feriez plaisir d'en user autrement.
Les amours d'un vieillard sont d'une foible amorce.

FLORAME.
Que veux-tu? son esprit se fait un peu de force;
Elle se sacrifie à mes contentemens,
Et pour mes intérêts contraint ses sentimens.
Assure donc Géraste, en me donnant sa fille,
Qu'il gagne en un moment toute notre famille,
Et que, tout vieil qu'il est, cette condition
Ne laisse aucun obstacle à son affection.
Mais aussi de Florise il ne doit rien prétendre,
A moins que se résoudre à m'accepter pour gendre.

CÉLIE.
Plaisez-vous à Daphnis? c'est là le principal.

FLORAME.
Elle a trop de bonté pour me vouloir du mal;
D'ailleurs sa résistance obscurciroit sa gloire;
Je la mériterois si je la pouvois croire.
La voilà qu'un rival m'empêche d'aborder;
Le rang qu'il tient sur moi m'oblige à lui céder,
Et la pitié que j'ai d'un amant si fidèle
Lui veut donner loisir d'être dédaigné d'elle.

SCÈNE II. — DAPHNIS, CLARIMOND.

CLARIMOND.
Ces dédains rigoureux dureront-ils toujours?

DAPHNIS.
Non, ils ne dureront qu'autant que vos amours.

CLARIMOND.
C'est prescrire à mes feux des lois bien inhumaines.

DAPHNIS.
Faites finir vos feux, je finirai leurs peines.

CLARIMOND.
Le moyen de forcer mon inclination?

DAPHNIS.
Le moyen de souffrir votre obstination?
CLARIMOND.
Qui ne s'obstineroit en vous voyant si belle?
DAPHNIS.
Qui vous pourroit aimer, vous voyant si rebelle?
CLARIMOND.
Est-ce rébellion que d'avoir trop de feu?
DAPHNIS.
C'est avoir trop d'amour, et m'obéir trop peu.
CLARIMOND.
La puissance sur moi que je vous ai donnée...
DAPHNIS.
D'aucune exception ne doit être bornée.
CLARIMOND.
Essayez autrement ce pouvoir souverain.
DAPHNIS.
Cet essai me fait voir que je commande en vain.
CLARIMOND.
C'est un injuste essai qui feroit ma ruine.
DAPHNIS.
Ce n'est plus obéir depuis qu'on examine.
CLARIMOND.
Mais l'amour vous défend un tel commandement.
DAPHNIS.
Et moi je me défends un plus doux traitement.
CLARIMOND.
Avec ce beau visage avoir le cœur de roche!
DAPHNIS.
Si le mien s'endurcit, ce n'est qu'à votre approche.
CLARIMOND.
Que je sache du moins d'où naissent vos froideurs.
DAPHNIS.
Peut-être du sujet qui produit vos ardeurs.
CLARIMOND.
Si je brûle, Daphnis, c'est de nous voir ensemble.
DAPHNIS.
Et c'est de nous y voir, Clarimond, que je tremble.
CLARIMOND.
Votre contentement n'est qu'à me maltraiter.
DAPHNIS.
Comme le vôtre n'est qu'à me persécuter.
CLARIMOND.
Quoi! l'on vous persécute à force de services?
DAPHNIS.
Non; mais de votre part ce me sont des supplices.

CLARIMOND.
Hélas! et quand pourra venir ma guérison?
DAPHNIS.
Lorsque le temps chez vous remettra la raison.
CLARIMOND.
Ce n'est pas sans raison que mon âme est éprise.
DAPHNIS.
Ce n'est pas sans raison aussi qu'on vous méprise.
CLARIMOND.
Juste ciel! et que dois-je espérer désormais?
DAPHNIS.
Que je ne suis pas fille à vous aimer jamais.
CLARIMOND.
C'est donc perdre mon temps que de plus y prétendre?
DAPHNIS.
Comme je perds ici le mien à vous entendre.
CLARIMOND.
Me quittez-vous sitôt sans me vouloir guérir?
DAPHNIS.
Clarimond sans Daphnis peut et vivre et mourir.
CLARIMOND.
Je mourrai toutefois, si je ne vous possède.
DAPHNIS.
Tenez-vous donc pour mort, s'il vous faut ce remède.

SCÈNE III. — CLARIMOND.

Tout dédaigné, je l'aime; et, malgré sa rigueur,
Ses charmes plus puissans lui conservent mon cœur.
Par un contraire effet dont mes maux s'entretiennent,
Sa bouche le refuse, et ses yeux le retiennent.
Je ne puis, tant elle a de mépris et d'appas,
Ni le faire accepter, ni ne le donner pas;
Et comme si l'amour faisoit naître sa haine,
Ou qu'elle mesurât ses plaisirs à ma peine,
On voit paroître ensemble, et croître également,
Ma flamme et ses froideurs, sa joie et mon tourment.
Je tâche à m'affranchir de ce malheur extrême;
Et je ne saurois plus disposer de moi-même.
Mon désespoir trop lâche obéit à mon sort;
Et mes ressentimens n'ont qu'un débile effort.
Mais, pour foibles qu'ils soient, aidons leur impuissance;
Donnons-leur le secours d'une éternelle absence.
Adieu, cruelle ingrate; adieu : je fuis ces lieux
Pour dérober mon âme au pouvoir de tes yeux.

SCÈNE IV. — AMARANTE, CLARIMOND.

AMARANTE.

Monsieur, monsieur, un mot. L'air de votre visage
Témoigne un déplaisir caché dans le courage.
Vous quittez ma maîtresse un peu mal satisfait.

CLARIMOND.

Ce que voit Amarante en est le moindre effet ;
Je porte, malheureux, après de tels outrages,
Des douleurs sur le front, et dans le cœur, des rages.

AMARANTE.

Pour un peu de froideur, c'est trop désespérer.

CLARIMOND.

Que ne dis-tu plutôt que c'est trop endurer ?
Je devrois être las d'un si cruel martyre,
Briser les fers honteux où me tient son empire,
Sans irriter mes maux avec un vain regret.

AMARANTE.

Si je vous croyois homme à garder un secret,
Vous pourriez sur ce point apprendre quelque chose
Que je meurs de vous dire, et toutefois je n'ose.
L'erreur où je vous vois me fait compassion ;
Mais pourriez-vous avoir de la discrétion ?

CLARIMOND.

Prends-en ma foi pour gage, avec.... Laisse-moi faire.
(*Il veut tirer un diamant de son doigt pour le lui donner, et elle l'en empêche.*)

AMARANTE.

Vous voulez justement m'obliger à me taire ;
Aux filles de ma sorte il suffit de la foi :
Réservez vos présens pour quelque autre que moi.

CLARIMOND.

Souffre....

AMARANTE.

Gardez-les, dis-je, ou je vous abandonne.
Daphnis a des rigueurs dont l'excès vous étonne ;
Mais vous aurez bien plus de quoi vous étonner
Quand vous saurez comment il faut la gouverner.
A force de douceurs vous la rendez cruelle,
Et vos submissions vous perdent auprès d'elle :
Épargnez désormais tous ces pas superflus ;
Parlez-en au bonhomme, et ne la voyez plus.
Toutes ses cruautés ne sont qu'en apparence.
Du côté du vieillard tournez votre espérance ;
Quand il aura pour elle accepté quelque amant,
Un prompt amour naîtra de son commandement.
Elle vous fait tandis cette galanterie,

Pour s'acquérir le bruit de fille bien nourrie,
Et gagner d'autant plus de réputation
Qu'on la croira forcer son inclination.
Nommez cette maxime ou prudence ou sottise,
C'est la seule raison qui fait qu'on vous méprise.
CLARIMOND.
Hélas! Eh! le moyen de croire tes discours?
AMARANTE.
De grâce, n'usez point si mal de mon secours :
Croyez les bons avis d'une bouche fidèle,
Et, songeant seulement que je viens d'avec elle,
Derechef épargnez tous ces pas superflus;
Parlez-en au bonhomme, et ne la voyez plus.
CLARIMOND.
Tu ne flattes mon cœur que d'un espoir frivole.
AMARANTE.
Hasardez seulement deux mots sur ma parole,
Et n'appréhendez point la honte d'un refus.
CLARIMOND.
Mais si j'en recevois, je serois bien confus.
Un oncle pourra mieux concerter cette affaire.
AMARANTE.
Ou par vous, ou par lui, ménagez bien le père.

SCÈNE V. — AMARANTE.

Qu'aisément un esprit qui se laisse flatter
S'imagine un bonheur qu'il pense mériter!
Clarimond est bien vain ensemble et bien crédule
De se persuader que Daphnis dissimule,
Et que ce grand dédain déguise un grand amour,
Que le seul choix d'un père a droit de mettre au jour.
Il s'en pâme de joie, et dessus ma parole
De tant d'affronts reçus son âme se console;
Il les chérit peut-être, et les tient à faveurs :
Tant ce trompeur espoir redouble ses ferveurs!
S'il rencontroit le père, et que mon entreprise....

SCÈNE VI. — GÉRASTE, AMARANTE.

GÉRASTE.
Amarante!
AMARANTE.
Monsieur!
GÉRASTE.
Vous faites la surprise,
Encor que de si loin vous m'ayez vu venir,
Que Clarimond n'est plus à vous entretenir!

Je donne ainsi la chasse à ceux qui vous en content!
####### AMARANTE.
A moi? mes vanités jusque-là ne se montent.
####### GÉRASTE.
Il sembloit toutefois parler d'affection.
####### AMARANTE.
Oui; mais qu'estimez-vous de son intention?
####### GÉRASTE.
Je crois que ses desseins tendent au mariage.
####### AMARANTE.
Il est vrai.
####### GÉRASTE.
Quelque foi qu'il vous donne pour gage,
Il cherche à vous surprendre, et, sous ce faux appas,
Il cache des projets que vous n'entendez pas.
####### AMARANTE.
Votre âge soupçonneux a toujours des chimères
Qui le font mal juger des cœurs les plus sincères.
####### GÉRASTE.
Où les conditions n'ont point d'égalité,
L'amour ne se fait guère avec sincérité.
####### AMARANTE.
Posé que cela soit : Clarimond me caresse;
Mais si je vous disois que c'est pour ma maîtresse,
Et que le seul besoin qu'il a de mon secours,
Sortant d'avec Daphnis, l'arrête en mes discours?
####### GÉRASTE.
S'il a besoin de toi pour avoir bonne issue,
C'est signe que sa flamme est assez mal reçue.
####### AMARANTE.
Pas tant qu'elle paroît, et que vous présumez.
D'un mutuel amour leurs cœurs sont enflammés;
Mais Daphnis se contraint, de peur de vous déplaire,
Et sa bouche est toujours à ses désirs contraire,
Hormis lorsque avec moi s'ouvrant confidemment,
Elle trouve à ses maux quelque soulagement.
Clarimond cependant, pour fondre tant de glaces,
Tâche par tous moyens d'avoir mes bonnes grâces;
Et moi je l'entretiens toujours d'un peu d'espoir.
####### GÉRASTE.
A ce compte, Daphnis est fort dans le devoir :
Je n'en puis souhaiter un meilleur témoignage;
Et ce respect m'oblige à l'aimer davantage.
Je lui serai bon père; et, puisque ce parti
A sa condition se rencontre assorti,
Bien qu'elle pût encore un peu plus haut atteindre,
Je la veux enhardir à ne se plus contraindre.

AMARANTE.

Vous n'en pourrez jamais tirer la vérité.
Honteuse de l'aimer sans votre autorité,
Elle s'en défendra de toute sa puissance ;
N'en cherchez point d'aveu que dans l'obéissance.
Quand vous aurez fait choix de cet heureux amant,
Vos ordres produiront un prompt consentement.
Mais on ouvre la porte. Hélas ! je suis perdue,
Si j'ai tant de malheur qu'elle m'ait entendue.

(*Elle rentre dans le jardin.*)

GÉRASTE.

Lui procurant du bien, elle croit la fâcher,
Et cette vaine peur la fait ainsi cacher.
Que ces jeunes cerveaux ont de traits de folie !
Mais il faut aller voir ce qu'aura fait Célie.
Toutefois disons-lui quelque mot en passant,
Qui la puisse guérir du mal qu'elle ressent.

SCÈNE VII. — DAPHNIS, GÉRASTE.

GÉRASTE.

Ma fille, c'est en vain que tu fais la discrète ;
J'ai découvert enfin ta passion secrète.
Je ne t'en parle point sur des avis douteux :
N'en rougis point, Daphnis, ton choix n'est pas honteux ;
Moi-même je l'agrée, et veux bien que ton âme
A cet amant si cher ne cache plus sa flamme.
Tu pouvois en effet prétendre un peu plus haut ;
Mais on ne peut assez estimer ce qu'il vaut :
Ses belles qualités, son crédit et sa race,
Auprès des gens d'honneur sont trop dignes de grâce.
Adieu. Si tu le vois, tu peux lui témoigner
Que sans beaucoup de peine on me pourra gagner.

SCÈNE VIII. — DAPHNIS.

D'aise et d'étonnement je demeure immobile.
D'où lui vient cette humeur de m'être si facile ?
D'où me vient ce bonheur où je n'osois penser ?
Florame, il m'est permis de te récompenser ;
Et, sans plus déguiser ce qu'un père autorise,
Je puis me revancher du don de ta franchise ;
Ton mérite le rend, malgré ton peu de biens,
Indulgent à mes feux, et favorable aux tiens :
Il trouve en tes vertus des richesses plus belles.
Mais est-il vrai, mes sens ? m'êtes-vous si fidèles ?
Mon heur me rend confuse, et ma confusion
Me fait tout soupçonner de quelque illusion.

Je ne me trompe point, ton mérite et ta race
Auprès des gens d'honneur sont trop dignes de grâce.
Florame, il est tout vrai, dès lors que je te vis,
Un battement de cœur me fit de cet avis;
Et mon père aujourd'hui souffre que dans son âme
Les mêmes sentimens....

SCÈNE IX. — FLORAME, DAPHNIS.

DAPHNIS.

Quoi! vous voilà, Florame ?
Je vous avois prié tantôt de me quitter.

FLORAME.

Et je vous ai quittée aussi sans contester.

DAPHNIS.

Mais revenir sitôt, c'est me faire une offense.

FLORAME.

Quand j'aurois sur ce point reçu quelque défense,
Si vous saviez quels feux ont pressé mon retour,
Vous en pardonneriez le crime à mon amour.

DAPHNIS.

Ne vous préparez point à dire des merveilles,
Pour me persuader des flammes sans pareilles.
Je crois que vous m'aimez, et c'est en croire plus
Que n'en exprimeroient vos discours superflus.

FLORAME.

Mes feux, qu'ont redoublés ces propos adorables,
A force d'être crus deviennent incroyables;
Et vous n'en croyez rien qui ne soit au-dessous :
Que ne m'est-il permis d'en croire autant de vous !

DAPHNIS.

Votre croyance est libre.

FLORAME.

Il me la faudroit vraie.

DAPHNIS.

Mon cœur par mes regards vous fait trop voir sa plaie.
Un homme si savant au langage des yeux
Ne doit pas demander que je m'explique mieux.
Mais, puisqu'il vous en faut un aveu de ma bouche,
Allez, assurez-vous que votre amour me touche.
Depuis tantôt je parle un peu plus librement,
Ou, si vous le voulez, un peu plus hardiment :
Aussi j'ai vu mon père; et, s'il vous faut tout dire,
Avec tous nos désirs sa volonté conspire.

FLORAME.

Surpris, ravi, confus, je n'ai que repartir.
Être aimé de Daphnis! un père y consentir!

ACTE III, SCÈNE IX.

Dans mon affection ne trouver plus d'obstacles!
Mon espoir n'eût osé concevoir ces miracles.

DAPHNIS.

Miracles toutefois qu'Amarante a produits;
De sa jalouse humeur nous tirons ces doux fruits.
Au récit de nos feux, malgré son artifice,
La bonté de mon père a trompé sa malice;
Du moins je le présume, et ne puis soupçonner
Que mon père sans elle ait pu rien deviner.

FLORAME.

Les avis d'Amarante, en trahissant ma flamme,
N'ont point gagné Géraste en faveur de Florame.
Les ressorts d'un miracle ont un plus haut moteur,
Et tout autre qu'un dieu n'en peut être l'auteur.

DAPHNIS.

C'en est un que l'Amour.

FLORAME.

Et vous verrez peut-être
Que son pouvoir divin se fait ici paroître,
Dont quelques grands effets, avant qu'il soit longtemps,
Vous rendront étonnée, et nos désirs contens.

DAPHNIS.

Florame, après vos feux et l'aveu de mon père,
L'amour n'a point d'effets capables de me plaire.

FLORAME.

Aimez-en le premier, et recevez la foi
D'un bienheureux amant qu'il met sous votre loi.

DAPHNIS.

Vous, prisez le dernier qui vous donne la mienne.

FLORAME.

Quoique dorénavant Amarante survienne,
Je crois que nos discours iront d'un pas égal,
Sans donner sur le rhume, ou gauchir sur le bal.

DAPHNIS.

Si je puis tant soit peu dissimuler ma joie,
Et que dessus mon front son excès ne se voie,
Je me jouerai bien d'elle, et des empêchemens
Que son adresse apporte à nos contentemens.

FLORAME.

J'en apprendrai de vous l'agréable nouvelle.
Un ordre nécessaire au logis me rappelle,
Et doit fort avancer le succès de nos vœux.

DAPHNIS.

Nous n'avons plus qu'une âme et qu'un vouloir tous deux.
Bien que vous éloigner ce me soit un martyre,
Puisque vous le voulez, je n'y puis contredire.
Mais quand dois-je espérer de vous revoir ici?

FLORAME.
Dans une heure au plus tard.
DAPHNIS.
Allez donc : la voici.

SCÈNE X. — AMARANTE, DAPHNIS.

DAPHNIS.
Amarante, vraiment vous êtes fort jolie;
Vous n'égayez pas mal votre mélancolie.
Votre jaloux chagrin a de beaux agrémens,
Et choisit assez bien ses divertissemens :
Votre esprit pour vous-même a force complaisance
De me faire l'objet de votre médisance;
Et, pour donner couleur à vos détractions,
Vous lisez fort avant dans mes intentions.
AMARANTE.
Moi! que de vous j'osasse aucunement médire!
DAPHNIS.
Voyez-vous, Amarante, il n'est plus temps de rire.
Vous avez vu mon père, avec qui vos discours
M'ont fait à votre gré de frivoles amours.
Quoi! souffrir un moment l'entretien de Florame,
Vous le nommez bientôt une secrète flamme?
Cette jalouse humeur dont vous suivez la loi
Vous fait en mes secrets plus savante que moi.
Mais passe pour le croire; il falloit que mon père
De votre confidence apprît cette chimère?
AMARANTE.
S'il croit que vous l'aimez, c'est sur quelque soupçon
Où je ne contribue en aucune façon.
Je sais trop que le ciel, avec de telles grâces,
Vous donne trop de cœur pour des flammes si basses;
Et, quand je vous croirois dans cet indigne choix,
Je sais ce que je suis et ce que je vous dois.
DAPHNIS.
Ne tranchez point ainsi de la respectueuse :
Votre peine, après tout, vous est bien fructueuse;
Vous la devez chérir, et son heureux succès
Qui chez nous à Florame interdit tout accès.
Mon père le bannit et de l'une et de l'autre.
Pensant nuire à mon feu, vous ruinez le vôtre.
Je lui viens de parler, mais c'étoit seulement
Pour lui dire l'arrêt de son bannissement.
Vous devez cependant être fort satisfaite
Qu'à votre occasion un père me maltraite;
Pour fruits de vos labeurs si cela vous suffit,

C'est acquérir ma haine avec peu de profit.
AMARANTE.
Si touchant vos amours on sait rien de ma bouche,
Que je puisse à vos yeux devenir une souche!
Que le ciel....
DAPHNIS.
Finissez vos imprécations.
J'aime votre malice et vos délations.
Ma mignonne, apprenez que vous êtes déçue :
C'est par votre rapport que mon ardeur est sue;
Mais mon père y consent, et vos avis jaloux
N'ont fait que me donner Florame pour époux.

SCÈNE XI. — AMARANTE.

Ai-je bien entendu? Sa belle humeur se joue,
Et par plaisir soi-même elle se désavoue.
Son père la maltraite, et consent à ses vœux!
Ai-je nommé Florame en parlant de ses feux?
Florame, Clarimond, ces deux noms, ce me semble,
Pour être confondus, n'ont rien qui se ressemble.
Le moyen que jamais on entendît si mal,
Que l'un de ces amans fût pris pour son rival?
Je ne sais où j'en suis, et toutefois j'espère;
Sous ces obscurités je soupçonne un mystère;
Et mon esprit confus, à force de douter,
Bien qu'il n'ose rien croire, ose encor se flatter.

ACTE QUATRIÈME.

SCÈNE I. — DAPHNIS.

Qu'en l'attente de ce qu'on aime
Une heure est fâcheuse à passer!
Qu'elle ennuie un amour extrême
Dont la joie est réduite aux douceurs d'y penser!

Le mien, qui fuit la défiance,
La trouve trop longue à venir,
Et s'accuse d'impatience,
Plutôt que mon amant de peu de souvenir.

Ainsi moi-même je m'abuse,
De crainte d'un plus grand ennui,
Et je ne cherche plus de ruse
Qu'à m'ôter tout sujet de me plaindre de lui.

Aussi bien, malgré ma colère,
Je brûlerois de m'apaiser,
Et sa peine la plus sévère
Ne seroit tout au plus qu'un mot pour l'excuser.

Je dois rougir de ma foiblesse ;
C'est être trop bonne en effet.
Daphnis, fais un peu la maîtresse,
Et souviens-toi du moins....

SCÈNE II. — GÉRASTE, CÉLIE, DAPHNIS.

GÉRASTE, *à Célie.*

Adieu, cela vaut fait,
Tu l'en peux assurer.
(*Célie rentre, et Géraste continue de parler à Daphnis.*)
Ma fille, je présume,
Quelques feux dans ton cœur que ton amant allume,
Que tu ne voudrois pas sortir de ton devoir.

DAPHNIS.

C'est ce que le passé vous a pu faire voir.

GÉRASTE.

Mais si, pour en tirer une preuve plus claire,
Je disois qu'il faut prendre un sentiment contraire,
Qu'une autre occasion te donne un autre amant?

DAPHNIS.

Il seroit un peu tard pour un tel changement.
Sous votre autorité j'ai dévoilé mon âme ;
J'ai découvert mon cœur à l'objet de ma flamme,
Et c'est sous votre aveu qu'il a reçu ma foi.

GÉRASTE.

Oui ; mais je viens de faire un autre choix pour toi.

DAPHNIS.

Ma foi ne permet plus une telle inconstance.

GÉRASTE.

Et moi, je ne saurois souffrir de résistance.
Si ce gage est donné par mon consentement,
Il faut le retirer par mon commandement.
Vous soupirez en vain : vos soupirs et vos larmes
Contre ma volonté sont d'impuissantes armes.
Rentrez ; je ne puis voir qu'avec mille douleurs
Votre rébellion s'exprimer par vos pleurs.
(*Daphnis rentre, et Géraste continue.*)
La pitié me gagnoit. Il m'étoit impossible
De voir encor ses pleurs, et n'être pas sensible :
Mon injuste rigueur ne pouvoit plus tenir ;
Et, de peur de me rendre, il la falloit bannir.
N'importe toutefois, la parole me lie ;

Et mon amour ainsi l'a promis à Célie;
Florise ne se peut acquérir qu'à ce prix,
Si Florame....

SCÈNE III. — AMARANTE, GÉRASTE.

AMARANTE.

Monsieur, vous vous êtes mépris;
C'est Clarimond qu'elle aime.

GÉRASTE.

Et ma plus grande peine
N'est que d'en avoir eu la preuve trop certaine;
Dans sa rébellion à mon autorité,
L'amour qu'elle a pour lui n'a que trop éclaté.
Si pour ce cavalier elle avoit moins de flamme,
Elle agréeroit le choix que je fais de Florame,
Et, prenant désormais un mouvement plus sain,
Ne s'obstineroit pas à rompre mon dessein.

AMARANTE.

C'est ce choix inégal qui vous la fait rebelle;
Mais pour tout autre amant n'appréhendez rien d'elle.

GÉRASTE.

Florame a peu de biens, mais pour quelque raison
C'est lui seul dont je fais l'appui de ma maison.
Examiner mon choix, c'est un trait d'imprudence.
Toi, qu'à présent Daphnis traite de confidence,
Et dont le seul avis gouverne ses secrets,
Je te prie, Amarante, adoucis ses regrets,
Résous-la, si tu peux, à contenter un père;
Fais qu'elle aime Florame, ou craigne ma colère.

AMARANTE.

Puisque vous le voulez, j'y ferai mon pouvoir;
C'est chose toutefois dont j'ai si peu d'espoir,
Que je craindrois plutôt de l'aigrir davantage.

GÉRASTE.

Il est tant de moyens de fléchir un courage!
Trouve pour la gagner quelque subtil appas;
La récompense après ne te manquera pas.

SCÈNE IV. — AMARANTE.

Accorde qui pourra le père avec la fille;
L'égarement d'esprit règne sur la famille.
Daphnis aime Florame, et son père y consent:
D'elle-même j'ai su l'aise qu'elle en ressent;
Et, si j'en crois ce père, elle ne porte en l'âme
Que révolte, qu'orgueil, que mépris pour Florame.
Peut-elle s'opposer à ses propres désirs,

Démentir tout son cœur, détruire ses plaisirs?
S'ils sont sages tous deux, il faut que je sois folle.
Leur mécompte pourtant, quel qu'il soit, me console;
Et bien qu'il me réduise au bout de mon latin,
Un peu plus en repos j'en attendrai la fin.

SCÈNE V. — FLORAME, DAMON, CLÉON.

FLORAME.

Sans me voir elle rentre, et quelque bon génie
Me sauve de ses yeux et de sa tyrannie.
Je ne me croyois pas quitte de ses discours,
A moins que sa maîtresse en vînt rompre le cours.

DAMON.

Je voudrois t'avoir vu dedans cette contrainte.

FLORAME.

Peut-être voudrois-tu qu'elle empêchât ma plainte?

DAMON.

Si Théante sait tout, sans raison tu t'en plains.
Je t'ai dit ses secrets, comme à lui tes desseins.
Il voit dedans ton cœur, tu lis dans son courage;
Et je vous fais combattre ainsi sans avantage.

FLORAME.

Toutefois au combat tu n'as pu l'engager.

DAMON.

Sa générosité n'en craint pas le danger;
Mais cela choque un peu sa prudence amoureuse,
Vu que la fuite en est la fin la plus heureuse,
Et qu'il faut que, l'un mort, l'autre tire pays.

FLORAME.

Malgré le déplaisir de mes secrets trahis,
Je ne puis, cher ami, qu'avec toi je ne rie
Des subtiles raisons de sa poltronnerie.
Nous faire ce duel sans s'exposer aux coups,
C'est véritablement en savoir plus que nous,
Et te mettre en sa place avec assez d'adresse.

DAMON.

Qu'importe à quels périls il gagne une maîtresse?
Que ses rivaux entre eux fassent mille combats,
Que j'en porte parole, ou ne la porte pas,
Tout lui semblera bon, pourvu que sans en être
Il puisse de ces lieux les faire disparoître.

FLORAME.

Mais ton service offert hasardoit bien ta foi,
Et, s'il eût eu du cœur, t'engageoit contre moi.

DAMON.

Je savois trop que l'offre en seroit rejetée.

ACTE IV, SCÈNE V.

Depuis plus de dix ans je connois sa portée ;
Il ne devient mutin que fort malaisément,
Et préfère la ruse à l'éclaircissement.

FLORAME.

Les maximes qu'il tient pour conserver sa vie
T'ont donné des plaisirs où je te porte envie.

DAMON.

Tu peux incontinent les goûter si tu veux.
Lui, qui doute fort peu du succès de ses vœux,
Et qui croit que déjà Clarimond et Florame
Disputent loin d'ici le sujet de leur flamme,
Seroit-il homme à perdre un temps si précieux,
Sans aller chez Daphnis faire le gracieux,
Et, seul, à la faveur de quelque mot pour rire,
Prendre l'occasion de conter son martyre?

FLORAME.

Mais, s'il nous trouve ensemble, il pourra soupçonner
Que nous prenons plaisir tous deux à le berner.

DAMON.

De peur que nous voyant il conçût quelque ombrage,
J'avois mis tout exprès Cléon sur le passage.
(*A Cléon.*
Théante approche-t-il ?

CLÉON.

Il est en ce carfour.

DAMON.

Adieu donc : nous pourrons le jouer tour à tour.

FLORAME, *seul.*

Je m'étonne comment tant de belles parties
En cet illustre amant sont si mal assorties,
Qu'il a si mauvais cœur avec de si bons yeux,
Et fait un si beau choix sans le défendre mieux.
Pour tant d'ambition, c'est bien peu de courage.

SCÈNE VI. — THÉANTE, FLORAME.

FLORAME.

Quelle surprise, ami, paroît sur ton visage?

THÉANTE.

T'ayant cherché longtemps, je demeure confus
De t'avoir rencontré quand je n'y pensois plus.

FLORAME.

Parle plus franchement. Fâché de ta promesse,
Tu veux et n'oserois reprendre ta maîtresse?
Ta passion, qui souffre une trop dure loi,
Pour la gouverner seul te déroboit de moi?

THÉANTE.

De peur que ton esprit formât cette croyance,

De l'aborder sans toi je faisois conscience.
FLORAME.
C'est ce qui t'obligeoit sans doute à me chercher?
Mais ne te prive plus d'un entretien si cher.
Je te cède Amarante, et te rends ta parole :
J'aime ailleurs; et, lassé d'un compliment frivole,
Et de feindre une ardeur qui blesse mes amis,
Ma flamme est véritable, et son effet permis.
J'adore une beauté qui peut disposer d'elle,
Et seconder mes feux sans se rendre infidèle.
THÉANTE.
Tu veux dire Daphnis?
FLORAME.
Je ne puis te celer
Qu'elle est l'unique objet pour qui je veux brûler.
THÉANTE.
Le bruit vole déjà qu'elle est pour toi sans glace,
Et déjà d'un cartel Clarimond te menace.
FLORAME.
Qu'il vienne, ce rival, apprendre, à son malheur,
Que s'il me passe en biens, il me cède en valeur :
Que sa vaine arrogance, en ce duel trompée,
Me fasse mériter Daphnis à coups d'épée.
Par là je gagne tout; ma générosité
Suppléera ce qui fait notre inégalité;
Et son père, amoureux du bruit de ma vaillance,
La fera sur ses biens emporter la balance.
THÉANTE.
Tu n'en peux espérer un moindre événement :
L'heur suit dans les duels le plus heureux amant;
Le glorieux succès d'une action si belle,
Ton sang mis au hasard, ou répandu pour elle,
Ne peut laisser au père aucun lieu de refus.
Tiens ta maîtresse acquise, et ton rival confus;
Et, sans t'épouvanter d'une vaine fortune
Qu'il soutient lâchement d'une valeur commune,
Ne fais de son orgueil qu'un sujet de mépris,
Et pense que Daphnis ne s'acquiert qu'à ce prix.
Adieu : puisse le ciel à ton amour parfaite
Accorder un succès tel que je le souhaite!
FLORAME.
Ce cartel, ce me semble, est trop long à venir :
Mon courage bouillant ne se peut contenir;
Enflé par tes discours, il ne sauroit attendre
Qu'un insolent défi l'oblige à se défendre.
Va donc, et, de ma part, appelle Clarimond;
Dis-lui que pour demain il choisisse un second,

Et que nous l'attendrons au château de Bissestre.
THÉANTE.
J'adore ce grand cœur qu'ici tu fais paroître,
Et demeure ravi du trop d'affection
Que tu m'as témoigné par cette élection.
Prends-y garde pourtant; pense à quoi tu t'engages.
Si Clarimond, lassé de souffrir tant d'outrages,
Éteignant son amour, te cédoit ce bonheur,
Quel besoin seroit-il de le piquer d'honneur?
Peut-être qu'un faux bruit nous apprend sa menace :
C'est à toi seulement de défendre ta place.
Ces coups du désespoir des amans méprisés
N'ont rien d'avantageux pour les favorisés.
Qu'il recoure, s'il veut, à ces fâcheux remèdes;
Ne lui querelle point un bien que tu possèdes;
Ton amour, que Daphnis ne sauroit dédaigner,
Court risque d'y tout perdre, et n'y peut rien gagner.
Avise encore un coup; ta valeur inquiète
En d'extrêmes périls un peu trop tôt te jette.
FLORAME.
Quels périls? L'heur y suit le plus heureux amant.
THÉANTE.
Quelquefois le hasard en dispose autrement.
FLORAME.
Clarimond n'eut jamais qu'une valeur commune.
THÉANTE.
La valeur aux duels fait moins que la fortune.
FLORAME.
C'est par là seulement qu'on mérite Daphnis.
THÉANTE.
Mais plutôt de ses yeux par là tu te bannis.
FLORAME.
Cette belle action pourra gagner son père.
THÉANTE.
Je le souhaite ainsi plus que je ne l'espère.
FLORAME.
Acceptant ce cartel, suis-je plus assuré?
THÉANTE.
Où l'honneur souffriroit rien n'est considéré.
FLORAME.
Je ne puis résister à des raisons si fortes :
Sur ma bouillante ardeur malgré moi tu l'emportes.
J'attendrai qu'on m'attaque.
THÉANTE.
Adieu donc.
FLORAME.
En ce cas,

Souviens-t'en, cher ami, tu me promets ton bras?
THÉANTE.
Dispose de ma vie.

FLORAME, *seul.*
Elle est fort assurée,
Si rien que ce duel n'empêche sa durée.
Il en parle des mieux; c'est un jeu qui lui plaît;
Mais il devient fort sage aussitôt qu'il en est,
Et montre cependant des grâces peu vulgaires
A battre ses raisons par des raisons contraires.

SCÈNE VII. — DAPHNIS, FLORAME.

DAPHNIS.
Je n'osois t'aborder les yeux baignés de pleurs,
Et devant ce rival t'apprendre nos malheurs.
FLORAME.
Vous me jetez, madame, en d'étranges alarmes.
Dieux! et d'où peut venir ce déluge de larmes?
Le bonhomme est-il mort?
DAPHNIS.
Non, mais il se dédit :
Tout amour désormais pour toi m'est interdit :
Si bien qu'il me faut être ou rebelle ou parjure,
Forcer les droits d'amour, ou ceux de la nature,
Mettre un autre en ta place, ou lui désobéir,
L'irriter, ou moi-même avec toi me trahir.
A moins que de changer, sa haine inévitable
Me rend de tous côtés ma perte indubitable;
Je ne puis conserver mon devoir et ma foi,
Ni sans crime brûler pour d'autres ni pour toi.
FLORAME.
Le nom de cet amant, dont l'indiscrète envie
A mes ressentimens vient apporter sa vie?
Le nom de cet amant, qui, par sa prompte mort,
Doit, au lieu du vieillard, me réparer ce tort,
Et qui, sur quelque orgueil que son amour se fonde,
N'a que jusqu'à ma vue à demeurer au monde?
DAPHNIS.
Je n'aime pas si mal que de m'en informer;
Je t'aurois fait trop voir que j'eusse pu l'aimer.
Si j'en savois le nom, ta juste défiance
Pourroit à ses défauts imputer ma constance,
A son peu de mérite attacher mon dédain,
Et croire qu'un plus digne auroit reçu ma main.
J'atteste ici le bras qui lance le tonnerre,
Que tout ce que le ciel a fait paroître en terre,

ACTE IV, SCÈNE VII.

De mérites, de biens, de grandeurs, et d'appas,
En même objet uni, ne m'ébranleroit pas :
Florame a droit lui seul de captiver mon âme ;
Florame vaut lui seul à ma pudique flamme
Tout ce que peut le monde offrir à mes ardeurs
De mérites, d'appas, de biens, et de grandeurs.

FLORAME.

Qu'avec des mots si doux vous m'êtes inhumaine !
Vous me comblez de joie, et redoublez ma peine.
L'effet d'un tel amour, hors de votre pouvoir,
Irrite d'autant plus mon sanglant désespoir ;
L'excès de votre ardeur ne sert qu'à mon supplice.
Devenez-moi cruelle afin que je guérisse.
Guérir? ah ! qu'ai-je dit? ce mot me fait horreur.
Pardonnez aux transports d'une aveugle fureur ;
Aimez toujours Florame ; et, quoi qu'il ait pu dire,
Croisséz de jour en jour vos feux et son martyre.
Peut-il rendre sa vie à de plus heureux coups,
Ou mourir plus content que pour vous et par vous?

DAPHNIS.

Puisque de nos destins la rigueur trop sévère
Oppose à nos désirs l'autorité d'un père,
Que veux-tu que je fasse en l'état où je suis?
Être à toi malgré lui? c'est ce que je ne puis ;
Mais je puis empêcher qu'un autre me possède,
Et qu'un indigne amant à Florame succède :
Le cœur me manque. Adieu. Je sens faillir ma voix.
Florame, souviens-toi de ce que tu me dois.
Si nos feux sont égaux, mon exemple t'ordonne
Ou d'être à ta Daphnis, ou de n'être à personne.

SCÈNE VIII. — FLORAME.

Dépourvu de conseil comme de sentiment,
L'excès de ma douleur m'ôte le jugement.
De tant de biens promis je n'ai plus que sa vue,
Et mes bras impuissans ne l'ont pas retenue ;
Et même je lui laisse abandonner ce lieu
Sans trouver de parole à lui dire un adieu.
Ma fureur pour Daphnis a de la complaisance ;
Mon désespoir n'osoit agir en sa présence,
De peur que mon tourment aigrît ses déplaisirs ;
Une pitié secrète étouffoit mes soupirs :
Sa douleur, par respect, faisoit taire la mienne ;
Mais ma rage à présent n'a rien qui la retienne.
    Sors, infâme vieillard, dont le consentement
Nous a vendu si cher le bonheur d'un moment ;

Sors, que tu sois puni de cette humeur brutale
Qui rend ta volonté pour nos feux inégale.
A nos chastes amours qui t'a fait consentir,
Barbare? mais plutôt qui t'en fait repentir?
Crois-tu qu'aimant Daphnis, le titre de son père
Débilite ma force, ou rompe ma colère?
Un nom si glorieux, lâche, ne t'est plus dû;
En lui manquant de foi, ton crime l'a perdu.
Plus j'ai d'amour pour elle, et plus pour toi de haine
Enhardit ma vengeance et redouble ta peine :
Tu mourras; et je veux, pour finir mes ennuis,
Mériter par ta mort celle où tu me réduis.
Daphnis, à ma fureur ma bouche abandonnée
Parle d'ôter la vie à qui te l'a donnée !
Je t'aime, et je t'oblige à m'avoir en horreur,
Et ne connois encor qu'à peine mon erreur !
Si je suis sans respect pour ce que tu respectes,
Que mes affections ne t'en soient pas suspectes;
De plus réglés transports me feroient trahison ;
Si j'avois moins d'amour, j'aurois de la raison :
C'est peu que de la perdre, après t'avoir perdue;
Rien ne sert plus de guide à mon âme éperdue :
Je condamne à l'instant ce que j'ai résolu;
Je veux, et ne veux plus sitôt que j'ai voulu.
Je menace Géraste, et pardonne à ton père;
Ainsi rien ne me venge, et tout me désespère.

SCÈNE IX. — FLORAME, CÉLIE.

FLORAME, *en soupirant*.

Célie....

CÉLIE.

Eh bien, Célie? Enfin elle a tant fait,
Qu'à vos désirs Géraste accorde leur effet.
Quel visage avez-vous? votre aise vous transporte.

FLORAME.

Cesse d'aigrir ma flamme en raillant de la sorte,
Organe d'un vieillard qui croit faire un bon tour
De se jouer de moi par une feinte amour.
Si tu te veux du bien, fais-lui tenir promesse :
Vous me rendrez tous deux la vie, ou ma maîtresse;
Et ce jour expiré, je vous ferai sentir
Que rien de ma fureur ne vous peut garantir.

CÉLIE.

Florame !

FLORAME.

Je ne puis parler à des perfides.

SCÈNE X. — CÉLIE.

Il veut donner l'alarme à mes esprits timides,
Et prend plaisir lui-même à se jouer de moi.
Géraste a trop d'amour pour n'avoir point de foi ;
Et, s'il pouvoit donner trois Daphnis pour Florise,
Il la tiendroit encore heureusement acquise.
D'ailleurs ce grand courroux pourroit-il être feint ?
Auroit-il pu sitôt falsifier son teint,
Et si bien ajuster ses yeux et son langage
A ce que sa fureur marquoit sur son visage ?
Quelqu'un des deux me joue ; épions tous les deux,
Et nous éclaircissons sur un point si douteux.

ACTE CINQUIÈME.

SCÈNE I. — THÉANTE, DAMON.

THÉANTE.

Croirois-tu qu'un moment m'ait pu changer de sorte
Que je passe à regret par-devant cette porte ?

DAMON.

Que ton humeur n'a-t-elle un peu plus tôt changé !
Nous aurions vu l'effet où tu m'as engagé.
Tantôt quelque démon, ennemi de ta flamme,
Te faisoit en ces lieux accompagner Florame :
Sans la crainte qu'alors il te prît pour second,
Je l'allois appeler au nom de Clarimond ;
Et comme si depuis il étoit invisible,
Sa rencontre pour moi s'est rendue impossible.

THÉANTE.

Ne le cherche donc plus. A bien considérer,
Qu'ils se battent, ou non, je n'en puis qu'espérer.
Daphnis, que son adresse a malgré moi séduite,
Ne pourroit l'oublier, quand il seroit en fuite.
Leur amour est trop forte ; et d'ailleurs son trépas
Le privant d'un tel bien, ne me le donne pas.
Inégal en fortune à ce qu'est cette belle,
Et déjà par malheur assez mal voulu d'elle,
Que pourrois-je, après tout, prétendre de ses pleurs ?
Et quel espoir pour moi naîtroit de ses douleurs ?
Deviendrois-je par là plus riche ou plus aimable ?
Que si de l'obtenir je me trouve incapable,
Mon amitié pour lui, qui ne peut expirer,
A tout autre qu'à moi me le fait préférer ;

Et j'aurois peine à voir un troisième en sa place.
DAMON.
Tu t'avises trop tard ; que veux-tu que je fasse ?
J'ai poussé Clarimond à lui faire un appel ;
J'ai charge de sa part de lui rendre un cartel ;
Le puis-je supprimer ?
THÉANTE.
Non ; mais tu pourrois faire....
DAMON.
Quoi ?
THÉANTE.
Que Clarimond prît un sentiment contraire.
DAMON.
Le détourner d'un coup où seul je l'ai porté !
Mon courage est mal propre à cette lâcheté.
THÉANTE.
A de telles raisons je n'ai de repartie,
Sinon que c'est à moi de rompre la partie.
J'en vais semer le bruit.
DAMON.
Et sur ce bruit tu veux....
THÉANTE.
Qu'on leur donne dans peu des gardes à tous deux,
Et qu'une main puissante arrête leur querelle.
Qu'en dis-tu, cher ami ?
DAMON.
L'invention est belle,
Et le chemin bien court à les mettre d'accord ;
Mais souffre auparavant que j'y fasse un effort
Peut-être mon esprit trouvera quelque ruse
Par où, sans en rougir, du cartel je m'excuse.
Ne donnons point sujet de tant parler de nous,
Et sachons seulement à quoi tu te résous.
THÉANTE.
A les laisser en paix, et courir l'Italie
Pour divertir le cours de ma mélancolie,
Et ne voir point Florame emporter à mes yeux
Le prix où prétendoit mon cœur ambitieux.
DAMON.
Amarante, à ce compte, est hors de ta pensée ?
THÉANTE.
Son image du tout n'en est pas effacée :
Mais....
DAMON.
Tu crains que pour elle on te fasse un duel.
THÉANTE.
Railler un malheureux, c'est être trop cruel.
Bien que ses yeux encor règnent sur mon courage,

Le bonheur de Florame à la quitter m'engage;
Le ciel ne nous fit point et pareils et rivaux,
Pour avoir des succès tellement inégaux.
C'est me perdre d'honneur, et par cette poursuite,
D'égal que je lui suis, me ranger à sa suite.
Je donne désormais des règles à mes feux;
De moindres que Daphnis sont incapables d'eux;
Et rien dorénavant n'asservira mon âme
Qui ne me puisse mettre au-dessus de Florame.
Allons; je ne puis voir sans mille déplaisirs
Ce possesseur du bien où tendoit mes désirs.

DAMON.

Arrête. Cette fuite est hors de bienséance,
Et je n'ai point d'appel à faire en ta présence.

(*Théante le retire du théâtre comme par force.*)

SCÈNE II. — FLORAME.

Jetterai-je toujours des menaces en l'air,
Sans que je sache enfin à qui je dois parler?
Auroit-on jamais cru qu'elle me fût ravie,
Et qu'on me pût ôter Daphnis avant la vie?
Le possesseur du prix de ma fidélité,
Bien que je sois vivant, demeure en sûreté;
Tout inconnu qu'il m'est, il produit ma misère;
Tout mon rival qu'il est, il rit de ma colère.
Rival! ah, quel malheur! j'en ai pour me bannir,
Et cesse d'en avoir quand je le veux punir.
 Grands dieux, qui m'enviez cette juste allégeance
Qu'un amant supplanté tire de la vengeance,
Et me cachez le bras dont je reçois les coups,
Est-ce votre dessein que je m'en prenne à vous?
Est-ce votre dessein d'attirer mes blasphèmes,
Et qu'ainsi que mes maux mes crimes soient extrêmes;
Qu'à mille impiétés osant me dispenser,
A votre foudre oisif je donne où se lancer?
Ah! souffrez qu'en l'état de mon sort déplorable
Je demeure innocent, encor que misérable :
Destinez à vos feux d'autres objets que moi;
Vous n'en sauriez manquer, quand on manque de foi.
Employez le tonnerre à punir les parjures,
Et prenez intérêt vous-même à mes injures :
Montrez, en me vengeant, que vous êtes des dieux,
Ou conduisez mon bras, puisque je n'ai point d'yeux,
Et qu'on sait dérober d'un rival qui me tue
Le nom à mon oreille, et l'objet à ma vue.
Rival, qui que tu sois, dont l'insolent amour

Idolâtre un soleil, et n'ose voir le jour,
N'oppose plus ta crainte à l'ardeur qui te presse;
Fais-toi, fais-toi connoître allant voir ta maîtresse.

SCÈNE III. — FLORAME, AMARANTE.

FLORAME.

Amarante (aussi bien te faut-il confesser
Que la seule Daphnis avoit su me blesser),
Dis-moi qui me l'enlève; apprends-moi quel mystère
Me cache le rival qui possède son père;
A quel heureux amant Géraste a destiné
Ce beau prix que l'amour m'avoit si bien donné.

AMARANTE.

Ce dut vous être assez de m'avoir abusée,
Sans faire encor de moi vos sujets de risée.
Je sais que le vieillard favorise vos feux,
Et que rien que Daphnis n'est contraire à vos vœux.

FLORAME.

Que me dis-tu? lui seul et sa rigueur nouvelle
Empêchent les effets d'une ardeur mutuelle.

AMARANTE.

Pensez-vous me duper avec ce feint courroux?
Lui-même il m'a prié de lui parler pour vous.

FLORAME.

Vois-tu, ne t'en ris plus; ta seule jalousie
A mis à ce vieillard ce change en fantaisie.
Ce n'est pas avec moi que tu te dois jouer,
Et ton crime redouble à le désavouer;
Mais sache qu'aujourd'hui, si tu ne fais en sorte
Que mon fidèle amour sur ce rival l'emporte,
J'aurai trop de moyens à te faire sentir
Qu'on ne m'offense point sans un prompt repentir.

SCÈNE IV. — AMARANTE.

Voilà de quoi tomber dans un nouveau dédale.
O ciel! qui vit jamais confusion égale?
Si j'écoute Daphnis, j'apprends qu'un feu puissant
La brûle pour Florame, et qu'un père y consent;
Si j'écoute Géraste, il lui donne Florame,
Et se plaint que Daphnis en rejette la flamme;
Et si Florame est cru, ce vieillard aujourd'hui
Dispose de Daphnis pour un autre que lui.
Sous un tel embarras je me trouve accablée;
Eux ou moi, nous avons la cervelle troublée,
Si ce n'est qu'à dessein ils se soient concertés
Pour me faire enrager par ces diversités.

Mon foible esprit s'y perd, et n'y peut rien comprendre;
Pour en venir à bout il me les faut surprendre,
Et, quand ils se verront, écouter leurs discours,
Pour apprendre par là le fond de ces détours.
Voici mon vieux rêveur; fuyons de sa présence,
Qu'il ne m'embrouille encor de quelque confidence:
De crainte que j'en ai, d'ici je me bannis,
Tant qu'avec lui je voie ou Florame, ou Daphnis.

SCÈNE V. — GÉRASTE, POLÉMON.

POLÉMON.

J'ai grand regret, monsieur, que la foi qui vous lie
Empêche que chez vous mon neveu ne s'allie,
Et que son feu m'emploie aux offres qu'il vous fait,
Lorsqu'il n'est plus en vous d'en accepter l'effet.

GÉRASTE.

C'est un rare trésor que mon malheur me vole;
Et si l'honneur souffroit un manque de parole,
L'avantageux parti que vous me présentez
Me verroit aussitôt prêt à ses volontés.

POLÉMON.

Mais si quelque hasard rompoit cette alliance?

GÉRASTE.

N'ayez lors, je vous prie, aucune défiance;
Je m'en tiendrois heureux, et ma foi vous répond
Que Daphnis, sans tarder, épouse Clarimond.

POLÉMON.

Adieu. Faites état de mon humble service.

GÉRASTE.

Et vous pareillement, d'un cœur sans artifice.

SCÈNE VI. — CÉLIE, GÉRASTE.

CÉLIE.

De sorte qu'à mes yeux votre foi lui répond
Que Daphnis, sans tarder, épouse Clarimond!

GÉRASTE.

Cette vaine promesse en un cas impossible
Adoucit un refus, et le rend moins sensible;
C'est ainsi qu'on oblige un homme à peu de frais.

CÉLIE.

Ajouter l'impudence à vos perfides traits!
Il vous faudroit du charme au lieu de cette ruse,
Pour me persuader que qui promet refuse.

GÉRASTE.

J'ai promis, et tiendrois ce que j'ai protesté,
Si Florame rompoit le concert arrêté.

Pour Daphnis, c'est en vain qu'elle fait la rebelle ;
J'en viendrai trop à bout.
CÉLIE.
Impudence nouvelle !
Florame, que Daphnis fait maître de son cœur,
De votre seul caprice accuse la rigueur :
Et je sais que sans vous leur mutuelle flamme
Uniroit deux amans qui n'ont déjà qu'une âme.
Vous m'osez cependant effrontément conter
Que Daphnis sur ce point aime à vous résister !
Vous m'en aviez promis une tout autre issue :
J'en ai porté parole après l'avoir reçue.
Qu'avois-je, contre vous, ou fait, ou projeté,
Pour me faire tremper en votre lâcheté ?
Ne pouviez-vous trahir que par mon entremise ?
Avisez : il y va de plus que de Florise.
Ne vous estimez pas quitte pour la quitter,
Ni que de cette sorte on se laisse affronter.
GÉRASTE.
Me prends-tu donc pour homme à manquer de parole
En faveur d'un caprice où s'obstine une folle ?
Va, fais venir Florame ; à ses yeux, tu verras
Que pour lui mon pouvoir ne s'épargnera pas,
Que je maltraiterai Daphnis en sa présence
D'avoir pour son amour si peu de complaisance.
Qu'il vienne seulement voir un père irrité,
Et joindre sa prière à mon autorité ;
Et lors, soit que Daphnis y résiste ou consente,
Crois que ma volonté sera la plus puissante.
CÉLIE.
Croyez que nous tromper ce n'est pas votre mieux.
GÉRASTE.
Me foudroie en ce cas la colère des cieux !
(*Célie sort.*)
Géraste, sur-le-champ il te falloit contraindre
Celle que ta pitié ne pouvoit ouïr plaindre.
Tu n'as pu refuser du temps à ses douleurs ;
Ton cœur s'attendrissoit de voir couler ses pleurs ;
Et, pour avoir usé trop peu de ta puissance,
On t'impute à forfait sa désobéissance.
Un traitement trop doux te fait croire sans foi.

SCÈNE VII. — GÉRASTE, DAPHNIS.

GÉRASTE.
Faudra-t-il que de vous je reçoive la loi,
Et que l'aveuglement d'une amour obstinée

Contre ma volonté règle votre hyménée?
Mon extrême indulgence a donné, par malheur,
A vos rébellions quelque foible couleur;
Et, pour quelque moment que vos feux m'ont su plaire,
Vous pensez avoir droit de braver ma colère :
Mais sachez qu'il falloit, ingrate, en vos amours,
Ou ne m'obéir point, ou m'obéir toujours.

DAPHNIS.

Si dans mes premiers feux je vous semble obstinée,
C'est l'effet de ma foi sous votre aveu donnée.
Quoi que mette en avant votre injuste courroux,
Je ne veux opposer à vous-même que vous.
Votre permission doit être irrévocable :
Devenez seulement à vous-même semblable.
Il vous falloit, monsieur, vous-même à mes amours,
Ou ne consentir point, ou consentir toujours.
Je choisirai la mort plutôt que le parjure;
M'y voulant obliger, vous vous faites injure.
Ne veuillez point combattre ainsi hors de saison
Votre vouloir, ma foi, mes pleurs, et la raison.
Que vous a fait Daphnis? que vous a fait Florame,
Que pour lui vous vouliez que j'éteigne ma flamme?

GÉRASTE.

Mais que vous a-t-il fait, que pour lui seulement
Vous vous rendiez rebelle à mon commandement?
Ma foi n'est-elle rien au-dessus de la vôtre?
Vous vous donnez à l'un; ma foi vous donne à l'autre.
Qui le doit emporter ou de vous ou de moi?
Et qui doit de nous deux plutôt manquer de foi?
Quand vous en manquerez, mon vouloir vous excuse.
Mais à trop raisonner moi-même je m'abuse;
Il n'est point de raison valable entre nous deux,
Et pour toute raison il suffit que je veux.

DAPHNIS.

Un parjure jamais ne devient légitime;
Une excuse ne peut justifier un crime.
Malgré vos changemens, mon esprit résolu
Croit suffire à mes feux que vous ayez voulu.

SCÈNE VIII. — GÉRASTE, DAPHNIS, FLORAME,
CÉLIE, AMARANTE.

DAPHNIS.

Voici ce cher amant qui me tient engagée,
A qui sous votre aveu ma foi s'est obligée.
Changez de volonté pour un objet nouveau;
Daphnis épousera Florame, ou le tombeau.

GÉRASTE.
Que vois-je ici, bons dieux?
DAPHNIS.
Mon amour, ma constance.
GÉRASTE.
Et sur quoi donc fonder ta désobéissance?
Quel envieux démon, et quel charme assez fort,
Faisoit entre-choquer deux volontés d'accord?
C'est lui que tu chéris, et que je te destine;
Et ta rébellion dans un refus s'obstine!
FLORAME.
Appelez-vous refus, de me donner sa foi,
Quand votre volonté se déclara pour moi?
Et cette volonté, pour un autre tournée.
Vous peut-elle obéir après la foi donnée?
GÉRASTE.
C'est pour vous que je change, et pour vous seulement
Je veux qu'elle renonce à son premier amant.
Lorsque je consentis à sa secrète flamme,
C'étoit pour Clarimond qui possédoit son âme;
Amarante du moins me l'avoit dit ainsi.
DAPHNIS.
Amarante, approchez; que tout soit éclairci.
Une telle imposture est-elle pardonnable?
AMARANTE.
Mon amour pour Florame en est le seul coupable :
Mon esprit l'adoroit; et vous étonnez-vous
S'il devint inventif, puisqu'il étoit jaloux?
GÉRASTE.
Et par là tu voulois....
AMARANTE.
Que votre âme déçue
Donnât à Clarimond une si bonne issue,
Que Florame, frustré de l'objet de ses vœux,
Fût réduit désormais à seconder mes feux.
FLORAME.
Pardonnez-lui, monsieur; et vous, daignez, madame,
Justifier son feu par votre propre flamme.
Si vous m'aimez encor, vous devez estimer
Qu'on ne peut faire un crime à force de m'aimer.
DAPHNIS.
Si je t'aime, Florame? Ah! ce doute m'offense.
D'Amarante avec toi je prendrai la défense.
GÉRASTE.
Et moi dans ce pardon je vous veux prévenir;
Votre hymen aussi bien saura trop la punir.

ACTE V, SCENE VIII.

DAPHNIS.
Qu'un nom tu par hasard nous a donné de peine!
CÉLIE.
Mais que, su maintenant, il rend sa ruse vaine,
Et donne un prompt succès à vos contentemens!
FLORAME, *à Géraste.*
Vous, de qui je les tiens....
GÉRASTE.
Trêve de complimens;
Ils nous empêcheroient de parler de Florise.
FLORAME.
Il n'en faut point parler; elle vous est acquise.
GÉRASTE.
Allons donc la trouver : que cet échange heureux
Comble d'aise à son tour un vieillard amoureux.
DAPHNIS.
Quoi! je ne savois rien d'une telle partie!
FLORAME.
Je pense toutefois vous avoir avertie
Qu'un grand effet d'amour, avant qu'il fût longtemps,
Vous rendroit étonnée, et nos désirs contens.
Mais différez, monsieur, une telle visite;
Mon feu ne souffre point que sitôt je la quitte;
Et d'ailleurs je sais trop que la loi du devoir
Veut que je sois chez nous pour vous y recevoir.
GÉRASTE, *à Célie.*
Va donc lui témoigner le désir qui me presse.
FLORAME.
Plutôt fais-la venir saluer ma maîtresse :
Ainsi tout à la fois nous verrons satisfaits
Vos feux et mon devoir, ma flamme et vos souhaits.
GÉRASTE.
Je dois être honteux d'attendre qu'elle vienne.
CÉLIE.
Attendez-la, monsieur, et qu'à cela ne tienne :
Je cours exécuter cette commission.
GÉRASTE.
Le temps en sera long à mon affection.
FLORAME.
Toujours l'impatience à l'amour est mêlée.
GÉRASTE.
Allons dans le jardin faire deux tours d'allée,
Afin que cet ennui que j'en pourrai sentir
Parmi votre entretien trouve à se divertir.

SCÈNE IX. — AMARANTE.

Je le perds donc, l'ingrat, sans que mon artifice
Ait tiré de ses maux aucun soulagement,
Sans que pas un effet ait suivi ma malice,
Où ma confusion n'égalât son tourment.

Pour agréer ailleurs il tâchoit à me plaire;
Un amour dans la bouche, un autre dans le sein :
J'ai servi de prétexte à son feu téméraire,
Et je n'ai pu servir d'obstacle à son dessein.

Daphnis me le ravit, non par son beau visage,
Non par son bel esprit ou ses doux entretiens,
Non que sur moi sa race ait aucun avantage,
Mais par le seul éclat qui sort d'un peu de biens.

Filles que la nature a si bien partagées,
Vous devez présumer fort peu de vos attraits;
Quelque charmans qu'ils soient, vous êtes négligées,
A moins que la fortune en rehausse les traits.

Mais encor que Daphnis eût captivé Florame,
Le moyen qu'inégal il en fût possesseur?
Destin, pour rendre aisé le succès de sa flamme,
Falloit-il qu'un vieux fou fût épris de sa sœur?

Pour tromper mon attente, et me faire un supplice,
Deux fois l'ordre commun se renverse en un jour;
Un jeune amant s'attache aux lois de l'avarice,
Et ce vieillard pour lui suit celles de l'amour.

Un discours amoureux n'est qu'une fausse amorce,
Et Théante et Florame ont feint pour moi des feux :
L'un m'échappe de gré, comme l'autre de force;
J'ai quitté l'un pour l'autre, et je les perds tous deux.

Mon cœur n'a point d'espoir dont je ne sois séduite.
Si je prends quelque peine, un autre en a les fruits;
Et dans le triste état où le ciel m'a réduite,
Je ne sens que douleurs, et ne prévois qu'ennuis.

Vieillard, qui de ta fille achètes une femme
Dont peut-être aussitôt tu seras mécontent,
Puisse le ciel, aux soins qui te vont ronger l'âme,
Dénier le repos du tombeau qui t'attend!

Puisse le noir chagrin de ton humeur jalouse
Me contraindre moi-même à déplorer ton sort,
Te faire un long trépas, et cette jeune épouse
User toute sa vie à souhaiter ta mort!

EXAMEN DE LA SUIVANTE.

Je ne dirai pas grand mal de celle-ci, que je tiens assez régulière, bien qu'elle ne soit pas sans taches. Le style en est plus foible que celui des autres. L'amour de Géraste pour Florise n'est point marqué dans le premier acte : ainsi la protase comprend la première scène du second, où il se présente avec sa confidente Célie, sans qu'on les connoisse ni l'un ni l'autre. Cela ne seroit pas vicieux s'il ne se présentoit que comme père de Daphnis, et qu'il ne s'expliquât que sur les intérêts de sa fille; mais il en a de si notables pour lui, qu'ils font le nœud et le dénoûment. Ainsi, c'est un défaut, selon moi, qu'on ne le connoisse pas dès ce premier acte. Il pourroit être encore souffert, comme Célidan dans *la Veuve*, si Florame l'alloit voir pour le faire consentir à son mariage avec sa fille, et que, par cette occasion, il lui proposât celui de sa sœur pour lui-même; car alors ce seroit Florame qui l'introduiroit dans la pièce, et il y seroit appelé par un acteur agissant dès le commencement. Clarimond, qui ne paroît qu'au troisième, est insinué dès le premier, où Daphnis parle de l'amour qu'il a pour elle, et avoue qu'elle ne le dédaigneroit pas, s'il ressembloit à Florame. Ce même Clarimond fait venir son oncle Polémon au cinquième; et ces deux acteurs sont ainsi exempts du défaut que je remarque en Géraste. L'entretien de Daphnis, au troisième, avec cet amant dédaigné, a une affectation assez dangereuse, de ne dire que chacun un vers à la fois; cela sort tout à fait du vraisemblable, puisque naturellement on ne peut être si mesuré en ce qu'on s'entre-dit. Les exemples d'Euripide et de Sénèque pourroient autoriser cette affectation, qu'ils pratiquent si souvent, et même par discours si généraux, qu'il semble que leurs acteurs ne viennent quelquefois sur la scène que pour s'y battre à coups de sentences : mais c'est une beauté qu'il ne leur faut pas envier; elle est trop fardée pour donner un amour raisonnable à ceux qui ont de bons yeux, et ne prend pas assez de soin de cacher l'artifice de ses parures, comme l'ordonne Aristote.

Géraste n'agit pas mal en vieillard amoureux, puisqu'il ne traite l'amour que par tierce personne, qu'il ne prétend être considérable que par son bien, et qu'il ne se produit point aux yeux de sa maîtresse, de peur de lui donner du dégoût par sa présence. On peut douter s'il ne sort point du caractère des vieillards, en ce qu'étant naturellement avares, ils considèrent le bien plus que toute autre chose dans les mariages de leurs enfans, et que celui-ci donne assez libéralement sa fille à Florame, malgré son peu de fortune, pourvu qu'il en obtienne sa sœur. En cela, j'ai suivi la peinture que fait Quintilian d'un vieux mari qui a épousé une jeune femme, et n'ai point fait de scrupule de l'appliquer à un vieillard qui se veut marier. Les termes en sont si beaux, que je n'ose les gâter par ma traduction : « Genus infirmissimæ servitutis est senex maritus, et flagrantius uxoriæ charitatis ardorem frigidis concipimus affectibus. » C'est sur ces deux lignes que je me suis cru bien fondé à faire dire de ce bonhomme que,

.... S'il pouvoit donner trois Daphnis pour Florise,
Il la tiendroit encore heureusement acquise.

Il peut naître encore une autre difficulté sur ce que Théante et Amarante forment chacun un dessein pour traverser les amours de Florame et Daphnis, et qu'ainsi ce sont deux intrigues[1] qui rompent l'unité d'action. A quoi je réponds, premièrement, que ces deux desseins formés en même temps, et continués tous deux jusqu'au bout, font une concurrence qui n'empêche pas cette unité; ce qui ne seroit pas, si, après celui de Théante avorté, Amarante en formoit un nouveau de sa part; en second lieu, que ces deux desseins ont une espèce d'unité entre eux, en ce que tous deux sont fondés sur l'amour que Clarimond a pour Daphnis, qui sert de prétexte à l'un et à l'autre : et enfin, que de ces deux desseins il n'y en a qu'un qui fasse effet, l'autre se détruisant de soi-même ; et qu'ainsi la fourbe d'Amarante est le seul véritable nœud de cette comédie, où le dessein de Théante ne sert qu'à un agréable épisode de deux honnêtes gens qui jouent tour à tour un poltron, et le tournent en ridicule.

Il y avoit ici un aussi beau jeu pour les aparté qu'en *la Veuve;* mais j'y en fais voir la même aversion, avec cet avantage, qu'une seule scène qui ouvre le théâtre donne ici l'intelligence du sens caché de ce que disent mes acteurs, et qu'en l'autre j'en emploie quatre ou cinq pour l'éclaircir.

L'unité de lieu est assez exactement gardée en cette comédie, avec ce passe-droit toutefois dont j'ai déjà parlé, que tout ce que dit Daphnis à sa porte ou en la rue seroit mieux dit dans sa chambre, où les scènes qui se font sans elle et sans Amarante ne peuvent se placer. C'est ce qui m'oblige à la faire sortir au dehors, afin qu'il puisse y avoir et unité de lieu entière, et liaison de scène perpétuelle dans la pièce ; ce qui ne pourroit être, si elle parloit dans sa chambre, et les autres dans la rue.

J'ai déjà dit que je tiens impossible de choisir une place publique pour le lieu de la scène que cet inconvénient n'arrive; j'en parlerai encore plus au long, quand je m'expliquerai sur l'unité de lieu. J'ai dit que la liaison de scène est ici perpétuelle, et j'y en ai mis de deux sortes, de présence et de vue. Quelques-uns ne veulent pas que, quand un acteur sort du théâtre pour n'être point vu de celui qui y vient, cela fasse une liaison ; mais je ne puis être de leur avis sur ce point, et tiens que c'en est une suffisante quand l'acteur qui entre voit sur le théâtre celui qui en sort, ou que celui qui sort voit celui qui entre, soit qu'il le cherche, soit qu'il le fuie, soit qu'il le voie simplement, sans avoir intérêt à le chercher ni à le fuir. Aussi j'appelle en général une liaison de vue ce qu'ils nomment une liaison de recherche. J'avoue que cette liaison est beaucoup plus imparfaite que celle de présence et de discours, qui se fait lorsqu'un acteur ne sort point du théâtre sans y laisser un autre à qui il ait parlé ; et dans mes derniers ouvrages, je me suis arrêté à celle-ci sans me servir de l'autre ; mais enfin je crois qu'on s'en peut contenter, et je la préférerois de beaucoup à celle qu'on appelle liaison de bruit, qui ne semble pas supportable, s'il n'y a de très-justes et de très-importantes occasions qui obligent un acteur à sortir du théâtre quand il en entend : car d'y venir simplement par curio-

---

1. « Intrigues. »

sité pour savoir ce que veut dire ce bruit, c'est une si foible liaison, que je ne conseillerois jamais personne de s'en servir.

La durée de l'action ne passeroit point en cette comédie celle de la représentation, si l'heure du dîner n'y séparoit point les deux premiers actes. Le reste n'emporte que ce temps-là ; et je n'aurois pu lui en donner davantage que mes acteurs n'eussent le loisir de s'éclaircir ; ce qui les brouille n'étant qu'un malentendu qui ne peut subsister qu'autant que Géraste, Florame et Daphnis ne se trouvent point tous trois ensemble. Je n'ose dire que je m'y suis asservi à faire les actes si égaux, qu'aucun n'a pas un vers plus que l'autre ; c'est une affectation qui ne fait aucune beauté. Il faut, à la vérité, les rendre les plus égaux qu'il se peut ; mais il n'est pas besoin de cette exactitude : il suffit qu'il n'y ait point d'inégalité notable qui fatigue l'attention de l'auditeur en quelques-uns, et ne la remplisse pas dans les autres.

FIN DE LA SUIVANTE.

LA PLACE ROYALE.

COMÉDIE.

1635.

A MONSIEUR ***.

Monsieur,

J'observe religieusement la loi que vous m'avez prescrite, et vous rends mes devoirs avec le même secret que je traiterois un amour, si j'étois homme à bonne fortune. Il me suffit que vous sachiez que je m'acquitte, sans le faire connoître à tout le monde, et sans que, par cette publication, je vous mette en mauvaise odeur auprès d'un sexe dont vous conservez les bonnes grâces avec tant de soin. Le héros de cette pièce ne traite pas bien les dames, et tâche d'établir des maximes qui leur sont trop désavantageuses pour nommer son protecteur; elles s'imagineroient que vous ne pourriez l'approuver sans avoir grande part à ses sentimens, et que toute sa morale seroit plutôt un portrait de votre conduite qu'un effort de mon imagination; et véritablement, monsieur, cette possession de vous-même, que vous conservez si parfaite parmi tant d'intrigues où vous semblez embarrassé, en approche beaucoup. C'est de vous que j'ai appris que l'amour d'un honnête homme doit être toujours volontaire; qu'on ne doit jamais aimer en un point qu'on ne puisse n'aimer pas; que, si on en vient jusque-là, c'est une tyrannie dont il faut secouer le joug; et qu'enfin la personne aimée nous a beaucoup plus d'obligation de notre amour, alors qu'elle est toujours l'effet de notre choix et de son mérite, que quand elle vient d'une inclination aveugle, et forcée par quelque ascendant de naissance à qui nous ne pouvons résister. Nous ne sommes point redevables à celui de qui nous recevons un bienfait par contrainte, et on ne nous donne point ce qu'on ne sauroit nous refuser. Mais je vais trop avant pour une épître : il sembleroit que j'entreprendrois la justification de mon Alidor; et ce n'est pas mon dessein de mériter, par cette défense, la haine de la plus belle moitié du monde, et qui domine si puissamment sur les volontés de l'autre. Un poëte n'est jamais garant des fantaisies qu'il donne à ses acteurs; et, si les dames trouvent ici quelques discours qui les blessent, je les supplie de se souvenir que j'appelle extravagant celui dont ils partent, et que, par d'autres poëmes, j'ai assez relevé leur gloire, et soutenu leur pouvoir, pour effacer les mauvaises idées que celui-ci leur pourra faire concevoir de mon esprit. Trouvez bon que j'achève par là, et que je n'ajoute, à cette prière que je leur fais, que la protestation d'être éternellement,

Monsieur,

Votre très-humble et très-obéissant serviteur,
CORNEILLE.

PERSONNAGES.

ALIDOR, amant d'Angélique.
CLÉANDRE, ami d'Alidor.
DORASTE, amoureux d'Angélique.
LYSIS, amoureux de Phylis.
ANGÉLIQUE, maîtresse d'Alidor et de Doraste.
PHYLIS, sœur de Doraste.
POLYMAS, domestique d'Alidor.
LYCANTE, domestique de Doraste.

La scène est à Paris, dans la place Royale.

ACTE PREMIER.

SCÈNE I. — ANGÉLIQUE, PHYLIS.

ANGÉLIQUE.
Ton frère, je l'avoue, a beaucoup de mérite;
Mais souffre qu'envers lui cet éloge m'acquitte,
Et ne m'entretiens plus des feux qu'il a pour moi.
PHYLIS.
C'est me vouloir prescrire une trop dure loi.
Puis-je, sans étouffer la voix de la nature,
Dénier mon secours aux tourmens qu'il endure?
Quoi! tu m'aimes, il meurt, et tu peux le guérir,
Et sans t'importuner je le verrois périr!
Ne me diras-tu point que j'ai tort de le plaindre?
ANGÉLIQUE.
C'est un mal bien léger qu'un feu qu'on peut éteindre.
PHYLIS.
Je sais qu'il le devroit; mais avec tant d'appas,
Le moyen qu'il te voie, et ne t'adore pas?
Ses yeux ne souffrent point que son cœur soit de glace;
On ne pourroit aussi m'y résoudre, en sa place;
Et tes regards, sur moi plus forts que tes mépris,
Te sauroient conserver ce que tu m'aurois pris.
ANGÉLIQUE.
S'il veut garder encor cette humeur obstinée,
Je puis bien m'empêcher d'en être importunée,
Feindre un peu de migraine, ou me faire celer;
C'est un moyen bien court de ne lui plus parler :
Mais ce qui m'en déplaît, et qui me désespère,
C'est de perdre la sœur pour éviter le frère,
Et me violenter à fuir ton entretien,

Puisque te voir encor c'est m'exposer au sien.
Du moins, s'il faut quitter cette douce pratique,
Ne mets point en oubli l'amitié d'Angélique,
Et crois que ses effets auront leur premier cours
Aussitôt que ton frère aura d'autres amours.
PHYLIS.
Tu vis d'un air étrange, et presque insupportable.
ANGÉLIQUE.
Que toi-même pourtant dois trouver équitable :
Mais la raison sur toi ne sauroit l'emporter ;
Dans l'intérêt d'un frère on ne peut l'écouter.
PHYLIS.
Et par quelle raison négliger son martyre ?
ANGÉLIQUE.
Vois-tu, j'aime Alidor, et c'est assez te dire.
Le reste des mortels pourroit m'offrir des vœux,
Je suis aveugle, sourde, insensible pour eux ;
La pitié de leurs maux ne peut toucher mon âme
Que par des sentimens dérobés à ma flamme.
On ne doit point avoir des amans par quartier ;
Alidor a mon cœur, et l'aura tout entier ;
En aimer deux, c'est être à tous deux infidèle.
PHYLIS.
Qu'Alidor seul te rende à tout autre cruelle,
C'est avoir pour le reste un cœur trop endurci.
ANGÉLIQUE.
Pour aimer comme il faut, il faut aimer ainsi.
PHYLIS.
Dans l'obstination où je te vois réduite,
J'admire ton amour, et ris de ta conduite.
Fasse état qui voudra de ta fidélité,
Je ne me pique point de cette vanité ;
Et l'exemple d'autrui m'a trop fait reconnoître
Qu'au lieu d'un serviteur c'est accepter un maître.
Quand on n'en souffre qu'un, qu'on ne pense qu'à lui,
Tous autres entretiens nous donnent de l'ennui ;
Il nous faut de tout point vivre à sa fantaisie,
Souffrir de son humeur, craindre sa jalousie,
Et, de peur que le temps n'emporte ses ferveurs,
Le combler chaque jour de nouvelles faveurs ;
Notre âme, s'il s'éloigne, est chagrine, abattue ;
Sa mort nous désespère, et son change nous tue.
Et de quelque douceur que nos feux soient suivis,
On dispose de nous sans prendre notre avis ;
C'est rarement qu'un père à nos goûts s'accommode ;
Et lors, juge quels fruits on a de ta méthode.
Pour moi, j'aime un chacun, et sans rien négliger,

Le premier qui m'en conte a de quoi m'engager :
Ainsi tout contribue à ma bonne fortune;
Tout le monde me plaît, et rien ne m'importune.
De mille que je rends l'un de l'autre jaloux,
Mon cœur n'est à pas un, et se promet à tous;
Ainsi tous à l'envi s'efforcent à me plaire;
Tous vivent d'espérance, et briguent leur salaire;
L'éloignement d'aucun ne sauroit m'affliger,
Mille encore présens m'empêchent d'y songer.
Je n'en crains point la mort, je n'en crains point le change;
Un monde m'en console aussitôt, ou m'en venge.
Le moyen que de tant et de si différens
Quelqu'un n'ait assez d'heur pour plaire à mes parens?
Et, si quelque inconnu m'obtient d'eux pour maîtresse,
Ne crois pas que j'en tombe en profonde tristesse;
Il aura quelques traits de tant que je chéris,
Et je puis avec joie accepter tous maris.
     ANGÉLIQUE.
Voilà fort plaisamment tailler cette matière,
Et donner à ta langue une libre carrière;
Ce grand flux de raisons dont tu viens m'attaquer
Est bon à faire rire, et non à pratiquer.
Simple! tu ne sais pas ce que c'est que tu blâmes,
Et ce qu'a de douceur l'union de deux âmes;
Tu n'éprouvas jamais de quels contentemens
Se nourrissent les feux des fidèles amans.
Qui peut en avoir mille en est plus estimée;
Mais qui les aime tous de pas un n'est aimée;
Elle voit leur amour soudain se dissiper.
Qui veut tout retenir laisse tout échapper.
     PHYLIS.
Défais-toi, défais-toi de tes fausses maximes;
Ou, si ces vieux abus te semblent légitimes,
Si le seul Alidor te plaît dessous les cieux,
Conserve-lui ton cœur, mais partage tes yeux :
De mon frère par là soulage un peu les plaies;
Accorde un faux remède à des douleurs si vraies;
Feins, déguise avec lui, trompe-le par pitié,
Ou du moins par vengeance et par inimitié.
     ANGÉLIQUE.
Le beau prix qu'il auroit de m'avoir tant chérie,
Si je ne le payois que d'une tromperie!
Pour salaire des maux qu'il endure en m'aimant,
Il aura qu'avec lui je vivrai franchement.
     PHYLIS.
Franchement, c'est-à-dire avec mille rudesses,
Le mépriser, le fuir, et par quelques adresses

Qu'il tâche d'adoucir.... Quoi! me quitter ainsi!
Et sans me dire adieu! le sujet?

SCÈNE II. — DORASTE, PHYLIS.

DORASTE.

Le voici.
Ma sœur, ne cherche plus une chose trouvée :
Sa fuite n'est l'effet que de mon arrivée;
Ma présence la chasse; et son muet départ
A presque devancé son dédaigneux regard.

PHYLIS.

Juge par là quels fruits produit mon entremise.
Je m'acquitte des mieux de la charge commise;
Je te fais plus parfait mille fois que tu n'es :
Ton feu ne peut aller au point où je le mets;
J'invente des raisons à combattre sa haine;
Je blâme, flatte, prie, et perds toujours ma peine,
En grand péril d'y perdre encor son amitié,
Et d'être en tes malheurs avec toi de moitié.

DORASTE.

Ah! tu ris de mes maux.

PHYLIS.

Que veux-tu que je fasse?
Ris des miens, si jamais tu me vois en ta place.
Que serviroient mes pleurs? veux-tu qu'à tes tourmens
J'ajoute la pitié de mes ressentimens?
Après mille mépris qu'a reçus ta folie,
Tu n'es que trop chargé de ta mélancolie;
Si j'y joignois la mienne, elle t'accableroit,
Et de mon déplaisir le tien redoubleroit;
Contraindre mon humeur me seroit un supplice
Qui me rendroit moins propre à te faire service.
Vois-tu? par tous moyens je te veux soulager;
Mais j'ai bien plus d'esprit que de m'en affliger.
Il n'est point de douleur si forte en un courage
Qui ne perde sa force auprès de mon visage;
C'est toujours de tes maux autant de rabattu :
Confesse, ont-ils encor le pouvoir qu'ils ont eu?
Ne sens-tu point déjà ton âme un peu plus gaie?

DORASTE.

Tu me forces à rire en dépit que j'en aie.
Je souffre tout de toi, mais à condition
D'employer tous tes soins à mon affection
Dis-moi par quelle ruse il faut....

PHYLIS.

Rentrons, mon frère :
Un de mes amans vient, qui pourroit nous distraire.

SCÈNE III. — CLÉANDRE.

Que je dois bien faire pitié
De souffrir les rigueurs d'un sort si tyrannique !
J'aime Alidor, j'aime Angélique ;
Mais l'amour cède à l'amitié,
Et jamais on n'a vu sous les lois d'une belle
D'amant si malheureux, ni d'ami si fidèle.

Ma bouche ignore mes désirs,
Et, de peur de se voir trahi par imprudence,
Mon cœur n'a point de confidence
Avec mes yeux ni mes soupirs :
Tous mes vœux sont muets, et l'ardeur de ma flamme
S'enferme tout entière au dedans de mon âme.

Je feins d'aimer en d'autres lieux ;
Et pour en quelque sorte alléger mon supplice,
Je porte du moins mon service
A celle qu'elle aime le mieux.
Phylis, à qui j'en conte, a beau faire la fine ;
Son plus charmant appât, c'est d'être sa voisine.

Esclave d'un œil si puissant,
Jusque-là seulement me laisse aller ma chaîne,
Trop récompensé, dans ma peine,
D'un de ses regards en passant.
Je n'en veux à Phylis que pour voir Angélique ;
Et mon feu, qui vient d'elle, auprès d'elle s'explique.

Ami, mieux aimé mille fois,
Faut-il, pour m'accabler de douleurs infinies,
Que nos volontés soient unies
Jusqu'à faire le même choix ?
Viens quereller mon cœur d'avoir tant de foiblesse
Que de se laisser prendre au même œil qui te blesse.

Mais plutôt vois te préférer
A celle que le tien préfère à tout le monde,
Et ton amitié sans seconde
N'aura plus de quoi murmurer.
Ainsi je veux punir ma flamme déloyale ;
Ainsi....

SCÈNE IV. — ALIDOR, CLÉANDRE.

ALIDOR.

Te rencontrer dans la place Royale,
Solitaire, et si près de ta douce prison,
Montre bien que Phylis n'est pas à la maison.

CLÉANDRE.
Mais voir de ce côté ta démarche avancée
Montre bien qu'Angélique est fort dans ta pensée.
ALIDOR.
Hélas ! c'est mon malheur ! son objet trop charmant,
Quoi que je puisse faire, y règne absolument.
CLÉANDRE.
De ce pouvoir peut-être elle use en inhumaine?
ALIDOR.
Rien moins, et c'est par là que redouble ma peine :
Ce n'est qu'en m'aimant trop qu'elle me fait mourir;
Un moment de froideur, et je pourrois guérir;
Une mauvaise œillade, un peu de jalousie,
Et j'en aurois soudain passé ma fantaisie :
Mais las ! elle est parfaite, et sa perfection
N'approche point encor de son affection;
Point de refus pour moi, point d'heures inégales;
Accablé de faveurs à mon repos fatales,
Sitôt qu'elle voit jour à d'innocens plaisirs,
Je vois qu'elle devine et prévient mes désirs;
Et, si j'ai des rivaux, sa dédaigneuse vue
Les désespère autant que son ardeur me tue.
CLÉANDRE.
Vit-on jamais amant de la sorte enflammé,
Qui se tînt malheureux pour être trop aimé?
ALIDOR.
Comptes-tu mon esprit entre les ordinaires?
Penses-tu qu'il s'arrête aux sentimens vulgaires?
Les règles que je suis ont un air tout divers;
Je veux la liberté dans le milieu des fers.
Il ne faut point servir d'objet qui nous possède;
Il ne faut point nourrir d'amour qui ne nous cède :
Je le hais, s'il me force : et quand j'aime, je veux
Que de ma volonté dépendent tous mes vœux;
Que mon feu m'obéisse, au lieu de me contraindre;
Que je puisse à mon gré l'enflammer et l'éteindre,
Et, toujours en état de disposer de moi,
Donner quand il me plaît, et retirer ma foi.
Pour vivre de la sorte Angélique est trop belle :
Mes pensers ne sauroient m'entretenir que d'elle;
Je sens de ses regards mes plaisirs se borner;
Mes pas d'autre côté n'oseroient se tourner;
Et de tous mes soucis la liberté bannie
Me soumet en esclave à trop de tyrannie.
J'ai honte de souffrir les maux dont je me plains,
Et d'éprouver ses yeux plus forts que mes desseins.
Je n'ai que trop langui sous de si rudes gênes;

ACTE I, SCÈNE IV.

A tel prix que ce soit, il faut rompre mes chaînes,
De crainte qu'un hymen, m'en ôtant le pouvoir,
Fît d'un amour par force un amour par devoir.

CLÉANDRE.
Crains-tu de posséder un objet qui te charme?

ALIDOR.
Ne parle point d'un nœud dont le seul nom m'alarme.
J'idolâtre Angélique : elle est belle aujourd'hui,
Mais sa beauté peut-elle autant durer que lui?
Et pour peu qu'elle dure, aucun me peut-il dire
Si je pourrai l'aimer jusqu'à ce qu'elle expire?
Du temps, qui change tout, les révolutions
Ne changent-elles pas nos résolutions?
Est-ce une humeur égale et ferme que la nôtre?
N'a-t-on point d'autre goût en un âge qu'en l'autre?
Juge alors le tourment que c'est d'être attaché,
Et de ne pouvoir rompre un si fâcheux marché.
  Cependant Angélique, à force de me plaire,
Me flatte doucement de l'espoir du contraire;
Et si d'autre façon je ne me sais garder,
Je sens que ses attraits m'en vont persuader.
Mais, puisque son amour me donne tant de peine,
Je la veux offenser pour acquérir sa haine,
Et mériter enfin un doux commandement
Qui prononce l'arrêt de mon bannissement.
Ce remède est cruel, mais pourtant nécessaire :
Puisqu'elle me plaît trop, il me faut lui déplaire.
Tant que j'aurai chez elle encor le moindre accès,
Mes desseins de guérir n'auront point de succès.

CLÉANDRE.
Étrange humeur d'amant!

ALIDOR.
                    Étrange, mais utile.
Je me procure un mal pour en éviter mille.

CLÉANDRE.
Tu ne prévois donc pas ce qui t'attend de maux,
Quand un rival aura le fruit de tes travaux?
Pour se venger de toi, cette belle offensée
Sous les lois d'un mari sera bientôt passée;
Et lors, que de soupirs et de pleurs répandus
Ne te rendront aucun de tant de biens perdus!

ALIDOR.
Dis mieux, que pour rentrer dans mon indifférence,
Je perdrai mon amour avec mon espérance,
Et qu'y trouvant alors sujet d'aversion,
Ma liberté naîtra de ma punition.

CLÉANDRE.

Après cette assurance, ami, je me déclare.
Amoureux dès longtemps d'une beauté si rare,
Toi seul de la servir me pouvois empêcher;
Et je n'aimois Phylis que pour m'en approcher.
Souffre donc maintenant que, pour mon allégeance,
Je prenne, si je puis, le temps de sa vengeance;
Que des ressentimens qu'elle aura contre toi
Je tire un avantage en lui portant ma foi,
Et que cette colère en son âme conçue
Puisse de mes désirs faciliter l'issue.

ALIDOR.

Si ce joug inhumain, ce passage trompeur,
Ce supplice éternel, ne te fait point de peur,
A moi ne tiendra pas que la beauté que j'aime
Ne me quitte bientôt pour un autre moi-même.
Tu portes en bon lieu tes désirs amoureux;
Mais songe que l'hymen fait bien des malheureux.

CLÉANDRE.

J'en veux bien faire essai; mais d'ailleurs, quand j'y pense,
Peut-être seulement le nom d'époux t'offense;
Et tu voudrois qu'un autre....

ALIDOR.

Ami, que me dis-tu?
Connois mieux Angélique et sa haute vertu;
Et sache qu'une fille a beau toucher mon âme,
Je ne la connois plus dès l'heure qu'elle est femme.
De mille qu'autrefois tu m'as vu caresser,
En pas une un mari pouvoit-il s'offenser?
J'évite l'apparence autant comme le crime;
Je fuis un compliment qui semble illégitime;
Et le jeu m'en déplaît, quand on fait à tous coups
Causer un médisant, et rêver un jaloux.
Encor que dans mon feu mon cœur ne s'intéresse,
Je veux pouvoir prétendre où ma bouche l'adresse,
Et garder, si je puis, parmi ces fictions,
Un renom aussi pur que mes intentions,
Ami, soupçon à part, et sans plus de réplique,
Si tu veux en ma place être aimé d'Angélique,
Allons tout de ce pas ensemble imaginer
Les moyens de la perdre et de te la donner,
Et quelle invention sera la plus aisée.

CLÉANDRE.

Allons. Ce que j'ai dit n'étoit que par risée.

ACTE SECOND.

SCÈNE I. — ANGÉLIQUE, POLYMAS.

ANGÉLIQUE, *tenant une lettre ouverte.*
De cette trahison ton maître est donc l'auteur?
POLYMAS.
Assez imprudemment il m'en fait le porteur.
Comme il se rend par là digne qu'on le prévienne,
Je veux bien en faire une en haine de la sienne;
Et mon devoir, mal propre à de si lâches coups,
Manque aussitôt vers lui que son amour vers vous.
ANGÉLIQUE.
Contre ce que je vois le mien encor s'obstine.
Qu'Alidor ait écrit cette lettre à Clarine!
Et qu'ainsi d'Angélique il se voulût jouer!
POLYMAS.
Il n'aura pas le front de le désavouer.
Opposez-lui ses traits, battez-le de ses armes;
Pour s'en pouvoir défendre il lui faudroit des charmes;
Mais surtout cachez-lui ce que je fais pour vous,
Et ne m'exposez point aux traits de son courroux;
Que je vous puisse encor trahir son artifice,
Et pour mieux vous servir, rester à son service.
ANGÉLIQUE.
Rien ne m'échappera qui te puisse toucher;
Je sais ce qu'il faut dire, et ce qu'il faut cacher.
POLYMAS.
Feignez d'avoir reçu ce billet de Clarine,
Et qué....
ANGÉLIQUE.
Ne m'instruis point; et va, qu'il ne devine.
POLYMAS.
Mais....
ANGÉLIQUE.
Ne réplique plus, et va-t'en.
POLYMAS.
J'obéis.
ANGÉLIQUE, *seule.*
Mes feux, il est donc vrai que l'on vous a trahis?
Et ceux dont Alidor montroit son âme atteinte
Ne sont plus que fumée, ou n'étoient qu'une feinte?
Que la foi des amans est un gage pipeur!
Que leurs sermens sont vains, et notre espoir trompeur!
Qu'on est peu dans leur cœur pour être dans leur bouche!

Et que malaisément on sait ce qui les touche !
Mais voici l'infidèle. Ah! qu'il se contraint bien !

SCÈNE II. — ALIDOR, ANGÉLIQUE.

ALIDOR.
Puis-je avoir un moment de ton cher entretien?
Mais j'appelle un moment, de même qu'une année
Passe entre deux amans pour moins qu'une journée.

ANGÉLIQUE.
Avec de tels discours oses-tu m'aborder,
Perfide, et sans rougir peux-tu me regarder?
As-tu cru que le ciel consentît à ma perte
Jusqu'à souffrir encor ta lâcheté couverte?
Apprends, perfide, apprends que je suis hors d'erreur;
Tes yeux ne me sont plus que des objets d'horreur.
Je ne suis plus charmée; et mon âme, plus saine,
N'eut jamais tant d'amour qu'elle a pour toi de haine.

ALIDOR.
Voilà me recevoir avec des complimens
Qui seroient pour tout autre un peu moins que charmans.
Quel en est le sujet?

ANGÉLIQUE.
Le sujet? lis, parjure;
Et puis accuse-moi de te faire une injure!

ALIDOR *lit la lettre entre les mains d'Angélique.*

(LETTRE SUPPOSÉE D'ALIDOR A CLARINE.)

Clarine, je suis tout à vous;
Ma liberté vous rend les armes :
Angélique n'a point de charmes
Pour me défendre de vos coups;
Ce n'est qu'une idole mouvante;
Ses yeux sont sans vigueur, sa bouche sans appas :
Alors que je l'aimai, je ne la connus pas;
Et, de quelques attraits que le monde vous vante,
Vous devez mes affections
Autant à ses défauts qu'à vos perfections.

ANGÉLIQUE.
Eh bien, ta perfidie est-elle en évidence?

ALIDOR.
Est-ce là tant de quoi?

ANGÉLIQUE.
Tant de quoi¹! l'impudence!
Après mille sermens il me manque de foi,
Et me demande encor si c'est là tant de quoi!

1. « Tant de quoi se fâcher. »

Change, si tu le veux ; je n'y perds qu'un volage :
Mais, en m'abandonnant, laisse en paix mon visage ;
Oublie avec ta foi ce que j'ai de défauts ;
N'établis point tes feux sur le peu que je vaux ;
Fais que, sans m'y mêler, ton compliment s'explique,
Et ne le grossis point du mépris d'Angélique.

ALIDOR.
Deux mots de vérité vous mettent bien aux champs !

ANGÉLIQUE.
Ciel, tu ne punis point des hommes si méchans !
Ce traître vit encore, il me voit, il respire,
Il m'affronte, il l'avoue, il rit quand je soupire.

ALIDOR.
Vraiment le ciel a tort de ne vous pas donner,
Lorsque vous tempêtez, sa foudre à gouverner ;
Il devroit avec vous être d'intelligence.
  (*Angélique déchire la lettre et en jette les morceaux.*)
Le digne et grand objet d'une haute vengeance !
Vous traitez du papier avec trop de rigueur.

ANGÉLIQUE.
Que n'en puis-je autant faire à ton perfide cœur !

ALIDOR.
Qui ne vous flatte point puissamment vous irrite.
Pour dire franchement votre peu de mérite,
Commet-on des forfaits si grands et si nouveaux
Qu'on doive tout à l'heure être mis en morceaux ?
Si ce crime autrement ne sauroit se remettre,
  (*Il lui présente aux yeux un miroir qu'elle porte à sa ceinture.*)
Cassez ; ceci vous dit encor pis que ma lettre.

ANGÉLIQUE.
S'il me dit mes défauts autant et plus que toi,
Déloyal, pour le moins il n'en dit rien qu'à moi :
C'est dedans son cristal que je les étudie ;
Mais après il s'en tait, et moi j'y remédie ;
Il m'en donne un avis sans me les reprocher,
Et, me les découvrant, il m'aide à les cacher.

ALIDOR.
Vous êtes en colère, et vous dites des pointes !
Ne présumiez-vous point que j'irois, à mains jointes,
Les yeux enflés de pleurs, et le cœur de soupirs,
Vous faire offre à genoux de mille repentirs ?
Que vous êtes à plaindre étant si fort déçue !

ANGÉLIQUE.
Insolent ! ôte-toi pour jamais de ma vue.

ALIDOR.
Me défendre vos yeux après mon changement,
Appelez-vous cela du nom de châtiment ?

Ce n'est que me bannir du lieu de mon supplice ;
Et ce commandement est si plein de justice,
Que, bien que je renonce à vivre sous vos lois,
Je vais vous obéir pour la dernière fois.

SCÈNE III. — ANGÉLIQUE.

Commandement honteux, où ton obéissance
N'est qu'un signe trop clair de mon peu de puissance,
Où ton bannissement a pour toi des appas,
Et me devient cruel de ne te l'être pas !
A quoi se résoudra désormais ma colère,
Si ta punition te tient lieu de salaire?
Que mon pouvoir me nuit ! et qu'il m'est cher vendu !
Voilà ce que me vaut d'avoir trop attendu :
Je devois prévenir ton outrageux caprice ;
Mon bonheur dépendoit de te faire injustice.
Je chasse un fugitif avec trop de raison,
Et lui donne les champs quand il rompt sa prison.
Ah ! que n'ai-je eu des bras à suivre mon courage !
Qu'il m'eût bien autrement réparé cet outrage !
Que j'eusse retranché de ses propos railleurs !
Le traître n'eût jamais porté son cœur ailleurs ;
Puisqu'il m'étoit donné, je m'en fusse saisie ;
Et sans prendre conseil que de ma jalousie,
Puisqu'un autre portrait en efface le mien,
Cent coups auroient chassé ce voleur de mon bien.
Vains projets, vains discours, vaine et fausse allégeance !
Et mes bras et son cœur manquent à ma vengeance !
Ciel, qui m'en vois donner de si justes sujets,
Donne-m'en des moyens, donne-m'en des objets.
Où me dois-je adresser? Qui doit porter sa peine?
Qui doit à son défaut m'éprouver inhumaine?
De mille désespoirs mon cœur est assailli ;
Je suis seule punie, et je n'ai point failli.
Mais j'ose faire au ciel une injuste querelle ;
Je n'ai que trop failli d'aimer un infidèle,
De recevoir un traître, un ingrat, sous ma loi,
Et trouver du mérite en qui manquoit de foi.
Ciel, encore une fois, écoute mon envie ;
Ote-m'en la mémoire, ou le prive de vie ;
Fais que de mon esprit je puisse le bannir,
Ou ne l'avoir que mort dedans mon souvenir !
Que je m'anime en vain contre un objet aimable !
Tout criminel qu'il est, il me semble adorable ;
Et mes souhaits, qu'étouffe un soudain repentir,
En demandant sa mort, n'y sauroient consentir.

Restes impertinens d'une flamme insensée,
Ennemis de mon heur, sortez de ma pensée ;
Ou, si vous m'en peignez encore quelques traits,
Laissez là ses vertus, peignez-moi ses forfaits.

SCÈNE IV. — ANGÉLIQUE, PHYLIS.

ANGÉLIQUE.
Le croirois-tu, Phylis? Alidor m'abandonne.
PHYLIS.
Pourquoi non? je n'y vois rien du tout qui m'étonne,
Rien qui ne soit possible, et, de plus, fort commun.
La constance est un bien qu'on ne voit en pas un.
Tout change sous les cieux ; mais partout bon remède.
ANGÉLIQUE.
Le ciel n'en a point fait au mal qui me possède.
PHYLIS.
Choisis de mes amans, sans t'affliger si fort,
Et n'appréhende pas de me faire grand tort ;
J'en pourrois, au besoin, fournir toute la ville,
Qu'il m'en demeureroit encor plus de deux mille.
ANGÉLIQUE.
Tu me ferois mourir avec de tels propos ;
Ah! laisse-moi plutôt soupirer en repos,
Ma sœur.
PHYLIS.
Plût au bon Dieu que tu voulusses l'être !
ANGÉLIQUE.
Eh quoi! tu ris encor! c'est bien faire paroître....
PHYLIS.
Que je ne saurois voir d'un visage affligé
Ta cruauté punie, et mon frère vengé.
Après tout, je connois quelle est ta maladie ;
Tu vois comme Alidor est plein de perfidie ;
Mais je mets dans deux jours ma tête à l'abandon,
Au cas qu'un repentir n'obtienne son pardon.
ANGÉLIQUE.
Après que cet ingrat me quitte pour Clarine?
PHYLIS.
De le garder longtemps elle n'a pas la mine ;
Et j'estime si peu ces nouvelles amours,
Que je te pleige[1] encor son retour dans deux jours ;
Et lors ne pense pas, quoi que tu te proposes,
Que de tes volontés devant lui tu disposes.
Prépare tes dédains, arme-toi de rigueur,

---

1. « Garantis. »

Une larme, un soupir te percera le cœur;
Et je serai ravie alors de voir vos flammes
Brûler mieux que devant, et rejoindre vos âmes.
Mais j'en crains un succès à ta confusion :
Qui change une fois, change à toute occasion;
Et nous verrons toujours, si Dieu le laisse vivre,
Un change, un repentir, un pardon, s'entre-suivre.
Ce dernier est souvent l'amorce d'un forfait;
Et l'on cesse de craindre un courroux sans effet.

ANGÉLIQUE.

Sa faute a trop d'excès pour être rémissible,
Ma sœur; je ne suis pas de la sorte insensible :
Et, si je présumois que mon trop de bonté
Pût jamais se résoudre à cette lâcheté,
Qu'un si honteux pardon pût suivre cette offense,
J'en préviendrois le coup, m'en ôtant la puissance.
Adieu : dans la colère où je suis aujourd'hui,
J'accepterois plutôt un barbare que lui.

SCÈNE V. — PHYLIS, DORASTE.

PHYLIS.

Il faut donc se hâter qu'elle ne refroidisse.

(*Elle frappe du pied à la porte de son logis, et fait sortir son frère.*)

Frère, quelque inconnu t'a fait un bon office :
Il ne tiendra qu'à toi d'être un second Médor;
On a fait qu'Angélique....

DORASTE.

Eh bien?

PHYLIS.

Hait Alidor.

DORASTE.

Elle hait Alidor! Angélique!

PHYLIS.

Angélique.

DORASTE.

D'où lui vient cette humeur? qui les a mis en pique?

PHYLIS.

Si tu prends bien ton temps, il y fait bon pour toi.
Va, ne t'amuse point à savoir le pourquoi;
Parle au père d'abord : tu sais qu'il te souhaite;
Et, s'il ne s'en dédit, tiens l'affaire pour faite.

DORASTE.

Bien qu'un si bon avis ne soit à mépriser,
Je crains....

PHYLIS.

Lysis m'aborde, et tu me veux causer!

Entre chez Angélique, et pousse ta fortune :
Quand je vois un amant, un frère m'importune.

SCÈNE VI. — LYSIS, PHYLIS.

LYSIS.
Comme vous le chassez!
PHYLIS.
Qu'eût-il fait avec nous?
Mon entretien sans lui te semblera plus doux;
Tu pourras t'expliquer avec moins de contrainte;
Me conter de quels feux tu te sens l'âme atteinte,
Et ce que tu croiras propre à te soulager.
Regarde maintenant si je sais t'obliger.
LYSIS.
Cette obligation seroit bien plus extrême,
Si vous vouliez traiter tous mes rivaux de même;
Et vous feriez bien plus pour mon contentement,
De souffrir avec vous vingt frères qu'un amant.
PHYLIS.
Nous sommes donc, Lysis, d'une humeur bien contraire :
J'y souffrirois plutôt cinquante amans qu'un frère;
Et puisque nos esprits ont si peu de rapport,
Je m'étonne comment nous nous aimons si fort.
LYSIS.
Vous êtes ma maîtresse; et mes flammes discrètes
Doivent un tel respect aux lois que vous me faites,
Que pour leur obéir mes sentimens domptés
N'osent plus se régler que sur vos volontés.
PHYLIS.
J'aime des serviteurs qui pour une maîtresse
Souffrent ce qui leur nuit, aiment ce qui les blesse.
Si tu vois quelque jour tes feux récompensés,
Souviens-toi.... Qu'est-ce-ci? Cléandre, vous passez?
(*Cléandre va pour entrer chez Angélique, et Phylis l'arrête.*)

SCÈNE VII. — CLÉANDRE, PHYLIS, LYSIS.

CLÉANDRE.
Il me faut bien passer, puisque la place est prise.
PHYLIS.
Venez; cette raison est de mauvaise mise.
D'un million d'amans je puis flatter les vœux,
Et n'aurois pas l'esprit d'en entretenir deux?
Sortez de cette erreur, et, souffrant ce partage,
Ne faites pas ici l'entendu davantage.
CLÉANDRE.
Le moyen que je sois insensible à ce point?

PHYLIS.
Quoi! pour l'entretenir, ne vous aimé-je point?
CLÉANDRE.
Encor que votre ardeur à la mienne réponde,
Je ne veux plus d'un bien commun à tout le monde.
PHYLIS.
Si vous nommez ma flamme un bien commun à tous,
Je n'aime, pour le moins, personne plus que vous;
Cela vous doit suffire.
CLÉANDRE.
Oui bien, à des volages
Qui peuvent en un jour adorer cent visages;
Mais ceux dont un objet possède tous les soins,
Se donnant tout entiers, n'en méritent pas moins.
PHYLIS.
De vrai, si vous valiez beaucoup plus que les autres,
Je devrois dédaigner leurs vœux auprès des vôtres;
Mais mille aussi bien faits ne sont pas mieux traités,
Et ne murmurent point contre mes volontés.
Est-ce à moi, s'il vous plaît, de vivre à votre mode?
Votre amour, en ce cas, seroit fort incommode :
Loin de la recevoir, vous me feriez la loi.
Qui m'aime de la sorte, il s'aime, et non pas moi.
LYSIS, à *Cléandre.*
Persiste en ton humeur, je te prie, et conseille
A tous nos concurrens d'en prendre une pareille.
CLÉANDRE.
Tu seras bientôt seul, s'ils veulent m'imiter.
PHYLIS.
Quoi donc! c'est tout de bon que tu me veux quitter?
Tu ne dis mot, rêveur, et pour toute réplique,
Tu tournes tes regards du côté d'Angélique :
Est-elle donc l'objet de tes légèretés?
Veux-tu faire d'un coup deux infidélités,
Et que dans mon offense Alidor s'intéresse?
Cléandre, c'est assez de trahir ta maîtresse;
Dans ta nouvelle flamme épargne tes amis,
Et ne l'adresse point en lieu qui soit promis.
CLÉANDRE.
De la part d'Alidor je vais voir cette belle;
Laisse-m'en avec lui démêler la querelle,
Et ne t'informe point de mes intentions.
PHYLIS.
Puisqu'il me faut résoudre en mes afflictions,
Et que pour te garder j'ai trop peu de mérite,
Du moins, avant l'adieu, demeurons quitte à quitte,
Que ce que j'ai du tien je te le rende ici :

Tu m'as offert des vœux, que je t'en offre aussi ;
Et faisons entre nous toutes choses égales.
LYSIS.
Et moi, durant ce temps, je garderai les balles ?
PHYLIS.
Je te donne congé d'une heure, si tu veux.
LYSIS.
Je l'accepte, au hasard de le prendre pour deux.
PHYLIS.
Pour deux, pour quatre, soit ; ne crains pas qu'il m'ennuie.

SCÈNE VIII. — CLÉANDRE, PHYLIS.

PHYLIS *arrête Cléandre qui tâche de s'échapper pour entrer chez Angélique.*

Mais je ne consens pas cependant qu'on me fuie ;
Tu perds temps d'y tâcher, si tu n'as mon congé.
Inhumain ! est-ce ainsi que je t'ai négligé ?
Quand tu m'offrois des vœux, prenois-je ainsi la fuite ?
Et rends-tu la pareille à ma juste poursuite ?
Avec tant de douceur tu te vis écouter !
Et tu tournes le dos quand je t'en veux conter !
CLÉANDRE.
Va te jouer d'un autre avec tes railleries ;
J'ai l'oreille mal faite à ces galanteries :
Ou cesse de m'aimer, ou n'aime plus que moi.
PHYLIS.
Je ne t'impose pas une si dure loi ;
Avec moi, si tu veux, aime toute la terre,
Sans craindre que jamais je t'en fasse la guerre.
Je reconnois assez mes imperfections ;
Et quelque part que j'aie en tes affections,
C'est encor trop pour moi ; seulement ne rejette
La parfaite amitié d'une fille imparfaite.
CLÉANDRE.
Qui te rend obstinée à me persécuter ?
PHYLIS.
Qui te rend si cruel que de me rebuter ?
CLÉANDRE.
Il faut que de tes mains un adieu me délivre.
PHYLIS.
Si tu sais t'en aller, je saurai bien te suivre ;
Et, quelque occasion qui t'amène en ces lieux,
Tu ne lui diras pas grand secret à mes yeux.
Je suis plus incommode encor qu'il ne te semble.
Parlons plutôt d'accord, et composons ensemble.
Hier un peintre excellent m'apporta mon portrait :

Tandis qu'il t'en demeure encore quelque trait,
Qu'encor tu me connois, et que de ta pensée
Mon image n'est pas tout à fait effacée,
Ne m'en refuse point ton petit jugement.
CLÉANDRE.
Je le tiens pour bien fait.
PHYLIS.
Plains-tu tant un moment?
Et, m'attachant à toi, si je te désespère,
A ce prix trouves-tu ta liberté trop chère?
CLÉANDRE.
Allons, puisque autrement je ne te puis quitter,
A tel prix que ce soit il me faut racheter.

ACTE TROISIÈME.

SCÈNE I. — PHYLIS, CLÉANDRE.

CLÉANDRE.
En ce point il ressemble à ton humeur volage,
Qu'il reçoit tout le monde avec même visage;
Mais d'ailleurs ce portrait ne te ressemble pas,
En ce qu'il ne dit mot, et ne suit point mes pas.
PHYLIS.
En quoi que désormais ma présence te nuise,
La civilité veut que je te reconduise.
CLÉANDRE.
Mets enfin quelque borne à ta civilité,
Et, suivant notre accord, me laisse en liberté.

SCÈNE II. — DORASTE, PHYLIS, CLÉANDRE.

DORASTE *sort de chez Angélique.*
Tout est gagné, ma sœur; la belle m'est acquise:
Jamais occasion ne se trouva mieux prise;
Je possède Angélique.
CLÉANDRE.
Angélique?
DORASTE.
Oui, tu peux
Avertir Alidor du succès de mes vœux,
Et qu'au sortir du bal, que je donne chez elle,
Demain un sacré nœud m'unit à cette belle;
Dis-lui qu'il s'en console. Adieu : je vais pourvoir
A tout ce qu'il me faut préparer pour ce soir.

ACTE III, SCÈNE II.

PHYLIS.

Ce soir j'ai bien la mine, en dépit de ta glace,
D'en trouver là cinquante à qui donner ta place.
Va-t'en, si bon te semble, ou demeure en ces lieux :
Je ne t'arrêtois pas ici pour tes beaux yeux ;
Mais jusqu'à maintenant j'ai voulu te distraire,
De peur que ton abord interrompît mon frère.
Quelque fin que tu sois, tiens-toi pour affiné[1].

SCÈNE III. — CLÉANDRE.

Ciel ! à tant de malheurs m'aviez-vous destiné ?
Faut-il que d'un dessein si juste que le nôtre
La peine soit pour nous, et les fruits pour un autre ?
Et que notre artifice ait si mal succédé,
Qu'il me dérobe un bien qu'Alidor m'a cédé ?
Officieux ami d'un amant déplorable,
Que tu m'offres en vain cet objet adorable !
Qu'en vain de m'en saisir ton adresse entreprend !
Ce que tu m'as donné, Doraste le surprend.
Tandis qu'il me supplante, une sœur me cajole ;
Elle me tient les mains cependant qu'il me vole.
On me joue, on me brave, on me tue, on s'en rit.
L'un me vante son heur, l'autre son trait d'esprit.
L'un et l'autre à la fois me perd, me désespère :
Et je puis épargner ou la sœur ou le frère !
Être sans Angélique, et sans ressentiment !
Avec si peu de cœur aimer si puissamment !
Cléandre, est-ce un forfait que l'ardeur qui te presse ?
Craignois-tu d'avouer une telle maîtresse ?
Et cachois-tu l'excès de ton affection
Par honte, par dépit, ou par discrétion ?
Pouvois-tu désirer occasion plus belle
Que le nom d'Alidor à venger ta querelle ?
Si pour tes feux cachés tu n'oses t'émouvoir,
Laisse leurs intérêts ; suis ceux de ton devoir.
On supplante Alidor, du moins en apparence,
Et sans ressentiment tu souffres cette offense !
Ton courage est muet, et ton bras endormi !
Pour être amant discret, tu parois lâche ami !
C'est trop abandonner ta renommée au blâme ;
Il faut sauver d'un coup ton honneur et ta flamme,
Et l'un et l'autre ici marchent d'un pas égal ;
Soutenant un ami, tu t'ôtes un rival.

1. Affiné, c'est-à-dire qui a trouvé plus fin que soi.

Ne diffère donc plus ce que l'honneur commande ;
Et lui gagne Angélique, afin qu'il te la rende.
Il faut....

SCÈNE IV. — ALIDOR, CLÉANDRE.

ALIDOR.

Eh bien! Cléandre, ai-je su t'obliger?

CLÉANDRE.

Pour m'avoir obligé, que je vais t'affliger!
Doraste a pris le temps des dépits d'Angélique.

ALIDOR.

Après?

CLÉANDRE.

Après cela tu veux que je m'explique?

ALIDOR.

Qu'en a-t-il obtenu?

CLÉANDRE.

Par delà son espoir ;
Il l'épouse demain, lui donne bal ce soir :
Juge, juge par là si mon mal est extrême.

ALIDOR.

En es-tu bien certain?

CLÉANDRE.

J'ai tout su de lui-même.

ALIDOR.

Que je serois heureux si je ne t'aimois point!
Ton malheur auroit mis mon bonheur à son point ;
La prison d'Angélique auroit rompu la mienne.
Quelque empire sur moi que son visage obtienne,
Ma passion fût morte avec sa liberté ;
Et, trop vain pour souffrir qu'en sa captivité
Les restes d'un rival m'eussent enchaîné l'âme,
Les feux de son hymen auroient éteint ma flamme.
Pour forcer sa colère à de si doux effets,
Quels efforts, cher ami, ne me suis-je point faits!
Malgré tout mon amour, prendre un orgueil farouche
L'adorer dans le cœur, et l'outrager de bouche ;
J'ai souffert ce supplice, et me suis feint léger,
De honte et de dépit de ne pouvoir changer.
Et je vois, près du but où je voulois prétendre,
Les fruits de mon travail n'être pas pour Cléandre!
A ces conditions mon bonheur me déplaît.
Je ne puis être heureux, si Cléandre ne l'est.
Ce que je t'ai promis ne peut être à personne ;
Il faut que je périsse, ou que je te le donne.
J'aurai trop de moyens de te garder ma foi ;
Et, malgré les destins, Angélique est à toi.

ACTE III, SCÈNE IV.

CLÉANDRE.

Ne trouble point pour moi le repos de ton âme ;
Il t'en coûteroit trop pour avancer ma flamme.
Sans que ton amitié fasse un second effort,
Voici de qui j'aurai ma maîtresse ou la mort.
Si Doraste a du cœur, il faut qu'il la défende,
Et que l'épée au poing il la gagne ou la rende.

ALIDOR.

Simple ! par le chemin que tu penses tenir,
Tu la lui peux ôter, mais non pas l'obtenir.
La suite des duels ne fut jamais plaisante :
C'étoit ces jours passés ce que disoit Théante[1].
Je veux prendre un moyen et plus court et plus seur,
Et, sans aucun péril, t'en rendre possesseur.
Va-t'en donc, et me laisse auprès de ta maîtresse
De mon reste d'amour faire jouer l'adresse.

CLÉANDRE.

Cher ami....

ALIDOR.

Va-t'en, dis-je, et, par tes complimens,
Cesse de t'opposer à tes contentemens ;
Désormais en ces lieux tu ne fais que me nuire.

CLÉANDRE.

Je vais donc te laisser ma fortune à conduire.
Adieu. Puissé-je avoir les moyens à mon tour
De faire autant pour toi que toi pour mon amour !

ALIDOR, seul.

Que pour ton amitié je vais souffrir de peine !
Déjà presque échappé, je rentre dans ma chaîne.
Il faut encore un coup, m'exposant à ses yeux,
Reprendre de l'amour, afin d'en donner mieux.
Mais reprendre un amour dont je veux me défaire,
Qu'est-ce qu'à mes desseins un chemin tout contraire ?
Allons-y toutefois, puisque je l'ai promis :
Et que la peine est douce à qui sert ses amis !

SCÈNE V. — ANGÉLIQUE, dans son cabinet.

Quel malheur partout m'accompagne !
Qu'un indiscret hymen me venge à mes dépens !
Que de pleurs en vain je répands,
Moins pour ce que je perds que pour ce que je gagne !
L'un m'est plus doux que l'autre, et j'ai moins de tourment
Du crime d'Alidor que de son châtiment.
Ce traître alluma donc ma flamme !

---

1. Dans la comédie de *la Suivante*, acte II, scène IX.

Je puis donc consentir à ces tristes accords!
      Hélas! par quelques vains efforts
Que je me fasse jour jusqu'au fond de mon âme,
J'y trouve seulement, afin de me punir,
Le dépit du passé, l'horreur de l'avenir.

SCÈNE VI. — ANGÉLIQUE, ALIDOR.

ANGÉLIQUE.

Où viens-tu, déloyal? avec quelle impudence
Oses-tu redoubler mes maux par ta présence!
Qui te donne le front de surprendre mes pleurs?
Cherches-tu de la joie à même mes douleurs?
Et peux-tu conserver une âme assez hardie
Pour voir ce qu'à mon cœur coûte ta perfidie?
Après que tu m'as fait un insolent aveu
De n'avoir plus pour moi ni de foi ni de feu,
Tu te mets à genoux, et tu veux, misérable,
Que ton feint repentir m'en donne un véritable?
Va, va, n'espère rien de tes submissions;
Portes-les à l'objet de tes affections;
Ne me présente plus les traits qui m'ont déçue;
N'attaque point mon cœur en me blessant la vue.
Penses-tu que je sois, après ton changement,
Ou sans ressouvenir, ou sans ressentiment?
S'il te souvient encor de ton brutal caprice,
Dis-moi, que viens-tu faire au lieu de ton supplice?
Garde un exil si cher à tes légèretés.
Je ne veux plus savoir de toi mes vérités.
Quoi? tu ne me dis mot! Crois-tu que ton silence
Puisse de tes discours réparer l'insolence?
Des pleurs effacent-ils un mépris si cuisant?
Et ne t'en dédis-tu, traître, qu'en te taisant?
Pour triompher de moi veux-tu, pour toutes armes,
Employer des soupirs, et de muettes larmes?
Sur notre amour passé c'est trop te confier;
Du moins dis quelque chose à te justifier;
Demande le pardon que tes regards m'arrachent;
Explique leurs discours, dis-moi ce qu'ils me cachent.
Que mon courroux est foible! et que leurs traits puissans
Rendent des criminels aisément innocens!
Je n'y puis résister, quelque effort que je fasse;
Et, de peur de me rendre, il faut quitter la place.

    ALIDOR *la retient comme elle veut s'en aller.*

Quoi! votre amour renaît, et vous m'abandonnez!
C'est bien là me punir quand vous me pardonnez.
Je sais ce que j'ai fait, et qu'après tant d'audace

ACTE III, SCÈNE VI.

Je ne mérite pas de jouir de ma grâce;
Mais demeurez du moins, tant que vous ayez su
Que par un feint mépris votre amour fut déçu,
Que je vous fus fidèle en dépit de ma lettre;
Qu'en vos mains seulement on la devoit remettre;
Que mon dessein n'alloit qu'à voir vos mouvemens,
Et juger de vos feux par vos ressentimens.
Dites, quand je la vis entre vos mains remise,
Changeai-je de couleur? eus-je quelque surprise?
Ma parole plus ferme et mon port assuré
Ne vous montroient-ils pas un esprit préparé?
Que Clarine vous die, à la première vue,
Si jamais de mon change elle s'est aperçue.
Ce mauvais compliment flattoit mal ses appas;
Il vous faisoit outrage, et ne l'obligeoit pas;
Et ses termes piquans, mal conçus pour lui plaire,
Au lieu de son amour, cherchoient votre colère.

ANGÉLIQUE.

Cesse de m'éclaircir sur ce triste secret;
En te montrant fidèle, il accroît mon regret:
Je perds moins, si je crois ne perdre qu'un volage,
Et je ne puis sortir d'erreur qu'à mon dommage.
Que me sert de savoir que tes vœux sont constans?
Que te sert d'être aimé, quand il n'en est plus temps?

ALIDOR.

Aussi je ne viens pas pour regagner votre âme:
Préférez-moi Doraste, et devenez sa femme.
Je vous viens, par ma mort, en donner le pouvoir:
Moi vivant, votre foi ne le peut recevoir;
Elle m'est engagée, et, quoi que l'on vous die,
Sans crime elle ne peut durer moins que ma vie.
Mais voici qui vous rend l'une et l'autre à la fois.

ANGÉLIQUE.

Ah! ce cruel discours me réduit aux abois.
Ma colère a rendu ma perte inévitable,
Et je déteste en vain ma faute irréparable.

ALIDOR.

Si vous avez du cœur, on la peut réparer.

ANGÉLIQUE.

On nous doit dès demain pour jamais séparer.
Que puis-je à de tels maux appliquer pour remède?

ALIDOR.

Ce qu'ordonne l'amour aux âmes qu'il possède.
Si vous m'aimez encor, vous saurez dès ce soir
Rompre les noirs effets d'un juste désespoir.
Quittez avec le bal vos malheurs pour me suivre,
Ou soudain à vos yeux je vais cesser de vivre.

Mettez-vous en ma mort votre contentement?
ANGÉLIQUE.
Non; mais que dira-t-on d'un tel emportement?
ALIDOR.
Est-ce là donc le prix de vous avoir servie?
Il y va de votre heur, il y va de ma vie;
Et vous vous arrêtez à ce qu'on en dira!
Mais faites désormais tout ce qu'il vous plaira:
Puisque vous consentez plutôt à vos supplices
Qu'à l'unique moyen de payer mes services,
Ma mort va me venger de votre peu d'amour;
Si vous n'êtes à moi, je ne veux plus du jour.
ANGÉLIQUE.
Retiens ce coup fatal; me voilà résolue:
Use sur tout mon cœur de puissance absolue:
Puisqu'il est tout à toi, tu peux tout commander;
Et contre nos malheurs j'ose tout hasarder.
Cet éclat du dehors n'a rien qui m'embarrasse:
Mon honneur seulement te demande une grâce;
Accorde à ma pudeur que deux mots de ta main
Puissent justifier ma fuite et ton dessein;
Que mes parens surpris trouvent ici ce gage
Qui les rende assurés d'un heureux mariage;
Et que je sauve ainsi ma réputation
Par la sincérité de ton intention.
Ma faute en sera moindre, et mon trop de constance
Paroîtra seulement fuir une violence.
ALIDOR.
Enfin, par ce dessein vous me ressuscitez:
Agissez pleinement dessus mes volontés.
J'avois pour votre honneur la même inquiétude,
Et ne pourrois d'ailleurs qu'avec ingratitude,
Voyant ce que pour moi votre flamme résout,
Dénier quelque chose à qui m'accorde tout.
Donnez-moi; sur-le-champ je vous veux satisfaire.
ANGÉLIQUE.
Il vaut mieux que l'effet à tantôt se diffère.
Je manque ici de tout, et j'ai le cœur transi
De crainte que quelqu'un ne te découvre ici:
Mon dessein généreux fait naître cette crainte;
Depuis qu'il est formé, j'en ai senti l'atteinte.
Quitte-moi, je te prie, et coule-toi sans bruit.
ALIDOR.
Puisque vous le voulez, adieu jusqu'à minuit.
ANGÉLIQUE.
(*Alidor s'en va et Angélique continue.*)
Que promets-tu, pauvre aveuglée?

A quoi t'engage ici ta folle passion?
　　　Et de quelle indiscrétion
Ne s'accompagne point ton ardeur déréglée?
Tu cours à ta ruine, et vas tout hasarder
Sur la foi d'un amant qui n'en sauroit garder.
　　　Je me trompe, il n'est point volage;
J'ai vu sa fermeté, j'en ai cru ses soupirs;
　　　Et si je flatte mes désirs,
Une si douce erreur n'est qu'à mon avantage.
Me manquât-il de foi, je la lui dois garder,
Et pour perdre Doraste il faut tout hasarder.

ALIDOR, *sortant de la maison d'Angélique, traversant le théâtre.*

Cléandre, elle est à toi; j'ai fléchi son courage.
Que ne peut l'artifice, et le fard du langage?
Et, si pour un ami ces effets je produis,
Lorsque j'agis pour moi, qu'est-ce que je ne puis?

SCÈNE VII. — PHYLIS.

Alidor à mes yeux sort de chez Angélique,
Comme s'il y gardoit encor quelque pratique;
Et même, à son visage, il semble assez content.
Auroit-il regagné cet esprit inconstant?
Oh! qu'il feroit bon voir que cette humeur volage
Deux fois, en moins d'une heure, eût changé de courage!
Que mon frère en tiendroit, s'ils s'étoient mis d'accord!
Il faut qu'à le savoir je fasse mon effort.
Ce soir, je sonderai les secrets de son âme;
Et, si son entretien ne me trahit sa flamme,
J'aurai l'œil de si près dessus ses actions,
Que je m'éclaircirai de ses intentions.

SCÈNE VIII. — PHYLIS, LYSIS.

PHYLIS.

Quoi! Lysis, ta retraite est de peu de durée!

LYSIS.

L'heure de mon congé n'est qu'à peine expirée;
Mais vous voyant ici sans frère et sans amant....

PHYLIS.

N'en présume pas mieux pour ton contentement.

LYSIS.

Et d'où vient à Phylis une humeur si nouvelle?

PHYLIS.

Vois-tu, je ne sais quoi me brouille la cervelle.
Va, ne me conte rien de ton affection;
Elle en auroit fort peu de satisfaction.

LYSIS.
Cependant sans parler il faut que je soupire?
PHYLIS.
Réserve pour le bal ce que tu me veux dire.
LYSIS.
Le bal, où le tient-on?
PHYLIS.
Là dedans.
LYSIS.
Il suffit;
De votre bon avis je ferai mon profit.

ACTE QUATRIÈME.

SCÈNE I. — ALIDOR, CLÉANDRE, TROUPE D'HOMMES ARMÉS.

(L'acte est dans la nuit, et Alidor dit le premier vers à Cléandre; et, l'ayant fait retirer avec sa troupe, il continue seul.)

ALIDOR.
Attends, sans faire bruit, que je t'en avertisse.
Enfin la nuit s'avance, et son voile propice
Me va faciliter le succès que j'attends
Pour rendre heureux Cléandre, et mes désirs contens.
Mon cœur, las de porter un joug si tyrannique,
Ne sera plus qu'une heure esclave d'Angélique.
Je vais faire un ami possesseur de mon bien :
Aussi dans son bonheur je rencontre le mien.
C'est moins pour l'obliger que pour me satisfaire,
Moins pour le lui donner qu'afin de m'en défaire.
Ce trait paroîtra lâche et plein de trahison;
Mais cette lâcheté m'ouvrira ma prison.
Je veux bien, à ce prix, avoir l'âme traîtresse,
Et que ma liberté me coûte une maîtresse.
Que lui fais-je, après tout, qu'elle n'ait mérité,
Pour avoir, malgré moi, fait ma captivité?
Qu'on ne m'accuse point d'aucune ingratitude;
Ce n'est que me venger d'un an de servitude,
Que rompre son dessein, comme elle a fait le mien,
Qu'user de mon pouvoir, comme elle a fait du sien,
Et ne lui pas laisser un si grand avantage
De suivre son humeur, et forcer mon courage.
Le forcer! mais, hélas! que mon consentement,
Par un si doux effort, fut surpris aisément!

Quel excès de plaisir goûta mon imprudence
Avant que réfléchir sur cette violence !
Examinant mon feu, qu'est-ce que je ne perds ?
Et qu'il m'est cher vendu de connoître mes fers !
Je soupçonne déjà mon dessein d'injustice,
Et je doute s'il est ou raison ou caprice.
Je crains un pire mal après ma guérison,
Et d'aller au supplice en rompant ma prison.
Alidor, tu consens qu'un autre la possède !
Tu t'exposes sans crainte à des maux sans remède !
Ne romps point les effets de son intention,
Et laisse un libre cours à ton affection.
Fais ce beau coup pour toi ; suis l'ardeur qui te presse.
Mais trahir ton ami ! mais trahir ta maîtresse !
Je n'en veux obliger pas un à me haïr,
Et ne sais qui des deux ou servir, ou trahir.
  Quoi ! je balance encor, je m'arrête, je doute !
Mes résolutions, qui vous met en déroute ?
Revenez, mes desseins, et ne permettez pas
Qu'on triomphe de vous avec un peu d'appas.
En vain pour Angélique ils prennent la querelle ;
Cléandre, elle est à toi, nous sommes deux contre elle.
Ma liberté conspire avecque tes ardeurs ;
Les miennes désormais vont tourner en froideurs ;
Et, lassé de souffrir un si rude servage,
J'ai l'esprit assez fort pour combattre un visage.
Ce coup n'est qu'un effet de générosité,
Et je ne suis honteux que d'en avoir douté.
  Amour, que ton pouvoir tâche en vain de paroître !
Fuis, petit insolent, je veux être le maître ;
Il ne sera pas dit qu'un homme tel que moi,
En dépit qu'il en ait, obéisse à ta loi.
Je ne me résoudrai jamais à l'hyménée
Que d'une volonté franche et déterminée,
Et celle à qui ses nœuds m'uniront pour jamais
M'en sera redevable, et non à ses attraits ;
Et ma flamme....

SCÈNE II. — ALIDOR, CLÉANDRE.

CLÉANDRE.
Alidor !

ALIDOR.
Qui m'appelle ?

CLÉANDRE.
Cléandre.

ALIDOR.
Tu t'avances trop tôt.

Laisse-toi vaincre enfin à de si fortes armes;
Et va voir si Cléandre, à qui tu sers d'appui,
Pourra faire pour toi ce que tu fais pour lui.
Mais mon esprit s'égare, et, quoi qu'il se figure,
Faut-il que je me rende à des pleurs en peinture,
Et qu'Alidor, de nuit plus foible que de jour,
Redonne à la pitié ce qu'il ôte à l'amour?
Ainsi donc mes desseins se tournent en fumée!
J'ai d'autres repentirs que de l'avoir aimée!
Suis-je encore Alidor après ces sentimens?
Et ne pourrai-je enfin régler mes mouvemens?
Vaine compassion des douleurs d'Angélique,
Qui pense triompher d'un cœur mélancolique!
Téméraire avorton d'un impuissant remords,
Va, va porter ailleurs tes débiles efforts.
Après de tels appas, qui ne m'ont pu séduire,
Qui te fait espérer ce qu'ils n'ont su produire?
Pour un méchant soupir que tu m'as dérobé,
Ne me présume pas tout à fait succombé :
Je sais trop maintenir ce que je me propose,
Et souverain sur moi, rien que moi n'en dispose.
En vain un peu d'amour me déguise en forfait
Du bien que je me veux le généreux effet,
De nouveau j'y consens, et prêt à l'entreprendre....

SCÈNE VI. — ANGÉLIQUE, ALIDOR.

ANGÉLIQUE.

Je demande pardon de t'avoir fait attendre;
D'autant qu'en l'escalier on faisoit quelque bruit,
Et qu'un peu de lumière en effaçoit la nuit,
Je n'osois avancer, de peur d'être aperçue.
Allons, tout est-il prêt? Personne ne m'a vue :
De grâce, dépêchons, c'est trop perdre de temps,
Et les momens ici nous sont trop importans;
Fuyons vite, et craignons les yeux d'un domestique.
Quoi! tu ne réponds rien à la voix d'Angélique?

ALIDOR.

Angélique? mes gens vous viennent d'enlever;
Qui vous a fait sitôt de leurs mains vous sauver?
Quel soudain repentir, quelle crainte de blâme,
Et quelle ruse enfin vous dérobe à ma flamme?
Ne vous suffit-il point de me manquer de foi,
Sans prendre encor plaisir à vous jouer de moi?

ANGÉLIQUE.

Que tes gens cette nuit m'ayent vue, ou saisie,
N'ouvre point ton esprit à cette fantaisie.

ACTE IV, SCÈNE VI.

ALIDOR.
Autant que l'ont permis les ombres de la nuit,
Je l'ai vu de mes yeux.

ANGÉLIQUE.
Tes yeux t'ont donc séduit :
Et quelque autre sans doute, après moi descendue,
Se trouve entre les mains dont j'étois attendue.
Mais, ingrat, pour toi seul j'abandonne ces lieux,
Et tu n'accompagnois ma fuite que des yeux!
Pour marque d'un amour que je croyois extrême,
Tu remets ma conduite à d'autres qu'à toi-même!
Et je suis un larcin indigne de tes mains!

ALIDOR.
Quand vous aurez appris le fond de mes desseins,
Vous n'attribuerez plus, voyant mon innocence,
A peu d'affection l'effet de ma prudence.

ANGÉLIQUE.
Pour ôter tout soupçon et tromper ton rival,
Tu diras qu'il falloit te montrer dans le bal.
Foible ruse!

ALIDOR.
Ajoutez, et vaine, et sans adresse,
Puisque je ne pouvois démentir ma promesse.

ANGÉLIQUE.
Quel étoit donc ton but?

ALIDOR.
D'attendre ici le bruit
Que les premiers soupçons auront bientôt produit,
Et d'un autre côté me jetant à la fuite,
Divertir de vos pas leur plus chaude poursuite.

ANGÉLIQUE, *en pleurant*.
Mais enfin, Alidor, tes gens se sont mépris.

ALIDOR.
Dans ce coup de malheur, et confus, et surpris,
Je vois tous mes desseins succéder à ma honte;
Mais il me faut donner quelque ordre à ce mécompte :
Permettez....

ANGÉLIQUE.
Cependant, à qui me laisses-tu?
Tu frustres donc mes vœux de l'espoir qu'ils ont eu,
Et ton manque d'amour, de mes malheurs complice,
M'abandonnant ici, me livre à mon supplice!
L'hymen (ah! ce mot seul me réduit aux abois!)
D'un amant odieux me va soumettre aux lois;
Et tu peux m'exposer à cette tyrannie!
De l'erreur de tes gens je me verrai punie!

ALIDOR.
Nous préserve le ciel d'un pareil désespoir!
Mais votre éloignement n'est plus en mon pouvoir.
J'en ai manqué le coup; et, ce que je regrette,
Mon carrosse est parti, mes gens ont fait retraite.
A Paris, et de nuit, une telle beauté,
Suivant un homme seul, est mal en sûreté :
Doraste, ou, par malheur, quelque rencontre pire,
Me pourroit arracher le trésor où j'aspire :
Evitons ces périls en différant d'un jour.

ANGÉLIQUE.
Tu manques de courage aussi bien que d'amour,
Et tu me fais trop voir, par ta bizarrerie,
Le chimérique effet de ta poltronnerie.
Alidor (quel amant!) n'ose me posséder.

ALIDOR.
Un bien si précieux se doit-il hasarder?
Et ne pouvez-vous point d'une seule journée
Retarder le malheur de ce triste hyménée?
Peut-être le désordre et la confusion
Qui naîtront dans le bal de cette occasion
Le remettront pour vous; et l'autre nuit, je jure....

ANGÉLIQUE.
Que tu seras encor ou timide, ou parjure.
Quand tu m'as résolue à tes intentions,
Lâche, t'ai-je opposé tant de précautions?
Tu m'adores, dis-tu! tu le fais bien paroître,
Rejetant mon bonheur ainsi sur un peut-être.

ALIDOR.
Quoi qu'ose mon amour appréhender pour vous,
Puisque vous le voulez, fuyons, je m'y résous;
Et malgré ces périls.... Mais on ouvre la porte;
C'est Doraste qui sort, et nous suit à main-forte.

(*Alidor s'échappe, et Angélique le veut suivre; mais Doraste l'arrête.*)

SCÈNE VII. — ANGÉLIQUE, DORASTE, LYCANTE, TROUPE D'AMIS.

DORASTE.
Quoi! ne m'attendre pas? c'est trop me dédaigner;
Je ne viens qu'à dessein de vous accompagner;
Car vous n'entreprenez si matin ce voyage
Que pour vous préparer à notre mariage.
Encor que vous partiez beaucoup devant le jour,
Vous ne serez jamais assez tôt de retour;
Vous vous éloignez trop, vu que l'heure nous presse.

Infidèle! est-ce là me tenir ta promesse?
ANGÉLIQUE.
Eh bien! c'est te trahir. Penses-tu que mon feu
D'un généreux dessein te fasse un désaveu?
Je t'acquis par dépit, et perdrois avec joie.
Mon désespoir à tous m'abandonnoit en proie,
Et lorsque d'Alidor je me vis outrager,
Je fis arme de tout afin de me venger.
Tu t'offris par hasard, je t'acceptai de rage:
Je te donnai son bien, et non pas mon courage.
Ce change à mon courroux jetoit un faux appas;
Je le nommois sa peine, et c'étoit mon trépas:
Je prenois pour vengeance une telle injustice,
Et dessous ces couleurs j'adorois mon supplice.
Aveugle que j'étois! mon peu de jugement
Ne se laissoit guider qu'à mon ressentiment.
Mais depuis, Alidor m'a fait voir que son âme,
En feignant un mépris, n'avoit pas moins de flamme.
Il a repris mon cœur en me rendant les yeux;
Et soudain mon amour m'a fait haïr ces lieux.
DORASTE.
Tu suivois Alidor!
ANGÉLIQUE.
Ta funeste arrivée,
En arrêtant mes pas, de ce bien m'a privée;
Mais si....
DORASTE.
Tu le suivois!
ANGÉLIQUE.
Oui : fais tous tes efforts;
Lui seul aura mon cœur, tu n'auras que le corps.
DORASTE.
Impudente, effrontée autant comme traîtresse,
De ce cher Alidor tiens-tu cette promesse?
Est-elle de sa main, parjure? De bon cœur
J'aurois cédé ma place à ce premier vainqueur;
Mais suivre un inconnu! me quitter pour Cléandre!
ANGÉLIQUE.
Pour Cléandre!
DORASTE.
J'ai tort; je tâche à te surprendre.
Vois ce qu'en te cherchant m'a donné le hasard;
C'est ce que dans ta chambre a laissé ton départ:
C'est là qu'au lieu de toi j'ai trouvé sur ta table
De ta fidélité la preuve indubitable.
Lis, mais ne rougis point; et me soutiens encor
Que tu ne fuis ces lieux que pour suivre Alidor.

BILLET DE CLÉANDRE A ANGÉLIQUE.

(*Angélique lit.*)

Angélique, reçois ce gage
De la foi que je te promets
Qu'un prompt et sacré mariage
Unira nos jours désormais.
Quittons ces lieux, chère maîtresse;
Rien ne peut que ta fuite assurer mon bonheur;
Mais laisse aux tiens cette promesse
Pour sûreté de ton honneur,
Afin qu'ils en puissent apprendre
Que tu suis ton mari lorsque tu suis Cléandre.

« CLÉANDRE. »

Que je suis mon mari lorsque je suis Cléandre ?
Alidor est perfide, ou Doraste imposteur.
Je vois la trahison, et doute de l'auteur.
Mais, pour m'en éclaircir, ce billet doit suffire;
Je le pris d'Alidor, et le pris sans le lire;
Et puisqu'à m'enlever son bras se refusoit,
Il ne prétendoit rien au larcin qu'il faisoit.
Le traître! J'étois donc destinée à Cléandre!
Hélas! Mais qu'à propos le ciel l'a fait méprendre,
Et, ne consentant point à ses lâches desseins,
Met au lieu d'Angélique une autre entre ses mains!

DORASTE.

Que parles-tu d'une autre en ta place ravie ?

ANGÉLIQUE.

J'en ignore le nom, mais elle m'a suivie;
Et ceux qui m'attendoient dans l'ombre de la nuit....

DORASTE.

C'en est assez, mes yeux du reste m'ont instruit.
Autre n'est que Phylis entre leurs mains tombée;
Après toi de la salle elle s'est dérobée.
J'arrête une maîtresse, et je perds une sœur :
Mais allons promptement après le ravisseur.

SCÈNE VIII. — ANGÉLIQUE.

Dure condition de mon malheur extrême!
Si j'aime, on me trahit; je trahis, si l'on m'aime.
Qu'accuserai-je ici d'Alidor ou de moi?
Nous manquons l'un et l'autre également de foi.
Si j'ose l'appeler lâche, traître, parjure,
Ma rougeur aussitôt prendra part à l'injure;
Et les mêmes couleurs qui peindront ses forfaits
Des miens en même temps exprimeront les traits.
Mais quel aveuglement nos deux crimes égale,

Puisque c'est pour lui seul que je suis déloyale?
L'amour m'a fait trahir (qui n'en trahiroit pas?),
Et la trahison seule a pour lui des appas.
Son crime est sans excuse, et le mien pardonnable :
Il est deux fois, que dis-je? il est le seul coupable;
Il m'a prescrit la loi, je n'ai fait qu'obéir;
Il me trahit lui-même, et me force à trahir.
  Déplorable Angélique, en malheurs sans seconde,
Que veux-tu désormais, que peux-tu faire au monde,
Si ton ardeur sincère et ton peu de beauté
N'ont pu te garantir d'une déloyauté?
Doraste tient ta foi; mais si ta perfidie
A jusqu'à te quitter son âme refroidie,
Suis, suis dorénavant de plus saines raisons,
Et, sans plus t'exposer à tant de trahisons,
Puisque de ton amour on fait si peu de compte,
Va cacher dans un cloître et tes pleurs et ta honte.

ACTE CINQUIÈME.

SCÈNE I. — CLÉANDRE, PHYLIS.

CLÉANDRE.

Accordez-moi ma grâce avant qu'entrer chez vous.

PHYLIS.

Vous voulez donc enfin d'un bien commun à tous?
Craignez-vous qu'à vos feux ma flamme ne réponde?
Et puis-je vous haïr, si j'aime tout le monde?

CLÉANDRE.

Votre bel esprit raille, et, pour moi seul cruel,
Du rang de vos amans sépare un criminel :
Toutefois mon amour n'est pas moins légitime,
Et mon erreur du moins me rend vers vous sans crime.
Soyez, quoi qu'il en soit, d'un naturel plus doux :
L'amour a pris le soin de me punir pour vous;
Les traits que cette nuit il trempoit dans vos larmes
Ont triomphé d'un cœur invincible à vos charmes.

PHYLIS.

Puisque vous ne m'aimez que par punition,
Vous m'obligez fort peu de cette affection.

CLÉANDRE.

Après votre beauté sans raison négligée,
Il me punit bien moins qu'il ne vous a vengée.
Avez-vous jamais vu dessein plus renversé?
Quand j'ai la force en main, je me trouve forcé;

Je crois prendre une fille, et suis pris par une autre;
J'ai tout pouvoir sur vous; et me remets au vôtre.
Angélique me perd, quand je crois l'acquérir;
Je gagne un nouveau mal, quand je pense guérir.
Dans un enlèvement je hais la violence;
Je suis respectueux après cette insolence;
Je commets un forfait, et n'en saurois user;
Je ne suis criminel que pour m'en accuser.
Je m'expose à ma peine; et, négligeant ma fuite,
Aux vôtres offensés j'épargne la poursuite.
Ce que j'ai pu ravir, je viens le demander;
Et, pour vous devoir tout, je veux tout hasarder.

PHYLIS.

Vous ne me devez rien, du moins si j'en suis crue;
Et si mes propres yeux vous donnent dans la vue,
Si votre propre cœur soupire après ma main,
Vous courez grand hasard de soupirer en vain.
Toutefois, après tout, mon humeur est si bonne,
Que je ne puis jamais désespérer personne.
Sachez que mes désirs, toujours indifférens,
Iront sans résistance au gré de mes parens;
Leur choix sera le mien : c'est vous parler sans feinte.

CLÉANDRE.

Je vois de leur côté mêmes sujets de crainte;
Si vous me refusez, m'écouteront-ils mieux?

PHYLIS.

Le monde vous croit riche, et mes parens sont vieux.

CLÉANDRE.

Puis-je sur cet espoir....

PHYLIS.

C'est assez vous en dire.

SCÈNE II. — ALIDOR, CLÉANDRE, PHYLIS.

ALIDOR.

Cléandre a-t-il enfin ce que son cœur désire?
Et ses amours, changés par un heureux hasard,
De celui de Phylis ont-ils pris quelque part?

CLÉANDRE.

Cette nuit tu l'as vue en un mépris extrême,
Et maintenant, ami, c'est encore elle-même :
Son orgueil se redouble étant en liberté,
Et devient plus hardi, d'agir en sûreté.
J'espère toutefois, à quelque point qu'il monte,
Qu'à la fin....

PHYLIS.

Cependant que vous lui rendrez compte,

Je vais voir mes parens, que ce coup de malheur
A mon occasion accable de douleur.
Je n'ai tardé que trop à les tirer de peine.
   ALIDOR, *retenant Cléandre qui veut la suivre.*
Est-ce donc tout de bon qu'elle t'est inhumaine?
    CLÉANDRE.
Il la faut suivre. Adieu. Je te puis assurer
Que je n'ai pas sujet de me désespérer.
Va voir ton Angélique, et la compte pour tienne,
Si tu la vois d'humeur qui ressemble à la sienne.
    ALIDOR.
Tu me la rends enfin?
    CLÉANDRE.
     Doraste tient sa foi :
Tu possèdes son cœur; qu'auroit-elle pour moi?
Quelques charmans appas qui soient sur son visage,
Je n'y saurois avoir qu'un fort mauvais partage :
Peut-être elle croiroit qu'il lui seroit permis
De ne me rien garder, ne m'ayant rien promis;
Il vaut mieux que ma flamme à son tour te la cède.
Mais, derechef, adieu.

SCÈNE III. — ALIDOR.

     Ainsi tout me succède ;
Ses plus ardens désirs se règlent sur mes vœux :
Il accepte Angélique, et la rend quand je veux;
Quand je tâche à la perdre, il meurt de m'en défaire;
Quand je l'aime, elle cesse aussitôt de lui plaire.
Mon cœur prêt à guérir, le sien se trouve atteint;
Et mon feu rallumé, le sien se trouve éteint :
Il aime quand je quitte, il quitte alors que j'aime;
Et, sans être rivaux, nous aimons en lieu même.
C'en est fait, Angélique, et je ne saurois plus
Rendre contre tes yeux des combats superflus.
De ton affection cette preuve dernière
Reprend sur tous mes sens une puissance entière.
Les ombres de la nuit m'ont redonné le jour :
Que j'eus de perfidie, et que je vis d'amour!
Quand je sus que Cléandre avoit manqué sa proie,
Que j'en eus de regret, et que j'en ai de joie!
Plus je t'étois ingrat, plus tu me chérissois;
Et ton ardeur croissoit plus je te trahissois.
Aussi j'en fus honteux; et, confus dans mon âme,
La honte et le remords rallumèrent ma flamme.
Que l'amour pour nous vaincre a de chemins divers!
Et que malaisément on rompt de si beaux fers!

C'est en vain qu'on résiste aux traits d'un beau visage ;
En vain, à son pouvoir refusant son courage,
On veut éteindre un feu par ses yeux allumé,
Et ne le point aimer quand on s'en voit aimé :
Sous ce dernier appas l'amour a trop de force ;
Il jette dans nos cœurs une trop douce amorce,
Et ce tyran secret de nos affections
Saisit trop puissamment nos inclinations.
Aussi ma liberté n'a plus rien qui me flatte ;
Le grand soin que j'en eus partoit d'une âme ingrate ;
Et mes desseins, d'accord avecque mes désirs,
A servir Angélique ont mis tous mes plaisirs.
Mais, hélas ! ma raison est-elle assez hardie
Pour croire qu'on me souffre après ma perfidie ?
Quelque secret instinct, à mon bonheur fatal,
Ne la porte-t-il point à me vouloir du mal ?
Que de mes trahisons elle seroit vengée,
Si, comme mon humeur, la sienne étoit changée !
Mais qui la changeroit, puisqu'elle ignore encor
Tous les lâches complots du rebelle Alidor ?
Que dis-je, malheureux ? ah ! c'est trop me méprendre,
Elle en a trop appris du billet de Cléandre ;
Son nom au lieu du mien en ce papier souscrit
Ne lui montre que trop le fond de mon esprit.
Sur ma foi toutefois elle le prit sans lire ;
Et, si le ciel vengeur contre moi ne conspire,
Elle s'y fie assez pour n'en avoir rien lu.
Entrons, quoi qu'il en soit, d'un esprit résolu ;
Dérobons à ses yeux le témoin de mon crime :
Et si pour l'avoir lu sa colère s'anime,
Et qu'elle veuille user d'une juste rigueur,
Nous savons les moyens de regagner son cœur.

SCÈNE IV. — DORASTE, LYCANTE.

DORASTE.

Ne sollicite plus mon âme refroidie.
Je méprise Angélique après sa perfidie ;
Mon cœur s'est révolté contre ses lâches traits ;
Et qui n'a point de foi n'a point pour moi d'attraits.
Veux-tu qu'on me trahisse, et que mon amour dure ?
J'ai souffert sa rigueur, mais je hais son parjure,
Et tiens sa trahison indigne à l'avenir
D'occuper aucun lieu dedans mon souvenir.
Qu'Alidor la possède ; il est traître comme elle :
Jamais pour ce sujet nous n'aurons de querelle.
Pourrois-je avec raison lui vouloir quelque mal

De m'avoir délivré d'un esprit déloyal?
Ma colère l'épargne, et n'en veut qu'à Cléandre :
Il verra que son pire étoit de se méprendre;
Et si je puis jamais trouver ce ravisseur,
Il me rendra soudain et la vie et ma sœur.

LYCANTE.

Faites mieux : puisqu'à peine elle pourroit prétendre
Une fortune égale à celle de Cléandre,
En faveur de ses biens calmez votre courroux,
Et de son ravisseur faites-en son époux.
Bien qu'il eût fait dessein sur une autre personne,
Faites-lui retenir ce qu'un hasard lui donne;
Je crois que cet hymen pour satisfaction
Plaira mieux à Phylis que sa punition.

DORASTE.

Nous consultons en vain, ma poursuite étant vaine.

LYCANTE.

Nous le rencontrerons, n'en soyez point en peine;
Où que soit sa retraite, il n'est pas toujours nuit :
Et ce qu'un jour nous cache, un autre le produit.
Mais, dieux! voilà Phylis qu'il a déjà rendue.

SCÈNE V. — PHYLIS, DORASTE, LYCANTE.

DORASTE.

Ma sœur, je te retrouve après t'avoir perdue!
Et, de grâce, quel lieu me cache le voleur
Qui, pour s'être mépris, a causé ton malheur?
Que son trépas....

PHYLIS.

Tout beau; peut-être ta colère,
Au lieu de ton rival, en veut à ton beau-frère.
En un mot, tu sauras qu'en cet enlèvement
Mes larmes m'ont acquis Cléandre pour amant;
Son cœur m'est demeuré pour peine de son crime,
Et veut changer un rapt en amour légitime.
Il fait tous ses efforts pour gagner mes parens,
Et s'il les peut fléchir, quant à moi, je me rends :
Non, à dire le vrai, que son objet me tente;
Mais mon père content, je dois être contente.
Tandis, par la fenêtre ayant vu ton retour,
Je t'ai voulu sur l'heure apprendre cet amour,
Pour te tirer de peine et rompre ta colère.

DORASTE.

Crois-tu que cet hymen puisse me satisfaire?

PHYLIS.

Si tu n'es ennemi de mes contentemens,

Ne prends mes intérêts que dans mes sentimens;
Ne fais point le mauvais, si je ne suis mauvaise,
Et ne condamne rien à moins qu'il me déplaise.
En cette occasion, si tu me veux du bien,
C'est à toi de régler ton esprit sur le mien.
Je respecte mon père, et le tiens assez sage
Pour ne résoudre rien à mon désavantage.
Si Cléandre le gagne, et m'en peut obtenir,
Je crois de mon devoir....
LYCANTE.
Je l'aperçois venir.
Résolvez-vous, monsieur, à ce qu'elle désire.

SCÈNE VI. — CLÉANDRE, DORASTE, PHYLIS, LYCANTE.

CLÉANDRE.
Si vous n'êtes d'humeur, madame, à vous dédire,
Tout me rit désormais, j'ai leur consentement.
Mais excusez, monsieur, le transport d'un amant;
Et souffrez qu'un rival, confus de son offense,
Pour en perdre le nom entre en votre alliance.
Ne me refusez point un oubli du passé;
Et son ressouvenir à jamais effacé,
Bannissant toute aigreur, recevez un beau-frère
Que votre sœur accepte après l'aveu d'un père.
DORASTE.
Quand j'aurois sur ce point des avis différens,
Je ne puis contredire au choix de mes parens;
Mais, outre leur pouvoir, votre âme généreuse,
Et ce franc procédé qui rend ma sœur heureuse,
Vous acquièrent les biens qu'ils vous ont accordés,
Et me font souhaiter ce que vous demandez.
Vous m'avez obligé, de m'ôter Angélique;
Rien de ce qui la touche à présent ne me pique :
Je n'y prends plus de part, après sa trahison.
Je l'aimai par malheur, et la hais par raison.
Mais la voici qui vient, de son amant suivie.

SCÈNE VII. — ALIDOR, ANGÉLIQUE, DORASTE, CLÉANDRE,
PHYLIS, LYCANTE.

ALIDOR.
Finissez vos mépris, ou m'arrachez la vie.
ANGÉLIQUE.
Ne m'importune plus, infidèle. Ah! ma sœur!
Comme as-tu pu sitôt tromper ton ravisseur?
PHYLIS, *à Angélique.*
Il n'en a plus le nom; et son feu légitime,

ACTE V, SCÈNE VII.

Autorisé des miens, en efface le crime;
Le hasard me le donne, et, changeant ses desseins,
Il m'a mise en son cœur aussi bien qu'en ses mains.
Son erreur fut soudain de son amour suivie;
Et je ne l'ai ravi qu'après qu'il m'a ravie.
Jusque-là tes beautés ont possédé ses vœux;
Mais l'amour d'Alidor faisoit taire ses feux.
De peur de l'offenser te cachant son martyre,
Il me venoit conter ce qu'il ne t'osoit dire;
Mais nous changeons de sort par cet enlèvement :
Tu perds un serviteur, et j'y gagne un amant.

DORASTE, *à Phylis.*

Dis-lui qu'elle en perd deux; mais qu'elle s'en console,
Puisque avec Alidor je lui rends sa parole.

(*A Angélique.*)

Satisfaites sans crainte à vos intentions;
Je ne mets plus d'obstacle à vos affections.
Si vous faussez déjà la parole donnée,
Que ne feriez-vous point après notre hyménée?
Pour moi, malaisément on me trompe deux fois :
Vous l'aimez, j'y consens, et lui cède mes droits.

ALIDOR, *à Angélique.*

Puisque vous me pouvez accepter sans parjure,
Pouvez-vous consentir que votre rigueur dure?
Vos yeux sont-ils changés, vos feux sont-ils éteints?
Et quand mon amour croît, produit-il vos dédains?
Voulez-vous....

ANGÉLIQUE.

Déloyal, cesse de me poursuivre;
Si je t'aime jamais, je veux cesser de vivre.
Quel espoir mal conçu te rapproche de moi?
Aurois-je de l'amour pour qui n'a point de foi?

DORASTE.

Quoi! le bannissez-vous parce qu'il vous ressemble?
Cette union d'humeurs vous doit unir ensemble.
Pour ce manque de foi c'est trop le rejeter :
Il ne l'a pratiqué que pour vous imiter.

ANGÉLIQUE.

Cessez de reprocher à mon âme troublée
La faute où la porta son ardeur aveuglée.
Vous seul avez ma foi, vous seul à l'avenir
Pouvez à votre gré me la faire tenir :
Si toutefois, après ce que j'ai pu commettre,
Vous me pouvez haïr jusqu'à me la remettre,
Un cloître désormais bornera mes desseins;
C'est là que je prendrai des mouvemens plus sains;
C'est là que, loin du monde et de sa vaine pompe,

Je n'aurai qui tromper, non plus que qui me trompe.
ALIDOR.
Mon souci !
ANGÉLIQUE.
Tes soucis doivent tourner ailleurs.
PHYLIS, *à Angélique.*
De grâce, prends pour lui des sentimens meilleurs.
DORASTE, *à Phylis.*
Nous leur nuisons, ma sœur; hors de notre présence
Elle se porteroit à plus de complaisance ;
L'amour seul, assez fort pour la persuader,
Ne veut point d'autres tiers à les raccommoder.
CLÉANDRE, *à Doraste.*
Mon amour, ennuyé des yeux de tant de monde,
Adore la raison où votre avis se fonde.
Adieu, belle Angélique, adieu; c'est justement
Que votre ravisseur vous cède à votre amant.
DORASTE, *à Angélique.*
Je vous eus par dépit, lui seul il vous mérite ;
Ne lui refusez point ma part que je lui quitte.
PHYLIS.
Si tu m'aimes, ma sœur, fais-en autant que moi,
Et laisse à tes parens à disposer de toi.
Ce sont des jugemens imparfaits que les nôtres :
Le cloître a ses douceurs, mais le monde en a d'autres,
Qui, pour avoir un peu moins de solidité,
N'accommodent que mieux notre instabilité.
Je crois qu'un bon dessein dans le cloître te porte :
Mais un dépit d'amour n'en est pas bien la porte ;
Et l'on court grand hasard d'un cuisant repentir
De se voir en prison sans espoir d'en sortir.
CLÉANDRE, *à Phylis.*
N'achèverez-vous point?
PHYLIS.
J'ai fait, et vous vais suivre.
Adieu. Par mon exemple apprends comme il faut vivre,
Et prends pour Alidor un naturel plus doux.

(*Cléandre, Doraste, Phylis et Lycante rentrent.*)

ANGÉLIQUE.
Rien ne rompra le coup à quoi je me résous :
Je me veux exempter de ce honteux commerce
Où la déloyauté si pleinement s'exerce;
Un cloître est désormais l'objet de mes désirs :
L'âme ne goûte point ailleurs de vrais plaisirs.
Ma foi qu'avoit Doraste engageoit ma franchise;
Et je ne vois plus rien, puisqu'il me l'a remise,

Qui me retienne au monde, ou m'arrête en ce lieu :
Cherche une autre à trahir; et pour jamais, adieu.

SCÈNE VIII. — ALIDOR.

Que par cette retraite elle me favorise !
Alors que mes desseins cèdent à mes amours,
Et qu'ils ne sauroient plus défendre ma franchise,
Sa haine et ses refus viennent à leur secours.

J'avois beau la trahir, une secrète amorce
Rallumoit dans mon cœur l'amour par la pitié ;
Mes feux en recevoient une nouvelle force,
Et toujours leur ardeur en croissoit de moitié.

Ce que cherchoit par là mon âme peu rusée,
De contraires moyens me l'ont fait obtenir ;
Je suis libre à présent qu'elle est désabusée,
Et je ne l'abusois que pour le devenir.

Impuissant ennemi de mon indifférence,
Je brave, vain Amour, ton débile pouvoir :
Ta force ne venoit que de mon espérance,
Et c'est ce qu'aujourd'hui m'ôte son désespoir.

Je cesse d'espérer et commence de vivre ;
Je vis dorénavant, puisque je vis à moi ;
Et quelques doux assauts qu'un autre objet me livre,
C'est de moi seulement que je prendrai la loi.

Beautés, ne pensez point à rallumer ma flamme ;
Vos regards ne sauroient asservir ma raison ;
Et ce sera beaucoup emporté sur mon âme,
S'ils me font curieux d'apprendre votre nom.

Nous feindrons toutefois, pour nous donner carrière,
Et pour mieux déguiser nous en prendrons un peu ;
Mais nous saurons toujours rebrousser en arrière,
Et, quand il nous plaira, nous retirer du jeu.

Cependant Angélique enfermant dans un cloître
Ses yeux, dont nous craignons la fatale clarté,
Les murs qui garderont ces tyrans de paroître
Serviront de remparts à notre liberté.

Je suis hors de péril qu'après son mariage
Le bonheur d'un jaloux augmente mon ennui ;
Et ne serai jamais sujet à cette rage
Qui naît de voir son bien entre les mains d'autrui.

Ravi qu'aucun n'en ait ce que j'ai pu prétendre,
Puisqu'elle dit au monde un éternel adieu,
Comme je la donnois sans regret à Cléandre,
Je verrai sans regret qu'elle se donne à Dieu.

EXAMEN DE LA PLACE ROYALE.

Je ne puis dire tant de bien de celle-ci que de la précédente. Les vers en sont plus forts; mais il y a manifestement une duplicité d'action. Alidor, dont l'esprit extravagant se trouve incommodé d'un amour qui l'attache trop, veut faire en sorte qu'Angélique sa maîtresse se donne à son ami Cléandre; et c'est pour cela qu'il lui fait rendre une fausse lettre qui le convainc de légèreté, et qu'il joint à cette supposition des mépris assez piquans pour l'obliger dans sa colère à accepter les affections d'un autre. Ce dessein avorte, et la donne à Doraste contre son intention; et cela l'oblige à en faire un nouveau pour la porter à un enlèvement. Ces deux desseins, formés ainsi l'un après l'autre, font deux actions, et donnent deux âmes au poëme, qui d'ailleurs finit assez mal par un mariage de deux personnes épisodiques, qui ne tiennent que le second rang dans la pièce. Les premiers acteurs y achèvent bizarrement, et tout ce qui les regarde fait languir le cinquième acte, où ils ne paroissent plus, à le bien prendre, que comme seconds acteurs. L'épilogue d'Alidor n'a pas la grâce de celui de *la Suivante*, qui, ayant été très-intéressée dans l'action principale, et demeurant enfin sans amant, n'ose expliquer ses sentimens en la présence de sa maîtresse et de son père, qui ont tous deux leur compte, et les laisse rentrer pour pester en liberté contre eux et contre sa mauvaise fortune, dont elle se plaint en elle-même, et fait par là connoître au spectateur l'assiette de son esprit après un effet si contraire à ses souhaits.

Alidor est sans doute trop bon ami pour être si mauvais amant. Puisque sa passion l'importune tellement qu'il veut bien outrager sa maîtresse pour s'en défaire, il devroit se contenter de ce premier effort, qui la fait obtenir à Doraste, sans s'embarrasser de nouveau pour l'intérêt d'un ami, et hasarder en sa considération un repos qui lui est si précieux. Cet amour de son repos n'empêche point qu'au cinquième acte il ne se montre encore passionné pour cette maîtresse, malgré la résolution qu'il avoit prise de s'en défaire, et les trahisons qu'il lui a faites; de sorte qu'il semble ne commencer à l'aimer véritablement que quand il lui a donné sujet de le haïr. Cela fait une inégalité de mœurs qui est vicieuse.

Le caractère d'Angélique sort de la bienséance, en ce qu'elle est trop amoureuse, et se résout trop tôt à se faire enlever par un homme qui lui doit être suspect. Cet enlèvement lui réussit mal; et il a été bon de lui donner un mauvais succès, bien qu'il ne soit pas besoin que les grands crimes soient punis dans la tragédie, parce que leur peinture imprime assez d'horreur pour en détourner les spectateurs. Il n'en est pas de même des fautes de cette nature, et elles pourroient engager un esprit jeune et amoureux à les imiter, si l'on voyoit que ceux qui les commettent vinssent à bout, par ce mauvais moyen, de ce qu'ils désirent.

Malgré cet abus, introduit par la nécessité, et légitimé par l'usage, de faire dire dans la rue à nos amantes de comédie ce que vraisemblement elles diroient dans leur chambre, je n'ai osé y placer Angélique durant la réflexion douloureuse qu'elle fait sur la promptitude et l'imprudence de ses ressentimens, qui la font consentir à épouser l'objet de sa haine : j'ai mieux aimé rompre la liaison des scènes, et l'unité de lieu qui se trouve assez exacte en ce poëme, à cela près, afin de la faire soupirer dans son cabinet avec plus de bienséance pour elle, et plus de sûreté pour l'entretien d'Alidor. Phylis, qui le voit sortir de chez elle, en auroit trop vu si elle les avoit aperçus tous deux sur le théâtre ; et, au lieu du soupçon de quelque intelligence renouée entre eux qui la porte à l'observer durant le bal, elle auroit eu sujet d'en prendre une entière certitude, et d'y donner un ordre qui eût rompu tout le nouveau dessein d'Alidor et l'intrigue de la pièce.

FIN DE LA PLACE ROYALE.

MÉDÉE.

TRAGÉDIE.

1635.

ÉPITRE A MONSIEUR P. T. N. G.

Monsieur,

Je vous donne *Médée* toute méchante qu'elle est, et ne vous dirai rien pour sa justification. Je vous la donne pour telle que vous la voudrez prendre, sans tâcher à prévenir ou violenter vos sentimens par un étalage des préceptes de l'art, qui doivent être fort mal entendus et fort mal pratiqués quand ils ne nous font pas arriver au but que l'art se propose. Celui de la poésie dramatique est de plaire, et les règles qu'elle nous prescrit ne sont que des adresses pour en faciliter les moyens au poëte, et non pas des raisons qui puissent persuader aux spectateurs qu'une chose soit agréable quand elle leur déplaît. Ici vous trouverez le crime en son char de triomphe, et peu de personnages sur la scène dont les mœurs ne soient plus mauvaises que bonnes; mais la peinture et la poésie ont cela de commun entre beaucoup d'autres choses, que l'une fait souvent de beaux portraits d'une femme laide, et l'autre de belles imitations d'une action qu'il ne faut pas imiter. Dans la portraiture, il n'est pas question si un visage est beau, mais s'il ressemble; et dans la poésie, il ne faut pas considérer si les mœurs sont vertueuses, mais si elles sont pareilles à celles de la personne qu'elle introduit. Aussi nous décrit-elle indifféremment les bonnes et les mauvaises actions, sans nous proposer les dernières pour exemple; et si elle nous en veut faire quelque horreur, ce n'est point par leur punition, qu'elle n'affecte pas de nous faire voir, mais par leur laideur, qu'elle s'efforce de nous représenter au naturel. Il n'est pas besoin d'avertir ici le public que celles de cette tragédie ne sont pas à imiter : elles paroissent assez à découvert pour n'en faire envie à personne. Je n'examine point si elles sont vraisemblables ou non : cette difficulté, qui est la plus délicate de la poésie, et peut-être la moins entendue, demanderoit un discours trop long pour une épître : il me suffit qu'elles sont autorisées ou par la vérité de l'histoire, ou par l'opinion commune des anciens. Elles vous ont agréé autrefois sur le théâtre; j'espère qu'elles vous satisferont encore aucunement[1] sur le papier, et demeure,

Monsieur,

Votre très-humble serviteur,

CORNEILLE.

1. « En quelque sorte. »

PERSONNAGES.

CRÉON, roi de Corinthe.
ÆGÉE, roi d'Athènes.
JASON, mari de Médée.
POLLUX, argonaute, ami de Jason.
CRÉUSE, fille de Créon.
MÉDÉE, femme de Jason.
CLÉONE, gouvernante de Créuse.
NÉRINE, suivante de Médée.
THEUDAS, domestique de Créon.
TROUPE DES GARDES DE CRÉON.

La scène est à Corinthe.

ACTE PREMIER.

SCÈNE I. — POLLUX, JASON.

POLLUX.
Que je sens à la fois de surprise et de joie!
Se peut-il qu'en ces lieux enfin je vous revoie,
Que Pollux dans Corinthe ait rencontré Jason?
JASON.
Vous n'y pouviez venir en meilleure saison;
Et, pour vous rendre encor l'âme plus étonnée,
Préparez-vous à voir mon second hyménée.
POLLUX.
Quoi! Médée est donc morte, ami?
JASON.
Non, elle vit;
Mais un objet plus beau la chasse de mon lit.
POLLUX.
Dieux! et que fera-t-elle?
JASON.
Et que fit Hypsipile,
Que pousser les éclats d'un courroux inutile?
Elle jeta des cris, elle versa des pleurs,
Elle me souhaita mille et mille malheurs;
Dit que j'étois sans foi, sans cœur, sans conscience:
Et, lasse de le dire, elle prit patience.
Médée en son malheur en pourra faire autant:
Qu'elle soupire, pleure, et me nomme inconstant;
Je la quitte à regret, mais je n'ai point d'excuse
Contre un pouvoir plus fort qui me donne à Créuse.
POLLUX.
Créuse est donc l'objet qui vous vient d'enflammer?

Je l'aurois deviné, sans l'entendre nommer.
Jason ne fit jamais de communes maîtresses;
Il est né seulement pour charmer les princesses,
Et haïroit l'amour, s'il avoit sous sa loi
Rangé de moindres cœurs que des filles de roi.
Hypsipile à Lemnos, sur le Phase Médée,
Et Créuse à Corinthe, autant vaut, possédée,
Font bien voir qu'en tous lieux, sans le secours de Mars,
Les sceptres sont acquis à ses moindres regards.

JASON.

Aussi je ne suis pas de ces amans vulgaires;
J'accommode ma flamme au bien de mes affaires;
Et sous quelque climat que me jette le sort,
Par maxime d'État je me fais cet effort.
Nous voulant à Lemnos rafraîchir dans la ville,
Qu'eussions-nous fait, Pollux, sans l'amour d'Hypsipile?
Et depuis à Colchos, que fit votre Jason,
Que cajoler Médée, et gagner la toison?
Alors, sans mon amour, qu'eût fait votre vaillance?
Eût-elle du dragon trompé la vigilance?
Ce peuple que la terre enfantoit tout armé,
Qui de vous l'eût défait, si Jason n'eût aimé?
Maintenant qu'un exil m'interdit ma patrie,
Créuse est le sujet de mon idolâtrie;
Et j'ai trouvé l'adresse, en lui faisant la cour,
De relever mon sort sur les ailes d'Amour.

POLLUX.

Que parlez-vous d'exil? La haine de Pélie....

JASON.

Me fait, tout mort qu'il est, fuir de sa Thessalie.

POLLUX.

Il est mort!

JASON.

Écoutez, et vous saurez comment
Son trépas seul m'oblige à cet éloignement.
Après six ans passés, depuis notre voyage,
Dans les plus grands plaisirs qu'on goûte au mariage,
Mon père, tout caduc, émouvant ma pitié,
Je conjurai Médée, au nom de l'amitié....

POLLUX.

J'ai su comme son art, forçant les destinées,
Lui rendit la vigueur de ses jeunes années:
Ce fut, s'il m'en souvient, ici que je l'appris,
D'où soudain un voyage en Asie entrepris
Fait que, nos deux séjours divisés par Neptune,
Je n'ai point su depuis quelle est votre fortune;
Je n'en fais qu'arriver.

JASON.
                Apprenez donc de moi
Le sujet qui m'oblige à lui manquer de foi.
　Malgré l'aversion d'entre nos deux familles,
De mon tyran Pélie elle gagne les filles,
Et leur feint de ma part tant d'outrages reçus,
Que ces foibles esprits sont aisément déçus.
Elle fait amitié, leur promet des merveilles,
Du pouvoir de son art leur remplit les oreilles;
Et, pour mieux leur montrer comme il est infini,
Leur étale surtout mon père rajeuni.
Pour épreuve elle égorge un bélier à leurs vues,
Le plonge en un bain d'eaux et d'herbes inconnues,
Lui forme un nouveau sang avec cette liqueur,
Et lui rend d'un agneau la taille et la vigueur.
Les sœurs crient miracle, et chacune ravie
Conçoit pour son vieux père une pareille envie,
Veut un effet pareil, le demande, et l'obtient;
Mais chacune a son but. Cependant la nuit vient :
Médée, après le coup d'une si belle amorce,
Prépare de l'eau pure et des herbes sans force,
Redouble le sommeil des gardes et du roi :
La suite au seul récit me fait trembler d'effroi.
A force de pitié ces filles inhumaines
De leur père endormi vont épuiser les veines :
Leur tendresse crédule, à grands coups de couteau,
Prodigue ce vieux sang, et fait place au nouveau;
Le coup le plus mortel s'impute à grand service;
On nomme piété ce cruel sacrifice;
Et l'amour paternel qui fait agir leur bras
Croiroit commettre un crime à n'en commettre pas.
Médée est éloquente à leur donner courage :
Chacune toutefois tourne ailleurs son visage;
Une secrète horreur condamne leur dessein,
Et refuse leurs yeux à conduire leur main.
                POLLUX.
A me représenter ce tragique spectacle,
Qui fait un parricide et promet un miracle,
J'ai de l'horreur moi-même, et ne puis concevoir
Qu'un esprit jusque-là se laisse décevoir.
                JASON.
Ainsi mon père Æson recouvra sa jeunesse.
Mais oyez le surplus. Ce grand courage cesse;
L'épouvante les prend; Médée en raille, et fuit.
Le jour découvre à tous les crimes de la nuit;
Et, pour vous épargner un discours inutile,
Acaste, nouveau roi, fait mutiner la ville,

Nomme Jason l'auteur de cette trahison,
Et, pour venger son père, assiége ma maison.
Mais j'étois déjà loin, aussi bien que Médée;
Et ma famille enfin à Corinthe abordée,
Nous saluons Créon, dont la bénignité
Nous promet contre Acaste un lieu de sûreté.
Que vous dirai-je plus? mon bonheur ordinaire
M'acquiert les volontés de la fille et du père;
Si bien que de tous deux également chéri,
L'un me veut pour son gendre, et l'autre pour mari.
D'un rival couronné les grandeurs souveraines,
La majesté d'Ægée, et le sceptre d'Athènes,
N'ont rien, à leur avis, de comparable à moi,
Et, banni que je suis, je leur suis plus qu'un roi.
Je vois trop ce bonheur, mais je le dissimule;
Et, bien que pour Créuse un pareil feu me brûle,
Du devoir conjugal je combats mon amour,
Et je ne l'entretiens que pour faire ma cour.
  Acaste cependant menace d'une guerre
Qui doit perdre Créon et dépeupler sa terre;
Puis, changeant tout à coup ses résolutions,
Il propose la paix sous des conditions.
Il demande d'abord et Jason et Médée :
On lui refuse l'un, et l'autre est accordée;
Je l'empêche, on débat, et je fais tellement,
Qu'enfin il se réduit à son bannissement.
De nouveau je l'empêche, et Créon me refuse;
Et, pour m'en consoler, il m'offre sa Créuse.
Qu'eussé-je fait, Pollux, en cette extrémité
Qui commettoit ma vie avec ma loyauté?
Car, sans doute, à quitter l'utile pour l'honnête,
La paix alloit se faire aux dépens de ma tête;
Le mépris insolent des offres d'un grand roi
Aux mains d'un ennemi livroit Médée et moi.
Je l'eusse fait pourtant, si je n'eusse été père :
L'amour de mes enfans m'a fait l'âme légère;
Ma perte étoit la leur; et cet hymen nouveau
Avec Médée et moi les tire du tombeau :
Eux seuls m'ont fait résoudre, et la paix s'est conclue.

POLLUX.

Bien que de tous côtés l'affaire résolue
Ne laisse aucune place aux conseils d'un ami,
Je ne puis toutefois l'approuver qu'à demi.
Sur quoi que vous fondiez un traitement si rude,
C'est montrer pour Médée un peu d'ingratitude;
Ce qu'elle a fait pour vous est mal récompensé.
Il faut craindre après tout son courage offensé;

Vous savez mieux que moi ce que peuvent ses charmes.
JASON.
Ce sont à sa fureur d'épouvantables armes ;
Mais son bannissement nous en va garantir.
POLLUX.
Gardez d'avoir sujet de vous en repentir.
JASON.
Quoi qu'il puisse arriver, ami, c'est chose faite.
POLLUX.
La termine le ciel comme je le souhaite !
Permettez cependant qu'afin de m'acquitter
J'aille trouver le roi pour l'en féliciter.
JASON.
Je vous y conduirois, mais j'attends ma princesse
Qui va sortir du temple.
POLLUX.
Adieu : l'amour vous presse,
Et je serois marri qu'un soin officieux
Vous fît perdre pour moi des temps si précieux.

SCÈNE II. — JASON.

Depuis que mon esprit est capable de flamme,
Jamais un trouble égal n'a confondu mon âme.
Mon cœur, qui se partage en deux affections,
Se laisse déchirer à mille passions.
Je dois tout à Médée, et je ne puis sans honte
Et d'elle et de ma foi tenir si peu de compte :
Je dois tout à Créon, et d'un si puissant roi
Je fais un ennemi, si je garde ma foi :
Je regrette Médée, et j'adore Créuse ;
Je vois mon crime en l'une, en l'autre mon excuse ;
Et dessus mon regret mes désirs triomphans
Ont encor le secours du soin de mes enfans.
  Mais la princesse vient ; l'éclat d'un tel visage
Du plus constant du monde attireroit l'hommage,
Et semble reprocher à ma fidélité
D'avoir osé tenir contre tant de beauté.

SCÈNE III. — CRÉUSE, JASON, CLÉONE.

JASON.
Que votre zèle est long, et que d'impatience
Il donne à votre amant, qui meurt en votre absence !
CRÉUSE.
Je n'ai pas fait pourtant au ciel beaucoup de vœux ;
Ayant Jason à moi, j'ai tout ce que je veux.

JASON.

Et moi, puis-je espérer l'effet d'une prière
Que ma flamme tiendroit à faveur singulière?
Au nom de notre amour, sauvez deux jeunes fruits
Que d'un premier hymen la couche m'a produits;
Employez-vous pour eux, faites auprès d'un père
Qu'ils ne soient point compris en l'exil de leur mère;
C'est lui seul qui bannit ces petits malheureux,
Puisque dans les traités il n'est point parlé d'eux.

CRÉUSE.

J'avois déjà parlé de leur tendre innocence,
Et vous y servirai de toute ma puissance,
Pourvu qu'à votre tour vous m'accordiez un point
Que jusques à tantôt je ne vous dirai point.

JASON.

Dites, et, quel qu'il soit, que ma reine en dispose.

CRÉUSE.

Si je puis sur mon père obtenir quelque chose,
Vous le saurez après; je ne veux rien pour rien.

CLÉONE.

Vous pourrez au palais suivre cet entretien.
On ouvre chez Médée, ôtez-vous de sa vue;
Vos présences rendroient sa douleur plus émue;
Et vous seriez marris que cet esprit jaloux
Mêlât son amertume à des plaisirs si doux.

SCÈNE IV. — MÉDÉE.

Souverains protecteurs des lois de l'hyménée,
Dieux garans de la foi que Jason m'a donnée,
Vous qu'il prit à témoin d'une immortelle ardeur
Quand par un faux serment il vainquit ma pudeur,
Voyez de quel mépris vous traite son parjure,
Et m'aidez à venger cette commune injure :
S'il me peut aujourd'hui chasser impunément,
Vous êtes sans pouvoir ou sans ressentiment.

 Et vous, troupe savante en noires barbaries,
Filles de l'Achéron, pestes, larves, furies,
Fières sœurs, si jamais notre commerce étroit
Sur vous et vos serpens me donna quelque droit,
Sortez de vos cachots avec les mêmes flammes
Et les mêmes tourmens dont vous gênez les âmes;
Laissez-les quelque temps reposer dans leurs fers;
Pour mieux agir pour moi faites trêve aux enfers;
Apportez-moi du fond des antres de Mégère
La mort de ma rivale, et celle de son père;
Et, si vous ne voulez mal servir mon courroux,

Quelque chose de pis pour mon perfide époux;
Qu'il coure vagabond de province en province,
Qu'il fasse lâchement la cour à chaque prince;
Banni de tous côtés, sans bien et sans appui,
Accablé de frayeur, de misère, d'ennui,
Qu'à ses plus grands malheurs aucun ne compatisse;
Qu'il ait regret à moi pour son dernier supplice;
Et que mon souvenir jusque dans le tombeau
Attache à son esprit un éternel bourreau.
Jason me répudie! et qui l'auroit pu croire?
S'il a manqué d'amour, manque-t-il de mémoire?
Me peut-il bien quitter après tant de bienfaits?
M'ose-t-il bien quitter après tant de forfaits?
Sachant ce que je puis, ayant vu ce que j'ose,
Croit-il que m'offenser ce soit si peu de chose?
Quoi! mon père trahi, les élémens forcés,
D'un frère dans la mer les membres dispersés,
Lui font-ils présumer mon audace épuisée?
Lui font-ils présumer qu'à mon tour méprisée,
Ma rage contre lui n'ait pas où s'assouvir,
Et que tout mon pouvoir se borne à le servir?
Tu t'abuses, Jason, je suis encor moi-même.
Tout ce qu'en ta faveur fit mon amour extrême,
Je le ferai par haine; et je veux pour le moins
Qu'un forfait nous sépare, ainsi qu'il nous a joints:
Que mon sanglant divorce, en meurtres, en carnage,
S'égale aux premiers jours de notre mariage,
Et que notre union, que rompt ton changement,
Trouve une fin pareille à son commencement.
Déchirer par morceaux l'enfant aux yeux du père
N'est que le moindre effet qui suivra ma colère;
Des crimes si légers furent mes coups d'essai :
Il faut bien autrement montrer ce que je sai;
Il faut faire un chef-d'œuvre, et qu'un dernier ouvrage
Surpasse de bien loin ce foible apprentissage.
Mais, pour exécuter tout ce que j'entreprends,
Quels dieux me fourniront des secours assez grands?
Ce n'est plus vous, enfers, qu'ici je sollicite:
Vos feux sont impuissans pour ce que je médite.
Auteur de ma naissance, aussi bien que du jour,
Qu'à regret tu dépars à ce fatal séjour,
Soleil, qui vois l'affront qu'on va faire à ta race,
Donne-moi tes chevaux à conduire en ta place :
Accorde cette grâce à mon désir bouillant.
Je veux choir sur Corinthe avec ton char brûlant :
Mais ne crains pas de chute à l'univers funeste;
Corinthe consumé garantira le reste;

De mon juste courroux les implacables vœux
Dans ses odieux murs arrêteront tes feux;
Créon en est le prince, et prend Jason pour gendre :
C'est assez mériter d'être réduit en cendre,
D'y voir réduit tout l'isthme, afin de l'en punir,
Et qu'il n'empêche plus les deux mers de s'unir.

SCÈNE V. — MÉDÉE, NÉRINE.

MÉDÉE.

Eh bien! Nérine, à quand, à quand cet hyménée?
En ont-ils choisi l'heure? en sais-tu la journée?
N'en as-tu rien appris? n'as-tu point vu Jason?
N'appréhende-t-il rien après sa trahison?
Croit-il qu'en cet affront je m'amuse à me plaindre?
S'il cesse de m'aimer, qu'il commence à me craindre;
Il verra, le perfide, à quel comble d'horreur
De mes ressentimens peut monter la fureur.

NÉRINE.

Modérez les bouillons de cette violence,
Et laissez déguiser vos douleurs au silence.
Quoi! madame, est-ce ainsi qu'il faut dissimuler?
Et faut-il perdre ainsi des menaces en l'air?
Les plus ardens transports d'une haine connue
Ne sont qu'autant d'éclairs avortés dans la nue,
Qu'autant d'avis à ceux que vous voulez punir,
Pour repousser vos coups, ou pour les prévenir.
Qui peut, sans s'émouvoir, supporter une offense,
Peut mieux prendre à son point le temps de sa vengeance;
Et sa feinte douceur, sous un appât mortel,
Mène insensiblement sa victime à l'autel.

MÉDÉE.

Tu veux que je me taise et que je dissimule!
Nérine, porte ailleurs ce conseil ridicule;
L'âme en est incapable en de moindres malheurs,
Et n'a point où cacher de pareilles douleurs.
Jason m'a fait trahir mon pays et mon père,
Et me laisse au milieu d'une terre étrangère,
Sans support, sans amis, sans retraite, sans bien,
La fable de son peuple, et la haine du mien :
Nérine, après cela tu veux que je me taise!
Ne dois-je point encore en témoigner de l'aise,
De ce royal hymen souhaiter l'heureux jour,
Et forcer tous mes soins à servir son amour?

NÉRINE.

Madame, pensez mieux à l'éclat que vous faites.
Quelque juste qu'il soit, regardez où vous êtes;

Considérez qu'à peine un esprit plus remis
Vous tient en sûreté parmi vos ennemis.
MÉDÉE.
L'âme doit se roidir plus elle est menacée,
Et contre la fortune aller tête baissée,
La choquer hardiment, et, sans craindre la mort,
Se présenter de front à son plus rude effort.
Cette lâche ennemie a peur des grands courages,
Et sur ceux qu'elle abat redouble ses outrages.
NÉRINE.
Que sert ce grand courage où l'on est sans pouvoir ?
MÉDÉE.
Il trouve toujours lieu de se faire valoir.
NÉRINE.
Forcez l'aveuglement dont vous êtes séduite,
Pour voir en quel état le sort vous a réduite.
Votre pays vous hait, votre époux est sans foi :
Dans un si grand revers que vous reste-t-il ?
MÉDÉE.
Moi[1],
Moi, dis-je, et c'est assez.
NÉRINE.
Quoi ! vous seule, madame ?
MÉDÉE.
Oui, tu vois en moi seule et le fer et la flamme,
Et la terre, et la mer, et l'enfer, et les cieux,
Et le sceptre des rois, et le foudre des dieux.
NÉRINE.
L'impétueuse ardeur d'un courage sensible
A vos ressentimens figure tout possible :
Mais il faut craindre un roi fort de tant de sujets.
MÉDÉE.
Mon père, qui l'étoit, rompit-il mes projets ?
NÉRINE.
Non ; mais il fut surpris, et Créon se défie :
Fuyez, qu'à ses soupçons il ne vous sacrifie.
MÉDÉE.
Las ! je n'ai que trop fui ; cette infidélité
D'un juste châtiment punit ma lâcheté.
Si je n'eusse point fui pour la mort de Pélie,
Si j'eusse tenu bon dedans la Thessalie,
Il n'eût point vu Créuse, et cet objet nouveau
N'eût point de notre hymen étouffé le flambeau.
NÉRINE.
Fuyez encor, de grâce.

1. Ce *moi* est célèbre ; c'est le *Medea superest* de Sénèque.

MÉDÉE.
Oui, je fuirai, Nérine;
Mais avant, de Créon on verra la ruine.
Je brave la fortune; et toute sa rigueur,
En m'ôtant un mari, ne m'ôte pas le cœur;
Sois seulement fidèle, et, sans te mettre en peine,
Laisse agir pleinement mon savoir et ma haine.

NÉRINE, *seule*.
Madame.... Elle me quitte au lieu de m'écouter.
Ces violens transports la vont précipiter;
D'une trop juste ardeur l'inexorable envie
Lui fait abandonner le souci de sa vie.
Tâchons, encore un coup, d'en divertir le cours.
Apaiser sa fureur, c'est conserver ses jours.

ACTE SECOND.

SCÈNE I. — MÉDÉE, NÉRINE.

NÉRINE.
Bien qu'un péril certain suive votre entreprise,
Assurez-vous sur moi, je vous suis toute acquise;
Employez mon service aux flammes, au poison,
Je ne refuse rien; mais épargnez Jason.
Votre aveugle vengeance une fois assouvie,
Le regret de sa mort vous coûteroit la vie;
Et les coups violens d'un rigoureux ennui....

MÉDÉE.
Cesse de m'en parler, et ne crains rien pour lui :
Ma fureur jusque-là n'oseroit me séduire;
Jason m'a trop coûté pour le vouloir détruire;
Mon courroux lui fait grâce, et ma première ardeur
Soutient son intérêt au milieu de mon cœur.
Je crois qu'il m'aime encore, et qu'il nourrit en l'âme
Quelques restes secrets d'une si belle flamme :
Il ne fait qu'obéir aux volontés d'un roi
Qui l'arrache à Médée en dépit de sa foi.
Qu'il vive, et, s'il se peut, que l'ingrat me demeure;
Sinon, ce m'est assez que sa Créuse meure;
Qu'il vive cependant, et jouisse du jour
Que lui conserve encor mon immuable amour.
Créon seul et sa fille ont fait la perfidie;
Eux seuls termineront toute la tragédie :
Leur perte achèvera cette fatale paix.

NÉRINE.
Contenez-vous, madame; il sort de son palais.

SCÈNE II. — CRÉON, MÉDÉE, NÉRINE, SOLDATS.

CRÉON.

Quoi! je te vois encore! Avec quelle impudence
Peux-tu, sans t'effrayer, soutenir ma présence?
Ignores-tu l'arrêt de ton bannissement?
Fais-tu si peu de cas de mon commandement?
Voyez comme elle s'enfle et d'orgueil et d'audace!
Ses yeux ne sont que feu; ses regards, que menace.
Gardes, empêchez-la de s'approcher de moi.
Va, purge mes États d'un monstre tel que toi;
Délivre mes sujets et moi-même de crainte.

MÉDÉE.

De quoi m'accuse-t-on? quel crime, quelle plainte
Pour mon bannissement vous donne tant d'ardeur?

CRÉON.

Ah! l'innocence même, et la même candeur!
Médée est un miroir de vertu signalée :
Quelle inhumanité de l'avoir exilée!
Barbare, as-tu sitôt oublié tant d'horreurs?
Repasse tes forfaits, repasse tes fureurs,
Et de tant de pays nomme quelque contrée
Dont tes méchancetés te permettent l'entrée.
Toute la Thessalie en armes te poursuit;
Ton père te déteste, et l'univers te fuit :
Me dois-je en ta faveur charger de tant de haines,
Et sur mon peuple et moi faire tomber tes peines?
Va pratiquer ailleurs tes noires actions;
J'ai racheté la paix à ces conditions.

MÉDÉE.

Lâche paix, qu'entre vous, sans m'avoir écoutée,
Pour m'arracher mon bien vous avez complotée!
Paix dont le déshonneur vous demeure éternel!
Quiconque sans l'ouïr condamne un criminel,
Son crime eût-il cent fois mérité le supplice,
D'un juste châtiment il fait une injustice.

CRÉON.

Au regard de Pélie, il fut bien mieux traité;
Avant que l'égorger tu l'avois écouté?

MÉDÉE.

Écouta-t-il Jason, quand sa haine couverte
L'envoya sur nos bords se livrer à sa perte?
Car comment voulez-vous que je nomme un dessein
Au-dessus de sa force et du pouvoir humain?
Apprenez quelle étoit cette illustre conquête,
Et de combien de morts j'ai garanti sa tête.
    Il falloit mettre au joug deux taureaux furieux;

Des tourbillons de feux s'élançoient de leurs yeux,
Et leur maître Vulcain poussoit par leur haleine
Un long embrasement dessus toute la plaine;
Eux domptés, on entroit en de nouveaux hasards :
Il falloit labourer les tristes champs de Mars,
Et des dents d'un serpent ensemencer leur terre,
Dont la stérilité, fertile pour la guerre,
Produisoit à l'instant des escadrons armés
Contre la même main qui les avoit semés.
Mais, quoi qu'eût fait contre eux une valeur parfaite,
La toison n'étoit pas au bout de leur défaite :
Un dragon, enivré des plus mortels poisons
Qu'enfantent les péchés de toutes les saisons,
Vomissant mille traits de sa gorge enflammée,
La gardoit beaucoup mieux que toute cette armée;
Jamais étoile, lune, aurore, ni soleil,
Ne virent abaisser sa paupière au sommeil :
Je l'ai seule assoupi; seule, j'ai par mes charmes
Mis au joug les taureaux et défait les gendarmes.
Si lors à mon devoir mon désir limité
Eût conservé ma gloire et ma fidélité,
Si j'eusse eu de l'horreur de tant d'énormes fautes,
Que devenoient Jason et tous vos Argonautes?
Sans moi, ce vaillant chef, que vous m'avez ravi,
Eût péri le premier, et tous l'auroient suivi.
Je ne me repens point d'avoir, par mon adresse,
Sauvé le sang des dieux et la fleur de la Grèce;
Zéthès, et Calaïs, et Pollux, et Castor,
Et le charmant Orphée, et le sage Nestor,
Tous vos héros enfin tiennent de moi la vie;
Je vous les verrai tous posséder sans envie :
Je vous les ai sauvés, je vous les cède tous;
Je n'en veux qu'un pour moi, n'en soyez point jaloux.
Pour de si bons effets laissez-moi l'infidèle :
Il est mon crime seul, si je suis criminelle;
Aimer cet inconstant, c'est tout ce que j'ai fait :
Si vous me punissez, rendez-moi mon forfait.
Est-ce user comme il faut d'un pouvoir légitime,
Que me faire coupable et jouir de mon crime?

CRÉON.

Va te plaindre à Colchos.

MÉDÉE.
Le retour m'y plaira.
Que Jason m'y remette ainsi qu'il m'en tira :
Je suis prête à partir sous la même conduite
Qui de ces lieux aimés précipita ma fuite.
O d'un injuste affront les coups les plus cruels!

Vous faites différence entre deux criminels!
Vous voulez qu'on l'honore, et que de deux complices
L'un ait votre couronne, et l'autre des supplices!

CRÉON.

Cesse de plus mêler ton intérêt au sien.
Ton Jason, pris à part, est trop homme de bien :
Le séparant de toi, sa défense est facile;
Jamais il n'a trahi son père ni sa ville;
Jamais sang innocent n'a fait rougir ses mains;
Jamais il n'a prêté son bras à tes desseins;
Son crime, s'il en a, c'est de t'avoir pour femme.
Laisse-le s'affranchir d'une honteuse flamme,
Rends-lui son innocence en t'éloignant de nous;
Porte en d'autres climats ton insolent courroux,
Tes herbes, tes poisons, ton cœur impitoyable,
Et tout ce qui jamais a fait Jason coupable.

MÉDÉE.

Peignez mes actions plus noires que la nuit;
Je n'en ai que la honte, il en a tout le fruit :
Ce fut en sa faveur que ma savante audace
Immola son tyran par les mains de sa race;
Joignez-y mon pays et mon frère : il suffit
Qu'aucun de tant de maux ne va qu'à son profit.
Mais vous les saviez tous quand vous m'avez reçue;
Votre simplicité n'a point été déçue;
En ignoriez-vous un, quand vous m'avez promis
Un rempart assuré contre mes ennemis?
Ma main, saignante encor du meurtre de Pélie,
Soulevoit contre moi toute la Thessalie,
Quand votre cœur, sensible à la compassion,
Malgré tous mes forfaits, prit ma protection.
Si l'on me peut depuis imputer quelque crime,
C'est trop peu que l'exil, ma mort est légitime :
Sinon, à quel propos me traitez-vous ainsi?
Je suis coupable ailleurs, mais innocente ici.

CRÉON.

Je ne veux plus ici d'une telle innocence,
Ni souffrir en ma cour ta fatale présence.
Va....

MÉDÉE.

Dieux justes, vengeurs....

CRÉON.

Va, dis-je, en d'autres lieux
Par tes cris importuns solliciter les dieux.
Laisse-nous tes enfans; je serois trop sévère,
Si je les punissois du crime de leur mère :
Et, bien que je le pusse avec juste raison,

Ma fille les demande en faveur de Jason.
MÉDÉE.
Barbare humanité, qui m'arrache à moi-même,
Et feint de la douceur pour m'ôter ce que j'aime!
Si Jason et Créuse ainsi l'ont ordonné,
Qu'ils me rendent le sang que je leur ai donné.
CRÉON.
Ne me réplique plus, suis la loi qui t'est faite;
Prépare ton départ, et pense à ta retraite.
Pour en délibérer, et choisir le quartier,
De grâce ma bonté te donne un jour entier.
MÉDÉE.
Quelle grâce!
CRÉON.
Soldats, remettez-la chez elle;
Sa contestation deviendroit éternelle.
(*Médée rentre et Créon continue.*)
Quel indomptable esprit! quel arrogant maintien
Accompagnoit l'orgueil d'un si long entretien!
A-t-elle rien fléchi de son humeur altière?
A-t-elle pu descendre à la moindre prière?
Et le sacré respect de ma condition
En a-t-il arraché quelque soumission?

SCÈNE III. — CRÉON, JASON, CREUSE, CLÉONE, SOLDATS.

CRÉON.
Te voilà sans rivale, et mon pays sans guerres,
Ma fille : c'est demain qu'elle sort de nos terres.
Nous n'avons désormais que craindre de sa part :
Acaste est satisfait d'un si proche départ;
Et si tu peux calmer le courage d'Ægée,
Qui voit par notre choix son ardeur négligée,
Fais état que demain nous assure à jamais
Et dedans et dehors une profonde paix.
CRÉUSE.
Je ne crois pas, seigneur, que ce vieux roi d'Athènes,
Voyant aux mains d'autrui le fruit de tant de peines,
Mêle tant de foiblesse à son ressentiment,
Que son premier courroux se dissipe aisément.
J'espère toutefois qu'avec un peu d'adresse
Je pourrai le résoudre à perdre une maîtresse
Dont l'âge peu sortable et l'inclination
Répondoient assez mal à son affection.
JASON.
Il doit vous témoigner par son obéissance
Combien sur son esprit vous avez de puissance;

Et, s'il s'obstine à suivre un injuste courroux,
Nous saurons, ma princesse, en rabattre les coups ;
Et nos préparatifs contre la Thessalie
Ont trop de quoi punir sa flamme et sa folie.

CRÉON.
Nous n'en viendrons pas là : regarde seulement
A le payer d'estime et de remercîment.
Je voudrois pour tout autre un peu de raillerie ;
Un vieillard amoureux mérite qu'on en rie :
Mais le trône soutient la majesté des rois
Au-dessus du mépris, comme au-dessus des lois.
On doit toujours respect au sceptre, à la couronne.
Remets tout, si tu veux, aux ordres que je donne ;
Je saurai l'apaiser avec facilité,
Si tu ne te défends qu'avec civilité.

SCÈNE IV. — JASON, CRÉUSE, CLÉONE.

JASON.
Que ne vous dois-je point pour cette préférence,
Où mes désirs n'osoient porter mon espérance !
C'est bien me témoigner un amour infini,
De mépriser un roi pour un pauvre banni !
A toutes ses grandeurs préférer ma misère !
Tourner en ma faveur les volontés d'un père !
Garantir mes enfans d'un exil rigoureux !

CRÉUSE.
Qu'a pu faire de moindre un courage amoureux ?
La fortune a montré dedans votre naissance
Un trait de son envie, ou de son impuissance ;
Elle devoit un sceptre au sang dont vous naissez,
Et sans lui vos vertus le méritoient assez.
L'amour, qui n'a pu voir une telle injustice,
Supplée à son défaut, ou punit sa malice,
Et vous donne, au plus fort de vos adversités,
Le sceptre que j'attends, et que vous méritez.
La gloire m'en demeure ; et les races futures
Comptant notre hyménée entre vos aventures,
Vanteront à jamais mon amour généreux,
Qui d'un si grand héros rompt le sort malheureux.
   Après tout cependant, riez de ma foiblesse ;
Prête de posséder le phénix de la Grèce,
La fleur de nos guerriers, le sang de tant de dieux,
La robe de Médée a donné dans mes yeux ;
Mon caprice, à son lustre attachant mon envie,
Sans elle trouve à dire au bonheur de ma vie ;
C'est ce qu'ont prétendu mes desseins relevés,

Pour le prix des enfans que je vous ai sauvés.
JASON.
Que ce prix est léger pour un si bon office!
Il y faut toutefois employer l'artifice :
Ma jalouse en fureur n'est pas femme à souffrir
Que ma main l'en dépouille, afin de vous l'offrir;
Des trésors dont son père épuise la Scythie,
C'est tout ce qu'elle a pris quand elle en est sortie.
CRÉUSE.
Qu'elle a fait un beau choix! jamais éclat pareil
Ne sema dans la nuit les clartés du soleil;
Les perles avec l'or confusément mêlées,
Mille pierres de prix sur ses bords étalées,
D'un mélange divin éblouissent les yeux;
Jamais rien d'approchant ne se fit en ces lieux.
Pour moi, tout aussitôt que je l'en vis parée,
Je ne fis plus d'état de la toison dorée;
Et, dussiez-vous vous-même en être un peu jaloux,
J'en eus presques envie aussitôt que de vous.
Pour apaiser Médée et réparer sa perte,
L'épargne de mon père entièrement ouverte
Lui met à l'abandon tous les trésors du roi,
Pourvu que cette robe et Jason soient à moi.
JASON.
N'en doutez point, ma reine, elle vous est acquise.
Je vais chercher Nérine, et, par son entremise,
Obtenir de Médée avec dextérité
Ce que refuseroit son courage irrité.
Pour elle, vous savez que j'en fuis les approches;
J'aurois peine à souffrir l'orgueil de ses reproches;
Et je me connois mal, ou dans notre entretien
Son courroux s'allumant allumeroit le mien.
Je n'ai point un esprit complaisant à sa rage,
Jusques à supporter sans réplique un outrage;
Et ce seroient pour moi d'éternels déplaisirs
De reculer par là l'effet de vos désirs.
Mais, sans plus de discours, d'une maison voisine
Je vais prendre le temps que sortira Nérine.
Souffrez, pour avancer votre contentement,
Que, malgré mon amour, je vous quitte un moment.
CLÉONE.
Madame, j'aperçois venir le roi d'Athènes.
CRÉUSE.
Allez donc, votre vue augmenteroit ses peines.
CLÉONE.
Souvenez-vous de l'air dont il le faut traiter.

CRÉUSE.
Ma bouche accortement saura s'en acquitter.

SCÈNE V. — ÆGÉE, CRÉUSE, CLÉONE.

ÆGÉE.
Sur un bruit qui m'étonne, et que je ne puis croire,
Madame, mon amour, jaloux de votre gloire,
Vient savoir s'il est vrai que vous soyez d'accord,
Par un honteux hymen, de l'arrêt de ma mort.
Votre peuple en frémit, votre cour en murmure ;
Et tout Corinthe enfin s'impute à grande injure
Qu'un fugitif, un traître, un meurtrier de rois,
Lui donne à l'avenir des princes et des lois ;
Il ne peut endurer que l'horreur de la Grèce
Pour prix de ses forfaits épouse sa princesse,
Et qu'il faille ajouter à vos titres d'honneur,
« Femme d'un assassin et d'un empoisonneur. »

CRÉUSE.
Laissez agir, grand roi, la raison sur votre âme,
Et ne le chargez point des crimes de sa femme.
J'épouse un malheureux, et mon père y consent,
Mais prince, mais vaillant, et surtout innocent.
Non pas que je ne faille en cette préférence ;
De votre rang au sien je sais la différence.
Mais si vous connoissez l'amour et ses ardeurs,
Jamais pour son objet il ne prend les grandeurs ;
Avouez que son feu n'en veut qu'à la personne,
Et qu'en moi vous n'aimiez rien moins que ma couronne.
Souvent je ne sais quoi qu'on ne peut exprimer
Nous surprend, nous emporte, et nous force d'aimer ;
Et souvent, sans raison, les objets de nos flammes
Frappent nos yeux ensemble et saisissent nos âmes.
Ainsi nous avons vu le souverain des dieux,
Au mépris de Junon, aimer en ces bas lieux ;
Vénus quitter son Mars et négliger sa prise,
Tantôt pour Adonis, et tantôt pour Anchise ;
Et c'est peut-être encore avec moins de raison
Que, bien que vous m'aimiez, je me donne à Jason.
D'abord dans mon esprit vous eûtes ce partage :
Je vous estimai plus, et l'aimai davantage.

ÆGÉE.
Gardez ces complimens pour de moins enflammés,
Et ne m'estimez point qu'autant que vous m'aimez.
Que me sert cet aveu d'une erreur volontaire ?
Si vous croyez faillir, qui vous force à le faire ?
N'accusez point l'amour ni son aveuglement ;

Quand on connoît sa faute, on manque doublement.
CRÉUSE.
Puis donc que vous trouvez la mienne inexcusable,
Je ne veux plus, seigneur, me confesser coupable.
 L'amour de mon pays et le bien de l'État
Me défendoient l'hymen d'un si grand potentat.
Il m'eût fallu soudain vous suivre en vos provinces,
Et priver mes sujets de l'aspect de leurs princes.
Votre sceptre pour moi n'est qu'un pompeux exil ;
Que me sert son éclat? et que me donne-t-il ?
M'élève-t-il d'un rang plus haut que souveraine?
Et sans le posséder ne me vois-je pas reine?
Grâces aux immortels, dans ma condition
J'ai de quoi m'assouvir de cette ambition :
Je ne veux point changer mon sceptre contre un autre;
Je perdrois ma couronne en acceptant la vôtre.
Corinthe est bon sujet, mais il veut voir son roi,
Et d'un prince éloigné rejetteroit la loi.
Joignez à ces raisons qu'un père un peu sur l'âge,
Dont ma seule présence adoucit le veuvage,
Ne sauroit se résoudre à séparer de lui
De ses débiles ans l'espérance et l'appui,
Et vous reconnoîtrez que je ne vous préfère
Que le bien de l'État, mon pays et mon père.
 Voilà ce qui m'oblige au choix d'un autre époux;
Mais, comme ces raisons font peu d'effet sur vous,
Afin de redonner le repos à votre âme,
Souffrez que je vous quitte.
ÆGÉE, *seul*.
      Allez, allez, madame,
Étaler vos appas et vanter vos mépris
A l'infâme sorcier qui charme vos esprits.
De cette indignité faites un mauvais conte;
Riez de mon ardeur, riez de votre honte;
Favorisez celui de tous vos courtisans
Qui raillera le mieux le déclin de mes ans;
Vous jouirez fort peu d'une telle insolence;
Mon amour outragé court à la violence;
Mes vaisseaux à la rade, assez proches du port,
N'ont que trop de soldats à faire un coup d'effort.
La jeunesse me manque et non pas le courage :
Les rois ne perdent point les forces avec l'âge;
Et l'on verra, peut-être avant ce jour fini,
Ma passion vengée, et votre orgueil puni.

ACTE TROISIÈME.

SCÈNE I. — NÉRINE.

Malheureux instrument du malheur qui nous presse,
Que j'ai pitié de toi, déplorable princesse!
Avant que le soleil ait fait encore un tour,
Ta perte inévitable achève ton amour.
Ton destin te trahit, et ta beauté fatale
Sous l'appât d'un hymen t'expose à ta rivale;
Ton sceptre est impuissant à vaincre son effort,
Et le jour de sa fuite est celui de ta mort.
Sa vengeance à la main, elle n'a qu'à résoudre :
Un mot du haut des cieux fait descendre la foudre;
Les mers, pour noyer tout, n'attendent que sa loi;
La terre offre à s'ouvrir sous le palais du roi;
L'air tient les vents tout prêts à suivre sa colère,
Tant la nature esclave a peur de lui déplaire;
Et, si ce n'est assez de tous les élémens,
Les enfers vont sortir à ses commandemens.
Moi, bien que mon devoir m'attache à son service,
Je lui prête à regret un silence complice;
D'un louable désir mon cœur sollicité
Lui feroit avec joie une infidélité :
Mais, loin de s'arrêter, sa rage découverte,
A celle de Créuse ajouteroit ma perte;
Et mon funeste avis ne serviroit de rien
Qu'à confondre mon sang dans les bouillons du sien.
D'un mouvement contraire à celui de mon âme,
La crainte de la mort m'ôte celle du blâme;
Et ma timidité s'efforce d'avancer
Ce que hors du péril je voudrois traverser.

SCÈNE II. — JASON, NÉRINE.

JASON.

Nérine, eh bien, que dit, que fait notre exilée?
Dans ton cher entretien s'est-elle consolée?
Veut-elle bien céder à la nécessité?

NÉRINE.

Je trouve en son chagrin moins d'animosité;
De moment en moment son âme plus humaine
Abaisse sa colère, et rabat de sa haine :
Déjà son déplaisir ne vous veut plus de mal.

JASON.

Fais-lui prendre pour tous un sentiment égal.
Toi, qui de mon amour connoissois la tendresse,
Tu peux connoître aussi quelle douleur me presse.
Je me sens déchirer le cœur à son départ :
Créuse en ses malheurs prend même quelque part,
Ses pleurs en ont coulé; Créon même en soupire,
Lui préfère à regret le bien de son empire;
Et si, dans son adieu, son cœur moins irrité
En vouloit mériter la libéralité;
Si jusque-là Médée apaisoit ses menaces,
Qu'elle eût soin de partir avec ses bonnes grâces;
Je sais (comme il est bon) que ses trésors ouverts
Lui seroient, sans réserve, entièrement offerts,
Et, malgré les malheurs où le sort l'a réduite,
Soulageroient sa peine et soutiendroient sa fuite.

NÉRINE.

Puisqu'il faut se résoudre à ce bannissement,
Il faut en adoucir le mécontentement.
Cette offre y peut servir; et par elle j'espère,
Avec un peu d'adresse, apaiser sa colère;
Mais, d'ailleurs, toutefois n'attendez rien de moi,
S'il faut prendre congé de Créuse et du roi;
L'objet de votre amour et de sa jalousie
De toutes ses fureurs l'auroit tôt ressaisie.

JASON.

Pour montrer sans les voir son courage apaisé,
Je te dirai, Nérine, un moyen fort aisé;
Et de si longue main je connois ta prudence,
Que je t'en fais sans peine entière confidence.
    Créon bannit Médée, et ses ordres précis
Dans son bannissement enveloppoient ses fils :
La pitié de Créuse a tant fait vers son père,
Qu'ils n'auront point de part au malheur de leur mère.
Elle lui doit par eux quelque remercîment;
Qu'un présent de sa part suive leur compliment :
Sa robe, dont l'éclat sied mal à sa fortune,
Et n'est à son exil qu'une charge importune,
Lui gagneroit le cœur d'un prince libéral,
Et de tous ses trésors l'abandon général.
D'une vaine parure, inutile à sa peine,
Elle peut acquérir de quoi faire la reine :
Créuse, ou je me trompe, en a quelque désir,
Et je ne pense pas qu'elle pût mieux choisir.
Mais la voici qui sort; souffre que je l'évite :
Ma rencontre la trouble, et mon aspect l'irrite.

SCÈNE III. — MÉDÉE, JASON, NÉRINE.

MÉDÉE.

Ne fuyez pas, Jason, de ces funestes lieux.
C'est à moi d'en partir : recevez mes adieux.
Accoutumée à fuir, l'exil m'est peu de chose ;
Sa rigueur n'a pour moi de nouveau que sa cause.
C'est pour vous que j'ai fui, c'est vous qui me chassez.
Où me renvoyez-vous, si vous me bannissez ?
Irai-je sur le Phase, où j'ai trahi mon père,
Apaiser de mon sang les mânes de mon frère ?
Irai-je en Thessalie, où le meurtre d'un roi
Pour victime aujourd'hui ne demande que moi ?
Il n'est point de climat dont mon amour fatale
N'ait acquis à mon nom la haine générale ;
Et ce qu'ont fait pour vous mon savoir et ma main
M'a fait un ennemi de tout le genre humain.
Ressouviens-t'en, ingrat ; remets-toi dans la plaine
Que ces taureaux affreux brûloient de leur haleine ;
Revois ce champ guerrier dont les sacrés sillons
Élevoient contre toi de soudains bataillons ;
Ce dragon qui jamais n'eut les paupières closes ;
Et lors préfère-moi Créuse, si tu l'oses.
Qu'ai-je épargné depuis qui fût en mon pouvoir ?
Ai-je auprès de l'amour écouté mon devoir ?
Pour jeter un obstacle à l'ardente poursuite
Dont mon père en fureur touchoit déjà ta fuite,
Semai-je avec regret mon frère par morceaux ?
A ce funeste objet épandu sur les eaux,
Mon père, trop sensible aux droits de la nature,
Quitta tous autres soins que de sa sépulture ;
Et par ce nouveau crime émouvant sa pitié,
J'arrêtai les effets de son inimitié.
Prodigue de mon sang, honte de ma famille,
Aussi cruelle sœur que déloyale fille,
Ces titres glorieux plaisoient à mes amours ;
Je les pris sans horreur pour conserver tes jours.
Alors, certes, alors mon mérite étoit rare ;
Tu n'étois point honteux d'une femme barbare.
Quand à ton père usé je rendis la vigueur,
J'avois encor tes vœux, j'étois encor ton cœur ;
Mais cette affection, mourant avec Pélie,
Dans le même tombeau se vit ensevelie :
L'ingratitude en l'âme, et l'impudence au front,
Une Scythe en ton lit te fut lors un affront ;
Et moi, que tes désirs avoient tant souhaitée,
Le dragon assoupi, la toison emportée,

Ton tyran massacré, ton père rajeuni,
Je devins un objet digne d'être banni.
Tes desseins achevés, j'ai mérité ta haine;
Il t'a fallu sortir d'une honteuse chaîne,
Et prendre une moitié qui n'a rien plus que moi,
Que le bandeau royal, que j'ai quitté pour toi.

JASON.

Ah! que n'as-tu des yeux à lire dans mon âme,
Et voir les purs motifs de ma nouvelle flamme!
Les tendres sentimens d'un amour paternel
Pour sauver mes enfans me rendent criminel,
Si l'on peut nommer crime un malheureux divorce,
Où le soin que j'ai d'eux me réduit et me force.
Toi-même, furieuse, ai-je peu fait pour toi
D'arracher ton trépas aux vengeances d'un roi?
Sans moi ton insolence alloit être punie;
A ma seule prière on ne t'a que bannie.
C'est rendre la pareille à tes grands coups d'effort:
Tu m'as sauvé la vie, et j'empêche ta mort.

MÉDÉE.

On ne m'a que bannie! ô bonté souveraine!
C'est donc une faveur, et non pas une peine!
Je reçois une grâce au lieu d'un châtiment!
Et mon exil encor doit un remercîment!
 Ainsi, l'avare soif d'un brigand assouvie,
Il s'impute à pitié de nous laisser la vie;
Quand il n'égorge point, il croit nous pardonner,
Et ce qu'il n'ôte pas, il pense le donner.

JASON.

Tes discours, dont Créon de plus en plus s'offense,
Le forceroient enfin à quelque violence.
Éloigne-toi d'ici tandis qu'il t'est permis:
Les rois ne sont jamais de foibles ennemis.

MÉDÉE.

A travers tes conseils je vois assez ta ruse:
Ce n'est là m'en donner qu'en faveur de Créuse.
Ton amour, déguisé d'un soin officieux,
D'un objet importun veut délivrer ses yeux.

JASON.

N'appelle point amour un change inévitable,
Où Créuse fait moins que le sort qui m'accable.

MÉDÉE.

Peux-tu bien, sans rougir, désavouer tes feux?

JASON.

Eh bien, soit; ses attraits captivent tous mes vœux:
Toi, qu'un amour furtif souilla de tant de crimes,
M'oses-tu reprocher des amours légitimes?

ACTE III, SCÈNE III.

MÉDÉE.
Oui, je te les reproche, et de plus....
JASON.
Quels forfaits?
MÉDÉE.
La trahison, le meurtre, et tous ceux que j'ai faits.
JASON.
Il manque encor ce point à mon sort déplorable,
Que de tes cruautés on me fasse coupable.
MÉDÉE.
Tu présumes en vain de t'en mettre à couvert;
Celui-là fait le crime à qui le crime sert.
Que chacun, indigné contre ceux de ta femme,
La traite en ses discours de méchante et d'infâme,
Toi seul, dont ses forfaits ont fait tout le bonheur,
Tiens-la pour innocente, et défends son honneur.
JASON.
J'ai honte de ma vie, et je hais son usage,
Depuis que je la dois aux effets de ta rage.
MÉDÉE.
La honte généreuse, et la haute vertu!
Puisque tu la hais tant, pourquoi la gardes-tu?
JASON.
Au bien de nos enfans, dont l'âge foible et tendre
Contre tant de malheurs ne sauroit se défendre :
Deviens en leur faveur d'un naturel plus doux.
MÉDÉE.
Mon âme à leur sujet redouble son courroux.
Faut-il ce déshonneur pour comble à mes misères,
Qu'à mes enfans Créuse enfin donne des frères!
Tu vas mêler, impie, et mettre en rang pareil,
Des neveux de Sisyphe avec ceux du Soleil!
JASON.
Leur grandeur soutiendra la fortune des autres;
Créuse et ses enfans conserveront les nôtres.
MÉDÉE.
Je l'empêcherai bien, ce mélange odieux,
Qui déshonore ensemble et ma race et les dieux.
JASON.
Lassés de tant de maux, cédons à la fortune.
MÉDÉE.
Ce corps n'enferme pas une âme si commune;
Je n'ai jamais souffert qu'elle me fît la loi,
Et toujours ma fortune a dépendu de moi.
JASON.
La peur que j'ai d'un sceptre....

MÉDÉE.
Ah! cœur rempli de feinte,
Tu masques tes désirs d'un faux titre de crainte;
Un sceptre est l'objet seul qui fait ton nouveau choix.
JASON.
Veux-tu que je m'expose aux haines de deux rois,
Et que mon imprudence attire sur nos têtes,
D'un et d'autre côté, de nouvelles tempêtes?
MÉDÉE.
Fuis-les, fuis-les tous deux, suis Médée à ton tour,
Et garde au moins ta foi, si tu n'as plus d'amour.
JASON.
Il est aisé de fuir, mais il n'est pas facile
Contre deux rois aigris de trouver un asile,
Qui leur résistera s'ils viennent à s'unir?
MÉDÉE.
Qui me résistera, si je te veux punir,
Déloyal? Auprès d'eux crains-tu si peu Médée?
Que toute leur puissance, en armes débordée,
Dispute contre moi ton cœur qu'ils m'ont surpris,
Et ne sois du combat que le juge et le prix!
Joins-leur, si tu le veux, mon père et la Scythie :
En moi seule ils n'auront que trop forte partie.
Bornes-tu mon pouvoir à celui des humains?
Contre eux, quand il me plaît, j'arme leurs propres mains;
Tu le sais, tu l'as vu, quand ces fils de la Terre
Par leurs coups mutuels terminèrent leur guerre.
Misérable! je puis adoucir des taureaux;
La flamme m'obéit, et je commande aux eaux;
L'enfer tremble, et les cieux, sitôt que je les nomme :
Et je ne puis toucher les volontés d'un homme!
Je t'aime encor, Jason, malgré ta lâcheté;
Je ne m'offense plus de ta légèreté :
Je sens à tes regards décroître ma colère;
De moment en moment ma fureur se modère;
Et je cours sans regret à mon bannissement,
Puisque j'en vois sortir ton établissement.
Je n'ai plus qu'une grâce à demander ensuite :
Souffre que mes enfans accompagnent ma fuite;
Que je t'admire encore en chacun de leurs traits,
Que je t'aime et te baise en ces petits portraits;
Et que leur cher objet, entretenant ma flamme,
Te présente à mes yeux aussi bien qu'à mon âme.
JASON.
Ah! reprends ta colère, elle a moins de rigueur.
M'enlever mes enfans, c'est m'arracher le cœur;
Et Jupiter tout prêt à m'écraser du foudre,

Mon trépas à la main, ne pourroit m'y résoudre.
C'est pour eux que je change; et la Parque, sans eux,
Seule de notre hymen pourroit rompre les nœuds.

MÉDÉE.

Cet amour paternel, qui te fournit d'excuses,
Me fait souffrir aussi que tu me les refuses;
Je ne t'en presse plus; et, prête à me bannir,
Je ne veux plus de toi qu'un léger souvenir.

JASON.

Ton amour vertueux fait ma plus grande gloire;
Ce seroit me trahir qu'en perdre la mémoire:
Et le mien envers toi, qui demeure éternel,
T'en laisse en cet adieu le serment solennel.
Puissent briser mon chef les traits les plus sévères
Que lancent des grands dieux les plus âpres colères;
Qu'ils s'unissent ensemble afin de me punir,
Si je ne perds la vie avant ton souvenir!

SCÈNE IV. — MÉDÉE, NÉRINE.

MÉDÉE.

J'y donnerai bon ordre: il est en ta puissance
D'oublier mon amour, mais non pas ma vengeance;
Je la saurai graver en tes esprits glacés
Par des coups trop profonds pour en être effacés.
Il aime ses enfans, ce courage inflexible:
Son foible est découvert; par eux il est sensible;
Par eux mon bras, armé d'une juste rigueur,
Va trouver des chemins à lui percer le cœur.

NÉRINE.

Madame, épargnez-les, épargnez vos entrailles;
N'avancez point par là vos propres funérailles:
Contre un sang innocent pourquoi vous irriter,
Si Créuse en vos lacs se vient précipiter?
Elle-même s'y jette, et Jason vous la livre.

MÉDÉE.

Tu flattes mes désirs.

NÉRINE.

Que je cesse de vivre,
Si ce que je vous dis n'est pure vérité!

MÉDÉE.

Ah! ne me tiens donc plus l'âme en perplexité!

NÉRINE.

Madame, il faut garder que quelqu'un ne vous voie,
Et du palais du roi découvre notre joie:
Un dessein éventé succède rarement.

MÉDÉE.

Rentrons donc, et mettons nos secrets sûrement.

ACTE QUATRIÈME.

SCÈNE I. — MÉDÉE, NÉRINE.

MÉDÉE, *seule dans sa grotte magique.*
C'est trop peu de Jason que ton œil me dérobe,
C'est trop peu de mon lit, tu veux encor ma robe,
Rivale insatiable; et c'est encor trop peu,
Si, la force à la main, tu l'as sans mon aveu;
Il faut que par moi-même elle te soit offerte,
Que, perdant mes enfans, j'achète encor leur perte;
Il en faut un hommage à tes divins attraits,
Et des remercîmens au vol que tu me fais.
Tu l'auras; mon refus seroit un nouveau crime :
Mais je t'en veux parer pour être ma victime,
Et, sous un faux-semblant de libéralité,
Soûler et ma vengeance et ton avidité.
Le charme est achevé, tu peux rentrer, Nérine.
(*Nérine entre, et Médée continue.*)
Mes maux dans ces poisons trouvent leur médecine :
Vois combien de serpens à mon commandement
D'Afrique jusqu'ici n'ont tardé qu'un moment,
Et, contraints d'obéir à mes charmes funestes,
Ont sur ce don fatal vomi toutes leurs pestes.
L'amour à tous mes sens ne fut jamais si doux
Que ce triste appareil à mon esprit jaloux.
Ces herbes ne sont pas d'une vertu commune;
Moi-même en les cueillant je fis pâlir la lune,
Quand, les cheveux flottans, les bras et le pied nu,
J'en dépouillai jadis un climat inconnu.
Vois mille autres venins : cette liqueur épaisse
Mêle du sang de l'hydre avec celui de Nesse;
Python eut cette langue; et ce plumage noir
Est celui qu'une harpie[1] en fuyant laissa choir;
Par ce tison Althée assouvit sa colère,
Trop pitoyable sœur et trop cruelle mère;
Ce feu tomba du ciel avecque Phaéthon,
Cet autre vient des flots du pierreux Phlégéthon;
Et celui-ci jadis remplit en nos contrées
Des taureaux de Vulcain les gorges ensoufrées.
Enfin, tu ne vois là poudres, racines, eaux,
Dont le pouvoir mortel n'ouvrît mille tombeaux;

---

1. Aujourd'hui, la première syllabe de ce mot est aspirée.

Ce présent déceptif a bu toute leur force,
Et, bien mieux que mon bras, vengera mon divorce.
Mes tyrans par leur perte apprendront que jamais....
Mais d'où vient ce grand bruit que j'entends au palais?

NÉRINE.

Du bonheur de Jason, et du malheur d'Ægée:
Madame, peu s'en faut qu'il ne vous ait vengée.
Ce généreux vieillard, ne pouvant supporter
Qu'on lui vole à ses yeux ce qu'il croit mériter,
Et que sur sa couronne et sa persévérance
L'exil de votre époux ait eu la préférence,
A tâché, par la force, à repousser l'affront
Que ce nouvel hymen lui porte sur le front.
Comme cette beauté, pour lui toute de glace,
Sur les bords de la mer contemploit la bonace,
Il la voit mal suivie, et prend un si beau temps
A rendre ses désirs et les vôtres contens.
De ses meilleurs soldats une troupe choisie
Enferme la princesse, et sert sa jalousie;
L'effroi qui la surprend la jette en pâmoison;
Et tout ce qu'elle peut, c'est de nommer Jason.
Ses gardes à l'abord font quelque résistance,
Et le peuple leur prête une foible assistance;
Mais l'obstacle léger de ces débiles cœurs
Laissoit honteusement Créuse à leurs vainqueurs:
Déjà presque en leur bord elle étoit enlevée....

MÉDÉE.

Je devine la fin, mon traître l'a sauvée.

NÉRINE.

Oui, madame, et de plus Ægée est prisonnier;
Votre époux à son myrte ajoute ce laurier:
Mais apprenez comment.

MÉDÉE.

N'en dis pas davantage:
Je ne veux point savoir ce qu'a fait son courage;
Il suffit que son bras a travaillé pour nous,
Et rend une victime à mon juste courroux.
Nérine, mes douleurs auroient peu d'allégeance,
Si cet enlèvement l'ôtoit à ma vengeance;
Pour quitter son pays en est-on malheureux?
Ce n'est pas son exil, c'est sa mort que je veux;
Elle auroit trop d'honneur de n'avoir que ma peine,
Et de verser des pleurs pour être deux fois reine.
Tant d'invisibles feux enfermés dans ce don,
Que d'un titre plus vrai j'appelle ma rançon,
Produiront des effets bien plus doux à ma haine.

NÉRINE.

Par là vous vous vengez, et sa perte est certaine :
Mais contre la fureur de son père irrité
Où pensez-vous trouver un lieu de sûreté?

MÉDÉE.

Si la prison d'Ægée a suivi sa défaite,
Tu peux voir qu'en l'ouvrant je m'ouvre une retraite,
Et que ses fers brisés, malgré leurs attentats,
A ma protection engagent ses États.
Dépêche seulement, et cours vers ma rivale
Lui porter de ma part cette robe fatale :
Mène-lui mes enfans, et fais-les, si tu peux,
Présenter par leur père à l'objet de ses vœux.

NÉRINE.

Mais, madame, porter cette robe empestée,
Que de tant de poisons vous avez infectée,
C'est pour votre Nérine un trop funeste emploi :
Avant que sur Créuse ils agiroient sur moi.

MÉDÉE.

Ne crains pas leur vertu, mon charme la modère,
Et lui défend d'agir que sur elle et son père;
Pour un si grand effet prends un cœur plus hardi,
Et, sans me répliquer, fais ce que je te di.

SCÈNE II. — CRÉON, POLLUX, SOLDATS.

CRÉON.

Nous devons bien chérir cette valeur parfaite
Qui de nos ravisseurs nous donne la défaite.
Invincible héros, c'est à votre secours
Que je dois désormais le bonheur de mes jours;
C'est vous seul aujourd'hui dont la main vengeresse
Rend à Créon sa fille, à Jason sa maîtresse,
Met Ægée en prison et son orgueil à bas,
Et fait mordre la terre à ses meilleurs soldats.

POLLUX.

Grand roi, l'heureux succès de cette délivrance
Vous est beaucoup mieux dû qu'à mon peu de vaillance.
C'est vous seul et Jason, dont les bras indomptés
Portoient avec effroi la mort de tous côtés;
Pareils à deux lions dont l'ardente furie
Dépeuple en un moment toute une bergerie.
L'exemple glorieux de vos faits plus qu'humains
Échauffoit mon courage et conduisoit mes mains :
J'ai suivi, mais de loin, des actions si belles,
Qui laissoient à mon bras tant d'illustres modèles.
Pourroit-on reculer en combattant sous vous,

Et n'avoir point de cœur à seconder vos coups?
CRÉON.
Votre valeur, qui souffre en cette repartie,
Ote toute croyance à votre modestie :
Mais puisque le refus d'un honneur mérité
N'est pas un petit trait de générosité,
Je vous laisse en jouir. Auteur de la victoire,
Ainsi qu'il vous plaira, départez-en la gloire ;
Comme elle est votre bien, vous pouvez la donner.
Que prudemment les dieux savent tout ordonner !
Voyez, brave guerrier, comme votre arrivée
Au jour de nos malheurs se trouve réservée,
Et qu'au point que le sort osoit nous menacer,
Ils nous ont envoyé de quoi le terrasser.
Digne sang de leur roi, demi-dieu magnanime,
Dont la vertu ne peut recevoir trop d'estime,
Qu'avons-nous plus à craindre? et quel destin jaloux,
Tant que nous vous aurons, s'osera prendre à nous?
POLLUX.
Appréhendez pourtant, grand prince.
CRÉON.
Et quoi?
POLLUX.
Médée,
Qui par vous de son lit se voit dépossédée.
Je crains qu'il ne vous soit malaisé d'empêcher
Qu'un gendre valeureux ne vous coûte bien cher.
Après l'assassinat d'un monarque et d'un frère,
Peut-il être de sang qu'elle épargne ou révère?
Accoutumée au meurtre, et savante en poison,
Voyez ce qu'elle a fait pour acquérir Jason ;
Et ne présumez pas, quoi que Jason vous die,
Que pour le conserver elle soit moins hardie.
CRÉON.
C'est de quoi mon esprit n'est plus inquiété ;
Par son bannissement j'ai fait ma sûreté ;
Elle n'a que fureur et que vengeance en l'âme :
Mais, en si peu de temps, que peut faire une femme?
Je n'ai prescrit qu'un jour de terme à son départ.
POLLUX.
C'est peu pour une femme, et beaucoup pour son art :
Sur le pouvoir humain ne réglez pas les charmes.
CRÉON.
Quelque puissans qu'ils soient, je n'en ai point d'alarmes ;
Et quand bien ce délai devroit tout hasarder,
Ma parole est donnée, et je la veux garder.

SCÈNE III. — CRÉON, POLLUX, CLÉONE.

CRÉON.
Que font nos deux amans, Cléone ?
CLÉONE.
La princesse,
Seigneur, près de Jason reprend son allégresse ;
Et ce qui sert beaucoup à son contentement,
C'est de voir que Médée est sans ressentiment.
CRÉON.
Et quel dieu si propice a calmé son courage ?
CLÉONE.
Jason, et ses enfans, qu'elle vous laisse en gage.
La grâce que pour eux madame obtient de vous
A calmé les transports de son esprit jaloux.
Le plus riche présent qui fût en sa puissance
A ses remercîmens joint sa reconnoissance.
Sa robe sans pareille, et sur qui nous voyons
Du Soleil son aïeul briller mille rayons,
Que la princesse même avoit tant souhaitée,
Par ces petits héros lui vient d'être apportée,
Et fait voir clairement les merveilleux effets
Qu'en un cœur irrité produisent les bienfaits.
CRÉON.
Eh bien, qu'en dites-vous ? Qu'avons-nous plus à craindre ?
POLLUX.
Si vous ne craignez rien, que je vous trouve à plaindre !
CRÉON.
Un si rare présent montre un esprit remis.
POLLUX.
J'eus toujours pour suspects les dons des ennemis ;
Ils font assez souvent ce que n'ont pu leurs armes.
Je connois de Médée et l'esprit et les charmes,
Et veux bien m'exposer au plus cruel trépas,
Si ce rare présent n'est un mortel appas.
CRÉON.
Ses enfans si chéris, qui nous servent d'otages,
Nous peuvent-ils laisser quelque sorte d'ombrages ?
POLLUX.
Peut-être que contre eux s'étend sa trahison,
Qu'elle ne les prend plus que pour ceux de Jason,
Et qu'elle s'imagine, en haine de leur père,
Que, n'étant plus sa femme, elle n'est plus leur mère.
Renvoyez-lui, seigneur, ce don pernicieux,
Et ne vous chargez point d'un poison précieux.
CLÉONE.
Madame cependant en est toute ravie,

Et de s'en voir parée elle brûle d'envie.

POLLUX.

Où le péril égale et passe le plaisir,
Il faut se faire force, et vaincre son désir.
Jason, dans son amour, a trop de complaisance
De souffrir qu'un tel don s'accepte en sa présence.

CRÉON.

Sans rien mettre au hasard, je saurai dextrement
Accorder vos soupçons et son contentement.
Nous verrons, dès ce soir, sur une criminelle,
Si ce présent nous cache une embûche mortelle.
Nise, pour ses forfaits destinée à mourir,
Ne peut par cette épreuve injustement périr;
Heureuse, si sa mort nous rendoit ce service,
De nous en découvrir le funeste artifice!
Allons-y de ce pas, et ne consumons plus
De temps ni de discours en débats superflus.

SCÈNE IV. — ÆGÉE, *en prison.*

Demeure affreuse des coupables,
Lieux maudits, funeste séjour,
Dont jamais avant mon amour
Les sceptres n'ont été capables,
Redoublez puissamment votre mortel effroi,
Et joignez à mes maux une si vive atteinte,
Que mon âme chassée, ou s'enfuyant de crainte,
Dérobe à mes vainqueurs le supplice d'un roi.

Le triste bonheur où j'aspire!
Je ne veux que hâter ma mort,
Et n'accuse mon mauvais sort
Que de souffrir que je respire.
Puisqu'il me faut mourir, que je meure à mon choix;
Le coup m'en sera doux, s'il est sans infamie :
Prendre l'ordre à mourir d'une main ennemie,
C'est mourir, pour un roi, beaucoup plus d'une fois.

Malheureux prince, on te méprise
Quand tu t'arrêtes à servir :
Si tu t'efforces de ravir,
Ta prison suit ton entreprise.
Ton amour qu'on dédaigne, et ton vain attentat,
D'un éternel affront vont souiller ta mémoire :
L'un t'a déjà coûté ton repos et ta gloire;
L'autre te va coûter ta vie et ton État.

Destin, qui punis mon audace,
Tu n'as que de justes rigueurs;

Et s'il est d'assez tendres cœurs
Pour compatir à ma disgrâce,
Mon feu de leur tendresse étouffe la moitié,
Puisqu'à bien comparer mes fers avec ma flamme,
Un vieillard amoureux mérite plus de blâme
Qu'un monarque en prison n'est digne de pitié.

Cruel auteur de ma misère,
Peste des cœurs, tyran des rois,
Dont les impérieuses lois
N'épargnent pas même ta mère,
Amour, contre Jason tourne ton trait fatal;
Au pouvoir de tes dards je remets ma vengeance :
Atterre son orgueil, et montre ta puissance
A perdre également l'un et l'autre rival.

Qu'une implacable jalousie
Suive son nuptial flambeau;
Que sans cesse un objet nouveau
S'empare de sa fantaisie;
Que Corinthe à sa vue accepte un autre roi;
Qu'il puisse voir sa race à ses yeux égorgée;
Et, pour dernier malheur, qu'il ait le sort d'Ægée,
Et devienne à mon âge amoureux comme moi!

SCÈNE V. — ÆGÉE, MÉDÉE.

ÆGÉE.

Mais d'où vient ce bruit sourd? quelle pâle lumière
Dissipe ces horreurs et frappe ma paupière?
Mortel, qui que tu sois, détourne ici tes pas,
Et, de grâce, m'apprends l'arrêt de mon trépas,
L'heure, le lieu, le genre; et si ton cœur sensible
A la compassion peut se rendre accessible,
Donne-moi les moyens d'un généreux effort
Qui des mains des bourreaux affranchisse ma mort.

MÉDÉE.

Je viens l'en affranchir. Ne craignez plus, grand prince;
Ne pensez qu'à revoir votre chère province;
(*Elle donne un coup de baguette sur la porte de la prison, qui s'ouvre aussitôt; en ayant tiré Ægée, elle en donne encore un sur ses fers, qui tombent.*)
Ni grilles ni verrous ne tiennent contre moi.
Cessez, indignes fers, de captiver un roi;
Est-ce à vous à presser les bras d'un tel monarque?
Et vous, reconnoissez Médée à cette marque,
Et fuyez un tyran dont le forcènement
Joindroit votre supplice à mon bannissement;

Avec la liberté reprenez le courage.
ÆGÉE.
Je les reprends tous deux pour vous en faire hommage.
Princesse, de qui l'art propice aux malheureux
Oppose un tel miracle à mon sort rigoureux,
Disposez de ma vie, et du sceptre d'Athènes;
Je dois et l'une et l'autre à qui brise mes chaînes.
Si votre heureux secours me tire de danger,
Je ne veux en sortir qu'afin de vous venger;
Et, si je puis jamais, avec votre assistance,
Arriver jusqu'aux lieux de mon obéissance,
Vous me verrez, suivi de mille bataillons,
Sur ces murs renversés planter mes pavillons,
Punir leur traître roi de vous avoir bannie,
Dedans le sang des siens noyer sa tyrannie,
Et remettre en vos mains et Créuse et Jason,
Pour venger votre exil plutôt que ma prison.
MÉDÉE.
Je veux une vengeance et plus haute et plus prompte;
Ne l'entreprenez pas, votre offre me fait honte :
Emprunter le secours d'aucun pouvoir humain,
D'un reproche éternel diffameroit ma main.
En est-il, après tout, aucun qui ne me cède?
Qui force la nature, a-t-il besoin qu'on l'aide?
Laissez-moi le souci de venger mes ennuis,
Et par ce que j'ai fait, jugez ce que je puis;
L'ordre en est tout donné, n'en soyez point en peine :
C'est demain que mon art fait triompher ma haine;
Demain je suis Médée, et je tire raison
De mon bannissement et de votre prison.
ÆGÉE.
Quoi! madame, faut-il que mon peu de puissance
Empêche les devoirs de ma reconnoissance?
Mon sceptre ne peut-il être employé pour vous?
Et vous serai-je ingrat autant que votre époux?
MÉDÉE.
Si je vous ai servi, tout ce que j'en souhaite,
C'est de trouver chez vous une sûre retraite,
Où de mes ennemis menaces ni présens
Ne puissent plus troubler le repos de mes ans.
Non pas que je les craigne; eux et toute la terre
A leur confusion me livreroient la guerre :
Mais je hais ce désordre, et n'aime pas à voir
Qu'il me faille pour vivre user de mon savoir.
ÆGÉE.
L'honneur de recevoir une si grande hôtesse
De mes malheurs passés efface la tristesse.

Disposez d'un pays qui vivra sous vos lois,
Si vous l'aimez assez pour lui donner des rois;
Si mes ans ne vous font mépriser ma personne,
Vous y partagerez mon lit et ma couronne :
Sinon, sur mes sujets faites état d'avoir,
Ainsi que sur moi-même, un absolu pouvoir.
Allons, madame, allons; et par votre conduite
Faites la sûreté que demande ma fuite.

MÉDÉE.

Ma vengeance n'auroit qu'un succès imparfait :
Je ne me venge pas, si je n'en vois l'effet ;
Je dois à mon courroux l'heur d'un si doux spectacle.
Allez, prince, et sans moi ne craignez point d'obstacle;
Je vous suivrai demain par un chemin nouveau.
Pour votre sûreté conservez cet anneau;
Sa secrète vertu, qui vous fait invisible,
Rendra votre départ de tous côtés paisible.
  Ici, pour empêcher l'alarme que le bruit
De votre délivrance auroit bientôt produit,
Un fantôme pareil et de taille et de face,
Tandis que vous fuirez, remplira votre place.
Partez sans plus tarder, prince chéri des dieux,
Et quittez pour jamais ces détestables lieux.

ÆGÉE.

J'obéis sans réplique, et je pars sans remise.
Puisse d'un prompt succès votre grande entreprise
Combler nos ennemis d'un mortel désespoir,
Et me donner bientôt le bien de vous revoir!

ACTE CINQUIÈME.

SCÈNE I. — MÉDÉE, THEUDAS.

THEUDAS.

Ah! déplorable prince! ah! fortune cruelle!
Que je porte à Jason une triste nouvelle!

MÉDÉE, *lui donnant un coup de baguette qui le fait
demeurer immobile.*

Arrête, misérable, et m'apprends quel effet
A produit chez le roi le présent que j'ai fait.

THEUDAS.

Dieux! je suis dans les fers d'une invisible chaîne!

MÉDÉE.

Dépêche, ou ces longueurs t'attireront ma haine.

THEUDAS.

Apprenez donc l'effet le plus prodigieux
Que jamais la vengeance ait offert à nos yeux.

Votre robe a fait peur, et sur Nise éprouvée,
En dépit des soupçons, sans péril s'est trouvée;
Et cette épreuve a su si bien les assurer,
Qu'incontinent Créuse a voulu s'en parer.
Mais cette infortunée à peine l'a vêtue,
Qu'elle sent aussitôt une ardeur qui la tue;
Un feu subtil s'allume, et ses brandons épars
Sur votre don fatal courent de toutes parts;
Et Cléone et le roi s'y jettent pour l'éteindre :
Mais (ô nouveau sujet de pleurer et de plaindre!)
Ce feu saisit le roi; ce prince en un moment
Se trouve enveloppé du même embrasement.

MÉDÉE.

Courage; enfin il faut que l'un et l'autre meure.

THEUDAS.

La flamme disparoît, mais l'ardeur leur demeure;
Et leurs habits charmés, malgré nos vains efforts,
Sont des brasiers secrets attachés à leurs corps;
Qui veut les dépouiller, lui-même les déchire,
Et ce nouveau secours est un nouveau martyre.

MÉDÉE.

Que dit mon déloyal? que fait-il là dedans?

THEUDAS.

Jason, sans rien savoir de tous ces accidens,
S'acquitte des devoirs d'une amitié civile
A conduire Pollux hors des murs de la ville,
Qui va se rendre en hâte aux noces de sa sœur,
Dont bientôt Ménélas doit être possesseur;
Et j'allois lui porter ce funeste message.

MÉDÉE, *lui donnant un autre coup de baguette.*

Va, tu peux maintenant achever ton voyage.

SCÈNE II. — MÉDÉE.

Est-ce assez, ma vengeance, est-ce assez de deux morts ?
Consulte avec loisir tes plus ardens transports.
Des bras de mon perfide arracher une femme,
Est-ce pour assouvir les fureurs de mon âme?
Que n'a-t-elle déjà des enfans de Jason,
Sur qui plus pleinement venger sa trahison!
Suppléons-y des miens; immolons avec joie
Ceux qu'à me dire adieu Créuse me renvoie :
Nature, je le puis sans violer ta loi;
Ils viennent de sa part, et ne sont plus à moi.

Mais ils sont innocens; aussi l'étoit mon frère :
Ils sont trop criminels d'avoir Jason pour père;
Il faut que leur trépas redouble son tourment;
Il faut qu'il souffre en père aussi bien qu'en amant.
Mais quoi! j'ai beau contre eux animer mon audace,
La pitié la combat, et se met en sa place;
Puis, cédant tout à coup la place à ma fureur,
J'adore les projets qui me faisoient horreur :
De l'amour aussitôt je passe à la colère,
Des sentimens de femme aux tendresses de mère.
Cessez dorénavant, pensers irrésolus,
D'épargner des enfans que je ne verrai plus.
Chers fruits de mon amour, si je vous ai fait naître,
Ce n'est pas seulement pour caresser un traître :
Il me prive de vous, et je l'en vais priver.
Mais ma pitié renaît, et revient me braver;
Je n'exécute rien, et mon âme éperdue
Entre deux passions demeure suspendue.
N'en délibérons plus, mon bras en résoudra.
Je vous perds, mes enfans; mais Jason vous perdra;
Il ne vous verra plus.... Créon sort tout en rage;
Allons à son trépas joindre ce triste ouvrage.

SCÈNE III. — CRÉON, DOMESTIQUES.

CRÉON.

Loin de me soulager, vous croissez mes tourmens;
Le poison à mon corps unit mes vêtemens;
Et ma peau, qu'avec eux votre secours m'arrache,
Pour suivre votre main de mes os se détache.
Voyez comme mon sang en coule à gros ruisseaux :
Ne me déchirez plus, officieux bourreaux;
Votre pitié pour moi s'est assez hasardée;
Fuyez, ou ma fureur vous prendra pour Médée.
C'est avancer ma mort que de me secourir;
Je ne veux que moi-même à m'aider à mourir.
Quoi! vous continuez, canailles infidèles!
Plus je vous le défends, plus vous m'êtes rebelles!
Traîtres, vous sentirez encor ce que je puis;
Je serai votre roi, tout mourant que je suis;
Si mes commandemens ont trop peu d'efficace,
Ma rage pour le moins me fera faire place :
Il faut ainsi payer votre cruel secours.

(*Il se défait d'eux et les chasse à coups d'épée.*)

SCÈNE IV. — CRÉON, CRÉUSE, CLÉONE.

CRÉUSE.

Où fuyez-vous de moi, cher auteur de mes jours ?
Fuyez-vous l'innocente et malheureuse source
D'où prennent tant de maux leur effroyable course ?
Ce feu qui me consume et dehors et dedans
Vous venge-t-il trop peu de mes vœux imprudens ?
 Je ne puis excuser mon indiscrète envie
Qui donne le trépas à qui je dois la vie :
Mais soyez satisfait des rigueurs de mon sort,
Et cessez d'ajouter votre haine à ma mort.
L'ardeur qui me dévore, et que j'ai méritée,
Surpasse en cruauté l'aigle de Prométhée,
Et je crois qu'Ixion, au choix des châtimens,
Préféreroit sa roue à mes embrasemens.

CRÉON.

Si ton jeune désir eut beaucoup d'imprudence,
Ma fille, j'y devois opposer ma défense.
Je n'impute qu'à moi l'excès de mes malheurs,
Et j'ai part en ta faute ainsi qu'en tes douleurs.
Si j'ai quelque regret, ce n'est pas à ma vie,
Que le déclin des ans m'auroit bientôt ravie :
La jeunesse des tiens, si beaux, si florissans,
Me porte au fond du cœur des coups bien plus pressans.
Ma fille, c'est donc là ce royal hyménée
Dont nous pensions toucher la pompeuse journée !
La Parque impitoyable en éteint le flambeau,
Et pour lit nuptial il te faut un tombeau !
Ah ! rage, désespoir, destins, feux, poisons, charmes,
Tournez tous contre moi vos plus cruelles armes :
S'il faut vous assouvir par la mort de deux rois,
Faites en ma faveur que je meure deux fois,
Pourvu que mes deux morts emportent cette grâce
De laisser ma couronne à mon unique race,
Et cet espoir si doux, qui m'a toujours flatté,
De revivre à jamais en sa postérité.

CRÉUSE.

Cléone, soutenez, je chancelle, je tombe ;
Mon reste de vigueur sous mes douleurs succombe ;
Je sens que je n'ai plus à souffrir qu'un moment.
Ne me refusez pas ce triste allégement,
Seigneur ; et si pour moi quelque amour vous demeure,
Entre vos bras mourans permettez que je meure.
Mes pleurs arroseront vos mortels déplaisirs ;
Je mêlerai leurs eaux à vos brûlans soupirs.
Ah ! je brûle, je meurs, je ne suis plus que flamme ;

De grâce, hâtez-vous de recevoir mon âme.
Quoi! vous vous éloignez!

CRÉON.

Oui, je ne verrai pas,
Comme un lâche témoin, ton indigne trépas :
Il faut, ma fille, il faut que ma main me délivre
De l'infâme regret de t'avoir pu survivre.
Invisible ennemi, sors avecque mon sang.
(*Il se tue d'un poignard.*)

CRÉUSE.

Courez à lui, Cléone; il se perce le flanc.

CRÉON.

Retourne; c'en est fait. Ma fille, adieu; j'expire,
Et ce dernier soupir met fin à mon martyre :
Je laisse à ton Jason le soin de nous venger.

CRÉUSE.

Vain et triste confort! soulagement léger!
Mon père....

CLÉONE.

Il ne vit plus; sa grande âme est partie.

CRÉUSE.

Donnez donc à la mienne une même sortie;
Apportez-moi ce fer qui, de ses maux vainqueur,
Est déjà si savant à traverser le cœur.
Ah! je sens fer, et feux, et poison, tout ensemble;
Ce que souffroit mon père à mes peines s'assemble.
Hélas! que de douceur auroit un prompt trépas!
Dépêchez-vous, Cléone; aidez mon foible bras.

CLÉONE.

Ne désespérez point : les dieux, plus pitoyables,
A nos justes clameurs se rendront exorables,
Et vous conserveront, en dépit du poison,
Et pour reine à Corinthe, et pour femme à Jason.
Il arrive, et, surpris, il change de visage;
Je lis dans sa pâleur une secrète rage,
Et son étonnement va passer en fureur.

SCÈNE V. — JASON, CRÉUSE, CLÉONE, THEUDAS.

JASON.

Que vois-je ici, grands dieux! quel spectacle d'horreur!
Où que puissent mes yeux porter ma vue errante,
Je vois ou Créon mort, ou Créuse mourante.
Ne t'en va pas, belle âme; attends encore un peu,
Et le sang de Médée éteindra tout ce feu;
Prends le triste plaisir de voir punir son crime,
De te voir immoler cette infâme victime;

ACTE V, SCÈNE V.

Et que ce scorpion, sur la plaie écrasé,
Fournisse le remède au mal qu'il a causé.

CRÉUSE.

Il n'en faut point chercher au poison qui me tue :
Laisse-moi le bonheur d'expirer à ta vue,
Souffre que j'en jouisse en ce dernier moment :
Mon trépas fera place à ton ressentiment ;
Le mien cède à l'ardeur dont je suis possédée ;
J'aime mieux voir Jason que la mort de Médée.
Approche, cher amant, et retiens ces transports :
Mais garde de toucher ce misérable corps ;
Ce brasier, que le charme ou répand ou modère,
A négligé Cléone, et dévoré mon père :
Au gré de ma rivale il est contagieux.
Jason, ce m'est assez de mourir à tes yeux :
Empêche les plaisirs qu'elle attend de ta peine ;
N'attire point ces feux esclaves de sa haine.
Ah! quel âpre tourment! quels douloureux abois!
Et que je sens de morts sans mourir une fois!

JASON.

Quoi! vous m'estimez donc si lâche que de vivre?
Et de si beaux chemins sont ouverts pour vous suivre!
Ma reine, si l'hymen n'a pu joindre nos corps,
Nous joindrons nos esprits, nous joindrons nos deux morts ;
Et l'on verra Caron passer chez Rhadamante,
Dans une même barque, et l'amant et l'amante.
Hélas! vous recevez, par ce présent charmé,
Le déplorable prix de m'avoir trop aimé ;
Et puisque cette robe a causé votre perte,
Je dois être puni de vous l'avoir offerte.
Quoi! ce poison m'épargne, et ces feux impuissans
Refusent de finir les douleurs que je sens!
Il faut donc que je vive, et vous m'êtes ravie!
Justes dieux! quel forfait me condamne à la vie?
Est-il quelque tourment plus grand pour mon amour
Que de la voir mourir, et de souffrir le jour?
Non, non; si par ces feux mon attente est trompée,
J'ai de quoi m'affranchir au bout de mon épée ;
Et l'exemple du roi, de sa main transpercé,
Qui nage dans les flots du sang qu'il a versé,
Instruit suffisamment un généreux courage
Des moyens de braver le destin qui l'outrage.

CRÉUSE.

Si Créuse eut jamais sur toi quelque pouvoir,
Ne t'abandonne point aux coups du désespoir.
Vis pour sauver ton nom de cette ignominie
Que Créuse soit morte, et Médée impunie ;

Vis pour garder le mien en ton cœur affligé,
Et du moins ne meurs point que tu ne sois vengé.
  Adieu : donne la main; que, malgré ta jalouse,
J'emporte chez Pluton le nom de ton épouse.
Ah! douleurs! C'en est fait, je meurs à cette fois,
Et perds en ce moment la vie avec la voix.
Si tu m'aimes....

JASON.

  Ce mot lui coupe la parole;
Et je ne suivrai pas son âme qui s'envole!
Mon esprit, retenu par ses commandemens,
Réserve encor ma vie à de pires tourmens!
Pardonne, chère épouse, à mon obéissance;
Mon déplaisir mortel défère à ta puissance,
Et de mes jours maudits tout prêt de triompher,
De peur de te déplaire, il n'ose m'étouffer.
  Ne perdons point de temps, courons chez la sorcière
Délivrer par sa mort mon âme prisonnière.
Vous autres, cependant, enlevez ces deux corps :
Contre tous ses démons mes bras sont assez forts,
Et la part que votre aide auroit en ma vengeance
Ne m'en permettroit pas une entière allégeance.
Préparez seulement des gênes, des bourreaux;
Devenez inventifs en supplices nouveaux,
Qui la fassent mourir tant de fois sur leur tombe,
Que son coupable sang leur vaille une hécatombe;
Et si cette victime, en mourant mille fois,
N'apaise point encor les mânes de deux rois,
Je serai la seconde; et mon esprit fidèle
Ira gêner là-bas son âme criminelle,
Ira faire assembler pour sa punition
Les peines de Titye à celles d'Ixion.

  (*Cléone et le reste emportent le corps de Créon et de Créuse,
          et Jason continue seul.*)

Mais leur puis-je imputer ma mort en sacrifice?
Elle m'est un plaisir, et non pas un supplice.
Mourir, c'est seulement auprès d'eux me ranger,
C'est rejoindre Créuse, et non pas la venger.
Instrumens des fureurs d'une mère insensée,
Indignes rejetons de mon amour passée,
Quel malheureux destin vous avoit réservés
A porter le trépas à qui vous a sauvés?
C'est vous, petits ingrats, que, malgré la nature,
Il me faut immoler dessus leur sépulture.
Que la sorcière en vous commence de souffrir;
Que son premier tourment soit de vous voir mourir.
Toutefois qu'ont-ils fait, qu'obéir à leur mère?

SCÈNE VI. — MÉDÉE, JASON.

MÉDÉE, *en haut sur un balcon.*

Lâche, ton désespoir encore en délibère?
Lève les yeux, perfide, et reconnois ce bras
Qui t'a déjà vengé de ces petits ingrats;
Ce poignard que tu vois vient de chasser leurs âmes,
Et noyer dans leur sang les restes de nos flammes.
Heureux père et mari, ma fuite et leur tombeau
Laissent la place vide à ton hymen nouveau.
Réjouis-t'en, Jason, va posséder Créuse :
Tu n'auras plus ici personne qui t'accuse;
Ces gages de nos feux ne feront plus pour moi
De reproches secrets à ton manque de foi.

JASON.

Horreur de la nature, exécrable tigresse!

MÉDÉE.

Va, bienheureux amant, cajoler ta maîtresse :
A cet objet si cher tu dois tous tes discours;
Parler encore à moi, c'est trahir tes amours.
Va lui, va lui conter tes rares aventures,
Et contre mes effets ne combats point d'injures.

JASON.

Quoi! tu m'oses braver, et ta brutalité
Pense encore échapper à mon bras irrité?
Tu redoubles ta peine avec cette insolence.

MÉDÉE.

Et que peut contre moi ta débile vaillance?
Mon art faisoit ta force, et tes exploits guerriers
Tiennent de mon secours ce qu'ils ont de lauriers.

JASON.

Ah! c'est trop en souffrir; il faut qu'un prompt supplice
De tant de cruautés à la fin te punisse.
Sus, sus, brisons la porte, enfonçons la maison;
Que des bourreaux soudain m'en fassent la raison.
Ta tête répondra de tant de barbaries.

MÉDÉE, *en l'air dans un char tiré par deux dragons.*

Que sert de t'emporter à ces vaines furies?
Épargne, cher époux, des efforts que tu perds;
Vois les chemins de l'air qui me sont tous ouverts;
C'est par là que je fuis, et que je t'abandonne
Pour courir à l'exil que ton change m'ordonne.
Suis-moi, Jason, et trouve en ces lieux désolés
Des postillons pareils à mes dragons ailés.
Enfin je n'ai pas mal employé la journée
Que la bonté du roi, de grâce, m'a donnée;
Mes désirs sont contens. Mon père et mon pays,
Je ne me repens plus de vous avoir trahis;

Avec cette douceur j'en accepte le blâme.
Adieu, parjure : apprends à connoître ta femme,
Souviens-toi de sa fuite, et songe une autre fois
Lequel est plus à craindre ou d'elle ou de deux rois.

SCÈNE VII. — JASON.

O dieux! ce char volant, disparu dans la nue,
La dérobe à sa peine, aussi bien qu'à ma vue;
Et son impunité triomphe arrogamment
Des projets avortés de mon ressentiment.
Créuse, enfans, Médée, amour, haine, vengeance,
Où dois-je désormais chercher quelque allégeance?
Où suivre l'inhumaine, et dessous quels climats
Porter les châtimens de tant d'assassinats?
Va, furie exécrable, en quelque coin de terre
Que t'emporte ton char, j'y porterai la guerre;
J'apprendrai ton séjour de tes sanglans effets,
Et te suivrai partout au bruit de tes forfaits.
Mais que me servira cette vaine poursuite,
Si l'air est un chemin toujours libre à ta fuite,
Si toujours tes dragons sont prêts à t'enlever,
Si toujours tes forfaits ont de quoi me braver?
Malheureux, ne perds point contre une telle audace
De ta juste fureur l'impuissante menace;
Ne cours point à ta honte, et fuis l'occasion
D'accroître sa victoire et ta confusion.
Misérable! perfide! ainsi donc ta foiblesse
Épargne la sorcière, et trahit la princesse!
Est-ce là le pouvoir qu'ont sur toi ses désirs,
Et ton obéissance à ses derniers soupirs?
Venge-toi, pauvre amant, Créuse le commande;
Ne lui refuse point un sang qu'elle demande;
Écoute les accens de sa mourante voix,
Et vole sans rien craindre à ce que tu lui dois.
A qui sait bien aimer il n'est rien d'impossible.
Eusses-tu pour retraite un roc inaccessible,
Tigresse, tu mourras; et, malgré ton savoir,
Mon amour te verra soumise à son pouvoir;
Mes yeux se repaîtront des horreurs de ta peine :
Ainsi le veut Créuse, ainsi le veut ma haine.
Mais quoi! je vous écoute, impuissantes chaleurs!
Allez, n'ajoutez plus de comble à mes malheurs.
Entreprendre une mort que le ciel s'est gardée,
C'est préparer encore un triomphe à Médée.
Tourne avec plus d'effet sur toi-même ton bras,
Et punis-toi, Jason, de ne la punir pas.

ACTE V, SCÈNE VII.

Vains transports, où sans fruit mon désespoir s'amuse,
Cessez de m'empêcher de rejoindre Créuse.
Ma reine, ta belle âme, en partant de ces lieux,
M'a laissé la vengeance; et je la laisse aux dieux;
Eux seuls, dont le pouvoir égale la justice,
Peuvent de la sorcière achever le supplice.
Trouve-le bon, chère ombre, et pardonne à mes feux
Si je vais te revoir plus tôt que tu ne veux.

(*Il se tue.*)

EXAMEN DE MÉDÉE.

Cette tragédie a été traitée en grec par Euripide, et en latin par Sénèque; et c'est sur leur exemple que je me suis autorisé à en mettre le lieu dans une place publique, quelque peu de vraisemblance qu'il y ait à y faire parler des rois, et à y voir Médée prendre les desseins de sa vengeance. Elle en fait confidence, chez Euripide, à tout le chœur, composé de Corinthiennes, sujettes de Créon, et qui devoient être du moins au nombre de quinze, à qui elle dit hautement qu'elle fera périr leur roi, leur princesse et son mari, sans qu'aucune d'elles ait la moindre pensée d'en donner avis à ce prince.

Pour Sénèque, il y a quelque apparence qu'il ne lui fait pas prendre ces résolutions violentes en présence du chœur, qui n'est pas toujours sur le théâtre, et n'y parle jamais aux autres acteurs: mais je ne puis comprendre comme, dans son quatrième acte, il lui fait achever ses enchantemens en place publique; et j'ai mieux aimé rompre l'unité exacte du lieu, pour faire voir Médée dans le même cabinet où elle a fait ses charmes, que de l'imiter en ce point.

Tous les deux m'ont semblé donner trop peu de défiance à Créon des présens de cette magicienne, offensée au dernier point, qu'il témoigne craindre chez l'un et chez l'autre, et dont il a d'autant plus de lieu de se défier, qu'elle lui demande instamment un jour de délai pour se préparer à partir, et qu'il croit qu'elle ne le demande que pour machiner quelque chose contre lui, et troubler les noces de sa fille.

J'ai cru mettre la chose dans un peu plus de justesse, par quelques précautions que j'y ai apportées: la première, en ce que Créuse souhaite avec passion cette robe que Médée empoisonne, et qu'elle oblige Jason à la tirer d'elle par adresse; ainsi, bien que les présens des ennemis doivent être suspects, celui-ci ne le doit pas être, parce que ce n'est pas tant un don qu'elle fait qu'un payement qu'on lui arrache de la grâce que ses enfans reçoivent; la seconde, en ce que ce n'est pas Médée qui demande ce jour de délai qu'elle emploie à sa vengeance, mais Créon qui le lui donne de son mouvement, comme pour diminuer quelque chose de l'injuste violence qu'il lui fait, dont il semble avoir honte en lui-même; et la troisième enfin, en ce qu'après les défiances que Pollux lui en fait prendre presque par force, il en fait faire l'épreuve sur une autre, avant que de permettre à sa fille de s'en parer.

L'épisode d'Ægée n'est pas tout à fait de mon invention ; Euripide l'introduit en son troisième acte, mais seulement comme un passant à qui Médée fait ses plaintes, et qui l'assure d'une retraite chez lui à Athènes, en considération d'un service qu'elle promet de lui rendre. En quoi je trouve deux choses à dire : l'une, qu'Ægée, étant dans la cour de Créon, ne parle point du tout de le voir ; l'autre, que, bien qu'il promette à Médée de la recevoir et protéger à Athènes après qu'elle se sera vengée, ce qu'elle fait dès ce jour-là même, il lui témoigne toutefois qu'au sortir de Corinthe il va trouver Pitthéus à Trézène, pour consulter avec lui sur le sens de l'oracle qu'on venoit de lui rendre à Delphes, et qu'ainsi Médée seroit demeurée en assez mauvaise posture dans Athènes en l'attendant, puisqu'il tarda manifestement quelque temps chez Pitthéus, où il fit l'amour à sa fille Æthra, qu'il laissa grosse de Thésée, et n'en partit point que sa grossesse ne fût constante. Pour donner un peu plus d'intérêt à ce monarque dans l'action de cette tragédie, je le fais amoureux de Créuse, qui lui préfère Jason, et je porte ses ressentimens à l'enlever, afin qu'en cette entreprise, demeurant prisonnier de ceux qui la sauvent de ses mains, il ait obligation à Médée de sa délivrance, et que la reconnoissance qu'il lui en doit l'engage plus fortement à sa protection, et même à l'épouser, comme l'histoire le marque.

Pollux est un de ces personnages protatiques qui ne sont introduits que pour écouter la narration du sujet. Je pense l'avoir déjà dit, et j'ajoute que ces personnages sont d'ordinaire assez difficiles à imaginer dans la tragédie, parce que les événemens publics et éclatans dont elle est composée sont connus de tout le monde, et que s'il est aisé de trouver des gens qui les sachent pour les raconter, il n'est pas aisé d'en trouver qui les ignorent pour les entendre ; c'est ce qui m'a fait avoir recours à cette fiction, que Pollux, depuis son retour de Colchos, avoit toujours été en Asie, où il n'avoit rien appris de ce qui s'étoit passé dans la Grèce, que la mer en sépare. Le contraire arrive en la comédie : comme elle n'est que d'intrigues particulières, il n'est rien si facile que de trouver des gens qui les ignorent ; mais souvent il n'y a qu'une seule personne qui les puisse expliquer : ainsi l'on n'y manque jamais de confident quand il y a matière de confidence.

Dans la narration que fait Nérine au quatrième acte, on peut considérer que, quand ceux qui écoutent ont quelque chose d'important dans l'esprit, ils n'ont pas assez de patience pour écouter le détail de ce qu'on leur vient raconter, et que c'est assez pour eux d'en apprendre l'événement en un mot : c'est ce que fait voir ici Médée, qui ayant su que Jason a arraché Créuse à ses ravisseurs, et pris Ægée prisonnier, ne veut point qu'on lui explique comment cela s'est fait. Lorsqu'on a affaire à un esprit tranquille, comme Achorée à Cléopâtre dans *la Mort de Pompée*, pour qui elle ne s'intéresse que par un sentiment d'honneur, on prend le loisir d'exprimer toutes les particularités ; mais avant que d'y descendre, j'estime qu'il est bon même alors d'en dire tout l'effet en deux mots dès l'abord.

Surtout, dans les narrations ornées et pathétiques, il faut très soigneusement prendre garde en quelle assiette est l'âme de celui qui parle et de celui qui écoute, et se passer de cet ornement, qui ne va guère sans quelque étalage ambitieux, s'il y a la moindre apparence que l'un des deux soit trop en péril, ou dans une passion trop violente pour avoir toute la patience nécessaire au récit qu'on se propose.

J'oubliois à remarquer que la prison où je mets Ægée est un spectacle désagréable, que je conseillerois d'éviter ; ces grilles qui éloignent l'acteur du spectateur, et lui cachent toujours plus de la moitié de sa personne, ne manquent jamais à rendre son action fort languissante. Il arrive quelquefois des occasions indispensables de faire arrêter prisonniers sur nos théâtres quelques-uns de nos principaux acteurs ; mais alors il vaut mieux se contenter de leur donner des gardes qui les suivent, et n'affoiblissent ni le spectacle ni l'action, comme dans *Polyeucte* et dans *Héraclius*. J'ai voulu rendre visible ici l'obligation qu'Ægée avoit à Médée ; mais cela se fût mieux fait par un récit.

Je serai bien aise encore qu'on remarque la civilité de Jason envers Pollux à son départ : il l'accompagne jusque hors de la ville ; et c'est une adresse de théâtre assez heureusement pratiquée pour l'éloigner de Créon et de Créuse mourans, et n'en avoir que deux à la fois à faire parler. Un auteur est bien embarrassé quand il y en a trois, et qu'ils ont tous trois une assez forte passion dans l'âme pour leur donner une juste impatience de la pousser au dehors ; c'est ce qui m'a obligé à faire mourir ce roi malheureux avant l'arrivée de Jason, afin qu'il n'eût à parler qu'à Créuse, et à faire mourir cette princesse avant que Médée se montre sur le balcon, afin que cet amant en colère n'ait plus à qui s'adresser qu'à elle ; mais on auroit eu lieu de trouver à dire qu'il ne fût pas auprès de sa maîtresse dans un si grand malheur, si je n'eusse rendu raison de son éloignement.

J'ai feint que les feux que produit la robe de Médée, et qui font périr Créon et Créuse, étoient invisibles, parce que j'ai mis leurs personnes sur la scène dans la catastrophe. Ce spectacle de mourans m'étoit nécessaire pour remplir mon cinquième acte, qui sans cela n'eût pu atteindre à la longueur ordinaire des nôtres ; mais, à dire le vrai, il n'a pas l'effet que demande la tragédie, et ces deux mourans importunent plus par leurs cris et par leurs gémissemens, qu'ils ne font pitié par leur malheur. La raison en est qu'ils semblent l'avoir mérité par l'injustice qu'ils ont faite à Médée, qui attire si bien de son côté toute la faveur de l'auditoire, qu'on excuse sa vengeance après l'indigne traitement qu'elle a reçu de Créon et de son mari, et qu'on a plus de compassion du désespoir où ils l'ont réduite, que de tout ce qu'elle leur fait souffrir.

Quant au style, il est fort inégal en ce poëme : et ce que j'y ai mêlé du mien approche si peu de ce que j'ai traduit de Sénèque, qu'il n'est point besoin d'en mettre le texte en marge pour faire discerner au lecteur ce qui est de lui ou de moi. Le temps m'a donné le moyen d'amasser assez de forces pour ne laisser pas cette différence si visible dans le *Pompée*, où j'ai beaucoup pris de Lucain, et ne crois pas être demeuré fort au-dessous de lui quand il a fallu me passer de son secours.

FIN DE MÉDÉE.

L'ILLUSION.

COMÉDIE.

1636.

A MADEMOISELLE M. F. D. R.

Mademoiselle,

Voici un étrange monstre que je vous dédie. Le premier acte n'est qu'un prologue, les trois suivans font une comédie imparfaite, le dernier est une tragédie : et tout cela, cousu ensemble, fait une comédie. Qu'on en nomme l'invention bizarre et extravagante tant qu'on voudra, elle est nouvelle; et souvent la grâce de la nouveauté, parmi nos François, n'est pas un petit degré de bonté. Son succès ne m'a point fait de honte sur le théâtre, et j'ose dire que la représentation de cette pièce capricieuse ne vous a point déplu, puisque vous m'avez commandé de vous en adresser l'épître quand elle iroit sous la presse. Je suis au désespoir de vous la présenter en si mauvais état, qu'elle en est méconnoissable : la quantité de fautes que l'imprimeur a ajoutées aux miennes la déguise, ou, pour mieux dire, la change entièrement. C'est l'effet de mon absence de Paris, d'où mes affaires m'ont rappelé sur le point qu'il l'imprimoit, et m'ont obligé d'en abandonner les épreuves à sa discrétion. Je vous conjure de ne la lire point que vous n'ayez pris la peine de corriger ce que vous trouverez marqué en suite de cette épître. Ce n'est pas que j'y aie employé toutes les fautes qui s'y sont coulées; le nombre en est si grand, qu'il eût épouvanté le lecteur : j'ai seulement choisi celles qui peuvent apporter quelque corruption notable au sens, et qu'on ne peut pas deviner aisément. Pour les autres, qui ne sont que contre la rime, ou l'orthographe, ou la ponctuation, j'ai cru que le lecteur judicieux y suppléeroit sans beaucoup de difficulté, et qu'ainsi il n'étoit pas besoin d'en charger cette première feuille. Cela m'apprendra à ne hasarder plus de pièces à l'impression durant mon absence. Ayez assez de bonté pour ne dédaigner pas celle-ci, toute déchirée qu'elle est; et vous m'obligerez d'autant plus à demeurer toute ma vie,

Mademoiselle,

Le plus fidèle et le plus passionné de vos serviteurs,

Corneille.

PERSONNAGES.

ALCANDRE, magicien.
PRIDAMANT, père de Clindor.
DORANTE, ami de Pridamant.
MATAMORE, capitan gascon, amoureux d'Isabelle.
CLINDOR, suivant du capitan, et amant d'Isabelle.
ADRASTE, gentilhomme, amoureux d'Isabelle.

GÉRONTE, père d'Isabelle.
ISABELLE, fille de Géronte.
LYSE, servante d'Isabelle.
GEÔLIER de Bordeaux.
PAGE du capitan.
CLINDOR, représentant THÉAGÈNE, seigneur anglois.
ISABELLE, représentant HIPPOLYTE, femme de Théagène,
LYSE, représentant CLARINE, suivante d'Hippolyte.
ÉRASTE, écuyer de Florilame.
TROUPE de domestiques d'Adraste.
TROUPE de domestiques de Florilame.

La scène est en Touraine, en une campagne proche de la grotte du magicien.

ACTE PREMIER.

SCÈNE. I. — PRIDAMANT, DORANTE.

DORANTE.
Ce mage, qui d'un mot renverse la nature,
N'a choisi pour palais que cette grotte obscure.
La nuit qu'il entretient sur cet affreux séjour,
N'ouvrant son voile épais qu'aux rayons d'un faux jour,
De leur éclat douteux n'admet en ces lieux sombres
Que ce qu'en peut souffrir le commerce des ombres.
N'avancez pas : son art au pied de ce rocher
A mis de quoi punir qui s'en ose approcher ;
Et cette large bouche est un mur invisible,
Où l'air en sa faveur devient inaccessible,
Et lui fait un rempart, dont les funestes bords
Sur un peu de poussière étalent mille morts.
Jaloux de son repos plus que de sa défense,
Il perd qui l'importune, ainsi que qui l'offense ;
Malgré l'empressement d'un curieux désir,
Il faut, pour lui parler, attendre son loisir :
Chaque jour il se montre, et nous touchons à l'heure
Où, pour se divertir, il sort de sa demeure.

PRIDAMANT.
J'en attends peu de chose, et brûle de le voir.
J'ai de l'impatience, et je manque d'espoir.
Ce fils, ce cher objet de mes inquiétudes,
Qu'ont éloigné de moi des traitemens trop rudes,
Et que depuis dix ans je cherche en tant de lieux,
A caché pour jamais sa présence à mes yeux.
Sous ombre qu'il prenoit un peu trop de licence,
Contre ses libertés je roidis ma puissance ;

Je croyois le dompter à force de punir,
Et ma sévérité ne fit que le bannir.
Mon âme vit l'erreur dont elle étoit séduite :
Je l'outrageois présent, et je pleurai sa fuite;
Et l'amour paternel me fit bientôt sentir
D'une injuste rigueur un juste repentir.
Il l'a fallu chercher : j'ai vu dans mon voyage
Le Pô, le Rhin, la Meuse, et la Seine, et le Tage :
Toujours le même soin travaille mes esprits;
Et ces longues erreurs ne m'en ont rien appris.
Enfin, au désespoir de perdre tant de peine,
Et n'attendant plus rien de la prudence humaine,
Pour trouver quelque borne à tant de maux soufferts,
J'ai déjà sur ce point consulté les enfers;
J'ai vu les plus fameux en la haute science
Dont vous dites qu'Alcandre a tant d'expérience :
On m'en faisoit l'état que vous faites de lui,
Et pas un d'eux n'a pu soulager mon ennui.
L'enfer devient muet quand il me faut répondre,
Ou ne me répond rien qu'afin de me confondre.

DORANTE.

Ne traitez pas Alcandre en homme du commun;
Ce qu'il sait en son art n'est connu de pas un.
Je ne vous dirai point qu'il commande au tonnerre,
Qu'il fait enfler les mers, qu'il fait trembler la terre;
Que de l'air, qu'il mutine en mille tourbillons,
Contre ses ennemis il fait des bataillons;
Que de ses mots savans les forces inconnues
Transportent les rochers, font descendre les nues,
Et briller dans la nuit l'éclat de deux soleils;
Vous n'avez pas besoin de miracles pareils :
Il suffira pour vous qu'il lit dans les pensées,
Qu'il connoît l'avenir et les choses passées;
Rien n'est secret pour lui dans tout cet univers,
Et pour lui nos destins sont des livres ouverts.
Moi-même, ainsi que vous, je ne pouvois le croire :
Mais sitôt qu'il me vit, il me dit mon histoire;
Et je fus étonné d'entendre le discours
Des traits les plus cachés de toutes mes amours.

PRIDAMANT.

Vous m'en dites beaucoup.

DORANTE.

     J'en ai vu davantage.

PRIDAMANT.

Vous essayez en vain de me donner courage;
Mes soins et mes travaux verront, sans aucun fruit,
Clore mes tristes jours d'une éternelle nuit.

ACTE I, SCÈNE I.

DORANTE.

Depuis que j'ai quitté le séjour de Bretagne
Pour venir faire ici le noble de campagne,
Et que deux ans d'amour, par une heureuse fin,
M'ont acquis Silvérie et ce château voisin,
De pas un, que je sache, il n'a déçu l'attente :
Quiconque le consulte en sort l'âme contente.
Croyez-moi, son secours n'est pas à négliger :
D'ailleurs, il est ravi quand il peut m'obliger;
Et j'ose me vanter qu'un peu de mes prières
Vous obtiendra de lui des faveurs singulières.

PRIDAMANT.

Le sort m'est trop cruel pour devenir si doux.

DORANTE.

Espérez mieux : il sort, et s'avance vers nous.
Regardez-le marcher; ce visage si grave,
Dont le rare savoir tient la nature esclave,
N'a sauvé toutefois des ravages du temps
Qu'un peu d'os et de nerfs qu'ont décharnés cent ans;
Son corps, malgré son âge, a les forces robustes,
Le mouvement facile, et les démarches justes :
Des ressorts inconnus agitent le vieillard,
Et font de tous ses pas des miracles de l'art.

SCÈNE II. — ALCANDRE, PRIDAMANT, DORANTE.

DORANTE.

Grand démon du savoir, de qui les doctes veilles
Produisent chaque jour de nouvelles merveilles,
A qui rien n'est secret dans nos intentions,
Et qui vois, sans nous voir, toutes nos actions;
Si de ton art divin le pouvoir admirable
Jamais en ma faveur se rendit secourable,
De ce père affligé soulage les douleurs;
Une vieille amitié prend part en ses malheurs.
Rennes, ainsi qu'à moi, lui donna la naissance,
Et presque entre ses bras j'ai passé mon enfance;
Là son fils, pareil d'âge et de condition,
S'unissant avec moi d'étroite affection....

ALCANDRE.

Dorante, c'est assez, je sais ce qui l'amène;
Ce fils est aujourd'hui le sujet de sa peine.
Vieillard, n'est-il pas vrai que son éloignement
Par un juste remords te gêne incessamment?
Qu'une obstination à te montrer sévère
L'a banni de ta vue, et cause ta misère?
Qu'en vain, au repentir de ta sévérité,

Tu cherches en tous lieux ce fils si maltraité?
PRIDAMANT.
Oracle de nos jours, qui connois toutes choses,
En vain de ma douleur je cacherois les causes;
Tu sais trop quelle fut mon injuste rigueur,
Et vois trop clairement les secrets de mon cœur.
Il est vrai, j'ai failli; mais, pour mes injustices,
Tant de travaux en vain sont d'assez grands supplices :
Donne enfin quelque borne à mes regrets cuisans,
Rends-moi l'unique appui de mes débiles ans.
Je le tiendrai rendu, si j'en ai des nouvelles;
L'amour pour le trouver me fournira des ailes.
Où fait-il sa retraite? en quels lieux dois-je aller?
Fût-il au bout du monde, on m'y verra voler.
ALCANDRE.
Commencez d'espérer; vous saurez par mes charmes
Ce que le ciel vengeur refusoit à vos larmes.
Vous reverrez ce fils plein de vie et d'honneur :
De son bannissement il tire son bonheur.
C'est peu de vous le dire : en faveur de Dorante
Je veux vous faire voir sa fortune éclatante.
Les novices de l'art, avec tous leurs encens,
Et leurs mots inconnus, qu'ils feignent tout-puissans,
Leurs herbes, leurs parfums et leurs cérémonies,
Apportent au métier des longueurs infinies,
Qui ne sont, après tout, qu'un mystère pipeur,
Pour se faire valoir, et pour vous faire peur :
Ma baguette à la main, j'en ferai davantage.

(*Il donne un coup de baguette, et on tire un rideau, derrière lequel sont en parade les plus beaux habits des comédiens.*)

Jugez de votre fils par un tel équipage :
Eh bien, celui d'un prince a-t-il plus de splendeur?
Et pouvez-vous encor douter de sa grandeur?
PRIDAMANT.
D'un amour paternel vous flattez les tendresses;
Mon fils n'est point de rang à porter ces richesses,
Et sa condition ne sauroit consentir
Que d'une telle pompe il s'ose revêtir.
ALCANDRE.
Sous un meilleur destin sa fortune rangée,
Et sa condition avec le temps changée,
Personne maintenant n'a de quoi murmurer
Qu'en public de la sorte il aime à se parer.
PRIDAMANT.
A cet espoir si doux j'abandonne mon âme :
Mais parmi ces habits je voix ceux d'une femme;
Seroit-il marié?

ALCANDRE.
Je vais de ses amours
Et de tous ses hasards vous faire le discours.
Toutefois, si votre âme étoit assez hardie,
Sous une illusion vous pourriez voir sa vie,
Et tous ces accidens devant vous exprimés
Par des spectres pareils à des corps animés;
Il ne leur manquera ni geste ni parole.
PRIDAMANT.
Ne me soupçonnez point d'une crainte frivole;
Le portrait de celui que je cherche en tous lieux
Pourroit-il, par sa vue, épouvanter mes yeux?
ALCANDRE, à Dorante.
Mon cavalier, de grâce, il faut faire retraite,
Et souffrir qu'entre nous l'histoire en soit secrète.
PRIDAMANT.
Pour un si bon ami je n'ai point de secrets.
DORANTE, à Pridamant.
Il nous faut, sans réplique, accepter ses arrêts;
Je vous attends chez moi.
ALCANDRE, à Dorante.
Ce soir, si bon lui semble.
Il vous apprendra tout quand vous serez ensemble.

SCÈNE III. — ALCANDRE, PRIDAMANT.

ALCANDRE.
Votre fils tout d'un coup ne fut pas grand seigneur;
Toutes ses actions ne vous font pas honneur,
Et je serois marri d'exposer sa misère
En spectacle à des yeux autres que ceux d'un père.
Il vous prit quelque argent, mais ce petit butin
A peine lui dura du soir jusqu'au matin;
Et, pour gagner Paris, il vendit par la plaine
Des brevets à chasser la fièvre et la migraine,
Dit la bonne aventure, et s'y rendit ainsi.
Là, comme on vit d'esprit, il en vécut aussi.
Dedans Saint-Innocent il se fit secrétaire :
Après, montant d'état, il fut clerc d'un notaire.
Ennuyé de la plume, il le quitta soudain,
Et fit danser un singe au faubourg Saint-Germain.
Il se mit sur la rime, et l'essai de sa veine
Enrichit les chanteurs de la Samaritaine.
Son style prit après de plus beaux ornemens;
Il se hasarda même à faire des romans,
Des chansons pour Gautier, des pointes pour Guillaume.
Depuis, il trafiqua de chapelets, de baume,

Vendit du mithridate en maître opérateur,
Revint dans le palais, et fut solliciteur.
Enfin, jamais Buscon, Lazarille de Tormes,
Sayavèdre, et Gusman, ne prirent tant de formes.
C'étoit là pour Dorante un honnête entretien!
PRIDAMANT.
Que je vous suis tenu de ce qu'il n'en sait rien!
ALCANDRE.
Sans vous faire rien voir, je vous en fais un conte,
Dont le peu de longueur épargne votre honte.
Las de tant de métiers sans bonheur et sans fruit,
Quelque meilleur destin à Bordeaux l'a conduit;
Et là, comme il pensoit au choix d'un exercice,
Un brave du pays l'a pris à son service.
Ce guerrier amoureux en a fait son agent :
Cette commission l'a remeublé d'argent;
Il sait avec adresse, en portant les paroles,
De la vaillante dupe attraper les pistoles;
Même de son agent il s'est fait son rival,
Et la beauté qu'il sert ne lui veut point de mal.
Lorsque de ses amours vous aurez vu l'histoire,
Je vous le veux montrer plein d'éclat et de gloire,
Et la même action qu'il pratique aujourd'hui.
PRIDAMANT.
Que déjà cet espoir soulage mon ennui!
ALCANDRE.
Il a caché son nom en battant la campagne,
Et s'est fait de Clindor le sieur de La Montagne;
C'est ainsi que tantôt vous l'entendrez nommer.
Voyez tout sans rien dire, et sans vous alarmer.
Je tarde un peu beaucoup pour votre impatience;
N'en concevez pourtant aucune défiance :
C'est qu'un charme ordinaire a trop peu de pouvoir
Sur les spectres parlans qu'il faut vous faire voir.
Entrons dedans ma grotte, afin que j'y prépare
Quelques charmes nouveaux pour un effet si rare.

ACTE SECOND.

SCÈNE I. — ALCANDRE, PRIDAMANT.

ALCANDRE.
Quoi qui s'offre à vos yeux, n'en ayez point d'effroi :
De ma grotte, surtout, ne sortez qu'après moi;
Sinon, vous êtes mort. Voyez déjà paroître

Sous deux fantômes vains votre fils et son maître.
PRIDAMANT.
O dieux! je sens mon âme après lui s'envoler.
ALCANDRE.
Faites-lui du silence, et l'écoutez parler.

(*Alcandre et Pridamant se retirent dans un des côtés du théâtre.*)

SCÈNE II. — MATAMORE, CLINDOR.

CLINDOR.
Quoi! monsieur, vous rêvez! et cette âme hautaine,
Après tant de beaux faits, semble être encore en peine!
N'êtes-vous point lassé d'abattre des guerriers?
Et vous faut-il encor quelques nouveaux lauriers?
MATAMORE.
Il est vrai que je rêve, et ne saurois résoudre
Lequel je dois des deux le premier mettre en poudre,
Du grand sophi de Perse, ou bien du grand mogor.
CLINDOR.
Eh! de grâce, monsieur, laissez-les vivre encor.
Qu'ajouteroit leur perte à votre renommée?
D'ailleurs, quand auriez-vous rassemblé votre armée?
MATAMORE.
Mon armée? Ah, poltron! ah, traître! pour leur mort
Tu crois donc que ce bras ne soit pas assez fort?
Le seul bruit de mon nom renverse les murailles,
Défait les escadrons, et gagne les batailles.
Mon courage invaincu contre les empereurs
N'arme que la moitié de ses moindres fureurs;
D'un seul commandement que je fais aux trois Parques,
Je dépeuple l'État des plus heureux monarques;
La foudre est mon canon, les Destins mes soldats:
Je couche d'un revers mille ennemis à bas.
D'un souffle je réduis leurs projets en fumée;
Et tu m'oses parler cependant d'une armée!
Tu n'auras plus l'honneur de voir un second Mars;
Je vais t'assassiner d'un seul de mes regards,
Veillaque : toutefois, je songe à ma maîtresse;
Ce penser m'adoucit. Va, ma colère cesse,
Et ce petit archer qui dompte tous les dieux
Vient de chasser la mort qui logeoit dans mes yeux.
Regarde, j'ai quitté cette effroyable mine
Qui massacre, détruit, brise, brûle, extermine;
Et, pensant au bel œil qui tient ma liberté,
Je ne suis plus qu'amour, que grâce, que beauté.

CLINDOR.

O dieux! en un moment que tout vous est possible!
Je vous vois aussi beau que vous étiez terrible,
Et ne crois point d'objet si ferme en sa rigueur,
Qu'il puisse constamment vous refuser son cœur.

MATAMORE.

Je te le dis encor, ne sois plus en alarme :
Quand je veux, j'épouvante; et quand je veux, je charme;
Et, selon qu'il me plaît, je remplis tour à tour
Les hommes de terreur, et les femmes d'amour.
Du temps que ma beauté m'étoit inséparable,
Leurs persécutions me rendoient misérable;
Je ne pouvois sortir sans les faire pâmer;
Mille mouroient par jour à force de m'aimer :
J'avois des rendez-vous de toutes les princesses;
Les reines, à l'envi, mendioient mes caresses;
Celle d'Éthiopie, et celle du Japon,
Dans leurs soupirs d'amour ne mêloient que mon nom.
De passion pour moi deux sultanes troublèrent;
Deux autres, pour me voir, du sérail s'échappèrent :
J'en fus mal quelque temps avec le Grand Seigneur.

CLINDOR.

Son mécontentement n'alloit qu'à votre honneur.

MATAMORE.

Ces pratiques nuisoient à mes desseins de guerre,
Et pouvoient m'empêcher de conquérir la terre.
D'ailleurs, j'en devins las; et, pour les arrêter,
J'envoyai le Destin dire à son Jupiter
Qu'il trouvât un moyen qui fît cesser les flammes
Et l'importunité dont m'accabloient les dames :
Qu'autrement ma colère iroit dedans les cieux
Le dégrader soudain de l'empire des dieux,
Et donneroit à Mars à gouverner sa foudre.
La frayeur qu'il en eut le fit bientôt résoudre :
Ce que je demandois fut prêt en un moment;
Et depuis, je suis beau quand je veux seulement.

CLINDOR.

Que j'aurois, sans cela, de poulets à vous rendre!

MATAMORE.

De quelle que ce soit, garde-toi bien d'en prendre,
Sinon de.... Tu m'entends? Que dit-elle de moi?

CLINDOR.

Que vous êtes des cœurs et le charme et l'effroi;
Et que, si quelque effet peut suivre vos promesses,
Son sort est plus heureux que celui des déesses.

MATAMORE.

Écoute. En ce temps-là, dont tantôt je parlois,

Les déesses aussi se rangeoient sous mes lois;
Et je te veux conter une étrange aventure
Qui jeta du désordre en toute la nature,
Mais désordre aussi grand qu'on en voie arriver.
Le Soleil fut un jour sans pouvoir se lever,
Et ce visible dieu, que tant de monde adore,
Pour marcher devant lui ne trouvoit point d'Aurore :
On la cherchoit partout, au lit du vieux Tithon,
Dans les bois de Céphale, au palais de Memnon;
Et, faute de trouver cette belle fourrière,
Le jour jusqu'à midi se passa sans lumière.

CLINDOR.

Où pouvoit être alors la reine des clartés?

MATAMORE.

Au milieu de ma chambre à m'offrir ses beautés.
Elle y perdit son temps, elle y perdit ses larmes;
Mon cœur fut insensible à ses plus puissans charmes;
Et tout ce qu'elle obtint par son frivole amour
Fut un ordre précis d'aller rendre le jour.

CLINDOR.

Cet étrange accident me revient en mémoire;
J'étois lors en Mexique, où j'en appris l'histoire,
Et j'entendis conter que la Perse en courroux
De l'affront de son dieu murmuroit contre vous.

MATAMORE.

J'en ouïs quelque chose, et je l'eusse punie;
Mais j'étois engagé dans la Transylvanie,
Où ses ambassadeurs, qui vinrent l'excuser,
A force de présens me surent apaiser.

CLINDOR.

Que la clémence est belle en un si grand courage!

MATAMORE.

Contemple, mon ami, contemple ce visage;
Tu vois un abrégé de toutes les vertus.
D'un monde d'ennemis sous mes pieds abattus,
Dont la race est périe, et la terre déserte,
Pas un qu'à son orgueil n'a jamais dû sa perte.
Tous ceux qui font hommage à mes perfections
Conservent leurs États par leurs submissions.
En Europe, où les rois sont d'une humeur civile,
Je ne leur rase point de château ni de ville;
Je les souffre régner : mais, chez les Africains,
Partout où j'ai trouvé des rois un peu trop vains,
J'ai détruit les pays pour punir leurs monarques,
Et leurs vastes déserts en sont de bonnes marques;
Ces grands sables qu'à peine on passe sans horreur
Sont d'assez beaux effets de ma juste fureur.

CLINDOR.
Revenons à l'amour : voici votre maîtresse.
MATAMORE.
Ce diable de rival l'accompagne sans cesse.
CLINDOR.
Où vous retirez-vous?
MATAMORE.
Ce fat n'est pas vaillant,
Mais il a quelque humeur qui le rend insolent.
Peut-être qu'orgueilleux d'être avec cette belle,
Il seroit assez vain pour me faire querelle.
CLINDOR.
Ce seroit bien courir lui-même à son malheur.
MATAMORE.
Lorsque j'ai ma beauté, je n'ai point de valeur.
CLINDOR.
Cessez d'être charmant, et faites-vous terrible.
MATAMORE.
Mais tu n'en prévois pas l'accident infaillible :
Je ne saurois me faire effroyable à demi;
Je tuerois ma maîtresse avec mon ennemi.
Attendons en ce coin l'heure qui les sépare.
CLINDOR.
Comme votre valeur, votre prudence est rare.

SCÈNE III. — ADRASTE, ISABELLE.

ADRASTE.
Hélas! s'il est ainsi, quel malheur est le mien!
Je soupire, j'endure, et je n'avance rien;
Et, malgré les transports de mon amour extrême,
Vous ne voulez pas croire encor que je vous aime.
ISABELLE.
Je ne sais pas, monsieur, de quoi vous me blâmez.
Je me connois aimable, et crois que vous m'aimez;
Dans vos soupirs ardens j'en vois trop d'apparence;
Et quand bien de leur part j'aurois moins d'assurance,
Pour peu qu'un honnête homme ait vers moi de crédit,
Je lui fais la faveur de croire ce qu'il dit.
Rendez-moi la pareille; et puisqu'à votre flamme
Je ne déguise rien de ce que j'ai dans l'âme,
Faites-moi la faveur de croire sur ce point
Que, bien que vous m'aimiez, je ne vous aime point.
ADRASTE.
Cruelle, est-ce là donc ce que vos injustices
Ont réservé de prix à de si longs services?
Et mon fidèle amour est-il si criminel

ACTE II, SCÈNE III.

Qu'il doive être puni d'un mépris éternel?
ISABELLE.
Nous donnons bien souvent de divers noms aux choses :
Des épines pour moi, vous les nommez des roses;
Ce que vous appelez service, affection,
Je l'appelle supplice et persécution.
Chacun dans sa croyance également s'obstine.
Vous pensez m'obliger d'un feu qui m'assassine;
Et ce que vous jugez digne du plus haut prix
Ne mérite, à mon gré, que haine et que mépris.
ADRASTE.
N'avoir que du mépris pour des flammes si saintes
Dont j'ai reçu du ciel les premières atteintes!
Oui, le ciel, au moment qu'il me fit respirer,
Ne me donna de cœur que pour vous adorer.
Mon âme vint au jour pleine de votre idée;
Avant que de vous voir vous l'avez possédée;
Et quand je me rendis à des regards si doux,
Je ne vous donnai rien qui ne fût tout à vous,
Rien que l'ordre du ciel n'eût déjà fait tout vôtre.
ISABELLE.
Le ciel m'eût fait plaisir d'en enrichir une autre;
Il vous fit pour m'aimer, et moi pour vous haïr :
Gardons-nous bien tous deux de lui désobéir.
Vous avez, après tout, bonne part à sa haine,
Ou d'un crime secret il vous livre à la peine;
Car je ne pense pas qu'il soit tourment égal
Au supplice d'aimer qui vous traite si mal.
ADRASTE.
La grandeur de mes maux vous étant si connue,
Me refuserez-vous la pitié qui m'est due?
ISABELLE.
Certes, j'en ai beaucoup, et vous plains d'autant plus
Que je vois ces tourmens tout à fait superflus,
Et n'avoir pour tout fruit d'une longue souffrance
Que l'incommode honneur d'une triste constance.
ADRASTE.
Un père l'autorise, et mon feu maltraité
Enfin aura recours à son autorité.
ISABELLE.
Ce n'est pas le moyen de trouver votre compte;
Et d'un si beau dessein vous n'aurez que la honte.
ADRASTE.
J'espère voir pourtant, avant la fin du jour,
Ce que peut son vouloir au défaut de l'amour.
ISABELLE.
Et moi, j'espère voir, avant que le jour passe,

Un amant accablé de nouvelle disgrâce.
ADRASTE.
Eh quoi! cette rigueur ne cessera jamais?
ISABELLE.
Allez trouver mon père, et me laissez en paix.
ADRASTE.
Votre âme, au repentir de sa froideur passée,
Ne la veut point quitter sans être un peu forcée :
J'y vais tout de ce pas, mais avec des sermens
Que c'est pour obéir à vos commandemens.
ISABELLE.
Allez continuer une vaine poursuite.

SCÈNE IV. — MATAMORE, ISABELLE, CLINDOR.

MATAMORE.
Eh bien, dès qu'il m'a vu, comme a-t-il pris la fuite!
M'a-t-il bien su quitter la place au même instant!
ISABELLE.
Ce n'est pas honte à lui, les rois en font autant,
Du moins si ce grand bruit qui court de vos merveilles
N'a trompé mon esprit en frappant mes oreilles.
MATAMORE.
Vous le pouvez bien croire; et, pour le témoigner,
Choisissez en quels lieux il vous plaît de régner;
Ce bras tout aussitôt vous conquête un empire :
J'en jure par lui-même, et cela c'est tout dire.
ISABELLE.
Ne prodiguez pas tant ce bras toujours vainqueur;
Je ne veux point régner que dessus votre cœur :
Toute l'ambition que me donne ma flamme,
C'est d'avoir pour sujets les désirs de votre âme.
MATAMORE.
Ils vous sont tout acquis, et, pour vous faire voir
Que vous avez sur eux un absolu pouvoir,
Je n'écouterai plus cette humeur de conquête;
Et laissant tous les rois leurs couronnes en tête,
J'en prendrai seulement deux ou trois pour valets,
Qui viendront à genoux vous rendre mes poulets.
ISABELLE.
L'éclat de tels suivans attireroit l'envie
Sur le rare bonheur où je coule ma vie;
Le commerce discret de nos affections
N'a besoin que de lui pour ces commissions.
MATAMORE.
Vous avez, Dieu me sauve! un esprit à ma mode;
Vous trouvez, comme moi, la grandeur incommode.

ACTE II, SCÈNE IV.

Les sceptres les plus beaux n'ont rien pour moi d'exquis;
Je les rends aussitôt que je les ai conquis,
Et me suis vu charmer quantité de princesses,
Sans que jamais mon cœur les voulût pour maîtresses.

ISABELLE.

Certes, en ce point seul je manque un peu de foi.
Que vous ayez quitté des princesses pour moi!
Que vous leur refusiez un cœur dont je dispose!

MATAMORE, *montrant Clindor.*

Je crois que La Montagne en saura quelque chose.
Viens çà. Lorsqu'en la Chine, en ce fameux tournoi,
Je donnai dans la vue aux deux filles du roi,
Que te dit-on en cour de cette jalousie
Dont pour moi toutes deux eurent l'âme saisie?

CLINDOR.

Par vos mépris enfin l'une et l'autre mourut.
J'étois lors en Égypte, où le bruit en courut;
Et ce fut en ce temps que la peur de vos armes
Fit nager le grand Caire en un fleuve de larmes.
Vous veniez d'assommer dix géans en un jour;
Vous aviez désolé les pays d'alentour,
Rasé quinze châteaux, aplani deux montagnes,
Fait passer par le feu villes, bourgs et campagnes,
Et défait, vers Damas, cent mille combattans.

MATAMORE.

Que tu remarques bien et les lieux et les temps!
Je l'avois oublié.

ISABELLE.

Des faits si pleins de gloire
Vous peuvent-ils ainsi sortir de la mémoire?

MATAMORE.

Trop pleine de lauriers remportés sur les rois,
Je ne la charge point de ces menus exploits.

SCÈNE V. — MATAMORE, ISABELLE, CLINDOR, PAGE.

PAGE.

Monsieur.

MATAMORE.

Que veux-tu, page?

PAGE.

Un courrier vous demande.

MATAMORE.

D'où vient-il?

PAGE.

De la part de la reine d'Islande.

MATAMORE.

Ciel! qui sais comme quoi j'en suis persécuté,

Un peu plus de repos avec moins de beauté;
Fais qu'un si long mépris enfin la désabuse.
CLINDOR.
Voyez ce que pour vous ce grand guerrier refuse.
ISABELLE.
Je n'en puis plus douter.
CLINDOR.
Il vous le disoit bien.
MATAMORE.
Elle m'a beau prier, non, je n'en ferai rien.
Et quoi qu'un fol espoir ose encor lui promettre,
Je lui vais envoyer sa mort dans une lettre.
Trouvez-le bon, ma reine, et souffrez cependant
Une heure d'entretien de ce cher confident,
Qui, comme de ma vie il sait toute l'histoire,
Vous fera voir sur qui vous avez la victoire.
ISABELLE.
Tardez encore moins; et, par ce prompt retour,
Je jugerai quel est envers moi votre amour.

SCÈNE VI. — CLINDOR, ISABELLE.

CLINDOR.
Jugez plutôt par là l'humeur du personnage:
Ce page n'est chez lui que pour ce badinage,
Et venir d'heure en heure avertir Sa Grandeur
D'un courrier, d'un agent, ou d'un ambassadeur.
ISABELLE.
Ce message me plaît bien plus qu'il ne lui semble;
Il me défait d'un fou pour nous laisser ensemble.
CLINDOR.
Ce discours favorable enhardira mes feux
A bien user d'un temps si propice à mes vœux.
ISABELLE.
Que m'allez-vous conter?
CLINDOR.
Que j'adore Isabelle,
Que je n'ai plus de cœur ni d'âme que pour elle;
Que ma vie....
ISABELLE.
Épargnez ces propos superflus;
Je les sais, je les crois: que voulez-vous de plus?
Je néglige à vos yeux l'offre d'un diadème;
Je dédaigne un rival: en un mot, je vous aime.
C'est aux commencemens des foibles passions
A s'amuser encore aux protestations:
Il suffit de nous voir au point où sont les nôtres;
Un coup d'œil vaut pour vous tous les discours des autres.

ACTE II, SCÈNE VI.

CLINDOR.

Dieux! qui l'eût jamais cru, que mon sort rigoureux
Se rendît si facile à mon cœur amoureux!
Banni de mon pays par la rigueur d'un père,
Sans support, sans amis, accablé de misère,
Et réduit à flatter le caprice arrogant
Et les vaines humeurs d'un maître extravagant;
Ce pitoyable état de ma triste fortune
N'a rien qui vous déplaise ou qui vous importune;
Et d'un rival puissant les biens et la grandeur
Obtiennent moins sur vous que ma sincère ardeur.

ISABELLE.

C'est comme il faut choisir. Un amour véritable
S'attache seulement à ce qu'il voit aimable.
Qui regarde les biens ou la condition
N'a qu'un amour avare, ou plein d'ambition,
Et souille lâchement par ce mélange infâme
Les plus nobles désirs qu'enfante une belle âme.
Je sais bien que mon père a d'autres sentimens,
Et mettra de l'obstacle à nos contentemens :
Mais l'amour sur mon cœur a pris trop de puissance
Pour écouter encor les lois de la naissance.
Mon père peut beaucoup, mais bien moins que ma foi.
Il a choisi pour lui, je veux choisir pour moi.

CLINDOR.

Confus de voir donner à mon peu de mérite....

ISABELLE.

Voici mon importun, souffrez que je l'évite.

SCÈNE VII. — ADRASTE, CLINDOR.

ADRASTE.

Que vous êtes heureux! et quel malheur me suit!
Ma maîtresse vous souffre, et l'ingrate me fuit.
Quelque goût qu'elle prenne en votre compagnie,
Sitôt que j'ai paru, mon abord l'a bannie.

CLINDOR.

Sans avoir vu vos pas s'adresser en ce lieu,
Lasse de mes discours, elle m'a dit adieu.

ADRASTE.

Lasse de vos discours! votre humeur est trop bonne,
Et votre esprit trop beau pour ennuyer personne.
Mais que lui contiez-vous qui pût l'importuner?

CLINDOR.

Des choses qu'aisément vous pouvez deviner:
Les amours de mon maître, ou plutôt ses sottises,
Ses conquêtes en l'air, ses hautes entreprises.

ADRASTE.

Voulez-vous m'obliger? votre maître, ni vous,
N'êtes pas gens tous deux à me rendre jaloux;
Mais si vous ne pouvez arrêter ses saillies,
Divertissez ailleurs le cours de ses folies.

CLINDOR.

Que craignez-vous de lui, dont tous les complimens
Ne parlent que de morts et de saccagemens,
Qu'il bat, terrasse, brise, étrangle, brûle, assomme?

ADRASTE.

Pour être son valet, je vous trouve honnête homme;
Vous n'êtes point de taille à servir sans dessein
Un fanfaron plus fou que son discours n'est vain.
Quoi qu'il en soit, depuis que je vous vois chez elle,
Toujours de plus en plus je l'éprouve cruelle :
Ou vous servez quelque autre, ou votre qualité
Laisse dans vos projets trop de témérité.
Je vous tiens fort suspect de quelque haute adresse.
Que votre maître, enfin, fasse une autre maîtresse;
Ou, s'il ne peut quitter un entretien si doux,
Qu'il se serve du moins d'un autre que de vous.
Ce n'est pas qu'après tout les volontés d'un père,
Qui sait ce que je suis, ne terminent l'affaire;
Mais purgez-moi l'esprit de ce petit souci,
Et si vous vous aimez, bannissez-vous d'ici :
Car si je vous vois plus regarder cette porte,
Je sais comme traiter les gens de votre sorte.

CLINDOR.

Me prenez-vous pour homme à nuire à votre feu?

ADRASTE.

Sans réplique, de grâce, ou nous verrons beau jeu.
Allez; c'est assez dit.

CLINDOR.

   Pour un léger ombrage,
C'est trop indignement traiter un bon courage.
Si le ciel en naissant ne m'a fait grand seigneur,
Il m'a fait le cœur ferme et sensible à l'honneur :
Et je pourrois bien rendre un jour ce qu'on me prête.

ADRASTE.

Quoi! vous me menacez!

CLINDOR.

   Non, non, je fais retraite.
D'un si cruel affront vous aurez peu de fruit;
Mais ce n'est pas ici qu'il faut faire du bruit.

SCÈNE VIII. — ADRASTE, LYSE.

ADRASTE.
Ce bélître insolent me fait encor bravade.
LYSE.
A ce compte, monsieur, votre esprit est malade?
ADRASTE.
Malade, mon esprit!
LYSE.
Oui, puisqu'il est jaloux
Du malheureux agent de ce prince des fous.
ADRASTE.
Je sais ce que je suis, et ce qu'est Isabelle,
Et crains peu qu'un valet me supplante auprès d'elle.
Je ne puis toutefois souffrir sans quelque ennui
Le plaisir qu'elle prend à causer avec lui.
LYSE.
C'est dénier ensemble et confesser la dette.
ADRASTE.
Nomme, si tu le veux, ma boutade indiscrète,
Et trouve mes soupçons bien ou mal à propos;
Je l'ai chassé d'ici pour me mettre en repos.
En effet, qu'en est-il?
LYSE.
Si j'ose vous le dire,
Ce n'est plus que pour lui qu'Isabelle soupire.
ADRASTE.
Lyse, que me dis-tu?
LYSE.
Qu'il possède son cœur,
Que jamais feux naissans n'eurent tant de vigueur,
Qu'ils meurent l'un pour l'autre, et n'ont qu'une pensée.
ADRASTE.
Trop ingrate beauté, déloyale, insensée,
Tu m'oses donc ainsi préférer un maraud?
LYSE.
Ce rival orgueilleux le porte bien plus haut,
Et je vous en veux faire entière confidence :
Il se dit gentilhomme, et riche.
ADRASTE.
Ah! l'impudence!
LYSE.
D'un père rigoureux fuyant l'autorité,
Il a couru longtemps d'un et d'autre côté;
Enfin, manque d'argent peut-être, ou par caprice,
De notre fier-à-bras il s'est mis au service,
Et, sous ombre d'agir pour ses folles amours,
Il a su pratiquer de si rusés détours,

Et charmer tellement cette pauvre abusée,
Que vous en avez vu votre ardeur méprisée :
Mais parlez à son père, et bientôt son pouvoir
Remettra son esprit aux termes du devoir.

ADRASTE.

Je viens tout maintenant d'en tirer assurance
De recevoir les fruits de ma persévérance,
Et devant qu'il soit peu nous en verrons l'effet :
Mais, écoute, il me faut obliger tout à fait.

LYSE.

Où je vous puis servir j'ose tout entreprendre.

ADRASTE.

Peux-tu dans leurs amours me les faire surprendre ?

LYSE.

Il n'est rien plus aisé ; peut-être dès ce soir.

ADRASTE.

Adieu donc. Souviens-toi de me les faire voir.
(*Il lui donne un diamant.*)
Cependant prends ceci seulement par avance.

LYSE.

Que le galant alors soit frotté d'importance !

ADRASTE.

Crois-moi qu'il se verra, pour te mieux contenter,
Chargé d'autant de bois qu'il en pourra porter.

SCÈNE IX. — LYSE.

L'arrogant croit déjà tenir ville gagnée ;
Mais il sera puni de m'avoir dédaignée.
Parce qu'il est aimable, il fait le petit dieu,
Il ne veut s'adresser qu'aux filles de bon lieu.
Je ne mérite pas l'honneur de ses caresses :
Vraiment c'est pour son nez, il lui faut des maîtresses ;
Je ne suis que servante : et qu'est-il que valet ?
Si son visage est beau, le mien n'est pas trop laid :
Il se dit riche et noble, et cela me fait rire ;
Si loin de son pays, qui n'en peut autant dire ?
Qu'il le soit ; nous verrons ce soir, si je le tiens,
Danser sous le cotret sa noblesse et ses biens.

SCÈNE X. — ALCANDRE, PRIDAMANT.

ALCANDRE.

Le cœur vous bat un peu.

PRIDAMANT.

Je crains cette menace.

ALCANDRE.

Lyse aime trop Clindor pour causer sa disgrâce.

PRIDAMANT.
Elle en est méprisée, et cherche à se venger.
ALCANDRE.
Ne craignez point : l'amour la fera bien changer.

ACTE TROISIÈME.

SCÈNE I. — GÉRONTE, ISABELLE.

GÉRONTE.
Apaisez vos soupirs et tarissez vos larmes;
Contre ma volonté ce sont de foibles armes :
Mon cœur, quoique sensible à toutes vos douleurs,
Écoute la raison, et néglige vos pleurs.
Je sais ce qu'il vous faut beaucoup mieux que vous-même.
Vous dédaignez Adraste à cause que je l'aime;
Et parce qu'il me plaît d'en faire votre époux,
Votre orgueil n'y voit rien qui soit digne de vous.
Quoi! manque-t-il de bien, de cœur ou de noblesse?
En est-ce le visage ou l'esprit qui vous blesse?
Il vous fait trop d'honneur.
ISABELLE.
Je sais qu'il est parfait,
Et que je réponds mal à l'honneur qu'il me fait;
Mais si votre bonté me permet en ma cause,
Pour me justifier, de dire quelque chose,
Par un secret instinct, que je ne puis nommer,
J'en fais beaucoup d'état, et ne le puis aimer.
Souvent je ne sais quoi que le ciel nous inspire
Soulève tout le cœur contre ce qu'on désire,
Et ne nous laisse pas en état d'obéir,
Quand on choisit pour nous ce qu'il nous fait haïr.
Il attache ici-bas avec des sympathies
Les âmes que son ordre a là-haut assorties :
On n'en sauroit unir sans ses avis secrets;
Et cette chaîne manque où manquent ses décrets.
Aller contre les lois de cette providence,
C'est le prendre à partie, et blâmer sa prudence,
L'attaquer en rebelle, et s'exposer aux coups
Des plus âpres malheurs qui suivent son courroux.
GÉRONTE.
Insolente, est-ce ainsi que l'on se justifie?
Quel maître vous apprend cette philosophie?
Vous en savez beaucoup; mais tout votre savoir
Ne m'empêchera pas d'user de mon pouvoir.

Si le ciel pour mon choix vous donne tant de haine,
Vous a-t-il mise en feu pour ce grand capitaine?
Ce guerrier valeureux vous tient-il dans ses fers?
Et vous a-t-il domptée avec tout l'univers?
Ce fanfaron doit-il relever ma famille?

ISABELLE.

Eh! de grâce, monsieur, traitez mieux votre fille!

GÉRONTE.

Quel sujet donc vous porte à me désobéir?

ISABELLE.

Mon heur et mon repos, que je ne puis trahir.
Ce que vous appelez un heureux hyménée
N'est pour moi qu'un enfer si j'y suis condamnée.

GÉRONTE.

Ah! qu'il en est encor de mieux faites que vous
Qui se voudroient bien voir dans un enfer si doux!
Après tout, je le veux; cédez à ma puissance.

ISABELLE.

Faites un autre essai de mon obéissance.

GÉRONTE.

Ne me répliquez plus quand j'ai dit : *Je le veux.*
Rentrez; c'est désormais trop contesté nous deux.

SCÈNE II. — GÉRONTE.

Qu'à présent la jeunesse a d'étranges manies!
Les règles du devoir lui sont des tyrannies;
Et les droits les plus saints deviennent impuissans
Contre cette fierté qui l'attache à son sens.
Telle est l'humeur du sexe; il aime à contredire,
Rejette obstinément le joug de notre empire,
Ne suit que son caprice en ses affections,
Et n'est jamais d'accord de nos élections.
N'espère pas pourtant, aveugle et sans cervelle,
Que ma prudence cède à ton esprit rebelle.
Mais ce fou viendra-t-il toujours m'embarrasser?
Par force ou par adresse il me le faut chasser.

SCÈNE III. — GÉRONTE, MATAMORE, CLINDOR.

MATAMORE, *à Clindor.*

Ne doit-on pas avoir pitié de ma fortune?
Le grand vizir encor de nouveau m'importune;
Le Tartare, d'ailleurs, m'appelle à son secours;
Narsingue et Calicut m'en pressent tous les jours :
Si je ne les refuse, il me faut mettre en quatre.

CLINDOR.

Pour moi, je suis d'avis que vous les laissiez battre.

Vous emploieriez trop mal vos invincibles coups,
Si pour en servir un vous faisiez trois jaloux.
MATAMORE.
Tu dis bien; c'est assez de telles courtoisies;
Je ne veux qu'en amour donner des jalousies.
 Ah! monsieur, excusez, si, faute de vous voir,
Bien que, si près de vous, je manquois au devoir.
Mais quelle émotion paroît sur ce visage?
Où sont vos ennemis, que j'en fasse carnage?
GÉRONTE.
Monsieur, grâces aux dieux, je n'ai point d'ennemis.
MATAMORE.
Mais grâces à ce bras qui vous les a soumis.
GÉRONTE.
C'est une grâce encor que j'avois ignorée.
MATAMORE.
Depuis que ma faveur pour vous s'est déclarée,
Ils sont tous morts de peur, ou n'ont osé branler.
GÉRONTE.
C'est ailleurs, maintenant, qu'il vous faut signaler :
Il fait beau voir ce bras, plus craint que le tonnerre,
Demeurer si paisible en un temps plein de guerre;
Et c'est pour acquérir un nom bien relevé,
D'être dans une ville à battre le pavé.
Chacun croit votre gloire à faux titre usurpée,
Et vous ne passez plus que pour traîneur d'épée.
MATAMORE.
Ah, ventre! il est tout vrai que vous avez raison.
Mais le moyen d'aller, si je suis en prison?
Isabelle m'arrête, et ses yeux pleins de charmes
Ont captivé mon cœur et suspendu mes armes.
GÉRONTE.
Si rien que son sujet ne vous tient arrêté,
Faites votre équipage en toute liberté;
Elle n'est pas pour vous; n'en soyez point en peine.
MATAMORE.
Ventre! que dites-vous? je la veux faire reine.
GÉRONTE.
Je ne suis pas d'humeur à rire tant de fois
Du grotesque récit de vos rares exploits.
La sottise ne plaît qu'alors qu'elle est nouvelle :
En un mot, faites reine une autre qu'Isabelle.
Si pour l'entretenir vous venez plus ici....
MATAMORE.
Il a perdu le sens, de me parler ainsi.
Pauvre homme, sais-tu bien que mon nom effroyable
Met le Grand Turc en fuite, et fait trembler le diable;

Que pour t'anéantir je ne veux qu'un moment?
GÉRONTE.
J'ai chez moi des valets à mon commandement,
Qui, n'ayant pas l'esprit de faire des bravades,
Répondroient de la main à vos rodomontades.
MATAMORE, *à Clindor.*
Dis-lui ce que j'ai fait en mille et mille lieux.
GÉRONTE.
Adieu. Modérez-vous, il vous en prendra mieux.
Bien que je ne sois pas de ceux qui vous haïssent,
J'ai le sang un peu chaud, et mes gens m'obéissent.

SCÈNE IV. — MATAMORE, CLINDOR.

MATAMORE.
Respect de ma maîtresse, incommode vertu,
Tyran de ma vaillance, à quoi me réduis-tu?
Que n'ai-je eu cent rivaux en la place d'un père,
Sur qui, sans t'offenser, laisser choir ma colère!
Ah! visible démon, vieux spectre décharné,
Vrai suppôt de Satan, médaille de damné,
Tu m'oses donc bannir, et même avec menaces,
Moi de qui tous les rois briguent les bonnes grâces?
CLINDOR.
Tandis qu'il est dehors, allez, dès aujourd'hui,
Causer de vos amours, et vous moquer de lui.
MATAMORE.
Cadédiou! ses valets feroient quelque insolence.
CLINDOR.
Ce fer a trop de quoi dompter leur violence.
MATAMORE.
Oui, mais les feux qu'il jette en sortant de prison
Auroient en un moment embrasé la maison,
Dévoré tout à l'heure ardoises et gouttières,
Faîtes, lattes, chevrons, montans, courbes, filières,
Entre-toises, sommiers, colonnes, soliveaux,
Parnes, soles, appuis, jambages, traveteaux,
Portes, grilles, verrous, serrures, tuiles, pierres,
Plomb, fer, plâtre, ciment, peinture, marbre, verres,
Caves, puits, cours, perrons, salles, chambres, greniers,
Offices, cabinets, terrasses, escaliers.
Juge un peu quel désordre aux yeux de ma charmeuse;
Ces feux étoufferoient son ardeur amoureuse.
Va lui parler pour moi, toi qui n'es pas vaillant;
Tu puniras à moins un valet insolent.
CLINDOR.
C'est m'exposer....

MATAMORE.
Adieu : je vois ouvrir la porte,
Et crains que sans respect cette canaille sorte.

SCÈNE V. — CLINDOR, LYSE.

CLINDOR, *seul*.
Le souverain poltron, à qui pour faire peur
Il ne faut qu'une feuille, une ombre, une vapeur!
Un vieillard le maltraite, il fuit pour une fille,
Et tremble à tous momens de crainte qu'on l'étrille.
Lyse, que ton abord doit être dangereux!
Il donne l'épouvante à ce cœur généreux,
Cet unique vaillant, la fleur des capitaines,
Qui dompte autant de rois qu'il captive de reines!

LYSE.
Mon visage est ainsi malheureux en attraits;
D'autres charment de loin, le mien fait peur de près.

CLINDOR.
S'il fait peur à des fous, il charme les plus sages.
Il n'est pas quantité de semblables visages.
Si l'on brûle pour toi, ce n'est pas sans sujet;
Je ne connus jamais un si gentil objet;
L'esprit beau, prompt, accort, l'humeur un peu railleuse,
L'embonpoint ravissant, la taille avantageuse,
Les yeux doux, le teint vif, et les traits delicats :
Qui seroit le brutal qui ne t'aimeroit pas?

LYSE.
De grâce, et depuis quand me trouvez-vous si belle?
Voyez bien, je suis Lyse, et non pas Isabelle.

CLINDOR.
Vous partagez vous deux mes inclinations :
J'adore sa fortune, et tes perfections.

LYSE.
Vous en embrassez trop, c'est assez pour vous d'une,
Et mes perfections cèdent à sa fortune.

CLINDOR.
Quelque effort que je fasse à lui donner ma foi,
Penses-tu qu'en effet je l'aime plus que toi?
L'amour et l'hyménée ont diverse méthode;
L'un court au plus aimable, et l'autre au plus commode.
Je suis dans la misère, et tu n'as point de bien;
Un rien s'ajuste mal avec un autre rien;
Et, malgré les douceurs que l'amour y déploie,
Deux malheureux ensemble ont toujours courte joie.
Ainsi j'aspire ailleurs, pour vaincre mon malheur;
Mais je ne puis te voir sans un peu de douleur,

Sans qu'un soupir échappe à ce cœur, qui murmure
De ce qu'à ses désirs ma raison fait d'injure.
A tes moindres coups d'œil je me laisse charmer.
Ah! que je t'aimerois, s'il ne falloit qu'aimer!
Et que tu me plairois, s'il ne falloit que plaire!

LYSE.

Que vous auriez d'esprit, si vous saviez vous taire,
Ou remettre du moins en quelque autre saison
A montrer tant d'amour avec tant de raison!
Le grand trésor pour moi qu'un amoureux si sage,
Qui, par compassion, n'ose me rendre hommage,
Et porte ses désirs à des partis meilleurs,
De peur de m'accabler sous nos communs malheurs!
Je n'oublierai jamais de si rares mérites.
Allez continuer cependant vos visites.

CLINDOR.

Que j'aurois avec toi l'esprit bien plus content!

LYSE.

Ma maîtresse là-haut est seule, et vous attend.

CLINDOR.

Tu me chasses ainsi!

LYSE.

Non, mais je vous envoie
Aux lieux où vous aurez une plus longue joie.

CLINDOR.

Que même tes dédains me semblent gracieux!

LYSE.

Ah! que vous prodiguez un temps si précieux!
Allez.

CLINDOR.

Souviens-toi donc que si j'en aime une autre....

LYSE.

C'est de peur d'ajouter ma misère à la vôtre.
Je vous l'ai déjà dit, je ne l'oublierai pas.

CLINDOR.

Adieu. Ta raillerie a pour moi tant d'appas,
Que mon cœur à tes yeux de plus en plus s'engage,
Et je t'aimerois trop à tarder davantage.

SCÈNE VI. — LYSE.

L'ingrat! il trouve enfin mon visage charmant,
Et pour se divertir il contrefait l'amant!
Qui néglige mes feux m'aime par raillerie,
Me prend pour le jouet de sa galanterie,
Et, par un libre aveu de me voler sa foi,
Me jure qu'il m'adore, et ne veut point de moi.
Aime en tous lieux, perfide, et partage ton âme;

Choisis qui tu voudras pour maîtresse ou pour femme;
Donne à tes intérêts à ménager tes vœux;
Mais ne crois plus tromper aucune de nous deux.
Isabelle vaut mieux qu'un amour politique,
Et je vaux mieux qu'un cœur où cet amour s'applique.
J'ai raillé comme toi, mais c'étoit seulement
Pour ne t'avertir pas de mon ressentiment.
Qu'eût produit son éclat, que de la défiance?
Qui cache sa colère assure sa vengeance;
Et ma feinte douceur prépare beaucoup mieux
Ce piége où tu vas choir, et bientôt, à mes yeux.
Toutefois qu'as-tu fait qui te rende coupable?
Pour chercher sa fortune est-on si punissable?
Tu m'aimes, mais le bien te fait être inconstant :
Au siècle où nous vivons, qui n'en feroit autant?
Oublions des mépris où par force il s'excite,
Et laissons-le jouir du bonheur qu'il mérite.
S'il m'aime, il se punit en m'osant dédaigner,
Et si je l'aime encor, je le dois épargner.
Dieux! à quoi me réduit ma folle inquiétude,
De vouloir faire grâce à tant d'ingratitude?
Digne soif de vengeance, à quoi m'exposez-vous,
De laisser affoiblir un si juste courroux?
Il m'aime, et de mes yeux je m'en vois méprisée!
Je l'aime, et ne lui sers que d'objet de risée!
Silence, amour, silence; il est temps de punir.
J'en ai donné ma foi, laisse-moi la tenir;
Puisque ton faux espoir ne fait qu'aigrir ma peine,
Fais céder tes douceurs à celles de la haine.
Il est temps qu'en mon cœur elle règne à son tour,
Et l'amour outragé ne doit plus être amour.

SCÈNE VII. — MATAMORE.

Les voilà, sauvons-nous. Non, je ne vois personne.
Avançons hardiment. Tout le corps me frissonne.
Je les entends, fuyons. Le vent faisoit ce bruit.
Marchons sous la faveur des ombres de la nuit.
Vieux rêveur, malgré toi j'attends ici ma reine.
　Ces diables de valets me mettent bien en peine.
De deux mille ans et plus, je ne tremblai si fort.
C'est trop me hasarder; s'ils sortent, je suis mort;
Car j'aime mieux mourir que leur donner bataille,
Et profaner mon bras contre cette canaille.
Que le courage expose à d'étranges dangers!
Toutefois, en tous cas, je suis des plus légers;
S'il ne faut que courir, leur attente est dupée :

J'ai le pied pour le moins aussi bon que l'épée.
Tout de bon, je les vois : c'est fait, il faut mourir
J'ai le corps si glacé, que je ne puis courir.
Destin, qu'à ma valeur tu te montres contraire !...
C'est ma reine elle-même, avec mon secrétaire !
Tout mon corps se déglace : écoutons leurs discours,
Et voyons son adresse à traiter mes amours.

SCÈNE VIII. — CLINDOR, ISABELLE, MATAMORE.

ISABELLE.

(*Matamore écoute caché.*)

Tout se prépare mal du côté de mon père ;
Je ne le vis jamais d'une humeur si sévère :
Il ne souffrira plus votre maître ni vous ;
Votre rival, d'ailleurs, est devenu jaloux :
C'est par cette raison que je vous fais descendre,
Dedans mon cabinet ils pourroient nous surprendre ;
Ici nous parlerons en plus de sûreté :
Vous pourrez vous couler d'un et d'autre côté ;
Et si quelqu'un survient, ma retraite est ouverte.

CLINDOR.

C'est trop prendre de soin pour empêcher ma perte.

ISABELLE.

Je n'en puis prendre trop pour m'assurer un bien
Sans qui tous autres biens à mes yeux ne sont rien,
Un bien qui vaut pour moi la terre tout entière,
Et pour qui seul enfin j'aime à voir la lumière.
Un rival par mon père attaque en vain ma foi ;
Votre amour seul a droit de triompher de moi :
Des discours de tous deux je suis persécutée ;
Mais pour vous je me plais à me voir maltraitée,
Et des plus grands malheurs je bénirois les coups,
Si ma fidélité les enduroit pour vous.

CLINDOR.

Vous me rendez confus, et mon âme ravie
Ne vous peut, en revanche, offrir rien que ma vie ;
Mon sang est le seul bien qui me reste en ces lieux,
Trop heureux de le perdre en servant vos beaux yeux !
Mais si mon astre un jour, changeant son influence,
Me donne un accès libre au lieu de ma naissance,
Vous verrez que ce choix n'est pas fort inégal,
Et que, tout balancé, je vaux bien mon rival.
Mais, avec ces douceurs, permettez-moi de craindre
Qu'un père et ce rival ne veuillent vous contraindre.

ISABELLE.

N'en ayez point d'alarme, et croyez qu'en ce cas

L'un aura moins d'effet que l'autre n'a d'appas.
Je ne vous dirai point où je suis résolue :
Il suffit que sur moi je me rends absolue.
Ainsi tous leurs projets sont des projets en l'air.
Ainsi....

MATAMORE.
Je n'en puis plus : il est temps de parler.

ISABELLE.
Dieux! on nous écoutoit.

CLINDOR.
C'est notre capitaine :
Je vais bien l'apaiser; n'en soyez pas en peine.

SCÈNE IX. — MATAMORE, CLINDOR.

MATAMORE.
Ah! traître!

CLINDOR.
Parlez bas; ces valets....

MATAMORE.
Eh bien! quoi?

CLINDOR.
Ils fondront tout à l'heure et sur vous, et sur moi.

MATAMORE *le tire en un coin du théâtre.*
Viens çà. Tu sais ton crime, et qu'à l'objet que j'aime,
Loin de parler pour moi, tu parlois pour toi-même?

CLINDOR.
Oui; pour me rendre heureux j'ai fait quelques efforts.

MATAMORE.
Je te donne le choix de trois ou quatre morts;
Je vais, d'un coup de poing, te briser comme verre,
Ou t'enfoncer tout vif au centre de la terre,
Ou te fendre en dix parts d'un seul coup de revers,
Ou te jeter si haut au-dessus des éclairs,
Que tu sois dévoré des feux élémentaires.
Choisis donc promptement, et pense à tes affaires.

CLINDOR.
Vous-même choisissez.

MATAMORE.
Quel choix proposes-tu?

CLINDOR.
De fuir en diligence, ou d'être bien battu.

MATAMORE.
Me menacer encore! ah! ventre! quelle audace!
Au lieu d'être à genoux, et d'implorer ma grâce!...
Il a donné le mot, ces valets vont sortir....
Je m'en vais commander aux mers de t'engloutir.

CLINDOR.

Sans vous chercher si loin un si grand cimetière,
Je vous vais, de ce pas, jeter dans la rivière.

MATAMORE.

Ils sont d'intelligence. Ah ! tête !

CLINDOR.

Point de bruit :
J'ai déjà massacré dix hommes cette nuit ;
Et, si vous me fâchez, vous en croîtrez le nombre.

MATAMORE.

Cadédiou ! ce coquin a marché dans mon ombre ;
Il s'est fait tout vaillant d'avoir suivi mes pas :
S'il avoit du respect, j'en voudrois faire cas.
Écoute : je suis bon, et ce seroit dommage
De priver l'univers d'un homme de courage.
Demande-moi pardon, et cesse par tes feux
De profaner l'objet digne seul de mes vœux ;
Tu connois ma valeur, éprouve ma clémence.

CLINDOR.

Plutôt, si votre amour a tant de véhémence,
Faisons deux coups d'épée au nom de sa beauté.

MATAMORE.

Parbleu, tu me ravis de générosité.
Va, pour la conquérir n'use plus d'artifices ;
Je te la veux donner pour prix de tes services.
Plains-toi dorénavant d'avoir un maître ingrat !

CLINDOR.

A ce rare présent, d'aise le cœur me bat.
Protecteur des grands rois, guerrier trop magnanime,
Puisse tout l'univers bruire de votre estime !

SCÈNE X. — ISABELLE, MATAMORE, CLINDOR.

ISABELLE.

Je rends grâces au ciel de ce qu'il a permis
Qu'à la fin, sans combat, je vous vois bons amis.

MATAMORE.

Ne pensez plus, ma reine, à l'honneur que ma flamme
Vous devoit faire un jour de vous prendre pour femme ;
Pour quelque occasion j'ai changé de dessein :
Mais je vous veux donner un homme de ma main ;
Faites-en de l'état ; il est vaillant lui-même ;
Il commandoit sous moi.

ISABELLE.

Pour vous plaire, je l'aime.

CLINDOR.

Mais il faut du silence à notre affection.

MATAMORE.
Je vous promets silence, et ma protection.
Avouez-vous de moi par tous les coins du monde.
Je suis craint à l'égal sur la terre et sur l'onde;
Allez, vivez contens sous une même loi.
ISABELLE.
Pour vous mieux obéir je lui donne ma foi.
CLINDOR.
Commandez que sa foi de quelque effet suivie....

SCÈNE XI. — GÉRONTE, ADRASTE, MATAMORE, CLINDOR, ISABELLE, LYSE, TROUPE DE DOMESTIQUES.

ADRASTE.
Cet insolent discours te coûtera la vie,
Suborneur.
MATAMORE.
Ils ont pris mon courage en défaut.
Cette porte est ouverte, allons gagner le haut.
(Il entre chez Isabelle après qu'elle et Lyse y sont entrées.)
CLINDOR.
Traître! qui te fais fort d'une troupe brigande,
Je te choisirai bien au milieu de la bande.
GÉRONTE.
Dieux! Adraste est blessé, courez au médecin.
Vous autres, cependant, arrêtez l'assassin.
CLINDOR.
Ah, ciel! je cède au nombre. Adieu, chère Isabelle;
Je tombe au précipice où mon destin m'appelle.
GÉRONTE.
C'en est fait, emportez ce corps à la maison;
Et vous, conduisez tôt ce traître à la prison.

SCÈNE XII. — ALCANDRE, PRIDAMANT.

PRIDAMANT.
Hélas! mon fils est mort.
ALCANDRE.
Que vous avez d'alarmes!
PRIDAMANT.
Ne lui refusez point le secours de vos charmes.
ALCANDRE.
Un peu de patience, et, sans un tel secours,
Vous le verrez bientôt heureux en ses amours.

ACTE QUATRIÈME.

SCÈNE I. — ISABELLE.

Enfin le terme approche; un jugement inique
Doit abuser demain d'un pouvoir tyrannique,
A son propre assassin immoler mon amant,
Et faire une vengeance au lieu d'un châtiment.
Par un décret injuste autant comme sévère,
Demain doit triompher la haine de mon père,
La faveur du pays, la qualité du mort,
Le malheur d'Isabelle, et la rigueur du sort.
Hélas! que d'ennemis, et de quelle puissance,
Contre le foible appui que donne l'innocence,
Contre un pauvre inconnu, de qui tout le forfait
Est de m'avoir aimée, et d'être trop parfait!
Oui, Clindor, tes vertus et ton feu légitime,
T'ayant acquis mon cœur, ont fait aussi ton crime.
Mais en vain après toi l'on me laisse le jour;
Je veux perdre la vie en perdant mon amour :
Prononçant ton arrêt, c'est de moi qu'on dispose;
Je veux suivre ta mort, puisque j'en suis la cause,
Et le même moment verra par deux trépas
Nos esprits amoureux se rejoindre là-bas.
Ainsi, père inhumain, ta cruauté déçue
De nos saintes ardeurs verra l'heureuse issue;
Et si ma perte alors fait naître tes douleurs,
Auprès de mon amant je rirai de tes pleurs.
Ce qu'un remords cuisant te coûtera de larmes
D'un si doux entretien augmentera les charmes;
Ou s'il n'a pas assez de quoi te tourmenter,
Mon ombre chaque jour viendra t'épouvanter,
S'attacher à tes pas dans l'horreur des ténèbres,
Présenter à tes yeux mille images funèbres,
Jeter dans ton esprit un éternel effroi,
Te reprocher ma mort, t'appeler après moi,
Accabler de malheurs ta languissante vie,
Et te réduire au point de me porter envie.
Enfin....

SCÈNE II. — ISABELLE, LYSE.

LYSE.

Quoi! chacun dort, et vous êtes ici?
Je vous jure, monsieur en est en grand souci.

ISABELLE.
Quand on n'a plus d'espoir, Lyse, on n'a plus de crainte.
Je trouve des douceurs à faire ici ma plainte.
Ici je vis Clindor pour la dernière fois ;
Ce lieu me redit mieux les accens de sa voix,
Et remet plus avant en mon âme éperdue
L'aimable souvenir d'une si chère vue.
LYSE.
Que vous prenez de peine à grossir vos ennuis !
ISABELLE.
Que veux-tu que je fasse en l'état où je suis ?
LYSE.
De deux amans parfaits dont vous étiez servie,
L'un doit mourir demain, l'autre est déjà sans vie :
Sans perdre plus de temps à soupirer pour eux,
Il en faut trouver un qui les vaille tous deux.
ISABELLE.
De quel front oses-tu me tenir ces paroles ?
LYSE.
Quel fruit espérez-vous de vos douleurs frivoles ?
Pensez-vous, pour pleurer et ternir vos appas,
Rappeler votre amant des portes du trépas ?
Songez plutôt à faire une illustre conquête ;
Je sais pour vos liens une âme toute prête,
Un homme incomparable.
ISABELLE.
Ote-toi de mes yeux.
LYSE.
Le meilleur jugement ne choisiroit pas mieux.
ISABELLE.
Pour croître mes douleurs faut-il que je te voie ?
LYSE.
Et faut-il qu'à vos yeux je déguise ma joie ?
ISABELLE.
D'où te vient cette joie ainsi hors de saison ?
LYSE.
Quand je vous l'aurai dit, jugez si j'ai raison.
ISABELLE.
Ah ! ne me conte rien.
LYSE.
Mais l'affaire vous touche.
ISABELLE.
Parle-moi de Clindor, ou n'ouvre point la bouche.
LYSE.
Ma belle humeur, qui rit au milieu des malheurs,
Fait plus en un moment qu'un siècle de vos pleurs ;
Elle a sauvé Clindor.

ISABELLE.
Sauvé Clindor?
LYSE.
Lui-même :
Jugez après cela comme quoi je vous aime.
ISABELLE.
Eh! de grâce, où faut-il que je l'aille trouver?
LYSE.
Je n'ai que commencé, c'est à vous d'achever.
ISABELLE.
Ah! Lyse!
LYSE.
Tout de bon, seriez-vous pour le suivre?
ISABELLE.
Si je suivrois celui sans qui je ne puis vivre?
Lyse, si ton esprit ne le tire des fers,
Je l'accompagnerai jusque dans les enfers.
Va, ne demande plus si je suivrois sa fuite.
LYSE.
Puisqu'à ce beau dessein l'amour vous a réduite,
Écoutez où j'en suis, et secondez mes coups;
Si votre amant n'échappe, il ne tiendra qu'à vous.
La prison est tout proche.
ISABELLE.
Eh bien?
LYSE.
Ce voisinage
Au frère du concierge a fait voir mon visage;
Et comme c'est tout un que me voir et m'aimer,
Le pauvre malheureux s'en est laissé charmer.
ISABELLE.
Je n'en avois rien su!
LYSE.
J'en avois tant de honte
Que je mourois de peur qu'on vous en fît le conte;
Mais depuis quatre jours votre amant arrêté
A fait que l'allant voir je l'ai mieux écouté.
Des yeux et du discours flattant son espérance,
D'un mutuel amour j'ai formé l'apparence.
Quand on aime une fois, et qu'on se croit aimé,
On fait tout pour l'objet dont on est enflammé.
Par là j'ai sur son âme assuré mon empire,
Et l'ai mis en état de ne m'oser dédire.
Quand il n'a plus douté de mon affection,
J'ai fondé mes refus sur sa condition;
Et lui, pour m'obliger, juroit de s'y déplaire,
Mais que malaisément il s'en pouvoit défaire;
Que les clefs des prisons qu'il gardoit aujourd'hui

Étoient le plus grand bien de son frère et de lui.
Moi de dire soudain que sa bonne fortune
Ne lui pouvoit offrir d'heure plus opportune;
Que, pour se faire riche, et pour me posséder,
Il n'avoit seulement qu'à s'en accommoder;
Qu'il tenoit dans les fers un seigneur de Bretagne
Déguisé sous le nom du sieur de La Montagne;
Qu'il falloit le sauver, et le suivre chez lui;
Qu'il nous feroit du bien, et seroit notre appui.
Il demeure étonné; je le presse; il s'excuse;
Il me parle d'amour, et moi je le refuse;
Je le quitte en colère, il me suit tout confus,
Me fait nouvelle excuse, et moi nouveau refus.

ISABELLE.

Mais enfin?

LYSE.

J'y retourne, et le trouve fort triste;
Je le juge ébranlé; je l'attaque; il résiste.
Ce matin : « En un mot, le péril est pressant,
Ai-je dit; tu peux tout, et ton frère est absent.
— Mais il faut de l'argent pour un si long voyage,
M'a-t-il dit; il en faut pour faire l'équipage;
Ce cavalier en manque. »

ISABELLE.

Ah! Lyse, tu devois
Lui faire offre aussitôt de tout ce que j'avois,
Perles, bagues, habits.

LYSE.

J'ai bien fait davantage,
J'ai dit qu'à vos beautés ce captif rend hommage,
Que vous l'aimez de même, et fuirez avec nous.
Ce mot me l'a rendu si traitable et si doux,
Que j'ai bien reconnu qu'un peu de jalousie
Touchant votre Clindor brouilloit sa fantaisie,
Et que tous ces détours provenoient seulement
D'une vaine frayeur qu'il ne fût mon amant.
Il est parti soudain après votre amour sue,
A trouvé tout aisé, m'en a promis l'issue,
Et vous mande par moi qu'environ à minuit
Vous soyez toute prête à déloger sans bruit.

ISABELLE.

Que tu me rends heureuse!

LYSE.

Ajoutez-y, de grâce,
Qu'accepter un mari pour qui je suis de glace,
C'est me sacrifier à vos contentemens.

ISABELLE.

Aussi....

LYSE.

Je ne veux point de vos remercîmens.
Allez ployer bagage ; et pour grossir la somme,
Joignez à vos bijoux les écus du bonhomme.
Je vous rends ses trésors, mais à fort bon marché ;
J'ai dérobé ses clefs depuis qu'il est couché ;
Je vous les livre.

ISABELLE.

Allons y travailler ensemble.

LYSE.

Passez-vous de mon aide.

ISABELLE.

Eh quoi ! le cœur te tremble ?

LYSE.

Non, mais c'est un secret tout propre à l'éveiller ;
Nous ne nous garderions jamais de babiller.

ISABELLE.

Folle, tu ris toujours.

LYSE.

De peur d'une surprise,
Je dois attendre ici le chef de l'entreprise ;
S'il tardoit à la rue, il seroit reconnu ;
Nous vous irons trouver dès qu'il sera venu.
C'est là sans raillerie....

ISABELLE.

Adieu donc. Je te laisse,
Et consens que tu sois aujourd'hui la maîtresse.

LYSE.

C'est du moins....

ISABELLE.

Fais bon guet.

LYSE.

Vous, faites bon butin.

SCÈNE III. — LYSE.

Ainsi, Clindor, je fais moi seule ton destin ;
Des fers où je t'ai mis c'est moi qui te délivre,
Et te puis, à mon choix, faire mourir ou vivre.
On me vengeoit de toi par delà mes désirs ;
Je n'avois de dessein que contre tes plaisirs.
Ton sort trop rigoureux m'a fait changer d'envie ;
Je te veux assurer tes plaisirs et ta vie ;
Et mon amour éteint, te voyant en danger,
Renaît pour m'avertir que c'est trop me venger.
J'espère aussi, Clindor, que, pour reconnoissance,
De ton ingrat amour étouffant la licence..

SCÈNE IV. — MATAMORE, ISABELLE, LYSE.

ISABELLE.
Quoi! chez nous, et de nuit!

MATAMORE.
    L'autre jour....

ISABELLE.
        Qu'est-ce-ci,
L'autre jour? est-il temps que je vous trouve ici?

LYSE.
C'est ce grand capitaine. Où s'est-il laissé prendre?

ISABELLE.
En montant l'escalier je l'en ai vu descendre.

MATAMORE.
L'autre jour, au défaut de mon affection,
J'assurai vos appas de ma protection.

ISABELLE.
Après?

MATAMORE.
  On vint ici faire une brouillerie;
Vous rentrâtes voyant cette forfanterie;
Et, pour vous protéger, je vous suivis soudain.

ISABELLE.
Votre valeur prit lors un généreux dessein.
Depuis?

MATAMORE.
  Pour conserver une dame si belle,
Au plus haut du logis j'ai fait la sentinelle.

ISABELLE.
Sans sortir?

MATAMORE.
  Sans sortir.

LYSE.
    C'est-à-dire, en deux mots,
Que la peur l'enfermoit dans la chambre aux fagots.

MATAMORE.
La peur?

LYSE.
  Oui, vous tremblez; la vôtre est sans égale.

MATAMORE.
Parce qu'elle a bon pas, j'en fais mon Bucéphale;
Lorsque je la domptai, je lui fis cette loi;
Et depuis, quand je marche, elle tremble sous moi.

LYSE.
Votre caprice est rare à choisir des montures.

MATAMORE.
C'est pour aller plus vite aux grandes aventures.

ISABELLE.
Vous en exploitez bien. Mais changeons de discours :

Vous avez demeuré là dedans quatre jours?
MATAMORE.
Quatre jours.
ISABELLE.
Et vécu?
MATAMORE.
De nectar, d'ambrosie[1].
LYSE.
Je crois que cette viande aisément rassasie?
MATAMORE.
Aucunement.
ISABELLE.
Enfin vous étiez descendu....
MATAMORE.
Pour faire qu'un amant en vos bras fût rendu,
Pour rompre sa prison, en fracasser les portes,
Et briser en morceaux ses chaînes les plus fortes.
LYSE.
Avouez franchement que, pressé par la faim,
Vous veniez bien plutôt faire la guerre au pain.
MATAMORE.
L'un et l'autre, parbieu. Cette ambrosie est fade;
J'en eus au bout d'un jour l'estomac tout malade.
C'est un mets délicat, et de peu de soutien;
A moins que d'être un dieu l'on n'en vivroit pas bien;
Il cause mille maux, et dès l'heure qu'il entre,
Il allonge les dents, et rétrécit le ventre.
LYSE.
Enfin c'est un ragoût qui ne vous plaisoit pas?
MATAMORE.
Quitte pour chaque nuit faire deux tours en bas,
Et là, m'accommodant des reliefs de cuisine,
Mêler la viande humaine avecque la divine.
ISABELLE.
Vous aviez, après tout, dessein de nous voler.
MATAMORE.
Vous-mêmes, après tout, m'osez-vous quereller?
Si je laisse une fois échapper ma colère....
ISABELLE.
Lyse, fais-moi sortir les valets de mon père.
MATAMORE.
Un sot les attendroit.

1. « Ambroisie. »

SCÈNE V. — ISABELLE, LYSE.

LYSE.
Vous ne le tenez pas.
ISABELLE.
Il nous avoit bien dit que la peur a bon pas.
LYSE.
Vous n'avez cependant rien fait, ou peu de chose.
ISABELLE.
Rien du tout. Que veux-tu ? sa rencontre en est cause.
LYSE.
Mais vous n'aviez alors qu'à le laisser aller.
ISABELLE.
Mais il m'a reconnue, et m'est venu parler.
Moi qui, seule et de nuit, craignois son insolence,
Et beaucoup plus encor de troubler le silence,
J'ai cru, pour m'en défaire et m'ôter de souci,
Que le meilleur étoit de l'amener ici.
Vois, quand j'ai ton secours, que je me tiens vaillante,
Puisque j'ose affronter cette humeur violente.
LYSE.
J'en ai ri comme vous, mais non sans murmurer :
C'est bien du temps perdu.
ISABELLE.
Je vais le réparer.
LYSE.
Voici le conducteur de notre intelligence;
Sachez auparavant toute sa diligence.

SCÈNE VI. — ISABELLE, LYSE, LE GEÔLIER.

ISABELLE.
Eh bien ! mon grand ami, braverons-nous le sort ?
Et viens-tu m'apporter ou la vie ou la mort ?
Ce n'est plus qu'en toi seul que mon espoir se fonde.
LE GEÔLIER.
Bannissez vos frayeurs, tout va le mieux du monde;
Il ne faut que partir, j'ai des chevaux tout prêts,
Et vous pourrez bientôt vous moquer des arrêts.
ISABELLE.
Je te dois regarder comme un dieu tutélaire,
Et ne sais point pour toi d'assez digne salaire.
LE GEÔLIER.
Voici le prix unique où tout mon cœur prétend.
ISABELLE.
Lyse, il faut te résoudre à le rendre content.
LYSE.
Oui, mais tout son apprêt nous est fort inutile;

Comment ouvrirons-nous les portes de la ville?
LE GEÔLIER.
On nous tient des chevaux en main sûre aux faubourgs;
Et je sais un vieux mur qui tombe tous les jours :
Nous pourrons aisément sortir par ses ruines.
ISABELLE.
Ah! que je me trouvois sur d'étranges épines!
LE GEÔLIER.
Mais il faut se hâter.
ISABELLE.
Nous partirons soudain.
Viens nous aider là-haut à faire notre main.

SCÈNE VII. — CLINDOR, *en prison*.

Aimables souvenirs de mes chères délices,
Qu'on va bientôt changer en d'infâmes supplices,
Que, malgré les horreurs de ce mortel effroi,
Vos charmans entretiens ont de douceurs pour moi!
Ne m'abandonnez point, soyez-moi plus fidèles
Que les rigueurs du sort ne se montrent cruelles;
Et lorsque du trépas les plus noires couleurs
Viendront à mon esprit figurer mes malheurs,
Figurez aussitôt à mon âme interdite
Combien je fus heureux par delà mon mérite.
Lorsque je me plaindrai de leur sévérité,
Redites-moi l'excès de ma témérité;
Que d'un si haut dessein ma fortune incapable
Rendoit ma flamme injuste, et mon espoir coupable;
Que je fus criminel quand je devins amant,
Et que ma mort en est le juste châtiment.
  Quel bonheur m'accompagne à la fin de ma vie!
Isabelle, je meurs pour vous avoir servie;
Et de quelque tranchant que je souffre les coups,
Je meurs trop glorieux, puisque je meurs pour vous.
Hélas! que je me flatte, et que j'ai d'artifice
A me dissimuler la honte d'un supplice!
En est-il de plus grand que de quitter ces yeux
Dont le fatal amour me rend si glorieux?
L'ombre d'un meurtrier creuse ici ma ruine;
Il succomba vivant, et mort, il m'assassine;
Son nom fait contre moi ce que n'a pu son bras;
Mille assassins nouveaux naissent de son trépas;
Et je vois de son sang, fécond en perfidies,
S'élever contre moi des âmes plus hardies,
De qui les passions, s'armant d'autorité,
Font un meurtre public avec impunité.

Demain de mon courage on doit faire un grand crime,
Donner au déloyal ma tête pour victime;
Et tous pour le pays prennent tant d'intérêt,
Qu'il ne m'est pas permis de douter de l'arrêt.
Ainsi de tous côtés ma perte étoit certaine.
J'ai repoussé la mort, je la reçois pour peine.
D'un péril évité je tombe en un nouveau,
Et des mains d'un rival en celles d'un bourreau.
Je frémis à penser à ma triste aventure;
Dans le sein du repos je suis à la torture;
Au milieu de la nuit, et du temps du sommeil,
Je vois de mon trépas le honteux appareil;
J'en ai devant les yeux les funestes ministres;
On me lit du sénat les mandemens sinistres;
Je sors les fers aux pieds; j'entends déjà le bruit
De l'amas insolent d'un peuple qui me suit;
Je vois le lieu fatal où ma mort se prépare :
Là mon esprit se trouble, et ma raison s'égare;
Je ne découvre rien qui m'ose secourir,
Et la peur de la mort me fait déjà mourir.
    Isabelle, toi seule, en réveillant ma flamme,
Dissipes ces terreurs et rassures mon âme;
Et sitôt que je pense à tes divins attraits,
Je vois évanouir ces infâmes portraits.
Quelques rudes assauts que le malheur me livre,
Garde mon souvenir, et je croirai revivre.
Mais d'où vient que de nuit on ouvre ma prison?
Ami, que viens-tu faire ici hors de saison?

SCÈNE VIII. — CLINDOR, LE GEÔLIER.

LE GEÔLIER, *cependant qu'Isabelle et Lyse paroissent à quartier.*

Les juges assemblés pour punir votre audace,
Mus de compassion, enfin vous ont fait grâce.

CLINDOR.

M'ont fait grâce, bons dieux!

LE GEÔLIER.
                Oui, vous mourrez de nuit.

CLINDOR.

De leur compassion est-ce là tout le fruit?

LE GEÔLIER.

Que de cette faveur vous tenez peu de compte!
D'un supplice public c'est vous sauver la honte.

CLINDOR.

Quels encens puis-je offrir aux maîtres de mon sort,
Dont l'arrêt me fait grâce, et m'envoie à la mort?

LE GEÔLIER.
Il la faut recevoir avec meilleur visage.
CLINDOR.
Fais ton office, ami, sans causer davantage.
LE GEÔLIER.
Une troupe d'archers là dehors vous attend ;
Peut-être en les voyant serez-vous plus content.

SCÈNE IX. — CLINDOR, ISABELLE, LYSE, LE GEÔLIER.

ISABELLE *dit ces mots à Lyse, pendant que le geôlier ouvre la prison à Clindor.*
Lyse, nous l'allons voir.
LYSE.
Que vous êtes ravie !
ISABELLE.
Ne le serois-je point de recevoir la vie ?
Son destin et le mien prennent un même cours,
Et je mourrois du coup qui trancheroit ses jours.
LE GEÔLIER.
Monsieur, connoissez-vous beaucoup d'archers semblables ?
CLINDOR.
Ah ! madame, est-ce vous ? surprises adorables !
Trompeur trop obligeant ! tu disois bien vraiment
Que je mourrois de nuit, mais de contentement.
ISABELLE.
Clindor !
LE GEÔLIER.
Ne perdons point le temps à ces caresses.
Nous aurons tout loisir de flatter nos maîtresses.
CLINDOR.
Quoi ! Lyse est donc la sienne ?
ISABELLE.
Ecoutez le discours
De votre liberté qu'ont produit leurs amours.
LE GEÔLIER.
En lieu de sûreté le babil est de mise ;
Mais ici ne songeons qu'à nous ôter de prise.
ISABELLE.
Sauvons-nous : mais avant, promettez-nous tous deux
Jusqu'au jour d'un hymen de modérer vos feux :
Autrement, nous rentrons.
CLINDOR.
Que cela ne vous tienne,
Je vous donne ma foi.
LE GEÔLIER.
Lyse, reçois la mienne.

ISABELLE.
Sur un gage si beau j'ose tout hasarder.
LE GEÔLIER.
Nous nous amusons trop, il est temps d'évader,

SCÈNE X. — ALCANDRE, PRIDAMANT.

ALCANDRE.
Ne craignez plus pour eux ni périls ni disgrâces!
Beaucoup les poursuivront, mais sans trouver leurs traces.
PRIDAMANT.
A la fin je respire.
ALCANDRE.
Après un tel bonheur,
Deux ans les ont montés en haut degré d'honneur.
Je ne vous dirai point le cours de leurs voyages,
S'ils ont trouvé le calme, ou vaincu les orages,
Ni par quel art non plus ils se sont élevés;
Il suffit d'avoir vu comme ils se sont sauvés,
Et que, sans vous en faire une histoire importune,
Je vous les vais montrer en leur haute fortune.
Mais puisqu'il faut passer à des effets plus beaux,
Rentrons pour évoquer des fantômes nouveaux!
Ceux que vous avez vus représenter de suite
A vos yeux étonnés leur amour et leur fuite,
N'étant pas destinés aux hautes fonctions,
N'ont point assez d'éclat pour leurs conditions.

ACTE CINQUIÈME.

SCÈNE I. — ALCANDRE, PRIDAMANT.

PRIDAMANT.
Qu'Isabelle est changée et qu'elle est éclatante!
ALCANDRE.
Lyse marche après elle, et lui sert de suivante;
Mais derechef surtout n'ayez aucun effroi,
Et de ce lieu fatal ne sortez qu'après moi;
Je vous le dis encore, il y va de la vie.
PRIDAMANT.
Cette condition m'en ôte assez l'envie.

SCÈNE II. — ISABELLE, *représentant Hippolyte;* LYSE,
représentant Clarine.

LYSE.
Ce divertissement n'aura-t-il point de fin?
Et voulez-vous passer la nuit dans ce jardin?
ISABELLE.
Je ne puis plus cacher le sujet qui m'amène;
C'est grossir mes douleurs que te taire ma peine.
Le prince Florilame....
LYSE.
Eh bien, il est absent.
ISABELLE.
C'est la source des maux que mon âme ressent;
Nous sommes ses voisins, et l'amour qu'il nous porte
Dedans son grand jardin nous permet cette porte.
La princesse Rosine, et mon perfide époux,
Durant qu'il est absent en font leur rendez-vous :
Je l'attends au passage, et lui ferai connoître
Que je ne suis pas femme à rien souffrir d'un traître.
LYSE.
Madame, croyez-moi, loin de le quereller,
Vous ferez beaucoup mieux de tout dissimuler.
Il nous vient peu de fruit de telles jalousies;
Un homme en court plus tôt après ses fantaisies;
Il est toujours le maître, et tout notre discours,
Par un contraire effet, l'obstine en ses amours.
ISABELLE.
Je dissimulerai son adultère flamme !
Une autre aura son cœur, et moi le nom de femme !
Sans crime, d'un hymen peut-il rompre la loi?
Et ne rougit-il point d'avoir si peu de foi?
LYSE.
Cela fut bon jadis; mais au temps où nous sommes,
Ni l'hymen ni la foi n'obligent plus les hommes :
Leur gloire a son brillant et ses règles à part;
Où la nôtre se perd, la leur est sans hasard;
Elle croît aux dépens de nos lâches foiblesses;
L'honneur d'un galant homme est d'avoir des maîtresses.
ISABELLE.
Ote-moi cet honneur et cette vanité,
De se mettre en crédit par l'infidélité.
Si, pour haïr le change et vivre sans amie,
Un homme tel que lui tombe dans l'infamie,
Je le tiens glorieux d'être infâme à ce prix;
S'il en est méprisé, j'estime ce mépris.
Le blâme qu'on reçoit d'aimer trop une femme

Aux maris vertueux est un illustre blâme.
LYSE.
Madame, il vient d'entrer; la porte a fait du bruit.
ISABELLE.
Retirons-nous, qu'il passe.
LYSE.
Il vous voit et vous suit.

SCÈNE III. — CLINDOR, *représentant Théagène;* ISABELLE, *représentant Hippolyte;* LYSE, *représentant Clarine.*

CLINDOR.
Vous fuyez, ma princesse, et cherchez des remises :
Sont-ce là les douceurs que vous m'aviez promises?
Est-ce ainsi que l'amour ménage un entretien?
Ne fuyez plus, madame, et n'appréhendez rien ;
Florilame est absent, ma jalouse endormie.
ISABELLE.
En êtes-vous bien sûr?
CLINDOR.
Ah! fortune ennemie!
ISABELLE.
Je veille, déloyal : ne crois plus m'aveugler;
Au milieu de la nuit je ne vois que trop clair :
Je vois tous mes soupçons passer en certitudes,
Et ne puis plus douter de tes ingratitudes!
Toi-même, par ta bouche, as trahi ton secret.
O l'esprit avisé pour un amant discret!
Et que c'est en amour une haute prudence
D'en faire avec sa femme entière confidence!
Où sont tant de sermens de n'aimer rien que moi?
Qu'as-tu fait de ton cœur? qu'as-tu fait de ta foi?
Lorsque je la reçus, ingrat, qu'il te souvienne
De combien différoient ta fortune et la mienne,
De combien de rivaux je dédaignai les vœux;
Ce qu'un simple soldat pouvoit être auprès d'eux;
Quelle tendre amitié je recevois d'un père!
Je le quittai pourtant pour suivre ta misère;
Et je tendis les bras à mon enlèvement,
Pour soustraire ma main à son commandement.
En quelle extrémité depuis ne m'ont réduite
Les hasards dont le sort a traversé ta fuite?
Et que n'ai-je souffert avant que le bonheur
Élevât ta bassesse à ce haut rang d'honneur!
Si, pour te voir heureux, ta foi s'est relâchée,
Remets-moi dans le sein dont tu m'as arrachée.
L'amour que j'ai pour toi m'a fait tout hasarder,
Non pas pour des grandeurs, mais pour te posséder.

CLINDOR.

Ne me reproche plus ta fuite ni ta flamme.
Que ne fait point l'amour quand il possède une âme?
Son pouvoir à ma vue attachoit tes plaisirs,
Et tu me suivois moins que tes propres désirs.
J'étois lors peu de chose, oui; mais qu'il te souvienne
Que ta fuite égala ta fortune à la mienne,
Et que pour t'enlever c'étoit un foible appas
Que l'éclat de tes biens qui ne te suivoient pas.
Je n'eus, de mon côté, que l'épée en partage,
Et ta flamme, du tien, fut mon seul avantage :
Celle-là m'a fait grand en ces bords étrangers;
L'autre exposa ma tête à cent et cent dangers.
Regrette maintenant ton père et ses richesses;
Fâche-toi de marcher à côté des princesses;
Retourne en ton pays chercher avec tes biens
L'honneur d'un rang pareil à celui que tu tiens.
De quel manque, après tout, as-tu lieu de te plaindre?
En quelle occasion m'as-tu vu te contraindre?
As-tu reçu de moi ni froideurs, ni mépris?
Les femmes, à vrai dire, ont d'étranges esprits!
Qu'un mari les adore, et qu'un amour extrême
A leur bizarre humeur le soumette lui-même,
Qu'il les comble d'honneurs et de bons traitemens,
Qu'il ne refuse rien à leurs contentemens :
S'il fait la moindre brèche à la foi conjugale,
Il n'est point à leur gré de crime qui l'égale;
C'est vol, c'est perfidie, assassinat, poison,
C'est massacrer son père et brûler sa maison :
Et jadis des Titans l'effroyable supplice
Tomba sur Encelade avec moins de justice.

ISABELLE.

Je te l'ai déjà dit, que toute ta grandeur
Ne fut jamais l'objet de ma sincère ardeur.
Je ne suivois que toi, quand je quittai mon père;
Mais puisque ces grandeurs t'ont fait l'âme légère,
Laisse mon intérêt; songe à qui tu les dois.
Florilame lui seul t'a mis où tu te vois;
A peine il te connut qu'il te tira de peine;
De soldat vagabond il te fit capitaine :
Et le rare bonheur qui suivit cet emploi
Joignit à ses faveurs les faveurs de son roi.
Quelle forte amitié n'a-t-il point fait paroître
A cultiver depuis ce qu'il avoit fait naître?
Par ses soins redoublés n'es-tu pas aujourd'hui
Un peu moindre de rang, mais plus puissant que lui?
Il eût gagné par là l'esprit le plus farouche;

Et pour remercîment tu veux souiller sa couche!
Dans ta brutalité trouve quelques raisons,
Et contre ses faveurs défends tes trahisons.
Il t'a comblé de biens, tu lui voles son âme!
Il t'a fait grand seigneur, et tu le rends infâme!
Ingrat, c'est donc ainsi que tu rends les bienfaits?
Et ta reconnoissance a produit ces effets?

CLINDOR.

Mon âme (car encor ce beau nom te demeure,
Et te demeurera jusqu'à tant que je meure),
Crois-tu qu'aucun respect ou crainte du trépas
Puisse obtenir sur moi ce que tu n'obtiens pas?
Dis que je suis ingrat, appelle-moi parjure;
Mais à nos feux sacrés ne fais plus tant d'injure:
Ils conservent encor leur première vigueur;
Et si le fol amour qui m'a surpris le cœur
Avoit pu s'étouffer au point de sa naissance,
Celui que je te porte eût eu cette puissance.
Mais en vain mon devoir tâche à lui résister:
Toi-même as éprouvé qu'on ne le peut dompter.
Ce dieu qui te força d'abandonner ton père,
Ton pays et tes biens, pour suivre ma misère,
Ce dieu même aujourd'hui force tous mes désirs
A te faire un larcin de deux ou trois soupirs.
A mon égarement souffre cette échappée,
Sans craindre que ta place en demeure usurpée.
L'amour dont la vertu n'est point le fondement
Se détruit de soi-même, et passe en un moment;
Mais celui qui nous joint est un amour solide,
Où l'honneur a son lustre, où la vertu préside;
Sa durée a toujours quelques nouveaux appas,
Et ses fermes liens durent jusqu'au trépas.
Mon âme, derechef pardonne à la surprise
Que ce tyran des cœurs a faite à ma franchise;
Souffre une folle ardeur qui ne vivra qu'un jour,
Et qui n'affoiblit point le conjugal amour.

ISABELLE.

Hélas! que j'aime bien à m'abuser moi-même!
Je vois qu'on me trahit, et veux croire qu'on m'aime;
Je me laisse charmer à ce discours flatteur,
Et j'excuse un forfait dont j'adore l'auteur.
Pardonne, cher époux, au peu de retenue
Où d'un premier transport la chaleur est venue:
C'est en ces accidens manquer d'affection
Que de les voir sans trouble et sans émotion.
Puisque mon teint se fane et ma beauté se passe,
Il est bien juste aussi que ton amour se lasse;

Et même je croirai que ce feu passager
En l'amour conjugal ne pourra rien changer.
Songe un peu toutefois à qui ce feu s'adresse,
En quel péril te jette une telle maîtresse.
 Dissimule, déguise, et sois amant discret.
Les grands en leur amour n'ont jamais de secret;
Ce grand train qu'à leurs pas leur grandeur propre attache
N'est qu'un grand corps tout d'yeux à qui rien ne se cache,
Et dont il n'est pas un qui ne fît son effort
A se mettre en faveur par un mauvais rapport.
Tôt ou tard Florilame apprendra tes pratiques,
Ou de sa défiance, ou de ses domestiques;
Et lors (à ce penser je frissonne d'horreur)
A quelle extrémité n'ira point sa fureur?
Puisqu'à ces passe-temps ton humeur te convie,
Cours après tes plaisirs, mais assure ta vie.
Sans aucun sentiment je te verrai changer,
Lorsque tu changeras sans te mettre en danger.

CLINDOR.

Encore une fois donc tu veux que je te die
Qu'auprès de mon amour je méprise ma vie?
Mon âme est trop atteinte, et mon cœur trop blessé,
Pour craindre les périls dont je suis menacé.
Ma passion m'aveugle, et pour cette conquête
C'est hasarder trop peu de hasarder ma tête.
C'est un feu que le temps pourra seul modérer;
C'est un torrent qui passe et ne sauroit durer.

ISABELLE.

Eh bien, cours au trépas, puisqu'il a tant de charmes,
Et néglige ta vie aussi bien que mes larmes.
Penses-tu que ce prince, après un tel forfait,
Par ta punition se tienne satisfait?
Qui sera mon appui lorsque ta mort infâme
A sa juste vengeance exposera ta femme,
Et que sur la moitié d'un perfide étranger
Une seconde fois il croira se venger?
Non, je n'attendrai pas que ta perte certaine
Puisse attirer sur moi les restes de ta peine,
Et que de mon honneur, gardé si chèrement,
Il fasse un sacrifice à son ressentiment.
Je préviendrai la honte où ton malheur me livre,
Et saurai bien mourir, si tu ne veux pas vivre.
Ce corps, dont mon amour t'a fait le possesseur,
Ne craindra plus bientôt l'effort d'un ravisseur.
J'ai vécu pour t'aimer, mais non pour l'infamie
De servir au mari de ton illustre amie.
Adieu; je vais du moins, en mourant avant toi,

Diminuer ton crime, et dégager ta foi.

CLINDOR.

Ne meurs pas, chère épouse, et dans un second change
Vois l'effet merveilleux où ta vertu me range.
 M'aimer malgré mon crime, et vouloir par ta mort
Éviter le hasard de quelque indigne effort!
Je ne sais qui je dois admirer davantage,
Ou de ce grand amour, ou de ce grand courage;
Tous les deux m'ont vaincu : je reviens sous tes lois,
Et ma brutale ardeur va rendre les abois;
C'en est fait, elle expire, et mon âme plus saine
Vient de rompre les nœuds de sa honteuse chaîne.
Mon cœur, quand il fut pris, s'étoit mal défendu;
Perds-en le souvenir.

ISABELLE.

Je l'ai déjà perdu.

CLINDOR.

Que les plus beaux objets qui soient dessus la terre
Conspirent désormais à me faire la guerre;
Ce cœur, inexpugnable aux assauts de leurs yeux,
N'aura plus que les tiens pour maîtres et pour dieux.

LYSE.

Madame, quelqu'un vient.

SCÈNE IV. — CLINDOR, *représentant Théagène;* ISABELLE, *représentant Hippolyte;* LYSE, *représentant Clarine;* ÉRASTE; TROUPE DE DOMESTIQUES DE FLORILAME.

ÉRASTE, *poignardant Clindor.*

Reçois, traître, avec joie
Les faveurs que par nous ta maîtresse t'envoie.

PRIDAMANT, *à Alcandre.*

On l'assassine, ô dieux! daignez le secourir.

ÉRASTE.

Puissent les suborneurs ainsi toujours périr!

ISABELLE.

Qu'avez-vous fait, bourreaux?

ÉRASTE.

Un juste et grand exemple,
Qu'il faut qu'avec effroi tout l'avenir contemple,
Pour apprendre aux ingrats, aux dépens de son sang,
A n'attaquer jamais l'honneur d'un si haut rang.
Notre main a vengé le prince Florilame,
La princesse outragée, et vous-même, madame,
Immolant à tous trois un déloyal époux,
Qui ne méritoit pas la gloire d'être à vous.
D'un si lâche attentat souffrez le prompt supplice,

Et ne vous plaignez point quand on vous rend justice.
Adieu.
ISABELLE.
Vous ne l'avez massacré qu'à demi,
Il vit encore en moi ; soûlez son ennemi :
Achevez, assassins, de m'arracher la vie.
Cher époux, en mes bras on te l'a donc ravie!
Et de mon cœur jaloux les secrets mouvemens
N'ont pu rompre ce coup par leurs pressentimens!
O clarté trop fidèle, hélas! et trop tardive,
Qui ne fait voir le mal qu'au moment qu'il arrive!
Falloit-il.... Mais j'étouffe, et, dans un tel malheur,
Mes forces et ma voix cèdent à ma douleur;
Son vif excès me tue ensemble et me console,
Et puisqu'il nous rejoint....
LYSE.
Elle perd la parole.
Madame.... Elle se meurt; épargnons les discours,
Et courons au logis appeler du secours.
(Ici on rabaisse une toile qui couvre le jardin et les corps de Clindor et d'Isabelle, et le magicien et le père sortent de la grotte.)

SCÈNE V. — ALCANDRE, PRIDAMANT.

ALCANDRE.
Ainsi de notre espoir la fortune se joue :
Tout s'élève ou s'abaisse au branle de sa roue;
Et son ordre inégal, qui régit l'univers,
Au milieu du bonheur a ses plus grands revers.
PRIDAMANT.
Cette réflexion, mal propre pour un père,
Consoleroit peut-être une douleur légère;
Mais, après avoir vu mon fils assassiné,
Mes plaisirs foudroyés, mon espoir ruiné,
J'aurois d'un si grand coup l'âme bien peu blessée,
Si de pareils discours m'entroient dans la pensée.
Hélas! dans sa misère il ne pouvoit périr;
Et son bonheur fatal lui seul l'a fait mourir.
    N'attendez pas de moi des plaintes davantage :
La douleur qui se plaint cherche qu'on la soulage;
La mienne court après son déplorable sort.
Adieu; je vais mourir, puisque mon fils est mort.
ALCANDRE.
D'un juste désespoir l'effort est légitime,
Et de le détourner je croirois faire un crime.
Oui, suivez ce cher fils sans attendre à demain;
Mais épargnez du moins ce coup à votre main;

ACTE V, SCÈNE V.

Laissez faire aux douleurs qui rongent vos entrailles,
Et pour les redoubler voyez ses funérailles.
(*Ici on relève la toile, et tous les comédiens paroissent avec leur portier, qui comptent de l'argent sur une table, et en prennent chacun leur part.*)

PRIDAMANT.

Que vois-je? chez les morts compte-t-on de l'argent?

ALCANDRE.

Voyez si pas un d'eux s'y montre négligent.

PRIDAMANT.

Je vois Clindor! ah dieux! quelle étrange surprise!
Je vois ses assassins, je vois sa femme et Lyse!
Quel charme en un moment étouffe leurs discords,
Pour assembler ainsi les vivans et les morts?

ALCANDRE.

Ainsi tous les acteurs d'une troupe comique,
Leur poëme récité, partagent leur pratique :
L'un tue, et l'autre meurt, l'autre vous fait pitié;
Mais la scène préside à leur inimitié.
Leurs vers font leurs combats, leur mort suit leurs paroles,
Et, sans prendre intérêt en pas un de leurs rôles,
Le traître et le trahi, le mort et le vivant,
Se trouvent à la fin amis comme devant.
Votre fils et son train ont bien su, par leur fuite,
D'un père et d'un prévôt éviter la poursuite;
Mais tombant dans les mains de la nécessité,
Ils ont pris le théâtre en cette extrémité.

PRIDAMANT.

Mon fils comédien!

ALCANDRE.

D'un art si difficile
Tous les quatre, au besoin, ont fait un doux asile;
Et, depuis sa prison, ce que vous avez vu,
Son adultère amour, son trépas imprévu,
N'est que la triste fin d'une pièce tragique
Qu'il expose aujourd'hui sur la scène publique,
Par où ses compagnons en ce noble métier
Ravissent à Paris un peuple tout entier.
Le gain leur en demeure, et ce grand équipage,
Dont je vous ai fait voir le superbe étalage,
Est bien à votre fils, mais non pour s'en parer
Qu'alors que sur la scène il se fait admirer.

PRIDAMANT.

J'ai pris sa mort pour vraie, et ce n'étoit que feinte;
Mais je trouve partout même sujet de plainte.
Est-ce là cette gloire, et ce haut rang d'honneur
Où le devoit monter l'excès de son bonheur?

ALCANDRE.

Cessez de vous en plaindre. A présent le théâtre
Est en un point si haut que chacun l'idolâtre ;
Et ce que votre temps voyoit avec mépris
Est aujourd'hui l'amour de tous les bons esprits,
L'entretien de Paris, le souhait des provinces,
Le divertissement le plus doux de nos princes,
Les délices du peuple, et le plaisir des grands ;
Il tient le premier rang parmi leurs passe-temps :
Et ceux dont nous voyons la sagesse profonde
Par ses illustres soins conserver tout le monde,
Trouvent dans les douceurs d'un spectacle si beau
De quoi se délasser d'un si pesant fardeau.
Même notre grand roi, ce foudre de la guerre,
Dont le nom se fait craindre aux deux bouts de la terre,
Le front ceint de lauriers, daigne bien quelquefois
Prêter l'œil et l'oreille au Théâtre-François :
C'est là que le Parnasse étale ses merveilles ;
Les plus rares esprits lui consacrent leurs veilles ;
Et tous ceux qu'Apollon voit d'un meilleur regard
De leurs doctes travaux lui donnent quelque part.
D'ailleurs, si par les biens on prise les personnes,
Le théâtre est un fief dont les rentes sont bonnes ;
Et votre fils rencontre en un métier si doux
Plus d'accommodement qu'il n'eût trouvé chez vous.
Défaites-vous enfin de cette erreur commune,
Et ne vous plaignez plus de sa bonne fortune.

PRIDAMANT.

Je n'ose plus m'en plaindre, et vois trop de combien
Le métier qu'il a pris est meilleur que le mien.
Il est vrai que d'abord mon âme s'est émue :
J'ai cru la comédie au point où je l'ai vue ;
J'en ignorois l'éclat, l'utilité, l'appas,
Et la blâmois ainsi, ne la connoissant pas ;
Mais, depuis vos discours, mon cœur plein d'allégresse
A banni cette erreur avecque sa tristesse.
Clindor a trop bien fait.

ALCANDRE.

N'en croyez que vos yeux.

PRIDAMANT.

Demain, pour ce sujet, j'abandonne ces lieux ;
Je vole vers Paris. Cependant, grand Alcandre,
Quelles grâces ici ne vous dois-je point rendre ?

ALCANDRE.

Servir les gens d'honneur est mon plus grand désir.
J'ai pris ma récompense en vous faisant plaisir.
Adieu. Je suis content, puisque je vous vois l'être.

ACTE V, SCÈNE V.

PRIDAMANT.

Un si rare bienfait ne se peut reconnoître :
Mais, grand mage, du moins croyez qu'à l'avenir
Mon âme en gardera l'éternel souvenir.

EXAMEN DE L'ILLUSION.

Je dirai peu de chose de cette pièce : c'est une galanterie extravagante qui a tant d'irrégularités, qu'elle ne vaut pas la peine de la considérer, bien que la nouveauté de ce caprice en ait rendu le succès assez favorable pour ne me repentir pas d'y avoir perdu quelque temps. Le premier acte ne semble qu'un prologue ; les trois suivans forment une pièce, que je ne sais comment nommer : le succès en est tragique ; Adraste y est tué, et Clindor en péril de mort ; mais le style et les personnages sont entièrement de la comédie. Il y en a même un qui n'a d'être que dans l'imagination, inventé exprès pour faire rire, et dont il ne se trouve point d'original parmi les hommes : c'est un capitan qui soutient assez son caractère de fanfaron, pour me permettre de croire qu'on en trouvera peu, dans quelque langue que ce soit, qui s'en acquittent mieux. L'action n'y est pas complète, puisqu'on ne sait, à la fin du quatrième acte qui la termine, ce que deviennent les principaux acteurs, et qu'ils se dérobent plutôt au péril qu'ils n'en triomphent. Le lieu y est assez régulier, mais l'unité de jour n'y est pas observée. Le cinquième est une tragédie assez courte pour n'avoir pas la juste grandeur que demande Aristote et que j'ai tâché d'expliquer. Clindor et Isabelle, étant devenus comédiens sans qu'on le sache, y représentent une histoire qui a du rapport avec la leur, et semble en être la suite. Quelques-uns ont attribué cette conformité à un manque d'invention, mais c'est un trait d'art pour mieux abuser par une fausse mort le père de Clindor qui les regarde, et rendre son retour de la douleur à la joie plus surprenant et plus agréable.

Tout cela cousu ensemble fait une comédie dont l'action n'a pour sa durée que celle de sa représentation, mais sur quoi il ne seroit pas sûr de prendre exemple. Les caprices de cette nature ne se hasardent qu'une fois ; et quand l'original auroit passé pour merveilleux, la copie n'en peut jamais rien valoir. Le style semble assez proportionné aux matières ; si ce n'est que Lyse, en la septième scène du troisième acte, semble s'élever un peu trop au-dessus du caractère de servante. Ces deux vers d'Horace lui serviront d'excuse, aussi bien qu'au père du Menteur, quand il se met en colère contre son fils au cinquième acte :

« Interdum tamen et vocem comœdia tollit,
« Iratusque Chremes tumido delitigat ore. »

Je ne m'étendrai pas davantage sur ce poëme : tout irrégulier qu'il est, il faut qu'il ait quelque mérite, puisqu'il a surmonté l'injure des temps, et qu'il paroît encore sur nos théâtres, bien qu'il y ait plus de trente années qu'il est au monde, et qu'une si longue révolution en ait enseveli beaucoup sous la poussière, qui sembloient avoir plus de droit que lui de prétendre à une si heureuse durée.

FIN DE L'ILLUSION.

LE CID.

TRAGÉDIE.

1636.

A MADAME LA DUCHESSE D'AIGUILLON[1].

MADAME,

Ce portrait vivant que je vous offre représente un héros assez reconnoissable aux lauriers dont il est couvert. Sa vie a été une suite continuelle de victoires; son corps, porté dans son armée, a gagné des batailles après sa mort; et son nom, au bout de six cents ans, vient encore triompher en France. Il y a trouvé une réception trop favorable pour se repentir d'être sorti de son pays, et d'avoir appris à parler une autre langue que la sienne. Ce succès a passé mes plus ambitieuses espérances, et m'a surpris d'abord; mais il a cessé de m'étonner depuis que j'ai vu la satisfaction que vous avez témoignée quand il a paru devant vous. Alors j'ai osé me promettre de lui tout ce qui en est arrivé, et j'ai cru qu'après les éloges dont vous l'avez honoré, cet applaudissement universel ne lui pouvoit manquer. Et véritablement, madame, on ne peut douter avec raison de ce que vaut une chose qui a le bonheur de vous plaire; le jugement que vous en faites est la marque assurée de son prix : et comme vous donnez toujours libéralement aux véritables beautés l'estime qu'elles méritent, les fausses n'ont jamais le pouvoir de vous éblouir. Mais votre générosité ne s'arrête pas à ces louanges stériles pour les ouvrages qui vous agréent; elle prend plaisir à s'étendre utilement sur ceux qui les produisent, et ne dédaigne point d'employer en leur faveur ce grand crédit que votre qualité et vos vertus vous ont acquis. J'en ai ressenti des effets qui me sont trop avantageux pour m'en taire, et je ne vous dois pas moins de remercîmens pour moi que pour *le Cid.* C'est une reconnoissance qui m'est glorieuse, puisqu'il m'est impossible de publier que je vous ai de grandes obligations, sans publier en même temps que vous m'avez assez estimé pour vouloir que je vous en eusse. Aussi, madame, si je souhaite quelque durée pour cet heureux effort de ma plume, ce n'est point pour apprendre mon nom à la postérité, mais seulement pour laisser des marques éternelles de ce que je vous dois, et faire lire à ceux qui naîtront dans les autres siècles la protestation que je fais d'être toute ma vie,

MADAME,

Votre très-humble, très-obéissant et très-obligé serviteur,

CORNEILLE.

1. Nièce de Richelieu, fille de sa sœur.

AVERTISSEMENT.

Fragment de l'historien Mariana, *Historia de España.*
L. IV, c. L.

« Avia pocos dias antes hecho campo con D. Gomez conde de Gormaz. Venciôle, y diôle la muerte. Lo que resultó de este caso, fue que casó con doña Ximena, hija y heredera del mismo conde. Ella misma[1] requirió al rey que se le diesse por marido (ya estaba muy prendada de sus partes), ó le castigasse conforme á las leyes, por la muerte que dio á su padre. Hizóse el casamiento, que á todos estaba á cuento, con el qual por el gran dote de su esposa, que se allegó al estado que él tenia de su padre, se aumentó en poder y riquezas. »

Voilà ce qu'a prêté l'histoire à D. Guillem de Castro, qui a mis ce fameux événement sur le théâtre avant moi. Ceux qui entendent l'espagnol y remarqueront deux circonstances : l'une, que Chimène ne pouvant s'empêcher de reconnoître et d'aimer les belles qualités qu'elle voyoit en D. Rodrigue, quoiqu'il eût tué son père (*estaba prendada de sus partes*), alla proposer elle-même au roi cette généreuse alternative, ou qu'il le lui donnât pour mari, ou qu'il le fît punir suivant les lois ; l'autre, que ce mariage se fit au gré de tout le monde (*á todos estaba á cuento*). Deux chroniques du Cid ajoutent qu'il fut célébré par l'archevêque de Séville, en présence du roi et de toute sa cour ; mais je me suis contenté du texte de l'historien, parce que toutes les deux ont quelque chose qui sent le roman, et peuvent ne persuader pas davantage que celles que nos François ont faites de Charlemagne et de Roland. Ce que j'ai rapporté de Mariana suffit pour faire voir l'état qu'on fit de Chimène et de son mariage dans son siècle même, où elle vécut en un tel éclat, que les rois d'Aragon et de Navarre tinrent à honneur d'être ses gendres, en épousant ses deux filles. Quelques-unes ne l'ont pas si bien traitée dans le nôtre ; et sans parler de ce qu'on a dit de la Chimène du théâtre, celui qui a composé l'histoire d'Espagne en françois l'a notée, dans son livre, de s'être tôt et aisément consolée de la mort de son père, et a voulu taxer de légèreté une action qui fut imputée à grandeur de courage par ceux qui en furent les témoins. Deux romances espagnoles, que je vous donnerai ensuite de cet avertissement, parlent encore plus en sa faveur. Ces sortes de petits poëmes sont comme des originaux décousus de leurs anciennes histoires ; et je serois ingrat envers la mémoire de cette héroïne, si, après l'avoir fait connoître en France, et m'y être fait connoître par elle, je ne tâchois de la tirer de la honte qu'on lui a voulu faire, parce qu'elle a passé par mes mains. Je vous donne donc ces pièces justificatives de la réputation où elle a vécu, sans dessein de justifier la façon dont

---

1. « Ces paroles de Mariana suffisent pour justifier Corneille : Chimène demanda au roi qu'il fît punir le Cid selon les lois, ou qu'il le lui donnât pour époux. » (*Voltaire.*)

je l'ai fait parler françois. Le temps l'a fait pour moi, et les traductions qu'on en a faites en toutes les langues qui servent aujourd'hui à la scène, et chez tous les peuples où l'on voit des théâtres, je veux dire en italien, flamand et anglois, sont d'assez glorieuses apologies contre tout ce qu'on en a dit. Je n'y ajouterai pour toute chose qu'environ une douzaine de vers espagnols qui semblent faits exprès pour la défendre. Ils sont du même auteur qui l'a traitée avant moi, D. Guillem de Castro, qui, dans une autre comédie qu'il intitule *Engañarse engañando*, fait dire à une princesse de Béarn :

      A mirar
  Bien el mondo, que el tener
  Apetitos que vencer,
  Y ocasiones que dexar.
  Examinan el valor
  En la muger, yo dixera
  Lo que siento, porque fuera
  Luzimiento de mi honor.
  Pero malicias fundadas
  En honras mal entendidas
  De tentaciones vencidas
  Hazen culpas declaradas :
  Y assi, la que el dessear
  Con el resistir apunta,
  Vence dos vezes, si junta
  Con el resistir el callar.

C'est, si je ne me trompe, comme agit Chimène dans mon ouvrage, en présence du roi et de l'infante. Je dis en présence du roi et de l'infante, parce que quand elle est seule, ou avec sa confidente, ou avec son amant, c'est une autre chose. Ses mœurs sont inégalement égales, pour parler en termes de notre Aristote, et changent suivant les circonstances des lieux, des personnes, des temps et des occasions, en conservant toujours le même principe.

Au reste, je me sens obligé de désabuser le public de deux erreurs qui s'y sont glissées touchant cette tragédie, et qui semblent avoir été autorisées par mon silence. La première est que j'aie convenu de juges touchant son mérite, et m'en sois rapporté au sentiment de ceux qu'on a priés d'en juger. Je m'en tairois encore, si ce faux bruit n'avoit été jusque chez M. de Balzac dans sa province, ou, pour me servir de ses paroles mêmes, dans son désert, et si je n'en avois vu depuis peu les marques dans cette admirable lettre qu'il a écrite sur ce sujet, et qui ne fait pas la moindre richesse des deux derniers trésors qu'il nous a donnés. Or, comme tout ce qui part de sa plume regarde toute la postérité, maintenant que mon nom est assuré de passer jusqu'à elle dans cette lettre incomparable, il me seroit honteux qu'il y passât avec cette tache, et qu'on pût à jamais me reprocher d'avoir compromis de ma réputation. C'est une chose qui jusqu'à présent est sans exemple; et de tous ceux qui ont été attaqués comme moi, aucun que je sache n'a eu assez de foiblesse pour convenir d'arbitres avec ses censeurs; et s'ils ont laissé tout le monde dans la liberté publique d'en juger, ainsi que j'ai fait, ç'a été sans s'obliger, non plus que moi, à en croire personne. Outre que, dans la conjoncture où étoient lors les affaires du *Cid*, il ne falloit pas être grand devin pour prévoir ce que nous en avons vu arriver. A moins que d'être tout à fait stupide, on ne pouvoit pas ignorer que, comme les questions de cette nature ne concernent ni la religion ni l'État, on en peut décider par les règles de la prudence humaine, aussi bien que par celles du théâtre, et tourner sans scrupule le sens du bon Aristote du côté de la politique. Ce n'est pas que je sache si ceux qui ont jugé du *Cid* en ont jugé suivant leur sentiment ou non, ni même que je veuille dire qu'ils en aient bien ou mal jugé, mais seulement que ce n'a jamais été de mon consentement qu'ils en ont jugé, et que peut-être je l'aurois justifié sans beaucoup de peine, si la même raison qui les a fait parler ne m'avoit obligé à me taire. Aristote ne s'est pas expliqué si clairement dans sa *Poétique*, que nous n'en puissions faire ainsi que les philosophes, qui le tirent chacun à leur parti dans leurs opinions contraires; et comme c'est un pays inconnu pour beaucoup de monde, les plus zélés partisans du *Cid* en ont cru ses censeurs sur leur parole, et se sont imaginé avoir pleinement satisfait à toutes leurs objections, quand ils ont soutenu qu'il importoit peu qu'il fût selon les règles d'Aristote, et qu'Aristote en avoit fait pour son siècle et pour des Grecs, et non pas pour le nôtre et pour des François.

Cette seconde erreur, que mon silence a affermie, n'est pas moins injurieuse à Aristote qu'à moi. Ce grand homme a traité la poétique avec tant d'adresse et de jugement, que les préceptes qu'il nous en a laissés sont de tous les temps et de tous les peuples; et, bien loin de s'amuser au détail des bienséances et des agrémens, qui peuvent être divers, selon que ces deux circonstances sont diverses, il a été droit aux mouvemens de l'âme, dont la nature ne change point. Il a montré quelles passions la tragédie doit exciter dans celle de ses auditeurs; il a cherché quelles conditions sont nécessaires, et aux personnes qu'on introduit, et aux événemens qu'on représente, pour les y faire naître; il en a laissé des moyens qui auroient produit leur effet partout dès la création du monde, et qui seront capables de le produire encore partout, tant qu'il y aura des théâtres et des acteurs; et pour le reste, que les lieux et les temps peuvent changer, il l'a négligé, et n'a pas même prescrit le nombre des actes, qui n'a été réglé que par Horace beaucoup après lui.

Et certes, je serois le premier qui condamnerois *le Cid*, s'il péchoit contre ces grandes et souveraines maximes que nous tenons de ce philosophe; mais, bien loin d'en demeurer d'accord, j'ose dire que cet heureux poëme n'a si extraordinairement réussi que parce qu'on y voit les deux maîtresses conditions (permettez-moi cette épithète) que demande ce grand maître aux excellentes tragédies, et qui se trouvent si rarement assemblées dans un même ouvrage, qu'un des plus doctes commentateurs de ce divin traité qu'il en a fait, soutient que toute l'antiquité ne les a vues se rencontrer que dans le seul *OEdipe*. La première est que celui qui souffre et est persécuté ne soit ni tout méchant ni tout vertueux, mais un homme plus vertueux que méchant, qui, par quelque trait de foiblesse humaine qui ne soit pas un crime, tombe dans un malheur qu'il ne mérite pas : l'autre, que la persécution et le péril ne viennent point d'un ennemi, ni d'un indifférent, mais d'une personne qui doive aimer celui qui souffre et en être aimée. Et voilà, pour en parler pleinement, la véritable et seule cause de tout le succès du *Cid*, en qui l'on ne peut méconnoître ces deux conditions, sans s'aveugler soi-même pour lui faire injustice. J'achève donc en m'acquittant de ma parole ; et après vous avoir dit en passant ces deux mots pour le Cid du théâtre, je vous donne, en faveur de la Chimène de l'histoire, les deux romances que je vous ai promises.

ROMANCE PRIMERO.

Delante el rey de Leon
Doña Ximena una tarde
Se pone á pedir justicia
Por la muerte de su padre,
Para contra el Cid la pide,
Don Rodrigo de Bivare,
Que huerfana la dexó,
Niña, y de muy poca edade.
Si tengo razon, o non,
Bien, rey, lo alcanzas y sabes,
Que los negocios de honra
No pueden disimularse.
Cada dia que amanece
Veo al lobo de mi sangre
Caballero en un caballo
Por darme mayor pesare.
Mandale, buen rey, pues puedes
Que no me ronde mi calle,
Que no se venga en mugeres
El hombre que mucho vale.
Si mi padre afrentó al suyo,
Bien ha vengado á su padre,
Que si honras pagaron muertes,
Para su disculpa basten.
Encomendada me tienes,
No consientas que me agravien,
Que el que á mi se fiziere,
A tu corona se faze.
Calledes, doña Ximena,
Que me dades pena grande,
Que yo dare buen remedio
Para todos vuestros males.
Al Cid no le he de ofender,
Que es hombre que mucho vale,
Y me defiende mis reynos,
Y quiero que me los guarde.
Pero yo faré un partido
Con él, que no os este male,
De tomalle la palabra
Para que con vos se case.
Contenta quedó Ximena,

Con la merced que le faze,
Que quien huerfana la fizó
Aquesse mismo la ampare.

ROMANCE SEGUNDO.

A Ximena y á Rodrigo
Prendió el rey palabra, y mano,
De juntarlos para en uno
En presencia de Layn Calvo.
Las enemistades viejas
Con amor se conformaron,
Que donde preside el amor
Se olvidan muchos agravios
. . . .
Llegaron juntos los novios,
Y al dar la mano, y abraco,
El Cid mirando á la novia,
Le dixó todo turbado :
Maté á tu padre, Ximena,
Pero no á desaguisado,
Matéle de hombre á hombre,
Para vengar cierto agravio.
Maté hombre, y hombre doy,
Aqui estoy á tu mandado,
Y en lugar del muerto padre
Cobraste un marido honrado.
A todos pareció bien,
Su discrecion alabaron,
Y assi se hizieron las bodas
De Rodrigo el Castellano.

PERSONNAGES.

D. FERNAND, premier roi de Castille.
D. URRAQUE, infante de Castille.
D. DIÈGUE, père de D. Rodrigue.
D. GOMÈS, comte de Gormas, père de Chimène.
D. RODRIGUE, amant de Chimène.
D. SANCHE, amoureux de Chimène.
D. ARIAS, } gentilshommes castillans.
D. ALONSE,
CHIMÈNE, fille de D. Gomès.
LÉONOR, gouvernante de l'infante.
ELVIRE, gouvernante de Chimène.
Un Page de l'infante.

La scène est à Séville.

ACTE PREMIER[1].

SCÈNE I. — CHIMÈNE, ELVIRE.

CHIMÈNE.
Elvire, m'as-tu fait un rapport bien sincère?
Ne déguises-tu rien de ce qu'a dit mon père?
ELVIRE.
Tous mes sens à moi-même en sont encor charmés :
Il estime Rodrigue autant que vous l'aimez ;
Et, si je ne m'abuse à lire dans son âme,
Il vous commandera de répondre à sa flamme.
CHIMÈNE.
Dis-moi donc, je te prie, une seconde fois
Ce qui te fait juger qu'il approuve mon choix ;
Apprends-moi de nouveau quel espoir j'en dois prendre ;
Un si charmant discours ne se peut trop entendre ;
Tu ne peux trop promettre aux feux de notre amour
La douce liberté de se montrer au jour.
Que t'a-t-il répondu sur la secrète brigue
Que font auprès de toi don Sanche et don Rodrigue ?
N'as-tu point trop fait voir quelle inégalité
Entre ces deux amans me penche d'un côté ?
ELVIRE.
Non; j'ai peint votre cœur dans une indifférence
Qui n'enfle d'aucun d'eux ni détruit l'espérance,
Et, sans les voir d'un œil trop sévère ou trop doux,
Attend l'ordre d'un père à choisir un époux.
Ce respect l'a ravi, sa bouche et son visage
M'en ont donné sur l'heure un digne témoignage,
Et, puisqu'il vous en faut encor faire un récit,
Voici d'eux et de vous ce qu'en hâte il m'a dit :
« Elle est dans le devoir ; tous deux sont dignes d'elle,
Tous deux formés d'un sang noble, vaillant, fidèle,
Jeunes, mais qui font lire aisément dans leurs yeux
L'éclatante vertu de leurs braves aïeux.
Don Rodrigue surtout n'a trait en son visage
Qui d'un homme de cœur ne soit la haute image,
Et sort d'une maison si féconde en guerriers,

---

1. Dans l'origine, *le Cid* portoit le titre de tragi-comédie, et s'ouvroit par une scène entre le comte de Gormas et Elvire, dans laquelle Corneille mettoit en dialogue ce que Chimène apprend par le récit de sa suivante ; en changeant la forme de son exposition, l'auteur donna plus de rapidité à son action.

Qu'ils y prennent naissance au milieu des lauriers.
La valeur de son père en son temps sans pareille,
Tant qu'a duré sa force, a passé pour merveille;
Ses rides sur son front ont gravé ses exploits,
Et nous disent encor ce qu'il fut autrefois.
Je me promets du fils ce que j'ai vu du père;
Et ma fille, en un mot, peut l'aimer et me plaire. »
Il alloit au conseil, dont l'heure qui pressoit
A tranché ce discours qu'à peine il commençoit;
Mais à ce peu de mots je crois que sa pensée
Entre vos deux amans n'est pas fort balancée.
Le roi doit à son fils élire un gouverneur,
Et c'est lui que regarde un tel degré d'honneur;
Ce choix n'est pas douteux, et sa rare vaillance
Ne peut souffrir qu'on craigne aucune concurrence.
Comme ses hauts exploits le rendent sans égal,
Dans un espoir si juste il sera sans rival :
Et puisque don Rodrigue a résolu son père
Au sortir du conseil à proposer l'affaire,
Je vous laisse à juger s'il prendra bien son temps,
Et si tous vos désirs seront bientôt contens.

CHIMÈNE.

Il semble toutefois que mon âme troublée
Refuse cette joie, et s'en trouve accablée.
Un moment donne au sort des visages divers,
Et dans ce grand bonheur je crains un grand revers.

ELVIRE.

Vous verrez cette crainte heureusement déçue.

CHIMÈNE.

Allons, quoi qu'il en soit, en attendre l'issue.

SCÈNE II. — L'INFANTE, LÉONOR, PAGE

L'INFANTE.

Page, allez avertir Chimène de ma part
Qu'aujourd'hui pour me voir elle attend un peu tard,
Et que mon amitié se plaint de sa paresse.
(*Le page rentre.*)

LÉONOR.

Madame, chaque jour même désir vous presse;
Et dans son entretien je vous vois chaque jour
Demander en quel point se trouve son amour.

L'INFANTE.

Ce n'est pas sans sujet; je l'ai presque forcée
A recevoir les traits dont son âme est blessée :
Elle aime don Rodrigue, et le tient de ma main,
Et par moi don Rodrigue a vaincu son dédain;

Ainsi de ces amans ayant formé les chaînes,
Je dois prendre intérêt à voir finir leurs peines.
LÉONOR.
Madame, toutefois parmi leurs bons succès
Vous montrez un chagrin qui va jusqu'à l'excès.
Cet amour, qui tous deux les comble d'allégresse,
Fait-il de ce grand cœur la profonde tristesse?
Et ce grand intérêt que vous prenez pour eux
Vous rend-il malheureuse alors qu'ils sont heureux?
Mais je vais trop avant, et deviens indiscrète.
L'INFANTE.
Ma tristesse redouble à la tenir secrète.
Ecoute, écoute enfin comme j'ai combattu,
Ecoute quels assauts brave encor ma vertu.
L'amour est un tyran qui n'épargne personne.
Ce jeune cavalier, cet amant que je donne,
Je l'aime.
LÉONOR.
  Vous l'aimez!
L'INFANTE.
    Mets la main sur mon cœur,
Et vois comme il se trouble au nom de son vainqueur,
Comme il le reconnoît.
LÉONOR.
    Pardonnez-moi, madame,
Si je sors du respect pour blâmer cette flamme.
Une grande princesse à ce point s'oublier
Que d'admettre en son cœur un simple cavalier!
Et que diroit le roi, que diroit la Castille?
Vous souvient-il encor de qui vous êtes fille?
L'INFANTE.
Il m'en souvient si bien que j'épandrai mon sang,
Avant que je m'abaisse à démentir mon rang.
Je te répondrois bien que dans les belles âmes
Le seul mérite a droit de produire des flammes;
Et si ma passion cherchoit à s'excuser,
Mille exemples fameux pourroient l'autoriser :
Mais je n'en veux point suivre où ma gloire s'engage;
La surprise des sens n'abat point mon courage;
Et je me dis toujours qu'étant fille de roi,
Tout autre qu'un monarque est indigne de moi.
Quand je vis que mon cœur ne se pouvoit défendre,
Moi-même je donnai ce que je n'osois prendre.
Je mis, au lieu de moi, Chimène en ses liens,
Et j'allumai leurs feux pour éteindre les miens.
Ne t'étonne donc plus si mon âme gênée
Avec impatience attend leur hyménée;

Tu vois que mon repos en dépend aujourd'hui.
Si l'amour vit d'espoir, il périt avec lui;
C'est un feu qui s'éteint, faute de nourriture;
Et malgré la rigueur de ma triste aventure,
Si Chimène a jamais Rodrigue pour mari,
Mon espérance est morte, et mon esprit guéri.
    Je souffre cependant un tourment incroyable.
Jusques à cet hymen Rodrigue m'est aimable :
Je travaille à le perdre, et le perds à regret;
Et de là prend son cours mon déplaisir secret.
Je vois avec chagrin que l'amour me contraigne
A pousser des soupirs pour ce que je dédaigne;
Je sens en deux partis mon esprit divisé.
Si mon courage est haut, mon cœur est embrasé.
Cet hymen m'est fatal, je le crains, et souhaite :
Je n'ose en espérer qu'une joie imparfaite.
Ma gloire et mon amour ont pour moi tant d'appas,
Que je meurs s'il s'achève ou ne s'achève pas.

LÉONOR.

Madame, après cela je n'ai rien à vous dire,
Sinon que de vos maux avec vous je soupire :
Je vous blâmois tantôt, je vous plains à présent :
Mais puisque dans un mal si doux et si cuisant
Votre vertu combat et son charme et sa force,
En repousse l'assaut, en rejette l'amorce,
Elle rendra le calme à vos esprits flottans.
Espérez donc tout d'elle, et du secours du temps :
Espérez tout du ciel; il a trop de justice
Pour laisser la vertu dans un si long supplice.

L'INFANTE.

Ma plus douce espérance est de perdre l'espoir.

LE PAGE.

Par vos commandemens Chimène vous vient voir.

L'INFANTE, *à Léonor.*

Allez l'entretenir en cette galerie.

LÉONOR.

Voulez-vous demeurer dedans la rêverie?

L'INFANTE.

Non, je veux seulement, malgré mon déplaisir,
Remettre mon visage un peu plus à loisir.
Je vous suis.

SCÈNE III. — L'INFANTE, *seule.*

    Juste ciel, d'où j'attends mon remède,
Mets enfin quelque borne au mal qui me possède,
Assure mon repos, assure mon honneur.
Dans le bonheur d'autrui je cherche mon bonheur.

Cet hyménée à trois également importe;
Rends son effet plus prompt, ou mon âme plus forte.
D'un lien conjugal joindre ces deux amans,
C'est briser tous mes fers, et finir mes tourmens.
Mais je tarde un peu trop; allons trouver Chimène,
Et par son entretien soulager notre peine.

SCÈNE IV. — LE COMTE, D. DIÈGUE[1].

LE COMTE.

Enfin vous l'emportez, et la faveur du roi
Vous élève en un rang qui n'étoit dû qu'à moi;
Il vous fait gouverneur du prince de Castille.

D. DIÈGUE.

Cette marque d'honneur qu'il met dans ma famille
Montre à tous qu'il est juste, et fait connoître assez
Qu'il sait récompenser les services passés.

LE COMTE.

Pour grands que soient les rois, ils sont ce que nous sommes
Ils peuvent se tromper comme les autres hommes;
Et ce choix sert de preuve à tous les courtisans
Qu'ils savent mal payer les services présens.

D. DIÈGUE.

Ne parlons plus d'un choix dont votre esprit s'irrite;
La faveur l'a pu faire autant que le mérite.
Mais on doit ce respect au pouvoir absolu,
De n'examiner rien quand un roi l'a voulu.
A l'honneur qu'il m'a fait ajoutez-en un autre;
Joignons d'un sacré nœud ma maison à la vôtre.
Vous n'avez qu'une fille, et moi je n'ai qu'un fils;
Leur hymen nous peut rendre à jamais plus qu'amis :
Faites-nous cette grâce, et l'acceptez pour gendre.

LE COMTE.

A des partis plus hauts ce beau fils doit prétendre;
Et le nouvel éclat de votre dignité
Lui doit enfler le cœur d'une autre vanité.
Exercez-la, monsieur, et gouvernez le prince;
Montrez-lui comme il faut régir une province,
Faire trembler partout les peuples sous sa loi,
Remplir les bons d'amour, et les méchans d'effroi;
Joignez à ces vertus celles d'un capitaine :
Montrez-lui comme il faut s'endurcir à la peine,
Dans le métier de Mars se rendre sans égal,

---

1. Aujourd'hui, quand les comédiens représentent cette pièce, ils commencent par cette scène. C'est J. B. Rousseau qui fit ce changement, et qui supprima le rôle de l'infante. Ce n'est point jouer *le Cid*, c'est insulter son auteur que de le tronquer ainsi.

ACTE I, SCÈNE IV.

Passer les jours entiers et les nuits à cheval,
Reposer tout armé, forcer une muraille,
Et ne devoir qu'à soi le gain d'une bataille :
Instruisez-le d'exemple, et rendez-le parfait,
Expliquant à ses yeux vos leçons par l'effet.

D. DIÈGUE.

Pour s'instruire d'exemple, en dépit de l'envie,
Il lira seulement l'histoire de ma vie.
Là, dans un long tissu de belles actions,
Il verra comme il faut dompter des nations,
Attaquer une place, ordonner une armée,
Et sur de grands exploits bâtir sa renommée.

LE COMTE.

Les exemples vivans sont d'un autre pouvoir;
Un prince dans un livre apprend mal son devoir.
Et qu'a fait, après tout, ce grand nombre d'années,
Que ne puisse égaler une de mes journées?
Si vous fûtes vaillant, je le suis aujourd'hui;
Et ce bras du royaume est le plus ferme appui.
Grenade et l'Aragon tremblent quand ce fer brille;
Mon nom sert de rempart à toute la Castille :
Sans moi, vous passeriez bientôt sous d'autres lois,
Et vous auriez bientôt vos ennemis pour rois.
Chaque jour, chaque instant, pour rehausser ma gloire
Met lauriers sur lauriers, victoire sur victoire :
Le prince à mes côtés feroit dans les combats
L'essai de son courage à l'ombre de mon bras;
Il apprendroit à vaincre en me regardant faire;
Et, pour répondre en hâte à son grand caractère,
Il verroit....

D. DIÈGUE.

Je le sais, vous servez bien le roi.
Je vous ai vu combattre et commander sous moi :
Quand l'âge dans mes nerfs a fait couler sa glace,
Votre rare valeur a bien rempli ma place :
Enfin, pour épargner les discours superflus,
Vous êtes aujourd'hui ce qu'autrefois je fus.
Vous voyez toutefois qu'en cette concurrence
Un monarque entre nous met quelque différence.

LE COMTE.

Ce que je méritois, vous l'avez emporté.

D. DIÈGUE.

Qui l'a gagné sur vous l'avoit mieux mérité.

LE COMTE.

Qui peut mieux l'exercer en est bien le plus digne.

D. DIÈGUE.

En être refusé n'en est pas un bon signe.

LE COMTE.
Vous l'avez eu par brigue, étant vieux courtisan.
D. DIÈGUE.
L'éclat de mes hauts faits fut mon seul partisan.
LE COMTE.
Parlons-en mieux, le roi fait honneur à votre âge.
D. DIÈGUE.
Le roi, quand il en fait, le mesure au courage.
LE COMTE.
Et par là cet honneur n'étoit dû qu'à mon bras.
D. DIÈGUE.
Qui n'a pu l'obtenir ne le méritoit pas.
LE COMTE.
Ne le méritoit pas! Moi?
D. DIÈGUE.
Vous.
LE COMTE.
Ton impudence,
Téméraire vieillard, aura sa récompense.
(*Il lui donne un soufflet.*)
D. DIÈGUE, *mettant l'épée à la main.*
Achève, et prends ma vie après un tel affront,
Le premier dont ma race ait vu rougir son front.
LE COMTE.
Et que penses-tu faire avec tant de foiblesse?
D. DIÈGUE.
O Dieu! ma force usée en ce besoin me laisse!
LE COMTE.
Ton épée est à moi; mais tu serois trop vain,
Si ce honteux trophée avoit chargé ma main.
Adieu. Fais lire au prince, en dépit de l'envie,
Pour son instruction, l'histoire de ta vie;
D'un insolent discours ce juste châtiment
Ne lui servira pas d'un petit ornement.

SCÈNE V. — D. DIÈGUE.

O rage! ô désespoir! ô vieillesse ennemie!
N'ai-je donc tant vécu que pour cette infamie?
Et ne suis-je blanchi dans les travaux guerriers
Que pour voir en un jour flétrir tant de lauriers?
Mon bras, qu'avec respect toute l'Espagne admire,
Mon bras, qui tant de fois a sauvé cet empire,
Tant de fois affermi le trône de son roi,
Trahit donc ma querelle, et ne fait rien pour moi?
O cruel souvenir de ma gloire passée!
Œuvre de tant de jours en un jour effacée!

Nouvelle dignité, fatale à mon bonheur!
Précipice élevé d'où tombe mon honneur!
Faut-il de votre éclat voir triompher le comte,
Et mourir sans vengeance, ou vivre dans la honte?
Comte, sois de mon prince à présent gouverneur;
Ce haut rang n'admet point un homme sans honneur;
Et ton jaloux orgueil, par cet affront insigne,
Malgré le choix du roi, m'en a su rendre indigne.
Et toi, de mes exploits glorieux instrument,
Mais d'un corps tout de glace inutile ornement,
Fer jadis tant à craindre, et qui, dans cette offense,
M'as servi de parade, et non pas de défense,
Va, quitte désormais le dernier des humains,
Passe, pour me venger, en de meilleures mains.

SCÈNE VI. — D. DIÈGUE, D. RODRIGUE.

D. DIÈGUE.

Rodrigue, as-tu du cœur?

D. RODRIGUE.

Tout autre que mon père
L'éprouveroit sur l'heure.

D. DIÈGUE.

Agréable colère!
Digne ressentiment à ma douleur bien doux!
Je reconnois mon sang à ce noble courroux;
Ma jeunesse revit en cette ardeur si prompte.
Viens, mon fils, viens, mon sang, viens réparer ma honte;
Viens me venger.

D. RODRIGUE.

De quoi?

D. DIÈGUE.

D'un affront si cruel,
Qu'à l'honneur de tous deux il porte un coup mortel;
D'un soufflet. L'insolent en eût perdu la vie;
Mais mon âge a trompé ma généreuse envie;
Et ce fer que mon bras ne peut plus soutenir,
Je le remets au tien pour venger et punir.
Va contre un arrogant éprouver ton courage :
Ce n'est que dans le sang qu'on lave un tel outrage;
Meurs ou tue. Au surplus, pour ne te point flatter,
Je te donne à combattre un homme à redouter;
Je l'ai vu, tout couvert de sang et de poussière,
Porter partout l'effroi dans une armée entière.
J'ai vu par sa valeur cent escadrons rompus;
Et pour t'en dire encor quelque chose de plus,
Plus que brave soldat, plus que grand capitaine,
C'est....

D. RODRIGUE.
De grâce, achevez.
D. DIÈGUE.
Le père de Chimène.
D. RODRIGUE.
Le....
D. DIÈGUE.
Ne réplique point, je connois ton amour :
Mais qui peut vivre infâme est indigne du jour ;
Plus l'offenseur est cher, et plus grande est l'offense.
Enfin tu sais l'affront, et tu tiens la vengeance :
Je ne te dis plus rien. Venge-moi, venge-toi ;
Montre-toi digne fils d'un père tel que moi.
Accablé des malheurs où le destin me range,
Je vais les déplorer. Va, cours, vole, et nous venge.

SCÈNE VII. — D. RODRIGUE.

Percé jusques au fond du cœur
D'une atteinte imprévue aussi bien que mortelle,
Misérable vengeur d'une juste querelle,
Et malheureux objet d'une injuste rigueur,
Je demeure immobile, et mon âme abattue
Cède au coup qui me tue.
Si près de voir mon feu récompensé,
O Dieu, l'étrange peine !
En cet affront mon père est l'offensé,
Et l'offenseur le père de Chimène !

Que je sens de rudes combats !
Contre mon propre honneur mon amour s'intéresse :
Il faut venger un père, et perdre une maîtresse.
L'un m'anime le cœur, l'autre retient mon bras.
Réduit au triste choix ou de trahir ma flamme,
Ou de vivre en infâme,
Des deux côtés mon mal est infini.
O Dieu, l'étrange peine !
Faut-il laisser un affront impuni ?
Faut-il punir le père de Chimène ?

Père, maîtresse, honneur, amour,
Noble et dure contrainte, aimable tyrannie,
Tous mes plaisirs sont morts, ou ma gloire ternie.
L'un me rend malheureux, l'autre indigne du jour.
Cher et cruel espoir d'une âme généreuse,
Mais ensemble amoureuse,
Digne ennemi de mon plus grand bonheur,
Fer qui causes ma peine,

M'es-tu donné pour venger mon honneur?
M'es-tu donné pour perdre ma Chimène?

  Il vaut mieux courir au trépas.
Je dois à ma maîtresse aussi bien qu'à mon père;
J'attire en me vengeant sa haine et sa colère;
J'attire ses mépris en ne me vengeant pas.
A mon plus doux espoir l'un me rend infidèle,
  Et l'autre indigne d'elle.
Mon mal augmente à le vouloir guérir;
  Tout redouble ma peine.
Allons, mon âme; et, puisqu'il faut mourir,
Mourons du moins sans offenser Chimène.

  Mourir sans tirer ma raison!
Rechercher un trépas si mortel à ma gloire,
Endurer que l'Espagne impute à ma mémoire
D'avoir mal soutenu l'honneur de ma maison!
Respecter un amour dont mon âme égarée
  Voit la perte assurée!
N'écoutons plus ce penser suborneur,
  Qui ne sert qu'à ma peine.
Allons, mon bras, sauvons du moins l'honneur,
Puisque après tout il faut perdre Chimène.

  Oui, mon esprit s'étoit déçu.
Je dois tout à mon père avant qu'à ma maîtresse:
Que je meure au combat, ou meure de tristesse,
Je rendrai mon sang pur comme je l'ai reçu.
Je m'accuse déjà de trop de négligence;
  Courons à la vengeance;
Et, tout honteux d'avoir tant balancé,
  Ne soyons plus en peine,
Puisque aujourd'hui mon père est l'offensé,
Si l'offenseur est père de Chimène.

ACTE SECOND.

SCÈNE I. — D. ARIAS, LE COMTE.

LE COMTE.
Je l'avoue entre nous, mon sang un peu trop chaud
S'est trop ému d'un mot, et l'a porté trop haut.
Mais, puisque c'en est fait, le coup est sans remède.
D. ARIAS.
Qu'aux volontés du roi ce grand courage cède:

Il y prend grande part, et son cœur irrité
Agira contre vous de pleine autorité.
Aussi vous n'avez point de valable défense.
Le rang de l'offensé, la grandeur de l'offense,
Demandent des devoirs et des submissions
Qui passent le commun des satisfactions.

LE COMTE.

Le roi peut à son gré disposer de ma vie.

D. ARIAS.

De trop d'emportement votre faute est suivie.
Le roi vous aime encore; apaisez son courroux.
Il a dit : « Je le veux; » désobéirez-vous?

LE COMTE.

Monsieur, pour conserver tout ce que j'ai d'estime,
Désobéir un peu n'est pas un si grand crime;
Et quelque grand qu'il soit, mes services présens
Pour le faire abolir sont plus que suffisans.

D. ARIAS.

Quoi qu'on fasse d'illustre et de considérable,
Jamais à son sujet un roi n'est redevable.
Vous vous flattez beaucoup, et vous devez savoir
Que qui sert bien son roi ne fait que son devoir.
Vous vous perdrez, monsieur, sur cette confiance.

LE COMTE.

Je ne vous en croirai qu'après l'expérience.

D. ARIAS.

Vous devez redouter la puissance d'un roi.

LE COMTE.

Un jour seul ne perd pas un homme tel que moi.
Que toute sa grandeur s'arme pour mon supplice,
Tout l'État périra, s'il faut que je périsse.

D. ARIAS.

Quoi! vous craignez si peu le pouvoir souverain....

LE COMTE.

D'un sceptre qui sans moi tomberoit de sa main.
Il a trop d'intérêt lui-même en ma personne,
Et ma tête en tombant feroit choir sa couronne.

D. ARIAS.

Souffrez que la raison remette vos esprits.
Prenez un bon conseil.

LE COMTE.

Le conseil en est pris

D. ARIAS.

Que lui dirai-je enfin? je lui dois rendre compte.

LE COMTE.

Que je ne puis du tout consentir à ma honte.

D. ARIAS.
Mais songez que les rois veulent être absolus.
LE COMTE.
Le sort en est jeté, monsieur, n'en parlons plus.
D. ARIAS.
Adieu donc, puisqu'en vain je tâche à vous résoudre :
Avec tous vos lauriers, craignez encor la foudre.
LE COMTE.
Je l'attendrai sans peur.
D. ARIAS.
Mais non pas sans effet.
LE COMTE.
Nous verrons donc par là don Diègue satisfait.
(Il est seul.)
Qui ne craint point la mort ne craint point les menaces.
J'ai le cœur au-dessus des plus fières disgrâces ;
Et l'on peut me réduire à vivre sans bonheur,
Mais non pas me résoudre à vivre sans honneur.

SCÈNE II. — LE COMTE, D. RODRIGUE.

D. RODRIGUE.
A moi, comte, deux mots.
LE COMTE.
Parle.
D. RODRIGUE.
Ote-moi d'un doute.
Connois-tu bien don Diègue?
LE COMTE.
Oui.
D. RODRIGUE.
Parlons bas ; écoute.
Sais-tu que ce vieillard fut la même vertu,
La vaillance et l'honneur de son temps? le sais-tu?
LE COMTE.
Peut-être.
D. RODRIGUE.
Cette ardeur que dans les yeux je porte,
Sais-tu que c'est son sang? le sais-tu?
LE COMTE.
Que m'importe?
D. RODRIGUE.
A quatre pas d'ici je te le fais savoir.
LE COMTE.
Jeune présomptueux!
D. RODRIGUE.
Parle sans t'émouvoir.
Je suis jeune, il est vrai ; mais aux âmes bien nées
La valeur n'attend point le nombre des années.

LE COMTE.
Te mesurer à moi! qui t'a rendu si vain,
Toi qu'on n'a jamais vu les armes à la main?

D. RODRIGUE.
Mes pareils à deux fois ne se font point connoître,
Et pour leurs coups d'essai veulent des coups de maître.

LE COMTE.
Sais-tu bien qui je suis?

D. RODRIGUE.
Oui; tout autre que moi
Au seul bruit de ton nom pourroit trembler d'effroi.
Les palmes dont je vois ta tête si couverte
Semblent porter écrit le destin de ma perte.
J'attaque en téméraire un bras toujours vainqueur;
Mais j'aurai trop de force, ayant assez de cœur.
A qui venge son père il n'est rien d'impossible.
Ton bras est invaincu, mais non pas invincible.

LE COMTE.
Ce grand cœur qui paroît aux discours que tu tiens,
Par tes yeux, chaque jour, se découvroit aux miens;
Et, croyant voir en toi l'honneur de la Castille,
Mon âme avec plaisir te destinoit ma fille.
Je sais ta passion, et suis ravi de voir
Que tous ses mouvemens cèdent à ton devoir;
Qu'ils n'ont point affoibli cette ardeur magnanime;
Que ta haute vertu répond à mon estime;
Et que, voulant pour gendre un cavalier parfait,
Je ne me trompois point au choix que j'avois fait.
Mais je sens que pour toi ma pitié s'intéresse;
J'admire ton courage, et je plains ta jeunesse.
Ne cherche point à faire un coup d'essai fatal;
Dispense ma valeur d'un combat inégal;
Trop peu d'honneur pour moi suivroit cette victoire.
A vaincre sans péril, on triomphe sans gloire.
On te croiroit toujours abattu sans effort;
Et j'aurois seulement le regret de ta mort.

D. RODRIGUE.
D'une indigne pitié ton audace est suivie:
Qui m'ose ôter l'honneur craint de m'ôter la vie!

LE COMTE.
Retire-toi d'ici.

D. RODRIGUE.
Marchons sans discourir.

LE COMTE.
Es-tu si las de vivre?

D. RODRIGUE.
As-tu peur de mourir?

LE COMTE.
Viens, tu fais ton devoir, et le fils dégénère
Qui survit un moment à l'honneur de son père.

SCÈNE III. — L'INFANTE, CHIMÈNE, LÉONOR.

L'INFANTE.
Apaise, ma Chimène, apaise ta douleur;
Fais agir ta constance en ce coup de malheur;
Tu reverras le calme après ce foible orage;
Ton bonheur n'est couvert que d'un peu de nuage,
Et tu n'as rien perdu pour le voir différer.

CHIMÈNE.
Mon cœur outré d'ennuis n'ose rien espérer.
Un orage si prompt qui trouble une bonace
D'un naufrage certain nous porte la menace;
Je n'en saurois douter, je péris dans le port.
J'aimois, j'étois aimée, et nos pères d'accord;
Et je vous en contois la charmante nouvelle
Au malheureux moment que naissoit leur querelle,
Dont le récit fatal, sitôt qu'on vous l'a fait,
D'une si douce attente a ruiné l'effet.
Maudite ambition, détestable manie,
Dont les plus généreux souffrent la tyrannie!
Honneur impitoyable à mes plus chers désirs,
Que tu vas me coûter de pleurs et de soupirs!

L'INFANTE.
Tu n'as dans leur querelle aucun sujet de craindre:
Un moment l'a fait naître, un moment va l'éteindre.
Elle a fait trop de bruit pour ne pas s'accorder,
Puisque déjà le roi les veut accommoder;
Et tu sais que mon âme, à tes ennuis sensible,
Pour en tarir la source y fera l'impossible.

CHIMÈNE.
Les accommodemens ne font rien en ce point:
De si mortels affronts ne se réparent point.
En vain on fait agir la force ou la prudence;
Si l'on guérit le mal, ce n'est qu'en apparence.
La haine que les cœurs conservent au dedans
Nourrit des feux cachés, mais d'autant plus ardens

L'INFANTE.
Le saint nœud qui joindra don Rodrigue et Chimène
Des pères ennemis dissipera la haine;
Et nous verrons bientôt votre amour le plus fort
Par un heureux hymen étouffer ce discord.

CHIMÈNE.
Je le souhaite ainsi plus que je ne l'espère:

Don Diègue est trop altier, et je connois mon père
Je sens couler des pleurs que je veux retenir;
Le passé me tourmente, et je crains l'avenir.
L'INFANTE.
Que crains-tu? d'un vieillard l'impuissante foiblesse?
CHIMÈNE.
Rodrigue a du courage.
L'INFANTE.
Il a trop de jeunesse.
CHIMÈNE.
Les hommes valeureux le sont du premier coup
L'INFANTE.
Tu ne dois pas pourtant le redouter beaucoup;
Il est trop amoureux pour te vouloir déplaire;
Et deux mots de ta bouche arrêtent sa colère.
CHIMÈNE.
S'il ne m'obéit point, quel comble à mon ennui!
Et s'il peut m'obéir, que dira-t-on de lui?
Étant né ce qu'il est, souffrir un tel outrage!
Soit qu'il cède ou résiste au feu qui me l'engage,
Mon esprit ne peut qu'être ou honteux ou confus,
De son trop de respect, ou d'un juste refus.
L'INFANTE.
Chimène a l'âme haute, et, quoique intéressée,
Elle ne peut souffrir une basse pensée;
Mais si jusques au jour de l'accommodement
Je fais mon prisonnier de ce parfait amant,
Et que j'empêche ainsi l'effet de son courage,
Ton esprit amoureux n'aura-t-il point d'ombrage?
CHIMÈNE.
Ah! madame, en ce cas je n'ai plus de souci.

SCÈNE IV. — L'INFANTE, CHIMÈNE, LÉONOR, LE PAGE.
L'INFANTE.
Page, cherchez Rodrigue, et l'amenez ici.
LE PAGE.
Le comte de Gormas et lui....
CHIMÈNE.
Bon Dieu! je tremble.
L'INFANTE.
Parlez.
LE PAGE.
De ce palais ils sont sortis ensemble.
CHIMÈNE.
Seuls?
LE PAGE.
Seuls, et qui sembloient tout bas se quereller.

ACTE II, SCÈNE IV.

CHIMÈNE.

Sans doute ils sont aux mains, il n'en faut plus parler.
Madame, pardonnez à cette promptitude.

SCÈNE V. — L'INFANTE, LÉONOR.

L'INFANTE.

Hélas! que dans l'esprit je sens d'inquiétude!
Je pleure ses malheurs, son amant me ravit;
Mon repos m'abandonne, et ma flamme revit.
Ce qui va séparer Rodrigue de Chimène
Fait renaître à la fois mon espoir et ma peine;
Et leur division, que je vois à regret,
Dans mon esprit charmé jette un plaisir secret.

LÉONOR.

Cette haute vertu qui règne dans votre âme
Se rend-elle sitôt à cette lâche flamme?

L'INFANTE.

Ne la nomme point lâche, à présent que chez moi
Pompeuse et triomphante elle me fait la loi;
Porte-lui du respect, puisqu'elle m'est si chère.
Ma vertu la combat, mais, malgré moi, j'espère;
Et d'un si fol espoir mon cœur mal défendu
Vole après un amant que Chimène a perdu.

LÉONOR.

Vous laissez choir ainsi ce glorieux courage,
Et la raison chez vous perd ainsi son usage?

L'INFANTE.

Ah! qu'avec peu d'effet on entend la raison,
Quand le cœur est atteint d'un si charmant poison!
Et lorsque le malade aime sa maladie,
Qu'il a peine à souffrir que l'on y remédie!

LÉONOR.

Votre espoir vous séduit, votre mal vous est doux;
Mais enfin ce Rodrigue est indigne de vous.

L'INFANTE.

Je ne le sais que trop; mais si ma vertu cède,
Apprends comme l'amour flatte un cœur qu'il possède.
Si Rodrigue une fois sort vainqueur du combat,
Si dessous sa valeur ce grand guerrier s'abat,
Je puis en faire cas, je puis l'aimer sans honte.
Que ne fera-t-il point, s'il peut vaincre le comte!
J'ose m'imaginer qu'à ses moindres exploits
Les royaumes entiers tomberont sous ses lois;
Et mon amour flatteur déjà se persuade
Que je le vois assis au trône de Grenade,
Les Maures subjugués trembler en l'adorant,

L'Aragon recevoir ce nouveau conquérant,
Le Portugal se rendre, et ses nobles journées
Porter delà les mers ses hautes destinées;
Du sang des Africains arroser ses lauriers;
Enfin tout ce qu'on dit des plus fameux guerriers,
Je l'attends de Rodrigue après cette victoire,
Et fais de son amour un sujet de ma gloire.

LÉONOR.

Mais, madame, voyez où vous portez son bras,
Ensuite d'un combat qui peut-être n'est pas.

L'INFANTE.

Rodrigue est offensé, le comte a fait l'outrage;
Ils sont sortis ensemble : en faut-il davantage ?

LÉONOR.

Eh bien! ils se battront, puisque vous le voulez;
Mais Rodrigue ira-t-il si loin que vous allez ?

L'INFANTE.

Que veux-tu? je suis folle, et mon esprit s'égare;
Tu vois par là quels maux cet amour me prépare.
Viens dans mon cabinet consoler mes ennuis,
Et ne me quitte point dans le trouble où je suis.

SCÈNE VI. — D. FERNAND, D. ARIAS, D. SANCHE.

D. FERNAND.

Le comte est donc si vain et si peu raisonnable!
Ose-t-il croire encor son crime pardonnable ?

D. ARIAS.

Je l'ai de votre part longtemps entretenu.
J'ai fait mon pouvoir, sire, et n'ai rien obtenu.

D. FERNAND.

Justes cieux! ainsi donc un sujet téméraire
A si peu de respect et de soin de me plaire!
Il offense don Diègue, et méprise son roi!
Au milieu de ma cour il me donne la loi!
Qu'il soit brave guerrier, qu'il soit grand capitaine,
Je saurai bien rabattre une humeur si hautaine;
Fût-il la valeur même, et le dieu des combats,
Il verra ce que c'est que de n'obéir pas.
Quoi qu'ait pu mériter une telle insolence,
Je l'ai voulu d'abord traiter sans violence;
Mais, puisqu'il en abuse, allez dès aujourd'hui,
Soit qu'il résiste ou non, vous assurer de lui.

D. SANCHE.

Peut-être un peu de temps le rendroit moins rebelle;
On l'a pris tout bouillant encor de sa querelle;
Sire, dans la chaleur d'un premier mouvement,

Un cœur si généreux se rend malaisément.
Il voit bien qu'il a tort, mais une âme si haute
N'est pas sitôt réduite à confesser sa faute.
D. FERNAND.
Don Sanche, taisez-vous, et soyez averti
Qu'on se rend criminel à prendre son parti.
D. SANCHE.
J'obéis, et me tais; mais, de grâce encor, sire,
Deux mots en sa défense.
D. FERNAND.
    Et que pourrez-vous dire?
D. SANCHE.
Qu'une âme accoutumée aux grandes actions
Ne se peut abaisser à des submissions :
Elle n'en conçoit point qui s'expliquent sans honte;
Et c'est à ce mot seul qu'à résisté le comte.
Il trouve en son devoir un peu trop de rigueur,
Et vous obéiroit, s'il avoit moins de cœur.
Commandez que son bras, nourri dans les alarmes,
Répare cette injure à la pointe des armes;
Il satisfera, sire; et vienne qui voudra,
Attendant qu'il l'ait su, voici qui répondra.
D. FERNAND.
Vous perdez le respect : mais je pardonne à l'âge,
Et j'excuse l'ardeur en un jeune courage.
Un roi dont la prudence a de meilleurs objets
Est meilleur ménager du sang de ses sujets :
Je veille pour les miens, mes soucis les conservent,
Comme le chef a soin des membres qui le servent.
Ainsi votre raison n'est pas raison pour moi;
Vous parlez en soldat; je dois agir en roi;
Et quoi qu'on veuille dire, et quoi qu'il ose croire,
Le comte à m'obéir ne peut perdre sa gloire.
D'ailleurs l'affront me touche; il a perdu d'honneur
Celui que de mon fils j'ai fait le gouverneur;
S'attaquer à mon choix, c'est se prendre à moi-même,
Et faire un attentat sur le pouvoir suprême.
N'en parlons plus. Au reste, on a vu dix vaisseaux
De nos vieux ennemis arborer les drapeaux;
Vers la bouche du fleuve ils ont osé paroître.
D. ARIAS.
Les Maures ont appris par force à vous connoître,
Et tant de fois vaincus, ils ont perdu le cœur
De se plus hasarder contre un si grand vainqueur.
D. FERNAND.
Ils ne verront jamais, sans quelque jalousie,
Mon sceptre, en dépit d'eux, régir l'Andalousie;

Et ce pays si beau, qu'ils ont trop possédé,
Avec un œil d'envie est toujours regardé.
C'est l'unique raison qui m'a fait dans Séville
Placer depuis dix ans le trône de Castille,
Pour les voir de plus près, et d'un ordre plus prompt
Renverser aussitôt ce qu'ils entreprendront.

D. ARIAS.
Ils savent aux dépens de leurs plus dignes têtes
Combien votre présence assure vos conquêtes :
Vous n'avez rien à craindre.

D. FERNAND.
Et rien à négliger.
Le trop de confiance attire le danger;
Et vous n'ignorez pas qu'avec fort peu de peine
Un flux de pleine mer jusqu'ici les amène.
Toutefois j'aurois tort de jeter dans les cœurs,
L'avis étant mal sûr, de paniques terreurs.
L'effroi que produiroit cette alarme inutile,
Dans la nuit qui survient troubleroit trop la ville :
Faites doubler la garde aux murs et sur le port.
C'est assez pour ce soir.

SCÈNE VII. — D. FERNAND, D. ALONSE, D. SANCHE, D. ARIAS.

D. ALONSE.
Sire, le comte est mort.
Don Diègue, par son fils, a vengé son offense.

D. FERNAND.
Dès que j'ai su l'affront, j'ai prévu la vengeance;
Et j'ai voulu dès lors prévenir ce malheur.

D. ALONSE.
Chimène à vos genoux apporte sa douleur;
Elle vient toute en pleurs vous demander justice.

D. FERNAND.
Bien qu'à ses déplaisirs mon âme compatisse,
Ce que le comte a fait semble avoir mérité
Ce digne châtiment de sa témérité.
Quelque juste pourtant que puisse être sa peine,
Je ne puis sans regret perdre un tel capitaine.
Après un long service à mon État rendu,
Après son sang pour moi mille fois répandu,
A quelques sentimens que son orgueil m'oblige,
Sa perte m'affoiblit, et son trépas m'afflige.

SCÈNE VIII. — D. FERNAND, D. DIÈGUE, CHIMÈNE,
D. SANCHE, D. ARIAS, D. ALONSE.

CHIMÈNE.

Sire, sire, justice.

D. DIÈGUE.

Ah! sire, écoutez-nous.

CHIMÈNE.

Je me jette à vos pieds.

D. DIÈGUE.

J'embrasse vos genoux.

CHIMÈNE.

Je demande justice.

D. DIÈGUE.

Entendez ma défense.

CHIMÈNE.

D'un jeune audacieux punissez l'insolence :
Il a de votre sceptre abattu le soutien,
Il a tué mon père.

D. DIÈGUE.

Il a vengé le sien.

CHIMÈNE.

Au sang de ses sujets un roi doit la justice.

D. DIÈGUE.

Pour la juste vengeance il n'est point de supplice.

D. FERNAND.

Levez-vous l'un et l'autre, et parlez à loisir.
Chimène, je prends part à votre déplaisir;
D'une égale douleur je sens mon âme atteinte.
(*A D. Diègue.*)
Vous parlerez après; ne troublez pas sa plainte.

CHIMÈNE.

Sire, mon père est mort; mes yeux ont vu son sang
Couler à gros bouillons de son généreux flanc;
Ce sang qui tant de fois garantit vos murailles,
Ce sang qui tant de fois vous gagna des batailles,
Ce sang qui tout sorti fume encor de courroux
De se voir répandu pour d'autres que pour vous,
Qu'au milieu des hasards n'osoit verser la guerre,
Rodrigue en votre cour vient d'en couvrir la terre.
J'ai couru sur le lieu, sans force et sans couleur;
Je l'ai trouvé sans vie. Excusez ma douleur,
Sire, la voix me manque à ce récit funeste;
Mes pleurs et mes soupirs vous diront mieux le reste.

D. FERNAND.

Prends courage, ma fille, et sache qu'aujourd'hui
Ton roi te veut servir de père au lieu de lui.

CHIMÈNE.

Sire, de trop d'honneur ma misère est suivie.
Je vous l'ai déjà dit, je l'ai trouvé sans vie;
Son flanc étoit ouvert; et, pour mieux m'émouvoir,
Son sang sur la poussière écrivoit mon devoir;
Ou plutôt sa valeur en cet état réduite
Me parloit par sa plaie, et hâtoit ma poursuite;
Et, pour se faire entendre au plus juste des rois,
Par cette triste bouche elle empruntoit ma voix.
Sire, ne souffrez pas que sous votre puissance
Règne devant vos yeux une telle licence;
Que les plus valeureux, avec impunité,
Soient exposés aux coups de la témérité;
Qu'un jeune audacieux triomphe de leur gloire,
Se baigne dans leur sang, et brave leur mémoire.
Un si vaillant guerrier qu'on vient de vous ravir
Éteint, s'il n'est vengé, l'ardeur de vous servir.
Enfin mon père est mort, j'en demande vengeance,
Plus pour votre intérêt que pour mon allégeance.
Vous perdez en la mort d'un homme de son rang;
Vengez-la par une autre, et le sang par le sang.
Immolez, non à moi, mais à votre couronne,
Mais à votre grandeur, mais à votre personne;
Immolez, dis-je, sire, au bien de tout l'État
Tout ce qu'enorgueillit un si grand attentat.

D. FERNAND.

Don Diègue, répondez.

D. DIÈGUE.

Qu'on est digne d'envie
Lorsqu'en perdant la force on perd aussi la vie!
Et qu'un long âge apprête aux hommes généreux,
Au bout de leur carrière, un destin malheureux!
Moi, dont les longs travaux ont acquis tant de gloire,
Moi, que jadis partout a suivi la victoire,
Je me vois aujourd'hui, pour avoir trop vécu,
Recevoir un affront et demeurer vaincu.
Ce que n'a pu jamais combat, siége, embuscade,
Ce que n'a pu jamais Aragon ni Grenade,
Ni tous vos ennemis, ni tous mes envieux,
Le comte en votre cour l'a fait presque à vos yeux,
Jaloux de votre choix, et fier de l'avantage
Que lui donnoit sur moi l'impuissance de l'âge.
Sire, ainsi ces cheveux blanchis sous le harnois,
Ce sang pour vous servir prodigué tant de fois,
Ce bras, jadis l'effroi d'une armée ennemie,
Descendoient au tombeau tout chargés d'infamie,
Si je n'eusse produit un fils digne de moi,

Digne de son pays et digne de son roi.
Il m'a prêté sa main, il a tué le comte;
Il m'a rendu l'honneur, il a lavé ma honte.
Si montrer du courage et du ressentiment,
Si venger un soufflet mérite un châtiment,
Sur moi seul doit tomber l'éclat de la tempête :
Quand le bras a failli, l'on en punit la tête.
Qu'on nomme crime ou non ce qui fait nos débats,
Sire, j'en suis la tête, il n'en est que le bras.
Si Chimène se plaint qu'il a tué son père,
Il ne l'eût jamais fait si je l'eusse pu faire.
Immolez donc ce chef que les ans vont ravir,
Et conservez pour vous le bras qui peut servir.
Aux dépens de mon sang satisfaites Chimène :
Je n'y résiste point, je consens à ma peine;
Et, loin de murmurer d'un rigoureux décret,
Mourant sans déshonneur, je mourrai sans regret.

D. FERNAND.

L'affaire est d'importance, et, bien considérée,
Mérite en plein conseil d'être délibérée.
Don Sanche, remettez Chimène en sa maison.
Don Diègue aura ma cour et sa foi pour prison.
Qu'on me cherche son fils. Je vous ferai justice.

CHIMÈNE.

Il est juste, grand roi, qu'un meurtrier périsse.

D. FERNAND.

Prends du repos, ma fille, et calme tes douleurs.

CHIMÈNE.

M'ordonner du repos, c'est croître mes malheurs.

ACTE TROISIÈME.

SCÈNE I. — D. RODRIGUE, ELVIRE.

ELVIRE.

Rodrigue, qu'as-tu fait? où viens-tu, misérable?

D. RODRIGUE.

Suivre le triste cours de mon sort déplorable.

ELVIRE.

Où prends-tu cette audace et ce nouvel orgueil,
De paroître en des lieux que tu remplis de deuil?
Quoi! viens-tu jusqu'ici braver l'ombre du comte?
Ne l'as-tu pas tué?

D. RODRIGUE.

Sa vie étoit ma honte;

Mon honneur de ma main a voulu cet effort.
ELVIRE.
Mais chercher ton asile en la maison du mort!
Jamais un meurtrier en fit-il son refuge?
D. RODRIGUE.
Et je n'y viens aussi que m'offrir à mon juge.
Ne me regarde plus d'un visage étonné;
Je cherche le trépas après l'avoir donné.
Mon juge est mon amour, mon juge est ma Chimène :
Je mérite la mort de mériter sa haine,
Et j'en viens recevoir, comme un bien souverain,
Et l'arrêt de sa bouche, et le coup de sa main.
ELVIRE.
Fuis plutôt de ses yeux, fuis de sa violence;
A ses premiers transports dérobe ta présence.
Va, ne t'expose point aux premiers mouvemens
Que poussera l'ardeur de ses ressentimens.
D. RODRIGUE.
Non, non, ce cher objet à qui j'ai pu déplaire
Ne peut pour mon supplice avoir trop de colère;
Et j'évite cent morts qui me vont accabler,
Si pour mourir plus tôt je la puis redoubler.
ELVIRE.
Chimène est au palais, de pleurs toute baignée,
Et n'en reviendra point que bien accompagnée.
Rodrigue, fuis, de grâce, ôte-moi de souci.
Que ne dira-t-on point si l'on te voit ici?
Veux-tu qu'un médisant, pour comble à sa misère,
L'accuse d'y souffrir l'assassin de son père?
Elle va revenir; elle vient, je la voi :
Du moins, pour son honneur, Rodrigue, cache-toi.

SCÈNE II. — D. SANCHE, CHIMÈNE, ELVIRE.

D. SANCHE.
Oui, madame, il vous faut de sanglantes victimes :
Votre colère est juste, et vos pleurs légitimes;
Et je n'entreprends pas, à force de parler,
Ni de vous adoucir, ni de vous consoler.
Mais si de vous servir je puis être capable,
Employez mon épée à punir le coupable;
Employez mon amour à venger cette mort :
Sous vos commandemens mon bras sera trop fort.
CHIMÈNE.
Malheureuse!
D. SANCHE.
De grâce, acceptez mon service.

CHIMÈNE.
J'offenserois le roi, qui m'a promis justice.
D. SANCHE.
Vous savez qu'elle marche avec tant de langueur,
Que bien souvent le crime échappe à sa longueur;
Son cours lent et douteux fait trop perdre de larmes.
Souffrez qu'un cavalier vous venge par les armes :
La voie en est plus sûre, et plus prompte à punir.
CHIMÈNE.
C'est le dernier remède; et s'il y faut venir,
Et que de mes malheurs cette pitié vous dure,
Vous serez libre alors de venger mon injure.
D. SANCHE.
C'est l'unique bonheur où mon âme prétend;
Et, pouvant l'espérer, je m'en vais trop content.

SCÈNE III. — CHIMÈNE, ELVIRE.

CHIMÈNE.
Enfin je me vois libre, et je puis, sans contrainte,
De mes vives douleurs te faire voir l'atteinte;
Je puis donner passage à mes tristes soupirs,
Je puis t'ouvrir mon âme et tous mes déplaisirs.
Mon père est mort, Elvire; et la première épée
Dont s'est armé Rodrigue, a sa trame coupée.
Pleurez, pleurez, mes yeux, et fondez-vous en eau !
La moitié de ma vie a mis l'autre au tombeau,
Et m'oblige à venger, après ce coup funeste,
Celle que je n'ai plus sur celle qui me reste.
ELVIRE.
Reposez-vous, madame.
CHIMÈNE.
Ah! que mal à propos
Dans un malheur si grand tu parles de repos !
Par où sera jamais ma douleur apaisée,
Si je ne puis haïr la main qui l'a causée ?
Et que dois-je espérer qu'un tourment éternel,
Si je poursuis un crime, aimant le criminel ?
ELVIRE.
Il vous prive d'un père, et vous l'aimez encore !
CHIMÈNE.
C'est peu de dire aimer, Elvire, je l'adore;
Ma passion s'oppose à mon ressentiment;
Dedans mon ennemi je trouve mon amant;
Et je sens qu'en dépit de toute ma colère,
Rodrigue dans mon cœur combat encor mon père :
Il l'attaque, il le presse, il cède, il se défend,

Tantôt fort, tantôt foible, et tantôt triomphant :
Mais, en ce dur combat de colère et de flamme,
Il déchire mon cœur sans partager mon âme;
Et, quoi que mon amour ait sur moi de pouvoir,
Je ne consulte point pour suivre mon devoir;
Je cours sans balancer où mon honneur m'oblige.
Rodrigue m'est bien cher, son intérêt m'afflige;
Mon cœur prend son parti; mais, malgré son effort,
Je sais ce que je suis, et que mon père est mort.

ELVIRE.

Pensez-vous le poursuivre?

CHIMÈNE.

Ah! cruelle pensée!
Et cruelle poursuite où je me vois forcée!
Je demande sa tête, et crains de l'obtenir :
Ma mort suivra la sienne, et je le veux punir!

ELVIRE.

Quittez, quittez, madame, un dessein si tragique;
Ne vous imposez point de loi si tyrannique.

CHIMÈNE.

Quoi! mon père étant mort et presque entre mes bras,
Son sang criera vengeance, et je ne l'orrai pas¹!
Mon cœur, honteusement surpris par d'autres charmes,
Croira ne lui devoir que d'impuissantes larmes!
Et je pourrai souffrir qu'un amour suborneur
Sous un lâche silence étouffe mon honneur!

ELVIRE.

Madame, croyez-moi, vous serez excusable
D'avoir moins de chaleur contre un objet aimable,
Contre un amant si cher : vous avez assez fait;
Vous avez vu le roi, n'en pressez point l'effet :
Ne vous obstinez point en cette humeur étrange.

CHIMÈNE.

Il y va de ma gloire, il faut que je me venge;
Et de quoi que nous flatte un désir amoureux,
Toute excuse est honteuse aux esprits généreux.

ELVIRE.

Mais vous aimez Rodrigue, il ne vous peut déplaire.

CHIMÈNE.

Je l'avoue.

ELVIRE.

Après tout, que pensez-vous donc faire?

CHIMÈNE.

Pour conserver ma gloire et finir mon ennui,
Le poursuivre, le perdre, et mourir après lui.

---

1. « Je ne l'entendrai pas. »

ACTE III, SCÈNE IV.

SCÈNE IV. — D. RODRIGUE, CHIMÈNE, ELVIRE.

D. RODRIGUE.

Eh bien! sans vous donner la peine de poursuivre,
Assurez-vous l'honneur de m'empêcher de vivre.

CHIMÈNE.

Elvire, où sommes-nous, et qu'est-ce que je voi?
Rodrigue en ma maison! Rodrigue devant moi!

D. RODRIGUE.

N'épargnez point mon sang : goûtez, sans résistance,
La douceur de ma perte et de votre vengeance.

CHIMÈNE.

Hélas!

D. RODRIGUE.

Écoute-moi.

CHIMÈNE.

Je me meurs.

D. RODRIGUE.

Un moment.

CHIMÈNE.

Va, laisse-moi mourir.

D. RODRIGUE.

Quatre mots seulement;
Après, ne me réponds qu'avecque cette épée.

CHIMÈNE.

Quoi! du sang de mon père encor toute trempée!

D. RODRIGUE.

Ma Chimène....

CHIMÈNE.

Ote-moi cet objet odieux,
Qui reproche ton crime et ta vie à mes yeux.

D. RODRIGUE.

Regarde-le plutôt pour exciter ta haine,
Pour croître ta colère, et pour hâter ma peine.

CHIMÈNE.

Il est teint de mon sang.

D. RODRIGUE.

Plonge-le dans le mien,
Et fais-lui perdre ainsi la teinture du tien.

CHIMÈNE.

Ah! quelle cruauté, qui tout en un jour tue
Le père par le fer, la fille par la vue!
Ote-moi cet objet, je ne le puis souffrir :
Tu veux que je t'écoute, et tu me fais mourir!

D. RODRIGUE.

Je fais ce que tu veux, mais sans quitter l'envie
De finir par tes mains ma déplorable vie;
Car enfin n'attends pas de mon affection

Un lâche repentir d'une bonne action.
L'irréparable effet d'une chaleur trop prompte
Déshonoroit mon père, et me couvroit de honte.
Tu sais comme un soufflet touche un homme de cœur;
J'avois part à l'affront, j'en ai cherché l'auteur :
Je l'ai vu, j'ai vengé mon honneur et mon père;
Je le ferois encor, si j'avois à le faire :
Ce n'est pas qu'en effet contre mon père et moi
Ma flamme assez longtemps n'ait combattu pour toi;
Juge de son pouvoir : dans une telle offense
J'ai pu délibérer si j'en prendrois vengeance.
Réduit à te déplaire, ou souffrir un affront,
J'ai pensé qu'à son tour mon bras étoit trop prompt,
Je me suis accusé de trop de violence;
Et ta beauté, sans doute, emportoit la balance,
A moins que d'opposer à tes plus forts appas
Qu'un homme sans honneur ne te méritoit pas;
Que malgré cette part que j'avois en ton âme,
Qui m'aima généreux me haïroit infâme;
Qu'écouter ton amour, obéir à sa voix,
C'étoit m'en rendre indigne et diffamer ton choix.
Je te le dis encore, et, quoique j'en soupire,
Jusqu'au dernier soupir je veux bien le redire;
Je t'ai fait une offense, et j'ai dû m'y porter
Pour effacer ma honte, et pour te mériter;
Mais, quitte envers l'honneur, et quitte envers mon père,
C'est maintenant à toi que je viens satisfaire :
C'est pour t'offrir mon sang qu'en ce lieu tu me vois.
J'ai fait ce que j'ai dû, je fais ce que je dois.
Je sais qu'un père mort t'arme contre mon crime;
Je ne t'ai pas voulu dérober ta victime :
Immole avec courage au sang qu'il a perdu
Celui qui met sa gloire à l'avoir répandu.

CHIMÈNE.

Ah! Rodrigue, il est vrai, quoique ton ennemie,
Je ne te puis blâmer d'avoir fui l'infamie;
Et, de quelque façon qu'éclatent mes douleurs,
Je ne t'accuse point, je pleure mes malheurs.
Je sais ce que l'honneur, après un tel outrage,
Demandoit à l'ardeur d'un généreux courage :
Tu n'as fait le devoir que d'un homme de bien;
Mais aussi, le faisant, tu m'as appris le mien.
Ta funeste valeur m'instruit par ta victoire;
Elle a vengé ton père et soutenu ta gloire :
Même soin me regarde, et j'ai, pour m'affliger,
Ma gloire à soutenir, et mon père à venger.
Hélas! ton intérêt ici me désespère.

Si quelque autre malheur m'avoit ravi mon père,
Mon âme auroit trouvé dans le bien de te voir
L'unique allégement qu'elle eût pu recevoir;
Et contre ma douleur j'aurois senti des charmes,
Quand une main si chère eût essuyé mes larmes.
Mais il me faut te perdre après l'avoir perdu;
Cet effort sur ma flamme à mon honneur est dû;
Et cet affreux devoir, dont l'ordre m'assassine,
Me force à travailler moi-même à ta ruine.
Car enfin n'attends pas de mon affection
De lâches sentimens pour ta punition.
De quoi qu'en ta faveur notre amour m'entretienne,
Ma générosité doit répondre à la tienne :
Tu t'es, en m'offensant, montré digne de moi;
Je me dois, par ta mort, montrer digne de toi.

D. RODRIGUE.

Ne diffère donc plus ce que l'honneur t'ordonne;
Il demande ma tête, et je te l'abandonne;
Fais-en un sacrifice à ce noble intérêt;
Le coup m'en sera doux, aussi bien que l'arrêt.
Attendre après mon crime une lente justice,
C'est reculer ta gloire autant que mon supplice.
Je mourrai trop heureux, mourant d'un coup si beau.

CHIMÈNE.

Va, je suis ta partie, et non pas ton bourreau.
Si tu m'offres ta tête, est-ce à moi de la prendre?
Je la dois attaquer, mais tu dois la défendre;
C'est d'un autre que toi qu'il me faut l'obtenir,
Et je dois te poursuivre, et non pas te punir.

D. RODRIGUE.

De quoi qu'en ma faveur notre amour t'entretienne,
Ta générosité doit répondre à la mienne;
Et pour venger un père emprunter d'autres bras,
Ma Chimène, crois-moi, c'est n'y répondre pas :
Ma main seule du mien a su venger l'offense,
Ta main seule du tien doit prendre la vengeance.

CHIMÈNE.

Cruel! à quel propos sur ce point t'obstiner?
Tu t'es vengé sans aide, et tu m'en veux donner!
Je suivrai ton exemple, et j'ai trop de courage
Pour souffrir qu'avec toi ma gloire se partage.
Mon père et mon honneur ne veulent rien devoir
Aux traits de ton amour ni de ton désespoir.

D. RODRIGUE.

Rigoureux point d'honneur! hélas! quoi que je fasse,
Ne pourrai-je à la fin obtenir cette grâce?
Au nom d'un père mort, ou de notre amitié,

Punis-moi par vengeance, ou du moins par pitié.
Ton malheureux amant aura bien moins de peine
A mourir par ta main qu'à vivre avec ta haine.

CHIMÈNE.

Va, je ne te hais point.

D. RODRIGUE.

Tu le dois.

CHIMÈNE.

Je ne puis.

D. RODRIGUE.

Crains-tu si peu le blâme, et si peu les faux bruits?
Quand on saura mon crime, et que ta flamme dure,
Que ne publieront point l'envie et l'imposture!
Force-les au silence, et, sans plus discourir,
Sauve ta renommée en me faisant mourir.

CHIMÈNE.

Elle éclate bien mieux en te laissant la vie;
Et je veux que la voix de la plus noire envie
Élève au ciel ma gloire et plaigne mes ennuis,
Sachant que je t'adore et que je te poursuis.
Va-t'en, ne montre plus à ma douleur extrême
Ce qu'il faut que je perde, encore que je l'aime.
Dans l'ombre de la nuit cache bien ton départ;
Si l'on te voit sortir, mon honneur court hasard.
La seule occasion qu'aura la médisance,
C'est de savoir qu'ici j'ai souffert ta présence :
Ne lui donne point lieu d'attaquer ma vertu.

D. RODRIGUE.

Que je meure!...

CHIMÈNE.

Va-t'en.

D. RODRIGUE.

A quoi te résous-tu?

CHIMÈNE.

Malgré des feux si beaux qui troublent ma colère,
Je ferai mon possible à bien venger mon père;
Mais, malgré la rigueur d'un si cruel devoir,
Mon unique souhait est de ne rien pouvoir.

D. RODRIGUE.

O miracle d'amour!

CHIMÈNE.

O comble de misères!

D. RODRIGUE.

Que de maux et de pleurs nous coûteront nos pères!

CHIMÈNE.

Rodrigue, qui l'eût cru....

D. RODRIGUE.

Chimène, qui l'eût dit...

CHIMÈNE.
Que notre heur fût si proche, et sitôt se perdît?
D. RODRIGUE.
Et que si près du port, contre toute apparence,
Un orage si prompt brisât notre espérance?
CHIMÈNE.
Ah! mortelles douleurs!
D. RODRIGUE.
Ah! regrets superflus!
CHIMÈNE.
Va-t'en, encore un coup, je ne t'écoute plus.
D. RODRIGUE.
Adieu; je vais traîner une mourante vie,
Tant que par ta poursuite elle me soit ravie.
CHIMÈNE.
Si j'en obtiens l'effet, je t'engage ma foi
De ne respirer pas un moment après toi.
Adieu; sors, et surtout garde bien qu'on te voie.
ELVIRE.
Madame, quelques maux que le ciel nous envoie....
CHIMÈNE.
Ne m'importune plus, laisse-moi soupirer;
Je cherche le silence et la nuit pour pleurer.

SCÈNE V. — D. DIÈGUE.

Jamais nous ne goûtons de parfaite allégresse :
Nos plus heureux succès sont mêlés de tristesse;
Toujours quelques soucis en ces événemens
Troublent la pureté de nos contentemens.
Au milieu du bonheur mon âme en sent l'atteinte;
Je nage dans la joie, et je tremble de crainte.
J'ai vu mort l'ennemi qui m'avoit outragé;
Et je ne saurois voir la main qui m'a vengé.
En vain je m'y travaille, et d'un soin inutile,
Tout cassé que je suis, je cours toute la ville :
Ce peu que mes vieux ans m'ont laissé de vigueur
Se consume sans fruit à chercher ce vainqueur.
A toute heure, en tous lieux, dans une nuit si sombre,
Je pense l'embrasser, et n'embrasse qu'une ombre;
Et mon amour, déçu par cet objet trompeur,
Se forme des soupçons qui redoublent ma peur.
Je ne découvre point de marques de sa fuite;
Je crains du comte mort les amis et la suite;
Leur nombre m'épouvante, et confond ma raison.
Rodrigue ne vit plus, ou respire en prison.
Justes cieux! me trompé-je encore à l'apparence,

Ou si je vois enfin mon unique espérance?
C'est lui, n'en doutons plus; mes vœux sont exaucés,
Ma crainte est dissipée, et mes ennuis cessés.

SCÈNE VI. — D. DIÈGUE, D. RODRIGUE.

D. DIÈGUE.

Rodrigue, enfin le ciel permet que je te voie!

D. RODRIGUE.

Hélas!

D. DIÈGUE.

Ne mêle point de soupirs à ma joie;
Laisse-moi prendre haleine afin de te louer.
Ma valeur n'a point lieu de te désavouer;
Tu l'as bien imitée, et ton illustre audace
Fait bien revivre en toi les héros de ma race :
C'est d'eux que tu descends, c'est de moi que tu viens;
Ton premier coup d'épée égale tous les miens :
Et d'une belle ardeur ta jeunesse animée
Par cette grande épreuve atteint ma renommée.
Appui de ma vieillesse, et comble de mon heur,
Touche ces cheveux blancs à qui tu rends l'honneur,
Viens baiser cette joue, et reconnois la place
Où fut empreint l'affront que ton courage efface.

D. RODRIGUE.

L'honneur vous en est dû, je ne pouvois pas moins,
Étant sorti de vous et nourri par vos soins.
Je m'en tiens trop heureux, et mon âme est ravie
Que mon coup d'essai plaise à qui je dois la vie :
Mais parmi vos plaisirs ne soyez point jaloux
Si je m'ose à mon tour satisfaire après vous.
Souffrez qu'en liberté mon désespoir éclate;
Assez et trop longtemps votre discours le flatte.
Je ne me repens point de vous avoir servi;
Mais rendez-moi le bien que ce coup m'a ravi.
Mon bras pour vous venger, armé contre ma flamme,
Par ce coup glorieux m'a privé de mon âme;
Ne me dites plus rien; pour vous j'ai tout perdu;
Ce que je vous devois, je vous l'ai bien rendu.

D. DIÈGUE.

Porte, porte plus haut le fruit de ta victoire.
Je t'ai donné la vie, et tu me rends ma gloire;
Et d'autant que l'honneur m'est plus cher que le jour,
D'autant plus maintenant je te dois de retour.
Mais d'un cœur magnanime éloigne ces foiblesses;
Nous n'avons qu'un honneur, il est tant de maîtresses!
L'amour n'est qu'un plaisir, l'honneur est un devoir.

ACTE III, SCÈNE VI.

D. RODRIGUE.
Ah! que me dites-vous?
D. DIÈGUE.
Ce que tu dois savoir.
D. RODRIGUE.
Mon honneur offensé sur moi-même se venge;
Et vous m'osez pousser à la honte du change!
L'infamie est pareille, et suit également
Le guerrier sans courage, et le perfide amant.
A ma fidélité ne faites point d'injure;
Souffrez-moi généreux sans me rendre parjure,
Mes liens sont trop forts pour être ainsi rompus;
Ma foi m'engage encor si je n'espère plus;
Et ne pouvant quitter ni posséder Chimène,
Le trépas que je cherche est ma plus douce peine.
D. DIÈGUE.
Il n'est pas temps encor de chercher le trépas;
Ton prince et ton pays ont besoin de ton bras.
La flotte qu'on craignoit, dans ce grand fleuve entrée,
Croit surprendre la ville et piller la contrée.
Les Maures vont descendre; et le flux et la nuit
Dans une heure à nos murs les amènent sans bruit.
La cour est en désordre, et le peuple en alarmes;
On n'entend que des cris, on ne voit que des larmes.
Dans ce malheur public mon bonheur a permis
Que j'ai trouvé chez moi cinq cents de mes amis,
Qui, sachant mon affront, poussés d'un même zèle,
Se venoient tous offrir à venger ma querelle.
Tu les as prévenus; mais leurs vaillantes mains
Se tremperont bien mieux au sang des Africains.
Va marcher à leur tête où l'honneur te demande;
C'est toi que veut pour chef leur généreuse bande.
De ces vieux ennemis va soutenir l'abord:
Là, si tu veux mourir, trouve une belle mort;
Prends-en l'occasion, puisqu'elle t'est offerte;
Fais devoir à ton roi son salut à ta perte;
Mais reviens-en plutôt les palmes sur le front.
Ne borne pas ta gloire à venger un affront,
Porte-la plus avant; force par ta vaillance
Ce monarque au pardon, et Chimène au silence;
Si tu l'aimes, apprends que revenir vainqueur,
C'est l'unique moyen de regagner son cœur.
Mais le temps est trop cher pour le perdre en paroles;
Je t'arrête en discours, et je veux que tu voles.
Viens, suis-moi, va combattre, et montrer à ton roi
Que ce qu'il perd au comte il le recouvre en toi.

ACTE QUATRIÈME.

SCÈNE I. — CHIMÈNE, ELVIRE.

CHIMÈNE.
N'est-ce point un faux bruit? le sais-tu bien, Elvire?
ELVIRE.
Vous ne croiriez jamais comme chacun l'admire,
Et porte jusqu'au ciel, d'une commune voix,
De ce jeune héros les glorieux exploits.
Les Maures devant lui n'ont paru qu'à leur honte;
Leur abord fut bien prompt, leur fuite encor plus prompte
Trois heures de combat laissent à nos guerriers
Une victoire entière et deux rois prisonniers.
La valeur de leur chef ne trouvoit point d'obstacles.
CHIMÈNE.
Et la main de Rodrigue a fait tous ces miracles!
ELVIRE.
De ses nobles efforts ces deux rois sont le prix;
Sa main les a vaincus, et sa main les a pris.
CHIMÈNE.
De qui peux-tu savoir ces nouvelles étranges?
ELVIRE.
Du peuple, qui partout fait sonner ses louanges,
Le nomme de sa joie et l'objet et l'auteur,
Son ange tutélaire, et son libérateur.
CHIMÈNE.
Et le roi, de quel œil voit-il tant de vaillance?
ELVIRE.
Rodrigue n'ose encor paroître en sa présence;
Mais don Diègue ravi lui présente enchaînés,
Au nom de ce vainqueur, ces captifs couronnés,
Et demande pour grâce à ce généreux prince
Qu'il daigne voir la main qui sauve la province.
CHIMÈNE.
Mais n'est-il point blessé?
ELVIRE.
Je n'en ai rien appris.
Vous changez de couleur! reprenez vos esprits.
CHIMÈNE.
Reprenons donc aussi ma colère affoiblie :
Pour avoir soin de lui faut-il que je m'oublie?
On le vante, on le loue, et mon cœur y consent!
Mon honneur est muet, mon devoir impuissant!
Silence, mon amour, laisse agir ma colère;

S'il a vaincu deux rois, il a tué mon père;
Ces tristes vêtemens, où je lis mon malheur,
Sont les premiers effets qu'ait produits sa valeur;
Et quoi qu'on die ailleurs d'un cœur si magnanime,
Ici tous les objets me parlent de son crime.
Vous qui rendez la force à mes ressentimens,
Voile, crêpes, habits, lugubres ornemens,
Pompe où m'ensevelit sa première victoire,
Contre ma passion soutenez bien ma gloire;
Et lorsque mon amour prendra trop de pouvoir,
Parlez à mon esprit de mon triste devoir,
Attaquez sans rien craindre une main triomphante.
ELVIRE.
Modérez ces transports, voici venir l'infante.

SCÈNE II. — L'INFANTE, CHIMÈNE, LÉONOR, ELVIRE.
L'INFANTE.
Je ne viens pas ici consoler tes douleurs;
Je viens plutôt mêler mes soupirs à tes pleurs.
CHIMÈNE.
Prenez bien plutôt part à la commune joie,
Et goûtez le bonheur que le ciel vous envoie,
Madame : autre que moi n'a droit de soupirer.
Le péril dont Rodrigue a su vous retirer,
Et le salut public que vous rendent ses armes,
A moi seule aujourd'hui souffrent encor les larmes :
Il a sauvé la ville, il a servi son roi;
Et son bras valeureux n'est funeste qu'à moi.
L'INFANTE.
Ma Chimène, il est vrai qu'il a fait des merveilles.
CHIMÈNE.
Déjà ce fruit fâcheux a frappé mes oreilles;
Et je l'entends partout publier hautement
Aussi brave guerrier que malheureux amant.
L'INFANTE.
Qu'a de fâcheux pour toi ce discours populaire?
Ce jeune Mars qu'il loue a su jadis te plaire;
Il possédoit ton âme, il vivoit sous tes lois :
Et vanter sa valeur, c'est honorer ton choix.
CHIMÈNE.
Chacun peut la vanter avec quelque justice,
Mais pour moi sa louange est un nouveau supplice.
On aigrit ma douleur en l'élevant si haut :
Je vois ce que je perds quand je vois ce qu'il vaut.
Ah! cruels déplaisirs à l'esprit d'une amante!
Plus j'apprends son mérite, et plus mon feu s'augmente:

Cependant mon devoir est toujours le plus fort,
Et, malgré mon amour, va poursuivre sa mort.
               L'INFANTE.
Hier ce devoir te mit en une haute estime;
L'effort que tu te fis parut si magnanime,
Si digne d'un grand cœur, que chacun à la cour
Admiroit ton courage et plaignoit ton amour.
Mais croirois-tu l'avis d'une amitié fidèle?
               CHIMÈNE.
Ne vous obéir pas me rendroit criminelle.
               L'INFANTE.
Ce qui fut juste alors ne l'est plus aujourd'hui.
Rodrigue maintenant est notre unique appui,
L'espérance et l'amour d'un peuple qui l'adore,
Le soutien de Castille, et la terreur du Maure.
Le roi même est d'accord de cette vérité,
Que ton père en lui seul se voit ressuscité;
Et si tu veux enfin qu'en deux mots je m'explique,
Tu poursuis en sa mort la ruine publique.
Quoi! pour venger un père est-il jamais permis
De livrer sa patrie aux mains des ennemis?
Contre nous ta poursuite est-elle légitime?
Et pour être punis avons-nous part au crime?
Ce n'est pas qu'après tout tu doives épouser
Celui qu'un père mort t'obligeoit d'accuser :
Je te voudrois moi-même en arracher l'envie:
Ote-lui ton amour, mais laisse-nous sa vie.
               CHIMÈNE.
Ah! ce n'est pas à moi d'avoir tant de bonté;
Le devoir qui m'aigrit n'a rien de limité.
Quoique pour ce vainqueur mon amour s'intéresse,
Quoiqu'un peuple l'adore et qu'un roi le caresse,
Qu'il soit environné des plus vaillans guerriers,
J'irai sous mes cyprès accabler ses lauriers.
               L'INFANTE.
C'est générosité quand, pour venger un père,
Notre devoir attaque une tête si chère;
Mais c'en est une encor d'un plus illustre rang,
Quand on donne au public les intérêts du sang.
Non, crois-moi, c'est assez que d'éteindre ta flamme;
Il sera trop puni s'il n'est plus dans ton âme.
Que le bien du pays t'impose cette loi :
Aussi bien, que crois-tu que t'accorde le roi?
               CHIMÈNE.
Il peut me refuser, mais je ne puis me taire.
               L'INFANTE.
Pense bien, ma Chimène, à ce que tu veux faire.

ACTE IV, SCÈNE II. 475

Adieu : tu pourras seule y penser à loisir.
CHIMÈNE.
Après mon père mort, je n'ai point à choisir.

SCÈNE III. — D. FERNAND, D. DIÈGUE, D. ARIAS,
D. RODRIGUE, D. SANCHE.

D. FERNAND.
Généreux héritier d'une illustre famille
Qui fut toujours la gloire et l'appui de Castille,
Race de tant d'aïeux en valeur signalés,
Que l'essai de la tienne a sitôt égalés,
Pour te récompenser ma force est trop petite ;
Et j'ai moins de pouvoir que tu n'as de mérite.
Le pays délivré d'un si rude ennemi,
Mon sceptre dans ma main par la tienne affermi,
Et les Maures défaits avant qu'en ces alarmes
J'eusse pu donner ordre à repousser leurs armes,
Ne sont point des exploits qui laissent à ton roi
Le moyen ni l'espoir de s'acquitter vers toi.
Mais deux rois tes captifs feront ta récompense :
Ils t'ont nommé tous deux leur Cid en ma présence.
Puisque Cid en leur langue est autant que seigneur,
Je ne t'envierai pas ce beau titre d'honneur.
Sois désormais le Cid ; qu'à ce grand nom tout cède ;
Qu'il comble d'épouvante et Grenade et Tolède,
Et qu'il marque à tous ceux qui vivent sous mes lois
Et ce que tu me vaux, et ce que je te dois.
D. RODRIGUE.
Que Votre Majesté, sire, épargne ma honte.
D'un si foible service elle fait trop de compte,
Et me force à rougir devant un si grand roi
De mériter si peu l'honneur que j'en reçoi.
Je sais trop que je dois au bien de votre empire,
Et le sang qui m'anime, et l'air que je respire ;
Et quand je les perdrai pour un si digne objet,
Je ferai seulement le devoir d'un sujet.
D. FERNAND.
Tous ceux que ce devoir à mon service engage
Ne s'en acquittent pas avec même courage ;
Et lorsque la valeur ne va point dans l'excès,
Elle ne produit point de si rares succès.
Souffre donc qu'on te loue, et de cette victoire
Apprends-moi plus au long la véritable histoire.
D. RODRIGUE.
Sire, vous avez su qu'en ce danger pressant,
Qui jeta dans la ville un effroi si puissant,

Une troupe d'amis chez mon père assemblée
Sollicita mon âme encor toute troublée....
Mais, sire, pardonnez à ma témérité,
Si j'osai l'employer sans votre autorité;
Le péril approchoit; leur brigade étoit prête;
Me montrant à la cour, je hasardois ma tête :
Et, s'il falloit la perdre, il m'étoit bien plus doux
De sortir de la vie en combattant pour vous.

D. FERNAND.

J'excuse ta chaleur à venger ton offense;
Et l'État défendu me parle en ta défense :
Crois que dorénavant Chimène a beau parler,
Je ne l'écoute plus que pour la consoler.
Mais poursuis.

D. RODRIGUE.

Sous moi donc cette troupe s'avance,
Et porte sur le front une mâle assurance.
Nous partîmes cinq cents; mais, par un prompt renfort,
Nous nous vîmes trois mille en arrivant au port,
Tant, à nous voir marcher avec un tel visage,
Les plus épouvantés reprenoient de courage!
J'en cache les deux tiers, aussitôt qu'arrivés,
Dans le fond des vaisseaux qui lors furent trouvés :
Le reste, dont le nombre augmentoit à toute heure,
Brûlant d'impatience autour de moi demeure,
Se couche contre terre, et, sans faire aucun bruit,
Passe une bonne part d'une si belle nuit.
Par mon commandement la garde en fait de même,
Et se tenant cachée, aide à mon stratagème;
Et je feins hardiment d'avoir reçu de vous
L'ordre qu'on me voit suivre et que je donne à tous.
Cette obscure clarté qui tombe des étoiles
Enfin avec le flux nous fit voir trente voiles;
L'onde s'enfle dessous, et d'un commun effort
Les Maures et la mer montent jusques au port.
On les laisse passer; tout leur paroît tranquille;
Point de soldats au port, point aux murs de la ville.
Notre profond silence abusant leurs esprits,
Ils n'osent plus douter de nous avoir surpris;
Ils abordent sans peur, ils ancrent, ils descendent,
Et courent se livrer aux mains qui les attendent.
Nous nous levons alors, et tous en même temps
Poussons jusques au ciel mille cris éclatans :
Les nôtres, à ces cris, de nos vaisseaux répondent;
Ils paroissent armés, les Maures se confondent,
L'épouvante les prend à demi descendus;
Avant que de combattre ils s'estiment perdus.

Ils couroient au pillage, et rencontrent la guerre;
Nous les pressons sur l'eau, nous les pressons sur terre,
Et nous faisons courir des ruisseaux de leur sang,
Avant qu'aucun résiste ou reprenne son rang.
Mais bientôt, malgré nous, leurs princes les rallient,
Leur courage renaît, et leurs terreurs s'oublient :
La honte de mourir sans avoir combattu
Arrête leur désordre, et leur rend leur vertu.
Contre nous de pied ferme ils tirent leurs alfanges[1],
De notre sang au leur font d'horribles mélanges;
Et la terre, et le fleuve, et leur flotte, et le port,
Sont des champs de carnage où triomphe la mort.
O combien d'actions, combien d'exploits célèbres
Sont demeurés sans gloire au milieu des ténèbres,
Où chacun, seul témoin des grands coups qu'il donnoit,
Ne pouvoit discerner où le sort inclinoit!
J'allois de tous côtés encourager les nôtres,
Faire avancer les uns, et soutenir les autres,
Ranger ceux qui venoient, les pousser à leur tour,
Et ne l'ai pu savoir jusques au point du jour.
Mais enfin sa clarté montre notre avantage;
Le Maure voit sa perte, et perd soudain courage :
Et voyant un renfort qui nous vient secourir,
L'ardeur de vaincre cède à la peur de mourir.
Ils gagnent leurs vaisseaux, ils en coupent les câbles,
Poussent jusques aux cieux des cris épouvantables,
Font retraite en tumulte, et sans considérer
Si leurs rois avec eux peuvent se retirer.
Pour souffrir ce devoir leur frayeur est trop forte;
Le flux les apporta; le reflux les remporte;
Cependant que leurs rois, engagés parmi nous,
Et quelque peu des leurs, tout percés de nos coups,
Disputent vaillamment et vendent bien leur vie.
A se rendre moi-même en vain je les convie;
Le cimeterre au poing ils ne m'écoutent pas :
Mais voyant à leurs pieds tomber tous leurs soldats,
Et que seuls désormais en vain ils se défendent,
Ils demandent le chef; je me nomme, ils se rendent.
Je vous les envoyai tous deux en même temps;
Et le combat cessa faute de combattans.
C'est de cette façon que, pour votre service....

1. *Alfange* est un mot espagnol qui signifie *sabre, cimeterre, coutelas*. L'épée étoit alors une arme inconnue aux Maures.

SCÈNE IV. — D. FERNAND, D. DIÈGUE, D. RODRIGUE,
D. ARIAS, D. ALONSE, D. SANCHE.

D. ALONSE.

Sire, Chimène vient vous demander justice.

D. FERNAND.

La fâcheuse nouvelle, et l'importun devoir!
Va, je ne la veux pas obliger à te voir.
Pour tous remercîmens il faut que je te chasse :
Mais avant que sortir, viens, que ton roi t'embrasse.
(*D. Rodrigue rentre.*)

D. DIÈGUE.

Chimène le poursuit, et voudroit le sauver.

D. FERNAND.

On m'a dit qu'elle l'aime, et je vais l'éprouver.
Montrez un œil plus triste.

SCÈNE V. — D. FERNAND, D. DIÈGUE, D. ARIAS,
D. SANCHE, D. ALONSE, CHIMÈNE, ELVIRE.

D. FERNAND.

Enfin soyez contente,
Chimène, le succès répond à votre attente.
Si de nos ennemis Rodrigue a le dessus,
Il est mort à nos yeux des coups qu'il a reçus;
Rendez grâces au ciel, qui vous en a vengée.
(*A D. Diègue.*)
Voyez comme déjà sa couleur est changée.

D. DIÈGUE.

Mais voyez qu'elle pâme, et d'un amour parfait,
Dans cette pâmoison, sire, admirez l'effet.
Sa douleur a trahi les secrets de son âme,
Et ne vous permet plus de douter de sa flamme.

CHIMÈNE.

Quoi! Rodrigue est donc mort?

D. FERNAND.

Non, non, il voit le jour,
Et te conserve encore un immuable amour :
Calme cette douleur qui pour lui s'intéresse.

CHIMÈNE.

Sire, on pâme de joie, ainsi que de tristesse ;
Un excès de plaisir nous rend tout languissans;
Et quand il surprend l'âme, il accable les sens.

D. FERNAND.

Tu veux qu'en ta faveur nous croyions l'impossible?
Chimène, ta douleur a paru trop visible.

CHIMÈNE.

Eh bien, sire, ajoutez ce comble à mon malheur,

Nommez ma pâmoison l'effet de ma douleur :
Un juste déplaisir à ce point m'a réduite;
Son trépas déroboit sa tête à ma poursuite;
S'il meurt des coups reçus pour le bien du pays,
Ma vengeance est perdue et mes desseins trahis :
Une si belle fin m'est trop injurieuse.
Je demande sa mort, mais non pas glorieuse,
Non pas dans un éclat qui l'élève si haut,
Non pas au lit d'honneur, mais sur un échafaud;
Qu'il meure pour mon père, et non pour la patrie;
Que son nom soit taché, sa mémoire flétrie.
Mourir pour le pays n'est pas un triste sort;
C'est s'immortaliser par une belle mort.
J'aime donc sa victoire, et je le puis sans crime;
Elle assure l'État, et me rend ma victime,
Mais noble, mais fameuse entre tous les guerriers,
Le chef, au lieu de fleurs, couronné de lauriers;
Et, pour dire en un mot ce que je considère,
Digne d'être immolée aux mânes de mon père....
Hélas! à quel espoir me laissé-je emporter!
Rodrigue de ma part n'a rien à redouter;
Que pourroient contre lui des larmes qu'on méprise?
Pour lui tout votre empire est un lieu de franchise;
Là, sous votre pouvoir, tout lui devient permis;
Il triomphe de moi comme des ennemis.
Dans leur sang répandu la justice étouffée
Au crime du vainqueur sert d'un nouveau trophée;
Nous en croissons la pompe, et le mépris des lois
Nous fait suivre son char au milieu de deux rois.

D. FERNAND.

Ma fille, ces transports ont trop de violence.
Quand on rend la justice on met tout en balance.
On a tué ton père, il étoit l'agresseur;
Et la même équité m'ordonne la douceur.
Avant que d'accuser ce que j'en fais paroître,
Consulte bien ton cœur; Rodrigue en est le maître,
Et ta flamme en secret rend grâces à ton roi,
Dont la faveur conserve un tel amant pour toi.

CHIMÈNE.

Pour moi! mon ennemi! l'objet de ma colère!
L'auteur de mes malheurs! l'assassin de mon père!
De ma juste poursuite on fait si peu de cas
Qu'on me croit obliger en ne m'écoutant pas!
Puisque vous refusez la justice à mes larmes,
Sire, permettez-moi de recourir aux armes;
C'est par là seulement qu'il a su m'outrager,
Et c'est aussi par là que je me dois venger.

A tous vos cavaliers je demande sa tête;
Oui, qu'un d'eux me l'apporte, et je suis sa conquête;
Qu'ils le combattent, sire; et, le combat fini,
J'épouse le vainqueur, si Rodrigue est puni.
Sous votre autorité souffrez qu'on le publie.

D. FERNAND.

Cette vieille coutume en ces lieux établie,
Sous couleur de punir un injuste attentat,
Des meilleurs combattans affoiblit un État;
Souvent de cet abus le succès déplorable
Opprime l'innocent, et soutient le coupable.
J'en dispense Rodrigue; il m'est trop précieux
Pour l'exposer aux coups d'un sort capricieux;
Et, quoi qu'ait pu commettre un cœur si magnanime,
Les Maures en fuyant ont emporté son crime.

D. DIÈGUE.

Quoi! sire, pour lui seul vous renversez des lois
Qu'a vu toute la cour observer tant de fois!
Que croira votre peuple, et que dira l'envie,
Si sous votre défense il ménage sa vie,
Et s'en fait un prétexte à ne paroître pas
Où tous les gens d'honneur cherchent un beau trépas?
De pareilles faveurs terniroient trop sa gloire:
Qu'il goûte sans rougir les fruits de sa victoire.
Le comte eut de l'audace, il l'en a su punir:
Il l'a fait en brave homme, et le doit maintenir.

D. FERNAND.

Puisque vous le voulez, j'accorde qu'il le fasse:
Mais d'un guerrier vaincu mille prendroient la place,
Et le prix que Chimène au vainqueur a promis
De tous mes cavaliers feroit ses ennemis:
L'opposer seul à tous seroit trop d'injustice;
Il suffit qu'une fois il entre dans la lice.
Choisis qui tu voudras, Chimène, et choisis bien;
Mais après ce combat ne demande plus rien.

D. DIÈGUE.

N'excusez point par là ceux que son bras étonne;
Laissez un champ ouvert où n'entrera personne.
Après ce que Rodrigue a fait voir aujourd'hui,
Quel courage assez vain s'oseroit prendre à lui?
Qui se hasarderoit contre un tel adversaire?
Qui seroit ce vaillant, ou bien ce téméraire?

D. SANCHE.

Faites ouvrir le champ : vous voyez l'assaillant;
Je suis ce téméraire, ou plûtôt ce vaillant.
Accordez cette grâce à l'ardeur qui me presse.
Madame, vous savez quelle est votre promesse.

D. FERNAND.
Chimène, remets-tu ta querelle en sa main?
CHIMÈNE.
Sire, je l'ai promis.
D. FERNAND.
Soyez prêt à demain.
D. DIÈGUE.
Non, sire, il ne faut pas différer davantage :
On est toujours trop prêt quand on a du courage.
D. FERNAND.
Sortir d'une bataille, et combattre à l'instant!
D. DIÈGUE.
Rodrigue a pris haleine en vous la racontant.
D. FERNAND.
Du moins une heure ou deux je veux qu'il se délasse.
Mais de peur qu'en exemple un tel combat ne passe,
Pour témoigner à tous qu'à regret je permets
Un sanglant procédé qui ne me plut jamais,
De moi ni de ma cour il n'aura la présence.
(A D. Arias.)
Vous seul des combattans jugerez la vaillance.
Ayez soin que tous deux fassent en gens de cœur,
Et, le combat fini, m'amenez le vainqueur.
Qui qu'il soit, même prix est acquis à sa peine;
Je le veux de ma main présenter à Chimène,
Et que pour récompense il reçoive sa foi.
CHIMÈNE.
Quoi! sire, m'imposer une si dure loi!
D. FERNAND.
Tu t'en plains; mais ton feu, loin d'avouer ta plainte,
Si Rodrigue est vainqueur, l'accepte sans contrainte.
Cesse de murmurer contre un arrêt si doux;
Qui que ce soit des deux, j'en ferai ton époux.

ACTE CINQUIÈME.

SCÈNE I. — D. RODRIGUE, CHIMÈNE.

CHIMÈNE.
Quoi! Rodrigue, en plein jour! d'où te vient cette audace?
Va, tu me perds d'honneur; retire-toi, de grâce.
D. RODRIGUE.
Je vais mourir, madame, et vous viens en ce lieu,
Avant le coup mortel, dire un dernier adieu;
Cet immuable amour qui sous vos lois m'engage

N'ose accepter ma mort sans vous en faire hommage.
CHIMÈNE.
Tu vas mourir!
D. RODRIGUE.
Je cours à ces heureux momens
Qui vont livrer ma vie à vos ressentimens.
CHIMÈNE.
Tu vas mourir! Don Sanche est-il si redoutable
Qu'il donne l'épouvante à ce cœur indomptable?
Qui t'a rendu si foible? ou qui le rend si fort?
Rodrigue va combattre, et se croit déjà mort!
Celui qui n'a pas craint les Maures, ni mon père,
Va combattre don Sanche, et déjà désespère!
Ainsi donc au besoin ton courage s'abat!
D. RODRIGUE.
Je cours à mon supplice, et non pas au combat;
Et ma fidèle ardeur sait bien m'ôter l'envie,
Quand vous cherchez ma mort, de défendre ma vie.
J'ai toujours même cœur; mais je n'ai point de bras
Quand il faut conserver ce qui ne vous plaît pas;
Et déjà cette nuit m'auroit été mortelle,
Si j'eusse combattu pour ma seule querelle;
Mais défendant mon roi, son peuple et mon pays,
A me défendre mal je les aurois trahis.
Mon esprit généreux ne hait pas tant la vie,
Qu'il en veuille sortir par une perfidie :
Maintenant qu'il s'agit de mon seul intérêt,
Vous demandez ma mort, j'en accepte l'arrêt.
Votre ressentiment choisit la main d'un autre;
Je ne méritois pas de mourir de la vôtre.
On ne me verra point en repousser les coups;
Je dois plus de respect à qui combat pour vous;
Et, ravi de penser que c'est de vous qu'ils viennent,
Puisque c'est votre honneur que ses armes soutiennent,
Je lui vais présenter mon estomac ouvert,
Adorant en sa main la vôtre qui me perd.
CHIMÈNE.
Si d'un triste devoir la juste violence,
Qui me fait malgré moi poursuivre ta vaillance,
Prescrit à ton amour une si forte loi
Qu'il te rend sans défense à qui combat pour moi,
En cet aveuglement ne perds pas la mémoire
Qu'ainsi que de ta vie il y va de ta gloire,
Et que, dans quelque éclat que Rodrigue ait vécu,
Quand on le saura mort, on le croira vaincu.
Ton honneur t'est plus cher que je ne te suis chère,
Puisqu'il trempe tes mains dans le sang de mon père,

Et te fait renoncer, malgré ta passion,
A l'espoir le plus doux de ma possession :
Je t'en vois cependant faire si peu de compte,
Que sans rendre combat tu veux qu'on te surmonte.
Quelle inégalité ravale ta vertu ?
Pourquoi ne l'as-tu plus ? ou pourquoi l'avois-tu ?
Quoi ! n'es-tu généreux que pour me faire outrage ?
S'il ne faut m'offenser, n'as-tu point de courage ?
Et traites-tu mon père avec tant de rigueur,
Qu'après l'avoir vaincu tu souffres un vainqueur ?
Va, sans vouloir mourir, laisse-moi te poursuivre,
Et défends ton honneur, si tu ne veux plus vivre.
                    D. RODRIGUE.
Après la mort du comte, et les Maures défaits,
Faudroit-il à ma gloire encor d'autres effets ?
Elle peut dédaigner le soin de me défendre ;
On sait que mon courage ose tout entreprendre,
Que ma valeur peut tout, et que dessous les cieux,
Auprès de mon honneur, rien ne m'est précieux.
Non, non, en ce combat, quoi que vous veuillez croire,
Rodrigue peut mourir sans hasarder sa gloire,
Sans qu'on l'ose accuser d'avoir manqué de cœur,
Sans passer pour vaincu, sans souffrir un vainqueur.
On dira seulement : « Il adoroit Chimène ;
Il n'a pas voulu vivre et mériter sa haine ;
Il a cédé lui-même à la rigueur du sort
Qui forçoit sa maîtresse à poursuivre sa mort :
Elle vouloit sa tête ; et son cœur magnanime,
S'il l'en eût refusée, eût pensé faire un crime.
Pour venger son honneur il perdit son amour,
Pour venger sa maîtresse il a quitté le jour,
Préférant (quelque espoir qu'eût son âme asservie)
Son honneur à Chimène, et Chimène à sa vie. »
Ainsi donc vous verrez ma mort en ce combat,
Loin d'obscurcir ma gloire, en rehausser l'éclat ;
Et cet honneur suivra mon trépas volontaire,
Que tout autre que moi n'eût pu vous satisfaire.
                    CHIMÈNE.
Puisque, pour t'empêcher de courir au trépas,
Ta vie et ton honneur sont de foibles appas,
Si jamais je t'aimai, cher Rodrigue, en revanche,
Défends-toi maintenant pour m'ôter à don Sanche ;
Combats pour m'affranchir d'une condition
Qui me donne à l'objet de mon aversion.
Te dirai-je encor plus ? va, songe à ta défense,
Pour forcer mon devoir, pour m'imposer silence ;
Et si tu sens pour moi ton cœur encore épris,

Sors vainqueur d'un combat dont Chimène est le prix.
Adieu : ce mot lâché me fait rougir de honte.

D. RODRIGUE, *seul*.

Est-il quelque ennemi qu'à présent je ne dompte?
Paroissez, Navarrois, Maures et Castillans,
Et tout ce que l'Espagne a nourri de vaillans;
Unissez-vous ensemble, et faites une armée,
Pour combattre une main de la sorte animée :
Joignez tous vos efforts contre un espoir si doux;
Pour en venir à bout, c'est trop peu que de vous.

SCÈNE II. — L'INFANTE.

T'écouterai-je encor, respect de ma naissance,
    Qui fais un crime de mes feux?
T'écouterai-je, amour, dont la douce puissance
Contre ce fier tyran fait révolter mes vœux?
    Pauvre princesse! auquel des deux
    Dois-tu prêter obéissance?
Rodrigue, ta valeur te rend digne de moi;
Mais, pour être vaillant, tu n'es pas fils de roi.

Impitoyable sort, dont la rigueur sépare
    Ma gloire d'avec mes désirs,
Est-il dit que le choix d'une vertu si rare
Coûte à ma passion de si grands déplaisirs?
    O cieux! à combien de soupirs
    Faut-il que mon cœur se prépare,
Si jamais il n'obtient sur un si long tourment
Ni d'éteindre l'amour, ni d'accepter l'amant!

Mais c'est trop de scrupule, et ma raison s'étonne
    Du mépris d'un si digne choix :
Bien qu'aux monarques seuls ma naissance me donne,
Rodrigue, avec honneur je vivrai sous tes lois.
    Après avoir vaincu deux rois,
    Pourrois-tu manquer de couronne?
Et ce grand nom de Cid que tu viens de gagner
Ne fait-il pas trop voir sur qui tu dois régner?

Il est digne de moi, mais il est à Chimène;
    Le don que j'en ai fait me nuit.
Entre eux la mort d'un père a si peu mis de haine,
Que le devoir du sang à regret le poursuit :
    Ainsi n'espérons aucun fruit
    De son crime, ni de ma peine,
Puisque pour me punir le destin a permis
Que l'amour dure même entre deux ennemis.

SCÈNE III. — L'INFANTE, LÉONOR.

L'INFANTE.

Où viens-tu, Léonor?

LÉONOR.

Vous applaudir, madame,
Sur le repos qu'enfin a retrouvé votre âme.

L'INFANTE.

D'où viendroit ce repos dans un comble d'ennui?

LÉONOR.

Si l'amour vit d'espoir, et s'il meurt avec lui,
Rodrigue ne peut plus charmer votre courage.
Vous savez le combat où Chimène l'engage;
Puisqu'il faut qu'il y meure, ou qu'il soit son mari,
Votre espérance est morte, et votre esprit guéri.

L'INFANTE.

Ah! qu'il s'en faut encor!

LÉONOR.

Que pouvez-vous prétendre?

L'INFANTE.

Mais plutôt quel espoir me pourrois-tu défendre?
Si Rodrigue combat sous ces conditions,
Pour en rompre l'effet j'ai trop d'inventions.
L'amour, ce doux auteur de mes cruels supplices,
Aux esprits des amans apprend trop d'artifices.

LÉONOR.

Pourrez-vous quelque chose, après qu'un père mort
N'a pu dans leurs esprits allumer de discord?
Car Chimène aisément montre, par sa conduite,
Que la haine aujourd'hui ne fait pas sa poursuite.
Elle obtient un combat, et pour son combattant
C'est le premier offert qu'elle accepte à l'instant :
Elle n'a point recours à ces mains généreuses
Que tant d'exploits fameux rendent si glorieuses;
Don Sanche lui suffit, et mérite son choix
Parce qu'il va s'armer pour la première fois;
Elle aime en ce duel son peu d'expérience;
Comme il est sans renom, elle est sans défiance;
Et sa facilité vous doit bien faire voir
Qu'elle cherche un combat qui force son devoir,
Qui livre à son Rodrigue une victoire aisée,
Et l'autorise enfin à paroître apaisée.

L'INFANTE.

Je le remarque assez, et toutefois mon cœur
A l'envi de Chimène adore ce vainqueur.
A quoi me résoudrai-je, amante infortunée?

LÉONOR.

A vous mieux souvenir de qui vous êtes née :

Le ciel vous doit un roi, vous aimez un sujet!
L'INFANTE.
Mon inclination a bien changé d'objet.
Je n'aime plus Rodrigue, un simple gentilhomme;
Non, ce n'est plus ainsi que mon amour le nomme :
Si j'aime, c'est l'auteur de tant de beaux exploits,
C'est le valeureux Cid, le maître de deux rois.
Je me vaincrai pourtant, non de peur d'aucun blâme,
Mais pour ne troubler pas une si belle flamme;
Et quand pour m'obliger on l'auroit couronné,
Je ne veux point reprendre un bien que j'ai donné.
Puisqu'en un tel combat sa victoire est certaine,
Allons encore un coup le donner à Chimène.
Et toi, qui vois les traits dont mon cœur est percé,
Viens me voir achever comme j'ai commencé.

SCÈNE IV. — CHIMÈNE, ELVIRE.

CHIMÈNE.
Elvire, que je souffre! et que je suis à plaindre!
Je ne sais qu'espérer, et je vois tout à craindre;
Aucun vœu ne m'échappe où j'ose consentir;
Je ne souhaite rien sans un prompt repentir.
A deux rivaux pour moi je fais prendre les armes :
Le plus heureux succès me coûtera des larmes;
Et quoi qu'en ma faveur en ordonne le sort,
Mon père est sans vengeance, ou mon amant est mort.
ELVIRE.
D'un et d'autre côté je vous vois soulagée :
Ou vous avez Rodrigue, ou vous êtes vengée;
Et quoi que le destin puisse ordonner de vous,
Il soutient votre gloire, et vous donne un époux.
CHIMÈNE.
Quoi! l'objet de ma haine, ou de tant de colère!
L'assassin de Rodrigue, ou celui de mon père!
De tous les deux côtés on me donne un mari
Encor tout teint du sang que j'ai le plus chéri.
De tous les deux côtés mon âme se rebelle.
Je crains plus que la mort la fin de ma querelle.
Allez, vengeance, amour, qui troublez mes esprits,
Vous n'avez point pour moi de douceurs à ce prix :
Et toi, puissant moteur du destin qui m'outrage,
Termine ce combat sans aucun avantage,
Sans faire aucun des deux ni vaincu ni vainqueur.
ELVIRE.
Ce seroit vous traiter avec trop de rigueur.
Ce combat pour votre âme est un nouveau supplice,

S'il vous laisse obligée à demander justice,
A témoigner toujours ce haut ressentiment,
Et poursuivre toujours la mort de votre amant.
Madame, il vaut bien mieux que sa rare vaillance,
Lui couronnant le front, vous impose silence ;
Que la loi du combat étouffe vos soupirs,
Et que le roi vous force à suivre vos désirs.

CHIMÈNE.

Quand il sera vainqueur, crois-tu que je me rende ?
Mon devoir est trop fort, et ma perte trop grande ;
Et ce n'est pas assez, pour leur faire la loi,
Que celle du combat et le vouloir du roi.
Il peut vaincre don Sanche avec fort peu de peine ;
Mais non pas avec lui la gloire de Chimène ;
Et, quoi qu'à sa victoire un monarque ait promis,
Mon honneur lui fera mille autres ennemis.

ELVIRE.

Gardez, pour vous punir de cet orgueil étrange,
Que le ciel à la fin ne souffre qu'on vous venge.
Quoi ! vous voulez encor refuser le bonheur
De pouvoir maintenant vous taire avec honneur ?
Que prétend ce devoir, et qu'est-ce qu'il espère ?
La mort de votre amant vous rendra-t-elle un père ?
Est-ce trop peu pour vous que d'un coup de malheur ?
Faut-il perte sur perte, et douleur sur douleur ?
Allez, dans le caprice où votre humeur s'obstine,
Vous ne méritez pas l'amant qu'on vous destine ;
Et nous verrons du ciel l'équitable courroux
Vous laisser, par sa mort, don Sanche pour époux.

CHIMÈNE.

Elvire, c'est assez des peines que j'endure,
Ne les redouble point par ce funeste augure.
Je veux, si je le puis, les éviter tous deux ;
Sinon, en ce combat Rodrigue a tous mes vœux :
Non qu'une folle ardeur de son côté me penche ;
Mais, s'il étoit vaincu, je serois à don Sanche.
Cette appréhension fait naître mon souhait....
Que vois-je ! malheureuse ! Elvire, c'en est fait.

SCÈNE V. — D. SANCHE, CHIMÈNE, ELVIRE.

D. SANCHE.

Obligé d'apporter à vos pieds cette épée....

CHIMÈNE.

Quoi ! du sang de Rodrigue encor toute trempée ?
Perfide, oses-tu bien te montrer à mes yeux,
Après m'avoir ôté ce que j'aimois le mieux ?

Éclate, mon amour, tu n'as plus rien à craindre;
Mon père est satisfait, cesse de te contraindre;
Un même coup a mis ma gloire en sûreté,
Mon âme au désespoir, ma flamme en liberté.
####### D. SANCHE.
D'un esprit plus rassis....
####### CHIMÈNE:
Tu me parles encore,
Exécrable assassin d'un héros que j'adore!
Va, tu l'as pris en traître; un guerrier si vaillant
N'eût jamais succombé sous un tel assaillant.
N'espère rien de moi, tu ne m'as point servie!
En croyant me venger, tu m'as ôté la vie.
####### D. SANCHE.
Étrange impression, qui, loin de m'écouter....
####### CHIMÈNE.
Veux-tu que de sa mort je t'écoute vanter,
Que j'entende à loisir avec quelle insolence
Tu peindras son malheur, mon crime et ta vaillance?

SCÈNE VI. — D. FERNAND, D. DIÈGUE, D. ARIAS, D. SANCHE, D. ALONSE, CHIMÈNE, ELVIRE.

####### CHIMÈNE.
Sire, il n'est plus besoin de vous dissimuler
Ce que tous mes efforts ne vous ont pu celer.
J'aimois, vous l'avez su; mais, pour venger mon père,
J'ai bien voulu proscrire une tête si chère :
Votre Majesté, sire, elle-même a pu voir
Comme j'ai fait céder mon amour au devoir.
Enfin Rodrigue est mort, et sa mort m'a changée
D'implacable ennemie en amante affligée.
J'ai dû cette vengeance à qui m'a mise au jour,
Et je dois maintenant ces pleurs à mon amour.
Don Sanche m'a perdue en prenant ma défense;
Et du bras qui me perd je suis la récompense!
Sire, si la pitié peut émouvoir un roi,
De grâce, révoquez une si dure loi;
Pour prix d'une victoire où je perds ce que j'aime,
Je lui laisse mon bien; qu'il me laisse à moi-même;
Qu'en un cloître sacré je pleure incessamment,
Jusqu'au dernier soupir, mon père et mon amant.
####### D. DIÈGUE.
Enfin elle aime, sire, et ne croit plus un crime
D'avouer par sa bouche un amour légitime.
####### D. FERNAND.
Chimène, sors d'erreur, ton amant n'est pas mort,

Et don Sanche vaincu t'a fait un faux rapport.
D. SANCHE.
Sire, un peu trop d'ardeur malgré moi l'a déçue :
Je venois du combat lui raconter l'issue.
Ce généreux guerrier, dont son cœur est charmé :
« Ne crains rien, m'a-t-il dit, quand il m'a désarmé;
Je laisserois plutôt la victoire incertaine,
Que de répandre un sang hasardé pour Chimène;
Mais puisque mon devoir m'appelle auprès du roi,
Va de notre combat l'entretenir pour moi,
De la part du vainqueur lui porter ton épée. »
Sire, j'y suis venu : cet objet l'a trompée;
Elle m'a cru vainqueur, me voyant de retour,
Et soudain sa colère a trahi son amour
Avec tant de transport et tant d'impatience,
Que je n'ai pu gagner un moment d'audience.
Pour moi, bien que vaincu, je me répute heureux;
Et, malgré l'intérêt de mon cœur amoureux,
Perdant infiniment, j'aime encor ma défaite,
Qui fait le beau succès d'une amour si parfaite.
D. FERNAND.
Ma fille, il ne faut point rougir d'un si beau feu,
Ni chercher les moyens d'en faire un désaveu;
Une louable honte en vain t'en sollicite;
Ta gloire est dégagée, et ton devoir est quitte;
Ton père est satisfait, et c'étoit le venger
Que mettre tant de fois ton Rodrigue en danger.
Tu vois comme le ciel autrement en dispose.
Ayant tant fait pour lui, fais pour toi quelque chose,
Et ne sois point rebelle à mon commandement,
Qui te donne un époux aimé si chèrement.

SCÈNE VII. — D. FERNAND, D. DIÈGUE, D. ARIAS,
  D. RODRIGUE, D. ALONSE, D. SANCHE, L'INFANTE,
  CHIMÈNE, LÉONOR, ELVIRE.

L'INFANTE.
Sèche tes pleurs, Chimène, et reçois sans tristesse
Ce généreux vainqueur des mains de ta princesse.
D. RODRIGUE.
Ne vous offensez point, sire, si devant vous
Un respect amoureux me jette à ses genoux.
Je ne viens point ici demander ma conquête;
Je viens tout de nouveau vous apporter ma tête,
Madame; mon amour n'emploiera point pour moi
Ni la loi du combat, ni le vouloir du roi.
Si tout ce qui s'est fait est trop peu pour un père

Dites par quels moyens il vous faut satisfaire.
Faut-il combattre encor mille et mille rivaux,
Aux deux bouts de la terre étendre mes travaux,
Forcer moi seul un camp, mettre en fuite une armée,
Des héros fabuleux passer la renommée?
Si mon crime par là se peut enfin laver,
J'ose tout entreprendre, et puis tout achever :
Mais si ce fier honneur, toujours inexorable,
Ne se peut apaiser sans la mort du coupable,
N'armez plus contre moi le pouvoir des humains;
Ma tête est à vos pieds, vengez-vous par vos mains;
Vos mains seules ont droit de vaincre un invincible;
Prenez une vengeance à tout autre impossible;
Mais du moins que ma mort suffise à me punir.
Ne me bannissez point de votre souvenir;
Et, puisque mon trépas conserve votre gloire,
Pour vous en revancher conservez ma mémoire,
Et dites quelquefois, en déplorant mon sort :
« S'il ne m'avoit aimée, il ne seroit pas mort. »

CHIMÈNE.

Relève-toi, Rodrigue. Il faut l'avouer, sire,
Je vous en ai trop dit pour m'en pouvoir dédire.
Rodrigue a des vertus que je ne puis haïr;
Et quand un roi commande, on lui doit obéir.
Mais, à quoi que déjà vous m'ayez condamnée,
Pourrez-vous à vos yeux souffrir cet hyménée?
Et quand de mon devoir vous voulez cet effort,
Toute votre justice en est-elle d'accord?
Si Rodrigue à l'État devient si nécessaire,
De ce qu'il fait pour vous dois-je être le salaire,
Et me livrer moi-même au reproche éternel
D'avoir trempé mes mains dans le sang paternel?

D. FERNAND.

Le temps assez souvent a rendu légitime
Ce qui sembloit d'abord ne se pouvoir sans crime.
Rodrigue t'a gagnée, et tu dois être à lui.
Mais, quoique sa valeur t'ait conquise aujourd'hui,
Il faudroit que je fusse ennemi de ta gloire
Pour lui donner sitôt le prix de sa victoire.
Cet hymen différé ne rompt point une loi
Qui, sans marquer de temps, lui destine ta foi.
Prends un an, si tu veux, pour essuyer tes larmes.
Rodrigue, cependant, il faut prendre les armes.
Après avoir vaincu les Maures sur nos bords,
Renversé leurs desseins, repoussé leurs efforts,
Va jusqu'en leur pays leur reporter la guerre,
Commander mon armée, et ravager leur terre.

A ce seul nom de Cid ils trembleront d'effroi ;
Ils t'ont nommé seigneur, et te voudront pour roi.
Mais parmi tes hauts faits sois-lui toujours fidèle :
Reviens-en, s'il se peut, encor plus digne d'elle ;
Et par tes grands exploits fais-toi si bien priser,
Qu'il lui soit glorieux alors de t'épouser.

D. RODRIGUE.

Pour posséder Chimène, et pour votre service,
Que peut-on m'ordonner que mon bras n'accomplisse ?
Quoi qu'absent de ses yeux il me faille endurer,
Sire, ce m'est trop d'heur de pouvoir espérer.

D. FERNAND.

Espère en ton courage, espère en ma promesse ;
Et possédant déjà le cœur de ta maîtresse,
Pour vaincre un point d'honneur qui combat contre toi,
Laisse faire le temps, ta vaillance et ton roi.

EXAMEN DU CID.

Ce poëme a tant d'avantages du côté du sujet et des pensées brillantes dont il est semé, que la plupart de ses auditeurs n'ont pas voulu voir les défauts de sa conduite, et ont laissé enlever leurs suffrages au plaisir que leur a donné sa représentation. Bien que ce soit celui de tous mes ouvrages réguliers où je me suis permis le plus de licence, il passe encore pour le plus beau auprès de ceux qui ne s'attachent pas à la dernière sévérité des règles ; et depuis cinquante ans qu'il tient sa place sur nos théâtres, l'histoire ni l'effort de l'imagination n'y ont rien fait voir qui en ait effacé l'éclat. Aussi a-t-il les deux grandes conditions que demande Aristote aux tragédies parfaites, et dont l'assemblage se rencontre si rarement chez les anciens ni chez les modernes ; il les assemble même plus fortement et plus nòblement que les espèces que pose ce philosophe. Une maîtresse que son devoir force à poursuivre la mort de son amant, qu'elle tremble d'obtenir, a les passions plus vives et plus allumées que tout ce qui peut se passer entre un mari et sa femme, une mère et son fils, un frère et sa sœur ; et la haute vertu dans un naturel sensible à ses passions, qu'elle dompte sans les affoiblir, et à qui elle laisse toute leur force pour en triompher plus glorieusement, a quelque chose de plus touchant, de plus élevé et de plus aimable que cette médiocre bonté, capable d'une foiblesse, et même d'un crime, où nos anciens étoient contraints d'arrêter le caractère le plus parfait des rois et des princes dont ils faisoient leurs héros, afin que ces taches et ces forfaits, défigurant ce qu'ils leur laissoient de vertu, s'accommodât au goût et aux souhaits de leurs spectateurs, et fortifiât l'horreur qu'ils avoient conçue de leur domination et de la monarchie.

Rodrigue suit ici son devoir sans relâcher de sa passion : Chimène fait la même chose à son tour, sans laisser ébranler son dessein par la douleur où elle se voit abîmée par là ; et si la présence de son amant lui fait faire quelque faux pas, c'est une glissade dont elle se relève à l'heure même ; et non-seulement elle connoît si bien sa faute, qu'elle nous en avertit, mais elle fait un prompt désaveu de tout ce qu'une vue si chère lui a pu arracher. Il n'est point besoin qu'on lui reproche qu'il lui est honteux de souffrir l'entretien de son amant après qu'il a tué son père ; elle avoue que c'est la seule prise que la médisance aura sur elle. Si elle s'emporte jusqu'à lui dire qu'elle veut bien qu'on sache qu'elle l'adore et le poursuit, ce n'est point une résolution si ferme, qu'elle l'empêche de cacher son amour de tout son possible lorsqu'elle est en la présence du roi. S'il lui échappe de l'encourager au combat contre don Sanche par ces paroles :

Sors vainqueur d'un combat dont Chimène est le prix,

elle ne se contente pas de s'enfuir de honte au même moment ; mais sitôt qu'elle est avec Elvire, à qui elle ne déguise rien de ce qui se passe dans son âme, et que la vue de ce cher objet ne lui fait plus de violence, elle forme un souhait plus raisonnable, qui satisfait sa vertu et son amour tout ensemble, et demande au ciel que ce combat se termine

Sans faire aucun des deux ni vaincu ni vainqueur.

Si elle ne dissimule point qu'elle penche du côté de Rodrigue, de peur d'être à don Sanche, pour qui elle a de l'aversion, cela ne détruit point la protestation qu'elle a faite un peu auparavant que, malgré la loi de ce combat, et les promesses que le roi a faites à Rodrigue, elle lui fera mille autres ennemis, s'il en sort victorieux. Ce grand éclat même qu'elle laisse faire à son amour après qu'elle le croit mort, est suivi d'une opposition vigoureuse à l'exécution de cette loi qui la donne à son amant, et elle ne se tait qu'après que le roi l'a différée, et lui a laissé lieu d'espérer qu'avec le temps il y pourra survenir quelque obstacle. Je sais bien que le silence passe d'ordinaire pour une marque de consentement ; mais quand les rois parlent, c'en est une de contradiction : on ne manque jamais à leur applaudir quand on entre dans leurs sentimens ; et le seul moyen de leur contredire avec le respect qui leur est dû, c'est de se taire, quand leurs ordres ne sont pas si pressans qu'on ne puisse remettre à s'excuser de leur obéir lorsque le temps en sera venu, et conserver cependant une espérance légitime d'un empêchement qu'on ne peut encore déterminément prévoir.

Il est vrai que, dans ce sujet, il faut se contenter de tirer Rodrigue de péril, sans le pousser jusqu'à son mariage avec Chimène. Il est historique et a plu en son temps ; mais bien sûrement il déplairoit au nôtre ; et j'ai peine à voir que Chimène y consente chez l'auteur espagnol, bien qu'il donne plus de trois ans de durée à la comédie qu'il en a faite. Pour ne pas contredire l'histoire, j'ai cru ne me pouvoir dispenser d'en jeter quelque idée, mais avec incertitude de l'effet : et ce n'étoit que par là que je pouvois accorder la bienséance du théâtre avec la vérité de l'événement.

Les deux visites que Rodrigue fait à sa maîtresse ont quelque chose qui choque cette bienséance de la part de celle qui les souffre ; la rigueur du devoir vouloit qu'elle refusât de lui parler, et s'enfermât dans son cabinet au lieu de l'écouter : mais permettez-moi de dire avec un des premiers esprits de notre siècle, « que leur conversation est remplie de si beaux sentimens, que plusieurs n'ont pas connu ce défaut, et que ceux qui l'ont connu l'ont toléré. » J'irai plus outre, et dirai que presque tous ont souhaité que ces entretiens se fissent ; et j'ai remarqué aux premières représentations qu'alors que ce malheureux amant se présentoit devant elle, il s'élevoit un certain frémissement dans l'assemblée, qui marquoit une curiosité merveilleuse, et un redoublement d'attention pour ce qu'ils avoient à se dire dans un état si pitoyable Aristote dit « qu'il y a des absurdités qu'il faut laisser dans un poëme, quand on peut espérer qu'elles seront bien reçues ; et il est du devoir du poëte, en ce cas, de les couvrir de tant de brillans, qu'elles puissent éblouir. » Je laisse au jugement de mes auditeurs si je me suis assez bien acquitté de ce devoir pour justifier par là ces deux scènes. Les pensées de la première des deux sont quelquefois trop spirituelles pour partir de personnes fort affligées ; mais, outre que je n'ai fait que la paraphraser de l'espagnol, si nous ne nous permettions quelque chose de plus ingénieux que le cours ordinaire de la passion, nos poëmes ramperoient souvent, et les grandes douleurs ne mettroient dans la bouche de nos acteurs que des exclamations et des hélas. Pour ne déguiser rien, cette offre que fait Rodrigue de son épée à Chimène, et cette protestation de se laisser tuer par don Sanche, ne me plairoient pas maintenant. Ces beautés étoient de mise en ce temps-là, et ne le seroient plus en celui-ci. La première est dans l'original espagnol ; et l'autre est tirée sur ce modèle. Toutes les deux ont fait leur effet en ma faveur ; mais je ferois scrupule d'en étaler de pareilles à l'avenir sur notre théâtre.

J'ai dit ailleurs ma pensée touchant l'infante et le roi ; il reste néanmoins quelque chose à examiner sur la manière dont ce dernier agit, qui ne paroît pas assez vigoureuse, en ce qu'il ne fait pas arrêter le comte après le soufflet donné, et n'envoie pas des gardes à don Diègue et à son fils. Sur quoi on peut considérer que don Fernand étant le premier roi de Castille, et ceux qui en avoient été maîtres auparavant lui n'ayant eu titre que de comtes, il n'étoit peut-être pas assez absolu sur les grands seigneurs de son royaume pour le pouvoir faire. Chez don Guillem de Castro, qui a traité ce sujet avant moi, et qui devoit mieux connoître que moi quelle étoit l'autorité de ce premier monarque de son pays, le soufflet se donne en sa présence et en celle de deux ministres d'État, qui lui conseillent, après que le comte s'est retiré fièrement et avec bravade, et que don Diègue a fait la même chose en soupirant, de ne le pousser point à bout, parce qu'il a quantité d'amis dans les Asturies, qui se pourroient révolter, et prendre parti avec les Maures dont son État est environné : ainsi il se résout d'accommoder l'affaire sans bruit, et recommande le secret à ces deux ministres, qui ont été seuls témoins de l'action. C'est sur cet exemple que je me suis cru bien fondé à le faire agir plus mollement qu'on ne feroit en ce temps-ci, où l'autorité royale est plus absolue. Je ne pense pas non plus qu'il fasse une faute bien grande de ne jeter point l'alarme de nuit, dans sa ville, sur l'avis incertain qu'il a du dessein des Maures, puisqu'on faisoit bonne garde sur les murs et sur le port; mais il est inexcusable de n'y donner aucun ordre après leur arrivée, et de laisser tout faire à Rodrigue. La loi du combat qu'il propose à Chimène avant que de le permettre à don Sanche contre Rodrigue, n'est pas si injuste que quelques-uns ont voulu le dire, parce qu'elle est plutôt une menace pour la faire dédire de la demande de ce combat, qu'un arrêt qu'il lui veuille faire exécuter. Cela paroît en ce qu'après la victoire de Rodrigue il n'en exige pas précisément l'effet de sa parole, et la laisse en état d'espérer que cette condition n'aura point de lieu.

Je ne puis dénier que la règle des vingt et quatre heures presse trop les incidens de cette pièce. La mort du comte et l'arrivée des Maures s'y pouvoient entre-suivre d'aussi près qu'elles font, parce que cette arrivée est une surprise qui n'a point de communication, ni de mesures à prendre avec le reste; mais il n'en va pas ainsi du combat de don Sanche, dont le roi étoit le maître, et pouvoit lui choisir un autre temps que deux heures après la fuite des Maures. Leur défaite avoit assez fatigué Rodrigue toute la nuit pour mériter deux ou trois jours de repos, et même il y avoit quelque apparence qu'il n'en étoit pas échappé sans blessures, quoique je n'en aie rien dit, parce qu'elles n'auroient fait que nuire à la conclusion de l'action.

Cette même règle presse aussi trop Chimène de demander justice au roi la seconde fois. Elle l'avoit fait le soir d'auparavant, et n'avoit aucun sujet d'y retourner le lendemain matin pour en importuner le roi, dont elle n'avoit encore aucun lieu de se plaindre, puisqu'elle ne pouvoit encore dire qu'il lui eût manqué de promesse. Le roman lui auroit donné sept ou huit jours de patience avant que de l'en presser de nouveau; mais les vingt et quatre heures ne l'ont pas permis: c'est l'incommodité de la règle. Passons à celle de l'unité de lieu, qui ne m'a pas donné moins de gêne en cette pièce.

Je l'ai placé dans Séville, bien que don Fernand n'en ait jamais été le maître; et j'ai été obligé à cette falsification, pour former quelque vraisemblance à la descente des Maures, dont l'armée ne pouvoit venir si vite par terre que par eau. Je ne voudrois pas assurer toutefois que le flux de la mer monte effectivement jusque-là; mais, comme dans notre Seine il fait encore plus de chemin qu'il ne lui en faut faire sur le Guadalquivir pour battre les murailles de cette ville, cela peut suffire à fonder quelque probabilité parmi nous, pour ceux qui n'ont point été sur le lieu même.

Cette arrivée des Maures ne laisse pas d'avoir ce défaut, que j'ai marqué ailleurs, qu'ils se présentent d'eux-mêmes, sans être appelés dans la pièce directement ni indirectement par aucun acteur du premier acte. Ils ont plus de justesse dans l'irrégularité de l'auteur espagnol. Rodrigue, n'osant plus se montrer à la cour, les va combattre sur la frontière, et ainsi le premier acteur les va chercher, et leur donne place dans le poëme; au contraire de ce qui arrive ici, où ils semblent se venir faire de fête exprès pour en être battus, et lui donner moyen de rendre à son roi un service d'importance qu'il lui fasse obtenir sa grâce. C'est une seconde incommodité de la règle dans cette tragédie.

Tout s'y passe donc dans Séville, et garde ainsi quelque espèce d'unité de lieu en général : mais le lieu particulier change de scène en scène, et tantôt c'est le palais du roi, tantôt l'appartement de l'infante, tantôt la maison de Chimène, et tantôt une rue ou place publique. On le détermine aisément pour les scènes détachées; mais pour celles qui ont leur liaison ensemble, comme les quatre dernières du premier acte, il est malaisé d'en choisir un qui convienne à toutes. Le comte et don Diègue se querellent au sortir du palais; cela se peut passer dans une rue; mais, après le soufflet reçu, don Diègue ne peut pas demeurer en cette rue à faire ses plaintes, attendant que son fils survienne, qu'il ne soit tout aussitôt environné de peuple, et ne reçoive l'offre de quelques amis. Ainsi il seroit plus à propos qu'il se plaignît dans sa maison, où le met l'espagnol, pour laisser aller ses sentimens en liberté; mais, en ce cas, il faudroit délier les scènes comme il a fait. En l'état où elles sont ici, on peut dire qu'il faut quelquefois aider au théâtre, et suppléer favorablement ce qui ne s'y peut représenter. Deux personnes s'y arrêtent pour parler, et quelquefois il faut présumer qu'ils marchent, ce qu'on ne peut exposer sensiblement à la vue, parce qu'ils échapperoient aux yeux avant que d'avoir pu dire ce qu'il est nécessaire qu'ils fassent savoir à l'auditeur. Ainsi, par une fiction de théâtre, on peut s'imaginer que don Diègue et le comte, sortant du palais du roi, avancent toujours en se querellant, et sont arrivés devant la maison de ce premier lorsqu'il reçoit le soufflet qui l'oblige à y entrer pour y chercher du secours. Si cette fiction poétique ne vous satisfait point, laissons-le dans la place publique, et disons que le concours du peuple autour de lui après cette offense, et les offres de service que lui font les premiers amis qui s'y rencontrent, sont des circonstances que le roman ne doit pas oublier; mais que ces menues actions ne servant de rien à la principale, il n'est pas besoin que le poëte s'en embarrasse sur la scène. Horace l'en dispense par ces vers :

Hoc amet, hoc spernat promissi carminis auctor;
Pleraque negligat[1].

Et ailleurs :

Semper ad eventum festinat.

C'est ce qui m'a fait négliger, au troisième acte, de donner à don Diègue, pour aide à chercher son fils, aucun des cinq cents amis qu'il avoit chez lui. Il y a grande apparence que quelques-uns d'eux l'y accompagnoient, et même que quelques autres le cherchoient pour lui d'un autre côté; mais ces accompagnemens inutiles de personnes qui n'ont rien à dire, puisque celui qu'ils accompagnent a seul tout l'intérêt à l'action, ces sortes d'accompagnemens, dis-je, ont toujours mauvaise grâce au théâtre, et d'autant plus que les comédiens n'emploient à ces personnages muets que leurs moucheurs de chandelles et leurs valets, qui ne savent quelle posture tenir.

Les funérailles du comte étoient encore une chose fort em-

---

1. Ce n'est pas *negligat*, mais *differat*, qu'on lit dans Horace, *Art poétique*, v. 45.

barrassante, soient qu'elles se soient faites avant la fin de la pièce, soit que le corps ait demeuré en présence dans son hôtel, attendant qu'on y donnât ordre. Le moindre mot que j'en eusse laissé dire, pour en prendre soin, eût rompu toute la chaleur de l'attention, et rempli l'auditeur d'une fâcheuse idée. J'ai cru plus à propos de les dérober à son imagination par mon silence, aussi bien que le lieu précis de ces quatre scènes du premier acte dont je viens de parler; et je m'assure que cet artifice m'a si bien réussi, que peu de personnes ont pris garde à l'un ni à l'autre, et que la plupart des spectateurs, laissant emporter leurs esprits à ce qu'ils ont vu et entendu de pathétique en ce poëme, ne se sont point avisés de réfléchir sur ces deux considérations.

J'achève par une remarque sur ce que dit Horace, que ce qu'on expose à la vue touche bien plus que ce qu'on n'apprend que par un récit[1].

C'est sur quoi je me suis fondé pour faire voir le soufflet que reçoit don Diègue, et cacher aux yeux la mort du comte, afin d'acquérir et conserver à mon premier acteur l'amitié des auditeurs, si nécessaire pour réussir au théâtre. L'indignité d'un affront fait à un vieillard, chargé d'années et de victoires, les jette aisément dans le parti de l'offensé; et cette mort, qu'on vient dire au roi tout simplement sans aucune narration touchante, n'excite point en eux la commisération qu'y eût fait naître le spectacle de son sang, et ne leur donne aucune aversion pour ce malheureux amant, qu'ils ont vu forcé, par ce qu'il devoit à son honneur, d'en venir à cette extrémité, malgré l'intérêt et la tendresse de son amour.

LETTRE APOLOGÉTIQUE DE P. CORNEILLE,

CONTENANT SA RÉPONSE AUX OBSERVATIONS FAITES PAR LE SIEUR SCUDÉRI SUR LE CID (1637).

MONSIEUR,

Il ne suffit pas que votre libelle me déchire en public; vos lettres me viennent quereller jusque dans mon cabinet, et vous m'envoyez d'injustes accusations, lorsque vous me devez pour le moins des excuses. Je n'ai point fait la pièce qui vous pique[2]; je l'ai reçue de Paris avec une lettre qui m'a appris le nom de son auteur; il l'adresse à un de nos amis, qui vous en pourra donner plus de lumière. Pour moi, bien que je n'aie guère de jugement, si l'on s'en rapporte à vous, je n'en ai pas si peu que d'offenser une personne d'aussi haute condition[3], dont je n'ai pas l'honneur d'être connu, et de craindre moins ses ressentimens que les vôtres. Tout ce que je vous puis dire, c'est que je ne doute ni de votre noblesse, ni de votre vaillance, et qu'aux

1. Segnius irritant animos demissa per aurem,
Quam quæ sunt oculis subjecta fidelibus.
De Arte poetica, v. 180.

2. La *Défense du Cid*, publiée la même année, en réponse aux Observations de Scudéri.

3. Le cardinal de Richelieu.

choses de cette nature, où je n'ai point d'intérêt, je crois le
monde sur sa parole : ne mêlons point de pareilles difficultés
parmi nos différends. Il n'est pas question de savoir de combien
vous êtes noble ou plus vaillant que moi, pour juger de combien
le Cid est meilleur que *l'Amant libéral*[1]. Les bons esprits trouvent que vous avez fait un haut chef-d'œuvre de doctrine et de
raisonnement en vos observations. La modestie et la générosité
que vous y témoignez leur semblent des pièces rares, et surtout
votre procédé merveilleusement sincère et cordial vers un ami.
Vous protestez de ne point dire d'injures, et lorsque incontinent
après vous m'accusez d'ignorance en mon entier, et de manque
de jugement en la conduite de mon chef-d'œuvre, vous appelez
cela des civilités d'auteur? Je n'aurois besoin que du texte de
votre libelle, et des contradictions qui s'y rencontrent, pour
vous convaincre de l'un et de l'autre de ces défauts, et imprimer
sur votre casaque le quatrain outrageux que vous avez voulu
attacher à la mienne, si le même texte ne me faisoit voir que
l'éloge d'*auteur d'heureuse mémoire* ne peut être propre, en
m'apprenant que vous manquez aussi de cette partie, quand
vous vous êtes écrié : *O raison de l'auditeur! que faisiez-vous?*
En faisant cette magnifique saillie, ne vous êtes-vous pas souvenu que *le Cid* a été représenté trois fois au Louvre, et deux
fois à l'hôtel de Richelieu? Quand vous avez traité la pauvre
Chimène d'impudique, de prostituée, de parricide, de monstre,
ne vous êtes-vous pas souvenu que la reine, les princesses et
les plus vertueuses dames de la cour et de Paris l'ont reçue et
caressée en fille d'honneur? Quand vous m'avez reproché mes
vanités, et nommé le comte de Gormas un capitan de comédie,
vous ne vous êtes pas souvenu que vous avez mis un *A qui lit*,
au-devant de *Ligdamon*[2], ni des autres chaleurs poétiques
et militaires qui font rire le lecteur presque dans tous vos livres.
Pour me faire croire ignorant, vous avez tâché d'imposer aux
simples, et avez avancé des maximes de théâtre de votre seule
autorité, dont toutefois, quand elles seroient vraies, vous ne
pourriez tirer les conséquences cornues que vous en tirez : vous
vous êtes fait tout blanc d'Aristote, et d'autres auteurs que vous
ne lûtes et n'entendîtes peut-être jamais, et qui vous manquent
tous de garantie; vous avez fait le censeur moral, pour m'imputer de mauvais exemples : vous avez épluché les vers de ma
pièce, jusqu'à en accuser un de manque de césure : si vous
eussiez su les termes du métier, vous eussiez dit qu'il manquoit
de repos en l'hémistiche. Vous m'avez voulu faire passer pour
simple traducteur, sous ombre de soixante et douze vers que
vous marquez sur un ouvrage de deux mille, et que ceux qui s'y
connoissent n'appelleront jamais de simples traductions; vous
avez déclamé contre moi, pour avoir tu le nom de l'auteur espagnol, bien que vous ne l'ayez appris que de moi, et que vous
sachiez fort bien que je ne l'ai celé à personne, et que même
j'en ai porté l'original en sa langue à monseigneur le cardinal
votre maître et le mien ; enfin, vous m'avez voulu arracher en

1. *L'Amant libéral*, tragi-comédie composée par Scudéri. (*Voltaire*.)
2. *Ligdamon*, comédie faite par Scudéri, au-devant de laquelle il
avait mis une espèce de préface, qu'il avait intitulée : *A qui lit*. (*Id.*)

un jour ce que près de trente ans d'étude m'ont acquis; il n'a pas tenu à vous que, du premier lieu où beaucoup d'honnêtes gens me placent, je ne sois descendu au-dessous de Claveret[1]: et, pour réparer des offenses si sensibles, vous croyez faire assez de m'exhorter à vous répondre sans outrages, pour nous repentir après tous deux de nos folies, et de me mander impérieusement que, malgré nos gaillardises passées, je sois encore votre ami, afin que vous soyez encore le mien, comme si votre amitié me devoit être fort précieuse après cette incartade, et que je dusse prendre garde seulement au peu de mal que vous m'avez fait, et non pas à celui que vous m'avez voulu faire. Vous vous plaignez d'une *Lettre à Ariste*, où je ne vous ai point fait de tort de vous traiter d'égal, puisqu'en vous montrant moins envieux, vous vous confessez moindre, quoique vous nommiez folies les travers d'auteur où vous vous êtes laissé emporter, et que le repentir que vous en faites paroître marque la honte que vous en avez. Ce n'est pas assez de dire : « Soyez encore mon ami, » pour recevoir une amitié si indignement violée : je ne suis point homme d'éclaircissement; vous êtes en sûreté de ce côté-là. Traitez-moi dorénavant en inconnu, comme je vous veux laisser pour tel que vous êtes, maintenant que je vous connois : mais vous n'aurez pas sujet de vous plaindre, quand je prendrai le même droit sur vos ouvrages que vous avez pris sur les miens. Si un volume d'observations ne vous suffit, faites-en encore cinquante; tant que vous ne m'attaquerez pas avec des raisons plus solides, vous ne me mettrez point en nécessité de me défendre, et de ma part je verrai, avec mes amis, si ce que votre libelle vous a laissé de réputation vaut la peine que j'achève de la ruiner. Quand vous me demanderez mon amitié avec des termes plus civils, j'ai assez de bonté pour ne vous la refuser pas, et me taire des défauts de votre esprit que vous étalez dans vos livres. Jusque-là, je suis assez glorieux pour vous dire de porte à porte que je ne vous crains ni ne vous aime. Après tout, pour vous parler sérieusement, et vous montrer que je ne suis pas si piqué que vous pourriez vous imaginer, il ne tiendra pas à moi que nous ne reprenions la bonne intelligence du passé que vous souhaitez. Mais après une offense si publique, il y faut un peu plus de cérémonie : je ne vous la rendrai pas malaisée, et donnerai mes intérêts à qui vous voudrez de vos amis : et je m'assure que si un homme se pouvoit faire satisfaction à lui-même du tort qu'il s'est fait, il vous condamneroit à vous la faire à vous-même, plutôt qu'à moi qui ne vous en demande point, et à qui la lecture de vos observations n'a donné aucun mouvement que de compassion; et certes, on me blâmeroit avec justice si je vous voulois mal pour une chose qui a été l'accomplissement de ma gloire, et dont *le Cid* a reçu cet avantage, que, de tant de beaux poëmes qui ont paru jusqu'à présent, il a été le seul dont l'éclat ait pu obliger l'envie à prendre la plume. Je me contente, pour toute apologie, de ce que vous avouez *qu'il a eu l'approbation des savans et de la cour*. Cet éloge véritable par où vous commencez vos censures détruit tout ce que

---

1. Claveret, auteur contemporain de Corneille et de Scudéri, qui a composé plusieurs pièces médiocres tant en vers qu'en prose. (*Voltaire*.)

vous pouvez dire après. Il suffit qu'ayez fait une folie amatrique, sans que j'en fasse une à vous répondre comme vous m'y conviez; et, puisque les plus courtes sont les meilleures, je ne ferai point revivre la vôtre par la mienne. Résistez aux tentations de ces gaillardises qui font rire le public à vos dépens, et continuez à vouloir être mon ami, afin que je me puisse dire le vôtre.

CORNEILLE.

SENTIMENS DE L'ACADÉMIE FRANÇOISE

SUR LA TRAGI-COMÉDIE DU CID [1].

Ceux qui, par quelque désir de gloire, donnent leurs ouvrages au public, ne doivent pas trouver étrange que le public s'en fasse le juge. Comme le présent qu'ils lui font ne procède pas d'une volonté tout à fait désintéressée, et qu'il n'est pas tant un effet de leur libéralité que de leur ambition, il n'est pas aussi de ceux que la bienséance veut qu'on reçoive sans en considérer le prix. Puisqu'ils font une espèce de commerce de leur travail, il est bien raisonnable que celui auquel ils l'exposent ait la liberté de le prendre ou de le rebuter selon qu'il le reconnoît bon ou mauvais. Ils ne peuvent avec justice désirer de lui qu'il fasse même estime des fausses beautés que des vraies, ni qu'il paye de louanges ce qui sera digne de blâme.

Ce n'est pas qu'il ne paroisse plus de bonté à louer ce qui est bon qu'à reprendre ce qui est mauvais; mais il n'y a pas moins de justice en l'un qu'en l'autre. On peut même mériter de la louange en donnant du blâme, pourvu que les répréhensions partent du zèle de l'utilité commune, et qu'on ne prétende pas élever sa réputation sur les ruines de celle d'autrui. Il faut que les remarques des défauts d'un auteur ne soient pas des reproches de sa foiblesse, mais des avertissemens qui lui donnent de nouvelles forces, et que, si l'on coupe quelques branches de ses lauriers, ce ne soit que pour les faire pousser davantage en une autre saison.

Si la censure demeuroit dans ces bornes, on pourroit dire qu'elle ne seroit pas moins utile dans la république des lettres qu'elle le fut autrefois dans celle de Rome, et qu'elle ne feroit pas moins de bons écrivains dans l'une qu'elle a fait de bons citoyens dans l'autre. Car c'est une vérité reconnue, que la louange a moins de force pour nous faire avancer dans le chemin de la vertu que le blâme pour nous retirer de celui du vice ; et il y a beaucoup de personnes qui ne se laissent point emporter à l'ambition, mais il y en a peu qui ne craignent de tomber dans la honte. D'ailleurs la louange nous fait souvent demeurer au-dessous de nous-mêmes en nous persuadant que nous som-

---

1. Ce jugement de l'Académie fut rédigé par Chapelain; il est écrit tout entier de sa main, et l'original est à la Bibliothèque du roi. (*Voltaire.*)

Quoique nous n'ayons conservé du Commentaire de Voltaire qu'un très-petit nombre de notes, il nous a semblé utile de donner toutes ses remarques sur le jugement de l'Académie. (ÉD.)

mes déjà au-dessus des autres, et nous retient dans une médiocrité vicieuse qui nous empêche d'arriver à la perfection. Au contraire, le blâme qui ne passe point les termes de l'équité dessille les yeux de l'homme, que l'amour-propre lui avoit fermés, et, lui faisant voir combien il est éloigné du bout de la carrière, l'excite à redoubler ses efforts pour y parvenir.

Ces avis, si utiles en toutes choses, le sont principalement pour les productions de l'esprit, qui ne sauroit assembler sans secours tant de diverses beautés dont se forme cette beauté universelle qui doit plaire à tout le monde. Il faut qu'il compose ses ouvrages de tant d'excellentes parties, qu'il est impossible qu'il n'y en ait toujours quelqu'une qui manque, ou qui soit défectueuse, et que par conséquent il n'ait toujours besoin ou d'aides ou de réformateurs. Il est même à souhaiter que sur des propositions indécises il naisse des contestations honnêtes, dont la chaleur découvre en peu de temps ce qu'une froide recherche n'auroit pu découvrir en plusieurs années, et que l'entendement humain, faisant un effort pour se délivrer de l'inquiétude des doutes, s'acquière promptement par l'agitation de la dispute cet agréable repos qu'il trouve dans la certitude des connoissances. Celles qui sont estimées les plus belles sont presque toutes sorties de la contention des esprits; et il est souvent arrivé que, par cette heureuse violence, on a tiré la vérité du fond des abîmes, et que l'on a forcé le temps d'en avancer la production. C'est une espèce de guerre qui est avantageuse pour tous, lorsqu'elle se fait civilement, et que les armes empoisonnées y sont défendues; c'est une course où celui qui emporte le prix semble ne l'avoir poursuivi que pour en faire un présent à son rival.

Il serait superflu de faire en ce lieu une longue déduction des innocentes et profitables querelles que l'on a vues naître dans tout le cercle des sciences entre ces rares hommes de l'antiquité : il suffira de dire que, parmi les modernes, il s'en est ému de très-favorables pour les lettres, et que la poésie seroit aujourd'hui bien moins parfaite qu'elle n'est, sans les contestations qui se sont formées sur les ouvrages des plus célèbres auteurs des derniers temps. En effet, nous en avons la principale obligation aux agréables différends qu'ont produits la *Hierusalem* et le *Pastor fido*, c'est-à-dire les chefs-d'œuvre des deux plus grands poëtes de delà les monts, après lesquels peu de gens auroient bonne grâce de murmurer contre la censure, et de s'offenser d'avoir une aventure pareille à la leur. Ces raisons et ces expériences eussent bien pu convier l'Académie françoise à dire son sentiment du *Cid*, c'est-à-dire d'un poëme qui tient encore les esprits divisés, et qui n'a pas plus causé de plaisir que de trouble. Elle eût pu croire qu'on ne l'eût pas accusée de trop entreprendre quand elle eût prétendu donner sa voix en un jugement où les ignorans donnoient la leur aussi hardiment que les doctes, et qu'on n'eût pas dû trouver mauvais qu'une compagnie usât d'un droit dont les particuliers mêmes sont en possession depuis tant de siècles; mais elle se souvenoit qu'elle avoit renoncé à ce privilége par son institution, qu'elle ne s'étoit permis d'examiner que ses ouvrages, et qu'elle ne pouvoit reprendre les fautes d'autrui sans faillir elle-même contre ses règles. Parmi le bruit confus de la louange et du blâme, elle n'écoutoit que ses lois, qui lui commandoient de se taire. Elle eût bien voulu approcher en quelque sorte de la perfection avant que de faire voir combien les autres en sont éloignés, et elle cherchoit les moyens d'instruire par ses exemples plutôt que par ses censures.

Lors même que l'observateur du *Cid* l'a conjurée, par une lettre publique et par plusieurs particulières, de prononcer sur ses remarques, et que son auteur a témoigné de son côté qu'il en espéroit toute justice, bien loin de se vouloir rendre juge de leur différend, elle ne se pouvoit seulement résoudre d'en être l'arbitre. Mais enfin elle a considéré qu'une académie ne pouvoit honnêtement refuser son avis à deux personnes de mérite sur une matière purement académique, et qui étoit devenue illustre par tant de circonstances. Elle a fait céder, bien qu'avec regret, son inclination et ses règles aux instantes prières qui lui ont été faites sur ce sujet, et s'est aucunement consolée, voyant que la violence qu'on lui faisoit s'accordoit avec l'utilité publique. Elle a pensé qu'en un siècle où les hommes courent au théâtre comme au plus agréable divertissement qu'ils puissent prendre, elle auroit occasion de leur remettre devant les yeux la fin la plus noble et la plus parfaite que se sont proposée ceux qui en ont donné les préceptes.

Comme les observations des censeurs de cette tragi-comédie ne l'ont pu préoccuper, le grand nombre de ses partisans n'a point été capable de l'étonner. Elle a bien cru qu'elle pouvoit être bonne; mais elle n'a pas cru qu'il fallût conclure qu'elle le fût, à cause seulement qu'elle avoit été agréable. Elle s'est persuadé qu'étant question de juger de la justice et non pas de la force de son parti, il falloit plutôt peser les raisons que compter les hommes qu'elle avoit de son côté, et ne regarder pas tant si elle avoit plu que si en effet elle avoit dû plaire.

La nature et la vérité ont mis un certain prix aux choses, qui ne peut être changé par celui que le hasard ou l'opinion y mettent; et c'est se condamner soi-même que d'en juger selon ce qu'elles paroissent, et non pas selon ce qu'elles sont.

Il est vrai qu'on pourroit croire que les maîtres de l'art ne sont pas bien d'accord sur cette matière : les uns, trop amis, ce semble, de la volupté, veulent que le délectable soit le vrai but de la poésie dramatique; les autres, plus avares du temps des hommes, et l'estimant trop cher pour le donner à des divertissemens qui ne fissent que plaire sans profiter, soutiennent que l'utile en est la véritable fin. Mais, bien qu'ils s'expriment en termes si différens, on trouvera qu'ils ne disent que la même chose, si l'on y veut regarder de près, et si, jugeant d'eux aussi favorablement que l'on doit, on vient à penser que ceux qui ont tenu le parti du plaisir étoient trop raisonnables pour en autoriser un qui ne fût pas conforme à la raison. Il faut croire, si l'on ne veut leur faire injustice, qu'ils ont entendu parler du plaisir qui n'est point l'ennemi, mais l'instrument de la vertu; qui purge l'homme sans dégoût et insensiblement de ses habitudes vicieuses; qui est utile parce qu'il est honnête, et qui ne peut jamais laisser de regret ni en l'esprit pour l'avoir surpris, ni en l'âme pour l'avoir corrompue. Ainsi ils ne combattent les autres qu'en apparence, puisqu'il est vrai que, si ce plaisir n'est l'utilité même, au moins est-il la source d'où elle coule nécessairement; que, quelque part qu'il se trouve, il ne va jamais sans elle, et que tous deux se produisent par les mêmes voies. De cette sorte, ils sont d'accord et avec eux et avec nous; et nous pouvons dire tous ensemble qu'une pièce de théâtre est bonne quand elle produit un contentement raisonnable

Mais comme dans la musique et dans la peinture nous n'estimerions pas que tous les concerts et tous les tableaux fussent bons, encore qu'ils plussent au vulgaire, si les préceptes de ces arts n'y étoient bien observés, et si les experts, qui en sont les vrais juges, ne confirmoient par leur approbation celle de la multitude; de même nous ne dirons pas sur la foi du peuple qu'un ouvrage de poésie soit bon, parce qu'il l'aura contenté, si les doctes aussi n'en sont contens. Et certes il n'est pas croyable qu'un plaisir puisse être contraire au bon sens, si ce n'est le plaisir de quelque goût dépravé, comme est celui qui fait aimer les aigreurs et les amertumes[1].

Il n'est pas ici question de satisfaire les libertins et les vicieux, qui ne font que rire des adultères et des incestes, et qui ne se soucient pas de voir violer les lois de la nature, pourvu qu'ils se divertissent. Il n'est pas question de plaire à ceux qui regardent toutes choses avec un œil ignorant ou barbare, et qui ne seroient pas moins touchés de voir affliger une Clytemnestre qu'une Pénélope[2]. Les mauvais exemples sont contagieux même sur les théâtres, les feintes représentations ne causent que trop de véritables crimes, et il y a grand péril à divertir le peuple par des plaisirs qui peuvent produire un jour des douleurs publiques : il nous faut bien garder d'accoutumer ni ses yeux ni ses oreilles à des actions qu'il doit ignorer, et de lui apprendre tantôt la cruauté et tantôt la perfidie, si nous ne lui en apprenons en même temps la punition, et si au retour de ces spectacles il ne remporte du moins un peu de crainte parmi beaucoup de contentement.

D'ailleurs il est comme impossible de plaire à qui que ce soit par le désordre et par la confusion; et, s'il se trouve que les pièces irrégulières contentent quelquefois, ce n'est que pour ce qu'elles ont quelque chose de régulier, ce n'est que pour quelques beautés véritables et extraordinaires, qui emportent si loin l'esprit, que de longtemps après il n'est capable d'apercevoir les difformités dont elles sont suivies, et qui font couler insensiblement les défauts, pendant que les yeux de l'entendement sont encore éblouis par l'éclat de ses lumières. Que si, au contraire, quelques pièces régulières donnent peu de satisfaction, il ne faut pas croire que ce soit la faute des règles, mais bien celle des auteurs, dont le stérile génie n'a pu fournir à l'art une matière qui fût assez riche[3]. Toutes ces vérités étant supposées,

1. Le goût des aigres et des amers n'est pas contraire au bon sens, mais au goût général. (*Voltaire.*)
2. Il n'y a personne qui puisse s'attendrir pour Clytemnestre, quand elle est donnée pour la meurtrière de son époux : il ne faut pas apporter des exemples qui ne sont pas dans la nature. (*Id.*)
3. On devrait dire une forme assez belle. (*Id.*)

nous ne pensons pas que les questions qui se sont émues sur le sujet du *Cid* soient encore bien décidées, ni que les jugemens qui en ont été faits doivent empêcher que nous ne contentions l'observateur et ne donnions notre avis sur ses remarques.

Il faut avouer que d'abord nous nous sommes étonnés que l'observateur, ayant entrepris de convaincre cette pièce d'irrégularité, se soit formé pour cela une méthode différente de celle que tient Aristote quand il enseigne la manière de faire des poëmes épiques et dramatiques. Il nous a semblé qu'au lieu de l'ordre qu'il a tenu pour examiner celui-ci, il eût fait plus régulièrement de considérer, l'un après l'autre, la fable, qui comprend l'invention et la disposition du sujet; les mœurs, qui embrassent les habitudes de l'âme et ses diverses passions; les sentimens, auxquels se réduisent les pensées nécessaires à l'expression du sujet; et la diction, qui n'est autre chose que le langage poétique : car nous trouvons que, pour en avoir usé d'autre sorte, ses raisonnemens en paroissent moins solides, et que ce qu'il y a de plus fort dans ses objections en est affoibli.

Toutefois nous n'aurions point remarqué en ce lieu cette nouvelle méthode, si nous n'eussions appréhendé de l'autoriser en quelque façon par notre silence. Mais, quoi qu'il en soit, qu'il ait failli ou non en l'établissant, nous ne pouvons faillir quand nous la suivons, puisque nous examinons son ouvrage; et, quelque chemin qu'il ait pris, nous ne saurions nous en écarter sans lui donner occasion de se plaindre que nous prenons une autre route afin de le mettre en défaut.

Il pose donc premièrement que le sujet du *Cid* ne vaut rien; mais, à notre avis, il tâche plus de le prouver qu'il ne le prouve en effet lorsqu'il dit « que l'on n'y trouve aucun nœud ni aucune intrigue, et qu'on en devine la fin aussitôt qu'on en a vu le commencement. Car le nœud[1] des pièces de théâtre étant un accident inopiné qui arrête le cours de l'action représentée, et le dénoûment un autre accident imprévu qui en facilite l'accomplissement, nous trouvons que ces deux parties du poëme dramatique sont manifestes en celui du *Cid*, et que son sujet ne seroit pas mauvais nonobstant cette objection, s'il n'y en avoit point de plus forte à lui faire.

Il ne faut que se souvenir que le mariage de Chimène avec Rodrigue ayant été résolu dans l'esprit du comte, la querelle qu'il a incontinent après avec don Diègue met l'affaire aux termes de se rompre, et qu'ensuite la mort que lui donne Rodrigue en éloigne encore plus la conclusion. Et dans ces continuelles traverses l'on reconnoîtra facilement le nœud ou l'intrigue. Le dénoûment aussi ne sera pas moins évident si l'on considère qu'après beaucoup de poursuites contre Rodrigue, Chimène s'étant offerte pour femme à quiconque lui en apporteroit la tête, don Sanche se présente, et que le roi non-seulement n'ordonne point de plus grande peine à Rodrigue pour la mort du comte que de se battre une fois, mais encore, contre l'attente de tous, oblige Chimène d'épouser celui des deux qui sortira vainqueur

---

1. Ce nœud n'est pas toujours un accident inopiné; souvent il est formé par les combats des passions. Cette manière est la plus heureuse et la plus difficile. (*Voltaire*.)

du combat. Maintenant, si ce dénoûment est selon l'art ou non, c'est une autre question qui se videra en son lieu ; tant y a[1] qu'il se fait avec surprise, et qu'ainsi l'intrigue ni le démêlement ne manquent point à cette pièce. Aussi l'observateur même est contraint de le reconnoître peu de temps après, lorsqu'en blâmant les épisodes détachés il dit que l'auteur a eu d'autant moins de raison d'en mettre un si grand nombre dans *le Cid*, que « le sujet en étant mixte, il n'en avoit aucun besoin, » conformément à ce qu'il venoit de dire parlant du sujet mixte, « qu'étant assez intrigué de soi, il ne recherche presque aucun embellissement. » Si donc le sujet du *Cid* se peut dire mauvais, nous ne croyons pas que ce soit pour ce qu'il n'a pas de nœud, mais pour ce qu'il n'est pas vraisemblable. L'observateur, à la vérité, a bien touché cette raison, mais ç'a été hors de sa place, quand il a voulu prouver « qu'il choquoit les principales règles dramatiques. »

A ce que nous pouvons juger des sentimens d'Aristote sur la matière du vraisemblable, il n'en reconnoît que de deux genres, le commun et l'extraordinaire. Le commun comprend les choses qui arrivent ordinairement aux hommes, selon leurs conditions, leurs âges, leurs mœurs et leurs passions, comme il est vraisemblable qu'un marchand cherche le gain, qu'un enfant fasse des imprudences, qu'un prodigue tombe en misère, et qu'un homme en colère coure à la vengeance, et tous les effets qui ont accoutumé d'en procéder. L'extraordinaire embrasse les choses qui arrivent rarement et outre le vraisemblable ordinaire, comme qu'un habile méchant soit trompé, qu'un homme fort soit vaincu. Dans cet extraordinaire entrent tous les accidens qui surprennent, et qu'on attribue à la fortune, pourvu qu'ils naissent de l'enchaînement des choses qui arrivent d'ordinaire. Telle est l'aventure d'Hécube, qui, par une rencontre extraordinaire, vit jeter par la mer le corps de son fils sur le rivage où elle étoit allée pour laver celui de sa fille. Or, qu'une mère aille laver le corps de sa fille sur le rivage, et que la mer y en jette un autre, ce sont des choses qui, considérées séparément, n'ont rien qui ne soit ordinaire ; mais qu'au même lieu et au même temps qu'une mère lave le corps de sa fille elle voie arriver celui de son fils, qu'elle croyoit plein de vie et en sûreté, c'est un accident tout à fait étrange, et dans lequel deux choses communes en produisent une extraordinaire et merveilleuse. Hors de ces deux genres, il ne se fait rien qu'on puisse ranger sous le vraisemblable ; et, s'il arrive quelque événement qui ne soit pas compris sous eux, il s'appelle simplement possible, comme il est possible que celui qui a toujours vécu en homme de bien commette un crime volontairement. Et une telle action ne peut servir de sujet à la poésie narrative ni à la représentative ; puisque, si le possible est leur propre matière, il ne l'est pourtant que lorsqu'il est vraisemblable ou nécessaire. Mais le vraisemblable, tant le commun que l'extraordinaire, doit avoir cela de particulier que, soit par la première notion de l'esprit, soit par réflexion sur toutes les parties dont il résulte, lorsque le poëte l'expose aux auditeurs et aux spectateurs, ils se portent à croire, sans autre

---

[1] *Tant y a* est devenu une expression basse, et ne l'était point alors. (*Voltaire.*)

preuve, qu'il ne contient rien que de vrai, pour ce qu'ils ne voient rien qui y répugne. Quant à la raison qui fait que le vraisemblable, plutôt que le vrai, est assigné pour partage à la poésie épique et dramatique, c'est que cet art ayant pour fin le plaisir utile, il y conduit bien plus facilement les hommes par le vraisemblable, qui ne trouve point de résistance en eux, que par le vrai, qui pourroit être si étrange et si incroyable, qu'ils refuseroient de s'en laisser persuader, et de suivre leur guide sur sa seule foi. Mais comme plusieurs choses sont requises pour rendre une action vraisemblable, et qu'il y faut garder la bienséance du temps, du lieu, des conditions, des âges, des mœurs et des passions, la principale entre toutes est que dans le poëme chacun agisse conformément aux mœurs qui lui ont été attribuées, et que, par exemple, un méchant ne fasse point de bons desseins. Ce qui fait désirer une si exacte observation de ces lois, est qu'il n'y a point d'autre voie pour produire le merveilleux, qui ravit l'âme d'étonnement et de plaisir, et qui est le parfait moyen dont la bonne poésie se sert pour être utile.

Sur ce fondement, nous disons que le sujet du *Cid* est défectueux en sa plus essentielle partie, pour ce qu'il manque de l'un et de l'autre vraisemblable, et du commun et de l'extraordinaire : car ni la bienséance des mœurs d'une fille introduite comme vertueuse[1] n'y est gardée par le poëte, lorsqu'elle se résout à épouser celui qui a tué son père; ni la fortune, par un accident imprévu, et qui naisse de l'enchaînement des choses vraisemblables, n'en fait point le démêlement : au contraire, la fille consent à ce mariage par la seule violence que lui fait son amour; et le dénoûment de l'intrigue n'est fondé que sur l'injustice inopinée de Fernand, qui vient ordonner un mariage que, par raison, il ne devoit pas seulement proposer. Nous avouons bien que la vérité de cette aventure combat en faveur du poëte, et le rend plus excusable que si c'étoit un sujet inventé. Mais nous maintenons que toutes les vérités ne sont pas bonnes pour le théâtre, et qu'il en est de quelques-unes comme de ces crimes énormes dont les juges font brûler les procès avec les criminels. Il y a des vérités monstrueuses, ou qu'il faut supprimer pour le bien de la société, ou que, si on ne les peut tenir cachées, il faut se contenter de remarquer comme des choses étranges.

C'est principalement en ces rencontres que le poëte a droit de préférer la vraisemblance à la vérité, et de travailler plutôt sur un sujet feint et raisonnable que sur un véritable qui ne soit pas conforme à la raison. Que s'il est obligé de traiter une matière historique de cette nature, c'est alors qu'il la doit réduire aux termes de la bienséance, sans avoir égard à la vérité, et qu'il la doit plutôt changer tout entière que de lui laisser rien qui soit

1. Avec le respect que j'ai pour l'Académie, il me semble, comme au public, qu'il n'est point du tout contre la vraisemblance qu'un roi promette pour époux le vengeur de la patrie à une fille qui, malgré elle, aime éperdument ce héros, surtout si l'on considère que son duel avec le comte de Gormas était en ce temps-là regardé de tout le monde comme l'action d'un brave homme, dont il n'a pu se dispenser. (*Voltaire.*)

incompatible avec les règles de son art, lequel se proposant l'idée universelle des choses, les épure des défauts et des irrégularités particulières que l'histoire, par la sévérité de ses lois, est contrainte d'y souffrir : de sorte qu'il y auroit eu, sans comparaison, moins d'inconvénient dans la disposition du *Cid* de feindre contre la vérité, ou que le comte ne se fût pas trouvé à la fin véritable père de Chimène[1], ou que, contre l'opinion de tout le monde, il ne fût pas mort de sa blessure, ou que le salut du roi et du royaume eût absolument dépendu de ce mariage[2], pour compenser la violence que souffroit la nature en cette occasion par le bien que le prince et son État en recevroient : tout cela, disons-nous, auroit été plus pardonnable que de porter sur la scène l'événement tout pur et tout scandaleux, comme l'histoire le fournissoit; mais le plus expédient eût été de n'en faire point de poëme dramatique, puisqu'il étoit trop connu pour l'altérer en un point si essentiel, et de trop mauvais exemple pour l'exposer à la vue du peuple sans l'avoir auparavant rectifié.

Au reste, l'observateur, qui avec raison trouve à redire au peu de vraisemblance du mariage de Chimène, ne confirme pas sa bonne cause, comme il le croit, par la signification prétendue du terme de *fable*, duquel se sert Aristote pour nommer le sujet des poëmes dramatiques; et cette erreur lui est commune avec quelques-uns des commentateurs de ce philosophe, qui se sont figuré que, par ce mot de *fable*, la vérité est entièrement bannie du théâtre, et qu'il est défendu au poëte de toucher à l'histoire et de s'en servir pour matière, à cause qu'elle ne souffre point qu'on l'altère pour la réduire à la vraisemblance.

En cela, nous estimons qu'ils n'ont pas assez considéré quel est le sens d'Aristote, qui sans doute par ce mot de *fable* n'a voulu dire autre chose que le sujet, et n'a point entendu ce qui nécessairement devoit être fabuleux, mais seulement ce qu'il n'importoit pas qui fût vrai, pourvu qu'il fût vraisemblable. Sa *Poétique* nous en fournit la preuve dans ce passage exprès, où il dit que le *poëte, pour traiter des choses avenues, ne seroit pas estimé moins poëte*[3], *pour ce que rien n'empêche que quelques-unes de ces choses ne soient telles qu'il est vraisemblable qu'elles soient avenues;* et encore en plusieurs autres lieux où il a voulu que le sujet tragique ou épique fût véritable en gros, ou estimé tel, et n'y a désiré, ce semble, autre chose, sinon que le détail n'en fût point connu, afin que le poëte le pût suppléer par son invention, et du moins en cette partie mériter le nom de poëte : et certes ce seroit une doctrine bien étrange si, pour demeurer dans la signification littérale du mot de *fable*, on vouloit faire passer pour choses fabuleuses ces aventures des Médée, des

1. Si le comte n'eût pas été le père de Chimène, c'est cela qui eût fait un roman contre la vraisemblance, et qui eût détruit tout l'intérêt. (*Voltaire.*)

2. Cette idée, que le salut de l'État eût dépendu du mariage de Chimène, me paraît très-belle; mais il eût fallu changer toute la construction du poëme. (*Id.*)

3. Avec la permission d'Aristote, la vraisemblance ne suffirait pas. On n'est point du tout poëte pour traiter un sujet vraisemblable; on ne l'est que quand on l'embellit. (*Id.*)

Œdipe, des Oreste, etc., que toute l'antiquité nous donne pour de véritables histoires en ce qui regarde le gros de l'événement, bien que dans le détail il y puisse avoir des opinions différentes.

De celles-là qui sont estimées pures fables, il n'y en a pas une, quelque bizarre et extravagante qu'elle soit, qui n'ait été déguisée de la sorte par les sages du vieux temps, pour la rendre plus utile aux peuples : et c'est ce qui nous fait dire, dans un sentiment contraire à celui de l'observateur, que le poëte ne doit pas craindre de commettre un sacrilége en changeant la vérité de l'histoire. Nous sommes confirmés dans cette créance par le plus religieux des poëtes, qui, corrompant l'histoire, a fait Didon peu chaste, sans autre nécessité que d'embellir son poëme d'un épisode admirable, et d'obliger les Romains aux dépens des Carthaginois; et qui, pour la constitution essentielle de son ouvrage, a feint son Énée zélé pour le salut de sa patrie, et victorieux de tous les héros du pays latin, quoiqu'il se trouve des historiens qui rapportent que ce fut l'un des traîtres qui vendirent Troie aux Grecs, et que d'autres assurent encore que Mézence le tua et en remporta les dépouilles.

Ainsi l'observateur, selon notre avis, ne conclut pas bien quand il dit que *le Cid n'est pas un bon sujet de poëme dramatique, pour ce qu'étant historique, et par conséquent véritable, il ne pouvoit être changé ni rendu propre au théâtre;* d'autant que si Virgile, par exemple, a bien fait d'une honnête femme une femme impudique sans qu'il fût nécessaire, il auroit bien pu être permis à un autre de faire, pour l'utilité publique d'un mariage extravagant, un fait qui fût raisonnable, en y apportant les ajustemens et y prenant les biais qui en pouvoient corriger les défauts.

Nous savons bien que quelques-uns ont blâmé Virgile d'en avoir usé de la sorte : mais outre que nous doutons si l'opinion de ces censeurs est recevable, et s'ils connoissoient autant que lui jusqu'où s'étend la juridiction de la poésie, nous croyons encore que, s'ils l'ont blâmé, ce n'a pas été d'avoir simplement altéré l'histoire, mais de l'avoir altérée de bien en mal; de manière qu'ils ne l'ont pas accusé proprement d'avoir péché contre l'art, en changeant la vérité, mais contre les bonnes mœurs, en diffamant une personne qui avoit mieux aimé mourir que de vivre diffamée : il en fût arrivé tout au contraire dans le changement qu'on eût pu faire au sujet du *Cid,* puisqu'on eût corrigé les mauvaises mœurs qui se trouvent dans l'histoire, et qu'on les eût rendues bonnes pour la poésie, pour l'utilité du public.

L'objection que fait l'observateur ensuite nous semble très-considérable; car un des principaux préceptes de la poésie imitatrice est de ne se point charger de tant de matières, qu'elles ne laissent pas le moyen d'employer les ornemens qui lui sont nécessaires, et de donner à l'action qu'elle se propose d'imiter toute l'étendue qu'elle doit avoir. Et certes, l'auteur ne peut nier ici que l'art ne lui ait manqué, lorsqu'il a compris tant d'actions remarquables dans l'espace de vingt-quatre heures, et qu'il n'a pu autrement fournir les cinq actes de sa pièce qu'en entassant tant de choses l'une sur l'autre en si peu de temps. Mais si nous estimons qu'on l'ait bien repris pour la multitude des actions employées dans ce poëme, nous croyons qu'il y a eu encore plus de sujet de le reprendre pour avoir fait consentir Chimène à épouser Rodrigue le jour même qu'il avoit tué le comte[1]. Cela surpasse toute sorte de créance, et ne peut vraisemblablement tomber dans l'âme non-seulement d'une fille sage, mais d'une qui seroit la plus dépouillée d'honneur et d'humanité.

En ceci, il ne s'agit pas simplement d'assembler plusieurs aventures diverses et grandes en un si petit espace de temps, mais de faire entrer dans un même esprit et dans moins de vingt-quatre heures deux pensées si opposées l'une à l'autre, comme sont la poursuite de la mort d'un père et le consentement d'épouser son meurtrier, et d'accorder en un même jour deux choses qui ne se pouvoient souffrir dans toute une vie. L'auteur espagnol a moins péché en cet endroit contre la bienséance, faisant passer quelques jours entre cette poursuite et ce consentement. Et le françois, qui a voulu se renfermer dans la règle des vingt-quatre heures, pour éviter une faute, est tombé dans une autre, et, de crainte de pécher contre les règles de l'art, a mieux aimé pécher contre celles de la nature.

Tout ce que l'observateur dit après ceci de la juste grandeur que doit avoir un poëme pour donner du plaisir à l'esprit sans lui donner de la peine, contient une bonne et solide doctrine, fondée sur l'autorité d'Aristote, ou, pour mieux dire, sur celle de la raison. Mais l'application ne nous en semble pas juste, lorsqu'il explique cette grandeur plutôt du temps que des matières; et qu'il veut que *le Cid* soit d'une grandeur excessive, parce qu'il comprend en un jour des actions qui se sont faites dans le cours de plusieurs années, au lieu d'essayer à faire voir qu'il comprend plus d'actions que l'esprit n'en peut regarder d'une vue. Ainsi, tant qu'il ait prouvé que le sujet du *Cid* est trop diffus pour n'embarrasser pas la mémoire, nous n'estimons point qu'il pèche en excès de grandeur pour avoir ramassé en un seul jour les actions de plusieurs années, s'il est vraisemblable qu'elles puissent être avenues en un seul jour.

Mais que ce soit l'abondance des matières plutôt que l'étendue du temps qui travaille l'esprit et fasse le poëme dramatique trop grand, il est aisé de le juger par l'épique, qui peut embrasser une entière révolution solaire et la suite des quatre saisons, sans que la mémoire ait de la peine à le concevoir distinctement, et qui néanmoins pourroit lui sembler trop vaste, si le nombre des aventures y engendroit confusion et ne le laissoit pas voir d'une seule vue. A la vérité, Aristote a prescrit le temps des pièces de théâtre, et n'a donné aux actions qui en font le sujet que l'espace compris entre le lever et le coucher du soleil. Néanmoins, quand il a établi une règle si judicieuse, il l'a fait pour des raisons bien éloignées de celles qu'allègue en ce lieu l'observateur. Mais comme c'est une des plus curieuses questions de la poésie, et qu'il n'est point nécessaire de la vider en cette occasion, nous

---

1. Il semble qu'elle épouse Rodrigue le jour même que Rodrigue a tué son père. Non : elle consent le jour même à ne plus solliciter la mort de Rodrigue, et elle laisse entendre seulement qu'un jour elle pourra obéir au roi en épousant Rodrigue, sans donner une parole positive. Il me semble que cet art de Corneille méritait les plus grands éloges. (*Voltaire.*)

remettons à la traiter dans l'*Art poétique* que nous avons dessein de faire.

Quant à celle qui a été proposée par quelques-uns, si le poëte est condamnable pour avoir fait arriver en un même temps des choses avenues en des temps différens, nous estimons qu'il ne l'est point, s'il le fait avec jugement, et en des matières ou peu connues ou peu importantes. Le poëte ne considère dans l'histoire que la vraisemblance des événemens, sans se rendre esclave des circonstances qui en accompagnent la vérité; de manière que, pourvu qu'il soit vraisemblable que plusieurs actions se soient aussi bien pu faire conjointement que séparément, il est libre au poëte de les rapprocher, si par ce moyen il peut rendre son ouvrage plus merveilleux.

Il ne faut point d'autre preuve de cette doctrine que l'exemple de Virgile dans sa Didon, qui, selon tous les chronologistes, naquit plus de deux cents ans après Énée; si l'on ne veut encore ajouter celui du Tasse, dans le Renaud de sa *Hierusalem*, lequel ne pouvoit être né qu'à peine lorsque mourut Godefroi de Bouillon. Les fautes d'Eschyle et de Buchanan, bien remarquées par Heinsius dans la *Niobé* et dans le *Jephté*, ne concluent rien contre ce que nous maintenons. Car si nous croyons que le poëte, comme maître du temps, peut allonger ou accourcir celui des actions qui composent son sujet, c'est toujours à condition qu'il demeure dans les termes de la vraisemblance, et qu'il ne viole point le respect dû aux choses sacrées. Nous ne lui permettons de rien faire qui répugne au sens commun et à l'usage, comme de supposer Niobé attachée trois jours entiers sans dire une seule parole sur le tombeau de ses enfans; moins encore approuvons-nous qu'il entreprenne contre le texte de l'Écriture, dont les moindres syllabes sont trop saintes pour souffrir aucun des changemens que le poëte auroit droit de faire dans les histoires profanes, comme d'abréger, d'autorité privée, les deux mois que la fille du Galaadite avoit demandés pour aller pleurer sa virginité dans les montagnes.

L'observateur, après cela, passe à l'examen des mœurs attribuées à Chimène, et les condamne. En quoi nous sommes entièrement de son côté; car au moins ne peut-on nier qu'elle ne soit, contre la bienséance de son sexe, amante trop sensible, et fille trop dénaturée. Quelque violence que lui pût faire sa passion, il est certain qu'elle ne devoit point se relâcher dans la vengeance de la mort de son père, et moins encore se résoudre à épouser celui qui l'avoit fait mourir. En ceci, il faut avouer que ses mœurs sont du moins scandaleuses, si en effet elles ne sont dépravées. Ces pernicieux exemples rendent l'ouvrage notablement défectueux, et s'écartent du but de la poésie, qui veut être utile. Ce n'est pas que cette utilité ne se puisse produire par des mœurs qui soient mauvaises; mais, pour la produire par de mauvaises mœurs, il faut qu'à la fin elles soient punies, et non récompensées, comme elles le sont en cet ouvrage. Nous parlerions ici de leur inégalité, qui est un vice dans l'art, qui n'a point été remarqué par l'observateur, s'il ne suffisoit de ce qu'il a dit pour nous faire approuver sa censure. Nous n'entendons pas néanmoins condamner Chimène de ce qu'elle aime le meurtrier de son père, puisque son engagement avec Rodrigue avoit précédé la mort du comte, et qu'il n'est pas en la puissance d'une personne de cesser d'aimer quand il lui plaît. Nous la blâmons seulement de ce que son amour l'emporte sur son devoir, et qu'en même temps qu'elle poursuit Rodrigue, elle fait des vœux en sa faveur; nous la blâmons seulement de ce qu'ayant fait en son absence un bon dessein de

Le poursuivre, le perdre et mourir après lui,

sitôt qu'il se présente à elle, quoique teint du sang de son père, elle le souffre en son logis et dans sa chambre même, ne le fait point arrêter, l'excuse de ce qu'il a entrepris contre le comte, lui témoigne que pour cela elle ne laisse pas de l'aimer, lui donne presque à entendre qu'elle ne le poursuit que pour en être plus estimée, et enfin souhaite que les juges ne lui accordent pas la vengeance qu'elle leur demande. C'est trop clairement trahir ses obligations naturelles en faveur de sa passion; c'est trop ouvertement chercher une couverture à ses désirs, et c'est faire bien moins le personnage de fille que d'amante. Elle pouvoit sans doute aimer encore Rodrigue après ce malheur, puisque son crime n'étoit que d'avoir réparé le déshonneur de sa maison; elle le devoit même en quelque sorte pour relever sa propre gloire, lorsque, après une longue agitation, elle eût donné l'avantage à son honneur sur une amour si violente et si juste que la sienne; et la beauté qu'eût produite dans l'ouvrage une si belle victoire de l'honneur sur l'amour eût été d'autant plus grande qu'elle eût été plus raisonnable[1].

Aussi n'est-ce pas le combat de ces deux mouvemens que nous désapprouvons; nous n'y trouvons à dire, sinon qu'il se termine autrement qu'il ne devroit, et qu'au lieu de tenir au moins ces deux intérêts en balance, celui à qui le dessus demeure est celui qui raisonnablement devoit succomber. Que s'il eût pu être permis au poëte de faire que l'un de ces deux amans préférât son amour à son devoir, on peut dire qu'il eût été plus excusable d'attribuer cette faute à Rodrigue qu'à Chimène; Rodrigue étoit un homme, et son sexe, qui est comme en possession de fermer les yeux à toutes considérations pour se satisfaire en matière d'amour, eût rendu son action moins étrange et moins insupportable.

Mais au contraire Rodrigue, lorsqu'il y va de la vengeance de son père, témoigne que son devoir l'emporte absolument sur son amour, et oublie Chimène, ou ne la considère plus. Il ne lui suffit pas de vouloir vaincre le comte pour venger l'affront fait à sa race; il agit encore comme ayant dessein de lui ôter la vie, bien que sa mort ne fût pas nécessaire pour sa satisfaction. Il pouvoit respecter le comte en faveur de sa fille, sans rien diminuer de la haine qu'il étoit désormais obligé d'avoir pour lui; et, puisque, par cette même loi d'honneur qui l'engageoit au ressentiment, il y avoit plus de gloire à le vaincre qu'à le tuer, il

1. Une chose assez singulière, mais très-vraie, c'est que, si Chimène avait continué à poursuivre Rodrigue, après qu'il a sauvé Séville et qu'il a pardonné à don Sanche, cela eût été froid et ridicule. Si jamais on fait une pièce dans ce goût, je réponds de la chute. Les mêmes sentimens qui charmèrent l'Espagne charmèrent ensuite la France. (*Voltaire.*)

devoit aller au combat avec le seul désir d'en rapporter l'avantage et le dessein de l'épargner autant qu'il lui seroit possible, afin que, dans la chaleur de la vengeance qu'il ne pouvoit refuser à son père, il rendît ce respect à Chimène de considérer encore le sien, et que par ce moyen il conservât l'espérance de la pouvoir un jour épouser.

Cependant ce même Rodrigue, devenu ennemi de sa maîtresse, ennemi de soi-même, et plus aveugle de colère que d'amour, ne voit plus rien que son affront, et ne songe plus qu'à sa vengeance. Dans son transport, il fait des choses qu'il n'étoit pas obligé de faire, et, sans nécessité, cesse d'être amant pour paroître seulement homme d'honneur. Chimène, au contraire, quoique, pour venger la mort de son père, elle dût faire plus que Rodrigue n'avoit fait pour venger l'affront du sien, puisque son sexe exigeoit d'elle une sévérité plus grande, et qu'il n'y avoit que la mort de Rodrigue qui pût expier celle du comte, poursuit lâchement[1] cette mort, craint d'en obtenir l'arrêt; et le soin qu'elle devoit avoir de son honneur cède entièrement au souvenir qu'elle a de son amour.

Si maintenant on nous allègue pour sa défense que cette passion de Chimène a été le principal agrément de la pièce, et ce qui lui a excité le plus d'applaudissemens, nous répondrons que ce n'est pas pour ce qu'elle est bonne, mais pour ce que, quelque mauvaise qu'elle soit, elle est heureusement exprimée; ses puissans mouvemens, joints à ses vives et naïves expressions, ont bien pu faire estimer ce qui en effet seroit estimable si c'étoit une pièce séparée, et qui ne fût point une partie d'un tout qui ne la peut souffrir; en un mot, elle a assez d'éclat et de charmes pour avoir fait oublier les règles[2] à ceux qui ne les savent guère bien, ou à qui elles ne sont guère présentes.

Ensuite de cet examen, l'observateur fait l'anatomie du poëme, pour en montrer les particuliers défauts et les divers manquemens de bienséance. Mais il nous semble qu'il ouvre mal cette carrière, et nous croyons que sa première remarque n'est pas juste lorsqu'il trouve à redire que le comte juge avantageusement de Sanche : car Rodrigue et Sanche ayant été tous deux supposés du plus noble sang de Castille, le comte avoit raison de penser qu'ils imiteroient également la valeur de leurs ancêtres; il n'étoit pas obligé de prévoir que l'un d'eux seroit assez lâche pour vouloir racheter sa vie en acceptant la condition de son vainqueur[3]. Ce n'est pas ici le lieu de reprocher au poëte la faute qu'il fait faire à don Sanche vers la fin de la pièce, et cette faute ayant été postérieure à ce que dit maintenant ici le comte, nous l'estimons vainement alléguée pour condamner la bonne opinion que raisonnablement il devoit avoir de don Sanche avant qu'il l'eût commise.

1. Aujourd'hui on dirait *faiblement*. (*Voltaire.*)
2. Il me semble qu'il ne s'agit pas ici des règles, mais des mœurs. (*Id.*)
3. Je ne crois pas que, dans les temps de la chevalerie, ce fût une lâcheté; rien n'était plus commun que des chevaliers qui, ayant été désarmés, allaient porter leurs armes à la maîtresse du vainqueur. L'action de don Sanche ne parut point du tout lâche en Espagne, où l'on était encore enthousiasmé de la chevalerie. (*Id.*)

La seconde objection nous semble considérable, et nous croyons avec l'observateur qu'Elvire, simple suivante de Chimène, n'étoit pas une personne avec qui le comte dût avoir cet entretien, principalement en ce qui regardoit l'élection que l'on alloit faire d'un gouverneur pour l'infant de Castille, et la part qu'il y pensoit avoir. En cela le poëte a montré, sinon peu d'invention, du moins beaucoup de négligence, puisque, s'il l'eût feinte parente du comte et compagne de sa fille, il eût pu rendre plus excusable le discours que le comte lui fait. Nous trouvons encore que l'observateur l'eût pu raisonnablement reprendre d'avoir fait l'ouverture de toute la pièce par une suivante; ce qui nous semble peu digne de la gravité du sujet, et seulement supportable dans le comique.

Quant à la troisième, nous pourrions croire, d'un côté, que le comte, de quelque sorte qu'il parle de lui-même, ne devroit point passer pour fanfaron, puisque l'histoire et la propre confession de don Diègue lui donnent le titre de l'un des vaillans hommes qui fussent alors en Espagne : ainsi du moins n'est-il pas fanfaron, si l'on prend ce mot au sens que l'observateur l'a pris, lorsqu'il l'a accompagné de celui de capitan de la farce, de qui la valeur est toute sur la langue; si bien que les discours où il s'emporte seroient plutôt des effets de la présomption d'un vieux soldat que des fanfaronneries[1] d'un capitan de farce, et des vanités d'un homme vaillant, que des artifices d'un poltron pour couvrir le défaut de son courage. D'autre côté, les hyperboles excessives, et qui sont véritablement de théâtre, dont tout le rôle de ce comte est rempli, et l'insupportable audace avec laquelle il parle du roi son maître, qui, à le bien considérer, ne l'avoit point trop maltraité en préférant don Diègue à lui, nous font croire que le nom de fanfaron lui est bien dû, que l'observateur le lui a donné avec justice. Et en effet, il le mérite, si nous prenons ce mot dans l'autre signification où il est reçu parmi nous, c'est-à-dire homme de cœur, mais qui ne fait de bonnes actions que pour en tirer avantage, et qui méprise chacun, et n'estime que soi-même.

La scène qui suit nous semble condamnée sans fondement; car la relation qu'Elvire y fait à Chimène de ce qu'elle vient d'entendre est très-succincte, et ne tombe point sous le genre de celles qui se doivent plutôt faire *derrière les rideaux* que sur la scène : elle est même nécessaire[2] pour faire connoître au spectateur la passion qu'elle a pour Rodrigue, et pour faire entendre que don Diègue la doit demander en mariage pour son fils.

Quant à la troisième, nous sommes entièrement de l'avis de l'observateur, et tenons tout l'épisode de l'infante condamnable; car ce personnage n'y contribue en rien ni à la conclusion ni à la rupture de ce mariage, et ne sert qu'à représenter une passion niaise, qui d'ailleurs est peu séante à une princesse, étant conçue

1. Il faut remarquer que les fanfaronnades de tous les capitans de comédie étaient alors portées à un excès de ridicule si outré, que le comte de Gormas, tout fanfaron qu'il est, paraît modeste en comparaison. (*Voltaire.*)

2. Donc les comédiens ont eu très-grand tort de retrancher cette scène. (*Id.*)

pour un jeune homme qui n'avoit encore donné aucun témoignage de sa valeur. Ce n'est pas que nous ignorions que tous les épisodes, quoique non nécessaires, ne sont pas pour cela bannis de la poésie; mais nous savons aussi qu'ils ne sont estimés que dans la poésie épique, que la dramatique ne les souffre que fort courts, et qu'elle n'en reçoit point de cette nature qui règnent dans toute la pièce. La plupart de ce que l'observateur dit ensuite pour appuyer sa censure touchant la liaison des épisodes avec le sujet principal est pure doctrine d'Aristote, et très-conforme au bon sens; mais nous sommes bien éloignés de croire avec lui que don Sanche soit du nombre de ces personnes épisodiques qui ne font aucun effet dans le poëme. Et certes, il est malaisé de s'imaginer quelle raison il a eue de prendre une telle opinion, ayant pu remarquer que don Sanche est rival de don Rodrigue en l'amour[1] de Chimène; qu'après la mort du comte, il la sert auprès du roi, pour essayer d'acquérir ses bonnes grâces; et qu'enfin il se bat pour elle contre Rodrigue, et demeure vaincu. Si bien que les actions de don Sanche sont mêlées dans toutes les principales du poëme; et la dernière, qui est celle du combat, ne se fait pas simplement afin qu'il soit battu, comme prétend l'observateur, mais afin que, par le désavantage qu'il y reçoit, Rodrigue puisse être purgé de la mort du comte, et en même temps obtenir Chimène. L'objection semble plus forte contre Arias, qui sans doute a moins de part dans le sujet que don Sanche : toutefois on ne peut pas dire absolument que ce personnage y soit aussi peu nécessaire que l'infante; car, en le bannissant, il faudroit bannir des tragédies tous les conseillers des princes, et condamner généralement tous les poëtes anciens et modernes qui les y ont introduits; outre que sur la fin il sert de juge au camp lorsque les deux rivaux se battent. Ainsi il ne peut passer pour être entièrement inutile, comme l'observateur l'assure. Il est vrai qu'encore qu'on entende bien ce qui l'amène dans la première scène du second acte, et que cela ne mérite point de censure, l'observateur toutefois, selon notre avis, ne laisse pas de reprendre en ce lieu le poëte avec raison; car, au lieu que le roi envoie Arias vers le comte pour le porter à satisfaire don Diègue, il falloit qu'il lui envoyât des gardes, pour empêcher la suite que pourroit causer le ressentiment de cette offense, et pour l'obliger, de puissance absolue, à la réparer avec une satisfaction digne de la personne offensée.

La faute de jugement que l'observateur remarque dans la troisième scène nous semble bien remarquée[2]; et encore qu'à considérer l'endroit favorablement, Chimène n'y veuille pas dire que Rodrigue n'est pas gentilhomme s'il ne se venge du comte, mais

1. On ne dirait point aujourd'hui *rival en l'amour* (*Voltaire.*)
2. Il faut, je crois, considérer le temps où se passe l'action; c'était celui où l'on attachait autant de honte à ne se pas battre en pareil cas qu'à trahir sa patrie et à faire les actions les plus basses : il était bien plus déshonorant de ne pas tirer raison d'un affront que de voler sur le grand chemin; car, dans ce siècle, presque tous les seigneurs de fief rançonnaient les passants. *Notandi sunt tibi mores :* ajoutez *tempora.* (*Id.*)

seulement qu'elle a grand sujet de craindre qu'étant né gentilhomme, il ne se puisse résoudre à souffrir un tel affront sans en rechercher la vengeance; il faut avouer néanmoins que le poëte se fût bien passé de faire dire à Chimène qu'elle seroit honteuse pour Rodrigue, s'il lui obéissoit. Elle ne devoit point balancer les sentimens de son amour avec ceux de la nature, ni la part qu'elle prenoit à l'honneur de son amant avec l'intérêt qu'elle devoit prendre à la vie de son père. Quelque honte qu'il y eût pour Rodrigue à ne se point venger, ce n'étoit point à elle à la considérer, puisqu'il y avoit plus à perdre pour elle, s'il entreprenoit cette vengeance, que s'il ne l'entreprenoit pas. En l'un, son père pouvoit être tué; en l'autre, son amant pouvoit être blâmé : ces deux choses étoient trop inégales pour entrer en comparaison dans l'esprit de Chimène; et elle ne devoit point songer à la conservation de l'honneur de Rodrigue, lorsqu'il ne se pouvoit conserver que par la perte de la vie ou de l'honneur du comte. D'ailleurs, si elle avoit jugé Rodrigue digne de son affection, elle l'avoit sans doute cru généreux, et par conséquent elle devoit penser qu'il eût fait une action plus grande et plus difficile de sacrifier ses ressentimens à la passion qu'il avoit pour elle que de les contenter au préjudice de cette même passion : ainsi il ne lui auroit point été honteux, au moins à l'égard de Chimène, d'observer la défense qu'elle lui eût pu faire de se battre. Peut-être que la cour n'en eût pas jugé si favorablement; mais Chimène, ayant tant d'intérêt à désirer qu'il fît en apparence une lâcheté, ne devoit point alors avoir assez de tranquillité d'esprit pour en considérer les suites. Dans le péril où étoit son père, sa première pensée devoit être que, si son amant l'aimoit assez, il respecteroit celui à qui elle étoit obligée de la naissance, et relâcheroit plutôt quelque chose de cette vaine ombre d'honneur que de se résoudre à perdre son affection, et l'espérance de la posséder en le tuant. La réflexion qu'elle fait sur ce qu'étant né gentilhomme, il ne pouvoit sans honte manquer à poursuivre sa vengeance, ayant semblé belle au poëte, il l'a employée en deux endroits de cette pièce, mais moins à propos en l'un qu'en l'autre; elle étoit excellente dans la bouche de Rodrigue, lorsqu'il veut justifier son action envers Chimène, disant *qu'un homme sans honneur ne la méritoit pas;* mais elle nous semble mauvaise dans celle de Chimène, laquelle, se doutant que Rodrigue préféroit l'honneur de sa maison à son amour, devoit plutôt dire *qu'un homme sans amour ne la méritoit pas.* Nous croyons donc que le poëte a principalement failli en ce qu'il fait entrer sans nécessité et sans utilité, parmi la juste crainte de Chimène, la considération de la part qu'elle devoit prendre au déshonneur de Rodrigue.

Quant à l'objection suivante, qu'elle devoit pleurer enfermée chez elle, au lieu d'aller demander justice, nous ne l'approuvons point, et estimons que le poëte eût manqué, s'il lui eût fait verser des larmes inutiles dans sa chambre, étant même si proche du logis du roi, où elle pouvoit obtenir la vengeance de la mort de son père. Si elle eût tardé un moment à l'aller demander, on eût eu raison de soupçonner qu'elle prenoit du temps pour délibérer si elle la demanderoit, et qu'ainsi l'intérêt de son amant lui étoit autant ou plus considérable que celui de son père. Aussi l'observateur, n'insistant point sur cette censure, semble la condamner lui-même tacitement. En un mot, soit qu'elle voulût perdre Rodrigue, soit qu'elle ne le voulût pas, elle étoit toujours obligée de témoigner qu'elle en avoit l'intention, et de partir au même instant afin de le poursuivre. Maintenant, si elle avoit ce désir ou non, c'est une question qui se videra dans la suite; mais en ce lieu il a été inutile de la mettre en avant, et, quelque chose que l'observateur en puisse ailleurs conclure, il n'en conclut rien ici qui lui soit avantageux.

La première scène du troisième acte doit être examinée avec plus d'attention, comme celle qui est attaquée avec plus d'apparence de justice. Et certes, il n'est pas peu étrange que Rodrigue, après avoir tué le comte, aille dans sa maison, de propos délibéré, pour voir sa fille, ne pouvant douter que désormais sa vue ne lui dût être en horreur, et que se présenter volontairement à elle en tel lieu ne fût comme tuer son père une seconde fois : ce dessein néanmoins n'est pas ce que nous y trouvons de moins vraisemblable; car un amant peut être agité d'une passion si violente, qu'encore qu'il ait fort offensé sa maîtresse, il ne pourra pas s'empêcher de la voir, ou pour se contenter lui-même, ou pour essayer de lui faire satisfaction de la faute qu'il aura commise contre elle. Ce qui nous y semble plus difficile à croire, est que ce même amant, sans être accompagné de personne, et sans avoir alors intelligence avec la suivante, entre dans le logis de celui qu'il vient de tuer, passe jusqu'à la chambre de sa fille, et ne rencontre aucun de ses domestiques qui l'arrête en chemin : cela toutefois se pourroit encore excuser sur le trouble où étoit la famille après la mort du comte, sur l'obscurité de la nuit qui empêchoit de connoître ceux qui vraisemblablement venoient chez Chimène pour l'assister dans son affliction, et sur l'imprudence naturelle aux amans, qui suivent aveuglément leurs passions, sans vouloir regarder les inconvéniens qui en peuvent arriver. Et en effet, nous serions aucunement satisfaits si le poëte, pour sa décharge, avoit fait couler, dans le discours que Rodrigue tient à Elvire, quelques-unes de ces considérations, sans les laisser deviner au spectateur.

Mais ce qui nous en semble inexcusable, est que Rodrigue vient chez sa maîtresse, non pas pour lui demander pardon de ce qu'il a été contraint de faire pour son honneur, mais pour lui en demander la punition de sa main; car s'il croyoit l'avoir méritée, et qu'en effet il fût venu en ce lieu à dessein de mourir pour la satisfaire, puisqu'il n'y avoit point d'apparence de s'imaginer sérieusement que Chimène se résolût à faire cette vengeance avec ses mains propres, il ne devoit point différer à se donner lui-même le coup qu'elle lui auroit si raisonnablement refusé : c'étoit montrer évidemment qu'il ne vouloit pas mourir, de prendre un si mauvais expédient pour mourir, et de ne s'aviser pas que la mort qu'il se fût donnée lui-même, dans les termes d'amant de théâtre, comme elle lui eût été plus facile, lui eût été aussi plus glorieuse. Il pouvoit lui demander la mort, mais il ne la pouvoit pas espérer; et, se la voyant déniée, il ne se devoit point retirer de devant elle sans faire au moins quelque démonstration de se la vouloir donner, et prévenir au moins en apparence celle qu'il dit assez lâchement qu'il va attendre de la main du bourreau.

Nous estimons donc que cette scène, et la quatrième du même acte, qui en est une suite, sont principalement défectueuses, en ce que Rodrigue va chez Chimène dans la créance déraisonnable de recevoir par sa main la punition de son crime, et en ce que, ne l'ayant pu obtenir d'elle, il aime mieux la recevoir de la main du ministre de la justice que de la sienne même. S'il fût allé vers Chimène dans la résolution de mourir en sa présence, de quelque sorte que ce pût être, nous croyons que non-seulement ces deux scènes seroient fort belles pour tout ce qu'elles contiennent de pathétique, mais encore que ce qui manque à la conduite seroit, sinon fort régulier, au moins fort supportable.

Quant à ce qui suit, nous tombons d'accord qu'il eût été bienséant que Chimène en cette occasion eût eu quelques dames de ses amies auprès d'elle pour la consoler; mais comme cette assistance eût empêché ce qui se passe dans les scènes suivantes, nous ne croyons pas aussi qu'elle fût nécessaire absolument : car une personne autant affligée que l'étoit Chimène pouvoit aussitôt désirer la solitude que souffrir la compagnie. Et ce qu'Elvire dit, *qu'elle reviendra du palais bien accompagnée*, ne donne point de lieu à la contradiction que prétend l'observateur, pour ce que *revenir accompagnée* n'est pas *demeurer accompagnée;* et, supposé qu'elle voulût demeurer seule, il n'y a pas d'apparence que ceux qui l'auroient reconduite du palais chez elle y voulussent passer la nuit contre sa volonté : mais c'est encore une de ces choses que le poëte devoit adroitement faire entendre, afin de lever tout scrupule de ce côté-là, et de ne donner pas la peine au spectateur de la suppléer pour lui. Ce que nous estimons de plus répréhensible, et que l'observateur n'a pas voulu reprendre, est qu'Elvire n'ait point suivi Chimène au logis du roi, et que Chimène en soit revenue avec don Sanche sans aucune femme.

Les troisième et quatrième scènes nous semblent fort belles, si l'on excepte ce que nous y avons remarqué touchant la conduite. Les pointes et les traits dont elles sont semées pour la plupart ont leur source dans la nature de la chose; et nous trouvons que Rodrigue n'y fait qu'une faute notable, lorsqu'il dit à Chimène avec tant de rudesse qu'il ne se repent point d'avoir tué son père, au lieu de s'en excuser avec humilité sur l'obligation qu'il avoit de venger l'honneur du sien. Nous trouvons aussi que Chimène n'y en fait qu'une, mais qui est grande, de ne tenir pas ferme dans la belle résolution *de perdre Rodrigue et de mourir après lui*, et de se relâcher jusqu'à dire que, dans la poursuite qu'elle fait de sa mort, elle souhaite de ne rien pouvoir. Elle eût pu confesser à Elvire et à Rodrigue même qu'elle avoit une violente passion pour lui; mais elle leur devoit dire en même temps qu'elle lui étoit moins obligée qu'à son honneur; que, dans la plus grande véhémence de son amour, elle agiroit contre lui avec plus d'ardeur, et qu'après qu'elle auroit satisfait à son devoir, elle satisferoit à son affection, et trouveroit bien le moyen de le suivre; sa passion n'eût pas été moins tendre, et eût été plus généreuse.

L'observateur reprend, dans la cinquième scène, *que don Diègue sorte seul et de nuit pour aller chercher son fils par la ville, laissant force gentilshommes chez lui, et leur manquant de civilité*. Mais en ce qui regarde l'incivilité, nous croyons que la répréhension n'est pas juste, pour ce que les mouvemens naturels et les sentimens de père dans une occasion comme celle-ci ne considèrent point ces petits devoirs de bienséance extérieure, et emportent violemment ceux qui en sont possédés, sans que l'on s'avise d'y trouver à redire. Nous croyons bien que cette sortie de don Diègue eût été justement reprise par une autre raison, si l'on eût dit qu'il n'y avoit aucune apparence que, ce grand nombre d'amis étant chez don Diègue, ils le dussent laisser sortir seul et à telle heure pour aller chercher son fils : car l'ordre vouloit que, ne rencontrant pas Rodrigue en son logis, ils empêchassent ce vieillard de sortir, et le relevassent de la peine que le poëte lui faisoit prendre ; de sorte qu'on peut dire avec raison que ce n'est pas don Diègue qui manque de civilité envers ces gentilshommes, mais que ce sont eux-mêmes qui en manquent envers lui. Quant à la supputation que l'observateur fait ensuite du nombre excessif de ces gentilshommes, elle est bien introduite avec grâce et esprit, mais sans solidité, à notre avis, et seulement pour rendre ridicule ce qui ne l'est pas ; car, premièrement, ces *cinq cents amis* pouvoient n'être pas tous *gentilshommes*, et c'étoit assez qu'ils fussent soldats pour être compris sous le nom d'*amis*, ainsi que don Diègue les appelle, et non pas gentilshommes ; en second lieu, vouloir qu'il y en eût une bonne quantité de neutres, et un quatrième parti de ceux qui ne bougeoient [1] d'auprès de la personne du roi, ce n'est pas se souvenir qu'en matière de querelles de grands, la cour se partage toujours sans qu'il en demeure guère de neutres que ceux qui sont méprisables à l'un et à l'autre parti. Si bien que la cour de Fernand pouvoit être plus petite que celle des rois d'Espagne de présent, et ne laisser pas d'être composée, à un besoin, de mille gentilshommes, principalement en un temps où il y avoit guerre avec les Maures, ainsi que peu après l'observateur même le dit.

Et quoiqu'il soit vrai, comme il le remarque fort bien, que ces cinq cents amis de Rodrigue étoient plutôt assemblés par le poëte contre les Maures que contre le comte, nous croyons que, n'y ayant nulle répugnance qu'ils soient employés contre tous les deux, le poëte seroit plutôt digne de louange que de blâme d'avoir inventé cette assemblée de gens, en apparence contre le comte, et en effet contre les Maures : car une des beautés du poëme dramatique est que ce qui a été imaginé et introduit pour une chose serve à la fin pour une autre.

La première scène du quatrième acte nous semble reprise avec peu de fondement, puisqu'il est vrai que ni l'amour de Chimène, ni l'inquiétude qu'il lui cause, ne sont pas ce qu'il y a de répréhensible en effet, mais seulement le témoignage qu'elle donne en quelques autres lieux du poëme que son amour l'emporte sur son devoir. Or, en celui-ci le contraire paroît, et l'agitation de ses pensées finit comme elle doit.

---

1. *Bougeoient* est devenu depuis trop familier (*Voltaire.*)

La seconde a le défaut que remarque l'observateur, touchant l'inutilité de l'infante ; et l'on ne peut pas dire qu'elle y est utile en quelque sorte comme celle qui flatte la passion de Chimène, et qui sert à lui faire montrer de plus en plus combien elle est affermie dans la résolution de perdre son amant : car Chimène eût pu témoigner aussi bien cette résolution en parlant à Elvire qu'en parlant à l'infante, laquelle agit en cette occasion sans aucune nécessité.

Dans la troisième, l'observateur s'étonne que les commandemens du roi aient été mal exécutés. Mais, comme il est assez ordinaire que les bons ordres soient mal suivis, il n'y avoit rien de si raisonnable que de supposer en faveur de Rodrigue qu'en cette occasion Fernand eût été servi avec négligence. Toutefois ce n'est pas par cette raison que le poëte se peut défendre, la véritable étant que le roi n'avoit point donné d'ordre pour résister aux Maures, de peur de mettre la ville en trop grande alarme. Il est vrai que l'excuse est pire que la faute, pour ce qu'il y auroit moins d'inconvénient que le roi fût mal obéi ayant donné de bons ordres, que non pas qu'il pérît faute d'en avoir donné aucun. Si bien qu'encore que l'objection par là demeure nulle en ce lieu, il nous semble néanmoins qu'elle eût été bonne et solide dans la sixième scène du second acte, où l'on pouvoit reprocher à Fernand, avec beaucoup de justice, qu'il savoit mal garder ses places, de négliger ainsi les bons amis qui lui étoient donnés, et de prendre le parti le moins assuré dans une nouvelle qui ne lui importoit pas moins que de sa ruine.

Ce qui suit du mauvais soin de don Fernand, qui devoit tenir le port fermé avec une chaîne, seroit une répréhension fort judicieuse, supposé que Séville eût un port si étroit d'embouchure, qu'une chaîne l'eût pu clore aisément ; ce qu'il semble aussi que l'auteur estime, faisant dire en un lieu :

Les Maures et la mer entrèrent dans le port ;

et en un autre, distinguant le fleuve du port :

Et la terre, et le fleuve, et leur flotte, et le port.

Mais Séville étant assez avant dans la terre, et n'ayant pour havre que le Guadalquivir, qui ne se peut commodément fermer d'une chaîne, à cause de sa grande largeur, on peut dire que c'étoit assez que Rodrigue fît la garde au port, et qu'en ce lieu l'observateur désire une chose peu possible, quoique l'auteur lui en ait donné sujet par son expression. Pour le reste, nous croyons que la flotte des Maures a pu ancrer, afin que leur descente se fît avec ordre ; parce que, en cas de retraite, si elle eût été si pressée qu'ils n'eussent pas eu le loisir de lever les ancres, en coupant les câbles ils se mettoient en état de la faire avec autant de promptitude que s'ils ne les eussent point jetées. C'est ainsi, ou avec peu de différence, qu'Énée en use quand il coupe le câble qui tenoit son vaisseau attaché au rivage, plutôt que de l'envoyer détacher, dans la crainte qu'il avoit qu'en retardant un peu sa sortie du port, Didon n'eût assez de temps pour le retenir par force dans Carthage.

Pour la cinquième scène, il nous semble qu'elle peut être justement reprise ; mais ce n'est pas absolument, comme dit l'observateur, parce que le roi y fait un personnage moins sérieux qu'on ne devoit attendre de sa dignité et de son âge, lorsque, pour reconnoître le sentiment de Chimène, il lui assure que Rodrigue est mort au combat : car cela se pourroit bien défendre par l'exemple de plusieurs grands princes [1], qui n'ont pas fait difficulté d'user de feinte dans leurs jugemens quand ils ont voulu découvrir une vérité cachée. Nous tenons cette scène principalement répréhensible en ce que Chimène y veut déguiser au roi la passion qu'elle a pour Rodrigue, quoiqu'il n'y eût pas sujet de le faire, et qu'elle-même eût témoigné déjà auparavant avoir une contraire intention. Cela se justifie clairement par la quatrième scène du troisième acte, où elle dit à son amant qu'elle veut bien qu'on sache son inclination, *afin que sa gloire en soit plus élevée quand on verra qu'elle le poursuit encore qu'elle l'adore*. Ce discours nous paroît contredire à celui que le poëte lui fait tenir maintenant pour celer son amour au roi, *qu'on se pâme de joie ainsi que de tristesse*. Et c'étoit sur cette contradiction que nous estimons que l'observateur eût été bien fondé de le reprendre en ce lieu. En effet, il eût beaucoup mieux valu la faire persévérer dans la résolution de laisser connoître son amour, et lui faire dire que la mort de Rodrigue lui pouvoit bien être sensible, puisqu'elle avoit de l'affection pour lui, mais qu'elle lui étoit agréable, puisque son devoir l'avoit obligée à le poursuivre, et que maintenant elle n'avoit plus rien à désirer que le tombeau, après avoir obtenu des Maures ce que le roi sembloit ne lui vouloir pas accorder.

Quant à l'ordonnance de Fernand pour le mariage de Chimène avec celui de ses deux amans qui sortiroit vainqueur du combat, on ne sauroit nier qu'elle ne soit très-inique [2], et que Chimène ne fasse une très-grande faute de ne refuser pas ouvertement d'y obéir. Rodrigue lui-même n'eût osé porter jusque-là ses prétentions, et ce combat ne pouvoit servir au plus qu'à lui faire obtenir l'absolution de la mort du comte. Que si le roi le vouloit récompenser du grand service qu'il venoit d'en recevoir, il falloit que ce fût du sien, et non pas d'une chose qui n'étoit point à lui, et que les lois de la nature avoient mise hors de sa puissance. En tout cas, s'il lui vouloit faire épouser Chimène, il falloit qu'il employât envers elle la persuasion plutôt que le commandement. Or, cette ordonnance déraisonnable et précipitée, et par conséquent peu vraisemblable, est d'autant plus digne de blâme qu'elle fait le dénoûment de la pièce, et qu'elle le fait mauvais et contre l'art. En tous les autres lieux du poëme cette bizarrerie eût fait un fâcheux effet; mais en celui-ci elle en gâte l'édifice, et le rend défectueux en sa partie la plus essentielle, le mettant sous le genre de ceux qu'Aristote condamne, pour ce qu'ils *se nouent bien et se dénouent mal*.

La première scène du cinquième acte nous semble très-digne de censure, parce que Rodrigue retourne chez Chimène, non plus de nuit, comme l'autre fois que les ténèbres favorisoient au-

---

1. Oui, plusieurs grands princes ont pu employer de pareilles feintes, mais elles n'en sont pas moins puériles au théâtre; elles tiennen beaucoup plus du comique que du tragique. (*Voltaire*.)

2. Inique sans doute, mais très-conforme à l'usage du temps. (*Id.*)

cunement sa témérité, mais en plein jour, avec bien plus de péril et de scandale. Elle nous semble encore digne de répréhension, parce que l'entretien qu'ils y ont ensemble est si ruineux pour l'honneur de Chimène, et découvre tellement l'avantage que sa passion a pris sur elle, que nous n'estimons pas qu'il y ait guère de chose plus blâmable en toute la pièce. Il est vrai que Rodrigue y fait ce qu'un amant désespéré étoit obligé de faire, et qu'il y demeure bien plus dans les termes de la bienséance qu'il n'avoit fait la première fois. Mais Chimène, au contraire, y abandonne tout ce qui lui restoit de pudeur, et, oubliant son devoir pour contenter sa passion, persuade clairement Rodrigue de vaincre celui qui s'exposoit volontairement à la mort pour sa querelle, et qu'elle avoit accepté pour son défenseur. Et ce qui la rend plus coupable encore, est qu'elle ne l'exhorte pas tant à bien combattre pour la crainte qu'il ne meure que pour l'espérance de l'épouser s'il ne mouroit point. Nous laissons à part l'ingratitude et l'inhumanité qu'elle fait paroître en sollicitant le déshonneur de don Sanche, qui sont de mauvaises qualités pour un principal personnage. Cette scène donc a toute l'imperfection qu'elle sauroit avoir, si l'on considère la matière comme faisant une partie essentielle de ce poëme : mais en récompense, la considérant à part et détachée du sujet, la passion qu'elle contient nous semble fort bien touchée et fort bien conduite, et les expressions dignes de beaucoup de louanges.

Les seconde et troisième scènes ont leur défaut accoutumé de la superfluité de l'infante, et font languir le théâtre par le peu qu'elles contribuent à la principale aventure. Il est vrai pourtant qu'elles ne manquent pas de beaux mouvemens, et que, si elles étoient nécessaires, elle se pourroient dire belles.

Nous croyons la quatrième moins inutile que ne le prétend l'observateur, puisqu'elle découvre l'inquiétude de Chimène durant le combat de ses amans, et qu'elle sert à lui faire regagner un peu de la réputation qu'elle avoit perdue dans la première.

Pour la cinquième, outre qu'elle donne juste sujet à l'observateur de remarquer le peu de temps que Rodrigue a eu pour ce combat, lequel se devant faire en place publique, et par la permission du roi, demandoit beaucoup de cérémonies, elle a encore le défaut de l'action que don Sanche y vient faire, de présenter son épée à Chimène, suivant la condition que lui a imposée le vainqueur. Puis, pour achever de la rendre tout à fait mauvaise, au lieu que la surprise qui trouble Chimène devoit être courte, le poëte l'a étendue jusques à dégoûter les spectateurs les plus patiens, qui ne se peuvent assez étonner de ce que don Sanche ne l'éclaircisse pas du succès de son combat avec une parole, laquelle il lui pouvoit bien dire, puisqu'il lui peut bien demander audience deux ou trois fois pour l'en éclaircir : à quoi l'on peut ajouter qu'il y a beaucoup d'injustice dans le transport de Chimène contre lui, qui l'avoit servie et obligée ; et que, si elle eût fait paroître sa douleur avec plus de tendresse et de civilité, elle eût plus excité de compassion qu'elle ne fait par sa violence. D'ailleurs, il y pourroit avoir encore à redire, à ce qu'ayant promis solennellement d'épouser celui qui la vengeroit de Rodrigue, maintenant qu'elle croit que don Sanche l'en a vengée, elle tranche nettement qu'elle ne lui tiendra point

parole, et le paye d'injures et de refus, au lieu de se plaindre de
sa mauvaise fortune, qui lui a ravi, par son propre ministère, celui
qu'elle aimoit, et qui la livre à celui qu'elle ne pouvoit souffrir.

Dans la sixième scène, où elle avoue au roi qu'elle aime
Rodrigue, nous ne la blâmons pas, comme fait l'observateur,
de ce qu'elle l'avoue, mais de ce qu'oubliant la résolution qu'elle
avoit faite, dans la quatrième scène du troisième acte, de ne point
celer sa passion, pour sa plus grande gloire, elle semble l'avoir
voulu dissimuler jusqu'alors, et par conséquent l'avoir jugée
criminelle. Par cette inégalité de Chimène, le poëte fait douter
s'il a connu l'importance de ce qu'il lui avoit fait dire lui-même :

Voyant que je l'adore, et que je le poursuis ;

et laisse soupçonner qu'il ait mis cette généreuse pensée dans sa
bouche plutôt comme une fleur non nécessaire que comme la
plus essentielle chose qui servît à la constitution de son sujet.

Dans la suivante, nous trouvons qu'il lui fait faire une faute
bien plus remarquable, en ce que, sans autre raison que celle
de son amour, elle consent à l'injuste ordonnance de Fernand,
c'est-à-dire à épouser celui qui avoit tué son père. Le poëte,
voulant que ce poëme finît heureusement, pour suivre les règles
de la tragi-comédie, fait encore en cet endroit que Chimène
foule aux pieds celles que la nature a établies, et dont le mépris
et la transgression doivent donner de l'horreur aux ignorans et
aux habiles.

Quant au théâtre, il n'y a personne à qui il ne soit évident
qu'il est mal entendu dans ce poëme, et qu'une même scène y
représente plusieurs lieux. Il est vrai que c'est un défaut que
l'on trouve en la plupart de nos poëmes dramatiques[1], et auquel
il semble que la négligence des poëtes ait accoutumé les spectateurs. Mais l'auteur de celui-ci, s'étant mis si à l'étroit pour y
faire rencontrer l'unité du jour, devoit bien aussi s'efforcer d'y
faire rencontrer celle du lieu, qui est bien autant nécessaire que
l'autre, et, faute d'être observée avec soin, produit dans l'esprit
des spectateurs autant ou plus de confusion ou d'obscurité.

A l'examen de ce que l'observateur appelle *conduite*, succède
celui de la versification, laquelle ayant été reprise sans grand
fondement en beaucoup de lieux, et passée pour bonne en beaucoup d'autres où il y avoit grand sujet de la condamner, nous
avons jugé nécessaire, pour la satisfaction du public, de montrer en quoi la censure des vers a été bonne ou mauvaise, et en
quoi l'observateur eût eu encore juste raison de les reprendre.
Toutefois nous n'avons pas cru qu'il nous fallût arrêter à tous
ceux qui n'ont d'autre défaut que d'être foibles et rampans, le
nombre desquels est trop grand et trop facile à connoître pour y
employer notre temps.

1. C'est aussi souvent le défaut des décorateurs et des comédiens.
Une action se passe, tantôt dans le vestibule d'un palais, tantôt dans
l'intérieur, sans blesser l'unité de lieu; mais le décorateur blesse la
vraisemblance en ne représentant pas ce vestibule et cet appartement.
Ce serait un soulagement pour l'esprit et un plaisir pour les yeux de
changer la scène à mesure que les personnages sont supposés passer
d'un lieu à un autre dans la même enceinte. (*Voltaire*).

SENTIMENS DE L'ACADÉMIE SUR LES VERS DU CID.

ACTE PREMIER. — SCÈNE I.

Entre tous ces amans dont la jeune ferveur.

Ce mot de *ferveur* est plus propre pour la dévotion que pour l'amour; mais, supposé qu'il fût aussi bon en cet endroit qu'*ardeur* ou *désir*, *jeune* s'y accommoderoit fort bien, contre l'avis de l'observateur.

Ce n'est pas que Chimène écoute leurs soupirs
Ou d'un regard propice anime leurs désirs,

La remarque de l'observateur n'est pas considérable, qui juge qu'il falloit dire *ou que d'un regard propice elle anime*, etc., parce que ces deux vers ne contiennent pas deux sens différens pour obliger à dire *ou qu'elle anime*.

Elle n'ôte à pas un, ni donne l'espérance.

Il falloit *ni ne donne*[1]; et l'omission de ce *ne*, avec la transposition de *pas un*, qui devoit être à la fin, font que la phrase n'est pas françoise.

Don Rodrigue surtout n'a trait en son visage
Qui d'un homme de cœur ne soit la haute image.

C'est une hyperbole excessive[2] de dire que chaque trait d'un visage soit une image; et *haute* n'est pas une épithète propre en ce lieu; outre que *surtout* est mal placé; ce qui l'a fait paroître bas à l'observateur.

A passé pour merveille.

Cette façon de parler a été mal reprise par l'observateur[3].

Ses rides sur son front ont gravé ses exploits.

Les rides marquent les années, mais ne gravent point les exploits.

L'heure à présent m'appelle au conseil qui s'assemble.

A présent est bas et inutile, comme a remarqué l'observateur; et *qui s'assemble* n'est pas inutile, comme il l'a cru.

SCÈNE II.

Et que tout se dispose à leurs contentemens.

Il eût été mieux *à leur contentement*.

---

1. Peut-être faudrait-il laisser plus de liberté à la poésie, à l'exemple de tous nos voisins. Ce vers serait fort beau :

Je ne vous ai ravi ni donné la couronne :

il est très-français : *ni n'ai donné* le gâterait. (*Voltaire*.)

2. *N'a trait en son visage* est familier; mais l'hyperbole n'est peut-être pas trop forte; car il serait très-permis de dire : *Tous les traits de son visage annoncent un héros.* (*Id.*)

3. *A passé pour merveille* ne se dit pas aujourd'hui, parce que cette expression est triviale. (*Id.*)

> Deux mots dont tous vos sens doivent être charmés.

Cela est mal repris par l'observateur, parce qu'en poésie tous les sens signifient le sens intérieur, c'est-à-dire de l'âme, et que dans une extrême joie les sens extérieurs mêmes sont comme charmés.

> Puis-je à de tels discours donner quelque croyance?

Il valoit mieux dire *à ce discours;* car n'ayant dit que *deux mots*, on ne peut pas dire qu'elle ait fait des discours.

SCÈNE III.

> L'informer avec soin comme va son amour.

L'observateur a bien repris cet endroit; il falloit dire *vous informer d'elle.*

> Madame, toutefois.

En cet hémistiche, *toutefois* est mal placé.

> Mets la main sur mon cœur,
> Et vois comme il se trouble au nom de son vainqueur.

En tout cet endroit, le nom de Rodrigue n'a point été prononcé : elle veut peut-être entendre son nom par *ce jeune chevalier;* mais il le désigne seulement, et ne le nomme pas.

> Mais je n'en veux point suivre où ma gloire s'engage :

Ce dernier mot ne dit pas assez pour signifier *ma gloire court fortune.*

> A pousser des soupirs pour ce que je dédaigne.

Dédaigne dit trop pour sa passion, car en effet elle l'estimoit; elle vouloit dire *pour ce que je devrois dédaigner.*

> Je le crains et souhaite.

L'usage veut qu'on répète l'article *le*, d'autant plus que les deux verbes sont de signification fort différente, et qu'autrement le mot de *souhaite*, sans l'article, fait attendre quelque chose ensuite.

> Ma gloire et mon amour ont tous deux tant d'appas,
> Que je meurs s'il s'achève et ne s'achève pas.

Le premier vers ne s'entend point, et le second est bien repris par l'observateur : il falloit dire *s'il s'achève et s'il ne s'achève pas*, parce que cet *et* conjoint ce qui se doit séparer.

> A vos esprits flottans.

L'observateur a mal repris cet endroit, pour ce que les passions sont comme des vents qui agitent l'esprit, et donnent lieu à la métaphore; et quant au pluriel *esprits*, il se peut fort bien mettre en poésie pour signifier l'*esprit.*

> Pour souffrir la vertu si longtemps au supplice.

Cette expression n'est pas achevée : on ne dit point *souffrir quelqu'un au supplice*, mais bien *souffrir que quelqu'un soit au supplice;* outre qu'*être au supplice* laisse une fâcheuse image en l'esprit.

Ma plus douce espérance est de perdre l'espoir.

Ce vers est beau, et l'observateur l'a mal repris, pour ce qu'elle ne pouvoit rien espérer de plus avantageux pour sa guérison que de voir Rodrigue tellement lié à Chimène, qu'elle n'eût plus lieu d'espérer sa possession.

Par vos commandemens Chimène vous vient voir.

Ce vers est bas, et la façon de parler n'est pas françoise, pour ce qu'on ne dit point *un tel vous vient voir par vos commandemens.*

Cet hyménée à trois également importe.

Ce vers est mal tourné; et *à trois* après *hyménée*, dans le repos du vers, fait un fort mauvais effet.

SCÈNE IV.

Vous élève en un rang.

Cela n'est pas françois : il falloit dire *élever à un rang.*

Mais le roi m'a trouvé plus propre à son désir.

Ce n'est pas bien parler de dire *plus propre à son désir;* il falloit dire *plus propre à son service,* ou bien *plus selon son désir.*

Instruisez-le d'exemple.

Cela n'est pas françois : il falloit dire *instruisez-le par l'exemple de* [1], etc.

Ressouvenez et *enseignez* ne sont pas de bonnes rimes.

Ordonner une armée.

Ce n'est pas bien parler françois, quelque sens qu'on lui veuille donner, et ne signifie point ni mettre une armée en bataille, ni établir dans une armée l'ordre qui y est nécessaire [2].

Sans moi, vous passeriez bientôt sous d'autres lois ;
Et, si vous ne m'aviez, vous n'auriez plus de rois.

Il y a contradiction en ces deux vers ; car, par la même raison qu'ils passeroient sous d'autres lois, ils pourroient avoir d'autres rois.

Le prince, pour essai de générosité.

L'observateur reprend mal cet endroit, en ce qu'il dit qu'il y a quelque consonnance d'*essai* avec *générosité;* car il n'y en a point.

---

1. *Instruire d'exemple* me paraît faire un très-bel effet en poésie; cette expression même semble y être devenue d'usage :

Il m'instruisait d'exemple au grand art des héros. (*Voltaire.*)

2. Puisqu'on ne peut rendre ce mot que par périphrase, il vaut mieux que la périphrase; il répond à *ordinaire;* il est plus énergique qu'*arranger, disposer.* (*Id.*)

SUR LE CID. 525

Gagneroit des combats...

L'observateur a repris cette façon de parler avec quelque fondement, pour ce qu'on ne sauroit dire qu'improprement *gagner des combats*[1].

Parlons-en mieux, le roi....

L'observateur a repris ce vers avec trop de rigueur pour avoir la césure mauvaise; car cela se souffre quelquefois aux vers de théâtre, et même en quelques lieux a de la grâce dans les interlocutions, pourvu que l'on en use rarement.

Le premier dont ma race ait vu rougir son front.

L'observateur a eu raison de remarquer qu'on ne peut dire *le front d'une race*[2].

Mon âme est satisfaite,
Et mes yeux à ma main reprochent ta défaite.

Il y a contradiction en ces deux vers, de dire en même temps que son âme soit satisfaite, et que ses yeux reprochent à sa main une défaite honteuse, et qui par conséquent lui doit donner du déplaisir[3].

SCÈNE V.

Nouvelle dignité fatale à mon bonheur....
Faut-il de votre éclat voir triompher le comte?

Triompher de l'éclat d'une dignité, ce sont de belles paroles qui ne signifient rien[4].

Qui tombe sur mon chef....

L'observateur est trop rigoureux de reprendre ce mot de *chef*[5], qui n'est point tant hors d'usage qu'il le dit.

SCÈNE VI.

Je le remets au tien pour venger et punir.

Venger et *punir* est trop vague; car on ne sait qui doit être vengé, ni qui doit être puni.

Au surplus....

Ce terme est bien repris par l'observateur pour être bas; mais la faute est légère.

Se faire un beau rempart de mille funérailles.

---

1. Si on gagne des batailles, pourquoi ne gagnerait-on pas des combats? (*Voltaire.*)
2. Pourquoi, si on anime tout en poésie, une race ne pourra-t elle pas rougir? pourquoi ne lui pas donner un front comme des sentimens? (*Id.*)
3. Y a-t-il contradiction? Je suis satisfait, je suis vengé; mais je l'ai été trop aisément. (*Id.*)
4. N'est-il pas permis en poésie de triompher de l'éclat des grandeurs? (*Id.*)
5. Ce mot a vieilli. (*Id.*)

L'observateur a bien repris cet endroit; car le mot de *funérailles* ne signifie point des corps morts [1].

Plus l'offenseur est cher....

L'observateur a quelque fondement en sa répréhension de dire que ce mot *offenseur* n'est pas en usage; toutefois, étant à souhaiter qu'il y fût pour opposer à *offensé*, cette hardiesse n'est pas condamnable.

SCÈNE VII.

L'un échauffe mon cœur, l'autre retient mon bras.

Échauffer est un verbe trop commun à toutes les deux passions [2]; il en falloit un qui fût propre à la vengeance, et qui la distinguât de l'amour; et même le mot de *flamme*, qui suit, semble le désirer plutôt pour la maîtresse que pour le père.

A mon aveuglement rendez un peu de jour.

L'observateur n'a pas bien repris en cet endroit, pour ce que l'on peut dire l'*aveuglement* pour l'*esprit aveuglé*.

Je dois à ma maîtresse aussi bien qu'à mon père.

Je dois est trop vague [3]; il devoit être déterminé à quelque chose qui exprimât ce qu'il doit.

Allons, mon âme....

L'observateur n'a pas eu raison de blâmer cette façon de de parler, pour ce qu'elle est en usage, et que l'on parle souvent à soi en s'adressant à une des principales parties de soi-même, comme l'*âme* et le *cœur*.

Et puisqu'il faut mourir.

Ces paroles ne sont pas une exclamation, comme le remarque l'observateur, et ont un fort bon sens, puisqu'elles veulent dire que Rodrigue étant réduit à la nécessité de mourir quoi qu'il pût arriver, il aime mieux mourir sans offenser Chimène qu'après l'avoir offensée.

Dont mon âme égarée.

L'observateur n'a pas bien repris ce mot *égarée*, qui n'est point inutile, marquant le trouble de l'esprit.

Allons, mon bras....

L'observateur devoit plutôt reprendre *allons, mon bras*, qu'*allons, mon âme* [4], pour ce qu'encore que le bras se puisse quelquefois prendre pour la personne, il ne s'accorde pas bien avec *aller*.

---

1. *Funérailles* alors signifiait *funus*, et n'était pas uniquement attaché à l'idée d'enterrement. (*Voltaire*.)
2. *Échauffe* n'est pas mauvais, *anime* serait plus noble. (*Id.*)
3. L'usage s'est depuis déclaré pour Corneille. On dit très-bien :

Je dois à la nature encor plus qu'à l'amour. (*Id.*)

4. Une âme va-t-elle mieux qu'un bras? (*Id.*)

SUR LE CID. 527

Dois-je pas à mon père avant qu'à ma maîtresse ?

Il fait la même faute qu'auparavant ; il devoit déterminer ce qu'il devoit.

Je rendrai mon sang pur comme je l'ai reçu.

L'observateur n'a pas bien repris cet endroit ; car, métaphoriquement, le sang qui a été reçu des aïeux est souillé par les mauvaises actions, et ce vers est fort beau.

ACTE SECOND. — SCÈNE I.

Quand je lui fis l'affront.

Il n'a pu dire *je lui fis ;* car l'action vient d'être faite : il falloit dire *quand je lui ai fait*, puisqu'il ne s'étoit point passé de nuit entre deux.

Ce grand courage, grandeur de l'offense, grand crime, et quelque grand qu'il fût.

L'observateur est trop rigoureux de reprendre ces répétitions, dont la première n'est pas considérable, étant éloignée de cinq vers ; et en la seconde la répétition de *quelque grand qu'il fût* est entièrement nécessaire, et a même de la grâce.

Qui passent le commun des satisfactions.

Cette façon de parler est des plus basses, et peu françoise.

Sont plus que suffisans.

L'observateur l'a bien repris, non pas en ce qu'il dit que cette façon de parler ne signifie rien, car elle est aisément entendue, mais en ce qu'elle est basse.

SCÈNE II.

Sais-tu que ce vieillard fut la même vertu,
La vaillance et l'honneur de son temps ? Le sais-tu ?

On ne doit parler ainsi que d'un homme mort ; car don Diègue étant vivant, son fils devoit croire qu'il étoit encore la vertu et l'honneur de son temps ; il devoit dire *est la même vertu*, etc. Le comte répond *peut-être ;* mais c'est mal répondu, car absolument on doit savoir ou non quelque chose[1].

. . . Cette ardeur que dans les yeux je porte,
Sais-tu que c'est son sang ?

Une ardeur ne peut être appelée sang, par métaphore ni autrement[2].

A quatre pas d'ici je te le fais savoir.

---

1. Cette faute est de l'espagnol. (*Voltaire.*)
2. Si un homme pouvait dire de lui qu'il a de l'ardeur dans les yeux, y aurait-il une faute à dire que cette ardeur vient de son père, que c'est le sang de son père ? n'est-ce pas le sang qui, plus ou moins animé, rend les yeux vifs ou éteints ? (*Id.*)

Après avoir dit ces mots, le grand discours qui suit jusqu'à la fin de la scène est hors de saison [1].

SCÈNE III.

Elle a trop fait de bruit pour ne pas s'accorder.

L'observateur a mal repris cet endroit, car on dit *s'accorder* pour *être accordé.*

Et tu sais que mon âme....

Cela est mal dit : mais, pour *fera l'impossible*, l'observateur l'a mal repris; car l'usage a reçu *faire l'impossible* pour dire *faire tout ce qui est possible.*

Les affronts à l'honneur ne se réparent point.

On dit bien *faire affront à quelqu'un*, mais non *faire affront à l'honneur de quelqu'un* [2].

Les hommes valeureux le sont du premier coup.

L'observateur n'a pas eu sujet de reprendre la bassesse du vers, ni la phrase *du premier coup;* mais il le devoit reprendre comme impropre en ce lieu, puisqu'il se dit d'une action, et non d'une habitude.

Quel comble à mon ennui!

Cette phrase n'est pas françoise [3].

SCÈNE V.

Vous laissez choir ainsi ce glorieux courage.

Contre l'opinion de l'observateur, ce mot de *choir* [4] n'est point si fort impropre en ce lieu qu'il ne se puisse supporter : celui d'*abattre* eût été sans doute meilleur et plus dans l'usage.

Si dessous sa valeur ce grand guerrier s'abat.

L'observateur a mal repris *s'abat*, et il n'y a point d'équivoque vicieuse avec *sabbat;* mais il devoit remarquer qu'il falloit dire *est abattu*, et non pas *s'abat*.

Et ses nobles journées
Porter delà les mers ses hautes destinées.

L'observateur a bien repris *ses nobles journées* : car on ne dit point *les journées d'un homme* [5] pour exprimer les combats qu'il

---

1. Cependant on entend les vers suivans avec plaisir, et *la valeur n'attend pas le nombre des années* est devenu un proverbe. (*Voltaire.*)
2. Cette censure détruirait toute poésie : on dit très-bien il *outrage mon amour, ma gloire*. (*Id.*)
3. On dit : *C'est le comble de ma douleur, de ma joie*. Si ces tours n'étaient pas admis, il ne faudrait plus faire de vers. (*Id.*)
4. *Choir* n'est plus d'usage. (*Id.*)
5. On disait alors *les journées d'un homme*; et il en est resté cette façon de parler triviale : *Il a tant fait par ses journées;* mais c'est dans le style comique. (*Id.*)

a faits ; mais on dit bien *la journée d'un tel lieu*, pour dire la bataille qui s'y est donnée ; et il devoit encore ajouter que de nobles journées qui portent de hautes destinées au delà des mers font une confusion de belles paroles qui n'ont aucun sens raisonnable.

Arborer ses lauriers

est bien repris par l'observateur, pour ce que l'on ne peut pas dire *arborer un arbre* : le mot d'*arborer* ne se prend que pour des choses que l'on plante figurément en façon d'arbres, comme des étendards[1].

Mais, madame, voyez où vous portez son bras.

Cette façon de parler est si hardie, qu'elle en est obscure.

Je veux que ce combat demeure pour certain.

Outre que cette phrase est basse, elle est mauvaise, et l'auteur n'exprime pas bien par là *je veux que ce combat se soit fait*.

Votre esprit va-t-il point bien vite pour sa main ?

Cette pointe est mauvaise.

Que veux-tu ? je suis folle, et mon esprit s'égare ;
Mais c'est le moindre mal que l'amour me prépare.

Il y a de la contradiction dans le sens de ces vers ; car comment l'amour lui peut-il préparer un mal qu'elle sent déjà ? Elle pouvoit bien dire *c'est un petit mal en comparaison de ceux que l'amour me prépare*.

SCÈNE VI.

Je l'ai de votre part longtemps entretenu[2].

On dit bien *je lui ai parlé de votre part*, ou bien *je l'ai entretenu de ce que vous m'avez commandé de lui dire de votre part;* mais on ne peut dire *je l'ai entretenu de votre part*.

On l'a pris tout bouillant encor de sa querelle.

On ne peut dire *bouillant d'une querelle*[3], comme on dit *bouillant de colère*.

J'obéis, et me tais ; mais, de grâce, encor, sire,
Deux mots en sa défense.

Après avoir dit *j'obéis et me tais*, il ne devoit point continuer

---

1. *Arborer ses lauriers* ne veut pas dire *mettre des lauriers en terre pour les faire croître, planter des lauriers ;* mais, comme on coupait des branches de laurier en l'honneur des vainqueurs, c'était les arborer que de les porter en triomphe, les montrer de loin comme s'ils étaient des arbres véritables. Ces figures ne sont-elles pas permises dans la poésie ? (*Voltaire*.)

2. Je ne crois pas qu'on puisse trouver la moindre faute dans ce vers. (*Id*.)

3. *Tout bouillant encore de sa querelle* me semble très-poétique, très-énergique et très-bon. (*Id*.)

CORNEILLE I

de parler; car ce n'est point se vouloir taire que de demander à dire deux mots en sa défense.

Et c'est contre ce mot qu'a résisté le comte.

Résister contre un mot n'est pas bien parler françois : il eût pu dire s'*obstiner sur un mot*.

Il trouve en son devoir un peu trop de rigueur,
Et vous obéiroit, s'il avoit moins de cœur.

Don Sanche pèche fort contre le jugement en cet endroit[1], d'oser dire au roi que le comte trouve trop de rigueur à lui rendre le respect qu'il lui doit, et encore plus quand il ajoute qu'il y auroit de la lâcheté à lui obéir.

Commandez que son bras, nourri dans les alarmes.

On ne peut dire *un bras nourri dans les alarmes;* et il a mal pris en ce lieu la partie pour le tout.

Vous perdez le respect; mais je pardonne à l'âge,
Et j'estime l'ardeur en un jeune courage.

Le roi estime sans raison cette ardeur qui fait perdre le respect à don Sanche; c'étoit beaucoup de lui pardonner.

A quelques sentimens que son orgueil m'oblige,
Sa perte m'affoiblit, et son trépas m'afflige.

Toutes les parties de ce raisonnement sont mal rangées; car il falloit dire : *à quelque ressentiment que son orgueil m'ait obligé*[2], *son trépas m'afflige à cause que*[3] *sa perte m'affoiblit*.

SCÈNE VII.

Par cette triste bouche elle empruntoit ma voix.

Chimène paroît trop subtile en tout cet endroit pour une affligée[4].

Moi, dont les longs travaux ont acquis tant de gloire,
Moi, que jadis partout a suivi la victoire.

Don Diègue devoit exprimer ses sentimens devant son roi avec plus de modestie[5].

1. Qu'on fasse attention aux mœurs de ce temps-là, à la fierté des seigneurs, au peu de pouvoir des rois, et on verra que ceux qui rédigèrent ces remarques avaient une autre idée de la puissance royale que les guerriers du XIII° siècle. (*Voltaire.*)

2. *M'oblige* ne peut-il pas très-bien être substitué à *m'ait obligé* ? (*Id.*)

3. *A cause que* ferait tout languir, et le roi peut très-bien s'affliger de la perte d'un homme qui l'a servi longtemps, sans même songer qu'il pouvait servir encore. Ce sentiment est bien plus noble. (*Id.*)

4. Ce défaut est de l'espagnol; et en effet ces subtilités, ces recherches d'esprit, ces déclamations, refroidissent beaucoup le sentiment. (*Id.*)

5. Oui, dans nos mœurs; oui, dans les règles de nos cours, mais non pas dans les temps de la chevalerie. (*Id.*)

SUR LE CID. 531

L'orgueil dans votre cour l'a fait presque à vos yeux,
Et souillé sans respect l'honneur de ma vieillesse.

Il falloit dire *et a souillé*, car *l'a fait* ne peut pas régir *souillé*.

Du crime glorieux qui cause nos débats,
Sire, j'en suis la tête; il n'en est que le bras.

On peut bien donner une tête et des bras à quelques corps figurés, comme, par exemple, à une armée; mais non pas à des actions, comme des crimes, qui ne peuvent avoir ni têtes ni bras[1].

Et, loin de murmurer d'un injuste décret,
Mourant sans déshonneur, je mourrai sans regret.

Il offense le roi, le croyant capable de faire un décret injuste; mais il pouvoit dire, *loin d'accuser d'injustice le décret de ma mort*.

Qu'un meurtrier périsse.

Ce mot de *meurtrier*, qu'il répète souvent, le faisant de trois syllabes, n'est que de deux[2].

ACTE TROISIÈME. — SCÈNE I.

ELVIRE.
Jamais un meurtrier en fit-il son refuge?
RODRIGUE.
Jamais un meurtrier s'offrit-il à son juge?

Soit que Rodrigue veuille consentir au sens d'Elvire, soit qu'il y veuille contrarier[3], il y a grande obscurité en ce vers, et il semble qu'il conviendroit mieux au discours d'Elvire qu'au sien.

SCÈNE II.

Employez mon épée à punir le coupable;
Employez mon amour à venger cette mort.

La bienséance eût été mieux observée s'il se fût mis en devoir de venger Chimène sans lui en demander la permission[4].

SCÈNE III.

Pleurez, pleurez, mes yeux, et fondez-vous en eau.

Cet endroit n'est pas bien repris par l'observateur[5]; car cette

---

1. Cette faute est de l'espagnol. (*Voltaire.*)

2. *Meurtrier, sanglier*, etc., sont de trois syllabes : ce serait faire une contraction très-vicieuse, et prononcer *sangler, meurtrer*, que de réduire ces trois syllabes très-distinctes à deux. (*Id.*)

3. *Y contrarier*. Ce verbe ne se dit plus avec le datif; on dit *contrarier une opinion, s'y opposer, la contredire*, etc. (*Id.*)

4. Point du tout : ce n'était pas l'usage de la chevalerie; il fallait qu'un champion fût avoué par sa dame; et, de plus, don Sanche ne devait pas s'exposer à déplaire à sa maîtresse, s'il était vainqueur d'un homme que Chimène eût encore aimé. (*Id.*)

5. C'est-à-dire par Scudéri, que l'Académie réfute dans ce passage. (ÉD.)

phrase *fondez-vous en eau* ne donne aucune vilaine idée, comme il dit. Il eût été mieux, à la vérité, de dire *fondez-vous en larmes*; et, à bien considérer ce qui suit, encore qu'il semble y avoir quelque confusion, toutefois il ne s'y trouve point trois moitiés comme il l'estime.

Si je pleure ma perte, et la main qui l'a faite.

On ne peut dire *la main qui a fait la perte*, pour dire *la main qui l'a causée;* car c'est Chimène qui a fait la perte, et non pas la main de Rodrigue. Ce n'est pas bien dit aussi *je pleure la main*, pour dire *je pleure de ce que c'est cette main qui a fait le mal*.

Mais en ce dur combat de colère et de flamme.

Flamme en ce lieu est trop vague pour désigner l'*amour*, l'opposant à *colère*, où il y a du feu aussi bien qu'en l'amour.

Il déchire mon cœur sans partager mon âme.

L'observateur l'a bien repris, car cela ne veut dire sinon *il déchire mon cœur sans le déchirer*.

Et quoi que mon amour ait sur moi de pouvoir.

Cette façon de parler n'est pas françoise; il falloit dire *quelque pouvoir que mon amour ait sur moi*.

Rodrigue m'est bien cher, son intérêt m'afflige.

Ce mot d'*intérêt*, étant commun au bien et au mal, ne s'accorde pas justement avec *afflige*, qui n'est que pour le mal; il falloit dire *son intérêt me touche*, ou *sa peine m'afflige*.

Mon cœur prend son parti; mais, contre leur effort,
Je sais que je suis fille, et que mon père est mort.

C'est mal parler de dire *contre leur effort je sais que je suis fille*, pour dire *j'oppose à leur effort la considération que je suis fille, et que mon père est mort*.

Quoi! j'aurai vu mourir mon père entre mes bras!

Elle avoit dit auparavant qu'il étoit mort[1] quand elle arriva sur le lieu.

N'en pressez point d'effet.

Il falloit dire *l'effet*.

SCÈNE IV.

Soûlez-vous du plaisir de m'empêcher de vivre.

Cette phrase *empêcher de vivre* est trop foible pour dire *de me faire mourir*, principalement en lui présentant son épée afin qu'elle le tue.

1. Le comte venait d'expirer quand Chimène a été témoin de ce spectacle; elle est très-bien fondée à dire : *Je l'ai vu mourir entre mes bras.* Ce n'est pas assurément une hyperbole trop forte, c'est le langage de la douleur. (*Voltaire.*)

Quoi! du sang de mon père encor toute trempée!

L'observateur est trop rigoureux de reprendre ce vers à cause du semblable qui est en un autre lieu : ce n'est point stérilité, si l'on n'en veut accuser Homère, et Virgile, qui répètent plusieurs fois de mêmes vers.

Sans quitter l'envie.

L'observateur ne devoit point reprendre cette phrase, qui se peut souffrir.

Et veux, tant que j'expire.

Cela n'est pas françois pour dire *jusqu'à tant que j'expire*.

D'avoir fui l'infamie.

Fui est de deux syllabes [1].

Perdu et *éperdu* ne peuvent rimer, à cause que l'un est le simple, et l'autre le composé [2].

Aux traits de ton amour, ni de ton désespoir.

Ce vers est beau, et a été mal repris par l'observateur; et *effets* au lieu de *traits* n'y seroit pas bien, comme il pense.

Va, je ne te hais point.

RODRIGUE.
Tu le dois.

Ces termes *tu le dois* sont équivoques [3]; on pourroit entendre *tu dois ne me point haïr* : toutefois la passion est si belle en cet endroit, que l'esprit se porte de lui-même au sens de l'auteur.

Malgré des feux si beaux qui rompent ma colère.

Il passe mal d'une métaphore à une autre, et ce verbe *rompre* ne s'accommode pas avec *feux*.

Vigueur, *vainqueur*, *trompeur* et *peur*.

L'observateur a tort d'accuser ces rimes d'être fausses : il vouloit dire seulement qu'elles sont trop proches les unes des autres; ce qui n'est pas considérable.

SCÈNE V.
Mes ennuis cessés.

L'observateur a mal repris cet endroit; *cessés* est bien dit en poésie pour *apaisés* ou *finis*.

---

1. *Fui* est d'une seule syllabe, comme *lui*, *bruit*, *cuit*. (*Voltaire*.)
2. *Perdu* et *éperdu* signifiant deux choses absolument différentes, laissons aux poëtes la liberté de faire rimer ces mots. Il n'y a pas assez de rimes dans le genre noble pour en diminuer encore le nombre. (*Id.*)
3. Non assurément, ils ne sont point équivoques; le sens est si clair, qu'il est impossible de s'y méprendre: et, si c'est une licence en poésie, c'est une très-belle licence. (*Id.*)

SCÈNE VI.

Où fut jadis l'affront.

L'observateur a bien repris en ce lieu le mot *jadis*, qui marque un temps trop éloigné.

L'honneur vous en est dû; les cieux me sont témoins
Qu'étant sorti de vous, je ne pouvois pas moins.

Il prend hors de propos *les cieux à témoin* en ce lieu.

L'amour n'est qu'un plaisir, et l'honneur un devoir.

Il falloit dire *l'amour n'est qu'un plaisir, l'honneur est un devoir*[1]; car *n'est que* ici ne régit pas *un devoir*; autrement il sembleroit que, contre son intention, il les voulût mépriser l'un et l'autre.

Et vous m'osez pousser à la honte du change!

Ce n'est point bien parler, pour dire *vous me conseillez de changer*; on ne dit point *pousser à la honte*[2].

La flotte.... vient surprendre la ville.

Il falloit dire *vient pour surprendre*, pour ce que celui qui parle est dans la ville, et est assuré qu'il ne sera point surpris, puisqu'il sait l'entreprise, sans être d'intelligence avec les ennemis.

Et le peuple en alarmes.

Il falloit dire *en alarme* au singulier[3].

Venoient m'offrir leur vie à venger ma querelle.

Il eût été bon de dire *venoient s'offrir à venger ma querelle*; mais disant *venoient m'offrir leur vie*, il falloit dire *pour venger ma querelle*.

ACTE QUATRIÈME. — SCÈNE III.

Qu'il devienne l'effroi de Grenade et Tolède.

Il falloit répéter le *de*, et dire *de Grenade et de Tolède*[4].

Épargne ma honte.

Cela ne signifie rien, car *honte* n'est pas bien pour *pudeur* ou *modestie*.

Et le sang qui m'anime.

L'observateur n'a pas bien repris cet endroit, puisque tous les poëtes ont usé de cette façon de parler, qui est belle.

---

1. C'est encore ici la même observation : il y a peut-être un léger défaut de grammaire; mais la force, la vérité, la clarté du sens, font disparaître ce défaut. (*Voltaire.*)

2. Le mot de *pousser* n'est pas noble; mais il serait beau de dire : *Vous me forcez à la honte, vous m'entraînez dans la honte.* (*Id.*)

3. On dit mieux *en alarmes* au pluriel qu'au singulier en poésie. (*Id.*)

4. Il y a bien des occasions où le poëte est obligé de supprimer ce *de*. (*Id.*)

Sollicita mon âme encor toute troublée.

Sollicita mon âme seulement n'est pas assez dire; il falloit ajouter de quoi elle avoit été sollicitée.

Leur brigade étoit prête.

Contre l'avis de l'observateur, le mot de *brigade* se peut prendre pour un plus grand nombre que de *cinq cents*. Il est vrai qu'en terme de guerre on n'appelle *brigade* que ce qui est pris d'un plus grand corps; et quelquefois on peut appeler *brigade* la moitié d'une armée que l'on détache pour quelque effet; mais en terme de poésie on prend *brigade* pour *troupe*, de quelque façon que ce soit[1].

Et paroître à la cour eût hasardé ma tête.

Il falloit dire *c'eût été hasarder ma tête*; car on ne peut faire un substantif de *paroître* pour régir *eût hasardé*[2].

Marcher en si bon équipage.

L'observateur a eu raison de dire qu'il eût été mieux de mettre *en bon ordre* qu'*en bon équipage;* car ils alloient au combat, et non pas en voyage; mais il a tort de dire que le mot *équipage* soit vilain.

J'en cache les deux tiers aussitôt qu'arrivés.

Cette façon de parler n'est pas françoise[3]; il falloit dire *aussitôt qu'ils furent arrivés*, ou *ils furent cachés aussitôt qu'arrivés*.

Les autres au signal de nos vaisseaux répondent.

Ce vers est si mal rangé, qu'on ne sait si c'est le *signal des vaisseaux*, ou si *des vaisseaux on répond au signal*.

Et leurs terreurs s'oublient.

L'observateur n'a pas plus de raison de condamner *s'oublient* que *s'accorder*, comme il a été remarqué auparavant.

Rétablit leur désordre.

On ne dit point *rétablir le désordre*, mais bien *rétablir l'ordre*.

Nous laissent pour adieux des cris épouvantables.

On ne dit point *laisser un adieu*, ni *laisser des cris*, mais bien *dire adieu*, et *jeter des cris;* outre que les vaincus ne disent jamais adieu aux vainqueurs.

1. La moitié d'une armée, un gros détachement même, n'est point appelé *brigade;* et ce mot *brigade* n'est plus d'usage en poésie. (*Voltaire.*)
2. Il nous semble que cette licence devrait être permise aux poëtes en faveur de la précision, et que cet exemple même en donne la pensée. (*Id.*)
3. *Aussitôt qu'arrivés* est bien plus fort, plus énergique, plus beau en poésie que cette expression, aussi languissante que régulière, *aussitôt qu'ils furent arrivés*. (*Id.*)

SCÈNE IV.

Contrefaites le triste.

L'observateur n'a pas eu de raison de reprendre cette façon de parler, qui est en usage; mais il est vrai qu'elle est basse dans la bouche du roi[1].

SCÈNE V.

Si de nos ennemis Rodrigue a le dessus,
Il est mort à nos yeux des coups qu'il a reçus.

Quand un homme *est mort*, on ne peut dire qu'*il a le dessus* des ennemis, mais bien *il a eu*[2].

Reprends ton allégresse.

Le roi proposeroit mal à propos à Chimène qu'elle *reprît son allégresse*, si elle n'avoit fait paroître plus d'amour pour Rodrigue que de ressentiment pour la mort de son père.

Le chef, au lieu de fleurs, couronné de lauriers.

L'observateur n'a pas eu sujet de blâmer l'auteur d'avoir parlé huit ou dix fois de *lauriers* dans un poëme de si longue étendue.

Sire, ôtez ces faveurs qui terniroient sa gloire.

Cela n'est pas bien dit pour signifier *ne lui faites point de ces faveurs qui terniroient sa gloire*; car on ne peut dire *ôter des faveurs* que celles que peut donner ou ôter une maîtresse; mais ce n'est pas ainsi que s'entendent *les faveurs* en ce lieu.

ACTE CINQUIÈME. — SCÈNE I.

Mon amour vous le doit, et mon cœur qui soupire
N'ose sans votre aveu sortir de votre empire.

Cette expression *qui soupire* est imparfaite; il falloit dire *qui soupire pour vous* : et par le second vers il semble qu'il demande plutôt permission de changer d'amour que de mourir[3].

Va combattre don Sanche, et déjà désespère.

Il eût été plus à propos d'ajouter à *désespère* ou *de la victoire*, ou *de vaincre;* car le mot *désespère* semble ne dire pas assez tout seul.

Quand mon honneur y va.

Cette phrase a déjà été reprise; il falloit dire *quand il y va de mon honneur*.

---

1. Elle est basse dans la bouche de tout personnage tragique. (*Voltaire.*)

2. On peut encore observer qu'*avoir le dessus des ennemis* est une expression trop populaire. (*Id.*)

3 On pourroit dire encore qu'un cœur qui n'ose sortir du monde et de l'empire de sa maîtresse sans l'ordre de la dame, est une idée romanesque qui éteint dans cet endroit la chaleur de la passion, et que tout ce qui est guindé, recherché, affecté, est froid. (*Id.*)

SCÈNE II.

Faut-il que mon cœur se prépare,
S'il ne peut obtenir dessus mon sentiment?

Cela est mal dit pour exprimer *mon cœur ne peut obtenir de lui-même;* car il distingue le cœur du sentiment, qui en ce lieu ne sont que la même chose.

SCÈNE III.

Que ce jeune seigneur endosse le harnois.

L'observateur ne devoit pas reprendre cette phrase, qui n'est point hors d'usage, comme les termes qu'il allègue[1].

Puisse l'autoriser à paroître apaisée.

Ce vers ne signifie pas bien *puisse lui donner lieu de s'apaiser, sans qu'il y aille de son honneur*[2].

SCÈNE IV.

Et mes plus doux souhaits sont pleins d'un repentir.

Il falloit mettre plutôt *pleins de repentir;* car le mot de *pleins* ne s'accorde pas avec *un;* et puis le repentir n'est point dans les souhaits, mais il peut suivre les souhaits : il falloit dire *sont suivis de repentir.*

Mon devoir est trop fort et ma perte trop grande;
Et ce n'est pas assez pour leur faire la loi.

On peut bien dire *faire la loi à un devoir* pour dire *le surmonter*, et non pas *à une perte.*

Et le ciel, ennuyé de vous être si doux.

Cela dit trop pour une personne dont on a tué le père le jour précédent.

De son côté me penche.

Il falloit dire *me fasse pencher :* ce verbe n'est point actif, mais neutre.

SCÈNE V.

Madame, à vos genoux j'apporte cette épée.

On peut bien *apporter une épée aux pieds* de quelqu'un, mais non pas *aux genoux*[3].

---

1. On endossait effectivement alors le harnois : les chevaliers portaient cinquante livres de fer au moins. Cette mode ayant fini, *endosser le harnois* a cessé d'être en usage. Boileau a dit *dormir en plein champ le harnois sur le dos;* mais c'est dans une satire. (*Voltaire.*)

2. Cette critique paraît trop sévère : il me semble que l'auteur dit ce qu'on lui reproche de n'avoir pas dit. (*Id.*)

3. On apporte aux genoux comme aux pieds. (*Id.*)

Ministre déloyal de mon rigoureux sort.

Don Sanche n'étoit point *déloyal*, puisqu'il n'avoit fait que ce qu'elle lui avoit permis de faire, et qu'il ne lui avoit manqué de foi en nulle chose.

Le cinquième article des observations comprend les larcins[1] de l'auteur, qui sont ponctuellement ceux que l'observateur a remarqués : mais il faut tomber d'accord que ces traductions ne font pas toute la beauté de la pièce ; car, outre que nous remarquerons qu'en bien peu de choses imitées il est demeuré au-dessous de l'original, et qu'il en a rendu quelques-unes meilleures qu'elles n'étoient, nous trouvons encore qu'il y a ajouté beaucoup de pensées qui ne cèdent en rien à celles du premier auteur.

Tels sont les sentimens de l'Académie françoise, qu'elle met au jour plutôt pour rendre témoignage de ce qu'elle pense sur *le Cid* que pour donner aux autres des règles de ce qu'ils en doivent croire. Elle s'imagine bien qu'elle n'a pas absolument satisfait ni l'auteur, dont elle marque les défauts, ni l'observateur, dont elle n'approuve pas toutes les censures, ni le peuple, dont elle combat les premiers suffrages ; mais elle s'est résolue, dès le commencement, à n'avoir point d'autre but que de satisfaire à son devoir ; elle a bien voulu renoncer à la complaisance, pour ne pas trahir la vérité ; et, de peur de tomber dans la faute dont elle accuse ici le poëte, elle a moins songé à plaire qu'à profiter. Son équitable sévérité ne laissera pas de contenter ceux qui aimeront mieux le plaisir d'une véritable connoissance que celui d'une douce illusion, et qui n'apporteront pas tant de soin pour s'empêcher d'être utilement trompés, qu'ils semblent en avoir pris jusqu'à cette heure pour se laisser tromper agréablement. S'il est ainsi, elle se croit assez récompensée de son travail. Comme elle cherche leur instruction, et non pas sa gloire, elle ne demande pas qu'ils prononcent en public contre eux-mêmes ; il lui suffit qu'ils se condamnent en particulier, et qu'ils se rendent en secret à leur propre raison. Cette même raison leur dira ce que nous leur disons, sitôt qu'elle pourra reprendre sa première liberté ; et, secouant le joug qu'elle s'étoit laissé mettre par surprise, elle éprouvera qu'il n'y a que les fausses et imparfaites beautés qui soient proprement de courtes tyrannies : car les passions violentes bien exprimées font souvent en ceux qui les voient une partie de l'effet qu'elles font en ceux qui les ressentent véritablement : elles ôtent à tous la liberté de l'esprit, et font que les uns se plaisent à voir représenter les fautes que les autres se plaisent à commettre. Ce sont ces puissans mouvemens qui ont tiré des spectateurs du *Cid* cette grande approbation, et qui doivent aussi la faire excuser. L'auteur s'est facilement rendu maître de leur âme après y avoir excité le trouble et l'émotion : leur esprit, flatté par quelques endroits agréables, est devenu aisément flatteur de tout le reste ; et les charmes éclatans de quelques parties leur ont donné de l'amour pour tout

1. Le mot *larcins* est dur. Traduire les beautés d'un ouvrage étranger, enrichir sa patrie, et l'avouer, est-ce là un larcin ? (*Voltaire.*)

le corps. S'ils eussent été moins ingénieux, ils eussent été moins sensibles: ils eussent vu les défauts que nous voyons en cette pièce, s'ils ne se fussent point trop arrêtés à en regarder les beautés; et si on leur peut faire quelque reproche, au moins n'est-ce pas celui qu'un ancien poëte faisoit aux Thébains, quand il disoit qu'ils étoient trop grossiers pour être trompés : et sans mentir, les savans mêmes doivent souffrir avec quelque indulgence les irrégularités d'un ouvrage qui n'auroit pas eu le bonheur d'agréer si fort au commun, s'il n'avoit des grâces qui ne sont pas communes; il devoit penser que, l'abus étant si grand dans la plupart de nos poëmes dramatiques, il y auroit peut-être trop de rigueur à condamner absolument un homme pour n'avoir pas surmonté la foiblesse ou la négligence de son siècle, et à estimer qu'il n'auroit rien fait du tout, parce qu'il n'auroit point fait de miracles. Toutefois ce qui l'excuse ne le justifie pas, et les fautes mêmes des anciens, qui semblent devoir être respectées pour leur vieillesse, ou, si on l'ose dire, pour leur immortalité, ne peuvent pas défendre les siennes. Il est vrai que celles-là ne sont presque considérées qu'avec révérence, d'autant que les unes, étant faites devant les règles, sont nées libres et hors de leur juridiction; et que les autres, par une longue durée, ont comme acquis une prescription légitime. Mais cette faveur, qui à peine met à couvert ces grands hommes, ne passe point jusqu'à leurs successeurs. Ceux qui viennent après eux héritent bien de leurs richesses, mais non pas de leurs priviléges; et les vices d'Euripide ou de Sénèque ne sauroient faire approuver ceux de Guillem de Castro. L'exemple de cet auteur espagnol seroit peut-être plus favorable à notre auteur françois, qui, s'étant comme engagé à marcher sur ses pas, sembloit le devoir suivre également parmi les épines et parmi les fleurs, et ne le pouvoir abandonner, quelque bon ou mauvais chemin qu'il tînt, sans une espèce d'infidélité. Mais outre que les fautes sont estimées volontaires, quand on se les rend nécessaires volontairement, et que, lorsqu'on choisit une servitude, on la doit au moins choisir belle, il a bien fait voir lui-même, par la liberté qu'il s'est donnée de changer plusieurs endroits de ce poëme, qu'en ce qui regarde la poésie on demeure encore libre après cette sujétion. Il n'en est pas de même dans l'histoire, qu'on est obligé de rendre telle qu'on la reçoit : il faut que la créance qu'on lui donne soit aveugle; et la déférence que l'historien doit à la vérité le dispense de celle que le poëte doit à la bienséance. Mais comme cette vérité a peu de crédit dans l'art des beaux mensonges, nous pensons qu'à son tour elle y doit céder à la bienséance; qu'être inventeur et imitateur n'est ici qu'une même chose, et que le poëte françois qui nous a donné *le Cid* est coupable de toutes les fautes qu'il n'y a pas corrigées. Après tout, il faut avouer qu'encore qu'il ait fait choix d'une manière défectueuse, il n'a pas laissé de faire éclater en beaucoup d'endroits de si beaux sentimens et de si belles paroles, qu'il a en quelque sorte imité le ciel[1], qui, en la dispensation de ses trésors et de

---

1. Cette imitation du ciel fait voir qu'on était éloigné de la véritable éloquence, et qu'on cherchait de l'esprit à quelque prix que ce fût. (*Voltaire.*)

ses grâces, donne indifféremment la beauté du corps aux méchantes âmes et aux bonnes. Il faut confesser qu'il y a semé un bon nombre de vers excellens, et qui semblent, avec quelque justice, demander grâce pour ceux qui ne le sont pas : aussi les aurions-nous remarqués particulièrement, comme nous avons fait les autres, n'étoit qu'ils se découvrent assez d'eux-mêmes, et que d'ailleurs nous craindrions qu'en les ôtant de leur situation, nous ne leur ôtassions une partie de leur grâce, et que, commettant une espèce d'injustice pour vouloir être trop justes, nous ne diminuassions leurs beautés à force de les vouloir faire paroître. Ce qu'il y a de mauvais dans l'ouvrage n'a pas laissé même de produire de bons effets, puisqu'il a donné lieu aux observations qui ont été faites dessus, et qui sont remplies de beaucoup de savoir et d'élégance. De sorte que l'on peut dire que ses défauts lui ont été utiles, et que, sans y penser, il a profité aux lieux où il n'a su plaire. Enfin, nous concluons qu'encore que le sujet du *Cid* ne soit pas bon, qu'il pèche dans son dénoûment, qu'il soit chargé d'épisodes inutiles, que la bienséance y manque en beaucoup de lieux, aussi bien que la bonne disposition du théâtre, et qu'il y ait beaucoup de vers bas et de façons de parler impures ; néanmoins[1] la naïveté et la véhémence de ses passions, la force et la délicatesse de plusieurs de ses pensées, et cet agrément inexplicable qui se mêle dans tous ses défauts, lui ont acquis un rang considérable entre les poëmes françois de ce genre qui ont le plus donné de satisfaction. Si son auteur ne doit pas toute sa réputation à son mérite, il ne la doit pas toute à son bonheur ; et la nature lui a été assez libérale pour excuser la fortune si elle lui a été prodigue.

1. Ces dernières lignes sont un aveu assez fort du mérite du *Cid*. On en doit conclure que les beautés y surpassent les défauts, et que, par le jugement de l'Académie, Scudéri est beaucoup plus condamné que Corneille. (*Voltaire*.)

FIN DU CID ET DU PREMIER VOLUME.

TABLE.

	Pages.
Notice sur P. Corneille..................................	i
Mélite, comédie...	1
Clitandre, tragédie.....................................	60
La Veuve, comédie......................................	114
La Galerie du Palais, comédie...........................	177
La Suivante, comédie...................................	235
La Place Royale, comédie...............................	290
Médée, tragédie..	336
L'Illusion, comédie.....................................	382
Le Cid, tragédie..	434
Lettre apologétique de Corneille, contenant sa réponse aux observations faites par le sieur Scudéri sur *le Cid* (1637)..	496
Sentimens de l'Académie françoise sur la tragi-comédie du Cid..	499
Sentimens de l'Académie françoise sur les vers du *Cid*....	522

FIN DE LA TABLE DU PREMIER VOLUME.

Ch. Lahure, imprimeur du Sénat et de la Cour de Cassation
(ancienne maison Crapelet), rue de Vaugirard, 9.

AUTRES PUBLICATIONS DE CH. LAHURE.

PUBLICATIONS PÉRIODIQUES.

Le Journal pour tous, magasin hebdomadaire illustré. Chaque numéro contient 250 000 lettres. Prix : 10 centimes. — L'abonnement d'un an : pour Paris, 6 francs; pour les départements, 8 francs.
La Semaine des Enfants, magasin d'images et de lectures amusantes et instructives. Prix : 15 centimes. — L'abonnement d'un an...
Le Moniteur des Comices et des Cultivateurs, rédigé par... d'agronomes et de cultivateurs, sous la direction de... Prix de l'abonnement : 6 francs par an.

ON S'ABONNE A CES RECUEILS

à Paris : au Bureau, rue de Vaugirard, 9, et chez MM. L. Hachette et Cⁱᵉ, rue Pierre-Sarrazin.
dans les départements et à l'étranger : chez tous les libraires.

ÉDITIONS FORMAT IN-18 JÉSUS.

POUR LA FRANCE, 2 FR. LE VOL.; POUR L'ÉTRANGER, 2 FR. 50 C.

I. ŒUVRES COMPLÈTES DES PRINCIPAUX ÉCRIVAINS FRANÇAIS.

Boileau. 1 volume.	**Montesquieu.** 2 volumes.
Fénelon. (Sous presse.)	**Pascal.** 2 volumes.
La Fontaine. 2 volumes.	**Racine.** 2 volumes.
Molière. 2 volumes.	**Rousseau (J. J.).** 8 volumes.

II. BIBLIOTHÈQUE DES MEILLEURS ROMANS ÉTRANGERS.

Bulwer : Mémoires de Pisistrate Caxton. 1 vol.	**Fullerton** (lady) : L'Oiseau du Bon Dieu. 1 vol.
Cumming (miss) : L'Allumeur de réverbères. 1 vol.	**Gaskell** (Mrs.) : Marie Barton. 1 vol.
	Mügge : Afraja. 1 vol.
Currer Bell : Jane Eyre. 1 vol.	**Smith** (J. F.) : Dick Tarleton. 2 vol.
Dickens (Ch.) : Bleak House. 2 vol.	**Stephens** (Mrs Ann S.) : Opulence et misère. 1 vol.
— Contes de Noël. 1 vol.	
— Vie et aventures de Nicolas Nickleby. 2 vol.	**Thackeray** (W. M.) : Mémoires de Barry Lyndon, esq. 1 vol.
Freytag (G.) : Doit et avoir. 2 vol.	— Henry Esmond. 1 vol.

ADRESSER LES DEMANDES :

à MM. L. HACHETTE et Cⁱᵉ, rue Pierre-Sarrazin, 14;
ET AUX PRINCIPAUX LIBRAIRES DE LA FRANCE ET DE L'ÉTRANGER.

Ch. Lahure, imprimeur du Sénat et de la Cour de Cassation,
rue de Vaugirard, 9, près de l'Odéon.

www.ingramcontent.com/pod-product-compliance
Lightning Source LLC
Chambersburg PA
CBHW070830230426
43667CB00011B/1746